HISTOIRE
DES
INSTITUTIONS POLITIQUES
DE L'ANCIENNE FRANCE

PAR

FUSTEL DE COULANGES
Membre de l'Institut (Académie des sciences morales)
Ancien professeur d'histoire à la Sorbonne

VI
LES
TRANSFORMATIONS DE LA ROYAUTÉ
PENDANT L'ÉPOQUE CAROLINGIENNE

OUVRAGE REVU ET COMPLÉTÉ SUR LE MANUSCRIT ET D'APRÈS LES NOTES DE L'AUTEUR

PAR

CAMILLE JULLIAN
Professeur au Collège de France.

DEUXIÈME ÉDITION

PARIS
LIBRAIRIE HACHETTE ET Cie
79, BOULEVARD SAINT-GERMAIN, 79

1907

HISTOIRE

DES

INSTITUTIONS POLITIQUES

DE L'ANCIENNE FRANCE

VI

LES TRANSFORMATIONS DE LA ROYAUTÉ

PENDANT L'ÉPOQUE CAROLINGIENNE

VI

A LA MÊME LIBRAIRIE

Histoire des Institutions politiques de l'ancienne France.
Nouvelle édition revue par M. Camille Jullian, professeur
au Collège de France. 6 vol. in-8 brochés . . . . 45 fr. »

La Gaule romaine. 1 vol. . . . . 7 fr. 50
L'Invasion germanique. 1 vol. . . . . 7 fr. 50
La Monarchie franque. 1 vol. . . . . 7 fr. 50
L'Alleu et le domaine rural pendant l'époque mérovingienne. 7 fr. 50
Les Origines du système féodal : le Bénéfice et le Patronat
   pendant l'époque mérovingienne. . . . . 7 fr. 50
Les Transformations de la royauté pendant l'époque caro-
   lingienne. 1 vol. . . . . 7 fr. 50

HISTOIRE
DES
INSTITUTIONS POLITIQUES
DE L'ANCIENNE FRANCE

PAR

FUSTEL DE COULANGES

Membre de l'Institut (Académie des sciences morales)
Ancien professeur d'histoire à la Sorbonne

LES

TRANSFORMATIONS DE LA ROYAUTÉ
PENDANT L'ÉPOQUE CAROLINGIENNE

OUVRAGE REVU ET COMPLÉTÉ SUR LE MANUSCRIT ET D'APRÈS LES NOTES DE L'AUTEUR

PAR

CAMILLE JULLIAN
Professeur au Collège de France.

DEUXIÈME ÉDITION

PARIS
LIBRAIRIE HACHETTE ET Cie
79, BOULEVARD SAINT-GERMAIN, 79

1907
Tous droits réservés.

PRÉFACE

Nous avons réuni dans ce volume tous les chapitres que M. Fustel de Coulanges a composés sur la décadence mérovingienne (livre Ier), l'avènement d'une nouvelle dynastie (livre II), le gouvernement des premiers Carolingiens (livre III), le triomphe du régime féodal (livre IV). Comme le montre le début de l'ouvrage, ces chapitres devaient faire immédiatement suite au volume précédent, sur *le Bénéfice*.

La division en livres, l'ordre des matières, le titre de la plupart des chapitres, avaient été indiqués par M. Fustel de Coulanges. La rédaction à peu près entière du volume est également son œuvre. Voici en quoi seulement il nous a paru utile d'intervenir.

C'est nous qui avons choisi le titre de ce volume, *Les Transformations de la Royauté pendant l'époque carolingienne*. Ce titre nous a paru le plus conforme au système historique de M. Fustel de Coulanges. L'historien montre d'abord la royauté mérovingienne, toute-puissante en droit, perdant tour à tour ses impôts, ses soldats, ses sujets, au profit de l'aristocratie des grands et des évêques; celle-ci se groupant sous la direction du maire du Palais et formant déjà une société qui ressemble à la société féodale (livre Ier); — puis le chef de cette aristocratie, maître effectif de l'État par le commandement des fidèles et la direction des évêques, devenant roi et fondant une dynastie nouvelle (livre II); — la royauté carolingienne apportant à la monarchie l'appui de l'Église et du principe féodal, le roi franc devenant ainsi chef d'État, d'Église et de fidèles, et s'appliquant à restaurer l'autorité monarchique (livre III); — enfin les derniers rois de la nouvelle dynastie laissant eux aussi cette autorité faiblir et se perdre, et réduits au rôle de chefs de fidèles (livre IV). — C'est de cette manière que la royauté s'est transformée, en s'inspirant peu à peu du principe qui avait grandi en dehors d'elle, et qui seul gouverne les hommes à la fin de l'époque carolingienne, le principe de fidélité.

Dans le livre Ier, nous avons écourté un assez grand nombre de notes, qui renfermaient la transcription de textes déjà cités tout au long dans *La Monarchie franque* et *Les Origines du système féodal*. Nous avons renvoyé à ces deux volumes pour ne pas étendre démesurément celui-ci.

Un certain nombre de chapitres des livres I et II, qui n'avaient pour en-tête que des indications chronologiques, ont reçu des titres en rapport avec la nature de l'ouvrage et la pensée de l'auteur. Nous avons, dans ces deux livres et les suivants, donné des titres à un assez grand nombre de subdivisions qui n'étaient indiquées sur le manuscrit que par des numéros d'ordre.

En vue du livre III de ce volume, M. Fustel de Coulanges n'avait rien rédigé, ni sur *les Impôts, la Justice et la Législation* au temps des Carolingiens, ni sur leurs *Rapports avec l'Église*. Les chapitres que nous avons insérés sur ce sujet (c. 12, c. 13, § 1, c. 14) sont presque tous empruntés au travail sur *les Institutions politiques au temps de Charlemagne*[1], travail qui est l'ébauche du livre III du présent volume. Le chapitre sur *le Pouvoir législatif* (c. 11) n'est autre que l'article publié en 1877 sous le titre *De la Confection des lois au temps des Carolingiens*[2], auquel nous n'avons fait que des changements sans conséquence. La conclusion du chapitre sur *les Assemblées générales* (c. 9) était trop succincte dans le manuscrit laissé par l'auteur : le travail cité plus haut nous a permis de la compléter.

Les livres I, II et III ont été rédigés presque simultanément, vers 1884-1886. La rédaction en est donc à

---

[1] *Les Institutions politiques au temps de Charlemagne*; Académie des Sciences Morales, Compte rendu, 1876, t. CV, p. 460 et 612; t. CVI, p. 603. — Cf. *Le Gouvernement de Charlemagne*, dans la *Revue des Deux Mondes* du 1ᵉʳ janvier 1876 : cet article n'est qu'une variante du précédent mémoire. — Nous n'avons pas cru devoir utiliser, ni pour ce volume, ni pour le précédent, l'*Étude sur les Origines du système féodal*, parue dans l'Académie des Sciences Morales, Compte rendu, 1874 et 1875, t. CII, p. 493 et t. CIII, p. 59 et 300. Les idées de M. Fustel de Coulanges s'étaient sensiblement modifiées depuis. Ainsi je ne trouve rien, dans les dernières notes écrites par l'auteur, sur la question qu'il avait traitée dans la seconde partie de ce dernier mémoire (essai d'un système d'institutions libres à l'époque mérovingienne). Il est visible qu'il avait écarté cette question de ses recherches comme de sa pensée.

[2] *Revue historique*, deuxième année, t. III, janvier-février 1877.

peu près contemporaine de celle du précédent volume.

Le livre IV a été rédigé en partie vers 1874-1876 (c. 1, 7, 8, 9, 10), en partie vers 1878-1880 (c. 4, 5, 6). Les matières y sont traitées avec infiniment moins de détails que dans les trois premiers livres; les notes sont moins nombreuses, les discussions plus écourtées. Il est visible que M. Fustel de Coulanges aurait longuement remanié cette partie de son œuvre. Peut-être même ce livre eût-il fait, à lui seul, la matière d'un volume. Nous n'avons voulu, malgré cela, ni supprimer, ni refondre ces chapitres. Il nous a paru que le mieux était de les réimprimer sous leur forme primitive. Nous nous sommes borné à ajouter les chapitres 2 et 3, destinés à combler une lacune visible. Mais ces deux chapitres ne sont que les résumés des trois premiers livres, et ces résumés sont faits, le plus souvent, à l'aide d'expressions empruntées à l'auteur lui-même. — En note, nous avons remanié quelques citations, pour donner le même aspect à toutes les références. — Remarquons en outre que deux des chapitres de ce livre (c 1 et 8) ne sont que des reproductions d'un article paru dans la *Revue des Deux Mondes* de 1874[1] : M. Fustel de Coulanges s'était borné, dans le manuscrit destiné à son ouvrage, à allonger la rédaction de cet article et à compléter les notes.

Rédigé dix ans plus tôt que les trois premiers livres de ce volume, le livre IV présente avec eux, au pre-

---

[1] *Les Origines du régime féodal.* II. *Le patronage et la fidélité.* 1874, t. IV, p. 564-572, p. 573-579.

mier abord, certaines divergences. Il ne nous appartenait ni de les faire disparaître ni de les dissimuler. D'ailleurs le lecteur attentif reconnaîtra vite que ces divergences sont toutes de forme, et qu'elles consistent plutôt dans des détails d'expression que dans le fond de la pensée.

Quelques transitions et quelques remarques, d'ailleurs très courtes, ont été ajoutées, afin de donner à l'ouvrage plus de cohésion et d'unité. Elles ont été indiquées par des crochets.

Nous nous sommes abstenu de grossir les notes d'indications bibliographiques : la chose eût été facile, vu les progrès accomplis ces dernières années par la science des textes carolingiens. Mais je ne crois pas que cela eût été conforme aux vues de l'auteur. Du reste, la pensée et les théories de M. Fustel de Coulanges n'auraient rien gagné à ce surcroît de renseignements, et c'est cette pensée que le public cherchera surtout dans ce livre.

La conclusion paraît remonter à 1874 ou 1876. Elle se trouve, malgré la date où elle a été écrite, en singulière harmonie avec le plan et la rédaction de l'*Histoire des Institutions*, telle que M. Fustel de Coulanges l'avait recommencée dans les dernières années de sa vie. Elle est, des six volumes de cette Histoire, un résumé admirable de vigueur et de concision.

Ces six volumes embrassent donc l'*Histoire des Institutions politiques de l'Ancienne France* depuis les origines jusqu'au moment où la féodalité se trouve constituée. Ils forment un ensemble complet, traitent d'une même période historique, s'ajustent tous au même système. De ce qu'a laissé M. Fustel de Coulanges pour les autres époques, rien ne peut être publié. La rédaction en est très ancienne, mais surtout incomplète et mutilée. Certes on regrettera profondément qu'il en soit ainsi et que l'historien n'ait pu conduire son œuvre jusqu'en 1789. Mais, s'il avait le désir d'y arriver, il en avait peu l'espérance ; il avouait souvent que cette tâche dépassait les limites assignées au travail humain, et il semble bien qu'il ait, à la fin de sa vie, voulu borner son étude aux *Origines du système féodal*[1]. Ce qui doit donc diminuer nos regrets, c'est que nous possédons maintenant cette étude, c'est que nous avons, dans ces six volumes, une œuvre homogène et finie, telle que M. Fustel de Coulanges l'avait conçue et pensée, et, sauf quelques lignes, telle qu'il l'avait écrite.

Qu'il nous soit permis d'ajouter ici un mot sur l'esprit de cette œuvre, pour justifier le désir que sa famille et ses élèves ont eu de la livrer tout entière au public.

Il y a, dans notre littérature historique, des œuvres plus longues, ou plus colorées, ou d'apparence plus

---

[1] La conclusion de ce volume suffirait à l'indiquer. Cf., plus loin, l'introduction citée à la note de la page suivante, et encore *La Gaule romaine*, introduction, p. XII, *L'Invasion germanique*, p. 226 ; *La Monarchie franque*, préface et p. 651 ; *L'Alleu*, p. 464, etc.

scientifique. Il n'y en a pas qui présente un tel mélange de grandeur et de simplicité. Elle peut se résumer en une formule de quelques lignes, et la même pensée maîtresse qui fait l'unité de l'ouvrage entier fait celle de tous les volumes, et de tous les chapitres de chacun d'eux.

Cette œuvre d'art est un travail scientifique de premier ordre. M. Fustel de Coulanges y a consacré les vingt-cinq dernières années de sa vie; il l'a refaite trois fois sous forme de cours. Il a lu, la plume à la main, tous les documents, sans exception, laissés par l'antiquité et le moyen âge; il a relu les principaux plus d'une fois. Il était bien de l'école de ces « grands liseurs de textes », comme il aimait à les appeler, des Tillemont, des Godefroi, des Guérard, des Pardessus.

Il a mis le même soin à étudier les ouvrages modernes, ceux de Dubos et de Guérard, comme ceux de Waitz et de Roth, les écrits politiques du xviiie siècle et les thèses allemandes de notre temps. Il y a dans ses papiers une importante liasse relative aux écrivains qui ont traité du système féodal et de l'invasion barbare; il se proposait de les passer en revue dans une longue préface[1] à son grand ouvrage; il n'avait

---

[1] En voici l'introduction :

« Je me suis proposé comme sujet de travail, depuis longues années, la recherche purement scientifique des origines du régime féodal. Cette question, comme toutes celles que renferme encore l'histoire, ne pouvait se résoudre que par la lecture directe des documents et l'observation attentive des faits. Toutefois, avant de me lancer dans l'étude des faits et des documents, j'ai cru qu'il était sage de me demander d'abord ce que les historiens et les érudits de tous les temps avaient pensé sur le même

négligé ni les plus obscurs ni les moins savants, et il commençait à Grégoire de Tours, pour finir à M. Léopold Delisle. Que de fois cependant on lui a fait le singulier reproche « d'affecter d'ignorer les œuvres de ses devanciers » ! C'est le premier reproche qu'il subit dans sa carrière scientifique, c'est celui qui le blessa le plus : il en a souffert toute sa vie, et l'on devine dans ses écrits que ses joies de travailleur en ont été souvent gâtées.

Pour mieux montrer qu'il connaissait ses devanciers, il ne cessait de les combattre. De là ce caractère de polémique que ses livres prenaient chaque jour davantage. Ils n'ont pas toujours la sérénité des écrits historiques de la génération précédente. Ce sont des œuvres de combat autant que de science, et il serait facile, en regard de chaque page, de mettre le nom des écrivains contre lesquels elle est dirigée.

Presque toujours, ces auteurs sont des grands noms de notre littérature, Thierry et Michelet surtout, moins souvent Guizot et Henri Martin. Dès le début, l'œuvre de M. Fustel de Coulanges a été une réaction contre la manière dont on a compris l'histoire de France de 1820

---

sujet. J'ai consulté leurs écrits, je les ai lus, comparés, avant de commencer mes recherches personnelles. Les notes que j'avais prises sur eux et où je résumais leurs opinions n'étaient pas destinées à la publicité; ce n'étaient que les notes d'un liseur qui veut se souvenir. Je crois pourtant que quelques esprits curieux y pourront trouver de l'intérêt. Il ne sera pas inutile de voir, resserré en un court tableau, tout ou à peu près tout ce qui s'est dit sur une grave question. Quant à ce qui me concerne, ces notes expliqueront pourquoi j'ai cru qu'après tant de travaux il y avait encore des recherches à faire. »

à 1850, contre le mouvement historique de la Restauration. Dans les derniers temps de sa vie, il s'est retourné souvent, avec une grande vivacité, contre l'érudition de la fin de notre siècle. Mais il attaqua surtout les grands historiens des temps qui l'ont précédé, ceux qui ont créé l'histoire littéraire, aux synthèses brillantes et aux récits imagés.

Cette génération historique a élevé, sinon formé, M. Fustel de Coulanges : elle régnait encore vers 1850, au moment où il songeait à écrire. Une chose surtout l'inquiétait chez elle, et blessait son amour de la science austère et désintéressée : les écrivains les plus solides, les artistes les plus vrais de cette époque, se laissaient dominer par les idées contemporaines : il le pensait du moins. Selon lui, ils vécurent trop de la vie de leur temps pour aimer assez et pour bien comprendre le temps passé. C'étaient les passions et les faits du monde présent que les historiens d'alors allaient rechercher dans le monde d'autrefois, et c'est ce qui irritait le plus M. Fustel de Coulanges.

Les uns ont surtout marqué l'antagonisme des races. Celtes et Romains, Gaulois et Germains, ont apparu dans leurs ouvrages se livrant à travers les siècles une lutte éternelle. L'invasion a été pour ces écrivains une conquête, une « brutalité », et on sent dans leurs livres « respirer en dessous un cœur ému contre la force fatale, l'invasion », triomphatrice grossière « de l'âme nationale et du droit de liberté ». L'avènement des Carolingiens a été un second triomphe de la Germanie guerrière, et « la restauration complète des vieilles coutumes germaniques ». On a protesté contre César au nom de Vercingétorix, parfois même au nom d'Arminius contre Varus. Le romantisme aidant, on s'est épris des Celtes et de leurs druides, on leur a prêté un long passé de patriotisme et de poésie. On a fait se combattre dans l'histoire les nations d'aujourd'hui. Plus tard même, on a réveillé les races d'autrefois pour les mettre aux prises dans le présent. Au lendemain de 1848, ces fantaisies historiques sont venues en aide aux intérêts politiques, et nous savons le rôle qu'on a fait jouer au patriotisme d'Arminius et au génie des races latines. C'est à cette théorie de l'antagonisme des races que s'attaqua surtout M. Fustel de Coulanges. Il s'acharna véritablement contre elle, et il semble bien qu'il en souffrit autant comme patriote que comme historien.

Un autre désir s'était emparé des historiens de la génération de Juillet. Ils avaient assisté à l'avènement du gouvernement parlementaire, ils croyaient à son triomphe définitif. Ils le regardaient comme le salut et l'avenir de la France. De là le besoin chez eux d'en faire remonter les origines le plus loin possible et de lui donner la consécration historique. Les historiens de l'Allemagne contemporaine se figurent volontiers leur patrie comme marchant depuis quinze siècles dans la voie tracée par la Providence pour arriver à l'hégémonie prussienne et à l'acte du couronnement de 1871. Nos historiens d'il y a soixante ans faisaient de même pour notre pays. Leurs œuvres reflétaient les grandes joies et « les vastes espérances » de leur temps. Les uns, songeant à l'union inespérée de la monarchie et de la représentation nationale, ont dit que cette union était la loi providentielle de nos destinées. Les autres, « dans le brillant matin » de Juillet, ont cru que le triomphe populaire et les Trois glorieuses Journées étaient la conclusion de notre histoire et la fin des luttes éternelles entre la Liberté et le Despotisme. Pour les historiens comme pour les poètes, la Révolution de 1830 a été un instant l'apothéose de la vie nationale et le couronnement de la mission de la France dans le monde. La plus belle œuvre de notre littérature historique, celle de Michelet, « fut conçue d'un moment, de l'éclair de Juillet : dans ces jours mémorables, une grande lumière se fit, et j'aperçus la France ». Henri Martin, avec cette foi mystique qui survécut à tant d'espérances, admirait depuis longtemps « le développement progressif de l'unité nationale, que l'Assemblée Constituante a consommée lorsqu'elle a proclamé le gouvernement représentatif et l'égalité de tous les Français devant la loi ». Plus pratique et plus intéressé, Guizot demandait à l'histoire « de nouveaux moyens de civilisation », c'est-à-dire un appui pour le gouvernement qu'il aimait et comme une préparation à son ministère; il étudiait avec soin cet élément germain qui « a fourni à la civilisation moderne naissante le souvenir des assemblées nationales ». Les événements du milieu de ce siècle furent pour ces âmes demeurées jeunes une véritable catastrophe. Le [plu]s populaire de ces écrivains, Augustin Thierry, cessa un instant de comprendre l'histoire de son pays. « Le régime constitutionnel de 1814 et celui de 1830 sont venus renouer la chaîne des temps et des idées, reprendre sous de nouvelles formes la tentative de 1789, l'alliance de la tradition nationale et des principes de liberté. C'est à ce point de vue qui m'était donné par le cours même des choses que je me plaçai dans mon ouvrage, m'attachant à ce qui semblait être la voie tracée vers l'avenir, et croyant avoir sous mes yeux la fin providentielle du travail des siècles écoulés depuis le douzième. Vint éclater sur nous la catastrophe de février 1848. J'en ai ressenti le contre-coup de deux manières, comme citoyen d'abord et ensuite comme historien. Par cette nouvelle Révolution, l'histoire de France paraissait bouleversée autant que l'était la France elle-même. »

C'est au moment où ces lignes parurent que M. Fustel de Coulanges se mettait au travail. On dirait qu'en combattant ce qu'il appelait « l'esprit systématique des temps modernes », il les a eues sans cesse sous les yeux. Elles sont en effet l'expression la plus nette et la plus naïve de l'esprit de cette génération, qui s'inspirait du présent pour expliquer les institutions d'autrefois. Réagissant à outrance, M. Fustel de Coulanges ne désirait qu'une chose, s'abstraire de son époque, ne tirer que du passé même les moyens de comprendre le passé. S'il a eu dans sa vie une cuisante passion, c'est de n'être qu'un « liseur de textes », c'est d'oublier son temps, de s'enfermer dans les documents et d'y voir la vérité. La science historique a été pour lui une religion absorbante, absolue et militante.

A cet égard cependant, et malgré la puissante portée scientifique de ses ouvrages, ils sont un document capital pour l'histoire de notre époque, des lettres et de l'esprit français. M. Fustel de Coulanges a fait en histoire ce que tant de ses contemporains faisaient en littérature. Il a aimé la science pour la science même, comme autour de lui on aimait l'art pour l'art. Par cela seul qu'il s'enfermait dans le passé, il était bien de son temps, qui, revenu des enthousiasmes de la génération de 1830, demanda à la seule recherche du beau ou du vrai son courage et ses espérances.

Si M. Fustel de Coulanges n'a cessé de lutter contre l'école historique qui l'a précédé, il s'y rattachait cependant de deux manières. Il tenait d'elle le souci littéraire, le soin de la composition et du style. Comme elle surtout, il eut le culte du travail. Pour être moins épanoui et plus austère, pour être fait de plus de foi que d'espérance, le culte du travail a été, avec l'amour de la famille, le vrai bonheur de sa vie. Il l'a donné à ses élèves, il le leur a enseigné autant que la lecture des textes. S'il voulut oublier, en écrivant, les choses du présent, il n'en a pas moins admirablement servi la France de nos jours par ses livres, par ses leçons, par son exemple; et, pour me servir de l'expression du maître qu'il a le plus combattu et auquel il ressemble le plus, il a donné à son pays « tout ce que lui donne le soldat mutilé sur le champ de bataille ».

Bordeaux, 1er novembre 1891.

LES

TRANSFORMATIONS DE LA ROYAUTÉ

PENDANT

L'ÉPOQUE CAROLINGIENNE

LIVRE PREMIER

L'AFFAIBLISSEMENT DE L'AUTORITÉ PUBLIQUE
(sous les derniers Mérovingiens).

Nous avons étudié [dans le précédent volume] le précaire, le bénéfice, et le patronat ou la fidélité. Ces trois institutions ont été des éléments importants du régime féodal. Elles l'ont préparé, mais elles ne l'on pas créé tout de suite. Elles étaient en vigueur au vi⁰ siècle et pourtant la féodalité ne régnait pas au vi⁰ siècle. C'est que ces trois choses n'étaient encore que des pratiques d'ordre privé, non des institutions d'ordre politique. C'étaient les particuliers qui usaient du précaire, du bénéfice, du patronat; si les églises et les rois en usaient aussi, c'était à titre privé, non comme autorité ecclésiastique ou comme pouvoir royal. Nul ne pensait encore à appliquer ces usages aux choses de l'État, ni à en faire un système de gouvernement

Pour que ces institutions, déjà féodales par leur essence, sortissent de l'ordre privé pour devenir un régime politique, il fallait encore beaucoup de temps et le concours de beaucoup de faits. Il fallait surtout que le gouvernement établi disparût pour leur faire place.

Nous avons étudié précédemment le régime politique de l'État franc, tel qu'il avait été organisé par Clovis. Nous y avons vu une royauté héréditaire qui se transmettait, comme une terre allodiale, du père au fils et se partageait entre frères. A côté de cette royauté, nous n'avons vu aucune assemblée nationale. Le roi avait le pouvoir de faire des lois « avec ses grands », c'est-à-dire avec les hauts dignitaires de son Palais. Il avait le droit de paix et de guerre, levait l'armée quand il voulait, la conduisait où il voulait. Nous avons montré les différents organes de cette autorité monarchique : au centre, le Palais, qui était la hiérarchie des fonctionnaires et des bureaux; dans les provinces, les ducs et les comtes, fonctionnaires du roi, nommés par lui, révocables par lui. Les impôts continuaient d'être perçus suivant le système romain et avec les registres qu'avait laissés l'Empire. La justice était rendue, dans les cantons, par les fonctionnaires royaux, au centre par le roi ou par ses délégués. En un mot, dans cet État mérovingien, composé de Romains et de Francs, le régime était essentiellement monarchique. Rien n'y était populaire et rien n'y était féodal.

Deux siècles plus tard, les Mérovingiens occupant encore le trône, leur autorité avait presque disparu, et le gouvernement prenait un tout autre caractère. Il importe d'observer comment ce changement s'est accompli.

CHAPITRE PREMIER

(Qu'il n'y a eu, contre la royauté, ni mouvement national, ni résistance de l'aristocratie.)

Nous devons nous demander d'abord si c'est par une révolte des populations que le régime monarchique a été amoindri. S'est-il produit une insurrection de la race gallo-romaine, ou une résistance vigoureuse de la race franque? La monarchie s'est-elle vue en face d'un grand mouvement national, ou en face d'un grand effort d'une aristocratie? c'est ce que nous avons à chercher dans la série des faits. Les raisonnements et les considérations dont les historiens modernes ont tant abusé dans cette partie de l'histoire n'ont aucune valeur. Ce sont les faits seuls qu'il faut regarder, et il faut les voir tels que les documents nous les montrent.

Sous le règne de Clovis, nous n'apercevons aucune résistance chez les Francs. Pour la population romaine, le concile de 511 nous montre l'esprit de ses chefs et de ses représentants: elle accepte visiblement le pouvoir établi [1].

A la mort de Clovis, ses quatre fils « prennent possession de son royaume et se le partagent entre eux par portions égales [2] ». Ni les Romains ni les Francs ne font entendre une réclamation [3].

---

[1] Voir les deux préambules des Actes de 511, Sirmond, t. I, p. 177, 178.

[2] Grégoire de Tours, III, 1 : *Regnum ejus accipiunt et inter se æqua lance dividunt*.

[3] La révolte de l'Auvergne en 530 ne doit pas être interprétée comme

Pour l'année 531, Grégoire de Tours raconte ce qui suit : « Les Francs qui étaient fidèles du roi Thierry[1], lui dirent : Tes frères mènent leurs guerriers en Bourgogne; si tu ne nous y mènes aussi, nous te quitterons, et nous irons avec tes frères. Thierry leur répondit : Je ne vous mènerai pas en Bourgogne, mais je vais vous conduire en Auvergne, où vous trouverez en abondance de l'or, de l'argent, des troupeaux, des étoffes, des esclaves à emporter. Et eux, contents de cette promesse, firent sa volonté. » On voit assez qu'ici le roi a devant lui, non une nation, mais seulement des guerriers, et que ces guerriers réclament de lui, non des libertés publiques, mais du butin[2].

Voici un autre fait qui ressemble un peu plus à une révolte. En 556, Clotaire avait conduit son armée contre les Saxons; mais ceux-ci implorant la paix et offrant d'abandonner tous leurs biens et la moitié de leurs terres, le roi voulait accepter ces propositions et ne pas livrer bataille. « Alors les Francs, mis en fureur contre Clotaire, se jettent sur lui, déchirent sa tente, l'accablent d'injures et menacent de le tuer s'il ne marche avec eux contre l'ennemi. » Voilà un acte d'insubordination et d'indiscipline grave[3]. Encore faut-il observer qu'il y a une grande différence entre une armée

---

un mouvement en vue de l'indépendance nationale; Grégoire de Tours dit simplement que les rebelles aimaient mieux obéir à Childebert qu'à Thierry, III, 9.

[1] Grégoire, III, 11 : *Franci qui ad Theudoricum aspiciebant*. — L'expression *adspicere* ou *sperare ad aliquem* se dit toujours de ceux qui sont dans le *mitium* ou dans la fidélité personnelle (*Les origines du système féodal*, p. 296 et suiv.).

[2] Ibidem : *Cunctam regionis prædam cum hominibus in suas regiones transferri permittit*.

[3] Idem, IV, 14. Je prends le récit de Grégoire tel qu'il est, sans le discuter. Il y aurait peut-être lieu de se demander comment il a pu être

qui s'insurge pour combattre et une nation qui se
lèverait pour revendiquer une liberté. Quelques historiens modernes ont donné une grande importance à
cette sédition militaire. Ils l'ont mise en relief comme
si elle était, par elle seule, le symptôme du caractère
habituel des armées franques, et même l'indice du
droit public des Francs. Il y a grand danger à tirer
d'un fait isolé une conclusion générale. En regard de
cette émeute de soldats, il faudrait placer plus de quarante exemples où nous voyons les armées franques se
réunir sur l'ordre du roi, lui obéir très docilement et
marcher où il les conduit[1]. Il y a même une série
d'exemples où une armée franque combat sans aucun
motif que l'intérêt personnel de son roi. Jamais on ne
vit plus qu'à cette époque les peuples se faire la guerre
pour le caprice des rois.

Voici une autre sédition, et cette fois elle éclate chez
la population romaine. Un roi franc ayant aggravé
les impôts, le peuple de Limoges s'assembla, tua le fonctionnaire royal et brûla les registres[2]. Cette émeute,
toute locale et limitée dans son objet, ne permet pas de

---

informé des détails de faits et même des paroles prononcées en Saxe. — Dans le récit qu'il raconte, les deux choses certaines sont, l'une que Clotaire Ier a été vaincu, l'autre qu'il a obtenu la paix des Saxons en prétendant qu'il avait combattu malgré lui. Pour le reste du récit, on peut y croire ou n'y pas croire.

[1] Voir, dans le seul livre III de Grégoire de Tours, les chap. 4, 6, 11, 28, 29 et 32. — IV, 20, 23, 29, 42, 49, 50, 51; V, 2, 13, 26; VI, 12, 31; VII, 24; VIII, 28, 30; IX, 12, 18, 25, 29, 31; X, 5, 9. — Frédégaire, *Chronicon*, 5, 10, 14, 17, 20, 27 (dans ce dernier exemple, une armée franque refuse de combattre une autre armée franque; mais l'exemple est unique), 37, 38, 40. — La harangue du livre III, c. 7, ne doit pas faire croire qu'il fut de règle de consulter les guerriers sur une guerre à entreprendre. Dans tous les temps, on a harangué des soldats avant une expédition.

[2] Grégoire de Tours, V, 28.

conclure que toute la population romaine ait jamais fait effort pour limiter l'autorité royale. De pareilles émeutes chez les Francs, telles que celle où périt Parthénius[1], celle où « le petit peuple » murmura contre Égidius « et les ducs du roi » et voulut les tuer[2], n'ont nullement le caractère d'un mouvement national contre la royauté. Ce « petit peuple » s'émeutait, au contraire, parce qu'il croyait que ces ministres trahissaient le roi[3]. Supposer que les Romains ou les Francs aient eu quelque haine contre la royauté, c'est supposer une chose que Grégoire de Tours n'a pas dite et qu'apparemment il n'a pas vue.

Nous rencontrons ensuite l'histoire de Gondovald cherchant à s'emparer d'une partie du royaume[4]. Mais il nous semble que les historiens modernes ont fort exagéré l'importance de cette aventure. Ils ont fait de ce Gondovald une sorte de représentant des aspirations romaines. Gondovald appartenait à la famille mérovingienne; qu'il eût vécu quelque temps à Constantinople, qu'il eût été même encouragé par la cour impériale, cela ne prouve pas qu'il songeât à établir un nouvel ordre de choses, ni que la population romaine mît en lui un espoir de délivrance. De telles idées étaient fort étrangères aux hommes de cette époque. L'entreprise de Gondovald, telle que Grégoire de Tours la raconte, ne fut qu'un des nombreux épisodes de la querelle

---

[1] Grégoire de Tours, III, 36.
[2] Idem, VI, 31 : *Magnum murmur contra Egidium episcopum et ducibus regis minor populus elevavit.... ut adprehensis episcopo vel senioribus, vi oppriment, verberibus adficerent.*
[3] Ibidem : *Cœpit vociferare et proclamare : Tollantur a facie regis qui regnum ejus evanundant, civitates illius dominationi alteri subduunt.*
[4] Idem, VI, 24.

toujours renaissante entre les membres de la famille régnante[1].

Mais si la royauté ne s'est jamais trouvée en présence d'une résistance franque ou d'une révolte gauloise, on a supposé qu'elle avait eu à lutter de bonne heure contre une aristocratie. Suivant cette opinion, les leudes auraient formé un corps coalisé contre la royauté. Le traité d'Andelot de 587 serait une première concession qu'ils lui auraient arrachée. Il suffit de lire le texte de ce traité pour voir qu'il ne contient pas une ligne qui autorise cette opinion[2]. Le traité d'Andelot n'est pas un pacte entre un roi et une aristocratie, il est un pacte entre deux rois. Pas un mot d'ailleurs n'indique qu'une aristocratie ou un peuple soit intervenu pour obliger les rois à le conclure.

[1] Voir le détail des faits : Gondovald, pour régner, commence par se dire fils de Clotaire Ier, et il porte les cheveux longs (VI, 24); Caribert l'accueille comme frère; Sigebert est contre lui. Un peu plus tard, il revient en Gaule; l'évêque de Marseille est pour lui; sur quoi le duc Gontran accuse l'évêque « d'introduire un étranger dans les Gaules et de vouloir soumettre le royaume des Francs à la domination de l'empereur », VI, 24; mais ce qui diminue le poids de cette accusation que Grégoire de Tours n'admet pas, c'est que le roi Childebert attirait Gondovald en Gaule; l'évêque de Marseille put montrer la lettre royale qui lui prescrivait de faire bon accueil à Gondovald (VI, 24); le roi Gontran, juge du fait, ne vit pas de motif pour condamner l'évêque. Un peu après (VII, 10 et 14), nous voyons que Gondovald est soutenu, non par la population, mais par les fonctionnaires de Childebert d'Austrasie, surtout par Gontran Boson, VII, 32, et par Mummolus; ce dernier aussi a quitté Gontran pour se donner à Childebert. Gondovald, en effet, parcourant une partie des provinces du Midi, « recevait les serments des cités au nom de Childebert », VII, 26; c'est Gontran seul qu'il combat. Périgueux refuse de l'admettre, Toulouse ne lui est ouverte que par la force; une partie des gens de Tours ne le suit que « pour faire du butin », VII, 26, 27, 28. Il est bien reçu à Bordeaux par l'évêque Bertramn. La guerre civile dure assez longtemps; mais, aussitôt après la réconciliation de Childebert et de Gontran, Gondovald est abandonné des Austrasiens, trahi et tué, VII, 33 et 38.

[2] Grégoire, IX, 20. [Cf. *La Monarchie franque*, p. 606 et suiv., où le vrai caractère de ce traité a été montré.]

Il se passe ensuite vingt-sept années, qui sont remplies par des guerres civiles. Ce ne sont pas des guerres entre le pouvoir royal et un peuple, ni entre le pouvoir royal et une aristocratie. Ce sont seulement des guerres entre rois. Qu'on en lise le récit dans la Chronique de Frédégaire[1], on n'y trouvera pas un mot qui autorise à penser que les intérêts d'une population ou franque ou romaine aient été en jeu. Ce sont uniquement des guerres d'ambitions personnelles, de convoitises, de haines. Les historiens modernes, volontiers portés aux grands systèmes, ont cru y voir une lutte de la Neustrie et de l'Austrasie, une lutte de deux races, de deux esprits, de deux conceptions politiques. Il n'y a rien de semblable dans les documents.

Clotaire, Thierry et Théodebert se font la guerre parce que chacun d'eux veut agrandir son royaume. Clotaire attaque d'abord les deux autres et les bat en 599, puis il est battu par eux en 600. Ensuite c'est Thierry qui attaque Théodebert, l'écrase et lui prend son royaume. Il attaque alors Clotaire, mais il meurt. Clotaire envahit à son tour les États de Thierry, n'y rencontre aucune résistance, noue des intrigues avec les grands personnages du Palais et par eux devient maître de tout. Brunehaut, faite prisonnière avec ses petits-fils, est mise à mort avec eux. Ce n'est pas une nation franque ou un tribunal franc qui prononce sa mort; c'est Clotaire seul. Il la condamne, non pour avoir eu telle politique, ou avoir violé telles règles d'un droit naturel, mais « pour avoir tué ou fait tuer dix rois ». C'est la haine, ce n'est pas le Droit qui prononce la sentence.

[1] Aux chapitres 14, 17, 20, 26, 27, 37, 40.

L'unité de l'État franc est rétablie. Clotaire II règne sur toute la Gaule. Dès l'année suivante, 614, il promulgue un édit applicable au pays tout entier.

Jusqu'ici nous n'avons rencontré dans les textes ni dans les faits aucune marque d'une atteinte portée au pouvoir monarchique. C'est cet édit de 614 qui serait, d'après les historiens modernes, la marque de l'affaiblissement de la royauté et la preuve de sa première grande défaite. [Nous avons étudié avec soin cet édit, article par article, et nous n'y avons rien trouvé de nouveau. Aucun indice d'une révolution ne s'y rencontre. Le pouvoir royal y apparaît aussi fort que jamais. Clotaire II parle en 614 comme les rois mérovingiens du vi[e] siècle. La royauté sort de cet édit si peu affaiblie, que les règnes de Clotaire II et de Dagobert sont précisément ceux où les souverains francs font le plus de conquêtes au dehors, et au dedans le plus d'actes de force[1].]

En 622, Clotaire II fait son fils roi d'Austrasie [sans convoquer le peuple ni les grands][2]. Il meurt en 628. Il ne se passe rien de nouveau en Austrasie où Dagobert règne déjà. La question est de savoir qui sera roi en Neustrie et en Burgondie. Le chroniqueur ne dit pas que les « peuples » furent appelés à se décider. Voici comment il s'exprime : « Dagobert envoya des *missi* en Bourgogne et en Neustrie afin qu'on préférât sa royauté (à celle de son frère)[3]. Puis étant venu à Reims et de là à Soissons, tous les évêques et leudes du royaume de Burgondie se donnèrent à lui ; et aussi les

---

[1] [*La Monarchie franque*, p. 616 et suiv.]
[2] Frédégaire, *Chronicon*, 47. [Cf. *La Monarchie franque*, p. 630.]
[3] C. 56 : *Ut suum deberent regimen eligere*. Je traduis mot à mot *eligere* par préférer. Quant à *deberent*, on sait que dans cette langue c'est un simple auxiliaire. — Notons d'ailleurs que le premier soin de Dagobert avait été de lever une armée austrasienne.

évêques et grands de Neustrie pour la plupart demandèrent la royauté de Dagobert. Son frère Caribert fit des efforts pour prendre la royauté, mais à cause de sa simplicité il n'y parvint pas. » Il n'y a pas dans ce récit l'indice d'une élection régulière et nationale; mais ce qui y est digne de remarque, c'est que les grands, ecclésiastiques ou laïques, décident à qui ils obéiront. [Il ne s'agit d'ailleurs que d'une préférence individuelle pour tel ou tel prince : il n'y a pas la moindre trace d'une tendance politique[1].]

En 632, Dagobert fait son fils Sigebert roi d'Austrasie. C'est un enfant de trois ans. Les Austrasiens l'ont-ils élu? l'ont-ils demandé? Le chroniqueur ne le dit pas : « Dagobert venant à Metz, ayant pris conseil des évêques et des grands, tous les grands du royaume y donnant leur assentiment, éleva roi en Austrasie son fils Sigebert et lui permit de résider à Metz. » En même temps Dagobert décida quels seraient les vrais détenteurs du pouvoir pendant l'enfance de son fils, et il désigna l'évêque Chunibert et le duc Adalgisile. Le chroniqueur fait entendre que les Austrasiens furent contents d'avoir un roi à eux; mais il paraîtrait, d'après un autre passage de sa Chronique, qu'une partie des ducs austrasiens continua d'obéir à Dagobert[2].

L'année d'après, Dagobert eut un second fils. « Aussitôt les grands, les évêques et les autres leudes de la Neustrie, de la Burgondie et de l'Austrasie se réunirent et il fut fait une convention appuyée par des serments, en vertu de laquelle la Neustrie et la Burgondie devaient appartenir à Clovis II à la mort de son père, tandis que

---

[1] [Cf. *La Monarchie franque*, p. 48.]
[2] Frédégaire, c. 75 et 85.

l'Austrasie avec égalité de population et de territoire appartiendrait à Sigebert. » Cette première phrase du chroniqueur donne d'abord à penser que ce furent les grands qui prirent l'initiative de ce partage de l'État franc; mais la phrase suivante permet de douter que le chroniqueur ait compris la chose ainsi, car il fait remarquer que ce fut Dagobert qui fixa les limites des deux États, exigeant notamment que le duché de Dentelin appartînt à Clovis; les Austrasiens, dit le chroniqueur, durent accepter ces conditions « bon gré mal gré »[1]. — Je ne vois ici qu'un partage fait par un père entre ses deux fils; Dagobert prend d'avance ses mesures pour que son second fils ne soit pas traité comme il a traité lui-même Caribert[2].

Quand survint la mort de Dagobert, Clovis II, si jeune qu'il fût, « prit la royauté »[3]. Une cérémonie d'installation eut lieu ensuite à Meslay, près de Sens, et tous les leudes de Neustrie et de Burgondie le reconnurent pour roi[4].

Cette royauté paraît être aussi forte que par le passé et avoir les mêmes attributions. [Comme au vi[e] siècle], le roi est le grand justicier et a sur ses sujets le droit de vie et de mort. Clotaire II parcourt l'Alsace, « réta-

---

[1] *Vellint nonlint*, c. 76. [Cf. *La Monarchie franque*, p. 644 et 645.]
[2] C'est ainsi que le fait a été compris par l'auteur, qui est à la vérité postérieur d'un siècle, de la Vie de Pépin de Landen. A la mort de Dagobert, dit-il, Sigebert aurait pu prendre le royaume tout entier (ainsi qu'avait fait Dagobert) *nisi prius facta descriptione totius regni, pater cum Sigiberto pactum formasset ut ipse Austria contentus juniori fratri Chlodoveo Franciam permitteret* (c. 3). [Cf. *La Monarchie franque*, p. 46 et suiv.]
[3] C. 79 : *Regnum adscivit*.
[4] *Ibidem* : *Omnes leudis de Neuster et Burgundia eum Masolaco villa sublimant in regno*. [Édit. Krusch; cf. Longnon, *Atlas historique*, texte, p. 64.] — Les *Gesta Dagoberti*, 45, remplacent le mot *leudes* par le mot *duces*.

blissant l'ordre et frappant du glaive beaucoup d'hommes coupables¹ ». Dagobert traverse la Burgondie, « frappant de terreur les évêques, les grands et tous les leudes du pays », « jugeant les grands et les petits », « en sorte que nul ne sortait de sa présence sans avoir obtenu justice ». Ce droit de justice exercé directement et sans intermédiaire montre que les institutions publiques ont encore de la force, au moins quand elles sont dans la main d'un roi fort.

Ces rois exercent aussi un pouvoir militaire absolu. S'ils veulent faire une guerre, aussitôt nous les voyons donner l'ordre de lever toute la population militaire d'une de leurs provinces ou de leur royaume entier²

C'est une royauté puissante. Les plus grands personnages du temps, Arnulf, Amandus, Éligius, Désidérius, Chunibert, Pépin, lui font cortège et sont à son service. Ce qui est frappant dans la Chronique, c'est le sentiment de crainte que Dagobert inspire à tous, et, quand l'amour des peuples a disparu, le respect qui reste.

C'est d'ailleurs l'époque des grandes conquêtes à l'extérieur, et ces conquêtes ne vont jamais sans un gouvernement fort³. Dagobert laissa une grande mé-

---

¹ Frédégaire, c. 43. [Cf. *La Monarchie franque*, p. 628 et suiv.]

² Ainsi Dagobert en 628 *jobet universis leudibus quos regebat in Auster promovere in exercito* (Frédégaire, 56 [édit. Krusch]). — En 631, *jubet de universum regnum Austrasiorum contra Winidis movere exercitum* (ibidem, 68). — En 636, *de universum regnum Burgundiæ exercitum promovere jobet*, et il envoie cette armée contre les Vascons (ibidem, 78). — En 641, sur l'ordre du jeune roi Sigebert, *omnes leudis Austrasiorum in exercitum gradiendum banniti sunt*, pour marcher en Thuringe (ibidem, 87).

³ Victoire sur les Saxons, *Vita Sigeberti*, 1; grandes guerres des Pyrénées à l'Elbe; sauf un désastre dans le pays des Slaves, ce ne sont que des victoires.

moire : ce qui prouve qu'il fut fort jusqu'à la fin, car les peuples ne respectent après leur mort que ceux qui ont été puissants jusqu'au dernier jour de leur vie.

Nous trouvons de temps en temps de grandes réunions d'hommes ; mais elles n'ont pas le caractère d'assemblées populaires ou nationales. Elles n'ont rien de régulier et ne se réunissent que quand et où le roi les convoque. Elles ne sont d'ailleurs composées que des évêques et des grands.

Elles ont [sans doute] une grande importance, et cette importance grandira encore dans la suite ; mais on se tromperait en voyant en elles des assemblées régulières se réunissant en vertu d'un droit national. Ce caractère n'apparaît jamais dans les documents. Aussi ne voyons-nous sortir de ces assemblées aucune institution libre. Regardez-les toutes l'une après l'autre : vous n'en trouverez pas une seule qui ait fait des lois permanentes en faveur de la liberté publique. Les documents du temps ne parlent jamais de liberté ; ce mot même ne s'y rencontre pas[1].

[Il y a si peu de désir de libertés politiques et d'indépendance nationale, que les grands ne profitent jamais des minorités royales pour revendiquer de nouveaux droits. Quand Clovis II eut pris la royauté], on ne contesta même pas à la reine Nanthilde la tutelle de l'enfant ni la régence du royaume, et aucun règne ne fut plus paisible que ce règne d'un enfant[2]. Ni les chroniqueurs ni les hagiographes ne signalent aucun désordre, aucun essai de guerre civile pendant ces dix-huit années.

---

[1] [On a longuement étudié le caractère et les destinées de ces assemblées, de 616 à 687, dans *La Monarchie franque*, c. 16, p. 630 et suiv.]

[2] Continuateur de Frédégaire, c. 1 : *Chlodoveus in regno pacem habuit.*

En Austrasie régnait un autre enfant, Sigebert III. On ne voit pas trace d'agitations ni de conflits. Ce Sigebert ne laissa qu'un enfant tout à fait en bas âge. Un ambitieux, le maire Grimoald, fit disparaître cet enfant et fit roi son propre fils[1]. Mais les Francs ne voulurent pas de l'usurpateur; « émus et indignés », ils s'emparèrent de la personne de Grimoald, le livrèrent au roi de Neustrie, le virent mettre à mort « comme il l'avait mérité pour le crime qu'il avait commis envers son maître », et reprirent un roi dans la famille mérovingienne[2].

Ces faits, et la manière même dont ils sont racontés, impliquent que la dynastie royale, même représentée par des enfants, continuait à être vénérée. Aucun chroniqueur ne laisse voir qu'il y eût un parti qui voulût la renverser pour lui substituer une autre famille, encore moins pour établir un autre régime.

Il est vrai qu'entre ces rois mineurs, la succession étant mal assurée, les hommes se trouvèrent avoir une sorte d'élection. Et d'abord, une idée juste s'introduisit alors dans les esprits, à savoir que le royaume ne devait plus se diviser en autant de parts qu'il y avait de fils. Clovis II en laissait trois; l'aîné seul fut roi. Peut-être faut-il attribuer à la reine Bathilde l'initiative de cette innovation; encore fallut-il que les hommes y fussent consentants, et c'est ce qu'indique le chroniqueur[3]. Mais

---

[1] *Gesta* [*Liber Historiæ Francorum*, édit. Krusch], 43 : *Grimoaldus filium ejus parvolum totundit.... et in Scocia direxit, filium suum in regno constituens.*

[2] Ibidem : *Franci (commoti atque vehementer) indignantes Grimoaldo insidias præparant, eumque exementes ad condempnandum rege Francorum Chlodoveo deferunt.... et ut erat morte dignus (propter scelus) quod in dominum exercuit, morte vitam finivit.* — Cf. Chronique de Moissac, année 656.

[3] Continuateur de Frédégaire, 91 [1, édit. Krusch] : *Franci Chlota-*

cela veut-il dire que la royauté devint élective? Personne ne paraît avoir songé à ce nouveau principe de droit public. Les chroniqueurs ne parlent ici ni d'assemblée nationale, ni de discussion, ni de délibération régulière. Ce fut une simple élection de fait. De trois enfants, un seul fut déclaré roi. La reine mère fut tutrice et régente. Elle gouverna le Palais et le royaume¹.

En tout cela aucun principe nouveau n'apparaît. Plus tard, nous verrons les hommes se partager entre deux rois, les uns pour Childéric II, les autres pour Thierry III. Plus tard encore, nous verrons un roi renversé et un autre Mérovingien mis à sa place. Ce fut l'effet de rivalités de factions que nous expliquerons tout à l'heure. Qu'il nous suffise de dire ici que dans aucun de ces événements nous ne voyons qu'un droit d'élection ait été invoqué; nous ne voyons pas non plus qu'une idée politique se soit attachée à chacun de ces choix. Qu'un de ces rois représentât un principe et l'autre roi un autre principe, c'est ce qu'on n'aperçoit jamais.

---

rium filium Chlodovei majorem in regno statuunt.— Gesta, 44 : Franci Chlotarium seniorem puerum ex tribus regem sibi statuunt.

¹ Continuateur de Frédégaire, 91 [1] : Chlotarium in regno statuunt cum prefata regina matre. — Gesta, 44 : Chlotarium regem statuunt cum ipsa matre regnaturum. — Vita S. Balthildis, 6-10 ; dans les Acta Sanctorum ordinis Benedicti, II, p. 776 [et dans les Scriptores Germaniæ Merovingici, t. II]. — Vita S. Bertilanæ, 4-7 : Balthildis regnum gubernabat Francorum et ab omnibus pontificibus vel proceribus cunctoque populo diligebatur... viriliter gubernabat palatium (Acta Sanctorum ordinis Benedicti, III, p. 23).

CHAPITRE II

Le principe moral de l'autorité publique s'affaiblit.

Si la royauté s'affaiblit au milieu de populations toutes disposées à obéir, si l'autorité publique s'annihila sans qu'il y ait eu aucune révolte contre elle, la faute en fut d'abord à la famille régnante. Le gouvernement monarchique, comme tous les gouvernements, a ses difficultés en lui-même, indépendamment des oppositions du dehors. Pour le mettre en pratique, les Mérovingiens n'eurent ni une conscience assez droite ni une intelligence assez élevée.

On connaît leurs crimes. Clovis égorge l'un après l'autre tous ses parents. Clotaire et Childebert égorgent leurs neveux, deux enfants, de leurs propres mains. Thierry essaye de tuer Clotaire[1], et assassine un roi des Thuringiens. La femme de Théodebert assassine sa propre fille. Chilpéric tue sa femme, Théodebert II tue la sienne[2]. Sigebert est assassiné, Contran est menacé dix fois de l'être. Les deux frères Théodebert et Thierry cherchent à s'égorger[3].

On a expliqué cette série de meurtres par l'exubérance d'une nature ardente et sauvage : âmes simples et franches, a-t-on dit, irascibles aussi et indomptées, ils avaient les emportements de l'humanité primitive. Tout au contraire, regardez de près tous ces récits de

---

[1] Grégoire, III, 7.
[2] Frédégaire, Chronicon, c. 37.
[3] Plus tard on reproche encore à Dagobert d'avoir fait assassiner son neveu Chilpéric, Frédégaire, 67.

meurtres : ce sont les crimes de la ruse et non de l'emportement, de la convoitise la plus basse et non pas de la franche colère. Qu'on regarde aussi les mœurs privées de ces hommes : nul respect des liens de famille et du mariage ; le nombre de leurs concubines est incalculable¹. C'est un libertinage éhonté. Les fils s'arment contre leur père quand leur père leur fait trop attendre la royauté. Les filles se querellent avec leur mère pour avoir leur part d'or et de joyaux. Entre frères, ce n'est que haine. S'ils sont trois, il y en a toujours deux qui complotent contre le troisième. Childebert et Clotaire s'unissent contre Théodebert, puis Childebert et Théodebert contre Clotaire². A la génération suivante, Chilpéric et Childebert II s'entendent « pour chasser Gontran de son royaume »; puis c'est Gontran et Childebert qui s'unissent contre Chilpéric. Et ces unions se font et se défont sans cesse, bien que chaque fois elles soient confirmées par un traité écrit, par des signatures, par des serments³.

Les Mérovingiens avaient pris la place des empereurs romains ; mais, quoique ceux-ci fussent loin d'être des modèles dans la vie privée, les Mérovingiens valurent bien moins encore. Il est juste d'ajouter que les autres familles royales n'étaient pas meilleures. On peut voir les crimes des rois burgondes⁴, des rois ostrogoths, des

---

¹ Voyez dans Grégoire les mœurs de Thierry Iᵉʳ (III, 22, 26, 27), de Théodebert Iᵉʳ (III, 20, 22, 27), de Clotaire Iᵉʳ (IV, 3); de Caribert (IV, 26); de Gontran (IV, 25); de Chilpéric (IV, 28), etc. ; de Thierry II (Frédégaire, Chronicon, 24, 29, 50, 56). — [Voyez] plus tard celles de Dagobert : Luxoriam super modum deditus, tres habebat reginas et plurimas concupinas, Frédégaire, 60. — Sigebert Iᵉʳ et Sigebert II paraissent avoir fait exception.
² Grégoire de Tours, III, 23 et 28.
³ Idem, VI, 3.
⁴ Idem, II, 28 et 52; III, 5.

rois wisigoths, des rois thuringiens[1], des Lombards[2]. Conan, comte des Bretons, assassina ses trois frères[3]. Jamais les gouvernants ne furent plus mauvais qu'à cette époque de l'histoire.

Visiblement le niveau de la conscience s'était abaissé. Or cet abaissement dans la famille régnante fut pour la royauté une cause de faiblesse. Le respect fut impossible. Je ne sais si le sentiment de la réprobation surgit dans les âmes; la manière dont ces crimes sont racontés par Grégoire lui-même permet de penser que les contemporains n'éprouvèrent ni réprobation ni dégoût. Tous ces crimes n'inspirèrent à ceux qui en étaient les témoins aucun sentiment de haine vigoureuse. On s'y habitua, on ne se crut pas le droit de juger, on applaudit, on imita. Je ne crois pas qu'il ait été écrit à aucune époque un livre aussi plein de crimes que celui de Grégoire de Tours; et tranquillement, c'est un fleuve qui coule et répand ses eaux. Les crimes sont partout. Francs et Romains ne s'y distinguent pas, et les clercs ne valent pas beaucoup mieux que les laïques. Ces générations d'hommes perdirent, sans s'en douter, le sens moral. Avec cela disparut aussi ce qui fait le plus sûr lien de la société. Sous les Mérovingiens, deux choses grandirent incessamment : l'une fut la dépravation de la conscience individuelle, l'autre fut l'indiscipline sociale. Les hommes furent de plus en plus mauvais, et de plus en plus ingouvernables.

Le vice capital de cette famille paraît avoir été l'avarice. Observez, dans les récits que les Chroniques font de leurs actes et de leurs crimes, les traits caractéris-

---

[1] Grégoire de Tours, III, 4.
[2] Frédégaire, 70.
[3] Grégoire de Tours, IV, 4.

tiques ; il en est un que vous retrouverez toujours : c'est la cupidité. Chacun de ces rois accumule un trésor, et tous ses actes tendent à l'augmenter. On est confondu de la place que le trésor tient dans toute cette histoire. Clovis « prend le royaume de Sigebert avec ses trésors[1] ». Il tue Chararic et prend « son royaume, ses trésors et son peuple[2] ». Childebert Ier meurt, et son frère « prend son royaume et ses trésors[3] ». Gontran aussi prétend avoir « le royaume de Caribert et ses trésors[4] ». La guerre civile de 613 a pour plus clair résultat « de soumettre à Clotaire II tout le royaume des Francs et tous les trésors[5] ». Dagobert Ier, à la nouvelle de la mort de son père, « court s'emparer de ses trésors[6] ». Le même prince, dès qu'il apprend la mort de Caribert, se fait apporter « ses trésors[7] ». Il meurt, et le chroniqueur raconte en détail, comme la plus importante affaire de cette année-là, de quelle manière ses trésors furent partagés entre ses deux fils[8]. Plus tard Pépin, vainqueur à Testry, « s'empara du roi Thierry et de ses trésors ».

Ces coffres remplis de pièces de monnaie ou d'objets d'orfèvrerie semblent avoir uniquement préoccupé les hommes de ce temps-là. Il faut voir avec quel naïf orgueil les rois montraient ces coffres aux visiteurs. Chilpéric fait voir à Grégoire de Tours les belles pièces d'or que l'empereur de Constantinople lui a envoyées et lui en fait admirer le poids autant que les lettres bien

---

[1] Grégoire de Tours, II, 40.
[2] Idem, II, 41.
[3] Idem, IV, 20.
[4] Idem, VII, 6.
[5] Frédégaire, *Chronicon*, 42.
[6] Idem, 57.
[7] Idem, 67.
[8] Idem, 85.

gravées. Il lui met sous les yeux un grand plat d'or, du poids de cinquante livres. « C'est moi, dit-il, qui l'ai fait faire, pour honorer la race des Francs, et si Dieu me prête vie, j'en ferai faire encore d'autres¹. » Tels sont leurs grands desseins. Ne dirait-on pas que l'augmentation de leur trésor est le but suprême de leur politique²?

Quand un roi meurt, c'est à qui de ses frères ou de ses fils mettra la main le premier sur son trésor. « A la mort de Childebert, Clotaire s'empara de son royaume et de ses trésors; quant à sa femme et à ses filles, il les relégua en exil. » Clotaire meurt, et aussitôt Chilpéric, sans attendre ses frères, court à Braine où se trouvent les coffres du roi mourant. Caribert meurt; Gontran fait dire à sa veuve : « Viens à moi avec les trésors de ton mari, et je t'épouserai »; la femme vint, mais le roi ne garda que les trésors³.

Pour quel motif ces rois se font-ils la guerre entre eux? Les historiens modernes se sont plu à transporter dans ces générations les idées générales qui règnent dans les nôtres. — Ils ont raisonné ainsi : Des guerres civiles si fréquentes, si perpétuelles, ne doivent dériver que d'une cause supérieure. Cette cause supérieure doit être une antipathie de race. Il est vrai que tous ces rois sont de la même famille, mais comme ils règnent l'un dans l'Est et l'autre dans l'Ouest, il est certain que ce sont ces deux contrées qui se battent sous le nom des deux rois; ou plutôt, sous le nom des deux contrées, ce

---

¹ Grégoire de Tours, VI, 2.
² La cupidité est encore le reproche que le chroniqueur adresse à Dagobert Iᵉʳ : *Cupiditates instinctu super rebus ecclesiarum et leudibus, rediit omnibus undique expoliis novos implere thinsauros.* Frédégaire, *Chronicon.* — 60, *Dagobertus, ut erat cupedus,* ibidem, 73.
³ Grégoire de Tours, IV, 20; IV, 22; IV, 26.

sont deux races ennemies. — Ces raisonnements-là ne sont pas chez les écrivains du temps. Vous ne trouverez pas dans toutes les Chroniques un seul indice d'une lutte de deux contrées, une seule allusion à un conflit de races. Les chroniqueurs ne disent jamais : « La Neustrie et l'Austrasie se font la guerre »; ils disent toujours : « Tel roi fait la guerre à tel autre ». Qu'on observe d'ailleurs le détail, on verra bien que la Gaule n'était pas partagée aussi régulièrement en Est et Ouest que les historiens modernes l'ont supposé. Il y eut un troisième royaume, la Bourgogne, et l'on vit des coalitions de la Bourgogne et de l'Austrasie contre la Neustrie, comme on en vit de l'Austrasie et de la Neustrie contre la Bourgogne. Il resterait aussi à prouver que la Neustrie qui possédait Tournai et Cambrai fût plus romaine que l'Austrasie qui possédait la Champagne[1]. Qu'on entre plus avant encore dans le détail des faits, et qu'on lise dans Grégoire ou Frédégaire les récits de ces luttes; on verra que la Touraine est austrasienne et se bat très vaillamment contre le Poitou qui est neustrien[2]. Toutes les idées systématiques que les modernes ont exprimées sur ces guerres doivent être écartées. Les chroniques les racontent sans jamais leur attribuer aucun motif d'ordre général. Le motif, unique et toujours le même, qu'elles marquent sans cesse, est la convoitise des rois; chacun d'eux veut augmenter sa part de terres et de trésors. Quand ils se disputent des cités, ils se disputent l'impôt que ces cités

---

[1] Que les rois qui régnaient dans l'Est aient eu une plus grande facilité pour enrôler des mercenaires germains, et qu'ils ne s'en soient jamais fait faute, cela ne prouve en aucune manière que ce fût une haine de race qui armât l'Austrasie.

[2] Ex. : Grégoire de Tours, VI, 31; VII, 12, 13, 24, etc.

produisent ou les domaines qu'elles contiennent[1].

Il en est de même des partages qu'ils font entre eux. Ils divisent le royaume sans avoir égard aux races, aux langues, à la géographie. C'est pour cela que la Provence et la Touraine ont été longtemps dans le royaume d'Austrasie, et que l'Alsace a fait partie quelque temps du royaume de Bourgogne[2]. Qu'on cherche quelle peut être la raison de ces singuliers partages, on n'en trouvera pas d'autre, sinon que l'on faisait le calcul des impôts, des terres, de tous les revenus que chaque part devait contenir. Il semble que ces partages aient été faits, non sur une carte, mais sur une liste de provinces. Pour arriver à une plus grande égalité pécuniaire, on partageait quelquefois une ville par moitié ou par tiers. Aussi voyons-nous qu'ils se disputent avec une singulière âpreté des moitiés ou des tiers de cités. L'idée de races n'a rien à voir avec de tels actes[3].

Quel a été le mobile des guerres de ces rois au dehors? Leurs expéditions en Germanie furent nombreuses. Songèrent-ils à civiliser le pays ou à le convertir, ou tout au moins à l'organiser? On ne trouve pas dans les documents la trace d'une pareille pensée. Clotaire Ier fait la guerre aux Thuringiens pour satisfaire une vieille rancune des Francs. Il fait la guerre aux Saxons, parce que « ceux-ci refusent de lui payer tribut ». Childebert porte la guerre en Espagne pour faire du butin. Si, plus tard, les rois francs font des expéditions contre les Lombards, c'est parce qu'ils sont payés

---

[1] Grégoire de Tours, VI, 22 : *Chilpericus, pervasis civitatibus fratris sui, cuncta jubet sibi urbium tributa deferri.*

[2] Frédégaire, *Chronicon*, 37. [Cf. *La Monarchie franque*, p. 46.]

[3] Les partages du VIIe siècle présentent un peu moins d'irrégularité; mais dans les cent vingt années précédentes la notion de races avait eu le temps de s'affaiblir.

pour cela par les empereurs de Constantinople; encore arrive-t-il que si les empereurs les payent d'avance, ils gardent l'or et ne font pas l'expédition [1].

L'impression générale qui résulte des faits est que l'esprit politique a manqué à ces rois. Il est bien vrai qu'on ne saurait donner sur ce point une affirmation absolue. Quelques exceptions peuvent nous échapper. Il est possible que Clovis ait eu quelques vues hautes et justes, bien que les chroniqueurs n'en parlent pas, et qu'il ait fait quelques fondations ou institutions, quoique aucun document ne nous les fasse apercevoir.

Plusieurs historiens modernes ont attribué à la reine Brunehaut de grands desseins; mais aucun des écrivains contemporains ne paraît soupçonner qu'elle les ait eus. Ni Grégoire ni Frédégaire ne parlent de sa politique. L'idée qu'elle ait travaillé au triomphe d'un certain système de gouvernement n'est nulle part. Quelques églises qu'elle bâtit, quelques routes que peut-être elle répara, ne prouvent pas qu'elle ait eu le génie de l'administration.

Les modernes supposent volontiers que les Mérovingiens ont fait de louables efforts pour constituer peu à peu un gouvernement régulier, et qu'ils y ont échoué. Le contraire est plus vrai. Ce gouvernement régulier existait encore à leur arrivée en Gaule; ils n'ont eu qu'à le prendre et aucune des populations ne s'opposa à ce qu'ils le prissent. Ils devaient faire effort, non pour le constituer, mais pour le conserver; et c'est à cela même qu'ils ont été insuffisants. S'ils avaient eu des vues d'intérêt général, ils auraient commencé par se faire moins souvent la guerre pour des convoitises per-

---

[1] Grégoire de Tours, III, 7; IV, 14; III, 29; VIII, 18; VI, 42.

sonnelles. Ils n'auraient pas laissé se perdre l'impôt, la justice et l'administration, ainsi que nous le verrons tout à l'heure. Ils auraient ensuite travaillé à fonder quelques institutions régulières et stables.

La marque à laquelle se reconnaissent les hommes d'État dans le régime monarchique, est qu'ils établissent de solides pouvoirs à côté du roi, afin de garantir la monarchie même contre les caprices du monarque. Les Mérovingiens n'y songèrent pas. Ils furent despotes autant qu'ils purent l'être, mais plutôt par goût et par instinct qu'en vue d'un intérêt public. Ils voulurent être des rois riches et forts plutôt qu'ils ne pensèrent à établir une royauté solide et bienfaisante.

Il me semble que Grégoire de Tours donne une idée assez exacte de ce qu'étaient tous les desseins de ces rois. Frédégonde, dans un moment de repentir, dit à son mari : « Nous thésaurisons, et à quoi cela nous sert-il ? nous n'avons pas d'enfants. Pourquoi continuer ? N'avons-nous pas assez de vin dans nos celliers, assez de blé dans nos greniers, assez d'or et d'argent dans nos coffres ?[1] » Je ne sais si ce sont là les paroles de Frédégonde, mais ce sont là les paroles, les pensées, et toute la politique que Grégoire attribue à Frédégonde et à Chilpéric, qu'il connaissait.

Ailleurs, l'historien, sous forme de plainte oratoire, présente ses considérations sur la politique générale des rois francs : « Il me pèse de raconter les guerres civiles ; que faites-vous, ô rois ? Quel est votre but ? De quoi manquez-vous ? Toutes les sortes de richesses abondent dans vos maisons. Vin, blé, huile, vos gre-

[1] Grégoire de Tours, V, 34.

niers regorgent de tout; l'or et l'argent s'entassent dans vos coffres; pourquoi cherchez-vous à vous dépouiller l'un l'autre? » Or l'écrivain qui parle ainsi n'est pas un homme étranger aux choses du monde. C'est un évêque; administrateur non seulement d'une église, mais d'une grande cité, il a l'habitude des affaires; il traite tous les jours avec les rois: plus d'une fois dans sa vie il a été négociateur entre eux. Il connaît la cour, les grands, les bureaux : rien ne lui échappe; il n'est guère possible que la politique ait eu beaucoup de secrets pour lui. Si c'est ainsi qu'il se figure toute la politique, je ne croirais pas volontiers que les rois francs en eussent une idée plus haute.

On en est même à se demander si l'idée abstraite de la royauté entra dans leur esprit. Leur phraséologie pompeuse ne doit pas faire illusion. Leurs bureaux, qui leur venaient de l'Empire, conservaient les formules romaines. Aussi continuait-on à vanter, en tête des actes officiels, la majesté royale, ses devoirs, ses vertus, ses bienfaits. On écrivait, par exemple, au nom du roi Clotaire : « Il appartient à la clémence du prince de pourvoir avec une sollicitude attentive aux nécessités des provinces et aux besoins des sujets et de prendre dans l'intérêt de leur repos toutes les mesures qui s'accordent avec la justice ». Mais ces phrases toutes romaines étaient de tradition dans les bureaux; elles ne marquent pas une préoccupation particulière des rois. Dans la pratique, et si l'on observe les actes des Mérovingiens, il n'en ressort pas qu'ils aient considéré la royauté comme une fonction instituée dans l'intérêt de tous. Quelques mesures de police, quelques accès

---

[1] Grégoire de Tours, V, prologue.

de zèle judiciaire[1] ne constituent pas une ligne de conduite suivie. Quelques lois sages leur furent dictées par des conciles d'évêques, mais il est douteux qu'elles aient été exécutées.

Ils semblent avoir presque tous considéré la royauté comme une fortune et non pas comme une fonction. C'est pour cela qu'ils se la partageaient comme un domaine. Ils en comptaient les terres, les impôts, les trésors. Ils donnaient des cités en dot à leurs filles, en douaire à leurs femmes. — Le traité d'Andelot, l'un des actes les plus solennels du vi[e] siècle, confère des cités en propre à Brunehaut, d'autres à une fille de Gontran. Par ce traité, deux rois règlent la succession du royaume dans les mêmes termes que deux particuliers régleraient l'héritage d'une fortune. Vous n'apercevez dans ce long texte aucune lueur d'idée générale, aucun principe qui dépasse les intérêts privés de quelques hommes. Non seulement la nation franque n'a pas été consultée, mais les contractants ne pensent même pas à elle. Tout se réduit à ceci : un roi qui n'a pas d'enfants lègue son royaume à son neveu pour en mieux jouir sa vie durant; encore se ravise-t-il bientôt, et nous l'entendons dire : « Je laisserai aussi deux ou trois cités à Clotaire, quelque part, afin qu'il ne soit pas tout à fait déshérité par moi[2] ». — Quarante ans plus tard, Dagobert Ier réunit les deux royaumes; mais nous ne voyons pas qu'un principe supérieur détermine les hommes ni Dagobert lui-même : le chroniqueur raconte qu'il se hâte, qu'il arrive le premier, qu'il met la main sur les royaumes et les trésors; « pourtant il est ému de miséricorde, et laisse à Ca-

---

[1] Frédégaire, *Chronicon*, 54, 57, 58.
[2] Grégoire, IX, 20, *in fine*. — [*La Monarchie franque*, p. 606 et suiv.]

ribert tout le pays entre Loire et Pyrénées[1] ». — Convoitise ou miséricorde, ce sont toujours des sentiments d'ordre privé qui inspirent leurs actes politiques. C'est ainsi que leurs donations sont dictées par le désir de plaire à Dieu ou de « sauver leur âme ». Bons ou mauvais, ce sont toujours des intérêts personnels qui les dirigent.

Ici se présente naturellement une comparaison. L'Empire romain avait compté plusieurs princes détestables; encore peut-on suivre, du commencement à la fin, et même sous les plus mauvais, un souci constant des intérêts généraux. Les empereurs s'étaient tous considérés comme les représentants du *populus*. Dans leur esprit, et aussi d'après la manière de penser de leurs contemporains, l'Empire n'était nullement une autorité personnelle, moins encore un domaine ou un héritage. L'Empire était la collection des intérêts de tous gérés par un seul homme. On l'appelait *respublica*. Ne croyons pas que ce fût là un vain mot, une illusion, un mensonge; sous ce mot, il y avait toute une conception d'esprit. Ceux qui sont familiers avec les documents de l'âge impérial, savent combien ce terme est fréquent. Il n'est pas seulement employé par les écrivains classiques; il était employé dans la langue ordinaire et même dans la langue officielle. Il est dans les lois, il est dans les inscriptions. Loin qu'il fût un terme d'opposition, on l'employait en parlant aux empereurs, et les empereurs eux-mêmes l'employaient. *Respublica* était un terme aussi officiel que *imperium*[2]. Tous les deux désignaient le même gou-

---

[1] Frédégaire, 56, 57.
[2] [*La Gaule Romaine*, p. 149; *L'Invasion Germanique*, p. 4.]

vernement par deux côtés divers. Le pouvoir appartenait à un seul, mais le gouvernement était « la chose de tous ». Cela ne voulait pas dire que tous eussent le droit de gouverner; mais tout le monde entendait par là que le gouvernement n'existait que pour l'intérêt de tous. Cette conception d'esprit est restée toute-puissante dans les cinq siècles de l'Empire. Aussi le mot et l'idée de la *respublica* se suivent-ils de génération en génération dans les documents.

Sous les Mérovingiens, le mot *respublica* disparaît. Si nous le trouvons encore quelquefois, c'est seulement pour désigner l'Empire romain qui a son siège à Constantinople. Il n'est jamais appliqué à l'État franc[1].

Il y a dans cette disparition d'un mot un symptôme que l'historien ne doit pas négliger. Si le mot est sorti de l'usage, sans être remplacé par aucun équivalent, c'est qu'une idée est sortie de l'esprit. Le gouvernement a cessé d'apparaître aux hommes comme la chose de tous. La conception des intérêts généraux s'est effacée. Le roi reste comme une personne puissante, crainte, obéie; mais le principe supérieur qui s'était attaché à la monarchie ne se retrouve plus; l'intérêt public ne se confond plus avec elle. Visiblement, les hommes du vi° et du vii° siècle se font du gouvernement une idée moindre. L'autorité publique s'altère, s'affaiblit, s'abaisse, dans l'esprit des rois et des sujets.

[1] On trouve toutefois le mot *respublica* dans la *Vita S. Eligii*, I, 32 : *Censum qui reipublicæ solvebatur*; mais notez que c'est dans un chapitre de la rédaction plus récente, comme le prouvent les mots *usque hodie*. Or le mot *respublica* était redevenu en usage sous les Carolingiens (comme nous le verrons plus loin].

CHAPITRE III

Comment les impôts ont disparu.

La royauté mérovingienne avait hérité de l'Empire romain tout un système d'impôt foncier avec des registres du cadastre pour le percevoir, et tout un système de douanes avec tout un personnel de bureaux et de péagers. Il y avait là de quoi enrichir cette royauté et suffire à tous les besoins de son gouvernement[1]. Pourtant, dès que nous entrons dans la seconde moitié de la période mérovingienne, il est visible que cette royauté est pauvre; elle est plus pauvre à mesure que nous avançons; les moyens pécuniaires de gouvernement finissent par lui manquer. Elle a donc perdu ses impôts. C'est une curieuse étude d'histoire de chercher comment elle les a perdus.

Nous devons noter d'abord qu'elle n'a jamais songé spontanément à les supprimer. Clotaire Ier les a augmentés; il a élevé l'impôt foncier au tiers du revenu[2]. Théodebert Ier y a soumis les Francs[3]. Chilpéric aussi les a accrus, d'abord en supprimant les exemptions de beaucoup de Francs, puis en faisant refaire le cadastre. Childebert II a fait faire aussi un nouveau cadastre, mais il paraît que ce fut pour alléger quelque peu les impôts[4].

Nous devons constater ensuite que la population ne

---

[1] [*La Monarchie franque*, c. 11.]
[2] Grégoire, IV, 2.
[3] Idem, III, 36. [Cf. *La Monarchie franque*, p. 281.]
[4] Idem, VII, 15; V, 28; X, 7. [Cf. *La Monarchie franque*, p. 268 et suiv.]

s'est pas révoltée contre l'impôt. Il y a eu sans doute quelques émeutes, comme celle de Limoges et celle des Francs de Metz[1]. Mais ce que l'on ne voit jamais, c'est une nation qui proteste légalement contre l'impôt ou qui se soulève avec ensemble pour s'en affranchir.

Clotaire II ne les abolit pas en 614. Son édit porte seulement : « Dans tous les lieux où un impôt nouveau a été établi sans droit et où la population réclamera, il sera fait une juste enquête, et l'abus sera miséricordieusement corrigé ». Ce n'est pas là supprimer les impôts ; le roi ne supprime que des aggravations non justifiées. Son article d'ailleurs n'est pas dirigé contre lui-même ; il vise les excès de pouvoir de quelques fonctionnaires qui, en quelques pays, ont établi des impôts nouveaux ; il promet de faire une enquête et d'amender lui-même les abus.

Dans l'article 9 du même édit, il supprime de même quelques péages nouveaux, mais conserve expressément les anciens. Ici encore il semble parler contre des fonctionnaires ou des fermiers de douanes qui ont créé de nouveaux péages sans aucun droit[2].

L'impôt foncier et les douanes se retrouvent après Clotaire II. On en peut suivre la trace sous Dagobert Ier et ensuite de règne en règne. Les chartes nous les montrent à chaque génération. On les retrouvera encore sous Charlemagne. Ainsi les impôts n'ont disparu ni par un édit royal qui les ait abolis, ni par une révolte nationale qui les ait violemment brisés. C'est d'une autre manière qu'ils se sont perdus.

Remarquons d'abord, dans les récits de Grégoire de

---

[1] Grégoire, V, 28 ; III, 36. [Cf. plus haut, p. 5.]
[2] [*La Monarchie franque*, p. 269 et 251.]

Tours, quelle idée les rois francs se faisaient de l'impôt. L'historien rapporte d'abord que Chilpéric aggrave les contributions¹ ; puis il signale une épidémie et la mort d'un enfant du roi². Il ne dit pas expressément que ces malheurs furent une punition du ciel ; mais c'est bien sa pensée ; c'est surtout la pensée du roi et de la reine. Chilpéric et Frédégonde, en effet, sont tout à coup saisis de repentir³. On s'imaginerait volontiers qu'ils se repentent de leurs crimes : ce n'est pas ce que dit Grégoire. Ils n'ont de remords, dans son récit, ni du meurtre de Galeswinthe, ni du meurtre de Sigebert, ni de quelques autres. L'acte dont ils se repentent, c'est la perception des impôts. « Nous thésaurisons, dit Frédégonde, et cependant nous perdons nos fils. » Elle voit dans cet argent « les larmes des pauvres, les soupirs des veuves et des orphelins ». Les trésors ainsi acquis « sont un amas de rapines et de malédictions ». Et elle conclut ainsi : « Brûlons ces registres d'impôts, ces registres iniques ». Elle se fait apporter les rôles de contributions des villes qui lui appartiennent en propre, et elle les jette au feu ; puis elle dit à son mari : « Fais comme moi, afin que, si nos fils morts ne peuvent pas nous être rendus, au moins nous échappions aux peines de l'enfer ». Et le roi, saisi de componction, brûla tous les registres des impôts.

Ce récit de l'évêque de Tours n'a sans doute qu'une vérité relative. Il n'assistait pas à la scène. Il la raconte telle qu'il suppose qu'elle s'est passée. Mais il n'a pas dû se tromper complètement, car il connaît les deux personnages. Peut-être était-il à leur cour en ce mo-

¹ Grégoire, V, 29 [28, édit. Arndt].
² Idem, V, 35 [34].
³ Idem, V, 35 [34] : *Mater sero pœnitens... Rex compunctus corde.*

ment même; il y était certainement quelques jours auparavant[1]. Or ce qui est ici digne d'attention, c'est l'idée que les rois se font de l'impôt. Pour eux, l'impôt n'est plus, comme au temps de l'Empire romain, une charge nécessaire que les populations subissent pour les besoins généraux de l'État et pour leur intérêt même. L'impôt n'est plus que ce qui enrichit les rois et ce qui fait qu'ils « thésaurisent ». L'idée d'intérêt public se détache de l'idée d'impôt. Dès lors rien ne le justifie plus. Il n'est plus qu'une « rapine ». Il représente « les larmes des pauvres ». Chaque pièce d'or qu'il produit porte « une malédiction ». Un tel impôt leur paraît à eux-mêmes illégitime et maudit de Dieu.

Si les rois se font une idée si grossière de l'impôt, les contribuables n'en ont certainement pas une idée plus haute. Grégoire lui-même, ce Romain, cet évêque, cet homme mêlé aux affaires publiques, a sur l'impôt la même opinion que Chilpéric. C'est affaiblir beaucoup l'impôt et déjà le ruiner que de lui enlever ce qui le rend légitime aux yeux des hommes.

Ce fut dès lors, chez les populations, un effort universel et toujours répété pour ne plus payer les impôts. Quelques historiens modernes ont supposé que les Gallo-Romains s'étaient résignés par habitude à les payer, et que c'étaient les Francs qui, par fierté native, avaient refusé de subir cette charge. Les documents ne montrent pas cela. Si l'on s'en tient à eux, le signal de la résistance à l'impôt serait venu, non des Francs, mais des évêques. L'opposition des Francs est une supposition vraisemblable : celle des évêques est une certitude. Nous avons des récits très caractéristiques qui prouvent que

[1] Voir V, 19 et suiv.

l'Église chrétienne, au vɪᵉ et au vɪɪᵉ siècle, a fait la guerre à l'impôt public.

« Le roi Clotaire Iᵉʳ avait décrété que toutes les églises de son royaume payeraient au fisc le tiers de leurs revenus fonciers. Son édit avait été présenté à tous les évêques pour que tous y donnassent leur adhésion et leur signature. Tous la donnèrent, contraints et forcés. Mais l'évêque de Tours, Injuriosus, plus courageux que les autres, refusa de signer. Et se rendant près du roi, il lui dit : « Tu prétends ravir des biens qui appartiennent « à Dieu, mais c'est Dieu qui va bientôt te ravir ton bien ; « car c'est une iniquité que tes greniers se remplissent « de l'obole des pauvres, alors que tu devrais plutôt nour- « rir les pauvres du blé de tes greniers ». Ayant dit cela, l'évêque s'en alla, sans donner au roi sa bénédiction. Le roi tout troublé, redoutant la puissance de saint Martin, patron de l'évêque, fit courir après lui, lui envoya des présents, le pria de lui pardonner, et retira son édit, ne demandant à l'évêque que d'implorer pour lui la faveur du saint[1]. » Nous retrouvons ici la même pensée que tout à l'heure : l'impôt est injuste ; l'impôt est un vol fait à des pauvres pour le profit personnel du roi ; l'impôt est réprouvé de Dieu et des saints. La conséquence est qu'il suffit d'un peu de hardiesse chez un évêque pour que l'impôt soit supprimé dans toute une cité.

C'est ce qui eut lieu encore à Limoges. « Il arriva que les rois firent une nouvelle levée de contributions sur toutes les cités de la Gaule. Mais l'abbé Aridius se rendit auprès du roi et parla en faveur de sa cité. Il obtint ce qu'il souhaitait. Le roi remit aux mains de

---

[1] Grégoire de Tours, IV, 2.

l'abbé le registre des contributions, et Aridius le brûla devant une foule nombreuse[1]. »

Grégoire de Tours raconte ce qu'il fit lui-même lorsque le roi voulut rétablir les impôts dans sa cité. « Les agents chargés de lever les contributions arrivèrent à Tours, disant qu'ils avaient en mains le registre où était marqué ce que chacun avait payé sous les règnes précédents. Mais je leur dis : « Il est vrai qu'un rôle des
« contributions a été dressé pour la cité de Tours au
« temps de Clotaire Ier, et que ce rôle a été porté au
« roi ; mais ensuite le roi, par crainte de saint Martin,
« a brûlé ce registre. Puis, après la mort de Clotaire,
« le peuple de Tours a prêté serment de fidélité à
« Caribert, et le roi aussi a juré qu'il n'infligerait à la
« population aucune charge nouvelle. Plus tard, le
« comte Gaiso prétendit percevoir les impôts ; mais
« l'évêque Euphronius l'en empêcha, et le comte Gaiso
« est retourné vers le roi. La cité a appartenu en-
« suite à Sigebert, qui pendant tout son règne n'y a
« levé aucun impôt. Voilà maintenant quatorze ans
« que Childebert II règne sur nous, et il n'a levé
« aucune contribution. Vous voulez maintenant ré-
« tablir l'impôt ; vous en avez la force ; mais prenez
« garde d'attirer quelque grand malheur sur notre
« roi en allant contre le serment juré. » Ils me répondirent : « Mais voici dans nos mains le re-
« gistre qui marque quelles sont les contributions de
« cette cité ». Je répliquai : « Le registre que vous avez
« ne vient pas des bureaux du Palais ; c'est un re-
« gistre sans valeur, qui a été trouvé dans la maison
« de quelque particulier, et qui a été produit au jour

---

[1] *Vita S. Aridii*, Bouquet, III, p. 413.

« par un ennemi de nos concitoyens ; mais Dieu pu-
« nira cet homme pervers ». En effet, l'homme qui
avait livré ce registre s'appelait Audin ; son fils fut
pris de la fièvre et mourut en trois jours. Pour moi,
j'envoyai des messagers au roi et lui demandai de se
décider entre ses fonctionnaires et nous. Ces messagers
me rapportèrent bientôt un arrêté royal par lequel la
cité de Tours, en égard au respect qu'on avait pour
saint Martin, ne devait jamais payer d'impôts[1]. »

Voici une autre légende qui se rapporte à la génération suivante. Austrégisile était évêque de Bourges. Un jour, on apprit qu'un envoyé du Palais nommé Garnier allait arriver dans le comté de Bourges pour y percevoir les impôts et en porter l'argent au roi. Alors toute la population courut vers l'évêque et le pria de la défendre « contre cette nouveauté et cette violence ». Comme Garnier approchait de la ville, l'évêque sortit à sa rencontre et, lui barrant le chemin, s'opposa comme un mur en face de lui, bien résolu à lutter jusqu'à la mort pour la défense du peuple que Dieu lui avait confié. « Que viens-tu faire, lui cria-t-il, homme d'iniquité ? « Dieu réprouve tes injustes desseins. Il ne permettra « pas que tu entres dans cette cité ni que tu y per- « çoives les contributions. » Garnier eut beau se mettre en colère ; il ne put rien contre la volonté de l'évêque. Il retourna au Palais et annonça au roi que l'évêque n'avait pas permis qu'on exécutât ses ordres[2]. »

Dagobert Ier fut le plus puissant et le plus respecté

---

[1] Grégoire de Tours, IX, 30.

[2] *Miracula Austregisili*, dans les *Acta Sanctorum ordinis Benedicti*, II, p. 99. — Quelques années après, le gouvernement essaya encore de lever l'impôt : il y échoua encore ; et l'hagiographe, qui écrit au VIIe siècle, ajoute que depuis lors jusqu'à son temps « aucun des fonctionnaires royaux n'a osé soumettre la ville de Bourges à l'impôt », ibidem, p. 100.

des rois mérovingiens. Il ne put cependant pas lever les impôts là où l'évêque ne le lui permit pas. Il faut voir la résistance de l'évêque Sulpicius. Il faut même noter la manière dont l'hagiographe s'exprime. Pour lui, ce n'est pas le roi qui, comme souverain, pense à rétablir les contributions régulières ; c'est le Démon, c'est Satan qui met dans l'esprit du roi la pensée de soumettre le peuple de Bourges au payement de l'impôt. De telles expressions marquent les idées des hommes et font mesurer ce que l'impôt public a perdu de terrain depuis l'Empire. Les percepteurs approchent de la ville ; alors le peuple entier se porte vers l'évêque et lui dit : « Bon pasteur, viens au secours de ton troupeau ; défends-nous contre la dent du loup ravisseur. » L'évêque essaye d'abord de persuader aux agents du roi qu'ils ne doivent pas exécuter « un ordre injuste ». Ces fonctionnaires tiennent bon. Il envoie alors vers le roi pour lui remontrer « sa cruauté », et lui annoncer sa mort prochaine « s'il ne s'amende et ne revient à une meilleure conduite ». Le roi prend peur, et, « reconnaissant sa faute », il accorde tout ce que veut l'évêque. L'impôt est donc aboli, le rôle des contributions est déchiré. Un diplôme royal déclara la ville de Bourges exempte à jamais de toute contribution[1].

Il est donc vrai que le clergé et l'épiscopat firent la guerre à l'impôt public, enseignèrent qu'il était injuste et antichrétien, habituèrent les populations à le maudire et se mirent à la tête des résistances populaires. Ils le firent disparaître dans un certain nombre de cités ; ls le discréditèrent et le rendirent odieux dans toutes les autres.

[1] *Vita S. Sulpicii Bituricensis episcopi*, c. 25-27, dans les *Acta Sanctorum ordinis Benedicti*, II, p. 535 ; cf. p. 539. Bollandistes, 17 janvier.

Ce qui contribua encore à jeter le désordre dans le régime financier de la Gaule, ce fut l'usage des immunités. Un évêque se présentait au roi et lui demandait que les terres de son église fussent exemptées de l'impôt. Le roi accordait. Un diplôme était aussitôt rédigé, dans lequel il était dit « qu'aucun agent du gouvernement n'aurait le droit d'entrer sur les terres appartenant à cet évêque pour y lever aucune contribution[1] ». Ainsi faisaient encore les abbés pour les propriétés de leur couvent. Chaque diplôme d'immunité était la suppression de l'impôt public sur un certain nombre de domaines. Si l'agent chargé de la perception se présentait à l'entrée d'un de ces domaines, on lui mettait sous les yeux une lettre royale qui lui interdisait dans les termes les plus formels de percevoir aucune somme d'argent à quelque titre que ce fût. Un édit du roi Clotaire rappelle aux fonctionnaires publics qu'ils n'ont aucun impôt à exiger des églises ou des ecclésiastiques qui ont obtenu l'immunité.

Pareilles immunités furent accordées à des laïques. Un contemporain raconte qu'Éligius (saint Éloi), avant d'être évêque et alors qu'il était l'un des fonctionnaires du Palais, pria le roi de lui donner le domaine de Solignac en Limousin. Le roi lui en fit donation par diplôme. Sans doute il oublia de faire écrire que ce domaine serait exempt d'impôt. Peu de jours après, Éligius dut payer quelques pièces d'or comme les autres propriétaires du pays. Mais alors Dieu fit voir par un miracle que cela ne lui était pas agréable, et il fallut rendre à Éligius l'or qu'il avait

---

[1] Marculfe, I, 3 et 4. [Cf. *Les Origines du système féodal*, p. 389 et suiv.]

payé[1]. Il ressort de ce récit que, lorsque le roi faisait don d'une terre, même à un laïque, il était presque toujours amené à supprimer l'impôt sur cette terre. S'il essayait, comme fit ici Dagobert, de retenir l'impôt, il survenait bientôt une sollicitation si pressante et au besoin un miracle si éclatant, que la volonté royale cédait. Nous possédons la formule suivant laquelle étaient rédigés les diplômes de donation royale, soit en faveur des laïques, soit en faveur des évêques. Les uns comme les autres portent que la terre est concédée « en pleine immunité », et cela signifie qu'aucun agent du fisc ne peut y entrer pour lever des contributions. Or, si nous songeons que sous les Mérovingiens, par l'usage également excessif des confiscations et des donations, un nombre incalculable de domaines passa ainsi dans les mains des rois pour s'écouler bientôt dans celles de leurs courtisans ou dans celles des évêques, nous apercevrons que l'impôt public a ainsi disparu sur un nombre incalculable de domaines, et des plus grands. Un privilège général de la nation franque ne se voit nulle part; mais ce qui se voit partout dans les chartes, c'est le privilège d'un grand propriétaire, laïque ou ecclésiastique, franc ou romain, indifféremment.

Il en fut à peu près de même pour les impôts indirects. Les douanes ne furent pas abolies. Il existait tout un personnel intéressé à leur maintien. Les fermiers

---

[1] *Vita S. Eligii*, I, 15. Le narrateur est Audoénus (saint Ouen), contemporain, ami de saint Éloi, homme de cour comme lui et fort au courant des choses du temps. — Notons bien qu'au moment où cette concession est faite, Éligius est un laïque; et ce n'est qu'un peu après que la terre de Solignac est devenue terre de couvent. C'est donc comme terre laïque, et comme propriété d'un laïque ami du roi, qu'elle obtint d'abord l'immunité.

des douanes et péages, *telonarii*, conservèrent leurs bureaux, et continuèrent à percevoir les droits. Il y a même apparence qu'ils s'efforcèrent de créer de nouveaux péages et de frapper de nouvelles marchandises. C'est du moins ce qui paraît ressortir de l'article de l'édit de 614[1]. Mais, en même temps, les rois accordèrent des exemptions. Il leur parut injuste et presque impie qu'un monastère payât la douane pour les marchandises qu'il transportait. En conséquence une série de diplômes royaux déclarèrent que le monastère de Saint-Denis, par exemple, « aurait une exemption de tonlieu pour six voitures aux douanes de Marseille, de Valence, de Fos, de Lyon et autres lieux[2] ». Puis ce sont toutes les voitures, toutes les marchandises qui sont déclarées exemptes[3]. « Les moines de Corbie, dit Clotaire III, n'auront à payer aucun tonlieu, aucun péage sur les ponts ni sur les routes, aucune sorte de redevance[4]. » Ce n'étaient pas seulement les moines en personne qui étaient ainsi exemptés; c'étaient « leurs envoyés, leurs agents, leurs fondés de pouvoir[5] ». Un couvent pouvait ainsi transporter ses denrées d'un bout à l'autre du royaume. Plus que cela, il pouvait acheter à Marseille pour vendre à Paris. Il pouvait donc faire le commerce, ou des négociants pouvaient le faire sous son nom.

Voilà comment les rois mérovingiens perdirent leurs

---

[1] [Cf. *La Monarchie franque*, p. 261.]
[2] *Gesta Dagoberti*, 18 : *Tam in ipsa Massilia quam Valentia, Fossas, et Lugdunum vel quocumque per reliqua loca transitus erat, omne telonum de sex plaustris esset indultum.*
[3] *Diplomata*, t. II, p. 185 : *De quantacumque carra....*
[4] *Diplomata* de 660, n° 337.
[5] *Ibidem* : *Ne... a monachis aut missis vel discursoribus ipsius monasterii.*

impôts. Ils ne les abolirent jamais par une mesure générale. Aucun mouvement national n'en exigea la suppression. Mais chacun individuellement, ville, église, monastère, courtisan du roi, demanda la faveur de l'immunité, et les rois ne surent pas refuser. Ces immunités gagnèrent de proche en proche, et il arriva insensiblement que, sans que les impôts eussent été abolis, il n'y eut presque plus personne qui les payât. Les impôts subsistèrent légalement, les contribuables disparurent.

CHAPITRE IV

Comment les rois mérovingiens ont perdu leur pouvoir judiciaire.

Nous avons montré plus haut que dans l'État monarchique, tel que Clovis l'avait ou organisé lui-même ou reçu de la tradition impériale, l'autorité judiciaire appartenait au roi. Elle était exercée, dans les provinces par ses fonctionnaires, dans le Palais par lui-même[1]. Il faut chercher si les rois mérovingiens l'ont conservée, ou pour quelles causes ils l'ont perdue.

Regardons d'abord l'usage qu'ils en firent. Il nous est sans doute bien difficile d'apprécier avec certitude si leur justice fut bonne ou mauvaise. D'une part, la Chronique de Frédégaire en fait deux fois l'éloge. « Clotaire II parcourut l'Alsace et, y établissant la paix et l'ordre, frappa du glaive beaucoup de coupables. » Dago-

[1] [Cf. *La Monarchie franque*, c. 13.]

bert I" traversa la Bourgogne, dressant son tribunal de ville en ville; « il jugeait tous les hommes, petits ou grands, avec une admirable justice, ne recevant aucun présent, ne faisant aucune acception des personnes; il ne prenait pas le temps du repos, attentif à ce que personne ne se retirât de devant lui sans avoir reçu justice¹ ».

Mais, à côté de ces deux éloges, il faut reconnaître que beaucoup de récits du vi° et du v1° siècle montrent cette justice royale sous un jour moins favorable. On est frappé d'abord du grand nombre d'accusations de lèse-majesté. Ce n'étaient pas les rois francs, à la vérité, qui avaient inventé ce genre de crime; ils l'avaient emprunté aux empereurs romains, qui le tenaient eux-mêmes de la République romaine; mais ils n'eurent garde d'y renoncer et ils en firent même un grand abus, l'appliquant aux Francs autant qu'aux Romains. « Bursolène et Dodo furent accusés de lèse-majesté et condamnés à mort; le premier fut immédiatement exécuté par les soldats; l'autre, ayant réussi à fuir, fut arrêté; on lui coupa les pieds et les mains, et on le tua. » L'historien ajoute que le roi confisqua tous leurs biens. C'était la règle romaine; les rois ne renoncèrent pas plus à la confiscation qu'à la peine de mort².

Ce qui est surtout digne de remarque, c'est la manière dont les rois procédaient dans ces sortes de jugements. Nous ne voyons presque jamais un tribunal se réunir. Les égaux de l'accusé ne sont pas consultés. C'est le roi qui seul prononce, condamne, et donne l'ordre

---

¹ Frédégaire, c. 45 et 58. [Cf. plus haut, p. 12, et *La Monarchie franque*, p. 358, p. 628 et suiv.]

² Grégoire de Tours, V, 25. [Cf. *La Monarchie franque*, p. 152, et en particulier n. 4.]

d'exécution. Un certain Dacco, fils de Dagaric, avait abandonné le service du roi ; aucun autre crime ne lui était reproché ; un duc royal l'arrête, l'amène au roi les fers aux pieds, et le roi le fait mettre à mort. Le récit très circonstancié de Grégoire montre que cet homme ne comparut devant aucun tribunal[1].

« Magnovald fut mis à mort par l'ordre du roi, sans qu'on sût pourquoi. » Cette observation marque déjà qu'il n'y eut aucun jugement public ; mais l'historien précise encore davantage : « Voici comment la chose se passa. Le roi se trouvait à Metz dans un palais et assistait à des jeux. Il fait appeler Magnovald ; celui-ci arrive sans savoir pourquoi il est mandé ; il regarde aussi les jeux, et rit avec les autres. A ce moment, sur l'ordre du roi, un homme lui tranche la tête d'un coup de hache[2]. » Notons bien que ce n'est pas ici un assassinat, comme les Mérovingiens en ont commis ; c'est une condamnation à mort ; l'acte a lieu publiquement, devant tous les grands, et aucun d'eux ne proteste.

Ailleurs c'est Boantus qui est frappé du glaive par l'ordre du roi « parce qu'il lui a été infidèle », et ses biens sont confisqués[3]. Le roi Gontran fit mettre à mort les deux fils de Magnachaire, « parce qu'ils avaient prononcé des paroles détestables contre la reine Austréchilde[4] », et leurs biens furent confisqués. De même, Sunnégisile est mis à la torture[5]. Chundo, ancien cubiculaire, est mis à mort par ordre du roi Gontran ; son seul crime est d'avoir chassé dans une forêt du roi. Or

[1] Grégoire de Tours, V, 25. [Cf. *La Monarchie franque*, p. 335, 336 et suiv.]
[2] Idem, VIII, 36.
[3] Idem, VIII, 11.
[4] Idem, V, 17. [Cf. *La Monarchie franque*, p. 335.]
[5] Idem, X, 19.

le récit très détaillé de l'historien marque qu'il s'agit bien ici, non d'un acte de colère, mais d'un véritable jugement après une assez longue procédure; mais ce jugement est prononcé par le roi seul; il prononce en public, mais sans qu'aucun jury franc intervienne. Les Francs n'ont aucune garantie légale contre les jugements du roi[1].

Le duc Rauching était, très probablement, un intrigant et un conspirateur; mais voyez comment il est jugé. Childebert fait seul l'enquête sur les faits qui lui sont dénoncés[2]; « les croyant vrais », il mande Rauching au Palais, lui donne audience, « parle avec lui de choses et d'autres » et le congédie[3]. Au moment où Rauching sort de sa chambre, des huissiers le saisissent par les pieds et le jettent à terre, et des soldats lui tranchent la tête. Toutes ses propriétés sont confisquées, tous ses trésors apportés au roi[4]. Nous ne pouvons énumérer toutes les exécutions capitales, celles de Gaïlen, de Grindio, de Ciucilo, que raconte Grégoire de Tours[5]; celles d'Aléthée, de Godin, de Boson, de Brodulf, que raconte Frédégaire[6]. Il est assez visible que cette justice royale était arbitraire et violente.

Un autre de ses défauts était la cupidité. Grégoire de Tours donne à entendre par plusieurs de ses récits que l'on ne se présentait pas devant le tribunal du roi « sans apporter de grands présents ». « Nonnichius fut accusé

---

[1] [Cf. *La Monarchie franque*, p. 335.]
[2] Grégoire de Tours, IX, 9 : *Childebertus diligenter inquirens quæ ei nuntiata fuerant, veraque esse cognoscens....*
[3] *Jussit eum in cubiculum intromitti, locutusque cum eo alia ex aliis, egredi iterum de cubiculo jubet.*
[4] *Datis litteris et pueris destinatis qui res ejus per loca singula deberent capere.... Multum cum eo (apud eum) auri repertum est.*
[5] Idem, V, 19 [alias 18].
[6] Frédégaire, 44, 54, 58.

devant le roi, mais, ayant donné force présents, il fut absous¹. » Ailleurs il raconte l'aventure d'un personnage qui, mandé au tribunal, n'avait pas manqué de se munir « de nombreux présents », mais sur sa route il fut dévalisé; il arriva donc les mains vides, et fut condamné². Grégoire affirme que beaucoup de sentences capitales du roi Chilpéric n'avaient eu d'autre motif que le désir de confisquer les biens des condamnés³. Frédégaire dit à peu près la même chose de Brunehaut : « Ægila fut mis à mort par le roi Thierry, à l'instigation de Brunehaut; il n'avait commis aucune faute, mais on avait le désir de confisquer ses biens⁴ ».

Les historiens du temps ne nous donnent pas une meilleure opinion de la justice des comtes. C'est Albinus qui, jugeant un procès, « se lève de son siège, tombe à coups de poings sur l'un des plaideurs qu'il n'aime pas », et surtout le condamne à une énorme amende, dont un tiers est pour lui⁵. C'est le comte Leudaste qui « sème les procès et multiplie les accusations afin de grossir ses trésors⁶ ». « Siégeant sur son tribunal, au milieu d'assesseurs qui étaient les premiers personnages du clergé et de la cité⁷ », on le voyait « éclater en fureur, vomir des injures contre les citoyens, en-

---

[1] Grégoire de Tours, VIII, 43. — De même, X, 21. — [Cf. *Les Origines du système féodal*, p. 351.]
[2] Idem, V, 26 [alias 25].
[3] Idem, VI, 46 : *Persæpe homines pro facultatibus eorum injuste punivit.*
[4] Frédégaire, *Chronicon*, 21 : *Ægyla patricius, nullis culpis extantibus, instigante Brunechilde, legatus interficitur, nisi (sed) tantum cupiditatis instincto ut facultatem ejus fiscus adsumeret.*
[5] Grégoire de Tours, IV, 44 [alias 43].
[6] Idem, V, 49 [alias 48] : *Seminando discordias et inferendo calumnias non modicos thesauros adgregavit.*
[7] Ibidem : *In judicio cum senioribus vel laicis vel clericis.*

chaîner des prêtres, battre de verges des guerriers¹ ». C'est le comte Antestius qui ne consent à laisser un accusé libre sous caution que parce que celui-ci lui fait donation écrite d'une de ses propriétés².

L'impression générale qui se dégage de tous ces faits particuliers est que la justice du roi et de ses fonctionnaires était, le plus souvent, une mauvaise justice. Il ne paraît pas que les peuples se soient fait alors de la justice royale la haute idée qu'ils s'en firent six siècles plus tard, au temps des Capétiens. Elle put inspirer la terreur; les hommes ne paraissent pas avoir mis en elle leur confiance et leur espoir. Nous allons même rencontrer des faits qui nous montreront les populations faisant effort pour lui échapper et pour la remplacer par d'autres juridictions.

Durant toute cette époque, l'Église n'a pas cessé de faire la guerre à la justice de l'État. Ce n'est pas l'ambition qui l'a inspirée en cela, c'est plutôt un esprit d'indulgence et de douceur. La justice impériale avait été fort sévère, et cette sévérité avait passé à la justice mérovingienne; la peine de mort était prodiguée; les supplices étaient atroces; la prison elle-même, le cachot sombre et souterrain, était une peine cruelle. L'Église chrétienne réagit contre ces duretés, et poussa même l'indulgence à l'excès. A la peine de mort et aux autres peines corporelles elle tendit à substituer les amendes, et plus encore les peines morales, la pénitence³.

---

¹ Grégoire de Tours: *Agebatur in furias, ructabat convicia in civibus, presbiteros manicis jubebat extrahi, milites fustibus verberari.*
² Idem, VIII, 43. [Cf. *Les Origines du système féodal*, p. 352.]
³ [Voir les Actes des conciles cités dans *La Monarchie franque*, p. 482 et 483.]

L'Église ne pouvait pas changer la loi civile; elle réussit du moins à établir cette règle que, si un meurtrier avait réussi à se réfugier dans une église ou quelque lieu consacré, il devait avoir grâce de la vie. La justice ne pouvait plus le frapper de mort. L'Église fit insérer cette règle dans les diverses législations écrites à partir du v° siècle[1].

Le clergé fit plus. On ne peut lire les récits du temps sans être frappé de voir comme les évêques, les prêtres, les moines, intercèdent sans cesse pour sauver la vie des condamnés[2].

Il n'y a pas de vertu que les hagiographes du temps louent plus volontiers que celle qui consiste à sauver du supplice des condamnés. On est d'abord tenté de croire que l'Église, plus éclairée que la société laïque, cherchait surtout à protéger les innocents contre les rigueurs et les violences. Ce n'est pas cela. L'Église ne fait pas de distinction entre innocents ou coupables; ce qui lui importe, c'est de sauver des condamnés. L'auteur de la Vie de saint Éloi dit expressément qu'il sauvait aussi bien les coupables que les innocents. Pareille chose ressort d'une foule de récits. L'abbé Éparchius, dit Grégoire de Tours, après chaque condamnation courait vers les juges, « les suppliant et même leur enjoignant de pardonner *aux coupables* ». Licinius, évêque d'Angers, sauvait « des brigands, des meurtriers, des adultères »[3].

Regardez les miracles de cette époque : la moitié d'entre eux a pour objet de délivrer des condamnés du

---

[1] [Voir les articles de Lois cités ibidem, p. 484 et 485.]
[2] [*La Monarchie franque*, p. 485 et 486.]
[3] *Vita Licinii*; *Acta Sanctorum*, février, II, 681, c. 25. [Cf. *La Monarchie franque*, p. 485 et 486.]

gibet ou de la prison. Saint Éparchius voit un homme qui est enfermé en prison en attendant le supplice; il adresse à Dieu une fervente prière, et « les portes de la prison s'ouvrent d'elles-mêmes¹ ». Saint Albinus, passant devant une prison, entend les cris des condamnés; il court aussitôt vers le comte et lui demande que, pour l'amour de Dieu, il relâche ces hommes; le comte « fait la sourde oreille »; alors le saint évêque s'adresse à Dieu, et, au moment même où il est en prières, « une grosse pierre se détache du mur de la prison et les prisonniers sortent² ». Saint Germain de Paris se trouvait un jour en prière à la porte de la prison; cette prière fut sans doute très efficace, car, la nuit venue, les prisonniers crurent voir l'évêque qui leur apparaissait et leur donnait avis de creuser un souterrain pour s'enfuir; ainsi firent-ils, et tous s'évadèrent³. La prison de Reims s'ouvrit un jour « par la vertu de saint Martin », et « tous les enchaînés se trouvèrent libres⁴ »; le roi Childebert crut si bien au miracle, qu'il leur fit grâce même de l'amende. Saint Nizier fit mieux : il apparut dans les cachots de sept villes à la fois; tous les prisonniers furent délivrés; les comtes les poursuivirent en vain; « aucun d'eux ne put jamais être repris⁵ ». Il y a dans tous ces récits un fait dont on ne doutera pas : ce sont ces évasions favorisées, encouragées, facilitées par l'esprit d'indulgence chrétienne.

Saint Columban délivrait tous les condamnés à mort,

---

¹ *Vita Eparchii*, c. 8; *Acta Sanctorum ordinis Benedicti*, I, p. 268.
² *Vita S. Albini*, par Fortunat, c. 16; *Acta Sanctorum ordinis Benedicti*, I, p. 111 [édit. Leo, p. 31].
³ *Vita S. Germani*, par Fortunat, c. 67; *Acta Sanctorum ordinis Benedicti*, I, p. 245 [édit. Leo, p. 25].
⁴ Grégoire de Tours, *De virtutibus Martini*, IV, 26.
⁵ Idem, *Vita Patrum*, VIII, 8.

à la seule condition qu'ils lui promissent de se corriger et de faire pénitence[1]. Saint Licinius fait un signe de croix sur la porte d'une prison; la porte s'ouvre; les prisonniers sortent et sont reçus « avec honneur » par le saint évêque, auquel ils promettent de ne plus commettre ni brigandage ni homicide[2]. Saint Faron, évêque de Meaux, passait par hasard devant la prison; les prisonniers lui crient qu'ils demandent à faire pénitence de leurs crimes; et l'homme de Dieu leur dit : « Sortez, vous êtes libres, parce que vous vous repentez »; et aussitôt leurs chaînes tombèrent[3]. Pareils récits sont innombrables[4]. Ils marquent l'opinion que les plus honnêtes se faisaient de la culpabilité et de la pénalité. Ils marquent aussi l'impuissance de l'autorité publique à faire exécuter ses arrêts. La justice royale était pieusement combattue, énervée, annulée.

En même temps, la juridiction épiscopale grandissait aux dépens de la juridiction royale.

D'abord l'épiscopat obtint que les clercs ne fussent plus justiciables que de lui-même. C'était protéger le clergé vis-à-vis des laïques; c'était aussi assurer l'autorité de chaque évêque sur son clergé[5]. Or les *clerici*

---

[1] *Vita S. Columbani*, c. 31.

[2] *Vita S. Licinii Andegarensis episcopi*, 25; *Acta Sanctorum*, février, II, p. 681 : *Signaculum crucis super ostium carceris injecit; ostium nutu divino ultro apertum est; vincti de carcere prosiliunt, et honorati a pontifice pollicitique ne ultra f..um, rapinam, homicidium, adulterium facerent, gavisi remeant ad propria.*

[3] *Vita S. Faronis*, c. 104; *Acta Sanctorum ordinis Benedicti*, II, p. 619.

[4] Voir encore *Vita Mederici*, dans les *Acta Sanctorum ordinis Benedicti*, III, p. 15. — Cf. Grégoire de Tours, *Vitæ Patrum*, VIII, 10 : *Quanti per hunc sanctum carcerali ergastulo revincti absoluti sunt, quantorum conpeditorum catenæ sive conpedes confracti, testis est hodie moles illa ferri quæ in basilica ejus aspicitur de supradictis suppliciis adgregata.* — Cf. idem, *Historia Francorum*, IV, 49.

[5] [Cf. *La Monarchie franque*, p. 586, n. 4.]

formaient une assez nombreuse population, qui échappait ainsi à la juridiction laïque.

Même dans la justice purement laïque, les clercs prenaient une grande part. Ils étaient membres du tribunal [et nous savons qu'ils tenaient fort à cette prérogative. L'évêque siégeait aussi à côté du comte, et son autorité était parfois prépondérante¹.]

Peu à peu l'évêque en vient à dresser son tribunal vis-à-vis de celui du comte. La cité contient deux personnages : le comte, qui représente le roi et qui possède la force armée ; l'évêque, qui représente la religion et qui possède, avec la force morale, la popularité.

Clotaire II en vient à dire que si le comte juge mal, il sera redressé par l'évêque². Article vague, et qui prête à tous les conflits ; or les conflits tourneront au profit du plus fort des deux, qui est certainement l'évêque.

Dès que le jugement du comte pouvait être revisé par l'évêque, la juridiction du comte, qui était celle de l'État, n'avait plus ni prestige ni autorité.

Enfin il se passa pour la justice la même chose que nous avons vue pour l'impôt. Les mêmes personnages, évêques, abbés, grands propriétaires, qui venaient l'un après l'autre demander au roi la faveur de ne plus payer d'impôts, demandaient aussi le privilège de ne pas être jugés par les juges de l'État.

Et le roi l'accorda. A chacun il remit un diplôme en bonne forme où il était dit que le fonctionnaire royal n'avait plus le droit de juger cet évêque, cet abbé, ce grand propriétaire. Plus que cela, l'exemption,

---

¹ [Cf. ibidem, p. 367, p. 368.]
² *Præceptio*, c. 6 [cf. *La Monarchie franque*, p. 596, n. 3 et p. 386].

bien que sollicitée individuellement par un homme, était accordée, non à cet homme, mais à sa terre. Il en résultait qu'elle s'étendait à tous les êtres humains qui habitaient les terres de l'évêque, de l'abbé, du grand propriétaire.

Chacun de ces diplômes d'immunité enlevait [donc] à la justice de l'État une série de domaines et toute une population. Or ces diplômes furent innombrables. La justice de l'État perdit [ainsi] presque tous ses justiciables[1].

Réunissons les divers faits que nous venons d'observer. 1° Les rois et leurs fonctionnaires font un mauvais usage de leur autorité judiciaire; c'est pour la justice royale une première cause de discrédit et d'affaiblissement. 2° L'esprit du temps, l'esprit chrétien combat les sévérités de la justice publique et combat en même temps cette justice elle-même, l'empêche d'exécuter ses arrêts, détruit son action; seconde cause d'affaiblissement. 3° L'épiscopat développe sa juridiction, juge ses clercs, juge même les laïques et se met à côté et au-dessus de la justice de l'État; troisième cause de ruine. 4° Enfin la royauté, par une innombrable série de faveurs individuelles qu'elle ne sait pas refuser, désarme ses agents et leur défend d'agir; c'est la ruine de la justice des comtes.

Tout cela fait que l'autorité judiciaire, sans disparaître officiellement, cesse de s'exercer, et s'évanouit, comme l'impôt, dans les mains du roi.

Elle s'évanouit, non au profit des libertés publiques ou d'une justice populaire qui n'exista pas plus à la fin de la période mérovingienne qu'au commencement,

---

[1] [Cf. *Les Origines du système féodal*, c. 16.]

mais au profit de la juridiction des évêques, des abbés et des grands propriétaires. Elle s'évanouit pour céder la place à une sorte de justice féodale.

CHAPITRE V

Comment la royauté franque a perdu son système administratif.

Nous avons vu que les rois francs avaient eu, dès le premier jour, une administration qu'ils avaient empruntée à l'Empire[1]. L'Empire avait établi tout un réseau de fonctionnaires qui gouvernaient chaque circonscription au nom du prince. La royauté franque n'avait pas hésité un moment à conserver ce système. Elle l'avait même développé, remplaçant les grandes circonscriptions qu'on appelait provinces par les circonscriptions plus petites qu'on appelait cités, et augmentant ainsi le nombre des fonctionnaires royaux. Dans chaque cité elle eut un agent qui s'appelait du nom romain de comte ou du nom germanique de *Graf*. Il y eut aussi quelques recteurs, quelques patrices et des ducs. Au-dessous du comte dont le ressort avait l'étendue d'un diocèse, il y eut des agents inférieurs, nommés vicaires, tribuns ou centeniers. Cela fit un réseau qui couvrit tout le royaume, qui rendit la royauté partout présente. Nous allons chercher comment cette administration s'affaiblit et cessa de servir.

[1] [*La Monarchie franque*, c. 10.]

Les devoirs de l'administrateur étaient excellemment marqués dans le diplôme qu'il recevait du roi : « La bonté royale atteint sa perfection lorsqu'elle recherche la vigilance dans les personnes qu'elle emploie ; aussi ne conférons-nous pas légèrement les dignités. C'est donc parce que nous connaissons ta fidélité et ton courage que nous te confions la gestion de tel comté, afin que toute la population qui y habite, Francs, Romains, Burgondes ou autres, vivent en paix. Conduis tous les hommes par le droit chemin. Que les veuves et les orphelins trouvent en toi un défenseur.... Que le peuple bien régi et satisfait vive tranquille sous ton gouvernement[1]. » Ce ne sont pas apparemment les Francs qui ont inventé cette belle et honnête formule, dont la langue est du plus pur latin et dont le style est celui de la chancellerie impériale. L'Empire avait l'habitude de faire rédiger dans ses bureaux des séries de diplômes pour toutes les nominations de fonctionnaires. Un recueil presque complet de ces diplômes nous a été conservé par Cassiodore pour l'Italie ; pour la Gaule, le formulaire de Marculfe ne contient d'autre diplôme de nomination que celui du comte ou du duc ; mais il est visible que ce diplôme appartient à la famille des diplômes impériaux.

Or cette formule officielle, qui fut rédigée plusieurs milliers de fois dans les bureaux des rois francs, ne répondait pas tout à fait à la réalité des choses. En pratique, il arrivait souvent que le comte qui recevait ce diplôme eût acheté sa nomination. Nicétius, dit Grégoire de Tours, demanda le duché au roi en lui donnant pour cela d'immenses présents, et c'est ainsi qu'il devint

---

[1] [Marculfe, I, 8 ; cf. *La Monarchie franque*, p. 212.]

duc[1]. Ailleurs, un comte d'Auxerre, Péonius, dont le temps d'exercice était expiré, veut faire renouveler sa nomination, et il charge son fils de porter des présents au roi; le fils remet les présents en son nom propre et il obtient le comté pour lui-même[2]. Il semble donc qu'il y eut, du moins le plus souvent, une sorte d'achat des fonctions administratives[3].

Les fonctionnaires ne recevaient pas de traitement de l'État. Du moins les documents ne mentionnent jamais rien de pareil. L'Empire romain avait établi l'usage des appointements fixes, afin que les fonctionnaires n'eussent aucune raison de s'enrichir aux dépens de leurs administrés[4]. Cette règle salutaire paraît avoir disparu dès les premiers Mérovingiens; on n'en trouve aucune trace. On a supposé que certaines terres étaient concédées en jouissance aux ducs et aux comtes, et que les fruits qu'ils en tiraient leur tenaient lieu de traitement. Cette hypothèse a beaucoup de vraisemblance; mais elle n'est qu'une hypothèse. Aucun document mérovingien ne signale des terres attachées aux fonctions[5].

Partons donc de ce double fait, que l'administrateur avait acheté son emploi et qu'il ne recevait pas de rémunération de l'État. D'où cette conséquence que c'était sa fonction elle-même qui devait lui fournir les moyens, d'abord de rentrer dans ses déboursés, puis de vivre et

---

[1] Grégoire de Tours, VIII, 18 [*Ducatum a rege expetiit, datis pro eo immensis muneribus*].

[2] Idem, IV, 42 : [*Datis rebus paternis, comitatum patris ambiit subplantavitque genetorem*].

[3] [Cf. *La Gaule Romaine*, p. 207.]

[4] [*La Gaule Romaine*, p. 208.]

[5] [Cf. *La Monarchie franque*, p. 215, et *Les Origines du système féodal*, p. 185.]

de faire vivre un nombreux personnel autour de lui, et enfin, s'il se pouvait, de s'enrichir. L'exploitation de la fonction devenait presque une nécessité, et la conscience du temps n'était pas pour l'interdire.

La principale source de profits pour l'administrateur était la justice.

On peut remarquer dans la Loi des Burgondes, qui est du v° siècle, et qui n'admet pas le système des compositions, un article qui défend aux juges, c'est-à-dire aux comtes, de substituer de leur autorité privée la composition à la peine, pour s'enrichir. Une telle interdiction laisse apercevoir la propension des juges à user le moins possible de la peine de mort, dont ils ne pouvaient tirer aucun profit. Elle laisse apercevoir aussi qu'ils tiraient quelque profit de l'arrangement pécuniaire par lequel un homme riche échappait à la peine[1].

Une remarque semblable peut être faite sur les lois franques. On a un décret, qu'on croit de Childebert I*, qui punit le vol de la peine de mort, mais qui permet au voleur de se racheter; il met seulement cette condition que la composition n'aura lieu que devant le comte et avec son autorisation[2]. Un autre décret, qui est de Childebert II, se prononce plus formellement pour la peine de mort, et [déclare] que le comte qui aurait relâché un voleur, probablement en lui permettant de composer, serait lui-même passible de la peine capitale[3]. Ainsi, le roi franc semble redouter l'abus que le comte peut faire de la composition.

Cependant l'usage prévaut de substituer la composition à la peine; ce n'est pas l'intérêt seul des comtes

---

[1] [Cf. *La Monarchie franque*, p. 480.]
[2] *Pactus*, 2 et 5, p. 5 [édit. Boretius].
[3] *Decretio Childeberti*, 7, p. 17 [cf. ibidem, p. 481].

qui l'a fait prévaloir; d'autres causes plus générales y ont concouru[1]. Ce système est celui que nous trouvons en pleine vigueur dans la Loi Ripuaire dont la rédaction est du VIIe siècle, et dans la Loi Salique dont le texte que nous avons est d'une date inconnue. Or il s'établit en même temps une autre règle : c'est que, pour toute composition, un tiers de la somme fût donné au roi, sous le nom de *fredum*. Or ce *fredum* fut perçu au nom du roi par le comte, qui en garda une partie pour lui. Ce furent ses émoluments judiciaires[2].

Peut-être est-ce à cela que l'on peut attribuer, en partie, l'abus qui se fit des peines pécuniaires, et surtout les chiffres élevés auxquels elles furent portées. Tout crime apportait au comte de l'argent. Tout procès lui était un bénéfice. On notera même que des opérations, telles que la saisie des biens d'un débiteur, exigèrent l'intervention du comte et lui valurent un profit assez considérable[3]. Il paraît même que ce dernier point constituait pour le comte une tentation si forte, qu'il fallut menacer de la peine capitale celui qui saisirait plus qu'il n'était dû[4].

La justice était pour les comtes une telle source de gains, qu'il n'y a pas lieu à être surpris de ce que Grégoire de Tours dit de l'un d'eux : « En semant des procès et en multipliant les accusations, il accumula de grands trésors[5]. »

Sur la manière dont beaucoup de comtes rendaient

---

[1] Nous les avons vues ailleurs [ibidem, p. 482 et suiv.].
[2] [*La Monarchie franque*, p. 403, 405, 496; *Origines du système féodal*, p. 380 et suiv.]
[3] *Lex Salica*, L.
[4] Ibidem, LI, 2 [3].
[5] *Seminando discordias et inferendo calumnias, non modicos thesauros adgregavit*, Grégoire de Tours, V, 49 [alias 48].

la justice, nous avons un témoignage dans un décret du roi Gontran : « Que tous nos juges, dit-il, aient soin de rendre de justes jugements; autrement, c'est nous-même qui les châtierons. » Le comte, on le sait, se faisait souvent remplacer par un lieutenant ou un délégué. Ces subordonnés du comte n'inspiraient pas plus de confiance que le comte : « Que nos comtes aient soin, ajoute le roi Gontran, de bien choisir leurs vicaires et tous ceux qu'ils délèguent dans les diverses parties de leur ressort; qu'ils ne choisissent pas des hommes qui par cupidité prêtent la main aux mauvaises actions ou qui s'enrichissent de dépouilles injustes[1]. » Il ressort de là que tous ces juges avaient deux moyens de s'enrichir : l'un était de vendre l'impunité aux coupables; l'autre était d'extorquer de l'argent aux innocents.

Les fonctionnaires, outre la justice, avaient deux autres attributions, la perception des impôts et le recrutement des soldats. Ici encore, avec l'omnipotence du comte et l'absence de tout contrôle, les abus étaient faciles; mais les documents nous manquent pour les apprécier[2].

Quelques textes signalent un abus plus étrange. Des diplômes royaux ou des formules de diplômes interdisent à ces fonctionnaires « de rien dérober[3] », « d'usurper la terre d'autrui[4] ». Or cela est dit, non pas d'un fonctionnaire, mais de tous les fonctionnaires en géné-

---

[1] *Guntramni edictum*, Boretius, p. 12. [Cf. *Les Origines du système féodal*, p. 352.]

[2] Il y a pourtant un passage de Grégoire qui donne une idée des profits que les comtes pouvaient tirer du service militaire obligatoire pour tous; VII, 42 : *Edictum a judicibus datum est ut qui in hac expeditione tardi fuerant, damnarentur... Pretia dissolvitis.*

[3] *Ut nulli judicum licentia sit aliquid defraudare*; *Diplomata*, n° 270.

[4] *Nullus judicum audeat... sibimet usurpare*, ibidem, n° 341; cf. n° 572 et 531.

ral, comme si le délit était commun parmi eux : « Qu'aucun comte ne se permette d'enlever quelque chose des biens de ce monastère pour se l'approprier[1]. » Grégoire de Tours rapporte, en effet, des actes de violence commis par les comtes, des vols, des usurpations d'immeubles. Sigivald, à la tête de l'Arvernie[2], « faisait beaucoup de maux dans le pays ; il envahit les biens de plusieurs ; ses serviteurs ne cessaient de commettre des pillages et des meurtres, sans que personne osât dire un mot ; lui-même s'empara d'un domaine, la villa Bulgiatensis[3] ». Ailleurs, c'est un comte du Gévaudan, Palladius, qui mettait la main sur les terres d'une église et dépouillait les hommes de cette église[4]. Le même historien reproche au comte Leudaste d'avoir enlevé des biens de son église[5].

Malgré les vices de cette administration, on ne voit pas que les populations, ou romaines ou germaines, se soient révoltées contre elle. On signale bien quelques émeutes, mais elles sont locales, passagères, facilement réprimées. C'est le duc Wintrio qui est chassé par la population ; mais bien vite la population s'apaise, et il reprend sa fonction[6]. C'est le comte Théodulf qui est chassé par les habitants d'Angers ; mais il est ramené dans la ville par un autre officier royal et administre

---

[1] Marculfe, I, 2 : *Nulli judicum licentia sit de rebus monasterii aliquid defraudare vel suis usibus usurpare.*
[2] Grégoire de Tours, III, 13, *in fine*.
[3] Idem, III, 16.
[4] Idem, IV, 40 [alias 39] : *Pervadens res ecclesiæ, spolians homines ejus.*
[5] Idem, V, 50 [alias 49]. — Dans la *Vita Eligii*, I, 17, Dagobert dit : *Duces mei et domestici spatiosas suscipiunt villas.* Il est vrai que c'est un hagiographe qui met cela dans sa bouche.
[6] Idem, VIII, 18 : *Wintrio dux a pagensibus suis depulsus, ducatum caruit ; sed postea, pacato populo, ducatum recepit.*

son comté[1]. Le plus souvent ces émeutes étaient l'œuvre d'un concurrent ; celle d'Angers était dirigée par un personnage nommé Domégisile, ancien fonctionnaire, qui n'apportait dans ce conflit aucune idée de liberté populaire[2]. De même un comte de Meaux, Gundovald, fut assassiné par un concurrent évincé nommé Guerpin[3]. La Chronique de Frédégaire rapporte que dans un canton de la Bourgogne le duc Herpon fut tué *ab ipsis pagensibus*, c'est-à-dire par des habitants de ce canton ; mais ce n'était pas le peuple qui se soulevait ; la Chronique ajoute que le meurtre eut lieu à l'instigation d'une faction ennemie qui était composée du patrice Aléthée, de l'évêque Leudémund et du comte Herpin[4]. D'insurrection générale en vue de renverser ce système administratif ou d'obtenir quelques garanties contre lui, c'est ce qu'on ne voit nulle part.

Mais ce qui ressort de tous les documents qui marquent les pensées et les sentiments des hommes, c'est une désaffection générale. Une lettre qui nous est venue du commencement du vii° siècle en est un symptôme. Un évêque de Nevers écrit à un évêque de Cahors pour lui recommander un domaine que l'église de Nevers possède dans l'autre diocèse. « Je vous recommande cette terre, dit-il, et les hommes qui l'habitent ; je souhaite particulièrement qu'ils n'aient à souffrir aucune violence des fonctionnaires royaux et qu'ils puissent vivre

---

[1] Grégoire de Tours, VIII, 18 : *Theodulfus introductus in urbe a civibus et præsertim a Domigisilo repulsus ut.... A Sigulfo duce intromissus, comitatum urbis rexit.*
[2] Sur ce Domégisile, cf. VI, 18 ; VI, 45 ; VIII, 42.
[3] Grégoire de Tours, VIII, 18, *in fine*.
[4] Frédégaire, *Chronicon*, 45.

tranquilles[1]. » Le concile de Chalon, de 644, demanda qu'il fût défendu aux *judices publici*, c'est-à-dire aux fonctionnaires royaux, d'entrer dans les monastères et dans les bâtiments des églises, sans y être invités[2].

C'est cette crainte des fonctionnaires royaux, cette réprobation contre leurs exigences qui a déterminé et justifié l'usage des immunités.

[Le diplôme d'immunité, nous l'avons vu ailleurs[3], défend à l'administrateur royal de juger, de lever les impôts, sans doute même de recruter des soldats sur le domaine exempté. Il y a plus : il lui défend d'y mettre le pied, de s'y montrer.] Or ces diplômes d'immunité ont été innombrables, depuis les premiers Mérovingiens jusqu'aux derniers. Il y a eu, dans tout le royaume, dans chaque province, dans chaque canton, des domaines qui ont été soustraits à l'action administrative, et à la limite desquels le comte devait s'arrêter. Sur chacun de ces domaines, ce n'était pas seulement le propriétaire qui échappait à l'autorité publique, c'était la population tout entière qui l'habitait.

La royauté mérovingienne n'a donc pas supprimé le corps administratif qu'elle tenait de l'Empire romain. Mais elle a, sans y penser, annulé ou entravé partout son action. Ce corps a subsisté officiellement ; il y a toujours un nombre égal de ducs, comtes, vicaires ou centeniers ; mais ce sont les administrés qui ont peu à peu disparu pour la plupart.

---

[1] *Epistola Ruricii episcopi ad Desiderium episcopum*, dans Bouquet, IV, p. 44 : *Ut de judicum infestatione liceat eis vivere cum quiete.*
[2] Sirmond, t. I, p. 489.
[3] [*Les Origines du système féodal*, c. 16.]

CHAPITRE VI

D'une sorte d'aristocratie féodale au viie siècle.

1° [LES GRANDS DU PALAIS CONSTITUÉS EN ARISTOCRATIE.]

Les textes et les faits du viie siècle ne nous ont montré ni une lutte de partis politiques ni une lutte de races ou de peuples. Mais ce que les documents nous montrent bien, et ce qui est le propre de cette époque, c'est la constitution d'une aristocratie. Les « grands » remplissent toute cette histoire. Ce sont les « grands » qui font les événements, qui renversent ou élèvent les rois. Nous avons à chercher quelle est la véritable nature de cette aristocratie.

Les chroniqueurs la désignent par les termes *optimates, proceres, primates*[1]. C'est toujours d'un de ces termes qu'ils se servent lorsqu'ils parlent d'eux en général, par exemple lorsqu'ils les montrent assemblés, et ces termes sont également employés dans les actes officiels. Ces mêmes hommes sont quelquefois qualifiés *viri illustres*[2].

Le terme de *leudes* ne se trouve ni dans les lois franques, ni dans les chartes; il n'est pas employé non plus dans les Vies de saints; mais il se rencontre assez souvent dans les Chroniques. Il ne se confond pas avec les *proceres* ou *optimates* dont nous parlions plus haut et ne désigne pas spécialement une aristocratie. Il peut s'appliquer à tous les hommes libres qui sont sujets du

---

[1] [Voir les textes dans les notes de *La Monarchie franque*, c. 4.]
[2] [Cf. *Nouvelles Recherches*, p. 234 et 235.]

roi et qui doivent le service militaire. Les vrais grands sont ceux que les chartes et les chroniques appellent *optimates* ou *proceres*[1].

Or ces termes sont ceux qui depuis l'Empire romain désignaient ceux qui étaient grands par la faveur du prince ou par les fonctions qu'ils remplissaient auprès de lui[2]. Ils ont encore le même sens au vii° siècle. Cela ressort de l'observation des textes. Ils nous montrent des *optimates regis*, des *proceres palatii*; ils ne nous montrent jamais des hommes qui soient *optimates* ou *proceres* sans être de l'entourage et de la dépendance du roi. La classe des optimates ou des grands n'existe que dans le Palais.

Le fréquent emploi de l'épithète *nobilis* porte d'abord à croire qu'il existait une caste nobiliaire. Mais on devra d'abord remarquer que ce terme ne se trouve pas dans les actes officiels. Il se rencontre quelquefois dans les Chroniques et plus souvent dans les Vies de saints dont la langue est peu précise. Les hagiographes de ce temps aiment beaucoup à vanter la haute naissance des saints; ils se plaisent à dire que ces hommes sont de grande famille, de noble naissance. Cependant, si vous observez d'un peu près ces nombreux personnages qu'on dit « nobles », vous remarquez que l'hagiographe ne peut jamais remonter plus haut que le père, et il ne dit jamais quelle est cette grande famille à laquelle ces hommes appartiennent. Vous ne pouvez même pas une seule fois, sur ces quatre-vingts ou cent personnages, reconstituer une famille qui remonte à un demi-siècle. Le fréquent emploi du mot « noble » ne doit donc

---

[1] [*La Monarchie franque*, p. 77 et suiv.]
[2] [*L'Invasion germanique*, p. 166.]

pas faire illusion. Dans aucun de ces nombreux documents on ne trouve le moindre indice d'une vieille noblesse de naissance. Il n'y a pas trace chez les Francs de familles nobles d'ancienne date, nobles par droit héréditaire, comme il en existait quelques-unes chez les Bavarois. Les lois franques accordent une valeur plus haute, non à celui dont la lignée remonte aux anciens temps, mais à celui qui est au service du roi[1].

Qu'on regarde d'ailleurs, dans les Vies de saints, quel est chacun de ces personnages qui sont qualifiés nobles. Pour un quart à peu près, tout renseignement fait défaut; mais pour tous ceux sur lesquels l'hagiographe donne quelque renseignement, nous constatons que ce « noble » est un homme du Palais ou un fonctionnaire du roi. Citons quelques exemples. Au vi[e] siècle, l'hagiographe nous présente un personnage nommé Florus qu'il qualifie de *clarissimus* et de *nobilissimus*[2]; et nous voyons en même temps que ce Florus est *primus inter primos proceres*, que non seulement il est du Palais, mais qu' « il a même le gouvernement du Palais[3] », et qu'il était « familier du roi[4] »; détail plus significatif : il portait le *cingulum*, insigne du service du roi[5]. — Un autre hagiographe parle « du noble Ricimer », et la suite nous montre qu'il est un agent du roi et qu'il exécute ses ordres[6]. — Voici ailleurs

---

[1] [Cf. *La Monarchie franque*, p. 85.]
[2] *Vita Mauri*, c. 40 et 41; *Acta Sanctorum ordinis Benedicti*, I, p. 290.
[3] Ibidem, c. 39 : *Palatina disponens moderamina*. Je pense que l'hagiographe exagère quelque peu; Florus ne fut ni *major* ni *comes palatii*; mais il exerça sans doute quelque fonction élevée.
[4] Ibidem, 40 : *Familiaris et carissimus regi*.
[5] Ibidem, 53.
[6] *Vita Rusticolæ*; *Acta Sanctorum ordinis Benedicti*, II, p. 143.

« le très noble » Maurontus ; il est « un des *proceres* du Palais¹ ». — Burgundofara et son frère Faro sont, nous dit-on, de noble naissance ; c'est que leur père Hagnéric est « l'un des conseillers royaux », « l'un des grands du roi² ». — Romaric est un homme noble ; il est « noble dans le Palais³ ». — La Vie de saint Wandrille nous signale un personnage très riche en terres nommé Waningus ; elle le qualifie *vir inluster*⁴, titre qui n'est donné jusqu'ici qu'aux fonctionnaires royaux ; et nous savons par ailleurs que ce Waningus était « parmi les premiers du Palais⁵ » ; nous avons même un diplôme où il figure comme comte du Palais⁶. — Magnoald, qui est « très noble », est en même temps « au nombre des optimates du Palais⁷ ». De même Baso, qui est signalé comme très noble, est un personnage qui vit dans le Palais⁸. Le « noble » Lanthaire est comte de Limoges⁹. — On nous dit que saint Ansbert était « né d'une famille noble » : c'est que son père avait été successivement au service de trois rois¹⁰.

En regard de ces exemples et de beaucoup d'autres semblables, nous n'apercevons pas une seule fois un homme dont il soit dit qu'il est noble et qu'il vit en

---

¹ *Vita Walarici*, 26 ; ibidem, II, p. 85 : *Cujusdam nobilissimi Mauronli qui inter proceres palatii præcellebat.*
² *Vita Faronis*, 11 ; ibidem, p. 612 : *Hagnericus inter proceres regis, consiliis regalibus gratus.*
³ *Romaricus vir nobilis erat in palatio*, *Vita Amati*, 14 ; ibidem, II, p. 132 ; *Vita Romarici*, ibidem, p. 416.
⁴ *Vita Wandregisili*, 16 ; ibidem, II, p. 541.
⁵ *Vita Waningi*, 1 ; ibidem, p. 972.
⁶ *Diplomata*, édit. Pardessus, n° 334.
⁷ *Vita Agili*, 1 ; *Acta Sanctorum ordinis Benedicti*, II, p. 316.
⁸ *Vita Salabergæ*, c. 8 ; ibidem, II, p. 425.
⁹ *Vita Pardulfi*, 4 ; ibidem, III, p. 573.
¹⁰ *Vita Ansberti* ; ibidem, II, p. 1049 : *Ejus genitor Siwinus sub prædictis regibus militavit.*

dehors des fonctions publiques. Les « nobles » du viie siècle ne sont donc pas autres que les grands du Palais et les hauts fonctionnaires du roi. Il existe une noblesse palatine; on ne voit pas d'autre noblesse. Un hagiographe nous dit expressément que la noblesse est la parenté avec les grands de la cour[1].

Il est utile de remarquer que ces hommes du Palais s'enrichissaient aisément. Il n'est pas très sûr qu'un traitement régulier fût attaché à leurs fonctions; mais il n'est pas douteux que l'or du roi ne se partageât aisément entre eux[2], et les rois se montraient prodigues pour eux de leurs domaines. Les dons de terre en toute propriété sont fréquemment signalés. Éligius, encore laïque et fonctionnaire du roi, n'a qu'à lui demander le beau domaine de Solignac. Didier, avant d'être évêque de Cahors, reçut du roi plusieurs beaux domaines dont il disposa en toute propriété[3]. On voit aussi par le testament de Bertramn que son dévouement à Clotaire II avait été payé du don de plusieurs belles terres.

Aussi les personnages très riches du viie siècle sont-ils presque tous des hommes du Palais. La Vie de Launomarus parle du très riche Ragnoswinthe; c'est en même temps un *vir illuster*[4]. Le très riche Ingomar, qui est signalé par la Vie d'Éligius comme possédant de nombreux domaines, est comte d'une cité[5]. Gérémar, « qui possédait de nombreux domaines », avait passé

---

[1] *Vita Theodulfi*, 2; ibidem, I, p. 346 : *Nobilitas, propinquitas aulicorum optimatum.*
[2] Voir le testament de Désiderius, *Diplomata*, n° 323 : *Aurum vel argentum quod in aula regia elaboravi et mecum detuli.*
[3] *Vita Desiderii Caturcensis*, 17 [cf. plus haut, p. 37].
[4] *Vita Launomari*, p. 17.
[5] *Vita Eligii*, II, p. 42.

une grande partie de sa vie dans le Palais[1]. Le riche Génésius est un comte d'Auvergne[2].

Observons les chartes de l'époque mérovingienne, et voyons quels sont les propriétaires qui sont assez riches pour donner de grands domaines à l'Église. Sur 39 chartes de donations faites par des laïques[3], nous en trouvons 33 dont les auteurs sont des fonctionnaires de la royauté, et seulement 6 dont les auteurs n'ont aucun titre qui nous fasse connaître ce qu'ils sont[4].

---

[1] *Vita Geremari*, 7; *Acta Sanctorum ordinis Benedicti*, II, p. 477.
[2] *Vita Præjecti*, 1; ibidem, II, p. 640.
[3] Nous laissons de côté, bien entendu, les donations des évêques, abbés et abbesses; nous omettons aussi les donations si peu importantes, que leurs auteurs ne peuvent pas passer pour être riches.
[4] Nos trente-trois donateurs sont, dans les *Diplomata* de Pardessus : n° 108, Harégaire, lequel est qualifié *illuster vir* au n° 117; n° 140, Ansémund, qui est qualifié *dux* par la *Vita Desiderii*; n° 186, Godinus, dont Grégoire de Tours parle comme attaché successivement à deux rois (V, 3); n° 230, Bertrann, qui, avant d'être évêque, était au service de Clotaire II; n° 254, Éligius, encore fonctionnaire du Palais; n° 256, Ermenbert, qualifié *illustris vir*; n° 312, Adroald, lequel a la même qualification à la fin de l'acte; n° 316, Grimoald, qui est maire du Palais; n° 348, Amalgaire, qui est qualifié *illustris vir* et dont il est dit qu'il est duc, *tempore ducatus sui donavit*; n° 375, Wolfaudus, qui est comte; n° 404, Amalfrid, *illuster vir*; n° 409, Pépin, maire du Palais; n° 414, Pépin; n° 416, Godéfridus, *dux et filius ducis Drogonis*; n° 458, Hédénus, *vir inluster et dux*; n° 461, Angilbald, *vir illuster*; n° 469, Arnulf, *dux*; n° 472, Godéfridus, *vir illuster, dux*; n° 473, Wulfoald, *vir illuster*; n° 500, Hédénus; n° 502, Arnulf; n° 503, Charles Martel; n° 511, Odilia, fille du duc Adalric; n° 519, Ebroin, *comes*; n° 524, Adelbert, *dux*; n° 525, Liutfrid et Ébrohard, l'un *dux*, l'autre *domesticus*, tous deux fils du duc Adelbert; n° 529, Haicho, cousin des précédents; n° 536, Boronus, de la même famille; n° 539, Rohingus, *vir illuster*; n° 544, Éberhard, dont nous ne savons pas la fonction, mais qui est fils du duc Adalbert; n° 547, Wademer, *inluster vir*; n° 548, Galtérius, qui fait donation de quatre villas, est un des *proceres regis*; n° 549, Petto, dont nous ignorons la situation, mais qui avait deux frères comtes; n° 550, Ébrohard, *comes*; n° 559, Abbon, très riche propriétaire, qui se qualifie recteur de Maurienne et de Suze dans un acte de 726 (*Diplomata*, t. II, p. 479) et qui, s'il faut en croire la Chronique de Novalize, devint plus tard patrice. — Les six donateurs sur lesquels je n'ai trouvé aucun renseignement sont Girard,

Tous ces documents autorisent donc à penser qu'au vii° siècle : 1° les « grands » étaient seulement les plus hauts fonctionnaires ou dignitaires du Palais ; 2° les « nobles » étaient ces mêmes hommes, tenant leur « noblesse » de la fonction qu'ils exerçaient ; 3° les « riches » étaient, sinon tous, du moins pour la plupart, ces mêmes hommes enrichis par leurs fonctions ou par les dons de terre des rois. La grandeur, la noblesse, la richesse appartiennent, en général, à cette catégorie d'hommes qui servaient les rois.

Il y a une différence à noter entre le vi° siècle et le vii°. Au vi° siècle on voyait encore une « noblesse sénatoriale », noble par ses ancêtres et riche de ses biens héréditaires. Cette noblesse sénatoriale disparaît au vii° siècle [1] ; elle est remplacée exclusivement par la noblesse des fonctionnaires royaux ou noblesse du Palais. On est noble si l'on a un rang élevé dans la hiérarchie des fonctions. On est né de père noble si l'on a un père ayant ce rang élevé. Ragnebert, dit l'hagiographe, était d'une haute naissance ; son père Ratbert était duc [2].

n° 196 ; Nizezius, n° 393 ; Wandémirus, n° 412, dont l'en-tête a disparu ; Gammo, n° 442 ; Darmundus, n° 470 ; et Angelbertus, n° 474.

[1] On retrouve encore les mots *genus senatorium* dans quelques hagiographes : ainsi l'auteur de la Vie de saint Germain, abbé de Grandval, dit qu'il était *ex genere senatorum genitus* (Acta Sanctorum ordinis Benedicti, II, p. 511) ; l'auteur de la Vie de Rusticola dit qu'elle était *clarissimis orta natalibus Valeriano et Clementia Romanis* (ibidem, II, p. 140) ; mais ce sont là des exceptions, et cela n'est pas comparable avec la manière dont Grégoire de Tours parlait du *genus senatorium*. — *Sanctus Bonitus progenie Arvernicæ urbis oriundus, cujus pater Theodatus, mater Syagria, e senatu duntaxat Romano, nobili prosapia.* Vita Boniti, 1 ; Acta Sanctorum ordinis Benedicti, III, p. 90 ; Bouquet, III, p. 622.

[2] Vita Ragneberti, Bouquet, III, p. 619 : *Ex præcelso Francorum genere ortus, nobilissimi ducis Ratberti filius.*

A côté des grands nous trouvons toujours les évêques. Le roi réunit-il une assemblée, elle est toujours composée « des pontifes et des grands[1] ». Rend-il un simple jugement, le tribunal royal est composé d'évêques et d'officiers du Palais. Des centaines d'anecdotes éparses dans les Vies de saints montrent que, si l'on entrait dans le Palais, on y trouvait toujours quelques évêques. Il n'y a pas d'entourage royal sans évêques. Les évêques sont une partie nécessaire du Palais d'un Mérovingien.

Or les évêques du VIIe siècle, si nous en jugeons par tous ceux dont la vie nous est racontée, sortaient rarement des rangs du clergé par voie d'élection canonique. Ils sortaient le plus souvent du Palais. Saint Didier, évêque de Cahors, saint Éloi, évêque de Noyon, saint Ouen, évêque de Rouen, passèrent une partie de leur vie dans la carrière du Palais avant que le roi leur donnât l'épiscopat. Wandrégisile, Romaric, Gérémar, fondateurs de trois abbayes, avaient été d'abord au service des rois. Rémaclus, « un des grands du Palais », fut fait évêque. Faron, après une longue carrière dans l'administration et dans l'armée, devint directement évêque de Meaux. Ansbert ne fut archevêque de Rouen qu'après avoir traversé presque toutes les fonctions du Palais. Pareils exemples sont nombreux. Quelques-uns de ces hommes, une fois évêques, disaient adieu au Palais et se confinaient dans les devoirs de l'épiscopat; mais d'autres revenaient souvent au Palais, et quelques-uns y vivaient plus que dans leur diocèse[2]. Le Palais fai-

---

[1] *Pontifices et proceres*, Frédégaire, 56. — *Pontifices et primates ad se venire præcepit*, idem, 89. — *Collectis pontificibus* [*pontefecis* dans les mss.] *et ducibus*, idem, 90.

[2] Voir saint Ouen de Rouen (*Vita Balthildis*; *Vita Geremari*, 8 et 10), Chrodobert de Paris (ibidem), Cunibert de Metz, Léger d'Autun, et tous

sait les évêques, et les évêques continuaient à former une partie du Palais.

Nous devons entendre par le Palais tout l'ensemble des hommes, ou laïques ou ecclésiastiques, qui entouraient le roi ou étaient ses agents dans les provinces. Ce Palais était en possession de toutes les fonctions administratives et de presque tous les évêchés. Il possédait l'État et l'Église.

Ce Palais[1] se divisait naturellement en deux parties : la partie centrale, c'est-à-dire ceux qui restaient auprès du roi ; la partie externe, qui se répandait dans les provinces pour les régir.

La partie centrale comprenait le maire, le comte du Palais, les sénéchaux, les référendaires, les cubiculaires, le comte de l'écurie, le garde du sceau, les trésoriers, et toute une série d'optimates. Au-dessous était une série de scribes et d'employés de toute sorte. A côté d'eux étaient quelques évêques, le clergé de la chapelle[2], et le chapelain spécialement chargé de la garde des reliques qui accompagnaient toujours les rois. Cette partie centrale du Palais vivait avec les rois, ne les quittait jamais, les suivait dans leurs déplacements. S'agissait-il de juger, c'était elle qui composait le tribunal royal. S'agissait-il de faire une loi, le roi ne la faisait qu'avec le conseil de ces hommes. S'agissait-il de quelque décision importante à prendre, le roi « prenait

---

ceux qui sont nommés dans les diplômes royaux. — De même pour les monastères. Les chefs de monastères sont presque toujours des grands du Palais. *Sanctus Usmarus monasterium Laubiense* (Lobbes, diocèse de Cambrai) *suscepit regendum per Hedulphi interventum qui erat unus ex principibus regis* (*Vita Usmari*, *Acta Sanctorum ordinis Benedicti*, III, p. 255). [Cf. *La Monarchie franque*, p. 561, 562.]

[1] [*La Monarchie franque*, c. 8.]

[2] [Cf. *La Monarchie franque*, p. 150.]

conseil des évêques et des optimates ». Tous ces hommes étaient « ses conseillers »; « il les consultait et c'était d'après leurs avis qu'il gouvernait l'État ». Rien ne se faisait sans eux. Pour de simples actes de donation royale, on jugeait utile de faire figurer leurs signatures.

Ce qui faisait surtout l'importance de cette partie centrale du Palais, c'est qu'elle était la source des nominations et des grâces. Les ducs et les comtes étaient nommés en principe par le roi seul; en réalité ils l'étaient par le chef du Palais, le maire, et il n'est pas douteux que l'entourage immédiat n'eût un grand poids sur ces nominations. Cela était vrai même pour le choix des évêques. Le biographe de saint Léger, qui est un contemporain, dit que ce personnage fut désigné comme évêque par les grands du Palais[1]. De même saint Lambert fut nommé évêque d'Utrecht par le roi Childéric et par les optimates[2].

La partie externe du Palais comprenait les ducs, patrices, recteurs, comtes, c'est-à-dire tous les administrateurs des provinces. Il faut y joindre les *domestici*, administrateurs des biens royaux, et tous ceux qui avaient la jouissance bénéficiaire de terres du fisc. Nous pouvons encore y ajouter, au moins en un certain

---

[1] *Vita Leodegarii ab Ursino*, 3 : *In palatio... rex et regina, plerique pontifices et proceres... quia eum videbant dignum ad suscipiendum honorem, cunctorum consensu, præcipui Francorum ad honorem pontificalem eum esse idoneum proclamaverunt.* Ce ne fut qu'après cette élection dans le Palais qu'un simulacre d'élection eut lieu dans la ville d'Autun.

[2] *Vita Lantberti*, 3 (*Acta Sanctorum ordinis Benedicti*, III, p. 70) : *Ergo optimates viri qui eo tempore rectores palatii videbantur, Childerico regi famam Lantberti innotuerunt, testimonium perhibentes quod dignus erat sacerdotio.* — *Vita Ansberti*, 18, ibidem, p. 1051 : *Rex Theodoricus et princeps Pippinus cum proceribus palatii salubre agentes consilium, eum constituerunt antistitem.*

sens, les évêques, surtout ceux dont l'existence se partageait entre le diocèse et le Palais.

6° [CETTE ARISTOCRATIE SE REND INDÉPENDANTE DU POUVOIR ROYAL.]

Ces ducs et comtes du VII° siècle continuaient à être des fonctionnaires royaux, administrant et jugeant les populations au nom du roi qui les avait nommés. La formule de nomination que donne Marculfe était certainement encore en usage au VII° siècle. Mais plusieurs faits que l'on trouve dans les Chroniques donnent à penser que ces fonctionnaires royaux étaient beaucoup plus indépendants qu'à l'époque précédente. Les rois, qui avaient encore le droit de les révoquer, ne le pouvaient plus faire avec la même facilité qu'un Chilpéric et un Gontran. Quand Clotaire II, en 613, voulut nommer Herpon duc du pays d'Outre-Jura à la place d'Eudila, un complot fut vite formé contre le nouveau venu; or les chefs du complot étaient deux hauts fonctionnaires du pays, le patrice Aléthée et le comte Herpin, auxquels se joignit l'évêque Leudémund. Le nouveau duc fut massacré[1].

Voici un autre fait qui me paraît fournir indirectement un indice des habitudes d'indépendance de ces hauts fonctionnaires. A l'année 629, le chroniqueur raconte comme un des plus grands événements de l'époque que Dagobert parcourut la Burgondie en rendant la justice « et qu'il frappa de terreur les évêques et les grands[2] ». Il s'était donc commis de graves abus,

---

[1] Frédégaire, 43.
[2] Idem, 57.

et il fallait toute l'énergie et tout le prestige de Dagobert pour les réprimer. Comme ses successeurs n'eurent pas sa force, nous pouvons penser que les abus recommencèrent.

Je suis frappé de voir que ces ducs lèvent des troupes, dans des cas où il est visible que le roi ne leur en a pas donné l'ordre. Ces troupes ne servent pas non plus pour former une armée royale; chacune d'elles ne combat que pour son chef. C'est ainsi qu'en 627, dans une réunion des grands à la villa royale de Clichy, nous voyons que les ducs Ægyna et Brodulf ont chacun une armée à leurs ordres[1], et que ces deux armées en viendraient aux mains si une troisième troupe de guerriers bourguignons ne les séparait pas. Quinze ans plus tard, nous voyons que le patrice Willibad mandé à une assemblée s'y rend avec une véritable armée, « qu'il a levée dans le ressort de son patriciat[2] ». C'est que ces ducs et comtes avaient toujours été des chefs omnipotents de la population; leur dépendance à l'égard du roi se relâchait pour peu que le roi fût faible ou fût mineur.

Ils visèrent à rendre leurs fonctions inamovibles. Le chroniqueur ne nous dit pas ce qu'ils demandèrent à Clotaire II dans l'assemblée de 616, ni ce que le roi « accorda à leurs justes demandes[3] »; mais nous savons qu'en 641 le maire Flaochat, au nom de Clovis II, s'engagea « à conserver chacun des grands dans sa fonction et dignité »; il prit cet engagement

---

[1] Frédégaire, 55. [Cf. *La Monarchie franque*, p. 635.]
[2] Idem, 90.
[3] Idem, 44 : *Cunctis illorum justis peticionibus annuens. preceptionibus roboravit.*

par lettre, il y joignait même un serment sacré. C'était l'inamovibilité des fonctions[1].

Plaçons-nous vers l'année 650. Nous avons sous les yeux un État franc qui ressemble déjà par bien des points à ce que sera l'État carolingien après Charles le Chauve.

En haut existe une royauté qui est représentée par deux rois mineurs, Sigebert III et Clovis II, après lesquels viendront encore d'autres rois enfants. Cette royauté est toujours respectée et personne ne songe à s'en défaire; mais elle n'exerce pas le pouvoir.

Au-dessous d'elle est une hiérarchie de plusieurs centaines d'hommes puissants, ducs, comtes, évêques, abbés de monastères, lesquels dépendent en principe de la royauté, mais qui en réalité sont indépendants d'elle et qui sont les vrais chefs de la population. Le lien qui unit ces ducs et ces comtes au roi ne s'appelle pas encore suzeraineté, mais il n'est guère plus étroit que ce qu'on appellera de ce nom. Chacun de ces ducs a lui-même ses sujets, qu'il appelle ses fidèles, ses amis, qui le suivent et lui sont personnellement attachés. Voyez le patrice Willibad : il est mandé par le roi à Chalon ; mais comme il sait que le roi lui veut du mal et probablement le destituera, il ne quitte sa province qu'en se faisant accompagner de tous ses fidèles, qui sont comme ses vassaux[2]. Ce sont des évêques et des comtes[3]. Chacun de ceux-ci est lui-même suivi d'une

---

[1] Frédégaire, 89 : *Per epistolas et sacramentis firmavit unicuique gradum honoris et dignitatem conservarit.*

[2] Idem, 90 : *Chlodoveus Willibadum patricium ad se venire precepit. Willibadus cernens iniquum consilium Flaochado... colligens secum plurimam multitudinem de patriciatus sui terminum....*

[3] Ibidem : *Pontifices seu nobiles.* — Le chroniqueur cite parmi eux l'évêque de Valence Ægiluifs [Ailulfus] et le comte Gyson.

troupe de serviteurs et de soldats, « nobles hommes et courageux[1] ». Tout cela forme une véritable armée. C'est ainsi que Willibad se présente au roi, et il s'engage une bataille sanglante entre ce feudataire indocile et les autres qui tiennent pour le roi[2].

Trente ans plus tard, un autre chroniqueur contemporain nous dit que les ducs et comtes se faisaient la guerre entre eux : « Ceux qui auraient dû gouverner en paix les provinces se faisaient entre eux des guerres continuelles; et, comme s'il n'y avait pas d'autorité royale, chacun faisait ce qui lui semblait bon[3] ».

Les évêques, de leur côté, devenaient des chefs de peuple. Grâce au système de l'immunité, l'évêque ne dépendait presque jamais du duc ou du comte de la province. L'immunité avait fait passer la moitié des forces de chaque circonscription du comte à l'évêque ou à l'abbé. Il était un souverain dans sa ville et sur les vastes domaines de son église. La cité connaissait rarement un autre pouvoir que le sien. Les archives de Reims témoignent que dès le temps des Mérovingiens l'archevêque exerçait dans cette ville l'autorité suprême[4]. Le

---

[1] Frédégaire, 90 : *Nobiles et fortes*. Le chroniqueur cite le Burgundion Manaulfe. Willibad était lui-même *genere Burgundionum*, c. 78.

[2] Ibidem : *Falangis uterque in congressione certamenis jungent ad prilium*. Le roi avait avec lui, outre le maire Flaochat et le comte du Palais Berthaire, les ducs Amalgaire, Wandelbert et Chramnelène, de Bourgogne; quant aux ducs neustriens, ils refusèrent de se jeter sur Willibad « qu'ils auraient dû envelopper » et restèrent avec leurs troupes spectateurs de la bataille, « attendant l'événement ». Quand ils virent Willibad tué et les siens en déroute, ils pillèrent son camp.

[3] *Vita Leodegarii ab Anonymo*, 7 : *Hi vero qui rectores regionum esse debuerant, continuis odiis se invicem cœperunt lacessere, et quum rex tunc non erat stabilitus in culmine, quod unicuique rectum videbatur in propria voluntate, hoc agebat sine formidine disciplinæ*.

[4] Flodoard, *Historia Remensis ecclesiæ*, II, 12; Varin, *Archives administratives de Reims*, t. I, p. 26.

biographe de saint Didier, évêque de Cahors, le loue d'avoir été toujours attentif à entretenir et à rebâtir les murs de la ville; c'était l'acte d'un chef de cité[1]. On peut remarquer dans les hagiographes de cette époque qu'en parlant des évêques ils se servent volontiers d'expressions qui marquent l'autorité politique et le gouvernement[2]. Saint Léger, dans la biographie que les contemporains ont tracée de lui, apparaît comme le seul chef politique de la ville d'Autun. Il a sous sa direction « tout un peuple qui lui a été confié par Dieu[3] ». Il en est le défenseur contre les ennemis du dehors. Il commande, et tout ce peuple lui obéit. Quand Ébroïn l'attaque, ce n'est pas seulement à la personne de l'évêque, c'est à la cité qu'il fait la guerre. Saint Léger dirige la résistance des assiégés et ordonne les sorties. De même un peu plus tard, Rigobert, archevêque de Reims, ferme les portes de la ville à l'ennemi et défend contre toute attaque « la ville qui lui a été confiée par Dieu[4] ». Un évêque de Sens voit l'ennemi venir sous ses murs; il ordonne une sortie, il la commande en personne et repousse les assaillants[5].

Il s'élevait ainsi, sur toute la surface de l'État franc, plusieurs centaines de petites souverainetés, les unes laïques, les autres ecclésiastiques. Elles se plaçaient

---

[1] *Vita Desiderii Caturcensis*, c. 17 (Migne, t. LXXXVII, col. 235): *Quam singulari studio omni tempore mœnia urbis suo labore struxerit.*

[2] Quelques exemples. Grégoire de Tours, *De gloria martyrum*, I, 33: *Bertramnus tunc episcopatu urbem regebat.* — *Vita Leodegarii ab Ursino*, c. 7: *Leodegarius... gubernator civitatis.* — *Vita Arnulfi*, 7: *Urbem ad gubernandum suscepit.*

[3] *Vita Leodegarii ab Anonymo*, 9: *Leodegarius cum ad suam plebem restaurandam rederet in urbe sua.... Dominum precabatur ut plebem sibi creditam non permitteret capivari.*

[4] Flodoard, *Historia Remensis ecclesiæ*, II, 12.

[5] *Chronicon auctoris incerti*, Bouquet, III, p. 315.

entre la royauté et les populations. Elles devaient obéir
à la royauté; les populations n'obéissaient qu'à elles.
La société formait déjà une sorte d'échelle féodale.

On discerne même avec quelque clarté un autre fait :
c'est qu'il se forme des familles qui de père en fils font
partie du Palais, exercent les fonctions, jouissent des
profits de l'autorité. C'est ce qu'on reconnaît en observant de près les nombreux personnages que les Chroniques ou les Vies de saints mentionnent. Voici, par
exemple, Gérémar; il est « un des grands du Palais »;
son biographe mentionne son père Rigobert, sans nous
dire si Rigobert était déjà dans le Palais; mais il nous
dit que beaucoup des parents de Gérémar y figuraient[1].
Quand, sa carrière finie, il se retira dans un couvent,
« il laissa son fils Amalbert dans le Palais », après
avoir obtenu du roi de lui laisser tout ce qu'il possédait lui-même[2].

Voici un autre personnage, nommé Hagnéric. Il est
l'un des *proceres palatii*[3]; il a quatre fils, Faron, Chagnulf, Chagnoald et Walbert. Faron entre comme son
père « dans le service de la Cour[4] ». Il y débute sous
Théodebert II; il est élevé au rang de *procer* par Clotaire II[5]. Un autre fils, Chagnulf, suit la même carrière
et devient comte[6]. Les deux autres frères entrent dans

---

[1] *Vita Geremari*, c. 7; *Acta Sanctorum ordinis Benedicti*, II, p. 477 :
Erant ei parentes plurimi in palatio regis Dagoberti.

[2] *Ibidem* : *Adiens regem petiit ab eo ut filio suo Amalberto cuncta
quæ sui juris erant traderet*; c. 18 : *Filium suum Amalbertum in
palatio reliquerat.*

[3] *Vita Faronis*, c. 11 : *Acta Sanctorum ordinis Benedicti*, II, p. 612 :
Hagnericus... inter proceres palatii, consiliis regalibus gratus.

[4] *Ibidem*, c. 21 : *In aula regis Theodeberti miles.* Cf. c. 83.

[5] *Ibidem*, c. 32, p. 615 : *Sublimatus inter proceres regis.* C'est probablement le même personnage que nous voyons référendaire sous Dagobert Iᵉʳ (*Diplomata*, l'au-dessus, n° 215).

[6] *Diplomata*, n° 220, *in fine*.

la carrière ecclésiastique; Chagnoald est bientôt nommé évêque de Laon¹; Walbert aussi devient rapidement abbé de Luxeuil² et évêque de Meaux³; enfin, quand Walbert meurt, son frère Faron, qui « s'est fatigué de ses longues fonctions dans le Palais⁴ », prend à son tour l'évêché de Meaux, et le chroniqueur est si peu surpris de cela qu'il ajoute : « Il succéda à Walbert en vertu de sa parenté et comme par droit d'héritage⁵. » Voilà comment une famille se partageait les fonctions et dignités dont le Palais disposait. De même nous voyons Gunduinus, duc sous Childéric II, laisser un fils qui devient à son tour un des grands et qui termine sa vie dans l'épiscopat⁶. Siwinus était un grand personnage qui avait « servi » sous les rois Clotaire III, Childéric II, Thierry III; son fils Ansbert fut placé par lui dans les emplois du Palais et plus tard eut l'évêché de Rouen⁷.

Léodger ou saint Léger appartenait à une de ces familles qui se partageaient les dignités et les évêchés.

¹ *Vita Eustasii*, c. 5; *Acta Sanctorum ordinis Benedicti*, II, p. 118. *Vita Columbani*, c. 50; ibidem, p. 17. *Vita Faronis*, c. 38; ibidem, p. 614.

² *Vita Frodoberti*, ibidem, p. 629.

³ C'est du moins ce que dit la Vie de saint Faron, et cela y est deux fois répété, c. 60 et c. 102, pages 614 et 616. — L'épiscopat de Walbert à Meaux a été mis en doute; voir Mabillon, *Acta Sanctorum*, II, p. 505; mais il faut noter que si l'auteur de la Vie de saint Faron est seulement du IXᵉ siècle, il est d'autre part évêque de Meaux et qu'il doit avoir des renseignements précis sur la série des évêques qui l'ont précédé; or, dans cette série, il compte Walbert comme le 19ᵉ.

⁴ *Vita Faronis*, 85 : *Remisso remige a curis rerum palatii.*

⁵ Ibidem, c. 102, p. 619 : *Lege consanguinitatis quasi jure hereditatis fraternam successionem pontificatus meretur.*

⁶ *Vita Salabergæ*, c. 5; *Acta Sanctorum ordinis Benedicti*, II, p. 423 : *Gunduinus vir illustrissimus, rebus aulicis aptus.* Nous trouvons Gunduinus *dux* dans un diplôme de Childéric II, n° 359. Il a un fils nommé Bodo, qui devint à son tour *vir illuster, potens*, et enfin évêque de Toul, ibidem, c. 17.

⁷ *Vita Ansberti*, c. 2; *Acta Sanctorum ordinis Benedicti*, II, p. 1049.

Ses biographes ne nous disent pas ce qu'était son père[1]; son oncle Dido était évêque de Poitiers, évêque assez mêlé aux affaires, et même aux intrigues, puisque Grimoald se servit de lui dans son projet d'usurpation en Austrasie. Un autre de ses parents, Ansoald, fut évêque de la même ville après Dido. Le frère de Léodger, nommé Gérin, fut un des grands personnages de la cour de Clotaire III[2] et de Childéric II[3]. Léodger lui-même vécut plusieurs années dans le Palais; puis ce fut par le choix du Palais qu'il fut nommé évêque d'Autun; enfin, tout évêque qu'il fut, il continua à être assidu auprès du roi et fut l'un des chefs politiques du royaume[4].

Plus tard, en comparant entre eux plusieurs diplômes, nous voyons un Adalbert qui est duc et ses deux fils Liutfrid et Ébrohard qui sont, l'un *domesticus*, l'autre duc[5]. Erchinoald était maire du Palais, et son fils Leudésius est maire après lui[6], puis son petit-fils Adalric devient duc[7]. Le type le plus achevé de ces dynasties de grands est la famille d'Arnulf, qui finit par s'emparer de la royauté.

Nous ne voyons pas, au VIIe siècle, l'hérédité des fonctions qui s'établira deux siècles plus tard; mais nous voyons des familles qui de père en fils se perpétuent dans le Palais et s'en partagent les fonctions et les profits[8].

[1] D'après le *Testamentum Leodegarii* (Pardessus, p. 175), sa famille maternelle possédait des terres dans le pays de Dijon.
[2] *Vita Baboleni*, Bouquet, III, p. 571.
[3] *Vita Lantberti*, idem, II, p. 585.
[4] (Voir plus loin, c. 7, p. 94 et suiv.)
[5] *Diplomata*, n°s 525 et 544.
[6] Continuateur de Frédégaire, 95; *Gesta*, 45.
[7] *Fragmenta auctoris incerti*, Bouquet, II, p. 693.
[8] Il y a même quelque tendance à se perpétuer dans l'épiscopat. A Metz,

Ce Palais forme une sorte de vaste association. Voici un détail qui est caractéristique. Quand un de ces grands veut se marier, il demande le consentement du roi « et des autres grands[1] ». Aussi remarquons-nous par d'assez nombreux exemples que ces familles se mariaient volontiers entre elles[2].

Il semble qu'une donation de terre fiscale ne pût être faite par le roi qu'en présence des grands. Si ce n'était une règle, au moins paraît-il bien que c'était un usage[3]. La raison de cela était que les domaines royaux, aussi bien que les gouvernements et les fonctions, étaient comme le bien commun du Palais.

Telle était l'aristocratie du viie siècle. Elle n'était autre que la hiérarchie des fonctionnaires jointe à l'épiscopat. Elle était le Palais. Individuellement, chaque membre était riche en terre, élevé en dignité, puissant par sa fonction, chef absolu d'un territoire et d'une part de peuple. Tous ensemble, ils formaient un corps très fortement constitué autour de la royauté, mais plus fort qu'elle.

Clodulf succède à son père Arnulf; à Poitiers, An-oald succède à son parent Dido; à Sens, Géry a pour successeur son neveu Ebbon (*Vita Ebbonis*, 6; *Acta Sanctorum ordinis Benedicti*, III, p. 649; Bouquet, III, p. 650).

[1] *Vita Geremari*, 7; *Acta Sanctorum ordinis Benedicti*, II, p. 476: *Cum consensu regis ceterorumque Francorum sociavit sibi puellam in conjugium nomine Domnova.* — *Vita Anstrudis*, 4; ibidem, p. 976: *Vir nobilis Baso, consilio Francorum procerum, uxorem duxit Salabergam filiam generosi viri Gunduini.*

[2] *Vita Ansberti*, ibidem, p. 1019. De même Leudésius épouse la nièce de Léodger (Bouquet, II, p. 695).

[3] Tardif, n° 2 : *Nos Childebertus rex, una cum consensu et voluntate Francorum et Neustrasiorum... donamus.* — Ibidem, n° 16, voir les signatures. — Ibidem, n° 25 : *Una cum consilio pontificum vel optimatum nostrorum... Villam de fisco nostro concedimus.* — Même pour une simple confirmation de succession de biens fiscaux : *Geremarus regem adiens petiit ab eo ut coram cunctis præsentibus Francis traderet* (*Vita Geremari*, 10; *Acta Sanctorum ordinis Benedicti*, II, p. 477).

5° [LE PALAIS DEVIENT LE TUTEUR DE LA ROYAUTÉ].

Survint une série de minorités dans la famille mérovingienne. A Dagobert I⁰ succèdent en Austrasie Sigebert qui a huit ans, et en Neustrie Clovis II qui en a quatre. Sigebert ne laisse qu'un fils tout à fait en bas âge. Clovis II en laisse trois, dont l'aîné a sept ans. Puis nous voyons régner en Austrasie Childéric II, qui n'en a que six. Thierry III commence son règne à seize ans et prolonge sa vie jusqu'à trente-sept ; mais Clovis III qui lui succède est un enfant de dix ans, et il meurt à quatorze. La situation du Palais par rapport à la royauté se trouva modifiée par là : au lieu d'être l'organe des rois, il fut leur tuteur.

Un changement s'accomplit aussi dans la mairie du Palais. Nous avons vu qu'en principe le maire était le chef que le roi préposait à sa « maison », c'est-à-dire à tout le corps du Palais. Il est visible qu'au vi⁰ siècle ce chef était toujours choisi par le roi. Il n'en est plus tout à fait de même au vii⁰.

Clotaire II et son fils choisissent encore leurs maires ; mais, d'une part, ils se croient obligés de les prendre parmi les chefs du Palais, et de nommer ceux-là mêmes qui lui ont livré Brunehaut et ses deux royaumes. Ils ont donc presque forcément pour maires Warnachaire en Burgondie, Arnulf[1] et Pépin en Austrasie. Puis, s'ils nomment encore les maires, ils sont impuissants à les destituer. Clotaire II s'était engagé par serment à ne jamais révoquer Warnachaire[2]. A partir de ce temps,

---

[1] Arnulf est dit avoir été maire par Paul Diacre, *Historia Langobardorum*, VI, 16. — [Cf. plus loin, liv. II, c. 3.]

[2] Frédégaire, 42 : *Sacramento a Chlotarium acceptum ne umquam degradaretur.* [Cf. *La Monarchie franque*, p. 178.]

nous pouvons remarquer qu'aucun maire ne fut révoqué par les rois; Æga, Flaochat, Gundoald[1], Erchinoald, Ébroin, meurent maires du Palais, et si Ébroin doit quitter quelque temps la mairie, nous verrons que ce ne fut pas par la volonté royale. Pépin de Landen encourut la disgrâce de Dagobert[2], il n'en resta pas moins maire du Palais; Grimoald fut renversé, mais ce ne fut pas non plus par le roi.

Il vint même un moment où les rois ne purent plus nommer les maires. Ils étaient mineurs. Flaochat fut nommé maire par la reine Nanthilde, mais « sur le choix des évêques et de tous les ducs[3] », et il n'avait peut-être obtenu leur choix qu'en leur promettant l'inamovibilité. Voilà donc le Palais qui arrivait à nommer lui-même son chef. Un peu plus tard les chroniqueurs disent expressément qu'à la mort d'Erchinoald ce furent « les Francs » qui lui cherchèrent un successeur et « qu'après de grandes hésitations » ils décernèrent la mairie du Palais à Ébroin[4]. Il n'est guère douteux que la même chose n'ait eu lieu en Austrasie; la manière dont on nous dit que Wulfoald y devint maire implique bien qu'il fut désigné par d'autres que par le roi[5].

Il y a dans ces mots du chroniqueur un point qui

---

[1] *Gesta*, 42 : *Defuncto Gundoaldo majorum domo, Dagobertus rex Erchinoaldum* ...

[2] Frédégaire, 61.

[3] Idem, 89 (Cf. *La Monarchie franque*, p. 181, n. 2.)

[4] Continuateur de Frédégaire, 02 [2] : *Franci in incerto vacellantes, accepto consilio, Ebroino hujus honoris cura ac dignitate statuunt.* — *Gesta*, 45 : *Franci in incertum vacellantes, prefinito consilio, Ebroino hujus honoris altitudine majorum domo in aula regia statuunt.*

[5] Il devint maire le même jour où le petit Childéric fut choisi pour roi. Les *Gesta* marquent bien que les deux choix furent simultanés, c. 45 : *Childericus in Auster una cum Vulfoaldo duce regnum (suscipere dirigit).* D'ailleurs Clovis II venait de mourir et il n'y avait pour roi que des enfants.

doit nous arrêter. Ébroin, dit-il, fut nommé maire par les « Francs ». On voit bien que par ce mot *Franci* il n'entend pas la population franque tout entière. Rien dans son récit ne fait supposer qu'un peuple franc se soit assemblé pour nommer le maire. Les « Francs » dont il parle ne peuvent être que ceux qui entouraient le roi au moment de la mort d'Erchinoald. Voilà les hommes qui, leur chef disparaissant, s'agitent, hésitent, discutent, et finissent par se décider pour Ébroin. Or ce sont ces mêmes hommes que le chroniqueur désigne par le nom de *Franci*. Il est à remarquer, en effet, que le mot *francus* prend, à partir du vii⁰ siècle, une signification particulière, celle de grand. Souvent l'homme que les textes appellent *francus* est un optimate, ou tout au moins un homme du Palais.

C'est ici que se place¹ l'institution du *conventus*, du *plaid général*, ou Champ de Mars. Nous devons noter en effet que c'est dans les documents du vii⁰ siècle, et non pas dans ceux du vi⁰, que nous trouvons ces assemblées. Elles y sont d'ailleurs assez souvent mentionnées et suffisamment décrites pour que nous puissions en apprécier le vrai caractère.

Ce ne sont pas de simples revues de soldats comme le Champ de Mars du temps de Clovis. Ce ne sont pas non plus des assemblées populaires : elles n'ont aucun des traits qui caractérisent des comices. Gardons-nous de transporter nos idées démocratiques du xix⁰ siècle dans des temps où l'on n'avait pas même la notion de la démocratie ou de l'égalité. Ne nous figurons pas une multitude de citoyens et d'hommes libres accourant à un rendez-vous légalement établi, dans une plaine con-

¹ [Elle a été étudiée avec plus de détails, et au point de vue de l'organisation politique, au c. 16 de *La Monarchie franque*.]

sacrée par la loi ou par la tradition. Ne nous figurons pas davantage des députés élus par les populations : nul n'avait alors l'idée d'un régime représentatif. Les mœurs publiques et les conceptions d'esprit de cette époque ne connaissaient ni citoyens, ni nation, ni députation.

Ce n'est pas la population directement qui est convoquée, ce sont les évêques et les grands. Il est bien vrai que chacun de ces hauts personnages ne voyage pas seul. Chacun a sa suite, et souvent une suite armée. Mais cette suite ne représente pas le peuple, et elle n'est jamais admise à une délibération. Ordinairement la suite campe en plein air, et chaque évêque ou duc entre dans le Palais du roi. Il est visible que la vraie assemblée ne se compose que des grands.

Or ces grands sont ces mêmes fonctionnaires royaux dont nous avons parlé. Ces grands et ces évêques sont le « Palais » lui-même. Nous avons dit que le « Palais » était un vaste réseau qui s'étendait de la personne du roi aux extrémités du royaume. Mais nous avons ajouté que ce Palais se divisait naturellement en deux parties, la partie centrale qui entourait immédiatement le roi, et la partie externe qui se répandait dans le royaume. La partie centrale forme le conseil presque quotidien du roi et son tribunal; pour les grandes affaires, il faut la réunion du Palais tout entier, c'est-à-dire des évêques, des ducs, des comtes. Quand la partie centrale est seule, c'est le *concilium*; lorsque le Palais tout entier est convoqué, c'est le *conventus generalis*.

En principe, cette sorte d'assemblée n'est pas une nation vis-à-vis de la royauté; elle est l'entourage et comme l'extension de cette royauté; elle est l'ensemble de ses serviteurs, qu'elle appelle pour la consoiller ou pour recevoir ses ordres ; elle est convoquée, dit le chroniqueur, « pour le service du roi et le bien du pays ».

En fait, nous ne voyons pas quelles questions on lui pose, comment elle délibère, comment elle vote, ni même si elle vote ; seulement, nous voyons qu'elle peut, étant composée de tout ce qui est puissant et indépendant, émettre des vœux et même imposer ses volontés aux rois. Aucune constitution, écrite ou traditionnelle, ne fixait les droits de ces assemblées. Mais, comme elles contenaient toutes les forces de la société, elles pouvaient ce qu'elles voulaient.

Les rois ne les convoquaient que lorsqu'ils le jugeaient bon ; mais il devint de règle de les convoquer particulièrement au début de chaque règne nouveau. Lorsque Ébroïn fit roi Thierry III, le chroniqueur fait observer qu'il aurait dû convoquer suivant l'usage tous les optimates du royaume pour procéder à l'installation solennelle du roi[1]. Ce n'est pas qu'un droit précis d'élection appartînt à l'assemblée ; on ne voit pas comment ces évêques d'une part, ces fonctionnaires royaux de l'autre, auraient possédé le droit d'élire les rois[2]. Il n'en est pas moins vrai qu'aucun roi n'au-

---

[1] *Vita Leodegarii ab Anonymo*, 3 : *Cum Ebroinus Theodoricum convocatis optimatibus solemniter (ut mos est) debuisset sublimare in regnum.... eos noluit convocare.*

[2] Dans le passage du chroniqueur cité plus haut, il n'est pas question d'élection ; les grands disent seulement qu'ils ont le droit de *sublimare in regnum*, c'est-à-dire de procéder à l'installation. La preuve que c'est bien là la pensée de l'auteur est dans la phrase suivante, où il montre ces grands se portant tous *ad regis novi occursum* ; ils ne vont donc pas élire le roi ; ils savent que Thierry est déjà roi ; et c'est seulement ensuite, après qu'Ébroïn leur a défendu d'approcher, qu'ils se décident à abandonner Thierry et à choisir Childéric. Voir tout ce passage. [Cf. plus loin, p. 99.]

rait pu régner sans l'assentiment de ces grands¹, et il y eut même des cas où l'assemblée se crut le droit de choisir un roi plutôt qu'un autre².

Ainsi, la nation franque n'avait pas d'assemblées, mais le Palais avait les siennes, et c'était de là que devait venir le péril de la royauté.

Deux surtout parmi ces assemblées paraissent avoir imposé des conditions aux rois. On ne peut l'affirmer avec une pleine certitude, à cause du langage vague des chroniqueurs, mais cela paraît tout à fait vraisemblable. L'assemblée de Bonneuil de 616 adressa certainement des demandes au roi Clotaire, et Clotaire publia « des ordonnances qui établissaient ce qu'on lui avait justement demandé ». Par malheur le chroniqueur ne nous dit ni quelles étaient les demandes ni quelles furent les ordonnances royales³. Plus tard, vers 670, tous les grands « demandèrent à Childéric de faire des décrets⁴ », dont ils lui dictèrent la teneur. [Nous les examinerons dans le chapitre suivant, et nous verrons comment] la hiérarchie du Palais essaye de former alors, autour de la royauté nominale, une sorte de république aristocratique. Cet essai ne réussit pas. On y renonça au bout de trois ans.

¹ Exemple en 633, Frédégaire, c. 75. [Cf. *La Monarchie franque*, p. 644.]

² Ainsi, en 670, l'assemblée des grands choisit Childéric II à la place de Thierry [cf. plus loin, p. 99].

³ [Cf. *La Monarchie franque*, p. 643.]

Vita Leodegarii ab Anonymo, 4 : *Interea Hilderico regi expetunt universi ut alia daret decreta per tria quæ obtinuerat regna....*

CHAPITRE VII

(La lutte entre les associations des grands.)

Vers le milieu du viie siècle, c'est-à-dire au même temps où se forme cette sorte d'aristocratie dont nous venons de parler, nous voyons commencer aussi une série de guerres civiles. Elles aboutiront à la chute de la dynastie mérovingienne. Nous devons chercher quelle fut la nature de ces guerres civiles.

1° [QUE LES GUERRES CIVILES DU VIIe SIÈCLE N'ONT ÉTÉ DES LUTTES NI DE CLASSES, NI DE PARTIS, NI DE RACES, NI DE PAYS.]

Et d'abord, sont-elles des luttes de partis, ou des luttes de classes? Qu'on observe les documents, qu'on lise les Chroniques, les Vies de saints et tous les écrits qui nous mettent sous les yeux les mœurs et les préoccupations de ces générations d'hommes; on n'y trouvera jamais la mention de l'existence de deux partis politiques. Aucun texte ne signale qu'il y ait eu alors deux façons de concevoir le gouvernement des hommes. Nous allons voir de longues luttes, mais il faut d'abord constater que l'existence de deux partis politiques n'est jamais signalée, même par voie d'allusion. Ce serait se tromper beaucoup que de porter dans ces siècles si différents du nôtre les idées et les sentiments de notre siècle. Les noms mêmes d'aristocratie, de démocratie, de monarchie, pour désigner des formes diverses de gouvernement, ne se rencontrent pas une seule fois dans ces deux mille pages de documents du viie siècle.

Pas une ligne non plus ne fait allusion à une haine de races. Jamais on ne voit Romains contre Germains. Non seulement nous ne trouvons jamais ces deux races en antagonisme, mais les deux mots mêmes ne se rencontrent pas une seule fois dans les textes employés au pluriel, et pour désigner deux catégories d'hommes opposées l'une à l'autre[1]. La haine de races est devenue un sentiment si général au xix° siècle, que l'on est tenté d'attribuer le même sentiment aux hommes des siècles passés. Un historien ne peut pas le faire. Si vous cherchez un symptôme d'une haine de races, vous ne le trouvez ni dans les écrits de Grégoire de Tours, qui peint si bien le cœur de ses personnages, ni dans la Chronique de Frédégaire, où les intentions des hommes sont volontiers indiquées, ni dans les hagiographes, qui décrivent fort bien l'âme humaine, ni dans aucun texte ni dans aucune charte. Une lutte entre Romains et Francs ne s'aperçoit jamais. Vous trouvez beaucoup de guerres civiles; des deux côtés, toujours les écrivains disent que ce sont des Francs.

Quant à un conflit entre deux classes sociales, cela ne paraît pas non plus dans les textes. Sans doute nous pouvons penser que les classes inférieures, surtout celle des petits propriétaires, souffrirent beaucoup de l'affaiblissement continu où elles tombaient; mais qu'elles se soient plaintes, qu'elles aient protesté collectivement, qu'elles aient fait un effort pour échapper à la ruine, c'est ce que les textes ne laissent pas sup-

---

[1] On les rencontre quelquefois au singulier, appliqués par conséquent à des individus; Frédégaire, 24, 29, 78 [cf. *Nouvelles Recherches*, cinquième mémoire, 4° partie]. Mais ces exemples mêmes prouvent le contraire d'une haine de races, puisqu'ils nous montrent des Romains partageant les dignités des Francs.

poser; et certainement elles ne sont pas intervenues dans les luttes que nous allons raconter.

Je sais bien que les documents du temps, Chroniques ou Vies de saints, sont souvent écrits sans intelligence. Il n'est pourtant pas admissible que ces écrivains aient ignoré ce qui se passait autour d'eux. Ces moines ne vivaient pas en dehors du monde. Ceux qui ont continué Frédégaire, ceux qui ont écrit la Vie de saint Léger, de sainte Bathilde, d'Arnulf, de saint Éloi, étaient assez en rapport avec les hommes de leur temps pour savoir la cause et le caractère des grands combats qui se livraient. Ils étaient même fort mêlés à ces combats; leurs intérêts y étaient en jeu, et l'on voit à la manière même dont ils racontent les faits que leurs passions étaient en éveil. Si ces faits avaient été des luttes de partis politiques, ou des luttes de races, ou des luttes de classes, ils l'auraient su et l'auraient dit.

Une autre explication qu'on a donnée de ces longues guerres civiles est qu'un conflit naturel aurait existé entre les deux parties géographiques de l'État franc, entre l'Austrasie et la Neustrie[1]. Les textes semblent d'abord appuyer cette explication. Les chroniqueurs en effet parlent fréquemment de combats « entre

---

[1] Les mots Neustrie et Austrasie, inconnus à l'époque romaine, apparaissent à la fin du VIᵉ siècle. Ils sont déjà dans Grégoire de Tours (*Historia Francorum*, V, 14, in fine; V, 18, in fine; *De virtutibus S. Martini*, IV, 29), puis ils deviennent fréquents dans l'*Epitomata*, dans la Chronique dite de Frédégaire, dans les *Gesta*, et dans les Vies de saints. — C'étaient visiblement deux termes géographiques. Mais, comme les deux régions ont eu presque toujours des rois différents, les deux termes en sont venus bientôt à désigner deux royaumes et deux peuples distincts : *Regnum Austrasiorum*, *regnum Neutrasiorum* sont des expressions assez fréquentes (Continuateur de Frédégaire, 136 [53]; *V. Walarici*, etc.). De même les mots *Austrasii* et *Neutrasii* sont employés pour désigner deux peuples.

Francs Austrasiens et Francs Neustriens ». Il semble donc qu'il ait existé une antipathie constante entre les deux régions de l'Est et de l'Ouest; et l'on comprend le système des historiens modernes qui ont cru reconnaître dans ces faits une lutte de deux nationalités jalouses, lutte se terminant par le triomphe d'une famille austrasienne sur une dynastie devenue neustrienne.

Toutefois, si l'on regarde les textes avec un peu plus d'attention, on reconnaît que cette opinion est peu juste. Les chroniqueurs, en rapportant les combats entre Austrasiens et Neustriens, ne disent jamais qu'une haine nationale en soit la cause. Quand Grégoire de Tours raconte les guerres entre le roi d'Austrasie et le roi de Neustrie, ses récits ne contiennent pas un mot qui indique une antipathie entre les deux peuples; et lui-même ne voit dans ces événements que des luttes personnelles entre deux frères ou entre deux reines. Une lettre de saint Germain, évêque de Paris, montre que ce personnage n'attribuait aussi ces guerres qu'à des haines personnelles[1]. Observons comment les chroniqueurs s'expriment : « Frédégonde envoya une armée contre les deux fils de Childebert[2] ». Quatre ans plus tard, « les fils de Childebert conduisirent une armée contre Clotaire[3] ». Le chroniqueur ne parle pas de peuples, mais de rois qui se font la guerre.

Voici qui est plus significatif. En 613, le roi d'Austrasie lève une armée et la conduit contre le roi de Neustrie; mais il meurt inopinément; aussitôt les Austrasiens refusent de combattre les Neustriens et re-

[1] Bouquet, IV, p. 80.
[2] Frédégaire, 17.
[3] Idem, c. 20.

tournent dans leur pays¹. Quelques mois se passent, et nous voyons les Austrasiens rejeter leur roi Sigebert pour se donner au roi de Neustrie².

Comment voir en tout cela une antipathie de deux peuples? Ne perdons pas de vue que les deux régions portaient également le nom de *Francia*, et les deux populations celui de *Franci*³. Il n'est pas douteux pour nous que la population de l'Austrasie ne fût plus germanique que celle de la Neustrie. Mais nous sommes forcé de constater que cette différence de population n'est jamais signalée par les chroniqueurs et les écrivains de l'époque. Or, si les contemporains n'apercevaient pas cette différence, s'ils ne s'en rendaient pas compte, s'ils ne la trouvaient pas assez saillante pour la noter, c'est qu'apparemment cette différence de population avait peu d'influence sur les sentiments des hommes, sur leurs actes, sur les événements.

¹ Frédégaire, c. 39.
² Idem, 40-42.
³ *In Francia*, dans le Continuateur de Frédégaire, 98 [p. 169, 11, édit. Krusch], désigne la Neustrie. On peut même remarquer dans la *Vita Pipini* (Bouquet, II, p. 604) que l'hagiographe applique le mot *Francia* spécialement à la Neustrie, et l'oppose à *Austria*. De même dans les Gesta, 43, les Francs d'Austrasie livrent Grimoald *Chlodoveo regi Francorum*; ici *rex Francorum* désigne le roi de la Neustrie. *Neustriam sive Franciam*, dit l'auteur de la Vie de saint Rigomer, Bouquet, III, p. 426. — (Autres) exemples de *Franci* appliqué spécialement aux Neustriens, Frédégaire, 104, 101 (8 et 9). Annales de Saint-Amand, année 687 : *Pippinus superavit Francos*. Annales de Moissac, a. 715 : *Franci super Austrasios irruunt*. Vita S. Balthildis, 5 (Migne, LXXXVII, col. 869 [p. 487, édit. Krusch]) : *Franci* désigne les Neustriens par opposition aux Austrasiens et aux Burgondes. Continuateur de Frédégaire, 92, 94, 95; idem, 101 (6) : *Grimoaldus major domus super Francos electus est (id est super Neustrasios)*. Dans un *fragmentum auctoris incerti*, Bouquet, II, p. 692, les trois parties sont désignées par les mots *tria regna Burgundionum, Austrasiorum et superiorum Francorum*. Gesta Francorum, 40 : *Burgundiones et Austrasii cum Francis pace facta*. — Il est à peine besoin de dire que dans leurs actes officiels les rois qui règnent en Neustrie ne s'intitulent jamais *rex Neustriæ*, mais *rex Francorum*.

Après la mort de Clotaire II, la Neustrie pouvait se donner un roi particulier; elle aima mieux prendre pour roi celui-là même qui régnait en Austrasie[1]. Dagobert, devenu maître de tout l'État franc, manifesta une préférence pour le séjour de la Neustrie[2]. Il fit roi de ce dernier pays son fils Sigebert, mais les documents ne disent pas que les Austrasiens eussent demandé à avoir un roi particulier[3]. Quand ce Sigebert mourut, vers 656, les Austrasiens aimèrent mieux obéir au roi de Neustrie qu'à une famille austrasienne[4]. Plus tard, les Neustriens, après la mort de leur roi Clotaire III, prenaient volontairement pour roi celui qui régnait en Austrasie, Childéric II[5]. A partir de ce

---

[1] Cela ressort bien du récit de Frédégaire, c. 56 : *Et Neustrasiae pontifices et proceres plurima pars regnum Dagoberti visi sunt expetisse.* Caribert n'eut que très peu de partisans.

[2] Frédégaire, c. 60 : *Revertens in Neptreco, sedem patris sui diligens, adsiduae residire disponens.*

[3] Idem, c. 75. Il dit seulement *omnes primatis regni sui consencientebus.* — Les Gesta, sur cela, ne disent pas un mot des Austrasiens, c. 42 : *Rex Dagobertus filium suum in Auster direxit in regno statuto.* — Les Gesta Dagoberti, 51, s'expriment comme Frédégaire.

[4] *Gesta*, 43 : *Franci indignantes... Grimoaldum ad condempnandum regi Francorum Chlodoveo deferunt... Parisius civitate....* — La Chronique de Moissac s'exprime de même. — Ce fut après la mort de Clovis II que la reine Bathilde fit son second fils Childéric roi d'Austrasie, *Vita Balthildis*, 5; *Acta Sanctorum ordinis Benedicti*, II, p. 779 [p. 487 de l'édit Krusch] : *Austrasii ordinante domna Balthilde, per consilium quidem seniorum, receperunt Childericum regem.* Suivant la Chronique de Sigebert de Gembloux, ce serait Clovis II lui-même qui aurait fait son fils roi d'Austrasie.

[5] Continuateur de Frédégaire, 94 : *Childericum in Auster legacionem mittunt...* — *Gesta*, 45. — *Vita Leodegarii ab Ursino*, 2. — Après la mort de Childéric, les Austrasiens prirent Dagobert II, le fils de leur ancien roi Sigebert; cela nous est dit formellement par l'auteur de la *Vita Wilfridi* (Bouquet, III, p. 604) qui est un contemporain, mais qui est un moine de la Grande-Bretagne. Cela est confirmé par un diplôme de Dagobert, fils de Sigebert, qui ne peut être que ce Dagobert II, confirmant une donation au monastère de Stavelot; mais il est bien singulier qu'aucun chroniqueur franc n'ait nommé ce prince. Toutefois la Vie de Sala-

moment, les deux pays furent presque toujours réunis, sinon sous un même roi, du moins sous un même maire, sans que nous voyions jamais que les populations se soient plaintes de l'être.

On se fait une idée inexacte de l'Austrasie lorsqu'on se la figure comme un État tout germanique de mœurs et d'idées. On oublie qu'une grande partie de l'Aquitaine faisait partie de ce royaume d'Austrasie. On oublie surtout qu'à cette époque les hommes se déplaçaient aisément et que les races se mêlaient. Qu'on lise les Vies des saints et l'on sera surpris du grand nombre d'Aquitains qui venaient se fixer en Austrasie[1]. Goar et Basolus qui y furent de grands personnages, Ragnégisile, évêque de Troyes, Hadalin, Berchaire, Rémacle, évêque de Maestricht, étaient des Aquitains[2]. Saint Amand, qui était né en Aquitaine et d'une famille romaine, « était très honoré en Austrasie[3] ». Il semble qu'il y ait eu, au VIe et au VIIe siècle, une immigration continue d'Aquitains en Austrasie. Ce royaume n'était donc pas un État purement septentrional : c'était une association du Nord et du Midi[4].

---

berga, c. 13, dit qu'en 677 il y eut guerre entre les rois Thierry et Dagobert (Bouquet, III, p. 607). On croit qu'il mourut en 678, victime d'un complot des grands : *Per dolum ducum et consensu episcoporum insidiose occisus* (*Vita Wilfridi*, 31).

[1] [On reviendra à ce sujet liv. II, c. 2, en étudiant les origines de la famille carolingienne.]

[2] *Vita S. Goaris* (*Acta Sanctorum ordinis Benedicti*, II, p. 276) : *Goar homo Aquitanicus cujus pater vocabatur Georgius et mater Valeria*. — *Vita Basoli* (ibidem, p. 65). *Vita Frodoberti* (ibidem, p. 629). *Vita Bercharii* (ibidem, p. 832). *Vita Remacli* (ibidem, p. 490). *Vita Hadalini* (ibidem, p. 1013).

[3] *Vita Pippini*, ibidem, t. II, p. 606.

[4] Encore au milieu du VIIe siècle l'Auvergne en faisait partie (dans l'armée de Sigebert II, Frédégaire mentionne le duc d'Auvergne Bobo; Frédégaire, 87); de même la Provence (*Vita S. Boniti*, Bollandistes,

On a dit que la famille carolingienne représentait l'esprit germanique en lutte contre l'esprit romain. Regardez pourtant Arnulf et Pépin qui, à eux deux, forment la tige de cette famille. Il se trouve qu'Arnulf est l'élève d'un Aquitain nommé Gundulf qui appartenait à une famille sénatoriale romaine et était parent de Grégoire de Tours[1]. Pépin le Vieux épousa une Aquitaine « de grande famille », qui lui apporta en dot de nombreux domaines[2].

On ne peut donc pas affirmer que l'Austrasie fût plus germaine, plus barbare, plus ennemie des traditions romaines que la Neustrie. Ne pensons pas non plus qu'elle fût plus belliqueuse ni qu'elle contînt une population plus guerrière. Ce sont là des idées préconçues, auxquelles les faits apportent souvent un démenti. Nous voyons dans Grégoire de Tours que Sigebert ne pouvait pas lutter contre Chilpéric avec ses seuls Austrasiens; c'est avec des armées de mercenaires levés en Germanie qu'il envahissait la Neustrie[3]. En

---

15 janvier, p. 552); de même Cahors (voir la lettre de Sigebert II pour défendre à l'évêque Désidérius de réunir un synode, Pardessus, II, p. 82).

[1] *Vita Arnulfi*, c. 4 [alias 3] (*Acta Sanctorum ordinis Benedicti*, II, p. 150 [édit. Krusch, 1889, p. 435]) : *Arnulfus... Gundulfo subregulo seu etiam rectori palatii exercitandus in bonis artibus traditur* ; entre les années 590 et 600. — Ce Gundulf avait commencé par être *domesticus* (Grégoire de Tours, *Historia Francorum*, VI, 11), puis *dux* (ibidem) en 581. On le retrouve vers 595 au premier rang dans le Palais, bien que ce soit certainement à tort que l'hagiographe l'appelle *rector palatii*. — Ce Gundulf était de *genere senatorio* et oncle de Grégoire de Tours (Grégoire, VI, 11). [Plus loin, liv. II, c. 3.]

[2] *Vita Pippini* (Bouquet, II, p. 606) : *Uxor ejus Itta ex clarissima nobilitate Aquitaniæ oriunda fuit, sicut ex possessionum traditione ad monasterium facta indubitate cognoscimus.* [Plus loin, liv. II, c. 3.]

[3] Grégoire de Tours, *Historia Francorum*, IV, 50, édit. Arndt, c. 49 : *Sigibertus gentes illas quæ ultra Renum habentur, commovit* (on sait que *commovere* est l'expression ordinaire pour signifier faire une levée de soldats) *et bellum civile ordiens contra fratrem suum Chilpericum*

596, les Austrasiens furent vaincus à Latofao par une armée neustrienne ; ils furent vainqueurs à leur tour à Dormelles. Ils furent battus encore en 612 et leur pays conquis par les Bourguignons¹. En 613, le roi de Neustrie entrait en Austrasie et la traversait en maître avec une singulière facilité². Plus tard, en 631, une grande armée austrasienne fut vaincue par les Thuringiens³. L'année suivante, Dagobert, marchant contre un ennemi étranger à la tête de l'armée austrasienne, prenait la précaution d'avoir avec lui une troupe d'élite de guerriers neustriens⁴. Huit ans encore après, une armée austrasienne fut vaincue par les Thuringiens⁵. Tous ces faits ne permettent guère de se représenter l'Austrasie comme un pays plus viril, qui aurait continué la conquête et l'invasion.

Les guerres civiles que nous allons voir n'ont donc eu pour cause ni un conflit entre des idées politiques divergentes, ni une haine de races, ni une antipathie de la Neustrie et de l'Austrasie. On ne peut pas d'ailleurs les attribuer, ainsi qu'au vɪᵉ siècle⁶, à des haines ou à des ambitions personnelles des rois, puisque ces rois sont presque toujours des enfants et que souvent même il n'y a qu'un seul roi pour les deux pays. Cette cause est ailleurs ; c'est dans le détail des faits et dans la manière dont les contemporains les racontent, que nous la trouverons.

ire destinat. L'historien raconte ensuite les ravages de ces barbares sur qui Sigebert n'avait aucune autorité.
 ¹ Frédégaire, c. 38
 ² Idem, c. 40.
 ³ Idem, 68.
 ⁴ Idem, 74 : *Scaram de electis viris de Neuster et Burgundia cum ducebus et grafionebus secum habens.*
 ⁵ Idem, 87.
 ⁶ [Cf. plus haut, c. 1.]

2° [LES GUERRES CIVILES ENTRE ÉBROIN ET SAINT LÉGER.]

Une première série de guerres civiles est celle qui est remplie par les deux noms de saint Léger et d'Ébroin. Nous en connaissons les traits essentiels par deux Chroniques[1], et les détails caractéristiques par plusieurs Vies de saints écrites par des contemporains[2].

Léodégarius (saint Léger) appartenait à une de ces grandes familles qui de père en fils étaient en possession des hauts emplois du Palais ou des dignités de l'Église[3]. Tout enfant, il fut élevé dans le Palais et fut « commendé au roi Clotaire[4] », ainsi que son frère Gérin. Ses parents destinèrent Gérin aux fonctions publiques et Léodger aux dignités de l'Église. Léodger quitta donc, tout jeune encore, le Palais avec la permission royale, pour recevoir l'instruction ecclésiastique par les soins de son oncle, évêque de Poitiers[5].

[1] Continuateur de Frédégaire, c. 94 et suiv.; *Gesta regum Francorum*, c. 45 et suiv.

[2] *Vita Leodegarii ab Ursino*, écrite sur l'ordre de l'évêque Ansoald, parent de saint Léger, et peu de temps après sa mort. — *Vita Leodegarii ab Anonymo*, écrite par un moine d'Autun sur l'ordre de l'évêque Ermenaire, successeur immédiat de saint Léger au siège d'Autun. Ces deux biographies sont dans les *Acta Sanctorum ordinis S. Benedicti*, t. II, p. 680 et suiv., dans Bouquet, t. II, dans Migne, t. LXXXVI. — [On attend de ces deux Vies l'édit. critique de Krusch; voir l'étude qu'il en a faite, *Neues Archiv*, 1891.] On consultera aussi : *Vita Praejecti*, hostile à saint Léger (*Acta Sanctorum ordinis Benedicti*, II, p. 644); *Vita Filiberti*, c. 22 (ibidem, p. 822); *Vita Waningi* (ibidem, p. 873, 874); *Vita Austrudis* (ibidem, p. 879).

[3] *Vita Leodegarii ab Ursino* : *Ex progenie celsa Francorum ac nobilissima exortus.* [Cf. plus haut, p. 75 et suiv.]

[4] Ibidem, 1 : *A primaeva aetatis infantia a parentibus in palatio Hlotario regi traditus.* — Il s'agit du roi Clotaire II. On croit que Léodger est né en 616.

[5] Ibidem : *Ab eodem rege non post multum tempus Didoni praesuli*

Il devint archidiacre du même diocèse¹, et à ce titre il exerça les fonctions de juge; « connaissant aussi bien les lois civiles que les lois ecclésiastiques », il avait à juger même des laïques². Il se montrait, disent ses biographes, juge sévère³. Pendant six années, il gouverna comme abbé le monastère de Saint-Maixent. Nous le voyons ensuite rentrer dans le Palais. Suivant un de ses biographes, il y aurait été rappelé⁴, comme si par sa famille et par sa *commendatio* première il lui eût appartenu de droit. Il y vécut quelque temps, nous ne savons dans quelle fonction, probablement au milieu des clercs de la chapelle, et certainement dans un rang élevé⁵. Il y connut de près Ébroin, qui était maire du Palais à la même époque.

L'évêché d'Autun devint vacant; deux candidats se le disputèrent et « l'on se battit jusqu'à effusion de sang ». L'un des deux candidats fut tué dans la bataille, l'autre fut expulsé par jugement comme meurtrier⁶. La royauté se chargea alors de nommer l'évêque,

Pictavensis urbis arunculo suo ad imbuendum litterarum studiis datus est.

¹ *Vita Leodegarii ab Ursino*, 2 : *Archidiaconus effectus, cura sub pontifice omnibus ecclesiis ipsius diœcesis est prælatus.* — *Vita Leodegarii ab Anonymo*, 1 : *In eadem urbe (Pictavis) ad archidiaconatum est electus.*

² *Vita Leodegarii ab Anonymo*, 1 : *Cum mundanæ legis censuram non ignoraret, sæcularium terribilis judex fuit.*

³ Ursinus, 2 : *Magnam pacem tradidit Pictavensi solo.* — Anonyme, 1 : *Erat in disciplina delinquentium vividus.*

⁴ Ursinus, 3 : *Lotharius rex cum Balthechilde matre... cupientes cum secum habere in aula regis, petierunt pontificem ut ei daret licentiam secum inhabitare palatium; qui statim jussa complens....*

⁵ *Ibidem* : *Quem rex atque regina honorifice susceperunt... in tantum ut rex atque regina, plerique pontifices et proceres, supra omnes cum in amore susciperent.*

⁶ L'Anonyme d'Autun, 1 : *Inter duos contentio de episcopatu orta fuerat et usque ad sanguinis effusionem certatum. Cumque unus ibidem occubuisset in morte, et alter pro perpetrato scelere datus fuisset in exsilii extrusionem....* Les troubles durèrent deux années.

en le choisissant dans le Palais même. Ce fut Léodger que la régente et les grands choisirent[1] (659).

A la même époque, Ébroin était maire du Palais. C'étaient les grands eux-mêmes, c'est-à-dire les membres du Palais, qui l'avaient choisi[2]. Il exerça une première fois cette fonction durant tout le règne de Clotaire III[3], c'est-à-dire pendant une période d'environ treize années.

Quelques historiens modernes lui ont attribué une grande politique : ils l'ont présenté comme un ministre monarchiste et démocrate à la façon d'un Richelieu. Ni les chroniqueurs ni les hagiographes contemporains ne le représentent sous ces traits[4]. Nous lisons seulement, chez un hagiographe très postérieur et hostile à Ébroin, le jugement qui suit : « Né de bas lieu, il voulait du mal à tous ceux qui étaient nés d'une grande famille de la noblesse des Francs ; il s'efforçait de les mettre à mort ou de les chasser et il transférait leurs honneurs à des hommes qui, par leur mollesse, leur inintelligence, ou la bassesse de leur famille, fussent liés à lui au point de n'oser jamais contredire à ses volontés[5]. » Ceux qui transportent dans le VIIe siècle les idées du XVIIe ou

---

[1] L'Anonyme d'Autun, 1 : *Tunc Balthildis regina... ad memoratam urbem hunc strenuum direxit virum ibidem esse episcopum.* — Ursinus, 3 : *Et quia eum videbant dignum ad suscipiendum honorem, cunctorum consensu præcipui Francorum ad honorem pontificalem eum esse idoneum proclamaverunt. Quem ad hoc omnes electum Augustoduni creaverunt pontificem.*

[2] Continuateur de Frédégaire, 92 ; *Gesta*, 45 [cf. plus haut, p. 80].

[3] L'Anonyme d'Autun, 2 : *Erat in illis temporibus Hebroinus major domus qui sub rege Clotario regebat palatium.*

[4] Pas même la *Vita Drausii*, ni celle de saint Præjectus, qui lui sont assez favorables (Bouquet, II, p. 610 ; *Acta sanctorum ordinis Benedicti*, II, p. 644).

[5] *Vita Ragneberti*, dans Bouquet, III, p. 619.

du xix°, pensent trouver dans cette phrase la preuve qu'Ébroin aurait travaillé, constamment et par dessein arrêté, à abaisser l'aristocratie. L'hagiographe n'a pas cette pensée. Il dit seulement qu'Ébroin se plaisait à remplacer dans les hauts emplois les hommes des anciennes familles par des hommes nouveaux; et il faisait cela sans autre but, dit l'auteur, que d'avoir des fonctionnaires plus dévoués à sa personne. Au fond, l'hagiographe qui fait l'éloge du duc Ragnebert, veut simplement expliquer pourquoi il fut destitué par Ébroin. Ce Ragnebert appartenait à une famille qui était depuis longtemps du Palais, puisque son père Rathert était déjà un duc du plus haut rang[1]. Ébroin osa le révoquer et donner sa place à un autre qui était d'une famille nouvelle.

Ce qu'on peut dire d'Ébroin, c'est que, d'une part, il ne changea rien au système du gouvernement, il conserva l'organisation du Palais et sa toute-puissance, mais que, d'autre part, il osa destituer ces fonctionnaires et frappa particulièrement les familles qui prétendaient se perpétuer dans le Palais. Ce qu'il combattait, c'était l'hérédité des familles palatines.

De là les haines. Comme il avait ses amis dévoués, Ébroin eut ses ennemis. Les premiers étaient ceux qu'il élevait aux emplois ou à qui il les promettait. Les seconds étaient ceux qu'il avait révoqués, ou qui craignaient de l'être, ou à qui l'avancement dans la carrière était refusé, ou qui n'obtenaient pas la situation que leur père avait eue[2]. Il renouvelait le Palais

---

[1] *Vita Ragneberti*, c. 2; Bouquet, III, p. 619.
[2] Les hagiographes mentionnent fréquemment des grands qui sont dévoués à Ébroin; Ursinus nomme Diddo et Waimer (c. 8), Waningus

et se faisait autant d'ennemis que d'amis¹. Léodger et son frère Gérin, qui appartenaient à une ancienne famille du Palais, étaient parmi ses adversaires².

L'occasion de le renverser se présenta peu de temps après la mort de Clotaire III. Thierry fut aussitôt fait roi par Ébroin, qui garda ses fonctions de maire ; mais le parti adverse, pour se débarrasser d'Ébroin, nomma un autre roi, Childéric II³.

Un chroniqueur qui n'a vu et rapporté que le gros des événements, dit seulement que les Francs, voulant renverser Ébroin, s'insurgèrent contre Thierry et le détrônèrent⁴. Un hagiographe qui veut expliquer cette révolution et surtout la justifier, ajoute des détails significatifs. En premier lieu, il remplace le terme vague de Francs par les deux mots *optimates* et *nobiles*⁵, ce qui indique assez que ce sont des grands, c'est-à-dire des hommes appartenant au Palais mérovingien, qui ont fait cette révolution. En second lieu, il donne

---

(c. 13), Chrodobert (c. 15) ; l'auteur de la Vie de saint Ragnebert cite Theudefrid, Bodon et Guiscand, qui sont des *proceres palatii*.

¹ Les accusations contre Ébroin sont vagues et ressemblent à toutes celles qu'inspirent la haine et l'envie contre un homme qui dispose de toutes les grandeurs. Suivant les hagiographes hostiles, il aurait été cupide, et surtout cruel.

² L'Anonyme d'Autun, admirateur de saint Léger, ne dit pas formellement que saint Léger fut l'adversaire d'Ébroin ; il exprime la chose autrement : « Les envieux de l'évêque l'accusaient auprès d'Ébroin d'être malveillant à son égard et de ne pas obéir à tous ses ordres », c. 2 ; et plus loin : « Saint Léger était suspect à Ébroin », c. 3.

³ Ce court règne de Thierry, que plusieurs chroniqueurs omettent, est attesté par le Continuateur de Frédégaire, c. 93, et par le *Breve Chronicon* (Bouquet, III, p. 365).

⁴ Continuateur de Frédégaire, 94 [2] : *Eo tempore, Franci adversus Ebroinum insidias præparant, contra Theudoricum consurgunt eumque a regno deiciunt.* — [*Gesta Francorum*, 45.]

⁵ L'Anonyme d'Autun, c. 3 : *Optimatibus... Cum multitudo nobilium.* L'ensemble de la phrase marque sans doute possible que ce sont ces *optimates* et ces *nobiles* qui substituent Childéric à Thierry.

le prétexte que les auteurs de l'acte invoquèrent : Ébroin mettant Thierry sur le trône s'était abstenu de convoquer les grands du royaume, comme il l'aurait dû, pour procéder à l'installation du nouveau roi[1]. Même, ces grands s'étant mis en route spontanément pour se rendre suivant l'usage auprès du nouveau roi, un ordre d'Ébroin leur enjoignit de renoncer à ce voyage[2]. Nous pouvons juger à ce trait du caractère précis de l'événement. Quand nous avons décrit le Palais mérovingien, nous y avons distingué la partie centrale qui reste autour du roi et la partie externe qui occupe les duchés, les comtés, les évêchés. Les deux catégories d'hommes devaient, suivant l'usage, se réunir en assemblée solennelle au début de chaque règne. Cette fois, Ébroin et l'entourage immédiat avaient nommé roi Thierry et n'avaient pas convoqué les optimates des provinces. Cette partie externe du Palais proteste contre son exclusion. L'intérêt de ces hommes se devinerait sans peine, mais l'hagiographe l'indique clairement : « Ils craignaient qu'Ébroin, retenant le nouveau roi sous son autorité, ne fût le maître de faire tout le mal qu'il voudrait à ses adversaires[3]. » Cela signifie que les intérêts ou les droits de ces hommes, que leurs fonctions plaçaient loin du Palais du roi, n'avaient plus aucune garantie si le droit de s'assembler quelquefois autour de lui ne leur était pas conservé.

---

[1] L'Anonyme d'Autun, c. 3 : *Cum Ebroinus Theodoricum, convocatis optimatibus solemniter, ut mos est, debuisset sublimare in regnum, eos noluit convocare.*

[2] Ibidem : *Cum multitudo nobilium qui ad regis novi properabant occursum, mandante Ebroino, itineris accepissent repudium.*

[3] Ibidem : *Cœperunt metuere quod regem... post se retineret pro nomine, cui malum cupierat ille audenter valeret auferre.*

Au lieu de retourner chez eux, comme Ébroïn leur en intimait l'ordre, ils se réunirent, déclarèrent qu'ils ne voulaient pas de Thierry pour roi et choisirent Childéric II[1]. Léodger et Gérin étaient les principaux auteurs de cette révolution[2]. Elle n'était certainement pas dirigée contre la royauté : on ne changeait de roi que pour changer de maire. Ébroïn cessa de l'être, et ce fut Léodger qui, sans en prendre le titre, en exerça le pouvoir à sa place[3].

Léodger, à la fois homme d'église et chef de gouvernement, avait-il des vues politiques qui lui fussent particulières ? Les moines qui ont écrit sa Vie ne nous le font pas savoir. Ce qui est certain, c'est que Léodger, Gérin et leur parti obligèrent Childéric II à signer trois décrets[4]. Mais on ne voit pas que ces décrets ressemblent à une charte de liberté ou à une constitution. — Le premier est le seul qui paraisse avoir une portée générale, et aussi est-il assez vague : « Que

---

[1] Anonymo d'Autun, c. 3 : *Inito in commune consilio, relicto eo, omnes expetunt Childericum ejus fratrem.*

[2] Ursinus, c. 4, mentionne seulement la présence de saint Léger au milieu de ces événements et annonce aussitôt son influence sur le nouveau roi. — Plus tard, Hariulf, dans le *Chronicon Centulense*, dit : *Childericus in regno sublimatus est, procurante id ipsum Leodegario qui tunc inter regni magnates egregius habebatur.* — Cf. Hugues de Flavigny (Bouquet, III, p. 561) : *Leodegarius Childerico favebat.*

[3] Suivant Ursinus, il aurait eu même le titre de maire, c. 4 : *Childericus vero Leodegarium pontificem super omnem domum suam sublimavit et majorem domus in omnibus constituit.* — L'Anonyme d'Autun, c. 4, dit seulement : *Rex Leodegarium, eo quod cognoverat præ omnibus sapientiæ luce esse perspicuum, suum assidue retinebat in palatio.* — Le Continuateur de Frédégaire ne dit pas que saint Léger ait été maire du Palais ; il semblerait plutôt que l'on n'ait pas nommé de maire pour la Neustrie et la Bourgogne, et que saint Léger en ait eu le pouvoir. C'est ce que dit Hugues de Flavigny (Bouquet, t. III, p. 561) : *Leodegarius sub Childerico bene et utiliter disponebat regni moderamina.*

[4] Anonyme d'Autun, c. 4 : *Interea Hilderico regi expetunt universi ut talia daret decreta....*

chaque pays conserva sa loi et sa coutume[1]. » S'agit-il ici de droit privé ou de droit public, on ne saurait le dire, et l'on souhaiterait quelque renseignement précis sur la portée de cette formule. — Quant aux deux autres articles, ils ne concernaient que la classe des fonctionnaires et des membres du Palais. L'un renouvelait la règle déjà établie par Clotaire d'après laquelle les hauts fonctionnaires, ducs et comtes, ne pouvaient pas être envoyés d'un pays dans un autre[2]. Cela visait à deux choses, d'abord à empêcher le nouveau roi, qui venait précisément d'Austrasie, de nommer des Austrasiens dans les comtés ou duchés de la Neustrie, et aussi d'envoyer des Neustriens comme fonctionnaires en Burgondie; de cette façon les hommes en possession de fonctions dans l'un des trois pays étaient sûrs de ne pas être dépossédés par des étrangers. Puis ce texte assez vague pouvait avoir une autre portée : interdire la nomination de fonctionnaires étrangers à un pays, c'était à peu près assurer la perpétuité des gouvernements et toutes les hautes places aux familles qui les détenaient actuellement. Cet article pouvait donc avoir pour conséquence d'établir, non pas ce qu'on a appelé plus tard l'hérédité des fiefs, mais l'hérédité des fonctions publiques.

---

[1] Anonyme d'Autun, c. 4 : *Ut uniuscujusque patriæ legem vel consuetudinem observaret, sicut antiqui judices conservavere.*

[2] Ibidem : *Ne de una provincia rectores in aliam introirent.* Le langage du moine manque ici de clarté. *Rectores* désigne certainement les gouverneurs des duchés et des comtés. *Introire* signifie littéralement entrer, mais il ne s'agit certainement pas d'interdire à un comte l'entrée personnelle dans un autre comté, fût-ce en voyage. Je crois que le moine entend qu'un homme appartenant à une *provincia* ne pourra pas être fonctionnaire dans une autre. Quant au mot *provincia*, je ne crois pas qu'ici plus que dans l'édit de 614 il signifie un comté ou un duché; il a, ce me semble, le sens plus étendu de région, de grand pays.

Par le troisième décret, la mairie du Palais était supprimée¹. Il est bon de noter que cette suppression ne fut demandée que par les Bourguignons et les Neustriens; Wulfoald demeura maire du Palais pour l'Austrasie². Le parti de Léodger ne voulait plus « qu'aucun homme fût en possession de cette puissance tyrannique »; ils ne voulaient pas qu'un homme « regardât comme ses inférieurs ceux qui étaient ses compagnons et ses égaux³ ». Ils prétendaient enfin se succéder les uns aux autres dans l'exercice du pouvoir de maire par une sorte de roulement, « afin qu'aucun ne fût supérieur aux autres⁴ ». L'abolition de la mairie n'était pas faite pour fortifier le pouvoir royal. Personne jusqu'alors n'avait vu dans les maires des ennemis de la royauté. D'ailleurs le texte même du chroniqueur montre que les pouvoirs du maire ne furent pas supprimés et qu'ils devaient seulement être exercés à tour de rôle par les grands du Palais. Le fond de cette réforme était que le Palais allait former désormais une sorte de république à peu près égalitaire autour des rois impuissants et au-dessus des peuples opprimés.

Mais la réforme ne dura que trois ans⁵. Pour des

¹ Anonyme d'Autun, c. 4 : *Neque ullus ad instar Ebroini tyrannidem assumeret.*
² C'est ce qui résulte de Frédégaire, c. 95 et c. 97 ; *Gesta*, 45.
³ Ibidem : *Neque ullus postmodum contubernales suos despiceret.*
⁴ Ibidem : *Dum mutua sibi successione culminis habere cognoscerent, nullus se alii anteferre auderet.* — Toute cette réforme est omise par Ursinus. Le moine qui écrit, ou l'évêque pour qui il écrit, est prudent. Comme la réforme a échoué, il pourrait être imprudent d'en parler. L'hagiographe n'y fait donc qu'une allusion discrète ; il n'ose même pas attribuer à son héros une réforme ; c'est au contraire un retour aux règles antiques : *Quidquid adversus leges antiquorum regum ac magnorum procerum reperit ineptum, ad pristinum reduxit statum.*
⁵ Ursinus, 5 : *Cum hæc pæne annis tribus agerentur.*

raisons que les chroniqueurs ne disent pas. Léodger, véritable chef de ce nouveau Palais¹, tomba en disgrâce. Apparemment Childéric II, qui arrivait alors à l'âge d'homme, voulut régner et gouverner². Une implacable querelle surgit entre le roi et Léodger. Léodger finit par être exclu du Palais, dépouillé même de son évêché, et enfermé au monastère de Luxeuil³. Ce qui est curieux, c'est que la peine qui frappa Léodger résulta d'un jugement régulier prononcé par les grands du Palais. Le roi Childéric consulta « les optimates et les évêques »; ceux qui étaient « les premiers du Palais » jugèrent « de concert avec plusieurs évêques » que Léodger devait être « enfermé à perpétuité à Luxeuil⁴ ». Ainsi dans l'espace de trois ans il s'était opéré un revirement dans l'entourage royal, et il s'était formé une coterie nouvelle qui combattait Léodger, comme Léodger avait combattu Ébroïn.

Childéric, débarrassé de l'influence dominatrice de

---

¹ C'est sans doute pour cela que son biographe l'appelle *major domus* et *rector palatii*, quoique saint Léger eût précisément aboli le titre de maire. — Dans la *Vita Lantberti* (Bouquet, III, p. 585) nous voyons que Léodger et Gérin signent des diplômes avec le roi.

² Les moines, dont l'esprit est toujours prévenu par le martyre de saint Léger, accusent Childéric. Continuateur de Frédégaire, 95 : *Erat Childericus rex levis atque citatus nimis, gentem Francorum in sedicionem mittens in scandalum ac derisum, donec odium non modicum inter ipsos crevit usque ad scandalum et ruinam.* — L'Anonyme d'Autun dit que les envieux accusèrent saint Léger auprès du roi; suivant lui, le roi aurait voulu tuer l'évêque.

³ Suivant Ursinus, il se serait dépouillé volontairement : *Relicto rege et omnium potestatum sublimitate, ad Luxovii cœnobium....*

⁴ Anonymo d'Autun, c. 6 : *Per consilium optimatum vel (et) episcoporum, Leodegarius jubetur duci Luxorio monasterio donec in commune consulerent. Interea cum hi qui videbantur esse primi palatii, cum simul ab Hilderico fuissent conquisiti quod judicium de sancto viro decernerent, hoc consona voce responderant ut, si ei vitam concederet, sub perpetuo exsilio eum in Luxorio permanere juberet. Confirmans vel hoc decretum judicum, episcopis aliquibus consentientibus...*

Léodger, paraît avoir exercé l'autorité directement. On ne voit pas qu'il ait eu d'autre maire que le maire d'Austrasie, Wulfoald. De nouveaux mécontentements se produisirent, non pas dans la population, mais parmi les optimates du Palais[1]. Ces hommes conspirèrent[2] et l'un d'eux [Bodilo] assassina Childéric[3]. On prit alors pour roi Thierry III, le même qu'on avait autrefois chassé, et la mairie du Palais fut rétablie.

Mais aussitôt cette mairie fut disputée. On le comprend. C'était le maire qui devait être le chef du Palais tout entier; c'était lui surtout qui nommait aux places et qui distribuait les dignités et les gouvernements. Or les faits que nous venons de rapporter ont déjà montré qu'il y avait plusieurs ou tout au moins deux associations de grands en concurrence pour les fonctions et les honneurs. La suite le montre encore mieux.

Les amis de Léodger d'une part, les amis d'Ébroin de l'autre, se portèrent simultanément vers Luxeuil pour les délivrer[4]. On les vit sortir tous les deux du

---

[1] Anonyme d'Autun, c. 7 : *Ejus dissoluta conversatio omnibus increverat palatinis optimatibus.* — Continuateur de Frédégaire, 95 : *Odium non modicum inter ipsos crevit.*

[2] Continuateur de Frédégaire, 95 : *Ingobertus videlicet et Amalbertus vel reliqui majores natu Francorum seditionem contra Childericum concitaverunt.* — *Gesta*, 45. — Chronique de Moissac. — Cet Amalbert est peut-être celui qui était *seniscalcus* en 659 (*Diplomata*, n° 334). La *Vita Lantberti*, c. 5, appelle Ingolbert et Amalbert *satellites regis* (Bouquet, III, p. 585). — L'*auctor incertus* (Bouquet, II, p. 693) dit que Childéric fut assassiné *a conspiratoribus in aula.*

[3] Bodilo est qualifié *francus nobilis* par le Continuateur de Frédégaire, 95, *unus ex palatinis optimalibus* par l'Anonyme d'Autun, c. 7, *satelles regis* par la *Vita Lantberti*.

[4] Urainus, 7 : *Hilderico rege defuncto... hæc audientes utriusque amici... pergentes de utrisque partibus ad monasterium, cogebant eos procedere et ad eorum domos remeare.*

monastère, chacun avec une suite nombreuse de clients, de serviteurs, d'amis, d' « associés¹ ».

Il s'agissait de savoir lequel des deux s'emparerait de la mairie. Déjà Léodger, qui vraisemblablement avait été prévenu le premier, avait fait nommer maire Leudésius, fils d'Erchinoald². Apparemment il pouvait compter sur Leudésius, dont le fils avait épousé sa nièce³. Ce personnage devait sans doute favoriser l'association dont Léodger et Gérin étaient les chefs⁴. Mais Ébroin à la tête de son armée d' « amis⁵ » arriva

---

¹ La suite d'Ébroin est assez bien caractérisée par l'Anonyme d'Autun ; elle se compose surtout de tous les anciens amis d'Ébroin que Childéric, sous l'influence de saint Léger, avait dépossédés et exilés (du Palais) ; tous ces hommes, qui avaient vécu cachés pendant les dernières années, reparurent « comme les reptiles après l'hiver », c. 7 : *Cum Hilderici mors nuntiata fuisset, tunc hi qui ob ejus jussionem exsilio fuerant condemnati, tanquam post hiemem serpentes venenati..., reversi sunt.* — Ibidem, c. 8 : *Prædicti exsules Ebroini expetunt obsequium... cum ipse tam amicorum quam famulorum constiparetur subito comitatu....* — Le Continuateur de Frédégaire montre que cette suite d'Ébroin, chacun apparemment étant venu avec quelques hommes en armes, formait une véritable armée : *Ebroinus, convocatis in auxilium sociis, personis quam plurimis, cum multo comitatu exercituum... in Francia regreditur.* — *Gesta,* 45.

² Continuateur de Frédégaire, 95 : *Franci Erchinoaldi Leudesium filium in majorum domatum (dignitatem) statuunt per consilium Leudegarii et consociorum ejus.* — *Gesta,* 45 : *Franci Leudesio in majorum domato palacii elegunt ; eratque in hoc consilio Leudegarius et Gærinus frater ejus.* — Cela s'était fait avant le départ de Luxeuil. — *Fragmentum auctoris incerti,* Bouquet, II, p. 692 : *Leudesius... consilio Leodegarii major domus palatii constituitur.*

³ *Fragmentum auctoris incerti,* dans Bouquet, II, p. 693.

⁴ Il ne faut jamais séparer Gérin de Léodger. — L'*Auctor incertus* (Bouquet, II, p. 693) dit que Leudésius fut fait maire, *suffragantibus sibi Didone Pictavensi episcopo, Leodegario et Gerino Pictavensi comite.*

⁵ On peut admettre que la plupart de ces « amis » ou clients d'Ébroin étaient des Neustriens ; toutefois Ursinus dit qu'il avait avec lui beaucoup d'Austrasiens : *Cum Austrasiis, quos aliquando habuerat adversarios, se sociavit ut amicis.* De même l'Anonyme, c. 8 : *Noviento villa ubi Theodoricus residebat, venit Ebroinus cum Austrasiis.* Et, en effet, les deux seuls de ces « amis » dont nous ayons les noms se trouvent être deux

rapidement à l'endroit où se trouvait le nouveau roi, s'empara de sa personne et du trésor royal, tua Leudésius et se fit maire du Palais (entre 673 et 675)[1].

Ce triomphe d'Ébroïn ne paraît pas avoir introduit une politique nouvelle, une nouvelle façon de gouverner; il amena seulement un immense déplacement dans les fonctions et les dignités. C'est du moins la seule chose que mentionnent les textes, et ils y insistent. Ébroïn commença par enlever l'évêché d'Autun à Léodger et donna cet évêché à l'un de ses partisans, lequel avait été lui-même dépossédé d'un évêché par le gouvernement précédent[2]. De même, dans une autre partie du pays, un évêque d'Utrecht, saint Lambert, « qui avait été nommé par Childéric et par ses optimates », et qui était resté l'un des prélats du Palais, fut chassé de son siège, qui fut donné à un ami du

---

Austrasiens, Diddo et Waimer; ils venaient à la suite d'Ébroïn pour chercher fortune (Anonyme, c. 10). Cf. Chronique de Saint-Waast, p. 583 : *Ebroinus Austrasios sibi verbis blandis allexit, muneribus corrupit, sicque ad regem ire contendit.*

[1] Continuateur de Frédégaire, 96 : *Leudesium interficit, regem Theudericum in regno restituit, ipse suum principatum sagaciter restauravit.* — Gesta, 45 : *Leudesium interficit; ipse principatum sagaciter recepit.* — Ursinus, 7 : *Theodorici regis se præsentavit obtutui et ab eodem rege restitutus est in priore gradu.* 8 : *Et cum major domus effectus esset....* — Suivant l'Anonyme, les faits se seraient passés un peu autrement. Ébroïn et ses amis auraient d'abord pris pour roi un enfant, ne voulant sans doute pas avoir pour roi celui que les amis de Léodger avaient nommé; ils auraient donc proclamé Clovis III, qu'ils auraient supposé fils de Clotaire III. Pendant quelque temps ils auraient exigé le serment au nom de ce Clovis, et c'est même parce que saint Léger aurait refusé de violer son serment envers Thierry qu'il aurait été mis en prison par les partisans d'Ébroïn (Anonyme d'Autun, 8-13). Quoi qu'il en soit, Ébroïn n'aurait pas tardé à rejeter ce Clovis et à rétablir Thierry III à condition d'être maire.

[2] Anonyme d'Autun, 10 : *Boboni, qui nuper fuerat de episcopatu Valentiæ dejectus, Augustodunum assignaverunt in dominium.*

nouveau maire[1]. Il est vraisemblable que les dignités
laïques, à plus forte raison, furent retirées aux partisans de Léodger pour être données à ceux d'Ébroïn.
Gérin fut condamné à mort et son comté de Poitiers
devint vacant. On voulut donner de même le patriciat
de Bourgogne au duc Adalric; mais l'opposition de l'archevêque de Lyon, Génésius, fit manquer l'affaire[2]. En
général, tous ceux qui avaient fait partie de l'association dont Léodger et Gérin étaient les chefs « furent
chassés; les uns durent s'enfuir au loin, les autres
furent enfermés, et on ne les vit plus reparaître[3] ».
« Ceux qui avaient été auparavant optimates furent
poursuivis de toutes les manières; il mit les uns à
mort, il força les autres à s'enfuir à l'étranger, et confisqua leurs biens[4]. » Les optimates de l'entourage
immédiat du roi furent renouvelés. Nous en avons la
preuve dans ce fait que le nouveau tribunal royal
condamna à mort Léodger[5].

[1] *Vita Lantberti, Acta Sanctorum ordinis Benedicti*, III, p. 70-71. Ce
Lantbert était d'une grande famille de fonctionnaires, *ex parentibus inter
præsides venerandis*. Avant d'être évêque il avait vécu *in aula regia* :
in domo regia militavit. Il était resté l'un des conseillers du roi Childéric : *rex diligebat eum super omnes pontifices et optimates suos;
apud regem summum tenebat locum*. Dès qu'Ébroïn fut redevenu maire,
il mit la main sur son évêché, *deposuerunt eum de sede sua sine causa
et privatus est honore suo absque culpa; Faramundum in cathedra
illius substituerunt*.
[2] Anonyme d'Autun, 11.
[3] Continuateur de Frédégaire, 96 [2] : *Reliqui viri Franci eorum socii
per fugam lapsi, Ligere transgressi, usque Wascones confugerunt;
plurimi vero in exilio* (on sait qu'*exsilium* dans cette langue signifie
réclusion, détention) *damnati, ultra non comparuerunt*.
[4] Anonyme d'Autun, 12 : *Priores optimates cœpit instanter persequi;
quos comprehendere valuit, aut gladii interfectione prostravit, aut ad
gentes extraneas ablatis facultatibus effugavit*. — *Annales Fuldenses* :
Qui sibi in primi principatus amissione adversarii fuerant, ita persecutus est ut nonnullos vita, libertate plurimos ac facultatibus spoliaret.
[5] Il est à noter, en effet, que Léodger ou saint Léger fut mis à mort

On voit que la victoire d'Ébroin sur saint Léger fut, non le triomphe d'un principe ou d'une politique, mais la victoire d'une bande d'optimates, de ducs, d'évêques, sur une autre association de ducs, d'évêques et d'optimates. Un contemporain ajoute ce détail que, dans cette sorte de curée, les monastères de femmes ne furent pas négligés, et que plusieurs abbesses de grandes familles furent chassées pour céder leur place à d'autres[1].

Les moines qui ont écrit nos documents n'insistent pas sur ce système de révocation des optimates laïques ; mais ils laissent bien voir que l'habitude s'établit de déposséder les évêques qui déplaisaient. L'épiscopat fut suffisamment renouvelé par Ébroin pour qu'au bout de deux ans il pût réunir un synode[2] et en obtenir la révocation et même la mort de plusieurs évêques qu'il lui désigna[3]. Il y avait si longtemps que

par un jugement suivant les formes. Cela ressort de l'Anonyme d'Autun, c. 14. On y voit d'abord que saint Léger fut amené au Palais, *ad palatium*, par l'ordre d'Ébroin, qu'à titre d'évêque il fut jugé par un synode d'évêques, que l'accusation portée contre lui était d'avoir trempé dans le meurtre de Childéric II, *ut de Hilderici morte confiteretur se esse conscium*, que le synode le déclara déchu du rang épiscopal, qu'il fut enfermé provisoirement, et qu'au bout de quelques jours un arrêt du Palais ordonna sa mort, *a palatio sententia mandatur decreti Leodegarium diutius vivere non debere*.

[1] Anonyme d'Autun, 12 : *Feminarum nobilium monasteria destruxit, earumque religionis primarias in exsilium direxit*. — La *Vita Anstrudis* (15, *Acta Sanctorum ordinis Benedicti*, p. II, 976) raconte comment Ébroin veut chasser sainte Anstrude de son monastère, et n'est arrêté que par un miracle.

[2] Idem, 14 : *Eo tempore Theodoricus et Ebroinus synodum convocare unt ad quamdam villam regiam*.... Cf. Tardif, n° 21.

[3] Ibidem : *Diddonem segregant a sancta congregatione ; exsilio condemnatus morteque secula pœna capitis exsolvit.... Alii vero episcopi a rege per Ebroinum in ipsa synodo pœne similem pœnam sortiti, perpetuo exsilio sunt deportati.... Waimerus qui in episcopatus gradu fuerat sublimatus, in offensam Ebroini decidens, laqueo fuit suspensus, morte turpissima condemnatus.*

le corps de l'épiscopat était composé à peu près des mêmes éléments que le corps des optimates, que l'un et l'autre se trouvaient entraînés indistinctement dans les mêmes querelles et les mêmes révolutions[1].

Trois ans après, Ébroïn fut assassiné. Devons-nous penser qu'il tomba sous les coups d'un parti politique? Son assassin était un optimate, qui, ayant été chargé d'une fonction financière, n'avait pas pu rendre ses comptes[2].

Dans ces événements, ce qui frappe le plus, c'est l'absence d'idées politiques. Il n'est jamais question d'intérêts généraux, de principes de gouvernement. Il n'est jamais parlé de droits populaires. La nation n'apparaît jamais. Nous n'avons sous les yeux que des grands du Palais et des évêques qui leur ressemblent. Les luttes viennent uniquement de ce que cette classe d'hommes est divisée en coteries ou groupes qui, sous deux chefs différents, se disputent les fonctions, les dignités, le pouvoir[3].

---

[1] L'Anonyme d'Autun, 8, *in fine*, accuse ces évêques qui *magis terrenis desideriis vel lucris temporalibus augenda pecunia vigilant*....

[2] Cela ressort du récit de l'Anonyme d'Autun, qui, bien entendu, donne tort à Ébroïn et presque raison à l'optimate; c. 17 : *Cuidam optimati qui tunc fiscalem functionem ministravit, eo usque intulit spolium donec pæne auferret omne ejus prædium; minabatur etiam mortis periculum. Vir ille... gladio eum percussit in capite.* — Cf. Ursinus, 19 ; Continuateur de Frédégaire, 98 ; *Gesta*, 47.

[3] Nos documents n'attribuent jamais à Ébroïn un système politique. Ils ne disent ni qu'il voulût relever la monarchie ni qu'il songeât à élever un parti populaire en face de l'aristocratie. Ces documents, rédigés presque tous par des moines, lui sont le plus souvent hostiles. Ce qu'ils lui reprochent, c'est « sa cruauté » (*Vita Filiberti*, Bouquet, III, p. 599); c'est d' « avoir fait périr par le glaive beaucoup d'évêques et de *proceres* pour se venger d'eux » (Anonyme d'Autun, c. 17) ; c'est de « n'avoir pas pardonné à ses ennemis et d'avoir par vengeance fait plusieurs martyrs » (Ursinus, c. 19) ; c'est d' « avoir opprimé les *Franci* (Continuateur de Frédégaire, 98) » ; c'est d' « avoir fait beaucoup de maux et d'avoir accu-

[Peu après, l'autorité suprême allait passer, en Neustrie, aux mains de Pépin d'Héristal, déjà maître du pouvoir en Austrasie[1]. Maire du Palais comme Ébroin, issu, comme Léodger, d'une famille palatine, il devait, plus heureux que l'un et l'autre, perpétuer dans sa maison l'exercice de la toute-puissance. Cette maison, dans moins d'un siècle, finira même par s'emparer de la royauté : la Mairie du Palais n'aura été pour elle qu'un marchepied vers la monarchie.

La famille dite Carolingienne, qui a grandi dans le Palais et qui y a été d'abord maîtresse, représente, dans les dernières luttes de la décadence mérovingienne, la vassalité et comme l'élément féodal; elle gouverna longtemps par l'esprit de fidélité et de patronage; c'est à cet esprit qu'elle devait de commander aux hommes et d'être plus forte que la royauté même; son installation sur le trône semblera surtout l'avènement du chef de cette aristocratie dont nous avons expliqué la formation et que les grands du Palais forment en face de la vieille royauté affaiblie.

Sous les derniers Mérovingiens, l'autorité royale était tombée aussi bas que possible. Les Carolingiens la relèveront tout d'abord. Ils la renforceront même, à l'aide

---

mulé ruine sur ruine » (*Vita Amandi*, Bouquet, III, p. 556); c'est d' « avoir fait disparaître les plus grands afin de n'avoir aucun rival » (*Vita Ragneberti*, Bouquet, III, p. 619). Mais il ne suit pas de là qu'Ébroin fût ennemi de l'Église et du clergé. L'auteur de la Vie de saint Drausius, celui de la Vie de Præjectus lui sont favorables. L'Anonyme d'Autun lui-même le représente comme un homme pieux, c. 16, *in fine* : *Processurus erat ad matutinarum solemnia*. Comme tous les grands de son époque, il faisait des donations aux couvents (Bouquet, III, p. 610-611). Il avait beaucoup d'évêques parmi ses partisans; l'Anonyme d'Autun le reconnaît, c. 8, *in fine*. Il n'est pas davantage l'ennemi des ducs; il a des ducs avec lui; s'il en révoque, c'est pour en créer d'autres. Les optimates l'entourent, et, s'il en a contre lui, il en trouve qui lui sont dévoués.

[1] [Pour la suite des événements, voir plus loin, liv. II, c. 5, § 1.]

de ces principes de patronage et de fidélité qui ont fait la grandeur et assuré le triomphe de leur famille. Ils les appliqueront aux choses de l'État. Ils en feront en partie la base de leur gouvernement. De ce qui n'était que des pratiques d'ordre privé, ils feront des institutions d'ordre politique. Ils compléteront ainsi cette transformation de la royauté, dont nous venons de montrer l'origine.

Pour comprendre le caractère de ce changement de dynastie et les principes nouveaux à l'aide desquels va gouverner la nouvelle monarchie franque, il importe de revenir un instant en arrière et de rechercher l'origine et les tendances de la famille carolingienne.]

LIVRE II

(L'AVÈNEMENT DES CAROLINGIENS)

Nous passons à une autre époque et nous allons étudier la société carolingienne. Nous entendons par ces mots les sept ou huit générations d'hommes qui ont vécu en Gaule en même temps que régnait la famille de Charlemagne. Nous nous proposons de connaître comment ces générations furent gouvernées, quel fut leur état social, et pourquoi les institutions féodales y prirent le dessus.

CHAPITRE PREMIER

Nos documents pour l'époque carolingienne.

Lorsqu'on aborde une époque nouvelle, la première question qu'on doit se poser est celle-ci : A-t-on les moyens de connaître cette époque? L'histoire étant une science, et cette science étant toujours subordonnée à la conservation de documents, on doit se demander tout d'abord, à propos de chaque époque, si l'on a les conditions scientifiques d'arriver à la vérité.

Nous possédons sur le viiie et le ixe siècle toute une série d'Annales qui nous donnent l'indication des évéments accomplis. Ces Annales ont été rédigées, ainsi que nous allons le voir, par des contemporains. Écrites en latin, elles ne portent jamais le nom de leur auteur et semblent des œuvres impersonnelles. On peut pourtant constater que la plupart d'entre elles ont été rédigées par l'ordre des princes carolingiens ou tout au moins sous leur inspiration. Car cette famille eut ce premier trait de différence à l'égard de la dynastie précédente, qu'elle fut soucieuse de faire écrire son histoire.

Les premières en date de ces Annales sont celles qu'on est convenu d'appeler *Continuation de Frédégaire*[1]. Elles se trouvent dans plusieurs manuscrits du [dixième] siècle, et notamment dans un manuscrit du Vatican[2]. Elles vont de 736 à 768, comprenant les actes de Charles Martel et de Pépin. Or, à l'année 752, l'auteur s'arrête un moment pour avertir que « jusqu'à cette date c'est le comte Hildebrand, oncle du roi Pépin, qui l'a dirigé dans son travail, et qu'à partir de ce point ce sera le comte Nibelung, cousin du même roi[3] ».

Viennent ensuite les Annales de Lorsch. Si on leur a donné ce nom, ce n'est pas qu'on soit sûr qu'elles aient été composées dans ce monastère, c'est seulement parce que le principal manuscrit qu'on en a y a été trouvé[4].

---

[1] L'expression est visiblement impropre. Outre que Frédégaire était déjà un nom de convention pour la Chronique dont nous avons parlé plus haut, le document actuel n'est nullement une continuation de cette Chronique.

[2] Elles sont publiées dans dom Bouquet, t. II, p. 456 et suiv., et t. V, p. 1-9 [et dans les *Monumenta Germaniæ*, par Krusch, 1889].

[3] *Usque nunc inluster vir Childebrandus comes, avunculus rege predicto Pippino, hanc historiam vel Gesta Francorum diligentissime scribere procuravit. Abhinc ab inlustre viro Nibelungo filium ipsius Childebrando, itemque comite, succedat auctoritas.* — Cette phrase qui interrompt la Chronique a été supprimée par les copistes ; elle n'est que dans le manuscrit du Vatican (Bouquet, II, p. 460 ; Waitz, *Neues Archiv*, II, p. 330 ; Wattenbach, 4ᵉ édit., I, p. 106 [Krusch, p. 8]).

[4] *Annales Laurissenses*, dans Pertz, *Scriptores*, I, p. 134 et suiv. — Ces

Elles commencent à l'année 741, c'est-à-dire au moment où Pépin prit le pouvoir, et vont jusqu'à 829. Un érudit y a distingué la main des trois auteurs successifs; chacun d'eux était contemporain de la partie qu'il a racontée[1]. — Tout à côté de ces Annales il faut placer celles que l'on met sous le nom d'Éginhard. Elles ressemblent beaucoup à celles de Lorsch. Si elles ne sont pas d'Éginhard, elles sont certainement d'un homme fort au courant de ce qui se passait à la cour de Charlemagne et de Louis le Pieux[2].

Nous avons encore d'autres Annales: les *Annales Petaviani*, de 687 à 804; les *Annales Tiliani*, de 708 à 807[3]; les *Annales Nazariani*, trouvées au monastère de Saint-Nazaire ou de Lorsch (708-791)[4]; les *Annales*

---

mêmes Annales ont été appelées d'abord *Loiseliani*, et c'est sous ce nom qu'elles sont publiées dans dom Bouquet, t. V, p. 52-62. — Les modernes ont souvent rabaissé la valeur de ces Annales rédigées dans des monastères. Cela tient à ce que les modernes jugent volontiers les choses d'autrefois d'après leurs idées d'aujourd'hui. Ils se figurent les abbés d'alors et leurs moines semblables aux moines de notre époque, c'est-à-dire comme des solitaires qui ne sauraient ni ne voudraient connaître le monde et qui prétendraient en parler sans le connaître. Ces idées subjectives qui se sont introduites de nos jours dans la critique sont pour faire reculer la science. La vérité est que ces moines étaient souvent des hommes sortis du monde et qui le connaissaient parfaitement. Plus que cela, ils continuaient d'être en relations suivies avec la société laïque. Par exemple, vous trouvez dans la Chronique de Moissac, à l'année 817, un récit très circonstancié d'une assemblée qui se tint à Aix-la-Chapelle. Direz-vous que le chroniqueur parle de cela sans avoir pu savoir ce qui s'y est fait? Mais son abbé y était. Il y était avec plusieurs de ses moines, son chroniqueur peut-être et une suite d'hommes. Il fut de ceux qui furent consultés, de ceux qui donnèrent leur avis, probablement de ceux qui signèrent, sûrement de ceux qui jurèrent d'observer les décisions prises.

[1] Le premier a écrit jusqu'à l'année 788, le second jusqu'à l'année 796, le troisième jusqu'à 829 (Pertz; Ébert, p. 112 de la traduction).

[2] *Annales Einhardi*, édit. de la Société de l'Histoire de France, t. I; Pertz, *Scriptores*, t. I, p. 135-218; Bouquet, t. V, p. 196 et suiv.

[3] Dom Bouquet, t. V, p. 13-26; Pertz, t. I.

[4] Bouquet, II, p. 639; V, p. 10; Pertz, I, p. 6-12. — Ajoutez-y les

Fuldenses, trouvées au monastère de Fulde et qui vont de 680 à 901[1]; les *Annales Mettenses*, écrites sous l'inspiration évidente de la famille de Charlemagne[2]; celles du monastère de Fontenelle, monastère fondé par cette famille[3]; la Chronique du monastère de Moissac; enfin les Annales qu'on est convenu d'appeler de Saint-Bertin, parce qu'elles ont été trouvées dans le monastère de ce nom, mais qui n'ont pas été écrites par des moines : les deux principaux rédacteurs en ont été Prudence de Troyes et Hincmar de Reims, tous les deux fort au courant des faits et mêlés aux plus grandes affaires du temps[4].

Toutes ces Annales nous donnent la nomenclature des événements sans les expliquer, et surtout sans nous présenter les idées et les sentiments des hommes. Mais à côté d'elles nous avons des biographies. Éginhard a retracé celle de Charlemagne, qu'il avait connu et aimé[5]. Thégan a écrit celle de Louis le Pieux, auquel il était fort attaché, et nous y pouvons voir tous les sentiments et même les passions d'un contem-

---

Annales S. Amandi, assez semblables et très brèves, de 687 à 791, Pertz, ibidem, et II, p. 184.

[1] Bouquet, II, p. 673; V, p. 326 et suiv.; Pertz, I, p. 343-415. Ajouter les *Annales Xantenses* (640-873).

[2] Idem, II, p. 676 et suiv.; V, p. 335 et suiv.; Pertz, I, p. 316-335. Elles vont du commencement du royaume franc jusqu'à 903 ; tout ce qui précède l'année 687 n'est que la reproduction d'autres Chroniques que nous avons.

[3] *Annales Fontanellenses*, Bouquet, II, p. 657; V, p. 314; Pertz, II, p. 270-304.

[4] *Annales Bertiniani*, édit. Dehaisnes, 1871 ; Pertz, I, p. 419 et suiv. L'abbé Lebeuf a établi, Pertz et Wattenbach admettent après lui, qu'il y faut distinguer trois parties: de 830 à 835, l'auteur est inconnu ; de 835 à 861, l'auteur est Prudence, évêque de Troyes, qui avait été élevé dans le Palais de Louis le Débonnaire; de 861 à 882, l'auteur est Hincmar. — Ajouter les *Annales Vedastini*, 874-900.

[5] *Vita Caroli ab Einhardo*, édit. Teulet, 1840; Pertz, Scriptores, II, p. 426-463 [Waitz, 4ᵉ édit. in-8, 1880].

porain[1]. La Vie du même empereur a encore été écrite par un écrivain dont le nom nous est inconnu[2]; nous savons seulement qu'il a vu de près Louis le Pieux, qu'il a été à son service, et « qu'il a été mêlé aux affaires de l'État[3] ». Nithard, qui appartenait lui-même à la famille de Charlemagne, a raconté les luttes entre les fils de Louis le Pieux[4]. Radbert a écrit la Vie d'Adalhard et celle de Wala, deux personnages très influents de cette époque[5].

Il y a même eu des histoires en vers, presque des poèmes épiques sur l'histoire. Ermold a écrit ainsi la Vie de Louis le Pieux[6]. Un anonyme, dont nous savons seulement qu'il était Saxon, a écrit longuement la Vie de Charlemagne en vers latins[7]. Il n'est pas jusqu'au moine de Saint-Gall qui, dans un tissu d'anecdotes

---

[1] Bouquet, t. VI; Pertz, II, p. 585-603. Thégan écrit avant la mort de Louis le Pieux, en 835 (cela résulte de son c. 58).

[2] C'est celui qu'on appelle l'Astronome, d'après un passage de son c. 58, où il dit que Louis le Pieux le consulta sur l'apparition d'une comète, *quia hujus rei scientiam habere credebar*; Bouquet, t. VI; Pertz, II, p. 604-648.

[3] Il dit de lui-même: *Rebus interfui palatinis*. L'œuvre de l'Astronome a une première partie qui commence à 769 et qui paraît empruntée à l'œuvre aujourd'hui perdue d'Adhémar.

[4] Bouquet, t. VI; Pertz, II, p. 649-672.

[5] *Vita Adalhardi*, dans Pertz, II, p. 524-532; Bouquet, VI, p. 276. *Vita Walæ*, Pertz, II, p. 533-569; Bouquet, VI, p. 279 et suiv.

[6] *Ermoldus Nigellus*, Pertz, II, p. 464-523; Bouquet, t. VI. Ermold avait été l'ami et le conseiller du roi Pépin, fils de Louis le Débonnaire.

[7] *Poeta Saxo*, dans Bouquet, V, p. 136-184; Pertz, *Scriptores*, I, p. 225-279; Jaffé, *Monumenta Carolina*, p. 542-627. — Joignez-y *Angilberti Carmen de Carolo Magno*, Pertz, II, p. 391-403, et des fragments en vers d'un *Hibernicus exsul*, cf. Ebert, p. 69-74. — Ajouter à cela quelques œuvres poétiques utiles à l'histoire: le poème, d'un clerc de la chapelle surnommé Naso (Ovide), plein d'allusions à Charlemagne; quelques poésies de Théodulfe, dont l'une présente le tableau de la vie de cour dans ses détails; de Walafrid Strabo un poème, intitulé Strabus et Scintille, où il fait l'éloge de Louis le Pieux et trace un tableau de la Cour carolingienne, et du même auteur quelques épîtres en vers adres-

puériles, ne nous fournisse quelques faits et quelques traits des mœurs du temps[1].

Tous ces écrits sont des œuvres ou de parti pris ou d'admiration naïve. Nous possédons des documents plus sûrs. De cette époque carolingienne il nous est parvenu un nombre considérable de lettres.

1° Lettres écrites par les rois ou adressées aux rois. Le Palais du roi, qui comprenait ce que nous appellerions aujourd'hui les ministères, était le centre d'une correspondance active. Le roi et ses ministres envoyaient leurs instructions aux fonctionnaires des provinces. Les fonctionnaires envoyaient des rapports au roi ou à ses ministres. Toute cette correspondance est perdue pour nous. Les archives du Palais ont péri tout entières. Encore nous est-il parvenu indirectement quelques-unes des instructions adressées par le roi à ses agents; on les trouve dans quelques manuscrits au milieu des Capitulaires[2]. Les rapports des *missi*, des ducs, des comtes, ne nous ont pas été conservés[3]. On ne peut présenter comme un rapport officiel le récit

---

sées à l'empereur ou à de grands personnages; du diacre Florus un poème *Querela de divisione imperii*; de Sédulius Scottus plusieurs poèmes adressés à Charles le Chauve ou à Lothaire et un ouvrage en prose *De rectoribus christianis*. — [Pour toutes les œuvres poétiques voir Dümmler et Traube, *Poetæ latini ævi Carolini*, dans les *Monumenta Germaniæ*, in-4°.]

[1] *Monachus Sangallensis, De Carolo Magno*. Ce petit ouvrage n'a été écrit que vers 887. Il est dans dom Bouquet, V, p. 106 à 135; Pertz, II, p. 726-763; Jaffé, *Monumenta Carolina*, p. 628-700; Migne, t. XCVIII.

[2] Voir une instruction de Charlemagne à des *missi* qu'il envoie à Rome (Jaffé, p. 341-342), une autre sur l'enseignement dans les écoles monastiques (Jaffé, p. 343; Boretius, 79), une autre à Angelbert envoyé à Rome (Jaffé, p. 355), une instruction envoyée par deux *missi* à un comte sur les obligations qu'il doit remplir (Jaffé, p. 417).

[3] Nous ne parlons pas d'un fragment de peu d'importance, dans Tardif, n° 86, et dans Jaffé, p. 346.

qu'un *missus*, l'évêque Théodulfe, a fait de son voyage en vers latins; on en peut du moins tirer quelques renseignements utiles[1]. Nous possédons d'ailleurs un certain nombre de lettres de Charlemagne, de Louis le Pieux, de Charles le Chauve, et un plus grand nombre de lettres qui leur ont été adressées.

2° Lettres des papes. — La correspondance fut toujours très active entre les rois carolingiens et le saint-siège. Les originaux de toutes ces lettres, qui étaient écrites sur papyrus, ne nous sont pas parvenus. Mais en 791 Charlemagne se préoccupa de leur conservation et en fit faire quelques copies sur parchemin. L'une de ces copies, d'ailleurs incomplète, nous est parvenue. C'est ce qu'on appelle le *Liber Carolinus*[2]. Il contient 98 lettres de Grégoire III, Zacharie, Étienne III, Paul Iᵉʳ, Adrien Iᵉʳ, adressées à Charles Martel, à Pépin, à Charlemagne, puis 10 lettres du pape Léon III à l'empereur. Elles ont trait le plus souvent aux intérêts des papes, quelquefois à ceux des princes francs. Ce sont des documents d'une authenticité et d'une clarté indiscutables.

Nous possédons encore d'autres séries de lettres. Il y a le Recueil de celles d'Alcuin au nombre de près de 300, lesquelles ont été écrites au jour le jour, adressées à Charlemagne ou à son fils Pépin, aux papes Adrien Iᵉʳ et Léon III, à des évêques, à des ducs et à des comtes, à de simples particuliers, à des amis[3]. Il y a le Recueil des lettres d'Éginhard, au nombre de 71, et qui sont pour la plupart des lettres d'affaires,

---

[1] *Theodulfi Carmina*, 7, *In judices*, Migne, t. CV [Dümmler, t. I, p. 493]. De même l'évêque de Trèves Amalaire a fait le récit en vers de sa mission à Constantinople (Jaffé, p. 426-428) [Dümmler, t. I, p. 426].

[2] Le manuscrit est à la Bibliothèque impériale de Vienne. La meilleure édition est celle de Jaffé, Berlin, 1867.

[3] Patrologie latine, t. C et CI.

adressées aux empereurs Louis le Pieux et Lothaire, ou aux grands personnages du Palais¹. Il y a encore les lettres de Frothaire, évêque de Toul, et celles de Loup de Ferrières, au nombre de 130.

A côté de ces lettres il faut placer, comme documents de grande valeur, quelques petits traités ou mémoires qui ont été composés sur les affaires du temps. L'archevêque Agobard a laissé un écrit sur l'usage de la Loi des Burgondes, un autre sur le partage de l'Empire, et une sorte de pamphlet en faveur des fils de Louis révoltés contre leur père². De l'archevêque Hincmar nous avons un traité sur l'autorité royale, *De Regis Persona et Regio Ministerio*, un mémoire aux grands du Palais, *Ad Proceres Palatii*, en faveur du roi Carloman, et enfin un livre *De Ordine Palatii*, sur le règlement intérieur de ce qu'on appelait le Palais³.

Grâce à des documents de tel nombre et de telle nature, on peut étudier de très près le gouvernement des Carolingiens. Mais ce n'est pas tout. L'histoire n'a pas pour unique objet de nous faire connaître les institutions politiques. Elle doit pénétrer plus avant. Elle veut connaître les faits sociaux, c'est-à-dire les lois, les règles ou les mœurs, qui régissent l'existence des populations. Pour cela nous possédons d'autres sources, d'abord des lois, ensuite des chartes.

Les princes de cette famille, depuis Pépin jusqu'à Charles le Chauve, ont promulgué beaucoup d'actes législatifs de nature diverse. Il nous en est parvenu une

---

[1] On a conservé les lettres d'Éginhard par un manuscrit de Paris, n° 11379, du IX° siècle ; elles ont été publiées, après Duchesne, par Teulet, 1843, t. II, et par Jaffé, *Monumenta Carolina*, 1867.

[2] *Agobardi opera*, édit. Baluze (1666) ; Migne, t. CIV.

[3] Le *De ordine Palatii* a été publié par Prou (en 1885).

bonne partie, sous le nom de Capitulaires[1]. De Pépin et de Carloman nous n'en avons que 7. De Charlemagne on en peut compter 46, de Louis le Pieux 20, de Charles le Chauve 41[2]. C'est dans ces Capitulaires qu'on peut voir avec une grande netteté, d'une part l'action du gouvernement sur les peuples, de l'autre l'état du droit privé et la situation des différentes classes d'hommes. — Il est bon d'associer toujours à l'étude des Capitulaires celle des Actes des conciles.

De l'époque carolingienne il nous est venu 466 diplômes ou chartes, à ne compter que les originaux : textes d'une authenticité certaine et en qui la confiance est entière. On y peut joindre plusieurs centaines d'autres chartes que nous possédons par des copies ou par des cartulaires[3].

Les diplômes des rois sont : 1° des actes de donation de terre à des églises ou à des abbayes ; 2° des actes de jugement, c'est-à-dire des arrêts rendus par le tribunal du roi, avec mention de la nature du procès et de la procédure suivie ; 3° des actes d'immunité accordés à des évêques, à des abbayes, à des corporations ou à des particuliers. — Les chartes privées sont : 1° des testaments ; 2° des actes de donation ou de vente ; 3° des affranchissements d'esclaves ; 4° des compositions.

Chacun de ces actes est utile à l'historien, non seulement par le fait même qui en est l'objet, mais aussi

---

[1] Édit. Baluze, Pertz, Boretius et Krause (t. I, 1883, Boretius, t. II, 1890 (1ʳᵉ partie), Krause.]

[2] Ces chiffres peuvent se modifier suivant qu'on compte ou qu'on ne compte pas certains capitulaires comme actes proprement législatifs.

[3] Les diplômes originaux ont été publiés par Jules Tardif, ainsi qu'une vingtaine de copies déposées à nos Archives. — [Voir les catalogues dressés avec grand soin par Sickel, *Acta regum Karolinorum*, 1867, et par Bœhmer, *Regesta Imperii*, édit. Mühlbacher, 1880-1883.]

par les détails accessoires qui y sont contenus. On y trouve souvent les indices et comme les témoins des usages, des mœurs, de l'état du droit, et surtout de la pratique. C'est par ces actes que nous connaissons le régime de la propriété, les règles de la succession héréditaire, la nature de l'alleu et du *beneficium*, l'état des différentes classes de personnes. Il y a des institutions que nous ne savons bien que par les diplômes; sans eux nous ne saurions pas comment la justice était rendue; il y a même des impôts dont nous ne connaissons l'existence que par eux.

Les formules d'actes sont aussi instructives que les actes eux-mêmes. Nous possédons un Recueil de 56 formules qui ont été en usage dans la chancellerie de Louis le Pieux. Nous avons d'autres Formulaires qui ont été en usage en Bourgogne, à Paris, en Alsace, en Alemannie[1].

Nous possédons enfin des Polyptyques qui sont les registres où les grands propriétaires avaient la liste de leurs terres et de leurs hommes, et des Cartulaires où les abbayes inséraient les chartes de donation ou autres chartes qui les concernaient[2].

Enfin, nous possédons une série de Vies de saints, qui nous offrent d'abord un tableau de l'état moral de la société et de ses croyances; puis elles contiennent une série d'anecdotes sur la vie monastique, la justice, etc.[3]. Ajoutons que pour la vie intellectuelle nous

---

[1] [Cf. l'édition Zenner, *in fine*. 1882; *L'Alleu*, Introduction, p. VI.]

[2] Voir surtout le Polyptyque de Saint-Germain des Prés, écrit par ordre de l'abbé Irminon sous le règne de Charlemagne, édité par B. Guérard avec de très savants commentaires en 1844.

[3] Voir notamment *Vita Libuini*, Pertz, t. II; *Vita Bonifacii*, ibidem; *Vita Sturmii*, ibidem, et Migne, t. CV; *Vita Eigili*, ibidem; les Vies de saint Grégoire d'Utrecht, de saint Wolbert, de saint Maximin, etc.

avons les œuvres d'Alcuin, de Théodulfe, d'Hincmar.

En résumé, nos documents sur l'époque carolingienne, au moins jusqu'à la fin du règne de Charles le Chauve, sont nombreux; ils sont contemporains, ils sont en grande partie authentiques. Par leur nature diverse, ils peuvent répondre à toutes les parties de notre étude. Par eux il nous est possible de connaître avec assez de précision le gouvernement, les organes politiques, l'administration, la justice, l'état des diverses classes d'hommes, le régime de la propriété et de la tenure.

CHAPITRE II

[Origines de la famille carolingienne. — Qu'elle ne représente ni le sang ni l'esprit germanique.]

Avant d'étudier le gouvernement des Carolingiens, il est utile d'étudier la famille carolingienne [1].

Il s'est fait de grandes théories sur l'événement de 753 qui a substitué Pépin le Bref aux Mérovingiens. Les uns ont supposé qu'il y avait eu là une révolution politique, c'est-à-dire le triomphe d'une classe d'hommes sur la royauté, et l'établissement d'institu-

[1] Nous employons le nom de Carolingiens; mais il est bien entendu que ce n'est qu'un nom de convention. Les hommes de cette famille n'eurent jamais un nom commun. Il n'existait pas de noms patronymiques. — Quelques érudits allemands ont préféré le nom de Pippinides, parce qu'il y a eu plusieurs Pépins dans cette famille, ou le nom d'Arnolfingiens, à cause d'Arnulf, ancêtre de Charlemagne. Ces deux noms ne sont dans aucun document. — Puisqu'il faut adopter un terme de convention, autant vaut s'en tenir à celui de Carolingien, qui est clair.

tions nouvelles. D'autres ont présenté l'avènement des Carolingiens comme le résultat d'une nouvelle invasion germanique. Suivant cette opinion, fort en vogue aujourd'hui, il y aurait eu une seconde invasion de Germains au VIII° siècle, et Charles Martel en aurait été le principal chef. La dynastie mérovingienne aurait été écartée comme devenue trop romaine, et les Carolingiens auraient été élevés au trône pour faire prévaloir les idées, l'esprit, le sang germaniques. Ainsi, suivant les uns l'avènement des Carolingiens est une révolution, suivant les autres une invasion[1].

Nous avons à chercher si ces théories sont conformes à la vérité. Nous ne le chercherons pas par des raisonnements et des considérations, mais par la simple observation des faits. Il est nécessaire d'observer d'abord les origines de cette famille et ses antécédents. Ce sera le moyen le plus sûr de nous faire une idée juste de l'acte de 753.

1° [LES CAROLINGIENS FONT PARTIE DE L'ARISTOCRATIE MÉROVINGIENNE.]

Le premier point à constater est que cette famille n'a pas surgi tout à coup; elle n'est pas apparue brusquement au VIII° siècle pour prendre la royauté. Elle ne sortait pas non plus, à ce moment, de la Germanie. Elle n'était pas apportée sur le sol de la Gaule par un nouveau flot de Germains. Elle était déjà depuis deux siècles riche et puissante. Elle faisait partie de l'aristocratie mérovingienne. C'est de la société mérovingienne qu'elle est sortie, et c'est là qu'elle a eu ses racines.

[1] [Dans un livre tout récent, MM. Bémont et Monod écrivent encore : « L'avènement des Carolingiens sera une conquête de la Gaule par les Germains. »]

Remontons la filiation. Avant Pépin le Bref il y a Charles Martel, avant Charles Martel son père Pépin dit d'Héristal. Ici la ligne se dédouble. Ce Pépin est fils d'Anségise et de Begga ; Anségise est fils d'Arnulf et Begga est fille d'un premier Pépin qui lui-même est fils d'un certain Carloman[1]. Arnulf et Carloman sont les deux ancêtres. Tous les deux sont des hommes du vi° siècle, et les Carolingiens sont la réunion de ces deux familles.

Observons d'un peu plus près cette généalogie. Du premier Carloman nous ne savons rien que son nom[2]. On admet généralement qu'il était un duc, c'est-à-dire un fonctionnaire du roi d'Austrasie. Il était lui-même

---

[1] Le mariage de Begga avec Anségise est signalé par la *Vita Pippini* (Bouquet, II, p. 608), par la *Vita Sigiberti*, 10, par Sigebert de Gembloux (idem, II, p. 600), par le *Fragmentum auctoris incerti* (idem, II, p. 692) par une *Genealogia* (idem, II, p. 698), par les *Annales Mettenses S. Arnulfi*. — Tous ces documents sont sans doute de date fort postérieure. Je ne pense pas que ce soit une raison suffisante pour rejeter ce mariage. Il était fort naturel que Frédégaire ou son continuateur ne le mentionnât pas ; les *Gesta Francorum* ni les Annales n'avaient pas non plus à s'en occuper. Il ne rentrait pas non plus dans ce que l'auteur de la Vie de saint Arnulf avait à dire. — De ce que ce nom de Begga ne nous ait été conservé que par des auteurs du x° siècle, il ne suit pas nécessairement que ces auteurs l'aient inventé (il est d'ailleurs déjà dans la Vie de sainte Gertrude. — Nous verrons l'intime union d'Arnulf et de Pépin en politique.

[2] On n'a sur lui que ce mot de la *Vita Pippini ducis* : *Fuit Pippinus Carolomanni filius* (Bouquet, II, p. 603). — On a pourtant fait sur ce personnage tout un système. Gérard, dans son *Histoire des Francs d'Austrasie*, I, p. 429, fait de ce Carloman « un duc puissant qui gouvernait tout le pays entre la Forêt Charbonnière, la Meuse et le pays des Frisons ». Il se trompe. Il confond Carloman avec son fils Pépin. Il cite la phrase des Annales de Metz (Pertz, I, p. 316 ; Bouquet, II, p. 677) : *Qui populum inter Carbonariam silvam usque ad Frisionum fines gubernabat*. Il ne fait pas attention que, dans le texte, cette phrase s'applique à Pépin, et non pas à Carloman, qui n'est même pas nommé ; voici la phrase : *Begga, filia Pippini præcellentissimi principis qui populum inter Carbonariam*, etc. — La phrase a été reproduite exactement dans le *Chronicum Vedastinum*, p. 386, édit. Dehaisnes. — On la trouve aussi dans l'*Historia Sanctæ Gertrudis* (Bonnell, p. 176, note).

un Austrasien. Il est tout à fait vraisemblable qu'il était un Franc de race et un pur Germain. Son fils Pépin, très vraisemblablement aussi, était de pure race franque. Mais ici se présente un fait qui n'aurait pas dû être négligé : ce Pépin se maria avec une femme du midi de la Gaule, avec une riche propriétaire d'Aquitaine.

Ce fait nous est attesté par son biographe : « La femme de Pépin, dit-il, la vénérable Itta, était issue d'une clarissime noblesse d'Aquitaine[1]. » Or le biographe, bien qu'il ne fût qu'un moine, était particulièrement instruit sur ce point ; car son couvent possédait une charte de donation de propriétés que cette femme avait faite en sa faveur[2]. Apparemment, cette charte portait avec le nom d'Itta le nom de son père et quelques indications sur sa famille. Le moine pouvait donc « savoir sûrement » qu'elle était d'une « clarissime noblesse d'Aquitaine ».

Or la population de l'Aquitaine n'était pas une population germanique. Les Wisigoths n'y étaient pas restés ; les Francs ne s'y étaient pas établis. Elle obéissait aux rois francs et à des fonctionnaires royaux qui étaient plus souvent des Romains que des Francs. Nous avons même constaté plus haut[3] qu'il y était resté un assez bon nombre de riches familles de l'aristocratie impériale.

L'expression *clarissima nobilitas* qu'emploie le biographe était précisément l'expression consacrée pour

---

[1] *Vita Pippini ducis* (Bollandistes, 21 février; Bouquet, II, p. 605) : *Uxor ejus venerabilis Itta ex clarissima nobilitate Aquitaniæ oriunda fuit.*

[2] Ibidem : *Sicut ex possessionum traditione ad nos facta indubitate cognoscimus.*

[3] [Cf. p. 91.]

désigner les familles de cette aristocratie où le titre de clarissime ou de sénateur était héréditaire¹. L'employait-il sciemment, l'avait-il trouvée dans la charte d'Itta? nous l'ignorons; mais cette expression ne laisse pas d'être significative. Quant à ce mariage entre un Germain du nord de la Gaule et une Romaine du Midi, il n'a rien qui doive nous surprendre. Pareilles unions étaient fréquentes. Nous savons d'ailleurs que l'Aquitaine faisait partie du même royaume que l'Austrasie. Les rapports entre les deux pays étaient incessants. Le mélange des races, surtout par mariage entre les Germains et les riches héritières romaines, est un des faits les plus incontestables de l'époque mérovingienne. C'est donc d'un mariage de cette sorte que naquit Begga, laquelle se trouva ainsi fille d'un Germain et d'une Romaine.

Regardons maintenant l'autre ligne, celle d'Arnulf. Nous possédons deux biographies de ce personnage². Les deux auteurs vantent sa haute naissance et sa noblesse. Le premier s'exprime sous cette forme : « Il était né d'une grande famille des Francs; noble par ses parents, il fut encore plus noble par sa foi dans le Christ³. » Il n'en dit pas plus, ne nous fait pas connaître le nom de son père, et nous laisse ignorer quelle était cette « grande famille des Francs ». Or on se heurte ici à

---

¹ [Cf. *L'Invasion Germanique*, liv. I, c. 10, § 3.]

² Mabillon ne donne que la première : *Vita S. Arnulfi*, dans les *Acta Sanctorum ordinis S. Benedicti*, II, p. 150 [de même Krusch, *Scriptores rerum Merovingicarum*, t. II, p. 426, ne donne que la première]. — Les deux sont dans les Bollandistes, au 18 juillet; juillet, t. IV, p. 439-445.

³ *Vita S. Arnulfi* : *Arnulfus, prosapia genitus Francorum, nobilis parentibus, nobilior in fide Christi.* — Le texte donné par Mabillon et par les Bollandistes porte bien *genitus*, et non pas *gentis* comme le porte l'édition de la Patrologie [tous les mss. donnent *genitus*].

une difficulté. Il n'y avait pas, au vi° siècle, de familles nobles chez les Francs. Il n'existait pas chez eux de caste nobiliaire. Jamais il n'est fait mention dans les documents de cette époque d'une seule famille franque qui possédât une noblesse héréditaire. Qu'on lise Grégoire de Tours qui met si bien sous nos yeux les mœurs de ce siècle, on y verra en maints passages une noblesse romaine, qu'il appelle la noblesse sénatoriale; on n'y verra pas une seule fois une noblesse franque, bien que Grégoire ait fort bien connu les plus grands personnages parmi les Francs[1].

Que veut donc dire l'auteur de la Vie de saint Arnulf quand il parle de *prosapia Francorum*? Il faut noter que la plupart des Vies de saints de cette époque commencent par vanter la noblesse du personnage. En général ils se servent des expressions *nobilis genere, nobilibus parentibus ortus, ortus nobili progenie, ortus inclyta prosapia*[2]. Mais parfois ils remplacent ces expressions par celle-ci : *Ex nobili Francorum prosapia genitus*[3]. Mais si l'on compare entre elles les Vies où sont employées ces diverses expressions, on voit qu'aucune idée spéciale ne s'attachait à l'une d'elles et que dans la langue fort prétentieuse des hagiographes elles étaient synonymes. Toutes, également et avec le même vague,

---

[1] [*La Monarchie franque*, c. 4.]
[2] [Cf. *La Monarchie franque*, p. 85.]
[3] J'en trouve six exemples, dont aucun n'est antérieur au vii° siècle. *Landelinus ex progenie celsa Francorum oriundus* (*Vita Landelini*, 1; Mabillon, II, p. 875). *Trudo nobilissima Francorum prosapia ortus* (*Vita Trudonis*, 1; ibidem, II, p. 1072). *Viro Francorum orto natalibus* (*Vita Salabergæ*, 5; ibidem, III, p. 605). *Blandinus ex Sicambrorum prosapia spectabili ortus* (*Vita Salabergæ*, 9; ibidem, p. 606). *Autharius ex præclara Francorum progenie* (*Vita Agili*, 14; Bouquet, III, p. 512). *Eurardus et Popila claram de stirpe Francorum originem duxere* (*Vita Humberti*, 1; ibidem, II, p. 801).

voulaient dire que le saint n'était pas de basse naissance. Mais aucun de ces hagiographes ne songeait précisément à la race franque ou à la race romaine. Pas une fois, en effet, dans un tel nombre de Vies de saints, nous ne voyons que l'auteur oppose les deux races l'une à l'autre, ni même qu'il paraisse connaître deux races.

Pour comprendre ces mots *prosapia Francorum* que six ou sept hagiographes emploient, et seulement à partir du viie siècle, il faut songer que le mot *Franci* n'avait pas un sens ethnique et qu'il désignait tous les sujets du royaume des Francs. Il est impossible d'avoir lu les textes sans être frappé de cette vérité. Les mots *rex Francorum* ne signifiaient pas que le roi ne régnât que sur les Francs de race ; si *Francorum* avait ici son sens ethnique, il en résulterait que le roi mérovingien n'aurait eu aucun titre qui indiquât son autorité sur les hommes de race romaine. Nous rencontrons fort souvent l'expression *palatium Francorum* ou *proceres Franci* ; or nous savons par de nombreux exemples que beaucoup d'hommes de race romaine figuraient dans les plus hauts rangs du Palais et parmi les *proceres*. On trouve cent fois l'expression *exercitus Francorum* ; or nous savons que ces armées comptaient, au moins en Neustrie, plus de Romains que de Francs ; nous savons aussi que le service militaire était obligatoire pour tous indistinctement, et qu'il y eut même des Romains qui commandèrent les armées. L'armée était donc un mélange de races, et pourtant on l'appelait toujours *exercitus Francorum* ; cela ne signifiait pas autre chose que l'armée du pays ou du royaume des Francs. Dans ces expressions, comme dans beaucoup d'autres, le mot *Francus* avait perdu son sens ethnique. On était un *Francus* dès qu'on était un membre du royaume des Francs. *Francorum* est synonyme de *Franciæ*[1].

Lors donc que l'auteur de la Vie de saint Arnulf dit que cet homme était d'une grande famille des Francs, il n'est nullement certain qu'il entende par là qu'Arnulf appartînt à la race franque, ni qu'il descendît d'un compagnon de Clovis. Vraisemblablement il se sert d'une expression vague et ne songe pas à chercher si son héros est un Franc ou un Romain. — Il ne nous dit pas quel était son père[2].

Peu de temps après, Paul Diacre parle d'Arnulf, dans son Catalogue des évêques de Metz, et il en parle, comme l'auteur précédent, sans remonter à son père[3].

2° [QUE LES CAROLINGIENS PEUVENT ÊTRE RATTACHÉS A LA NOBLESSE ROMAINE.]

Mais un autre hagiographe écrit la Vie de saint Clodulf, fils de cet Arnulf, et il pense à donner la généalogie de la famille[4]. Arnulf, dit-il, était « d'une

---

[1] On remarquera, en effet, dans la langue mérovingienne l'usage fréquent du nom de peuple à la place du nom de pays. Dans la Chronique de Frédégaire, par exemple, *Austrasii* est souvent employé à la place de *Austrasia*, *Franci* pour *Francia*.

[2] Notons que l'auteur de la *Vita S. Arnulfi* est un moine de Remiremont. Il a connu Arnulf, mais seulement dans la fin de sa vie; il ne l'a connu que moine, dans sa retraite absolue. On comprend qu'il n'ait pas connu sa généalogie.

[3] Paulus Warnefridi, *Libellus de ordine episcoporum Mettensium* (Patrologie latine, t. XCV, col. 704) : *Arnulfus ex nobilissimo fortissimoque Francorum stemmate ortus.* — Paul Diacre attache si peu au mot *Francorum* l'idée de race germanique, qu'il croit que les Francs sont venus de Troie (ibidem, Migne, col. 718).

[4] *Vita S. Clodulfi*, Acta Sanctorum ordinis S. Benedicti, II, p. 1044; Bollandistes, 8 juin. Cette vie me paraît avoir été écrite sous Pépin le Bref. Elle n'est pas antérieure, puisqu'il y est parlé de Pépin. Elle n'est

ancienne race de sénateurs¹ ». Ce terme de sénateur qui apparaît ici est digne d'attention. Le mot est fréquent dans Grégoire de Tours. Seulement, il s'applique toujours à des Romains, jamais à des Francs. Il désigne des familles de l'ancienne aristocratie impériale, familles où le titre de sénateur avait été héréditaire sous l'Empire et était resté héréditaire sous les Mérovingiens, au moins jusqu'à la fin du vi⁰ siècle². C'est ainsi

pas postérieure, puisqu'il n'y est pas parlé de Charlemagne. L'auteur n'aurait pas manqué de faire mention du grand empereur dans le chapitre où il étale la grandeur de la descendance d'Arnulf. S'il ne fait pas mention de Charlemagne en ce passage, c'est que Charlemagne ne régnait pas encore lorsqu'il a écrit. — Pertz dit pourtant que cette Vie n'a été écrite qu'en 840 ; mais il ne présente aucune preuve à l'appui de son opinion. Il allègue seulement que l'auteur cite des *Gesta Mettensium pontificum* et, supposant que par ces *Gesta* il désigne ceux de Paul Diacre, il le place après cet écrivain. Mais l'auteur a pu avoir sous les yeux des *Gesta* de l'église de Metz, qui n'étaient pas ceux de Paul Diacre.

¹ *Vita Clodulfi*, 2 : *Quis vel unde fuerit Clodulfus necesse erit intimemus. Prosapia nobilis, inclyta,.... Arnulfus genitor ejus est. Qui ex antiquo senatorum genere procreatus, Franciam omnem imo totam Galliam nobilitate superavit.*

² J'en trouve vingt-quatre exemples : dans Grégoire de Tours, *In gloria confessorum*, 5 : *Senatores urbis Arvernæ qui nobilitatis Romanæ stimmate refulgebant.* — *Historia Francorum*, X, 31, § 18 : *Eufronius ex genere illo quod senatores nuncupamus.* — II, 2 : *Puella nobilitate senatoria florens.* — *Vitæ Patrum*, VI, præfatio : *Celsitudo senatorii ordinis* (il s'agit de Gallus, qui est un Romain d'Auvergne). — Ibidem, VI, 1 : *Georgius et Leocadia ab stirpe Vetti Epagati, ita de primoribus senatoribus fuerunt ut in Galliis nihil inveniatur nobilius.* — Ibidem, VII, præfatio : *Gregorius de excelsa senatorii ordinis potentia.* — *Historia Francorum*, VI, 39 : *Sulpicius est de primis senatoribus Galliarum.* — VIII, 39 : *Verus de senatoribus.* — X, 1 : *Gregorius de senatoribus.* — X, 31, § 12 : *Ommatius de senatoribus.* — *Vitæ Patrum*, IV, 3 : *Hortensius unus ex senatoribus.* — Ibidem, VI, 4 : *Brodius quidam ex senatoribus.* — Ibidem, VIII, 1 : *Florentinus quidam ex senatoribus.* — *In gloria confessorum*, 41 : *Hilarius ex senatoribus.* — Ibidem, 90 : *Lusor filius Leucadii senatoris.* — *Vitæ Patrum*, XIV, 3 : *Florentius filius Georgii senatoris.* — *Historia Francorum*, VI, 7 : *Marcellus filius Felicis senatoris.* — Ibidem, V, 45 : *Agricola episcopus fuit genere senatorio.* — VI, 11 : *Gundulfus de genere senatorio.* — X, 31, § 5 : *Eustochius episcopus ex genere senatorio.* —

que Grégoire de Tours nous apprend qu'un certain Gundulf, duc en Austrasie, était de famille sénatoriale, *genere senatorio* ; et nous voyons en effet que ce Gundulf appartenait à la famille toute romaine des Florentius Géorgius.

Que ce fils des Florentius ait porté le nom de Gundulf, il n'y a rien là qui doive surprendre. Beaucoup de Romains prenaient des noms germaniques, surtout quand ils devaient se placer au service du roi. Les noms n'étaient pas héréditaires, et les formes germaniques avaient la vogue[1].

Arnulf était donc, suivant l'hagiographe, d'une ancienne famille de sénateurs. Son père, ajoute-t-il, s'appelait Arnoald ou Ansoald, et le père de celui-ci s'appelait Ansbert[2]. De cet Ansbert on parlait très peu ; mais on vantait beaucoup ses frères, qui furent presque tous évêques. Ils s'appelaient Déotarius, Firminus, Agiulfus, Gamardus père de Goéric, et enfin Ragenfrid père du patrice Mummolus et du patrice Hector. Ce mélange de noms romains et de noms germaniques entre des frères n'avait rien qui étonnât à cette époque[3].

X, 31, § 7 : *Volusianus ex genere senatorio*. — *Vitæ Patrum*, VII, 1 : *Gregorius conjugem habens de genere senatorio Armentariam*. — XX, 1 : *Leobardus, genere non senatorio, ingenuo tamen*. — *In gloria martyrum*, 86 : *Epachius presbyter cum esset ex genere senatorio et nullus haberetur nobilior*. — Il n'y a pas un seul exemple du même mot appliqué à des Francs.

[1] [Voir *L'Invasion germanique*, p. 548.]

[2] *Vita Clodulfi* : *Patre Arnoaldo. Arnoaldus patrem habuit Ansbertum qui ditatus non solum rerum opulentia, rerum fratrum dignitate, fulsit.*

[3] Notons d'ailleurs qu'il était assez d'usage alors que chaque personnage portât deux noms. Gamardus s'appelait aussi Babo (Pertz, p. 510). Quant à Ragenfrid, il eut deux fils qui portèrent des noms tout romains, Mummolus et Hector : *Ragenfridus genuit Mummolo patricio et Hectore* (Pertz, p. 510). — Le patrice Mummolus fut un des plus grands personnages du

Les renseignements fournis par la Vie de saint Clodulf sont confirmés par d'autres documents. On trouve dans plusieurs manuscrits du x⁰ et du xı⁰ siècle des tableaux généalogiques de la famille carolingienne. On peut ne pas attribuer une foi absolue à des tableaux généalogiques. Toutefois il faut songer que dans l'époque mérovingienne les grandes familles avaient leurs archives. Nous avons montré cela par les chartes et les formules[1]. Un tableau généalogique n'est donc pas nécessairement une œuvre de fantaisie. Chaque famille possédait le sien. Précisément parce qu'il n'existait pas de noms héréditaires, chaque famille était soucieuse de conserver les preuves écrites de sa filiation.

Cinq manuscrits contiennent une Généalogie de la famille carolingienne[2]; dans un sixième nous trouvons un poème en vers[3] sur cette même généalogie[4]. Ces six manuscrits ne se ressemblent pas; ils ne dérivent donc pas d'un manuscrit unique. Ils s'accordent parfaitement entre eux sur le fond. Tous sont en conformité avec la Vie de saint Clodulf. Tous établissent la même filiation : Ansbert, Arnoald, Arnulf. Tous mentionnent les mêmes frères d'Ansbert, et notamment Firminus. Tous enfin signalent cette famille

---

vı⁰ siècle, commanda les armées, remporta des victoires. Grégoire de Tours dit (IV, 42) que le père de ce patrice Mummolus s'appelait Péonius. Il résulterait de là que Péonius et Ragenfrid étaient les deux noms du même personnage.

[1] [Cf. *La Monarchie franque*, p. 20.]
[2] Ces manuscrits sont : Paris 5294, Paris Saint-Germain 440; les autres sont au Musée Britannique, à Munich et à Vienne.
[3] Paris 8303 [Dümmler, t. II, p. 141]. On a de plus une Généalogie publiée d'après un manuscrit de Pithou dans Duchesne, *Historiæ Francorum Scriptores*, t. II, p. 1-2, et Bouquet, II, p. 699.
[4] Ces textes ont été publiés par Pertz, *Scriptores*, II, p. 308-312. Une de ces Généalogies est dans Bouquet, II, p. 698 et III, p. 677.

comme sénatoriale[1], et quelques-uns ajoutent expressément qu'elle est romaine[2].

Une Vie de saint Goéric confirme, sans que l'auteur y ait pensé, cette généalogie[3]. Elle nous apprend que Goéric, dont le second nom était Abbo[4], était un Aquitain, qu'il appartenait à une grande famille, et qu'il était parent d'Arnulf[5]. Or il se trouve en effet que les Généalogies nous présentent un Goéric fils de Gamardus, et dont Arnulf était le cousin germain par son père.

Tout ce que les Généalogies nous apprennent sur Ansbert, et surtout sur ses frères, marque bien que cette famille résidait en Aquitaine[6]. Or une seconde Vie de saint Arnulf, qui d'ailleurs n'a été écrite qu'au IXᵉ siècle[7], rapporte en effet que le père d'Arnulf était

---

[1] *Ansbertus qui fuit ex genere senatorum habuit fratres Drotarium, Firminum, Gamardum et Agilulfum* (Pertz, II, p. 310). — *Ansbertus qui fuit ex genere senatorum præclarus atque nobilis vir*, etc. (ibidem, p. 308). — *Isti sunt ex genere nobilium senatorum, Ansbertus, Firminus*, etc. (ibidem, p. 310-311).

[2] Voir surtout sur ce point le petit poème [sur Ansbert] *De origine gentis Carolinæ*. La Généalogie commence par : *Aurea cum totum regnaret Roma per orbem*.

[3] *Vita S. Goerici*, Bollandistes, 19 septembre, t. VI, p. 47 et suiv. Il existe deux Vies.

[4] Cf. Paulus Warnefridi, *Gesta episcoporum Mettensium* : *Goericus qui est Abbo vocitatus est* [*Vita Arnulfi*, 19].

[5] *Vita S. Goerici*, Vita prior, c. 2 : *Arnulfus propinquus*. Vita altera, c. 8 : *Carne et sanguine propinquus*. — Ce Goéric fut d'abord un *egregius miles, sæculi actibus serviens*, et exerça de si grandes dignités en Aquitaine qu'un des hagiographes l'appelle *rex* (il veut dire *rector*) du pays ; vieux, il songea à l'épiscopat, et son cousin Arnulf lui transmit le siège de Metz.

[6] Désidérius vit et meurt évêque d'Arisitum, Firminus est évêque d'Uzès, Gamardus est père de Goéric qui vit longtemps en Aquitaine, Ragenfrid est père de Mummolus et d'Hector qui vivent dans le Midi, Tarsitia vit et meurt à Rodez.

[7] *Vita altera S. Arnulfi*, dans les Bollandistes, juillet, t. IV, p. 441. Cf. Mabillon, *Acta Sanctorum ordinis Benedicti*, II, p. 149. Loc. 9 me paraît

Aquitain[1]. Cela encore concorde avec les Généalogies, car il n'est pas douteux que l'hagiographe en parlant ainsi n'eût dans l'esprit la famille toute aquitaine d'Ansbert et de ses frères. Lui aussi, il mentionne Goéric, qu'il dit être cousin d'Arnulf[2], et qui vint d'Aquitaine s'établir à Metz[3].

Toutes ces Généalogies s'arrêtent à Ansbert, dont on peut placer l'existence aux environs de l'année 500. Aucune d'elles ne remonte à son père. Aucune ne nous explique comment il se fait qu'un homme nommé Ansbert soit « d'une famille de sénateurs ». Mais il se trouve qu'un des frères d'Ansbert, Firminus, fut évêque, devint un saint, et eut ainsi son biographe[4]. Or cet auteur nous dit quel était le père de Firminus et par conséquent d'Ansbert ; il s'appelait Ferréolus ; il était un des grands personnages de la Narbonnaise : il était le descendant des Ferréolus, l'une des grandes familles sénatoriales de la Gaule.

Cette Vie de Firminus est surtout digne d'attention. On ne soupçonnera pas que l'auteur écrive pour louer les Carolingiens ; il ne paraît pas les connaître[5]. Ce

indiquer qu'elle a été écrite sous Louis le Pieux. [C'est également la conclusion à laquelle est arrivé Krusch, p. 428, qui du reste ne la publie pas.]

[1] *Vita altera S. Arnulfi* : *Natus est beatus Arnulfus Aquitanico patre, Sueva matre.*

[2] Cette Vie d'Arnulf contenait, dans un des manuscrits, un *exordium* où était rapportée toute la filiation d'Ansbert (Bollandistes, p. 434) ; mais cet *exordium* n'est connu que par Vigner, qui l'a communiqué à Dominicy, et l'on peut avoir quelque défiance.

[3] *Vita altera Arnulfi*, c. 19, p. 444 : *Contigerat illis in diebus ut vir illustris nomine Goericus, filius Gamardi uti fratris avi paterni hujus beati Arnulfi, ab Aquitania Mettim devenisset.*

[4] *Vita Firmini episcopi Usetiensis*, dans les Bollandistes, octobre, t. V, p. 640 [cf. *Auctarium*, p. 70 et suiv.].

[5] [M. Krusch nous signale des extraits importants d'une Vie de Firminus donnés par les Bollandistes dans leur Catalogue des manuscrits hagiographiques, II, p. 95 et suiv. Ils seraient des environs de l'an 800.]

n'est pas non plus de lui-même, ni de parti pris, qu'il nomme Ferréolus; dans son premier chapitre, il se contente de dire *vir quidam*. Mais plus loin il raconte, apparemment d'après quelque source ou quelque tradition plus ancienne, comment le jeune Firminus se présenta à l'évêque Roricius pour obtenir d'entrer en cléricature; il rapporte à ce sujet un dialogue. « Qui es-tu? demande l'évêque. — Je suis né à Narbonne, répond l'enfant, mon père s'appelle Ferréolus et ma mère Industria[1]. »

C'est par ce trait naïvement inséré dans le récit hagiographique que nous savons la descendance de Firminus et d'Ansbert. Or ce trait de la *Vita Firmini* est confirmé par un détail que nous donnent les Généalogies : à savoir qu'Ansbert eut un fils qui portait ce même nom de Ferréolus[2]. On sait que les grandes familles romaines, sans que l'hérédité du nom fût une règle chez elles, aimaient à transmettre les noms du père au fils, ou tout au moins du grand-père au petit-fils. Les Généalogies qui nous fournissent le nom

---

[1] *Vita Firmini*, c. 2. — Je me suis demandé si ce Firminus est bien le même que le Firminus dont parlent les Généalogies carolingiennes et la Vie de saint Clodulf. Il n'y a pas à en douter. Les Généalogies et la Vie de saint Clodulf disent que le Firminus, frère d'Ansbert, fut évêque d'Uzès. Le Firminus de la *Vita S. Firmini* fut aussi évêque d'Uzès. Or il n'y a eu qu'un seul évêque d'Uzès qui ait porté le nom de Firminus. Les dates aussi concordent parfaitement. Ajoutez encore que la *Vita S. Firmini*, sans nommer Ansbert, dit que Firminus a un frère dont le fils s'appelle Ferréolus; or Ansbert avait en effet un fils de ce nom.

[2] *Ansbertus habuit tres filios... secundus habuit nomen Feriolus* (Pertz, II, p. 308). — *Ansbertus genuit... Feriolum* (ibidem, p. 310). — Les Généalogies ajoutent que ce Ferréolus devint évêque d'Uzès; de même la *Vita Firmini* dit que ce neveu de Firminus devint évêque d'Uzès après lui. La concordance est parfaite. — Grégoire de Tours mentionne la mort de ce dernier Ferréolus en 581 (*Historia Francorum*, VI, 7). — [Les Bollandistes publient une *Vita Ferreoli* au supplément du 4 janvier, et à la suite des extraits cités p. 135, n. 5.]

du petit-fils Ferréolus concordent donc avec la *Vita Firmini* qui nous fournit le nom du grand-père.

Cette famille des Ferréolus, qui avait été l'une des plus grandes de la Gaule et qui avait fourni à l'Empire des préfets du prétoire au v° siècle[1], paraît avoir eu un moment d'éclipse sous la domination des Wisigoths. Sa grandeur sous les rois francs s'explique si l'on fait attention à certains détails. Nous devons songer, en effet, que la cité de Narbonne à laquelle les Ferréolus appartenaient[2], continua, même après la bataille de Vouglé, à faire partie du royaume des Wisigoths pendant tout le vi° siècle; mais nous voyons les hommes de cette famille quitter Narbonne. Or cela coïncide avec une expédition du roi d'Austrasie Théodebert (535), qui conquit sur les Goths, non pas Narbonne, mais les cités voisines, Uzès et Alais. Nous remarquons que, peu après, l'évêché d'Uzès est donné à un membre de cette famille nommé Roricius[3], puis à un fils de Ferréolus, Firminus, et enfin à un fils d'Ansbert, Ferréolus. On sait qu'à cette époque les rois disposaient aisément des évêchés. Quant à Alais, nommé alors Arisitum[4], les rois d'Austrasie qui s'en étaient emparés en firent une

---

[1] Sur les *Ferreoli*, voir Sidoine, VII, 12, etc.

[2] *Fuit vir quidam* (Ferréolus) *in civitate Narbona....* — *Narbona civitate sum ortus* (Vita Firmini, 1 et 2, Bollandistes, octobre, t. V, p. 640).

[3] La parenté de Roricius avec les Ferréolus est marquée par la *Vita S. Firmini*, c. 5. Lorsque Firminus a dit qu'il était fils de Ferréolus de Narbonne, *Roricius cognovit quod esset ex progenie sua ortus*. Suivant le *Gallia christiana*, VI, 611, Roricius serait fils d'un Tonantius Ferréolus.

[4] Longnon, p. 5. Suivant ce savant, Arisitum serait Alais. Suivant d'autres, ce serait Arznt, ville aujourd'hui disparue, dans le Rouergue, près de Milhau. [Bien d'autres hypothèses ont été émises, que nous n'avons pas à énumérer ici.]

circonscription indépendante de la cité de Nîmes[1] et y installèrent un fils de Ferréolus, Déotarius, puis un fils d'Ansbert, Modéric. En même temps, Agiulfe, fils de Ferréolus ou peut-être d'Ansbert[2], fut assez en faveur auprès du roi d'Austrasie pour en obtenir le siège épiscopal de Metz. Tous ces faits permettent de nous représenter cette famille comme ayant quitté Narbonne et le royaume des Goths vers 533 pour se lier à la fortune des Francs.

Elle rendit apparemment de très grands services, car elle reçut en récompense trois évêchés. Ansbert servit-il comme soldat, ou comme diplomate, ou comme administrateur[3], nous l'ignorons; mais son zèle parut assez grand et l'appui de cette grande famille du Midi parut assez précieuse pour qu'un roi mérovingien lui donnât une de ses filles en mariage. Ce fait est attesté par des documents de diverse nature, et nous n'avons pas le droit de le rejeter[4]. Il n'a rien d'ailleurs qui

---

[1] Longnon, p. 55 et 538.

[2] Agiulfe nous est donné par les Généalogies comme frère d'Ansbert; mais il ne fut évêque de Metz qu'en 578. Une ligne de Paul Diacre qui ne dit pas son père, mais qui le donne comme fils d'une femme de la famille mérovingienne, permet de supposer que Paul Diacre le croyait fils d'Ansbert.

[3] Ansbert est qualifié *illuster vir* (Bouquet, II, p. 598).

[4] *Vita Arnulfi ab Umnone* (Mabillon, II, p. 149) : *Chlotarii filiam Blithildem in matrimonium accepit Ansbertus*. Généalogie (Pertz, p. 308) : *Ansbertus accepit filiam Chlotarii regis Francorum ad conjugem, nomine Blithildem, et habuit ex ea filios tres*. [*Chlotharius habuit... Blithchildim, quem accepit Ansbertus nobilissimus gemuitque ex ea Arnoldum* (note marginale d'un ms. du Xe siècle, dans les *Gesta*, p. 285, édit. Krusch).] — Ce Clotaire est visiblement Clotaire Ier, lequel posséda l'Aquitaine de 553 à 561. Mais les auteurs des Généalogies qui s'accordent sur le nom de Blithilde, ne s'accordent pas sur le nom du roi son père. L'un la dit fille de Clotaire II et sœur de Dagobert Ier, ce qui est impossible puisque Arnulf son petit-fils était plus âgé que Clotaire II. Paul Diacre, dans son Catalogue des évêques de Metz, semble croire qu'il s'agit de la fille de Clovis. L'auteur du petit poème est plus net et marque bien qu'il s'agit de la fille de Clotaire Ier. — Toutes ces dissidences ne me paraissent

soit invraisemblable. Il est au contraire en pleine conformité avec la grande faveur dont cette famille a joui au vi° siècle.

Il semble donc bien résulter de tout ce qui précède que la famille carolingienne se rattachait, par Arnulf et Ansbert, aux Ferréolus, et qu'elle était ainsi, en partie, de sang romain.

Mais ces documents méritent-ils une pleine confiance?

Ce n'est pas sur des raisons de pure vraisemblance ou des raisons subjectives que nous avons à nous décider. Sans doute, ceux qui se figurent *a priori* que la population romaine dut être écrasée par les barbares, dépouillée, opprimée, réduite au néant, rejetteront cette généalogie comme une fable; ni la richesse d'Ansbert, ni surtout son mariage avec une fille d'un Mérovingien n'entreront dans leur esprit. Mais ceux qui n'ont pas ces idées préconçues, ceux qui savent que les Romains restèrent riches, qu'ils servirent les rois, qu'ils parvinrent aux fonctions les plus hautes, que plusieurs d'entre eux prirent, par mode, des noms germaniques, qu'enfin les mariages entre les deux races étaient infiniment fréquents, ceux-là ne seront pas arrêtés par des raisons d'invraisemblance[1]. Au fond, cette généalogie ne doit pas être jugée d'après

---

pas infirmer le fait capital, à savoir le mariage entre une femme de la famille mérovingienne et un homme de la famille des Ferréolus. Si l'idée de cette alliance avait été imaginée au temps des Carolingiens et imposée aux hommes par un motif politique, tous nos auteurs seraient d'accord. Nul mot d'ordre ici. Nos auteurs savent qu'il y a eu un mariage, et plusieurs se trompent sur la date. On comprend que l'un en fasse la fille, l'autre la sœur de Clotaire. Il y a, en critique historique, des dissidences qui sont des indices de véracité, comme il y a des concordances qui ne marquent que le mensonge.

[1] [Voir dans les derniers chapitres de *L'Invasion germanique*.]

les diverses préventions qu'on a dans l'esprit¹. C'est à la valeur seule des documents qu'un esprit critique doit regarder.

D'une part, on peut dire en leur faveur qu'ils sont nombreux. La Vie de saint Clodulf, trois tableaux généalogiques qui viennent de source différente et qui pourtant concordent, le petit poème sur Ansbert, la seconde Vie de saint Arnulf, la Vie de saint Goéric, enfin la Vie de saint Firmin, voilà un total de huit textes. C'est beaucoup d'avoir huit textes sur un seul fait. Ce qui ajoute à leur valeur, c'est que ces différents auteurs ne paraissent ni s'être entendus entre eux, ni s'être copiés, ni avoir copié un modèle commun. La Vie de saint Clodulf et la Vie de saint Firmin n'ont aucun rapport entre elles. La première ignore tout ce qui concerne Firminus; la seconde ignore tout ce qui concerne Ansbert et les Carolingiens; c'est par d'autres documents que nous savons que Firmin et Ansbert sont la même famille et que nous pouvons associer les deux biographies. Aucune règle de critique ne permet de rejeter de pareils textes ni l'accord qui résulte pour nous de leur rapprochement².

¹ Voir la discussion dans Pertz, II, p. 307, et déjà dans les Bollandistes, juillet, t. IV, p. 426; Gérard, I, p. 534. Voir Bonnell, *Die Anfänge des Karolingischen Hauses*, p. 10, qui n'admet pas cette généalogie. — J'aurais plus de confiance dans Dominicy [*Ansberti Familia rediviva*, 1648], si ce méridional ne laissait trop voir son désir préconçu d'accaparer pour le Midi la famille de Charlemagne. — J'aurais plus de confiance dans Pertz et dans Bonnell, s'ils ne laissaient percer trop visiblement le désir préconçu de garder pour les pays du Nord la famille carolingienne. Les préventions, ou romanistes ou germanistes, ont toujours dirigé l'opinion des érudits sur ce point. C'est pour cela que l'érudition allemande s'applique à empêcher qu'on tienne aucun compte des nombreux documents que nous avons cités.

² Noter qu'à ces documents on pourrait encore ajouter Paul Diacre. Dans son Catalogue des évêques de Metz il dit qu'Agiulfe descendait par son père d'une noble famille de sénateurs, et, par sa mère, d'une fille de

Mais, d'autre part, aucun de ces textes n'est très ancien. La Vie de saint Clodulf est, à mon avis, du règne de Pépin le Bref. Une des Généalogies est du même règne¹; les autres sont du temps de Charlemagne ou de ses fils, puisque le nom de Charlemagne y figure, même celui de Louis le Pieux et de Lothaire². Le petit poème sur Ansbert a été adressé à Charles le Chauve. La Vie de saint Firmin et celle de saint Goéric sont d'époque inconnue. Lors donc que ces documents mentionnent Ansbert et à plus forte raison Ferréolus, personnages du vi⁰ et même du v⁰ siècle, ils sont loin d'être des documents contemporains.

Le principal argument contre cette Généalogie n'est pas que les écrits qui nous la fournissent datent seulement du viiiᵉ siècle ; car nous savons que les familles riches avaient alors des archives domestiques³, et il n'était pas fort difficile de retrouver la série des six ascendants d'un homme. L'argument le plus fort est que les documents qui nous l'ont conservée ont été écrits au temps où régnaient les Carolingiens et peut-être dans le but de les louer⁴. — Ainsi une chose est

---

Clovis. Cela concorde parfaitement avec les Généalogies, car il ajoute comme elles qu'Arnoald était le neveu d'Agiulfe (Migne, t. XCV, col. 704). Il s'en écarte en ce seul point qu'il fait de Blithilde une sœur de Clotaire Iᵉʳ au lieu d'en faire sa fille. — Joignez encore le *Chronicon Vedastinum* qui est écrit au xᵉ ou xiᵉ siècle (édit. Dehaisnes, p. 385-586), et la Chronique de Sigebert de Gembloux à l'année 619.

¹ C'est celle qui est publiée par Duchesne, *Historiæ Francorum Scriptores*, t. II, p. 1-2, et par Bouquet, II, p. 699, sous le titre de *Libellus de majoribus domus regiæ*.

² Pertz, p. 309 : *Hludoricus ex Judith imperatrice genuit Karolum gloriosum regem.* Une Généalogie va même jusqu'à l'empereur Othon, Pertz, II, p. 314.

³ Sur ces archives des familles, voir les Formules d'Anjou, nᵒˢ 31, 32, 33 ; de Tours, 28 ; de Marculfe, I, 34.

⁴ L'hypothèse qu'on a faite que tout cela aurait été inventé sous Louis

certaine, c'est que ces tableaux généalogiques ont été dressés au vııı⁰ siècle. Une chose fait question, c'est de savoir s'ils ont été dressés d'après des pièces et des actes qui se trouvaient dans la famille d'Arnulf, ou s'ils ont été fabriqués par pure imagination.

Cette question ne peut pas être résolue scientifiquement. Chacun à son gré peut admettre l'une ou l'autre alternative. On peut croire à cette généalogie, comme on peut la rejeter.

Seulement, si on la rejette comme fabriquée, il faudra se demander pour quel motif Charlemagne ou ses contemporains auraient imaginé et fabriqué une généalogie qui, au lieu de le faire descendre des Germains, le rattachait à une famille romaine[1].

De deux choses l'une : ou la généalogie est vraie, et alors Charlemagne descendait, en partie, d'une grande famille de l'aristocratie romaine; ou la généalogie est fausse, et alors Charlemagne prétendait ou croyait en descendre[2]. Dans le premier cas, il y a un fait réel, qui est curieux. Dans le second, il y a une opinion,

---

le Pieux par les Aquitains, me paraît une hypothèse de peu de poids. La Vie de saint Clodulf et l'une des Généalogies sont antérieures à Louis le Pieux.

[1] Faisons encore une observation. La lecture attentive de ces Généalogies ne donne pas l'impression qu'elles aient été dictées ou inspirées par le souverain. D'abord, elles ne se ressemblent pas, et il n'y a pas eu un texte officiel. D'ailleurs la Vie de saint Clodulf et surtout celle de saint Firmin ont été écrites en dehors de toute inspiration carolingienne. Or c'est justement par la seule Vie de saint Firmin que nous connaissons l'attache avec les Ferréolus. Aucun des tableaux généalogiques n'allait jusque-là.

[2] On notera même que ces Généalogies écrites au ıx⁰ siècle ne mentionnent que la ligne paternelle, le côté d'Arnulf et d'Ansbert; elles négligent complètement la ligne maternelle, le côté de Carloman et du vieux Pépin, le côté le plus germanique. — Mais je crois que cela tient uniquement à ce que la ligne d'Ansbert présentait un plus grand nombre d'évêques et de saints.

une prétention, une conception d'esprit qui serait plus curieuse que le fait lui-même et qui aurait encore plus d'importance[1].

Quant à nous, nous n'avons pas voulu négliger ces documents, comme ont fait les historiens allemands. Nous ne croyons pas qu'on doive construire sur eux une théorie. Ils doivent seulement nous mettre en garde contre la théorie qu'on a faite. Quand on a dit que la famille carolingienne représentait le sang et l'esprit germaniques, on a dit une chose que ces documents contredisent et qu'aucun autre document ne confirme.

Nous ne concluons pas de ces documents que la famille de Charlemagne soit romaine; mais on est encore moins en droit de dire qu'elle soit exclusivement germaine. Si l'on veut absolument introduire ici la question des races, il faut dire que cette famille en représente le mélange. Le mieux est d'écarter de notre étude cette question de races, à laquelle ni les rois ni les peuples d'alors ne pensaient.

Notons que si l'on admet que Charlemagne descende d'Ansbert et des Ferréolus, on ne sera pas en droit d'en conclure qu'à travers ces sept générations cette famille soit restée romaine de sang et romaine d'esprit. Elle a vécu constamment dans le Nord et dans l'Est. Elle s'est mêlée par mariage à des familles germaines. Ses intérêts n'ont cessé d'être mêlés à ceux des rois d'Austrasie, puisqu'elle les servait et grandissait par eux. Nous devons même admettre que cette famille mit quelque

---

[1] Les hommes les plus instruits du ixe siècle ont cru à la vérité de cette généalogie. Hincmar déclara publiquement et dans une occasion solennelle que Charles le Chauve et ses ancêtres descendaient, par saint Arnulf, de Clovis. Il croyait donc au mariage d'Ansbert avec Blithilde (*Annales Bertiniani*, 869, édit. Dehaisnes, p. 195-196).

soin et même quelque affectation à se confondre avec les Francs, puisque tous ses membres, depuis Ansbert, eurent des noms de forme germanique. Si les Carolingiens descendent d'une famille romaine, c'est d'une famille qui par ambition ou habileté avait eu soin de se franciser. Elle avait mis de côté sa descendance romaine et était devenue l'une des premières familles franques.

3° [LES CAROLINGIENS SONT UNE FAMILLE D'ÉVÊQUES ET DE SAINTS.]

Mais cette théorie des races une fois mise de côté, il reste dans cette généalogie plusieurs renseignements que nous devons en dégager et mettre en lumière.

La société que vise notre étude avait deux traits caractéristiques : dans la vie morale, une dévotion extrême, et plutôt aux saints qu'à Dieu ; dans l'existence matérielle, la grande influence de la richesse foncière. Or il ressort de cette généalogie ces deux choses : que la famille carolingienne fut, de toutes les familles de la Gaule, celle qui comptait le plus de saints, et celle aussi qui possédait le plus de terres.

Pour les saints, à la première génération, parmi les frères d'Ansbert, nous trouvons : Déotarius, qui fut évêque d'Alais et devint un saint après sa mort[1]; Firminus, qui fut évêque d'Uzès et devint aussi un saint des plus vénérés[2]; Agiulfe, qui fut évêque de Metz; Gamardus, qui ne fut pas évêque, mais qui fut père d'un évêque et d'un saint, saint Goéric[3].

---

[1] Généalogie (Pertz, II, p. 310) : *Deotarius construxit vicum Arisidum ubi confessor Christi requiescit.*

[2] *Vita S. Firmini*, Bollandistes, octobre, t. V, p. 640. — Généalogie : *Firminus pontificatum tenuit Ucecia civitate ubi confessor Christi requiescit.*

[3] *Vita S. Clodulfi*, 2 : *Gamardus, sancti Goerici præsulis genitor.*

A la seconde génération, les fils d'Ansbert furent : Arnoald, qui, après avoir vécu dans les dignités laïques[1], finit sa vie sur le siège épiscopal de Metz[2]; Ferréolus, qui fut vingt-huit ans évêque d'Uzès et y fut honoré après sa mort comme un saint; Modéric, qui mourut évêque d'Alais « et sur le tombeau duquel Dieu opère beaucoup de miracles[3] »; enfin leur sœur, Tarsitia, devint aussi une sainte : « tous les jours la puissance du Christ se manifeste pour ses mérites, et l'on rapporte même qu'elle a ressuscité un mort[4] ».

A la troisième génération, nous avons Arnulf, qui, après avoir été un grand seigneur de la cour d'Austrasie, fut évêque de Metz; plus tard, il se fit moine à Remiremont, ce qui augmenta le prestige de son nom aux yeux des hommes. On en fit donc un grand saint. Son fils Clodulf devint évêque de Metz; ces évêchés d'Uzès et d'Alais dans le Midi, de Metz dans le Nord, étaient comme la propriété héréditaire de cette famille. Mort, il fut un saint[5].

[1] La Généalogie du manuscrit de Munich le qualifie *illuster vir* (Pertz, p. 309). On sait d'ailleurs qu'il ne devint évêque qu'en 599, après avoir établi son fils dans le service du palais de Théodebert II.

[2] Paulus Warnefridi, *Liber de Mettensibus episcopis* : *Post istum exstitit nepos ipsius (Agiulfi) nomine Arnoaldus.* — Suivant le *Gallia christiana*, XIII, 690, cet Arnoald ne serait pas le neveu d'Agiulfe, mais un homonyme.

[3] Généalogie (Pertz, II, p. 309) : *Modericus in Arisido episcopus... ibi pro meritis ejus multa miracula Deus operatur.*

[4] Ibidem : *Tarsitia in virginitate perseverans in Rodinis civitate requiescit, pro cujus merito virtus Christi quotidie ostenditur, quæ etiam fertur mortua mortuum suscitasse.*

[5] Le premier Pépin aussi fut vénéré comme saint, quoiqu'il n'eût pas été évêque; de même sa femme Itta et sa fille Gertrude (voir *Vita Pippini*, et *Vita Gertrudis*, dans Mabillon, II, p. 464); mais cette sainteté me paraît être d'une époque un peu postérieure, et je crois qu'il vaut mieux ne la pas compter. [Celle de Gertrude est seule bien prouvée par sa Vie, qu'un éditeur récent, Krusch, place avec raison au VIIe siècle.]

Cela fait un total de neuf évêques, de sept saints, et d'une sainte, dans une même famille. Pépin le Bref et Charlemagne descendaient d'évêques et de saints. Si nous entrons dans les idées des hommes de ce temps-là, nous jugeons quelle force c'était pour une famille d'avoir des ancêtres qui faisaient des miracles. Longtemps encore après Charlemagne, les peuples croyaient que ces saints continuaient à veiller sur leurs descendants[1].

4° [LES CAROLINGIENS SONT UNE FAMILLE DE GRANDS PROPRIÉTAIRES.]

C'était en même temps la famille la plus riche. Le premier Carloman était un grand propriétaire du pays de Liège[2]; son fils, Pépin de Landen, déjà riche, épousa en Aquitaine une riche héritière qui lui apporta un grand nombre de domaines[3]. D'autre part, les auteurs des Généalogies nous disent qu'Ansbert était très riche[4]. C'est un trait qu'ils ne négligent pas. Le biographe de saint Arnulf commence aussi par nous dire qu'il était « très opulent en biens du siècle[5] ». Un mariage unit les deux familles de Pépin et d'Arnulf et confondit les deux fortunes sur une seule tête, Pépin d'Héristal.

---

[1] Ainsi, le *Poeta Saxo* dit en parlant de saint Arnulf :

*Nunc ovat in cælis, præbens miracula terris....
Stirpem nempe suam protegit atque fovet.*

Poeta Saxo, V, v. 131-134; Jaffé, p. 609.

[2] On représente ordinairement ce premier Carloman comme un duc puissant et un chef des pays dans la vallée de la Meuse, tout cela sans preuves. — Adrien Valois, *Rerum francicarum*, t. III, p. 27, dit seulement : *Carlomannum in Hasbania multas possessiones habuisse credo, principem Hasbaniæ fuisse non credo.*

[3] *Vita Pippini* : *Sicut ex possessionum ejus traditione cognoscimus.* Rien ne fait croire qu'Itta ait fait donation de *toutes* ses propriétés.

[4] *Ansbertus ex genere senatorum, in multis divitiis pollens* (Pertz, p. 308). — *Ansbertus præpotens divitiis* (*Vita Arnulfi ab Umnone*).

[5] *Vita S. Arnulfi*, 2 [1, Krusch] : *Opulentissimus in rebus sæculi.*

Aucun document ne nous donne la liste ou le nombre des domaines possédés par cette famille[1]. Mais nous pouvons peut-être en juger par le nombre des donations de terres que nous voyons qu'elle a faites. Elle possédait dans l'Ardenne un *castrum Ambra* dont elle fit donation, la villa Germigny dans le pays de Reims[2]; elle donne à l'église de Metz une villa Nugaretum située dans le diocèse de Verdun[3]. Elle donne aux monastères fondés par saint Rémacle un domaine dans le Hasbain et un autre dans l'Ardenne[4]; au monastère de Saint-Trudon, deux domaines[5]; au couvent de Lobbes une grande forêt située dans le bassin de la Sambre[6]. Nous savons d'ailleurs qu'elle a possédé dans le pays de Verdun le Parrois et Cominières[7]; dans la vallée de la Moselle un domaine appelé Palatiolum[8]; dans le diocèse de Trèves la villa Bollumvilla ou Bollumdorf[9]; deux autres propriétés dans

[1] Nous savons qu'elle posséda Landen, Héristal, Nivelle (*Vita Gertrudis*, Pertz, I, p. 316 : *In loco qui vocatur Nivella in hereditate propria*).

[2] *Diplomata*, n° 409; n° 316.

[3] *Ibidem*, n° 414 : *Villam proprietatis nomine vocabulo Nugaretum*, etc. — Clodulf, fils d'Arnulf, donne au monastère de Mettlach la villa Oblagna (Pardessus, II, p. 84), au monastère de Tholey la villa Mercervilla (idem, II, p. 95). [Si les donations sont réelles, les deux chartes sont visiblement fausses.]

[4] *Vita S. Remacli*, 21; Bouquet, III, p. 527 : *Duas ex fiscis suis villas in usum mensæ servorum Dei, unam in Hasbanio, alteram in Arduenna, pro S. Remacli amore attribuit*.

[5] *Vita S. Trudonis*, 22; *Acta Sanctorum ordinis Benedicti*, II, p. 1083; Bouquet, III, p. 656. L'un de ces domaines s'appelait Ochinsala, l'autre Ham.

[6] *Diplomata*, n° 443. La charte paraît fausse, c'est-à-dire refaite postérieurement pour remplacer une charte brûlée ou perdue; la donation n'en paraît pas moins certaine, car les moines qui ont refait la charte possédaient encore la forêt.

[7] Par un diplôme de 702 (*Diplomata*, n° 454) Pépin fait don à l'évêque de Verdun du Parrois et reprend Cominières qu'il lui avait donné antérieurement.

[8] *Testamentum Adelæ*, Bouquet, III, p. 655.

[9] *Diplomata*, n° 503.

le pays de Maestricht[1] ; dans le diocèse de Liège, deux grands domaines, dont chacun était le chef-lieu de plusieurs propriétés[2] ; dans l'Ardenne, le domaine de Lethernau, qui commandait lui-même à quatre autres domaines[3]. Itta a fait donation de plusieurs terres dans le Midi. Dans la Neustrie, nous voyons la famille faire don à l'abbaye de Fontenelle de huit domaines situés dans le Vexin et le Beauvaisis[4]. Ces dix-huit ou vingt propriétés sont peu de chose; mais nous devons calculer, d'abord, que nous sommes loin d'avoir la liste complète des donations de la famille; ensuite, que ces donations qui ne l'ont jamais appauvrie n'ont certainement porté que sur une petite partie de sa fortune[5]. C'était tout au plus la dîme de sa richesse foncière. Or on était en un temps où la richesse foncière faisait toute la force des familles. C'était elle qui procurait des serviteurs, des amis, des guerriers. Par elle on était indépendant, et par elle on commandait.

Ainsi, il y avait dans cette famille, d'une part une longue série d'évêques, de saints, d'intercesseurs auprès de Dieu, d'auteurs de miracles, de l'autre une accumu-

[1] *Diplomata*, n° 521.
[2] Ibidem, n° 587.
[3] Ibidem, n° 591.
[4] *Annales Fontanellenses*, Bouquet, II, p. 658 et suiv. Ces domaines avaient nom Floriacus, Taricinus, Walmo, Luciniacus, Mala, Gamapium, Ecclesiola, et Fontanidum.
[5] La famille acquit beaucoup de propriétés dans les guerres civiles, par confiscation. *Diplomata*, n° 537, Charles donne : *Villam juris nostri… quantumcunque ibi habuit vel possedit Everhardus dum ipse infidelis regi apparuit, etc. ; et propter hoc omnes res suæ in fisco regali fuerunt redactæ quas rex Hildebertus genitori nostro Pippino de suo fisco et ex largitatis suæ munere concessit, mihique genitor Pippinus jure hereditario in proprietatem concessit….*

lation de domaines épars dans toutes les parties de la Gaule, et surtout au nord-est. Voilà la double origine de la grandeur carolingienne. A quoi bon imaginer qu'elle ait représenté les appétits d'une race et dirigé une invasion, puisque les documents ne disent rien de cela? La vérité est qu'elle était la famille la plus riche en saints et la plus riche en terres. Nous allons voir qu'elle acquit avec cela la mairie du Palais, puis, par la mairie, la royauté.

CHAPITRE III

[Débuts de la famille Carolingienne. — Elle ne représente pas des traditions hostiles à la monarchie mérovingienne.]

Il faut observer de près les ancêtres de Charlemagne. Comme nous aurons à nous demander si l'avènement des Carolingiens marque un changement dans le régime politique ou social, il faut étudier d'abord les antécédents de cette famille, pour voir s'il était dans ses traditions ou dans ses intérêts d'être hostile au régime de l'époque précédente.

1° [ARNULF, FONCTIONNAIRE DU PALAIS.]

Entrons, autant qu'il se pourra, dans le détail de ces existences. Regardons d'abord Arnulf, le grand ancêtre, celui que la dynastie vénéra comme son principal auteur. Nous avons une biographie de ce personnage. Elle a été écrite peu d'années après sa mort. L'auteur est un moine, mais un moine qui a connu Arnulf et qui l'a vu de près lorsque lui-même se fit moine[1].

L'hagiographe nous montre d'abord Arnulf enfant, — c'était aux environs de l'année 580[2], — et il nous parle de son éducation. « Arnulf apprit les lettres, et fut mis dans les mains d'un précepteur; il se distingua au milieu de ses jeunes camarades par la sagacité de son esprit et la force de sa mémoire[3]. » Le jeune homme reçut donc l'instruction grammaticale et littéraire, c'est-à-dire l'instruction romaine, qui était en usage dans les grandes familles du vi° siècle[4]. Ajoutons qu'il fit donner à ses fils la même instruction. « Clodulf, dit l'hagiographe, fut d'abord mis entre les mains des maîtres, *comme c'est l'usage pour les enfants des grands*, et on

---

[1] L'hagiographe dit : *Facta quæ gessit Arnulfus, nonnulla ego a familiaribus ejus narrantibus, pleraque per memetipsum cognovi.* — Son travail est adressé à Clodulf, ainsi que l'indique la dernière phrase : *Ecce, reverentissime domine Chlodulfe pontifex, habeto conscriptam quam poposcisti vitam genitoris tui.* [Krusch croit que cette *clausula* a été ajoutée après coup *a nebulone quodam.*] Clodulf fut évêque de Metz à partir de 650.

[2] Aucun biographe ne donne la date exacte. L'auteur de la *Vita altera* dit, c. 2, qu'il naquit dans la villa Layum, qui était un domaine de sa famille, *in comitatu Calvomontensi* (probablement Lay, près de Nancy); et il place sa naissance « au temps de l'empereur Maurice ». Or Maurice ne régna qu'en 582. Mais les Bollandistes croient avec grande vraisemblance qu'il faut reporter sa naissance d'au moins deux ans en arrière.

[3] *Vita S. Arnulfi*, c. 3 : *Litterarum studiis imbuendus datur; mox traditus præceptori, inter ceteros contubernales suos sagax ingenio et memoriæ capax fuisit.* — *Vita altera*, c. 2 : *Cum esset disciplinis scholaribus sufficienter imbutus.*

[4] Sur l'instruction qui était donnée aux enfants de famille au vi° siècle, voir Grégoire de Tours, *Historia Francorum*, IV, 47 [alias 46] : *Studia litterarum... operibus Virgilii, legis Theodosianæ libris artemque calculi est eruditus.* — *Vita S. Maximi*, c. 4-5 (Bollandistes, janvier, I, p. 91) : *Fuit ibi Maximus decem annis ad eruditionem grammatici.* — *Vita S. Aredii*, Gregorio [attributa], 2 : *Tradunt litteris ad erudiendum.* — On peut citer encore : *Vita S. Martini Vertavensis*, 2. — *Vita S. Beharii Carnotensis*, 5. — *Vita S. Landelini*, 1. — *Vita S. Desiderii Ca-*

l'instruisit dans les lettres¹. » Il faut noter tout cela, ne fût-ce que pour ne pas nous représenter cette famille comme une famille de purs guerriers.

Cette première éducation terminée, Arnulf entra dans le Palais². Mais là commençait une seconde éducation. Quand on entrait dans le Palais, c'est qu'on avait l'ambition de servir le roi et de parcourir la carrière des fonctions royales. On voulait devenir gouverneur de province, ou administrateur des domaines, ou chef de soldats, ou référendaire; on pouvait même avoir à exercer ces divers emplois l'un après l'autre. Il fallait donc apprendre à commander des soldats, à gouverner des villes, à gérer des domaines, à aligner des comptes, à rendre la justice, à rédiger des arrêts et des ordonnances. Il était assez ordinaire que le jeune homme fît cet apprentissage sous la direction d'un personnage déjà ancien dans le Palais et expérimenté, qui devait lui servir à la fois de maître et de patron. C'est ainsi qu'Arnulf « fut confié aux mains de Gundulf, qui était le premier après le roi, chef du Palais et conseiller du roi, pour être instruit et exercé par lui en toutes choses utiles³ ».

---

turcensis, 1. — *Vita S. Wandregisili*, 2. — *Vita S. Wilfridi* (Mabillon, *Acta*, IV, p. 679), c. 6. — *Vita S. Drausii*, 5. — *Vita S. Agili*, 4. — *Vita S. Germani*, 2. — Nous ne croyons pas que cette instruction fût poussée bien loin; encore faut-il constater qu'il y avait quelque instruction pour les enfants des riches au VIᵉ siècle.

¹ *Vita S. Chlodulf*, 3 (Mabillon, *Acta*, II, p. 1044) : *Scholis traditur, ut nobilium filiis fieri solet, et liberalibus litteris docendus exhibetur..., humanis divinisque studiis bene adultus.*

² Il est probable que son père Arnoald y était encore; car Arnoald ne fut évêque de Metz qu'en 599.

³ *Vita S. Arnulfi*, 4 [alias 5] : *Gundulfo subregulo, seu etiam rectori palatii vel consiliario regis, exercitandus in bonis actibus traditur.* — *Vita altera*, 2 : *Sub hujus tempore, Gundulphus exstitit prætor, major domus, et comes palatinus; ei quasi patrono atque doctori adolescens Arnulfus commendatur.*

C'était Gundulf qui devait lui enseigner les règles et les pratiques de l'administration[1].

Il n'est pas inutile de savoir quel était ce Gundulf dont l'ancêtre de Charlemagne fut le disciple. Nous sommes ici en 595 ; or nous connaissons par Grégoire de Tours un Gundulf qui précisément faisait sa carrière dans le Palais d'Austrasie ; il était *domesticus* en 580 ; il fut élevé au rang de *dux* en 581[2] et fut alors chargé d'une mission importante et délicate dans le midi de la Gaule : ce qui implique qu'il connaissait la langue, les mœurs, les intérêts de cette partie du royaume[3]. C'est apparemment le même Gundulf que nous retrouvons quatorze ans plus tard dans ce même Palais d'Austrasie, mais dans un rang encore plus élevé, « conseiller du roi », « chef du Palais », presque « vice-roi », *subregulus*[4]. Or ce Gundulf n'était pas de race franque ; il

---

[1] *Vita altera : Ut, qui præfulgebat proavorum nobilitate, nequaquam inferior ipsis esset in regali administratione.*

[2] Grégoire de Tours, *Historia Francorum*, VI, 11 : *Gundulfum ex domestico duce facto.*

[3] *Ibidem : Rex Gundulfum... Massiliam dirigit.*

[4] Gérard a soutenu que ce Gundulf était l'évêque de Maestricht. Il est vrai qu'il y eut un évêque de ce nom, de 597 à 604. Mais les paroles des deux hagiographes sont très nettes et marquent bien qu'Arnulf n'a pas été mis aux mains d'un évêque. — Quelques écrivains belges ont construit tout un système sur ce Gundulf de Maestricht, et ils ont fait de lui un oncle d'Arnulf. Nous possédons deux biographies de Gundulf de Maestricht ; elles sont dans les Bollandistes, juillet, t. IV, p. 164 et suiv. Ni l'une ni l'autre n'indiquent que ce personnage ait vécu dans le Palais ; la seconde Vie dit au contraire qu'il a été « nourri » à Maestricht. Ni l'une ni l'autre ne mentionnent une parenté avec Arnulf ni l'éducation d'Arnulf. Un seul manuscrit, aujourd'hui perdu et qu'on ne peut vérifier, portait, paraît-il, une Généalogie de ce Gundulf, et cette Généalogie le faisait fils de Hundéric, frère de Bodégisile, oncle d'Arnulf (mais noter que le texte porte « Arnulf » et non pas « saint Arnulf ») ; or cette Généalogie n'est pas celle des Carolingiens. D'ailleurs, ce qui coupe court au beau système qu'on a construit sur ce texte, c'est qu'il n'a aucune authenticité, ainsi que le montrent très bien les Bollandistes, p. 161-162. Voir Ghesquière, *Acta Sanctorum Belgii selecta*, t. II, p. 251, et Bonnell, *Die Anfänge*, p. 140.

appartenait à une famille romaine de l'Auvergne, même à une famille sénatoriale. C'est ce qu'affirme Grégoire de Tours, qui l'a connu, et qui était son neveu [1]. Ce fils de Florentinus et d'Artémia, ce frère de l'évêque Nicétius [2], cet oncle de l'évêque Grégoire, ce Gundulf avait servi les rois austrasiens et, comme bien d'autres Romains, s'était élevé au premier rang dans le Palais d'Austrasie. C'est ce Romain qu'Arnulf eut pour maître. Il apprit de ce Romain l'art d'administrer.

« Après que Gundulf l'eut bien instruit et éprouvé, le jeune homme fut admis au service du roi Théodebert [3]. » Il le servit quelquefois comme soldat [4], plus souvent comme administrateur. Il exerça les fonctions de *domesticus*, c'est-à-dire de gérant du domaine. Il parvint sans doute, dans cette carrière, à un rang élevé, puisqu' « il gérait les domaines de six provinces [5] ».

Il est malheureux pour nous que l'hagiographe, pressé qu'il est d'arriver à l'épiscopat d'Arnulf, ne nous donne pas d'autres indications sur les fonctions civiles qu'il exerça durant une douzaine d'années. Un écrivain postérieur nous dit qu'il devint maire du Palais [6]. Il est peu

---

[1] Grégoire de Tours, VI, 11 : *Gundulfum de genere senatorio... quem recognosco matris meæ avunculum.*

[2] Idem, *Vitæ Patrum*, VIII, 1; *Historia Francorum*, V, 5 et VI, 11.

[3] *Vita S. Arnulfi*, 4 [alias 3] : *Hunc (Arnulfum) ille (Gundulfus) cum accepisset, per multa deinceps experimenta probatum, jam Teutberti regis ministerio dignum aptavit.* — *Vita altera*, 2 : *Quem cum is suscepisset, per multa probatum experimenta, dispensationi regalium constituit non indignum.*

[4] *Ibidem*, 4 : *Virtutem belli gerendi seu potentiam illius in armis quis enarrare queat, quum sæpe phalangas adversarum gencium suo abigisset mucrone.* Il y a sans doute dans cette phrase du moine quelque exagération; car les victoires de Théodebert et « ses conquêtes de peuples ennemis » ne nous sont pas connues.

[5] *Ibidem* : *Ita ut sex provinciæ quas ex tunc et nunc totidem agunt domestici, sub illius ministratione solius regerentur arbitrio.*

[6] Paulus Warnefridi, *De episcopis Mettensibus* : *Ita ut et palatii*

probable qu'il ait porté ce titre; mais il exerça certainement une charge importante[1]. Un autre écrivain dit de lui qu'il était le plus intime des confidents du roi et le plus écouté de ses conseillers[2].

En 611, l'évêché de Metz devint vacant. Il était assez ordinaire à cette époque que des laïques, même mariés, fussent élevés à l'épiscopat. Il était ordinaire aussi que les évêques, avec un semblant d'élection par le clergé et le peuple, fussent nommés par le roi, et que le roi les choisît parmi les grands de son Palais. Arnulf devint donc évêque de Metz « parce qu'il était en grande faveur auprès du roi[3] ».

Pour être évêque on ne quittait pas nécessairement le Palais. Le roi mérovingien avait toujours quelques prélats autour de lui. Ils étaient, de concert avec quelques dignitaires laïques, ses conseillers de tous les jours. Ils siégeaient avec lui ou avec son maire au tribunal royal. Ils signaient ses actes. Ils délibéraient avec lui sur les affaires du gouvernement ou sur les lois. Arnulf fut un

---

moderator sub honore majordomatus existeret. — Idem, *Historia Langobardorum*, VI, 16 : *Fuit major domus in regio palatio Arnulfus.* — Cela est dit aussi dans la *Vita Pippini*, 1.

[1] Peut-être celle de *comes palatii*; c'est au moins ce qu'affirme l'auteur de la *Vita altera*, c. 3 : *Clotarius Arnulfum comitem palatii constituit.* Il ajoute d'ailleurs, au c. 4, qu'Arnulf devint *major domus* (voir Pertz, t. X, p. 539).

[2] *Vita S. Clodulfi*, 5 : *Arnulfus... diversis in palatio honoribus fulsit.* Ibidem, 4 : *Inter amicos amicissimus, palatii rector, audiendorum reddendorumque consiliorum primus auditor et sapientissimus redditor.*

[3] *Quia principi acceptissimus haberetur* (*Vita S. Arnulfi*, 8) [Krusch considère cette phrase comme une interpolation]. L'hagiographe, d'ailleurs, ne manque pas de dire que « la voix unanime du peuple le demandait », *una vox populorum Arnulfum adclamavit.* — Arnulf est cité comme évêque de Metz dans le testament de Bertramn, Pardessus, t. I, p. 210 et 211. — [On n'est pas d'accord sur la date que beaucoup placent ou plus tôt, en 610, ou surtout plus tard, 612, 613, 614.] — [Cf. *La Monarchie franque*, c. 15, § 4.]

de ces évêques qui vivaient habituellement dans le Palais et qui continuaient à gouverner l'État[1].

Ce que l'hagiographe ne dit pas, mais ce que nous savons par un chroniqueur, c'est qu'il prit une grande part à la révolution de 613, qui renversa Brunehaut. Il fut un de ceux qui s'allièrent au roi de Neustrie Clotaire II[2]. Il fut l'un des principaux conseillers de ce roi[3], puis de son fils Dagobert[4]. Vers 626, il quitta à la fois la vie du Palais, la direction des affaires et l'épiscopat[5]; il s'enferma dans un monastère. Mais en sortant du Palais il y laissait après lui ses deux fils, Clodulf et Anségise[6]. Clodulf, après avoir suivi pendant vingt ans la carrière du Palais[7], devint évêque de Metz à son tour. Anségise s'éleva aux plus hauts emplois jusqu'au jour où il fut assassiné[8].

---

[1] *Vita S. Arnulfi*, 8 : *Sic deinceps episcopales infulas gestavit ut etiam domesticatus sollicitudinem atque primatum palatii teneret.* — C. 4 : *Cum in palatio esset.* — Au c. 12, nous le voyons suivre le roi dans une expédition en Thuringe. — Plus loin, l'hagiographe suppose qu'Arnulf veut quitter le Palais, mais *rex non modicis repletur angoribus si Arnulfus a frequencia palacii cessasset.* — Paulus Warnefridi, *De episcopis Mettensibus* : *Ita Dei ecclesiæ præfuit ut et palatii moderator existeret.* — L'auteur de la *Vita altera*, c. 11, dit aussi que *in eo statu (in episcopatu) palatinis, quamvis nolens, dignitatibus consulebat.* — Il est cité par Frédégaire, c. 53.

[2] Frédégaire, *Chronicon*, 40 : *Chlotarius factione Arnulfi [Arnulfo mss.] Auster ingreditur.* — *Factione* signifie « par le fait de », « à l'instigation de ».

[3] *Vita S. Arnulfi*, 16.

[4] Frédégaire, *Chronicon*, 52, 53, 58. *Vita Arnulfi*, 17.

[5] Suivant l'auteur de la *Vita altera*, il fut quinze ans évêque de Metz; suivant le même auteur, il ne renonça à l'évêché qu'en le transmettant à son [parent] Goéric (c. 21). — [Cf. *Vita*, 19. On recule d'ordinaire son abdication en 629 ou 630.]

[6] Clodulf [on imprime à tort *Flodulfi*] et Anségise sont mentionnés, à titre de *domestici*, dans un acte de Sigebert II, de 648 (Pardessus, n° 343).

[7] *Vita S. Clodulfi*, 9. Il ne devint évêque de Metz qu'en 656 (Bonnell, p. 188).

[8] Paulus Warnefridi, *Historia Langobardorum*, VI, 23 : *Anchis filius*

Telle est l'existence d'Arnulf. Notons bien qu'elle ne présente rien de particulier ou d'exceptionnel. Elle ressemble à la vie de Désidérius, d'Éligius, d'Audoénus et de plusieurs autres. C'est la vie d'un homme du Palais, c'est-à-dire d'un serviteur du roi, d'un fonctionnaire longtemps puissant et à la tête des affaires, qui, comme ceux que je viens de nommer, devient évêque et qui veut mourir dans un cloître. Il s'en faut de tout qu'Arnulf inaugure une tradition nouvelle d'opposition au régime établi. Il est le vrai et pur fonctionnaire mérovingien du VIIe siècle.

2° [PÉPIN DE LANDEN, MAIRE DU PALAIS.]

A côté de lui était Pépin, celui que les modernes ont appelé Pépin de Landen, pour le distinguer de ses successeurs[1]. Il appartenait aussi au royaume d'Austrasie, et il est infiniment probable qu'il était Franc de naissance et de race. Il avait d'ailleurs épousé une femme de l'Aquitaine. Sans doute il était fort riche.

Nous ignorons les débuts de sa carrière. Exerçait-il quelque fonction, était-il duc, comte, référendaire ? Les écrivains ne nous apprennent rien sur ses commence-

---

Arnulphi sub nomine majoris domus gerebat principatum. C'est ce que dit aussi la *Vita Clodulfi*, 7. Pourtant la série des maires nous est bien connue, et nous n'y voyons pas place pour Anségise. — *Dagobertus Sigybertum regem sublimavit; Chunibertum pontevecem et Adalgyselum ducem* (mais est-ce bien Anségise? en 633) *palacium et regnum gobernandum instituit* (Frédégaire, 75). — Il est nommé dans un diplôme de Sigebert, Pardessus, II, p. 89. — Suivant les *Annales Xantenses*, Pertz, II, anno 685, Anségise n'aurait été assassiné qu'en 685 : *Anchesus dux premitur et Pippinus filius ejus succedit.*

[1] Landen était le nom d'une de ses *villæ*. Il est clair que Pépin ne s'appela jamais Pépin de Landen ; nul ne songeait alors à prendre un nom de terre. Aucun contemporain, aucun des écrivains des trois siècles suivants ne lui donne ce nom.

ments[1]. Ils le nomment pour la première fois en 613, et c'est pour nous apprendre que cet Austrasien invita le roi de Neustrie à envahir son pays[2]. Il était avec Arnulf l'un des chefs de ce complot qui fut fait en 613 contre la branche austrasienne des Mérovingiens, en vue de réunir l'Austrasie à la Neustrie. Si cette tentative eût échoué, Arnulf et Pépin seraient rentrés dans le néant. Elle réussit, ils furent en grande faveur et prirent le pouvoir auprès de Clotaire II.

Ceux qui se représentent la famille carolingienne comme une sorte d'incarnation de la haine de l'Austrasie contre la Neustrie, devraient faire attention que le premier acte auquel cette famille a dû sa grande fortune politique a été une alliance avec le roi de Neustrie.

Clotaire dut récompenser Pépin. Lui donna-t-il des terres et des domaines? Cela est probable[3]. Il lui conféra certainement des fonctions et des dignités. Dès que la mairie du Palais devint vacante en Austrasie, il ne put la donner qu'à Pépin[4].

Celui qui se représenterait le Palais comme une simple maison du roi, ne comprendrait pas la grandeur des maires du Palais. Les deux mots *palatium* et *domus* avaient été deux termes de la langue officielle de l'Empire romain qui désignaient tout l'entourage du prince et tout ce qui dépendait de sa personne. Comme

---

[1] Il est dit dans les *Annales Mettenses* (Pertz, I, p. 316; Bouquet, II, p. 677) que Pépin, prince excellent, gouvernait la population qui habitait entre la Forêt Charbonnière, la Meuse et le pays des Frisons. Mais l'annaliste ne dit pas à quelle date, ni à quel titre. Il est bien possible que par ces termes vagues et pompeux il veuille désigner la mairie du Palais de Pépin.

[2] Frédégaire, *Chronicon*, 40 : *Chlotarius factione Pippino Auster ingreditur.*

[3] Voir les *villæ* qu'il donna à Bertramn (*Testamentum Bertramni*, passim).

[4] Rado fut quelque temps maire avant lui. Frédégaire, *Chronicon*, 42.

presque tous les mots de la langue politique, ils subsistèrent dans l'époque mérovingienne et conservèrent leur signification. Le *palatium* ou la *domus* était bien plus que la maison d'un homme, bien plus même que ce qu'on a appelé plus tard la Cour. C'était un vaste ensemble de fonctionnaires plus encore que de courtisans. On y comptait les dignitaires de l'État, les ministres du gouvernement. On y trouvait aussi les bureaux et toute la foule des scribes écrivant d'innombrables diplômes sur toutes sortes d'affaires. Les juges et les référendaires s'y rencontraient avec des guerriers, et les guerriers y coudoyaient les clercs de la chapelle. Le Palais était le centre d'où partaient les administrateurs des provinces et où ils revenaient apporter leurs rapports administratifs ou l'argent des impôts. C'était encore le grand tribunal où venaient tous les appels et beaucoup des procès du royaume. Il contenait tous les pouvoirs et toute espèce d'emplois. Qu'on imagine nos divers ministères d'aujourd'hui groupés en un seul faisceau autour d'un chef d'État et d'une Cour, et l'on aura une idée du Palais mérovingien.

Dans chaque sorte d'emplois il y avait une hiérarchie, et pour l'ensemble il existait un chef suprême. Ce chef s'appelait *major* ; il était « plus grand » que tous les autres, c'est-à-dire le plus grand de tous. Quelquefois on l'appelait *rector palatii*, mais l'expression *major domus* paraît avoir été plus usitée. Ce maire du Palais n'était pas, comme quelques-uns l'ont dit, l'intendant d'une maison privée[1] : c'était un chef d'administration et de gouvernement. Si le Palais était analogue à ce que serait l'ensemble de nos ministères, le maire du

[1] Cette erreur est venue de ce qu'il existait en même temps des *majores domus reginæ* qui étaient de vrais intendants.

Palais était analogue à ce que serait un premier ministre. Nous avons vu ailleurs que le gouvernement des Mérovingiens était un gouvernement très centralisé. Le Palais gouvernait le pays; le maire gouvernait le Palais.

Il le gouvernait au nom du roi. Beaucoup d'historiens modernes ont représenté le maire comme le chef d'une aristocratie habile; c'était plutôt le chef des fonctionnaires[1]. On a dit qu'il était élu par les grands pour tenir tête à la royauté. Nous voyons quelquefois, il est vrai, le maire choisi par d'autres que le roi, mais c'est seulement quand le roi est un enfant qui ne pourrait pas choisir lui-même[2]; et notons bien qu'en ce cas le maire est choisi, non par une classe nobiliaire ou par une catégorie de population indépendante, mais par les premiers fonctionnaires du Palais, c'est-à-dire par les premiers des serviteurs du roi, agissant sans nul doute en son nom. Le choix du maire appartenait au roi, en principe toujours, en fait presque toujours[3]. Loin que le maire eût la mission de représenter une aristocratie contre le roi, il était le premier des agents royaux. Tous les maires du Palais que l'histoire nous signale ont compris ainsi leurs fonctions. Ils ont pu

---

[1] [*La Monarchie franque*, c. 8, et plus haut, liv. I, c. 6.]

[2] L'*Historia epitomata*, 58, montre un maire qui est élu; mais cela se passe, dit le chroniqueur, *in infancia Siggberti*. Le chroniqueur se trompe; Sigebert était majeur en arrivant au trône. Il veut dire probablement *Childeberti* [voir l'édit. Krusch, p. 109]. Quoi qu'il en soit, l'auteur semble avoir voulu marquer que l'élection du maire ne s'était faite que *in infantia regis*.

[3] Pourtant Éginhard semble dire (*Vita Caroli*, 2) que les maires étaient élus par le peuple: *Qui honor non aliis a populo dari consuercrat quam his qui et claritate generis et opu... amplitudine ceteris eminebant.* — Cette phrase, en apparence si claire, ne concorde pas avec les faits; car pas une fois nos documents ne nous montrent un *populus* s'assemblant pour choisir le maire.

régner sous le nom d'un roi, comme un Richelieu sous un Louis XIII ; mais jamais ils n'ont fait la guerre au roi. Plusieurs ont établi un roi à la place d'un autre ; mais ce que les documents ne montrent jamais, c'est qu'un maire se pose vis-à-vis de son roi en adversaire.

Mais, si le maire n'était vis-à-vis du roi qu'un agent et un ministre, il était vis-à-vis des hommes qui composaient le Palais un maître absolu. Cela tient à trois causes, qu'il faut distinguer.

En premier lieu, il avait une autorité officielle et légale. En vertu même de sa charge et par diplôme royal, il avait un droit de surveillance sur tous les membres du *palatium*. Or cela ne comprenait pas seulement ceux qui résidaient dans la maison royale, mais aussi tous ceux qui au nom du roi exerçaient des fonctions dans les provinces. Les *comites* ou gouverneurs des cités, les *domestici* ou gérants du domaine, lui étaient subordonnés. Tous devaient lui rendre leurs comptes. Il avait un droit de coercition sur les plus grands[1]. Nous trouvons dans les Chroniques nombre d'exemples de fonctionnaires punis de la prison, de la confiscation de leurs biens, et même de la mort par arrêt du maire du Palais. Le maire représentait l'autorité absolue du roi sur tous ses agents.

En second lieu, c'était le maire du Palais qui proposait au roi les nominations de fonctionnaires, ou qui les faisait lui-même si le roi était mineur ou s'il était absent[2]. Nous ne devons pas perdre de

---

[1] Cela ressort de ce que dit l'*Historia epitomata*, c. 58, au sujet de Chrodinus. On y voit bien que le maire a le droit de *facere disciplinam* et de *interficere*, non seulement dans l'intérieur du Palais, mais *in toto Auster*.

[2] [Cf. *La Monarchie franque*, p. 176.]

vue que sous les Mérovingiens le nombre des fonctions était assez considérable, et le nombre des solliciteurs plus grand encore. Or le maire avait, sinon la toute-puissance, au moins une influence décisive sur la nomination des ducs, comtes, recteurs, *domestici*, dignitaires de tout rang. Il pouvait aussi, au nom du roi, destituer ces mêmes hommes. Par lui, on était admis dans le Palais, par lui on en était exclu, par lui on avançait en grade ou en fonction. Il disposait des places, et tous les hommes qui étaient en place ou qui voulaient y être, étaient dans sa main. Il était la source des grâces[1]. Il faisait et défaisait la fortune de ceux qu'on appelait les grands.

On aperçoit une troisième cause de la force croissante des maires. Nous avons observé plus haut la coutume de la commendation, par laquelle un homme se mettait spontanément sous la protection personnelle d'un autre homme. La protection la plus recherchée, au VIe siècle, était celle du roi. Encore au VIIe, nous ne voyons pas de puissance qui fût en concurrence avec le roi et son maire. Les plus grands demandaient

[1] Éginhard, *Vita Caroli*, 1 : *Ad palatii præfectos qui majores domus dicebantur summa imperii pertinebat.* — Le Palais n'avait pas seulement à distribuer des fonctions et des dignités ; il possédait aussi, au nom du roi, un nombre considérable de terres fiscales. C'était matière à faveurs. Tantôt on les donnait en propre pour récompenser des services, tantôt on les concédait en bénéfice sous condition de service. Quelques historiens modernes ont dit que les rois mérovingiens avaient perdu leurs domaines, et que c'est parce qu'ils les avaient perdus qu'ils tombèrent. C'est une manière commode et simple d'expliquer leur chute. Malheureusement cette explication repose sur une erreur. Les terres fiscales restaient encore très nombreuses à la fin des Mérovingiens, et, ce qui le prouve, c'est que les mêmes terres passèrent aux mains de la dynastie carolingienne. Ce n'est donc pas par l'abandon des terres fiscales que les Mérovingiens périrent. Seulement, il est visible que les concessions de ces terres étaient faites, au nom du roi, par le maire, et que c'était le maire qui disposait de ce grand domaine.

la mainbour du roi, ne fût-ce que pour obtenir part aux fonctions et aux terres dont le roi disposait. Les évêques eux-mêmes la sollicitaient, ne fût-ce que pour échapper à l'ingérence des comtes dans leurs affaires. Par la mainbour royale, on contractait à la vérité avec le roi un lien personnel très étroit qui était déjà une sorte de vassalité; mais en retour on s'affranchissait de toute autorité légale, locale, voisine. Nous avons vu tout cela plus haut; mais ce qu'il faut ajouter ici, c'est que le roi n'exerçait cette mainbour personnelle que par l'intermédiaire de son maire du Palais[1].

Cette vérité importante ressort de deux documents. Nous voyons dans une Chronique que, lorsqu'un nouveau maire est nommé, l'usage est que les grands du Palais lui fassent une sorte d'hommage. Ces grands du Palais, dignitaires ou fonctionnaires, sont des hommes qui se sont *commendés* au roi, et il semble qu'ils ne devraient obéir qu'à lui. C'est pourtant au maire en personne qu'ils font acte de subordination. La cérémonie consiste en ce que chacun d'eux se présente personnellement au maire, prononce peut-être une formule que le chroniqueur ne dit pas, mais en tout cas s'incline devant lui assez bas pour que le maire pose le bras sur son cou[2]. C'est le signe de la soumission à laquelle l'homme s'oblige sans réserve. En prin-

---

[1] [Cf. *Les Origines du système féodal*, p. 309 et suiv.]

[2] *Historia epitomata*, 59 : *Chrodinus perrexit ad ejus mansionem* (à la maison du maire du Palais) *ad menisterium, bracile Gogone in collum tenens, quod reliqui secuntur exemplum.* — Aimoin, III, 4, apparemment d'après la Chronique précédente ou une source commune, s'exprime ainsi : *Chrodinus ad domum Gogonis cum quibusdam palatii primatibus properat, et brachium ejus collo superponens suo, signum futuræ dominationis dedit; hujus exemplum ceteri proceres seculi.* — Sur le *brachium ponere in collo*, comparer une formule (Bignonianæ,

cipe, il ne devrait être lié qu'au roi. En fait, c'est au maire qu'il se subordonne et qu'il se lie.

Cela est confirmé par une formule du vii⁰ siècle. Nous savons que, lorsqu'un homme avait sollicité la mainbour du roi, et l'avait obtenue, le roi lui faisait remettre une lettre ou diplôme. Or le roi s'exprimait ainsi : « Nous avons reçu tel homme sous la force de notre protection, de telle sorte qu'il soit désormais sous la mainbour et défense de notre maire du Palais[1]. » Ainsi la mainbour du roi entraînait celle du maire; l'une des deux était nominale, l'autre effective. La lettre royale ajoutait que les procès du protégé seraient jugés par le maire[2]. Ainsi, dès qu'un homme, faible ou puissant, ecclésiastique ou laïque, était entré en mainbour du roi, c'était le maire qui devenait en réalité son protecteur, son juge, son chef, et pour ainsi dire son seigneur. Le maire était en quelque sorte le point de soudure par lequel la chaîne des fidèles tenait à la royauté.

N'oublions pas que, dans ces trois siècles, deux systèmes d'institutions ont coexisté : d'une part les institutions d'autorité publique, de l'autre les institutions de fidélité personnelle ou vassalité. Or il se trouva que le maire du Palais était le centre auquel les deux systèmes

---

27; Zeumer, p. 237) : *Brachium (vestrum) in collum (meum) posui.* — Il est possible que le *bracile* de l'*Historia epitomata* ne soit pas mis pour *brachium* et qu'Aimoin ait mal compris le mot. On trouve plusieurs fois le mot *bracile* ou *brachile* avec le sens de ceinture. En ce cas la cérémonie aurait consisté en ce que le maire posât son *cingulum*, insigne du commandement, sur le cou de chaque « commendé ». La forme est différente, le fond est le même.

[1] Marculfe, I, 24; Rozière, n° 9 : *Sub sermonem tuicionis nostre visi fuimus recipisse, ut sub mundeburde vel defensione inlustris vero [viri] illius, majores domi nostri, dibeat resedere.*

[2] Ibidem : *Et sub ipso viro illo inlustri viro causas ipsius....*

à la fois venaient aboutir. D'une part, si le roi se comportait comme chef d'État et, par exemple, s'il nommait des fonctionnaires publics, c'était par l'intermédiaire de son maire qu'il agissait. Se comportait-il en chef de truste et en patron de fidèles, c'était encore par le maire qu'il exerçait cette nouvelle sorte d'autorité. De sorte que le maire était à la fois le chef de toute l'administration monarchique et le chef de toute la vassalité féodale.

De là un fait dont on est frappé en observant l'histoire de ces maires du Palais. Chacun d'eux, qu'il s'appelle Pépin ou Flaochat, Ébroïn ou Léodger, a derrière lui une longue suite de clients attachés à sa personne. On reconnaît bien que beaucoup d'hommes, et des plus grands, avaient lié leur fortune à celle du maire. Le renversement d'un maire entraînait assez souvent ou pouvait entraîner la révocation des ducs, comtes, *domestici*, qu'il avait nommés ; et tous ceux qui tenaient de lui des terres fiscales étaient menacés de les perdre. Tous ces hommes étaient les fidèles du maire au moins autant que du roi.

Le premier Pépin exerça ce grand pouvoir en Austrasie durant un quart de siècle (615-639). Il l'exerça toujours au nom d'un roi ; mais il l'exerça seul et pour ainsi dire sans roi. Observons les dates. De 615 à 622 le roi était Clotaire II, qui résida presque toujours en Neustrie. De 622 à 628 le roi était Dagobert, mais Dagobert enfant, dont Pépin était encore plus le tuteur que le ministre[1]. De 628 à 632 Dagobert résida

---

[1] *Vita Pippini* (Bouquet, II, p. 603) : *Cum Chlotarius proposuisset filium suum Dagobertum (in Austrasia) regem ordinare, sed in infirmis annis, immaturis sensibus parum fideret, hunc virum (Pippinum) credidit quem tenerœ œtatis rectorem statueret.* — *Erchemberti fragmentum*

toujours en Neustrie[1]. Enfin, de 632 à 639 le roi fut un enfant, Sigebert II[2]. Pépin fut donc presque toujours le véritable maître. Sans nul doute les actes administratifs et judiciaires furent rédigés au nom de chacun de ces rois; mais ce fut Pépin qui gouverna.

Eut-il une politique personnelle, les chroniqueurs ne le disent pas. Le seul trait qu'ils nous donnent de lui est celui-ci : « Il gouverna les leudes d'Austrasie avec prudence, avec douceur, avec bonté, et se les attacha par les liens de l'amitié[3]. »

Ce Pépin n'était pas un révolutionnaire. On ne voit pas qu'il ait apporté aucun changement dans la manière de gouverner. Il n'innova pas. Ce ne fut pas lui qui créa la mairie. Il prit l'institution qui existait. Si elle grandit dans sa main, ce fut tout naturellement et non par l'effet d'une lutte. Il fut puissant, non contre le régime mérovingien, mais par ce régime lui-même.

La mairie n'était pas plus héréditaire qu'aucune autre des fonctions du Palais. Mais le fils de Pépin, Grimoald, était l'homme le plus riche, le chef de la clientèle la plus nombreuse. En vain essaya-t-on de créer un autre maire; au bout de peu de temps, il fut naturel et presque

---

(Bouquet, II, p. 690): *Chlotarius Pippinum in Austris cum filio suo Dagoberto misit, ipsum ei in majorem domus ac pædagogum constituens.*

[1] *Diplomata,* Pardessus, n° 247, *Compendio;* n° 252, *Parisius;* n° 255, *Clipiaco.* Le n° 250 est manifestement faux. — La Chronique de Frédégaire signale un voyage en Austrasie en 629, puis elle ajoute [c. 60] : *Revertens in Neptreco, sedem patris sui Chlotaris diligens, adsiduæ residire disponens.*

[2] Frédégaire, *Chronicon,* 75. Ce Sigebert était né en 630.

[3] Idem, 85 : *Pippinus cum Chuniberto (episcopo)... omnes leudis Austrasiorum prudenter, cum dulcedene adtragentes, eos benigne gobernantes, eorum amiciciam constringent.*

nécessaire de l'élever à la mairie[1]. La raison de cela était « qu'il était aimé de beaucoup[2] ». Apparemment il fut porté à la mairie par cette chaîne de fidèles qui s'était formée autour de son père et qui s'était liée à la fortune de cette famille. Il gouverna et fut le maître pendant seize années[3].

A la mort de Sigebert, Grimoald essaya de faire roi son propre fils; il tenta, cent années avant Pépin le Bref, d'écarter les Mérovingiens. Il n'y réussit pas. Les

[1] Il n'est pas vrai, comme on le dit, que Grimoald ait succédé directement à Pépin. Les textes sont un peu obscurs, mais il en ressort de deux choses l'une, ou que la mairie resta vacante pendant quelque temps et fut disputée, ou qu'elle fut occupée d'abord par un certain Otto. Voici les textes. — Frédégaire, 86 : *Otto, filius Uronis domestici, qui baiolos Sigyberto ab adoliscenciam fuerat, contra Grimoaldo superbe tomens... Grimoaldus ceperat cogitare quo ordine Otto de palatio ægiceretur et gradum patris Grimoaldus adsumeret*; 88 : *Otto qui adversus Grimoaldo tomebat, faccionem Grimoaldo a Leuthario interficetur; gradus honoris majorem domi in palacio Sigyberto in mano Grimoaldo confirmatus est.*
— Il semble bien d'après ces passages que, si Grimoald prétendit être maire aussitôt après la mort de Pépin, il ne le fut réellement qu'après la mort d'Otto. Toutefois les *Gesta regum Francorum* ne parlent pas d'Otto; c. 43 : *Sighibertus rex, Pippino defuncto, Grimoaldo filio ejus in majorem domato instituit.* — D'après la *Vita Pippini*, Grimoald aurait été nommé maire tout de suite, mais il aurait senti le besoin de se débarrasser d'Otto et de le faire mourir. — Sigebert de Gembloux ajoute, chose fort vraisemblable, qu'Otto avait un parti dans le Palais, *traductis ad se procerum aliquibus*. — D'après les Annales de Moissac, Otto aurait été réellement nommé maire, et ce ne serait qu'après sa mort que Grimoald lui aurait succédé; le langage du chroniqueur est très net : *Eo anno Pippinus moritur; Otto, qui bajulus Sigeberti fuerat, in ejus loco substituitur; Otto a Leuthario interficitur; gradum honoris majoris domus in manum Grimoaldi confirmatum est.*

[2] Frédégaire, Chronicon, 85 : *Grimoaldus ad instar patris diligeretur a plurimis.* Il faut rapprocher ces mots de ce qui a été dit plus haut : *Eorum amicitiam constringit*, et songer au sens particulier qu'avait le mot *amicitia* à cette époque [*Origines du Système féodal*, p. 248, 284].

[3] Nous avons quelques actes de la mairie de Grimoald : une lettre par laquelle il défend à l'évêque de Cahors de réunir un synode sans autorisation royale (Pardessus, n° 308, t. II, p. 83); des actes de donation royale (n° 309, n° 513). L'évêque Didier de Cahors lui écrit comme à un supérieur (Bouquet, IV, p. 57).

mêmes hommes qui voulaient bien lui obéir comme maire et n'obéir qu'à lui, tenaient à conserver la vieille famille royale. Le respect s'attachait à elle. L'insuccès de Grimoald montra que la mairie du Palais ne pouvait être toute-puissante qu'à la condition de laisser planer au-dessus d'elle la royauté mérovingienne[1].

CHAPITRE IV

Le gouvernement de Pépin II en Austrasie. — Que Pépin s'appuie surtout sur la vassalité.

1° [LA NATURE DU POUVOIR DE PÉPIN.]

Grimoald mort et la mairie perdue, les destinées de la famille carolingienne ne furent pourtant pas brisées. Il restait Anségise, le fils d'Arnulf et le gendre de Pépin. Il continua d'exercer de grandes fonctions dans le Palais d'Austrasie jusqu'au jour où il fut assassiné[2].

Après lui vient son fils, Pépin, que l'on appelle vulgairement Pépin d'Héristal[3], bien que ce nom ne lui soit donné par aucun écrivain ancien[4]. Ce second

---

[1] Je ne puis pourtant me défendre de quelque doute sur cette histoire de Grimoald. Elle ne nous est ainsi tracée que par les *Gesta Francorum*, œuvre d'un Neustrien, par la Chronique de Moissac, et par un fragment incertain (Bouquet, II, p. 692). L'auteur de la *Vita S. Remacli*, qui est à la vérité du x° siècle, dit que Grimoald fut attiré en Neustrie par Clovis II, *sub prætextu munerum accipiendorum*, et retenu en prison. Ce ne seraient donc pas les Austrasiens qui l'auraient renversé (Bouquet, III, p. 547).

[2] Suivant quelques auteurs, Anségise aurait même été maire du Palais [cf. plus haut, p. 155, n. 8].

[3] La *Vita Pippini*, Bouquet, II, p. 608, lui donne seulement le titre de duc. — Les Annales de Metz l'appellent *nobilissimus princeps*.

[4] Les *Gesta* l'appellent *Pippinus junior* (c. 46).

Pépin, fils d'Anségise et de Begga, est à la fois le petit-fils d'Arnulf et du premier Pépin. Il réunit deux puissantes familles en sa personne.

Nous savons mal ses débuts. La plupart des chroniqueurs se contentent de dire qu'en l'année 679 ou 680 « il était le maître en Austrasie[1] ». Nous voudrions savoir comment et à quel titre il y était devenu le maître. Un seul annaliste le dit et raconte ses débuts avec des détails caractéristiques[2]. Suivant lui, « le commence-

---

[1] *Gesta*, 40 : *Eo tempore, decedente Vulfoaldo,... Pippinus filius Anseghiseli [Ansegisi] dominabatur in Austria.* — Continuateur de Frédégaire, 97 [5] : *In Auster, mortuo Vulfoaldo duce,... Pippinus filius Anseghysili dominabatur.* — Paulus Warnefridi, *Historia Langobardorum*, VI, 37 : *Apud regnum Francorum tunc temporis Pipinus obtinebat principatum.* — *Annales Francorum* (Bouquet, II, p. 645) : *Pippinus dux Francorum, filius Anxhisi, post mortem Walfaldi ducis partem Austriæ regebat.* — *Chronicon Moissiacense*, a. 679 : *Eo tempore, decedente Wulfardo, Pippinus et Martinus, decedentibus regibus, dominabantur in Auster.* — Ce Martin, d'après une Généalogie, Pertz, II, p. 309, était un fils de Clodulf.

[2] C'est l'auteur des *Annales Mettenses S. Arnulfi*; mais, comme il est visible que cet auteur n'a écrit qu'au xe siècle, on se demande comment il a connu ces événements qu'il raconte et qu'il est seul à raconter. — Si l'on observe d'un peu près ces Annales, on constate que celui qui les a écrites n'était qu'un compilateur. Il commence par copier mot à mot la Chronique dite de Frédégaire; il copie ensuite le Continuateur, puis les Annales de Lorsch, puis la *Vita Caroli* d'Éginhard, puis Thégan et même Réginon. Il copie toujours quelqu'un, en sorte que ce que nous trouvons chez lui se retrouve mot pour mot dans d'autres récits. Il n'y a que deux ou trois de ses pages que nous ne retrouvions nulle part : ce sont celles qui concernent les commencements de Pépin II. Dirons-nous qu'il les ait inventées? Cela est peu vraisemblable de la part d'un homme qui n'est partout ailleurs qu'un compilateur. Il s'y trouve d'ailleurs des détails qu'un esprit de cette sorte ne pouvait pas imaginer. Ce qui est beaucoup plus probable, c'est que, ces trois pages elles-mêmes, il les a prises dans quelque Chronique, mais dans une Chronique aujourd'hui perdue. — Pertz et les érudits allemands négligent volontiers ces Annales de Metz; je ne pense pas que cela soit d'une bonne méthode. Adrien Valois était plus dans le vrai lorsqu'il disait qu'on devait en tenir un grand compte. Les erreurs nombreuses et l'inintelligence de l'annaliste ne sont pas une raison pour rejeter les faits et les détails qu'il donne. J'ajoute que le document qu'il avait sous les yeux paraît avoir été un panégyrique enthousiaste de Pépin.

ment de la grande fortune de Pépin fut qu'il vengea le meurtre de son père Anségise en tuant de sa main le meurtrier¹ ». Puis l'annaliste ajoute ce trait : « Pépin tua le meurtrier avec ses suivants et, s'emparant de ses biens, il les distribua à ses propres fidèles². » Nous reconnaissons ici qu'il y a eu combat, non pas entre deux hommes seulement, non pas même entre deux familles dont l'une poursuivrait la vengeance contre l'autre, mais entre deux seigneurs qui sont des chefs de fidèles et qui ont chacun derrière soi une troupe de vassaux armés. C'était l'usage du temps. Le groupement par la *commendatio* ou la mainbour était en pleine vigueur. Les Chroniques racontent même des combats, analogues à celui-ci, entre seigneurs dont chacun conduit ses « fidèles » armés après soi³.

La suite et le fruit de la victoire sont nettement indiqués par l'annaliste. D'abord, Pépin vainqueur s'empare des biens de Godwin vaincu. Par ces biens, nous ne devons pas entendre seulement les armes ou l'or que le vaincu pouvait porter sur soi; il est clair qu'il s'agit ici de tout autre chose : ces biens sont les terres que Godwin possédait ; ce sont aussi, si nous ne nous trompons, les fonctions et dignités dont il était revêtu. Tout cela passe du vaincu au vainqueur. En second lieu, Pépin « distribue ces biens à ses propres fidèles »; c'est que, dans le système de la « fidélité », tout service doit

---

¹ *Annales S. Arnulfi Mettenses*, Pertz, I, p. 316; Bouquet, II, p. 670 : *Principium insignis victoriæ fuit quod adhuc in pueritiæ flore positus indebitam gloriosi genitoris sui necem ultus est, auctorem infandi facinoris subita inruptione interimens... interempto crudelissimo tyranno, nomine Gundowino.*
² *Ibidem : Interempto Gundowino cum satellitibus suis, opibusque ipsius suis fidelibus distributis.*
³ Voir deux exemples semblables dans la Chronique de Frédégaire, 55 et 95 [cf. *La Monarchie franque*, p. 635].

avoir son prix. Pépin donne tout ; il leur donne les fonctions et les emplois dont il se trouve le maître ; il leur partage aussi les terres, apparemment sous forme de bénéfices et à condition que leur fidélité se continuera.

L'annaliste ajoute : « Alors la renommée de Pépin se répandit. » Sans doute on vanta également sa bravoure et sa générosité : double mérite pour attirer de nouveaux fidèles. « Bientôt les ducs et les grands, que son glorieux père avait eus dans sa mainbour et qu'il avait élevés aux grandes fonctions, coururent joyeux vers son fils Pépin ; ils se donnèrent à lui, lui donnant du même coup les hommes qui étaient sous chacun d'eux[1]. »

Remarquons bien le point caractéristique de ce récit. C'est que Pépin, à la différence de tous les grands dont nous connaissons l'histoire pendant l'époque mérovingienne, ne débute pas par les fonctions du Palais. Il n'est pas d'abord un fonctionnaire royal et ce n'est pas comme fonctionnaire qu'il se fait obéir ensuite des hommes. Il suit la route inverse. Il est d'abord un chef de fidèles, et ce n'est qu'après cela qu'il entre dans le Palais. Son élévation a donc un caractère de personna-

---

[1] *Annales Mettenses S. Arnulfi : Pippini virtus longe lateque vulgabatur. Interea duces et optimates Francorum, quos gloriosus genitor ejus nutriverat* (nous avons vu plus haut [dans le volume précédent] que *nutrire, nutritor, nutritus* sont des mots de la langue de la vassalité et ne désignent autre chose que la mainbour) *magnisque olim honoribus exaltaverat* (honores, les fonctions et emplois; Anségise, étant l'un des grands du Palais, en avait pu distribuer beaucoup à ses fidèles), *immenso repleti gaudio* (à la nouvelle de la mort de Godwin et de la victoire de Pépin), *ad Pippinum properant, seque cum omnibus quos gubernabant suæ ditioni mancipant.* Notons l'énergie de ces derniers mots, « ils se livrent à la discrétion de Pépin » ; ces mots marquent autre chose qu'une obéissance à un magistrat ou à une autorité politique ; ils impliquent la sujétion personnelle, la sujétion de tout l'être, la vassalité; ils se font les hommes de Pépin.

lité et d'indépendance qui ne se rencontre chez aucun des grands avant lui.

Fut-il maire tout de suite? nous l'ignorons[1]. Est-ce un roi qui le nomma maire? nous ne saurions le dire. Tous les documents sont muets sur ce point et ce silence même a sa signification. Pépin vraisemblablement se fit maire lui-même. Personne ne put lui disputer ce titre, parce qu'il était l'homme le plus riche et le plus fort de l'Austrasie, et surtout parce que la plupart des grands « s'étaient donnés à lui » et avaient attaché leur fortune à la sienne. Il fut maire tout naturellement, parce que ses « fidèles » voulurent qu'il le fût et avaient intérêt à ce qu'il le fût.

La nature de son autorité est bien caractérisée par l'annaliste. « Tous les grands du pays des Francs affluaient à sa cour; il devint le défenseur de ces grands contre tous adversaires possibles, et fut en même temps un juge très équitable de leur conduite[2]. » Nous devons remarquer que ces termes sont précisément ceux qui appartenaient à la langue de la vassalité. La « défense » était la même chose que la mainbour. Le seigneur avait pour obligation de défendre son protégé contre tous; Pépin est donc « le défenseur des grands », « contre tous émules », c'est-à-dire contre quiconque leur dispu-

---

[1] Tous les documents lui donnent d'abord le titre de *dux* ou de *princeps*. Il paraît en outre qu'il partagea d'abord le pouvoir avec Martinus; *Gesta*, 46 : *Martinus et Pippinus dominabantur*; Continuateur de Frédégaire, 97 : *Martinus dux et Pippinus dominabantur*. — Nulle indication d'ailleurs sur la nature de ce partage du pouvoir ou de cette association. Ce Martinus passait pour être le fils de Clodulf, donc cousin de Pépin; cela ressort d'un diplôme, d'ailleurs faux, n° 321. Il mourut en 680 et Pépin resta seul (cf. plus loin, p. 178).

[2] *Annales Mettenses S. Arnulfi* : *Confluebant ad aulam ipsius universi optimates Francorum, et factus est illis contra omnes æmulos defensor, et justissimus in corrigendis moribus dominator.*

terait les terres, les emplois, les dignités qui leur ont été distribués. Mais la « défense » implique l'autorité; Pépin est donc leur chef, leur juge; il est un juge, non seulement de leurs procès ou de leurs délits, mais « de toute leur conduite et de leurs mœurs ». C'est l'autorité personnelle et sans réserve du seigneur qui protège sur le vassal protégé.

Autrefois le maire du Palais avait été au nom du roi le chef de la truste royale. Maintenant il est le chef d'une truste personnelle. La vassalité s'est transportée du roi au maire.

Notons que les chroniqueurs donnent très rarement la qualification de maire à Pépin II et à ses successeurs. Ils leur donnent plus volontiers celle de « duc des Francs » ou de « prince des Francs ». C'est que la qualité de maire, c'est-à-dire le premier agent royal, n'est plus celle que les hommes remarquent le plus en eux. Ils apparaissent plutôt à leurs contemporains comme des chefs de vassaux, et c'est probablement à cette conception nouvelle de l'esprit que correspond le titre de duc des Francs. Ils sont des maîtres absolus, moins par l'autorité que leur donne leur titre de maire, que par la fidélité qui lie tous les grands à leur personne.

2° [LA ROYAUTÉ MÉROVINGIENNE EN AUSTRASIE.]

Que devient alors la royauté? Les historiens modernes ont dit qu'elle avait été supprimée en Austrasie[1], et ne s'était conservée qu'en Neustrie. Cela n'est pas tout à fait exact. Les rois mérovingiens, Thierry III, Clovis III, Childebert III, ne sont pas « rois de Neustrie »; ils sont

[1] Henri Martin, II, p. 160.

« rois des Francs »; ils règnent sur tout l'État franc et même sur l'Austrasie. Il n'est pas douteux que Pépin ne les ait reconnus comme rois en Austrasie comme en Neustrie. Cela résulte avec une pleine évidence des diplômes et des chartes.

En 680, une charte signée dans le monastère de Saint-Gall mentionne que l'on vit sous le roi Thierry III[1]. En 681, Thierry III fait un diplôme par lequel il accorde une exemption de tonlieu à l'abbaye de Saint-Denis « dans ses trois royaumes de Neustrie, de Burgondie et d'Austrasie[2] ». En 698, une femme nommée Irmina, dans une charte faite à Trèves, déclare qu'elle écrit « la quatrième année de notre seigneur le roi Childebert[3] ». Un évêque de Trèves en 706, un évêque de Metz en 708, un propriétaire du pays de Verdun en 709, tout cela en pleine Austrasie, parlent de « leur seigneur le roi Childebert[4] ». Des actes rédigés à Avenheim en Brisgau, à Schlestadt, à Strasbourg, à Ebersheim, de 723 à 728, portent mention du règne de « notre seigneur » le roi Thierry IV[5]. Ainsi les noms des rois mérovingiens figurent dans les chartes austrasiennes.

[1] *Diplomata*, Pardessus, n° 390 : *Actum in monasterio Sancti Gallonis... sub Theoderico rege.*
[2] Archives nationales, K, 2, n° 14 ; Tardif, n° 23 ; Pardessus, n° 397 : *Tam in Niustreco quam in Austrea... per rigna Deo propicio nostro, tam ir Niustreco quam in Austrea vel in Burgundia.*
[3] Pardessus, n° 448 : *Actum Treveris sub die kalend. novembris, anno quarto domini nostri Childeberti regis.* — On sait que les mots *domini nostri* indiquent toujours un roi existant actuellement et reconnu roi par celui qui écrit.
[4] Idem, n°° 461, 475, 471 : *Actum Noro Exsarto villa Sancti Stephani, anno quarto decimo regni domini nostri Childeberti regis.* — On peut citer encore une charte écrite dans le monastère de Suestra, in *pago Mosariorum*, « la première année de Dagobert III » (n° 481). — Nous ne parlons pas, bien entendu, des chartes faites en Neustrie.
[5] Idem, n°° 513, 529, 536, 543 : *Actum Stratburgo civitate..., anno octavo regnum domini nostri Theoderico rege.* — Abbon, dans son

Pépin lui-même, lorsqu'il fait une charte, écrit le nom de « son seigneur le roi » Thierry ou Childebert[1]. Son fils Charles Martel fait de même, et il écrit : « Régnant le glorieux seigneur Thierry IV[2]. » Il en est ainsi dans les actes de jugement ; Charles Martel prononce un arrêt lui-même, mais il ajoute : « Régnant le roi Thierry » ; et l'acte est fait en Austrasie[2]. Les sentences judiciaires de Carloman en Austrasie, jusqu'en 747, portent le nom du roi Childéric[3]. Ce qui est plus significatif encore, c'est que nous voyons les rois faire quelques diplômes en faveur d'Austrasiens et au sujet de terres situées en Austrasie. En 681, Thierry III confirme une donation en faveur du monastère de Stavelot[4]. En 724, Thierry IV, à Metz, donne un diplôme d'immunité au monastère de Marmunster en Alsace et déclare le

---

testament, qui est de 739, ne date pas par le nom du roi, mais par les années du maire Charles (Pardessus, n° 559) ; de même dans deux autres actes (n°˙ 562 et 563) ; mais cela tient à ce qu'il y a un interrègne d'environ quatre ans entre Thierry IV et Childéric III. La série des diplômes portant le nom des rois, même en Austrasie, reprend (non sans quelques exceptions) en 744, n°˙ 578, 580, 588, 589, 591, 592, 595, 597, c'est-à-dire jusqu'à l'année 748.

[1] Acte de 691, Pardessus, n° 414 : *Ego Pippinus dux et uxor mea dedimus... Actum villa Nielsio* (en Austrasie, dans le pagus *Mettensis*) *sub die decimo kal. martii, anno duodecimo regni domini nostri Theodorici regis.* — Acte de 702, Pardessus, n° 454 : *Anno septimo regni domno nostro Childeberto regis.* — Acte de 714, n° 490 : *Actum Bagoloso villa* (en Austrasie) *anno quarto regni domini nostri Dagoberti regis.*

[2] Acte de 722, n° 521 : *Ego Carolus major domus.... Actum Herestallio, villa publica, ipso die kalend. januarii, anno secundo regnante glorioso domino Theodorico rege.* — De même dans un acte de 726, n° 537 : *Actum Talpiaco castro publico, anno sexto regnante glorioso rege Francorum Theodorico.*

[3] Acte de jugement de 719, n° 509 : *Cum resedisset inluster vir Carolus... Glamanrilla... regnante Chilperico rege.*

[4] Pardessus, n° 591.

[5] Idem, n° 599. — On a de même un diplôme de 706 fait à Mayence ; mais il n'a aucune authenticité (n° 465).

prendre « sous sa défense[1] ». Le même roi, résidant à Gondreville, en Austrasie, fait un diplôme en faveur du monastère de Morbach[2].

Tout cela ne prouve pas que ces rois aient gouverné l'Austrasie; mais cela oblige à penser qu'ils y ont été reconnus comme rois. Ils ne résidaient certainement pas dans le pays. Ils y venaient rarement. Si l'on trouve deux diplômes signés à Metz et à Gondreville, on en a quarante qui sont signés à Compiègne, à Paris, à Saint-Cloud, à Soissons, à Quiersy, à Valenciennes, par conséquent en Neustrie. Quant à la présence de leur nom dans les chartes austrasiennes, elle ne sert qu'à dater ces chartes. L'usage n'était pas encore de compter les années par l'ère chrétienne; on les comptait, suivant l'usage romain, par le règne de chaque roi[3]. Le roi était à tout le moins un éponyme pour ceux qui rédigeaient les chartes. Cela n'était pas sans importance. Les chartes représentent les intérêts des hommes; or la loi voulait qu'elles fussent datées. Si l'on supprimait le roi, comment daterait-on? et n'était-il pas à craindre que sans le nom d'un roi la charte ne fût nulle? Il faut songer à ces habitudes pour comprendre que nul ne pensait à faire disparaître la royauté, même en Austrasie.

Il est visible d'ailleurs que ces rois n'exerçaient aucun pouvoir. Tous les chroniqueurs le disent. Les faits

---

[1] Pardessus, n° 551. L'authenticité de ce diplôme est douteuse. Il a dû être refait après l'incendie de 828, et refait de mémoire.

[2] Idem, n° 542. — On a aussi un diplôme de Childéric III [n° 575] en faveur de Stavelot; mais il est fort contesté.

[3] Quelquefois les moines, dans leurs Chroniques, datent par les années des empereurs de Constantinople. *Pippinus moritur anno secundo Anastasii imperatoris* (*Annales Laurissenses minores*; Pertz, I, p. 114); *Vita altera S. Arnulfi: Natus est imperatoris Mauritii temporibus* (Bollandistes, juillet, IV, p. 441). — Mais dans les actes on datait toujours par le nom des rois; c'est la suite de l'ancienne règle *die et consule*.

le montrent. On voit dans les diplômes que les fonctions judiciaires des rois sont exercées désormais par le maire, qui rend les arrêts en son nom propre[1]. C'est lui qui nomme les administrateurs des provinces ; il distribue les duchés et les comtés. Nul doute qu'il ne distribue aussi à son gré les terres fiscales. C'est le maire qui commande l'armée, qui la conduit où il veut, qui fait la guerre ou la paix. C'est lui qui soumet les Bavarois, les Frisons, les Saxons.

Pépin eut donc autant de pouvoir que s'il n'y eût pas eu de rois. Son autorité fut incontestée en Austrasie. On ne voit ni un moment d'anarchie, ni une révolte, ni un refus d'obéissance. Où il veut conduire les guerriers, les guerriers le suivent. La docilité est plus absolue et plus constante qu'à aucune époque de l'âge mérovingien. C'est que le même homme, à la fois maire du Palais et duc des Francs, réunit en lui tous les genres d'autorité. Il ne représente pas seulement le pouvoir monarchique, il est un chef de truste auquel tous les grands sont liés personnellement et étroitement. Et, comme les petits à leur tour sont liés à chacun des grands par le même genre d'attache, la population entière est une vaste association de « fidèles » groupée autour d'un seul homme. Qu'avec cela cet homme dispose de tout l'ancien pouvoir monarchique, d'un réseau de fonctions et d'emplois, d'un nombre incalculable de terres fiscales, et l'on comprendra que la population entière fût dans sa main.

[1] Pardessus, n⁰ˢ 509 et 591.

CHAPITRE V

[Le gouvernement des Carolingiens comme maires du Palais. — La vassalité prédomine sur toute la Gaule.]

1° [LA VICTOIRE DE L'AUSTRASIE SUR LA NEUSTRIE.]

Aussitôt que la société austrasienne se fut ainsi constituée, elle entra en lutte avec la Neustrie[1].

Ce n'est pas qu'il soit bien certain qu'une antipathie naturelle séparât les deux populations. Mais la société neustrienne ne s'était pas constituée tout à fait de la même façon. Il est bien vrai que l'institution de la fidélité et du patronage y était pratiquée, et aussi bien par les hommes de race romaine que par les hommes de race franque; mais il ne s'était pas élevé de famille assez puissante pour grouper toute la « fidélité » dans ses mains. Les maires de Neustrie ne s'étaient pas succédé de père en fils. Aucun d'eux n'avait eu une grande fortune territoriale. Ce que nous savons d'Æga, d'Erchinoald, d'Ébroin[2], de Waraton, de Berthaire, nous les montre sous un tout autre jour que les descendants d'Arnulf et de Pépin. Ces hommes n'eurent jamais une force personnelle assez grande pour serrer autour d'eux les grands et les peuples. Ils ne purent être que

---

[1] [Pour les événements contemporains en Neustrie, voir plus haut, p. 94 et suiv.]

[2] Le chroniqueur représente Æga comme *opes habundans sed avariciæ deditus* (Frédégaire, 80). — Erchinoald était *rebus mensurate dilatus* (Frédégaire, 84; *Gesta Dagoberti*, 48). — Quant à Ébroin, il était, suivant un auteur, *ex infimo genere ortus* (*Acta Ragneberti*, c. 2; Bouquet, III, p. 619), et par suite *in ambitione pecuniæ deditus*. De là l'incurable faiblesse d'Ébroin, malgré ses talents [cf. plus haut, p. 96].

les ministres de la royauté et les premiers fonctionnaires du pays. Loin de s'unir aux maires d'Austrasie ou de faire comme eux, ils luttèrent en faveur de la royauté.

Les armes furent d'abord contraires aux Austrasiens. Ils furent vaincus, une première fois à Lucofaus (680)[1], une seconde fois près de Namur (683)[2]. Mais il se trouva que beaucoup de Neustriens souhaitaient la victoire de l'Austrasie.

Ne supposons pas d'ailleurs que ces hommes s'inspirent d'une doctrine politique ou d'une idée pure ; ce sont des intérêts et même des convoitises qui font mouvoir chacun d'eux. Suivons attentivement les paroles des chroniqueurs. « En ce temps-là, dit l'un d'eux, beaucoup de grands de Neustrie, traités cruellement par Ébroin, passèrent de Neustrie en Austrasie et se réfugièrent auprès de Pépin[3]. » Nous ne douterons pas que ces « grands » ne fussent des comtes destitués, des bénéficiaires dépossédés. Mécontents du

---

[1] Continuateur de Frédégaire, 97 [3] : *Commissis invicem principibus, Ebroino, Martino adque Pippino... commoto exercita, ad locum cui vocabulum est Lucofao (Gesta : Lucofao ou Lucofaco) prœlium iniunt... Devicti cum sociis Martinus atque Pippinus in fugam lapsi sunt.* — La localité de Locofaus ou Lugofagus est difficile à déterminer ; mais la suite du récit marque bien qu'elle était dans le voisinage de Laon. — C'est en sortant de Laon que Martinus fut égorgé. Ébroin l'en avait fait sortir en lui jurant qu'il aurait la vie sauve ; mais « comme il avait juré sur une châsse vide de reliques », ce serment n'avait aucune valeur, et personne ne lui reprocha d'avoir égorgé Martinus (Continuateur de Frédégaire, 97 ; Gesta, 47).

[2] Idem, 98 [4] : *Fuerunt inter Pippino et Ghislemaro* (le nouveau maire de Neustrie) *bella civilia plurima ; ad castro Namuco Gislemarus contra hostem Pippini* (hostis signifie armée) *consurgens, plurimos eorum nobilis viris occidit.*

[3] Annales Mettenses : *Ea tempestate* (681) *plurimi nobilium Francorum* (de Neustrie, visiblement) *ob sævitiam tyranni Ebroini, Neustriam relinquentes, in Austrasiam ad Pippinum confugiunt.*

maire et du roi, ils allaient chercher fortune ailleurs. L'année d'après, Ébroin fut assassiné par un haut fonctionnaire, le noble Ermenfrid, qui, ne pouvant rendre ses comptes, avait vu ses biens confisqués et était menacé d'être mis en jugement au tribunal royal¹. Le meurtrier s'enfuit en Austrasie et alla se placer sous l'autorité de Pépin². Il fut bien accueilli, traité avec honneur et se joignit, à la suite de Pépin, aux autres émigrés neustriens³. Cette émigration de Neustriens se renouvela les années suivantes : « Plusieurs grands de Neustrie, ne se trouvant pas assez en faveur auprès du nouveau maire Berthaire, tels que Audéramn, Réolus, et beaucoup d'autres, laissèrent là Berthaire et allèrent se joindre à Pépin; ils contractèrent avec lui le lien de l'amitié⁴ », c'est-à-dire de la fidélité. Ce n'étaient pas seulement des laïques qui affluaient de la Neustrie vers Pépin, il en venait aussi des prêtres, des abbés, des évêques; c'étaient ceux que le maire neustrien avait dépossédés de leurs sièges ou privés de leurs terres⁵. Pépin les accueillait tous. Le système de

¹ *Vita Leodegarii ab Anonymo*, c. 17 : *Cuidam optimati qui tunc fiscalem functionem ministravit eo usque intulit spolium donec præne auferret omne ejus prædium; minabatur etiam mortis periculum. Vir ille gladio eum percussit in capite.* — Continuateur de Frédégaire, 98 : *Ebroinus Ermfredo Franco minas parat, rebus propriis tollere disponit.* — *Gesta*, 47. — *Annales Mettenses*, année 681.

² Continuateur de Frédégaire, 98 : *Ad Pippinum ducem in Auster cum muneribus suis pervenit.* — *Gesta*, 47 : *Ermenfredus ad Pippinum in Auster fugiens evasit.*

³ *Annales Mettenses* : *A Pippino solita pietate suscipitur et ceteris profugis cum honore sociatur.*

⁴ Continuateur de Frédégaire, 99 [5] : *Hæc indignantes (quod Bertharius eorum amicitiam atque consilia sæpe contemneret) Franci Audoramnus, Reolus, et alii multi, relinquentes Bertharium [alias Bercharium], ad Pippinum per obsides conjugant, amicitias copulant....*

⁵ Ce détail ressort de ce que disent les Annales de Metz au chapitre suivant, quand elles mettent ces mots dans la bouche de Pépin : *Excitor*

la fidélité ne distinguait ni les races ni les territoires. Ainsi la grande association de fidèles dont il était le chef comprenait un bon nombre de Neustriens.

Suivant les chroniqueurs, ce seraient précisément ces Neustriens qui l'auraient le plus fortement engagé à faire la guerre à la Neustrie. « Ils l'excitaient, dit l'un, contre le maire Berthaire et l'autre partie de l'État franc¹. » « Ces émigrés, écrit l'autre, qu'il avait accueillis en sa protection, ne cessaient de se plaindre à lui et de le supplier de redresser le tort qui leur avait été fait². » Il s'agissait donc pour Pépin de rendre à ses amis et fidèles de Neustrie les biens, les fonctions, les terres qui leur avaient été enlevés. Ajoutons que, vraisemblablement, bon nombre d'Austrasiens espéraient obtenir leur part des dignités ou des bénéfices de Neustrie. Pépin mena donc derrière lui une armée à la fois austrasienne et neustrienne. Il fut vainqueur à Testry (687)³.

La conséquence est bien indiquée par le chroni-

querelis sacerdotum et servorum Dei qui me sæpius adierunt pro sublatis injuste patrimoniis ecclesiarum.

¹ Continuateur de Frédégaire, ibidem : *Pippinum super Bercharium vel reliqua parte Francorum concitant.* — Cf. Chronique de Saint-Waast, édit. Dehaisnes, p. 588.

² *Annales Mettenses* (Bouquet, II, p. 678) : *Profugi quos Pippinus in sua misericordia susceperat, frequentibus cum querimoniis appelebant obsecrantes ut injurias suas ulciseretur.* — L'annaliste développe ensuite cette idée dans de longs discours. Pépin aurait envoyé une ambassade au roi Thierry, *suggerens ut profugis quos Ebroinus pro sua cupiditate proprio solo expulerat propriisque facultatibus spoliaverat, patrimoniis restitutis, ipsos reverti juberet.* Sur le refus du roi, Pépin aurait réuni ses grands en conseil : *Lacrimas profugorum et supplicationes, qui in fidem suam sese crediderant, manifestat;* il aurait prononcé un discours : *Nobilium Francorum ad nostram fidem confugientium lacrymæ et gemitus....*

³ Continuateur de Frédégaire, c. 100 [5]. — [On place maintenant la bataille à Testry dans la Somme. Chacune de ces dates peut être discutée; mais la succession des faits paraît certaine.]

queur. Pépin II, ayant fait tuer le maire Berthaire, « s'empara de la personne du roi, du trésor royal, et de la mairie du Palais[1] ». Ce n'est pas précisément une conquête d'un pays; c'est simplement la conquête de la mairie du Palais dans un pays; mais par la mairie Pépin disposait de toutes les fonctions, de tous les emplois, de toutes les terres fiscales, et même des évêchés et des abbayes. Par tout cela il put payer ses fidèles, et par ses fidèles il fut un maître absolu.

2° CE QU'IL FAUT PENSER DES ROIS FAINÉANTS.

La royauté fut conservée. Chaque roi mourant fut remplacé scrupuleusement par Pépin suivant les règles ordinaires de l'hérédité[2]. Il faut essayer de nous faire une idée juste de ces rois, qu'on a appelés fainéants. On a fait d'eux un portrait qui les représente ne sortant de leurs appartements que traînés par des bœufs, ne paraissant en public que pour montrer « leur chevelure et leur longue barbe », n'ayant plus à eux qu'une seule villa et à peine quelques serviteurs, réduits à

---

[1] Continuateur de Frédégaire : *Pippinus Theuderico rege accipiens cum thesauris et domum palatii.*

[2] Idem, 101 : *Chlodovecho filio ejus parvulo elegerunt in regnum.* — Gesta, 49 : *Chlodoveus puer regalem sedem suscepit.* — Notons que les documents ne mentionnent pas une seule assemblée populaire qui se soit réunie pour l'élection d'un roi; le mot *elegerunt* du Continuateur de Frédégaire ne signifie pas autre chose que « on prit pour roi »; or ce Clovis III était l'aîné des fils du roi défunt. Après lui on prit Childebert III qui était le fils cadet, puis Dagobert III, fils unique du dernier. On voit que l'élection, si élection il y a, consiste à suivre l'ordre naturel. Il n'est pas douteux d'ailleurs que chacun de ces rois n'ait été nommé roi avec le consentement et par la volonté de Pépin. Les Annales de Metz expriment cela fort justement : *Chlodoveus parvulus a Pippino ordinatur... Pippinus Childebertum regem constituit. Pippinus Dagobertum in regem ordinavit.*

mourir de faim si le maire ne leur assurait la nourriture. Mais l'historien doit noter que ce portrait n'a été fait d'eux qu'assez longtemps après leur disparition ; tous les documents qui le contiennent sont seulement du ix° siècle. Il y a d'ailleurs dans ce portrait des détails matériels qui en marquent l'invraisemblance : la « longue barbe » est visiblement de trop, puisque la plupart de ces rois étaient des enfants. Il n'est pas plus vrai qu'ils fussent réduits à la possession d'un seul domaine, puisque nous voyons par leurs diplômes qu'ils siégeaient tour à tour à Compiègne[1], à Chatou[2], à Saint-Cloud[3], à Luzarches[4], à Valenciennes[5], à Quiersy[6], à Montmacq[7], à Paris[8]. Plusieurs chartes nous montrent qu'ils continuaient à disposer des terres fiscales : Thierry III fait donation de la terre de Lagny[9] ; Childebert III fait des échanges de terre[10] ; Childebert III donne un domaine de Nassigny en Berry[11], et Chilpéric II fait donation de la forêt de Rouvrai[12].

Ne pensons pas non plus que ces rois soient absolument en dehors des choses du gouvernement. Toute une série de diplômes nous les montre présidant le

---

[1] Tardif, n° 25 : *Datum Compendio in Dei nomine feliciter.* De même, n°⁵ 34, 35, 38, 46, 47, 48, 49, 50.

[2] Idem, n° 28 : *Datum anno primo regni nostri Captunucio.* De même, n° 36.

[3] Idem, n° 31 : *Datum Noronto feliciter.* De même, n° 57.

[4] Idem, n° 32 : *Cum nos in Dei nomine Luzarca in palatio nostro.*

[5] Idem, n° 33 : *Cum nos Valentianis in palatio nostro.*

[6] Idem, n° 43, acte de 709 : *Cum nos Crisciaco in palatio nostro.*

[7] Idem, n° 44 : *Cum in nostra præsentia, Mamacas, in palatio nostro.* De même, n° 45.

[8] Idem, n° 51.

[9] Idem, n° 25.

[10] Idem, n° 39.

[11] Idem, n° 34.

[12] Idem, n° 50. — Voir Pardessus, n°⁵ 417 et 501, 503, 506, 507, 551.

tribunal suprême du pays; les arrêts sont rédigés en leur nom et comme s'ils en étaient les vrais auteurs; et cela marque que, en théorie tout au moins, ils restent les chefs de la justice[1]. On les voit aussi faire des actes administratifs; des diplômes de Clovis III, de Childebert III, de Chilpéric II, traitent de l'impôt public et des tonlieus[2]. Par d'autres diplômes nous voyons ces mêmes rois, agissant en souverains, conférer l'immunité publique[3]. Ils interviennent, au moins en nom, dans la nomination des évêques. Un hagiographe contemporain nous montre dans un de ses récits qu'en cas de vacance d'un siège épiscopal, le clergé et le peuple continuent à adresser au roi leur *consensus* sous forme de *petitio*, et que l'évêque n'est nommé qu'en vertu d'un « ordre » du roi, et par un *præceptum* signé de lui[4]. Nous n'avons pas de documents qui nous disent si les diplômes de nomination des ducs et des comtes continuaient d'être signés par le roi; mais on peut croire qu'ils l'étaient aussi bien que ceux des évêques.

Tout cela ne prouve pas que ces rois eussent la puissance effective. Mais les dehors du pouvoir leur appartenaient encore, et cela n'était pas sans importance. Ils avaient une fonction dans le gouvernement,

---

[1] Ces actes de jugement sont dans Tardif, n°ˢ 28 (691), 30 (692), 32 (692), 33 (693), 35 (695), 38 (697), 42 (703), 43 (709), 44 (710), 48 (716). C'est seulement sous Childéric III que Pépin est en nom dans les actes de jugement, n°ˢ 53 et 54.

[2] Tardif, n°ˢ 31, 34, 47.

[3] Idem, n°ˢ 37, 41, 46.

[4] *Vita S. Boniti* (Mabillon, III, pars prior, p. 91, c. 6) : *Cum... relationem pro adipiscenda auctoritate regia direxisset, et illi petitionem sibi commissam perorassent, ita meruerunt ut ex regio jussu ejusque præcepto idem roboraretur consensus.* — Le fait se passe sous Thierry III, mais après la bataille de Testry, ainsi que le marque la phrase qui précède.

au moins celle de signer des actes. Il semblait qu'on ne pût pas se passer d'eux pour cet office. D'ailleurs, en ces matières, les apparences comptent pour beaucoup. L'entourage immédiat du roi savait sans doute que la volonté du roi n'était pour rien dans ces actes; mais la population du royaume le savait-elle? Ce roi, instrument inerte pour quelques-uns, restait un roi aux yeux de la grande majorité des hommes.

Nous avons un diplôme d'un de ces rois où nous voyons qu'un riche propriétaire faisant donation de plusieurs domaines a jugé utile de faire confirmer son acte par un diplôme royal[1]. Les hommes faisaient donc encore grande attention au roi mérovingien et ils appréciaient sa signature. Dans des temps où la propriété était souvent menacée, ils aimaient à faire assurer leurs droits par des diplômes royaux. Si la royauté eût disparu, les titres de propriété de beaucoup de familles auraient perdu une grande partie de leur valeur.

Il n'est pas jusqu'à l'usage de dater par les années de règne de chaque roi qui n'eût son importance. Sans date, l'acte était nul. Aux yeux du vulgaire c'était ce nom du roi qui assurait à l'acte sa valeur. La suppression de cette royauté aurait jeté le trouble dans les habitudes, et même dans les intérêts.

Je crois bien que personnellement ces rois ne faisaient rien; ils n'en avaient pas moins une grande valeur d'opinion. Ils tenaient une place dans la pen-

---

[1] Tardif, n° 51, acte de 722. Thierry IV s'y intitule *rex Franchorum*. Il garantit et confirme la donation faite par le comte Raimond de la terre de Montreuil et de plusieurs autres terres au monastère de Saint-Maur-des-Fossés.

sée des hom[...], et c'est pourquoi l'on ne put ni se
passer de ro[...] ni de longtemps prendre leur place.

* * *

§ 5° PÉPIN II.

A côté d'eux était le maire, très agissant et tout-
puissant. Dans un de ces diplômes où le roi semble
parler et commander, nous lisons que l'acte a été fait
« sur l'ordre de Pépin, maire du Palais[1] ». Il est visible
que ce maire peut tout. Au dehors, c'est lui qui conduit
les expéditions militaires. Au dedans, c'est lui qui administre et gouverne[2]. Un hagiographe nous donne un
exemple de sa toute-puissance, même à l'égard des ecclésiastiques : Un archevêque de Rouen, coupable « d'avoir
eu des intentions contraires à Pépin », fut dépossédé de
son siège et enfermé dans un monastère du Hainaut[3].
Un annaliste assure d'ailleurs qu'il rétablit l'ordre dans
cette société neustrienne depuis longtemps troublée. Il
aurait surtout réprimé les abus de pouvoir des fonctionnaires, ducs et comtes, et les aurait obligés à être

---

[1] Archives nationales, Tardif, n° 54 : *Childebertus rex Francorum...
Taliter præcipimus ut... Childebertus rex subscripsi, Vulfoacus obtulit,
ordinante Pippino majore domus.* — Cette formule n'était pas nouvelle
en Neustrie; on trouve (au n° 25) *ordinante Berthario majore domus.*
— Dans un acte de 697 (ibidem, n° 58) Pépin maire du Palais est placé en
tête de la liste des membres laïques du tribunal royal.

[2] Continuateur de Frédégaire, 100 : *Omnia peragens.* — *Gesta*, 48 :
Pippinus... cœpit esse princeps regiminis ac major domus [les mss.
donnent *principale regimine majorum domus*]. — Annales de Metz :
*Theodoricum recipiens, nomen illi regis reservavit, ipse vero totius
regni gubernacula thesaurosque regios et universi exercitus domina-
tionem disponenda retinuit.* — Cf. Chronique de Moissac, a. 687.

[3] *Vita S. Ansberti*, c. 54 (Mabillon, *Acta Sanctorum*, II, p. 1058; Bouquet, III, p. 629) : *Pippino principi suggerunt virum sanctum adversus
eum contraria tractasse consilia; accusatus apud ipsum principem,
jussu ejusdem exsilio deportatur... nullo exstante crimine.*

justes envers la population[1]. Il aurait même remis l'ordre dans l'Église, qui, par son intervention dans toutes les guerres civiles, n'était pas moins troublée que la société laïque. Comme fit plus tard Charlemagne, il convoqua un concile d'évêques et lui fit faire d'utiles règlements « dans l'intérêt des églises et des orphelins[2] ».

Il faut observer que Pépin II ne songea pas à réunir les deux Palais de Neustrie et d'Austrasie en un seul Palais, les deux administrations en une seule administration, les deux corps de grands en un seul corps. Comme il ne pouvait pas être présent dans les deux Palais, il délégua à sa place dans celui de Neustrie, aux côtés du roi, un certain Norbert, qui était « un de ses hommes[3] ». Après sa mort, il nomma maire du Palais de Neustrie son propre fils nommé Grimoald[4]. Et quand Grimoald mourut, en 714, il le remplaça par son petit-fils Théodoald, qui n'était qu'un enfant[5].

[1] *Annales Mettenses* : *Correctis omnibus pravitatibus quæ in illis partibus per cupiditatem et iniquitatem principum per multos annos adoleverant, cunctam patriam pacatissimam reddidit.*

[2] *Ibidem* : *Synodum adunare præcepit in qua utilitatibus ecclesiarum, orphanorum, viduarum consideratis....*

[3] *Gesta*, c. 48 : *Nordebertam quondam de suis cum rege relictum, ipso in Austria remeavit.* — *Chronique de Moissac*, 657 : *Nordeberto quodam de suis cum rege relicto.* — Il aurait même, suivant Adon de Vienne et suivant le *Libellus de majoribus domus* (Bouquet, II, p. 670 et 699), conféré à ce Norbert le titre de maire du Palais. — Dans les diplômes (Tardif, n°° 32, 33) Norbert figure comme optimate ; il n'a pas le titre de maire.

[4] *Gesta*, 49 : *(Eo tempore) (695 ou 696) Nordebertus mortuus est; Grimoaldus Pippini filius junior in aula regis Childeberti majorum domus effectus est.* — Continuateur de Frédégaire, 101 [6] : *Grimoaldus junior cum Childeberto rege major domus palatii electus est.* — *Annales Mettenses* : *Pippinus juniorem filium suum Grimoaldum majorem domus cum Hildeberto rege constituit.*

[5] Continuateur de Frédégaire, 104 [7] : *Theodoaldo filio Grimoaldi parvulo in loco ipsius majorum domato palatii accepit.* — *Gesta*, 50 :

Le roi et le maire étaient également mineurs; c'était Pépin qui gouvernait. Il mourut, disent les chroniqueurs, après avoir gouverné pendant vingt-sept ans le royaume des Francs[1].

4° CHARLES MARTEL.

Charles Martel[2] dut recommencer son œuvre et renouveler la guerre de Neustrie. Cela tient à ce que Pépin II, qui avait vu mourir ses deux fils avant lui[3], ne laissait que deux petits-fils enfants. Le pouvoir paraissait si bien affermi, qu'on fit comme dans les familles royales: ils furent maires sous la tutelle et pour ainsi dire sous la régence de Plectrude[4]. Il semble que l'Austrasie ait accepté sans contestation ce gouvernement. Il fut rejeté, non par la Neustrie entière, mais par un parti dans la

---

Theodoaldum filium Grimoaldi, jubente Pippino avo, in aula regis honore patris sublimem statuunt. — Annales Mettenses: *In locum Grimoaldi filium ejus parvulum Theodaldum majorem domus constituit.*

[1] Continuateur de Frédégaire, 104 [8]: *Pippinus mortuus est; rexit populum Francorum annos XXVII.* — Gesta, 51: *Pippinus defunctus est, obtinuit principatum XXVII annos.* — Chronique de Moissac: *Obtinuerat principatum annos XXVII.* — Annales Fuldenses, 714: *Obtinuit regnum Francorum per annos XXVII cum regibus Hludorico, Childeberto et Dagoberto.* — Annales Laurissenses minores (Pertz, I, p. 114): *Pippinus dux Francorum... obtinuit regnum Francorum per annos XXVII cum regibus sibi subjectis Hludorico, Hildeberto et Dagoberto.*

[2] Charles Martel était fils de Pépin II par la concubine Alpaïde.

[3] Drogon et Grimoald. Drogon laissait un fils nommé Hugo, Grimoald laissait Théodoald.

[4] Continuateur de Frédégaire, 104 [8]: *Post obitum Pippini, Plectrudis matrona suo consilio atque regimine cuncta agebat.* — Gesta, 51: *Plectrudis cum nepotibus suis vel rege cuncta gubernabat sub discreto regimine.* — Chronique de Moissac: *Plectrudis cum nepote suo Theodoaldo vel Dagoberto rege cuncta gubernabat.* — Il n'est pas bien sûr que Hugo ait été déclaré maire; mais cela paraît résulter de ce que disent les Gesta.

Neustrie[1]. Il se forma une ligue « contre Théodoald et contre ceux qui avaient été les leudes de Pépin et de Grimoald[2] ». Une bataille eut lieu près de Guise, non pas entre Neustriens et Austrasiens, mais entre les deux partis neustriens[3]. Le parti de Théodoald fut vaincu, et l'autre parti nomma un autre maire, Ragenfrid[4]. « Il y eut alors, disent les Chroniques, une grande persécution dans le royaume des Francs[5]. » Sous ces termes nous devons entendre que tous les fidèles de Pépin II qui avaient obtenu des dignités ou des terres en Neustrie, en furent chassés. Par exemple, un ami de Pépin nommé Bénignus avait été placé à la tête de la riche abbaye de Fontenelle; Ragenfrid l'en chassa, le remplaçant par un homme à lui, nommé Wando[6]. Comtés, évêchés, abbayes, furent occupés par les amis du nouveau maire.

Ne nous figurons pas alors l'Austrasie se jetant sur la Neustrie et renouvelant les anciennes invasions. Ce fut la Neustrie qui attaqua, et ce fut elle qui fut d'abord la plus forte. Charles fut vaincu[7], et l'on vit

---

[1] C'est bien ce que dit le Continuateur de Frédégaire, 104 : *Franci* (ce mot désigne tout spécialement les Neustriens) *mutuo in sedicionem versi*. Cette forme de langage plusieurs fois usitée dans Frédégaire désigne toujours des dissensions : « Les Neustriens ne s'entendaient pas entre eux. »

[2] Continuateur de Frédégaire, 104 : *Contra Theudoaldum et leudis Pippino quondam atque Grimoaldo*.

[3] Cela ressort très nettement du récit des *Gesta*, 51 : *Franci* (les Neustriens) *in Francos invicem inruunt* (in) *Cocia silva ac sese mutuo dirissima cede prosternunt*. — De même dans le récit du Continuateur de Frédégaire et dans les *Annales Mettenses*, il n'est pas parlé d'Austrasiens. Ni Hugo ni Plectrude n'interviennent.

[4] Continuateur de Frédégaire, 105. *Gesta*, 51. *Annales Mettenses*.

[5] Idem, 104 : *Magna et valida perturbatio et persecutio extitit apud gentem Francorum*. — *Gesta*, 51 : *Fuit illo tempore valida persequutio*.

[6] Chronique de Fontenelle, Bouquet, II, p. 659.

[7] Continuateur de Frédégaire, 105 et 106 (8 et 9) : *Commoto exercitu*

l'armée de Chilpéric et de Ragenfrid traverser victorieusement toute l'Austrasie jusqu'au Rhin. Mais l'année d'après, Charles Martel réussit à lever une nouvelle armée et fut vainqueur à Vinci. La Neustrie, désorganisée par cette seule défaite, tomba aux mains de Charles Martel.

La conséquence fut celle-ci : de même que le maire Ragenfrid avait dépossédé les fidèles de Pépin, Charles déposséda les amis de Ragenfrid. La Chronique de Fontenelle nous raconte que l'abbé Bénignus combattait dans l'armée de Charles et l'abbé Wando dans celle de Ragenfrid ; Charles ayant été vainqueur, Wando perdit son abbaye, qui fut restituée à Bénignus[1]. Ailleurs, nous voyons Charles déposséder l'archevêque Rigobert du siège de Reims parce que Rigobert s'était montré favorable à Ragenfrid[2]. L'hagiographe ajoute que « Charles fit de même à d'autres évêques et donna leurs sièges à ceux qui avaient été de son parti[3] ». Les évêchés furent distribués aux vainqueurs. Un guerrier nommé Milo, qui avait combattu pour Charles, en eut deux pour sa part, Reims et Trèves[4]. Un neveu de Charles en eut trois, ceux de Paris, de Bayeux et de Rouen, sans

---

usque Mosam fluvium properant, cuncta vastantes.... Iterato tempore, commoto exercitu, contra Carlum dirigunt... Carlus lesum cernens exercitum terga vertit... Chilpericus rex Raganfredus Arduenam silvam transeunt, Coloniam urbem super Renum pervenerunt... Munera multa et thesauros a Plectrude acceptum reversus est. — Les Gesta disent la même chose, c. 52 et 53.

[1] Chronique de Fontenelle, Bouquet, II, p. 659.
[2] *Vita S. Rigoberti*, c. 2 ; Bouquet, III, p. 657.
[3] *Ibidem*, c. 4 : *Et aliis similiter fecit, et iis qui suis partibus favebant dedit.*
[4] *De gestis episcoporum Trevirorum*, Bouquet, III, p. 649 : *Milo cum Carolo ad bellum profectus est... et post victoriam episcopatibus Trevirorum et Remensium ab eodem Carolo donatus est.* — Ce Milo se trouvait d'ailleurs fils et neveu d'évêques de Trèves (*Vita S. Basini*, Bouquet, III, p. 591, note).

compter les deux riches abbayes de Fontenelle et de Jumiéges[1]. Par les Vies de saints et les Chroniques monacales qui ne nous parlent que des évêchés et des abbayes, nous pouvons juger ce qui fut fait pour les duchés et les comtés. Charles, étant maire du Palais, disposait de toutes les places.

Ne disons pas que ce soit ici une invasion de population germanique venant dépouiller une fois de plus les Gaulois[2]. Il faut se défier de ces idées toutes modernes qui ne sont exprimées dans aucun document de l'époque. Il y a eu une lutte entre les fidèles de Ragenfrid et ceux de Charles, et l'enjeu se composait de ce que les maires pouvaient donner, c'est-à-dire des dignités, des fonctions, des emplois, des évêchés, des terres fiscales. Si un homme en dépouille un autre, ce n'est pas parce que l'un est Germain et l'autre Gaulois, c'est parce que l'un se trouve dans la truste du vainqueur et l'autre dans la truste du vaincu. Ce n'est pas la race qui fait qu'on est parmi les dépouillés ou parmi les pourvus. — Ce que Charles avait fait en 717 en Neustrie, il le fit en Burgondie en 733 : il donna les évêchés et les comtés « à ses leudes, à ses fidèles[3] ».

Son gouvernement fut celui de son père. Il se garda bien de supprimer la royauté. Pour qu'il fût légalement maire du Palais, il fallait de toute nécessité qu'il y eût un roi. Dès le lendemain de sa victoire, n'ayant pas le roi Chilpéric dans sa main, il se hâta de mettre sur le

---

[1] Chronique de Fontenelle, Bouquet, II, p. 660.

[2] [Cf. plus haut, p. 124, n. 1.]

[3] Continuateur de Frédégaire, 109 [14] : *Carlus regionem Burgundie penetravit, fines regni illius leudibus suis probatissimis statuit.... Lugdono suis fidelibus tradidit.* — Annales Mettenses : *Karolus regnum Burgundiæ cum valida manu penetravit, finesque regni illius fidelibus suis ducibus probatissimis ad regendum dedit.*

trône Clotaire IV¹. Peut-être ne lui fit-il signer aucun autre acte que le diplôme qui le nommait maire. Ce Clotaire étant mort, Charles alla reprendre Chilpéric pour en faire un roi, et après lui il fit roi Thierry IV².

C'est avec le nom de maire du Palais qu'il gouverna. Dans les diplômes qui nous sont restés de lui, il ne se donne pas d'autre titre³. Pourtant les chroniqueurs, qui ne s'astreignent pas à l'exactitude officielle, l'appellent plus volontiers du nom de *princeps*, apparemment parce qu'ils voient en lui un vrai chef d'État⁴. Il l'est en effet. S'agit-il des attributions judiciaires de la royauté, c'est lui qui les exerce; nous le voyons présider le tribunal royal et rendre les arrêts en son nom propre⁵. Il nomme les ducs et les comtes qui administrent les provinces; il donne les fonctions à qui il veut⁶. C'est lui qui convoque les grands, qui les préside, qui leur pose les questions⁷. Ces grands ne sont même plus, comme autrefois, les « grands du roi », ils sont

---

¹ Continuateur de Frédégaire, 107 : *Regem sibi constituit nomine Chlotarium.* — *Gesta*, 53 : *Regem sibi statuit Chlotharium.*

² Il n'y eut interruption de la royauté qu'entre Thierry IV et Childéric III, de 737 à 742. — Tous ces rois écrivent encore ou sont censés écrire des diplômes ; Pardessus, nᵒˢ 515, 518, 527, 531, 535, et plus tard nᵒˢ 570, 571, 575, jusqu'en 744.

³ Acte de 722 : *Ego in Dei nomine illuster vir Carolus major domus... Actum Heristallio. Signum illustris viri Karoli majoris domus* (Diplomata, édit. Pardessus, nᵒ 521). — Lettre de 724 : *Episcopis, ducibus, comitibus, illustris vir Carolus major domus* (ibidem, nᵒ 532). — Cf. nᵒˢ 509, 537, 565.

⁴ Continuateur de Frédégaire, c. 109 et 110, *passim*. *Gesta regum Francorum*, c. 47, 49, 50. Paul Diacre, *Historia Langobardorum*, VI, 53.

⁵ *Diplomata*, nᵒ 509, acte de jugement de 719 : *Cum resedisset inluster vir Carolus major domus cum pluribus personis Glamannvilla ad universorum causas audiendas vel recta judicia terminanda....*

⁶ Continuateur de Frédégaire, 109.

⁷ Idem, 109 [15] : *Carlus, inito consilio procerum....* 110 [23] : *Consilio optimatum....* — *Annales Mettenses* : *Congregatis in unum omnibus optimatibus.*

les « grands de Charles[1] ». Il nomme aussi les évêques et beaucoup de chefs d'abbayes; il destitue aussi ceux dont la fidélité ne lui paraît pas assez sûre[2]. Il dispose à son gré des terres de l'Église comme si elles étaient terres fiscales[3]. Enfin et surtout, c'est lui qui décide chaque guerre; il ordonne à son gré la levée des soldats, et il conduit les armées où il veut. Maître absolu et incontesté, réunissant dans ses mains tous les pouvoirs, c'est lui qui, à l'intérieur, rétablit l'unité de l'État franc, fait disparaître les petites tyrannies locales, et refait la centralisation[4]; c'est lui qui, à l'extérieur, arrête l'invasion musulmane, assujettit les Frisons, les Bavarois, les Saxons, et fait enfin de l'État franc la grande puissance de l'Occident.

5° PÉPIN III ET CARLOMAN MAIRES DU PALAIS.

On ne s'explique pas aisément comment Charles Martel put léguer son pouvoir à ses fils. La mairie n'était pas héréditaire. Étant une fonction, on ne voit pas à quel titre elle eût été transmissible. Les annalistes, en

---

[1] Continuateur de Frédégaire, 109 : *Carlus, inito consilio procerum suorum.* 110 : *Optimatum suorum.* — *Annales Mettenses* : *Congregatis optimatibus suis* (Bouquet, II, p. 685).

[2] Par exemple, Euchérius, évêque d'Orléans, qu'il chassa de son évêché et enferma dans un monastère d'Austrasie (*Vita S. Eucherii*, Bollandistes, 20 février ; Bouquet, III, p. 546 et 656). Voir aussi la Chronique de Fontenelle, c. 11; Bouquet, II, p. 662.

[3] Adrevald, *Miracula S. Benedicti*, I, 14, p. 55-56 : *Rebus bellicis operosissime insistens... ob eam rem plurima juri ecclesiastico praedia detrahens fisco associavit ac deinde militibus propriis distribuere studuit.* — Nous parlerons ailleurs de la question des précaires d'église qui se rattache à ces faits. [Cf. *Nouvelles Recherches*, p. 289 et 302.]

[4] C'est le sens de ces mots de l'historien : *Carolus tyrannos per totam Franciam dominatum sibi vindicantes oppressit* (Éginhard, *Vita Caroli*, 2). Cf. Continuateur de Frédégaire, 109.

quelques traits fort brefs, nous laissent entrevoir comment les choses se passèrent. Ils rapportent qu'en 741 Charles, pensant qu'il n'avait plus que quelques semaines à vivre, « convoqua ses grands, et les réunissant autour de lui, partagea les pays qu'il gouvernait entre ses deux fils[1] ». Sur quoi nous faisons deux remarques : 1° Pépin et Carloman n'ont pas succédé d'eux-mêmes à leur père après sa mort; c'est de son vivant et par lui que le pouvoir leur a été transmis; 2° Charles n'a transmis son pouvoir qu'au milieu des grands, c'est-à-dire avec leur adhésion. Il est vrai qu'il s'agissait là de « ses grands », c'est-à-dire des hommes qui tenaient de lui leurs dignités et qui en même temps étaient liés à lui comme fidèles. Ces hommes avaient, outre leur obligation morale, un intérêt évident à ce qu'une famille nouvelle ne s'emparât pas de la mairie. L'accord était facile entre ces grands et le maire : la perpétuité du pouvoir dans la famille de Charles leur garantissait la conservation de leurs dignités.

Pépin et Carloman prirent donc le pouvoir à la mort de leur père, en 741, sans nulle opposition, chacun d'eux dans la région que leur père lui avait assignée. Leur titre fut celui de maire du Palais[2].

---

[1] Continuateur de Frédégaire, 110 : *Princeps Carolus, consilio obtimatum suorum expetito, filiis suis regna dividit : primogenito suo Carlomanno Auster, Suaria, quæ nunc Alamannia dicetur, atque Toringia sublimavit, Pippino vero Burgundiam, Neuster et Provintiam præmisit.* — L'*Appendix* aux *Gesta* répète la même chose. — *Chronicon Fontanellense*, Bouquet, II, p. 663 : *Carolus filiis suis principatum suum æqua lance divisit....* — *Annales Mettenses* : *Congregatis in unum omnibus optimatibus suis, principatum suum inter filios suos æqua lance divisit.* — Charles laissait un troisième fils, mais fils naturel, nommé Grippo, à qui il voulut donner une petite part entre la Neustrie et l'Austrasie; mais Grippo ne put pas entrer en possession (Éginhard, *Annales*, année 741; *Annales de Metz*, Bouquet, II, p. 686).

[2] *Annales Fuldenses* : *Carlmannus et Pippinus, sub obtentu majoris*

Ici se présente à nous un détail qui n'est pas sans importance. Quand Pépin et Carloman prirent le pouvoir, il n'existait pas de roi. Thierry IV était mort depuis 737 et Charles Martel ne l'avait pas remplacé[1]. Il semblait même qu'il n'existât plus de Mérovingien. On n'en connaissait plus. La famille paraissait éteinte. Ce qui est pourtant bien curieux, c'est que Charles Martel, dans toute sa puissance, n'ait pas osé prendre le titre de roi ; Pépin et Carloman ne l'osèrent pas davantage. Cet interrègne dura environ six années. Peut-être se fit-il alors un essai pour se passer de la royauté.

Mais on la rétablit en 743, et en faveur d'un dernier Mérovingien. Aucun annaliste n'a signalé ni expliqué ce fait[2]. Nous ne pouvons faire que des conjectures sur les raisons qui obligèrent Pépin et Carloman à rétablir

---

domatus, totius Franciæ regnum suscipiunt. — Le Continuateur de Frédégaire, c. 114, les *Gesta, Appendix* (Bouquet, p. 573) et les Annales de Metz donnent à Pépin et à Carloman le titre de *principes.*

[1] La mort de Thierry IV n'est même pas signalée par les Chroniques. Mais nous la connaissons, et nous en savons la date par une charte (Pardessus, n° 503) de Charles Martel, charte qui est certainement écrite en 741, car elle est relative à la donation de la villa de Clichy, qu'il ne donna qu'au moment de mourir (*Gesta, Appendix,* Bouquet, II, p. 573) et écrite à Quierzy, où l'on sait en effet qu'il mourut. Or cette charte est datée ainsi : *Mensis september... annum quintum post defunctum Theodoricum regem.* Donc Thierry IV était mort avant le mois de septembre 737. Nous ne possédons cette charte que par une copie ; mais Félibien et Mabillon assurent avoir vu l'original (Mabillon, *De re diplomatica,* p. 189). — Voir aussi *Genealogia regum Francorum,* dans Bouquet, II, p. 693, et Pertz, II, p. 308 : *Theodoricus regnavit annos XVII. Carolus sine alio rege imperavit annos VII.*

[2] Que Childéric III n'ait été nommé qu'en 743, ou, au plus tôt, à la fin de 742, c'est ce qui résulte de la *Genealogia regum Francorum* (Bouquet, II, p. 693 ; Pertz, II, p. 308), qui porte : *Childericus regnavit annos X* (de 743 à 753), et d'un *Chronicon brevissimum,* qui signale que Childéric III n'a régné que neuf années pleines (Bouquet, II, p. 691). — La Chronique d'Adémar qui fait succéder Childéric III à Thierry sans interruption (Bouquet, II, p. 575) a été écrite au xi° siècle et ne mérite pas confiance. — Sur toute cette question, où il reste bien quelque obscurité, voir la note de Pardessus, dans ses *Diplomata,* t. II, p. 370.

la royauté. Ne voulant ou ne pouvant la prendre pour eux-mêmes, ils cherchèrent un Mérovingien. Ils trouvèrent dans un couvent, dit-on, un personnage dont la filiation n'était pas bien certaine. Ils le mirent sur le trône, en lui donnant le nom de Childéric III[1].

Ces petits faits sont significatifs. Ils marquent que la famille des Pépins ne se présentait pas comme l'ennemie de la vieille royauté. C'est au contraire cette famille qui maintint et conserva, pendant soixante-dix ans, cette royauté. La royauté serait tombée d'elle-même si la nouvelle dynastie n'avait pas mis ses soins à la faire durer.

De 743 à 753, les diplômes portent le nom du roi mérovingien[2]. Presque toutes les chartes des particuliers, même celles de Pépin et de Carloman, sont datées des années de son règne[3]. Il est visible que ce roi ne gouverne pas. Les Chroniques qui énumèrent les événements n'y mêlent jamais son nom. S'agit-il d'une guerre, c'est Pépin ou c'est Carloman qui la décide; ils convoquent l'armée et la dirigent où ils veulent. Ils ne sont pas seulement des chefs de guerre, ils gouvernent les affaires intérieures. Ils exercent les attributions judiciaires qu'avaient eues les rois; nous avons des diplômes où nous voyons qu'ils président le tribunal royal et rendent les arrêts[4]. Les lois sont faites par eux. Il ne nous est parvenu de cette époque que trois capitulaires: le nom du roi n'est écrit dans aucun des

---

[1] On a un diplôme (Pardessus, n° 575) qui porte ce préambule: *Hildericus, rex Francorum, viro inclito Karlomanno majore domus, qui nobis (nos) in solium regni instituit.* [Mais peut-on avoir entièrement confiance dans ce diplôme? Cf. p. 171.]

[2] Pardessus, n°˚ 569, 570, 571, 575.

[3] Idem, n°˚ 578, 584, 585, 587, 588, 589, 591; même en Austrasie, n°˚ 592, 594, 595, 596, 597, 603, 604. — Exceptions, n°˚ 576, 577.

[4] Archives nationales, Tardif, n°˚ 53 et 54.

trois ; c'est Pépin seul ou Carloman seul qui décide, qui décrète et légifère¹. Ils parlent comme les anciens rois ; ils disent : « Nous ordonnons », « nous décidons », « nous décrétons ». Les conciles devaient être convoqués par l'autorité souveraine ; c'est Pépin ou c'est Carloman qui les convoque. C'est sur l'ordre du premier que s'est réuni le concile de Soissons, sur l'ordre du second celui de Leptines². Nous possédons quelques lettres des papes relatives aux intérêts de l'Église des Gaules ou de la Germanie ; c'est à Pépin ou à Carloman qu'elles sont adressées, non au roi Childéric³.

On doit noter que Charles Martel n'avait pas songé à maintenir après lui l'unité de l'État franc si péniblement rétablie, ni même l'unité de la famille carolingienne. Il avait fait un partage entre ses deux fils, laissant ainsi à sa mort deux États bien distincts. Un événement inattendu refit l'unité. En 747, Carloman se fit moine, et il partit pour l'Italie sans assurer suffisamment à son fils Drogon sa part du royaume. Pépin devint le maître unique de tout l'État⁴.

¹ Boretius, p. 24-50.
² Sirmond, I, p. 545 et suiv.
³ Tardif, n° 52. *Liber Carolinus*, édit. Jaffé, n°° 1 et 5. Le pape Zacharie appelle Pépin du titre de *major domus* et il désigne son pouvoir par le terme de *principatus*. Dans une lettre à saint Boniface il qualifie Pépin et Carloman *principes Galliarum*, Jaffé, *Monumenta Moguntina*, p. 134.
⁴ Les chroniqueurs attribuent à la seule dévotion cette résolution étrange de Carloman. Continuateur de Frédégaire, c. 116 [30] : *Carlomannus devotionis causa inextincta succensus, regnum una cum filio suo Drohone manibus germano suo Pippino committens, ad limina Apostolorum Romam advenit.* — L'*Appendix* aux *Gesta* s'exprime de même. — *Annales de Metz* : *Karlomannus regnum suum derelinquens ad limina Beati Petri cum plurimis optimatibus suis pervenit, capitisque coma deposita....* — *Chronique de Moissac* : *Desiderio cælestis patriæ compunctus, sponte regnum reliquit.* — Éginhard est moins affirmatif ; *Vita Caroli*, 2 : *Karlomannus, incertum quibus de causis, tamen videtur quod amore*

Il ne lui manquait que le titre de roi. Pendant cinq années encore le pouvoir et le titre furent séparés, le pouvoir étant dans une main, le titre, avec le prestige qu'il avait encore, dans une autre.

CHAPITRE VI

Comment Pépin s'est fait roi.

Tout ce qui précède nous explique assez que la famille des Pépins ait acquis le pouvoir. Elle avait grandi durant deux siècles. Aussi peut-on remarquer qu'il n'y a jamais eu de famille régnante qui ait mis autant de temps à atteindre le pouvoir ; il n'y a pas eu de dynastie qui soit parvenue par des moyens plus lents et plus sûrs. A ses débuts, elle avait déjà de grandes richesses territoriales, et elle avait en même temps cette force incalculable aux yeux des hommes de compter parmi ses ancêtres une série d'évêques, de saints, d'auteurs de miracles. Puis elle s'éleva dans les fonctions publiques du Palais. Elle acquit la première de ces fonctions, la ma. , et par là elle fut en possession de nommer tous les fonctionnaires de l'État, ducs, comtes, *domestici*, et même les évêques. En même temps et par ce moyen même, elle enchaîna tous les grands à elle par le lien de mainbour ou de fidélité, et, par les grands, le reste

---

conversationis contemplativæ succensus..... — Cette retraite fut-elle tout à fait volontaire, c'est ce dont on peut douter, surtout si l'on songe à ce que devint Drogon. — Adrevald, c. 14, l'attribue à l'influence de Boniface et d'Euchère.

de la population. Elle devint ainsi maîtresse des hommes, en partie par la mairie du Palais qui mettait en ses mains tout le faisceau de la vieille administration monarchique, en partie par la mainbour qui mettait à son service les institutions nouvelles et les pratiques féodales. Famille de « palatins » et d'évêques, elle était la première dans l'Église comme dans l'État. Elle réunissait en elle tout ce qui donnait de la force, la terre sans laquelle on n'était rien, le prestige d'une sorte de sainteté native par lequel on dominait les âmes, la tradition des usages administratifs, enfin la ferveur des sentiments nouveaux de vassalité. Elle était l'héritière de l'ancien régime en même temps qu'elle était à la tête du nouveau.

Au milieu du VIIIe siècle, on put douter, non si cette famille régnerait, mais si elle aurait le titre de roi. Ce fut là la seule question. Il se pouvait qu'elle continuât à gouverner les hommes en laissant à côté d'elle une royauté nominale. Elle préféra réunir ce qui était séparé depuis soixante-dix ans, le pouvoir et le titre.

Il faut observer comment Pépin s'est fait roi. Ce ne fut ni par un coup de force ni par une surprise. Le changement de famille régnante se fit au grand jour, longuement, en plusieurs mois, et par une série de trois actes distincts et successifs.

1° En premier lieu, Pépin très ostensiblement posa la question à résoudre : « Quelle était celle des deux familles qui devait régner ? » Notons seulement qu'il ne la posa pas devant la nation franque, mais à Rome. C'est au pape qu'il en demanda la solution.

En 752 « l'évêque Burchard et le chapelain Fulrad furent envoyés par Pépin vers le pape Zacharie, avec mission de l'interroger au sujet des rois qui étaient en

France sans exercer le pouvoir royal, et pour lui demander si cela était bon ou mauvais¹ ». Ils devaient « consulter le pontife au sujet des rois² », et lui demander « lequel des deux il était juste d'appeler du titre de roi, ou le Mérovingien qui vivait sans rien faire dans son Palais, ou bien celui qui avait tous les soins du gouvernement et tout le fardeau des affaires³ ».

Ainsi la question de dynastie fut posée à Rome⁴. Si elle fut discutée, ce ne fut pas par le peuple franc, mais par le pape et ses conseillers. Le pape répondit « qu'il était meilleur et plus utile que celui qui avait déjà le pouvoir suprême eût aussi le nom de roi⁵ », et que

---

¹ Annales de Lorsch : *Burchardus episcopus et Fulradus capellanus missi sunt ad Zachariam papam interrogando de regibus in Francia, qui in his temporibus (erant) non habentes regalem potestatem, si bene fuisset an non.* — L'annaliste dit *regibus* au pluriel; il désigne ainsi le roi Childéric III et son fils Théoderic; sur ce Théoderic ou Thierry, voir Chronique de Fontenelle, Bouquet, II, p. 665.

² Éginhard, *Annales* : *Burchardus et Fulradus missi sunt Romam ad Zachariam papam ut consulerent pontificem de causa regum qui nomen tantum regis, sed nullam potestatem regiam habebant.*

³ Annales de Fulde (Bouquet, V, p. 326) : *Pippinus, missa legatione, Zachariam papam interrogat de regibus Francorum ex antiqua Merowingorum stirpe descendentium, qui reges quidem dicebantur, sed potestas regni tota apud majorem domus habebatur... quis eorum juste rex debeat dici et esse, is qui securus domi sedeat, an ille qui curam totius regni et omnium negotiorum molestias ferat.*

⁴ Suivant la Chronique d'Adémar (Bouquet, II, p. 676), il y aurait eu, avant l'envoi d'une ambassade à Rome, une première démarche des « Francs » en faveur de Pépin. *Franci... voluerunt elevare in regem Pippinum, qui noluit adquiescere; sed adunatis cunctis primoribus Francorum, ex parte eorum misit Romam Burchardum episcopum et Fulradum capellanum suum... qui ex parte Francorum interrogaverunt de regibus qui... si bene fuisset an non.*

⁵ Éginhard, *Annales* : *Per quos pontifex mandavit melius esse illum vocari regem apud quem summa potestatis consisteret.* — Annales de Metz (Bouquet, II, p. 647) : *Papa ad interrogationem eorum respondit melius atque utilius sibi videri ut ille rex nominaretur et esset qui potestatem in regno habebat, quam ille qui falso rex appellabatur.* — Annales de Lorsch : *Mandavit Pippino ut melius esset illum regem*

« cela serait plus dans l'ordre¹ ». Suivant tous les annalistes, il y aurait eu plus qu'une réponse verbale. Le pape écrivit une lettre, plus même qu'une simple lettre, un diplôme, un mandement impératif, ce que la langue du temps appelait une *auctoritas*, c'est-à-dire une sorte d'ordonnance².

Nous devons observer que cette fameuse lettre du pape ne nous a pas été conservée, alors que nous possédons des lettres de moindre importance. Lorsque Charlemagne fit faire un recueil des lettres adressées par les papes à ses prédécesseurs ou à lui-même, celle-ci ne se retrouva pas. Tous les annalistes sont pourtant d'accord pour la mentionner. Deux d'entre eux disent même qu'elle était adressée, non à Pépin personnellement, mais à Pépin et à toute la nation franque³. Tous, enfin,

---

vocari qui potestatem haberet quam illum qui sine regali potestate manebat.

¹ *Ut non conturbaretur ordo* (Annales de Lorsch).

² Éginhard, *Annales* : *Data auctoritate sua.* Ce même terme *auctoritas*, pour désigner l'acte remis aux envoyés de Pépin par le pape, se retrouve dans tous les annalistes. Continuateur de Frédégaire : *Auctoritate percepta* ; Annales de Lorsch : *Per auctoritatem apostolicam jussit.* Les annalistes de Fulde et de Metz semblent avoir mal compris ce mot, et ils altèrent ainsi : *Ex auctoritate S. Petri, secundum auctoritatem apostolicam.* — Le sens du mot *auctoritas* au VIIᵉ et au VIIIᵉ siècle est visible dans un très grand nombre d'exemples. En voici quelques-uns : *Ut hæc auctoritas perpetuis temporibus debeat perdurare, manu nostra decrevimus roborari* (acte de 628, Tardif, n° 6 ; cf. Tardif, nᵒˢ 8, 11, 20, 21, 41, 46, etc. ; Marculfe, I, 3, 4, 12, 13, etc.). Grégoire de Tours, IX, 41 : *Childebertus directa auctoritate præcepit....* Chronique de Fontenelle, 4 : *Edita est jussu regis auctoritas.* Le mot *auctoritas* avait le même sens en Italie et dans la langue des papes. Liber pontificalis, in Liberio : *Missa auctoritate.* In Hormisda : *Hic papa misit auctoritatem ad Justinum.*

³ Annales de Fulde : *Mandat populo Francorum ut...* Annales de Metz : *Mandavit pontifex Pippino et populo Francorum ut....* — Suivant la Chronique d'Adémar, le mandement aurait été adressé aux Francs : *Mandavit Francis ut melius esset vocari regem illum qui... Et jussit per auctoritatem apostolicam Pippinum fieri regem.*

sont unanimes à affirmer que ce mandement du pape avait un caractère impératif, et qu'il « ordonnait que Pépin fût roi[1] ». Aussi tous ajoutent-ils que ce fut par l'ordre du pape que Pépin, de maire du Palais, devint roi[2], et que ce fut en vertu du même ordre que les derniers Mérovingiens furent relégués dans un couvent afin d'assurer l'extinction de cette famille[3].

Un ensemble de onze documents attribue donc au pape la part première et principale dans ce changement de dynastie. Ces textes méritent-ils une pleine confiance? Ce qui semble tout d'abord en diminuer la valeur, c'est qu'ils sont presque tous écrits par des moines, et l'on soupçonnera volontiers que ces moines, naturellement

---

[1] Annales de Lorsch : *Per auctoritatem apostolicam jussit Pippinum regem fieri.* — Éginhard, Annales : *Data auctoritate sua, jussit Pippinum regem constitui.* — Annales de Fulde : *Pontifex... mandat populo Francorum ut Pippinus regia dignitate frueretur.* — Annales de Metz : *Mandavit Pippino et populo Francorum ut Pippinus rex appellaretur et in sede regali constitueretur.* — Annales Tiliani, Bouquet, II, p. 645 : *Mandavit ut Pippinus in regem levaretur.*

[2] Continuateur de Frédégaire, 117 [33] : *Pippinus, missa relatione ad sede apostolica, auctoritate praecepta... sublimatur in regno.* — Éginhard, *Vita Caroli,* 3 : *Pippinus per auctoritatem romani pontificis ex praefecto palatii rex constitutus.* — Chronique de Moissac : *Pippinus, per auctoritatem pontificis ex praefecto palatii rex constitutus.* — Dom Bouquet, V, p. 9, cite une note écrite dans un manuscrit du temps, qui porte la date de 767, et dont l'auteur disait quatorze ans après l'événement : *Pippinus rex per auctoritatem et imperium Zachariae papae.* — *Vita Pippini ducis* (Bouquet, II, p. 608) : *Pippinus judicio et auctoritate papae Zachariae regum nomen obtinuit.* — Chronique de Fontenelle (Bouquet, II, p. 662) : *Pippinus ex consulta Zachariae papae rex constituitur Francorum.* — Annales de Metz : *Ex consultu Zachariae papae.* — Adrevald, *Miracula S. Benedicti,* I, 15 : *Pippinus, regni Francorum assecutus summam jussu Stephani....* — Hariulf, *Chronicon Centulense* : *Jussu Stephani.* — *Vita Burchardi,* Bouquet, III, p. 670.

[3] Éginhard, *Vita Caroli,* 1 : *Hildericum regem qui, jussu Stephani romani pontificis, depositus ac detonsus atque in monasterium trusus est.* — Les annalistes réunissent volontiers Étienne II à Zacharie; l'un a succédé à l'autre, au moment même où ces événements s'accomplissaient, et l'un a confirmé ce que l'autre avait fait.

attachés au saint-siège, ont pris plaisir à exagérer l'importance de son action. Mais, outre que tous les auteurs de ces Annales n'étaient pas des moines[1], nous devons songer qu'à cette époque les moines n'avaient pas des idées différentes de celles de la société laïque. De cet ensemble unanime des annalistes je n'oserais pas conclure précisément que le pape ait donné un mandement impératif et un ordre de nommer roi Pépin ; mais je ne doute pas que les hommes aient cru à l'existence de ce mandement. Les contemporains, sans distinction de clercs ou de laïques, pensèrent que l'ordre de nommer roi Pépin et d'exclure le Mérovingien était émané du saint-siège. Il y a eu là, sinon un fait matériel et positif, du moins un fait d'opinion. Si le changement de dynastie ne fut pas ordonné par le pape, du moins ce fut une conviction générale qu'il était ordonné par lui. D'ailleurs, les documents unanimes à indiquer ce fait ne laissent pas voir que personne en ait été surpris, moins encore que personne y ait fait opposition. Le maintien ou l'exclusion des Mérovingiens paraissait une question d'ordre purement moral, et, d'après les conceptions d'esprit de l'époque, il paraissait à tous que l'autorité religieuse devait résoudre cette question. La grande habileté de Pépin fut de se servir de ces idées qui régnaient dans l'esprit des hommes[2].

[1] Éginhard, qui parle deux fois de l'événement, dans les Annales et dans sa *Vita Caroli*, était un laïque, bien qu'il possédât plusieurs abbayes.

[2] Un trait qui est signalé par un écrivain grec n'est pas pour cela à négliger. Suivant Théophane, Pépin aurait eu besoin du pape pour se faire délier du serment qu'il avait prêté au roi Childéric : Στεφάνου λύσαντος αὐτὸν τῆς ὑπαρχίας τῆς πρὸς τὸν ἔζγα (Théophane, *Chronographia*, dans Bouquet, V, p. 187). On comprend qu'aucun annaliste franc n'ait signalé ce fait. Il n'a rien d'invraisemblable, et c'était sans doute une vieille règle que le maire prêtât serment au roi, comme d'autres prêtaient serment au maire.

2° Y eut-il, à côté de cela, une élection par la nation franque? Quelques mots de plusieurs Chroniques le donnent à penser; mais il les faut examiner de près.

Le Continuateur de Frédégaire dit que Pépin, « après avoir reçu le mandement du siège apostolique, par l'élection de toute la France fut élevé sur le trône, avec la consécration des évêques et la déclaration d'obéissance des grands¹ ». Les Annales de Lorsch disent de même « qu'après que le pape eut ordonné que Pépin fût fait roi, Pépin fut élu comme roi suivant l'usage des Francs² ». Ce qui diminue un peu pour tout esprit attentif la valeur de ces expressions, c'est qu'aucun des onze annalistes qui ont parlé de ces faits ne nous dit qu'un peuple se soit réuni cette année-là. Le peuple franc, c'est-à-dire la réunion de tous les hommes libres du pays entre la Loire et le Rhin, eût formé une assemblée immense, et nous ne voyons ni dans quel lieu une telle assemblée put se réunir, ni comment elle put délibérer et voter. Il faut d'ailleurs noter que les deux annalistes qui écrivent les mots *eligere* et *electio* ne les placent qu'après un ordre du pape, et que, si l'on observe leur phrase tout entière, on reconnaît bien qu'il n'est pas dans leur pensée que le peuple franc ait procédé à une

---

¹ Continuateur de Frédégaire, 117 : *Missa relatione ad sede apostolica, auctoritate præcepta, Pippinus electione totius Franciæ [alias Francorum] in sedem regni cum consecratione episcoporum et subjectione principum, una cum regina Bertradane, ut antiquitus ordo deposcit, sublimatur in regno.*

² *Pontifex jussit Pippinum regem fieri... Pippinus secundum morem Francorum electus est ad regem.* — La *Clausula de Pippini consecratione* porte aussi : *Per electionem omnium Franchorum* (Bouquet, V, p. 9). Il n'est pas inutile de remarquer que dans la langue latine, soit la vieille langue latine, soit le latin mérovingien, les mots *eligere* et *electio* ne contiennent pas précisément l'idée que nous attachons aujourd'hui au mot élection, et n'impliquent ni délibération ni vote. Il est possible que ces

élection libre et régulière. Aussi les autres annalistes s'expriment-ils autrement. Suivant Éginhard, « Pépin, conformément à l'ordre du pape, fut appelé du nom de roi et, après avoir été sacré par saint Boniface, il fut suivant l'usage des Francs élevé sur le trône dans la ville de Soissons¹ ». Ici l'auteur ne présente aucun mot qui implique l'idée d'une élection en forme : il parle seulement de la cérémonie d'intronisation qui était dans les usages du pays depuis trois siècles. Les Chroniques de Moissac, de Fulde, de Fontenelle, de Metz, ni aucun autre document ne décrivent une élection².

Nous ne pensons pas, en effet, qu'il y ait eu élection dans le sens que les modernes attachent à ce mot. Aucun peuple ne vota, parce que cet usage n'existait pas. Il n'y eut pas non plus réunion des représentants du pays, parce qu'on ne connaissait pas les institutions représentatives. Mais ce qu'il y eut sans nul doute, ce fut une assemblée de la nature de celles auxquelles les hommes de ce temps étaient accoutumés, c'est-à-dire une assemblée de grands [ou] d'optimates, de

---

annalistes aient seulement voulu dire que Pépin fut roi par le choix et la volonté de tous les Francs, mais sans vouloir dire que ce choix et cette volonté aient été exprimés par un acte formel et régulier.

¹ Éginhard, *Annales* : *Hoc anno* (l'année suivante, 753 ; il y eut donc quelque intervalle entre la réception de la lettre du pape et la prise de possession de la royauté) *secundum romani pontificis sanctionem Pippinus rex Francorum appellatus est, et ad hujus dignitatem honoris... unctus manu Bonifacii... et more Francorum elevatus in solium regni in civitate Suessona.*

² Les Annales de Fulde disent simplement : *Zacharias mandat ut Pippinus nominis (regii) dignitate frueretur. Ita Hildericus rex depositus et in monasterium missus est. Pippinus vero in civitate Suessionum a Bonifacio in regem unctus regni honore sublimatus est* (Bouquet, II, p. 676). — La Chronique de Moissac se contente de dire : *Pippinus per auctoritatem romani pontificis ex præfecto palatii rex constitutus* (Bouquet, V, p. 67). — De même, le *Fragmentum auctoris incerti* (Bouquet, II, p. 604). — Adrevald ne parle pas non plus d'aucune élection.

comtes, d'évêques, chacun d'eux suivi d'une troupe d'hommes à lui. C'est à ces grands que l'on fit savoir ce que le pape avait écrit[1], et on leur demanda leur adhésion. Vraisemblablement cette adhésion fut acquise sans peine, parce que tous ces grands étaient déjà les fidèles de Pépin et qu'ils tenaient de lui leurs dignités, leurs bénéfices, même leurs évêchés. Aucun intérêt ne les attachait à Childéric III, tous leurs intérêts les liaient à Pépin. D'ailleurs s'ils avaient eu quelques scrupules, la lettre du pape était là pour les lever. Il n'y a pas d'indice qu'aucune opposition se soit produite. La réunion des grands procéda à l'installation du nouveau roi, suivant l'usage. La cérémonie eut lieu à Soissons. Les évêques, par l'un d'entre eux, sacrèrent le roi[2]. Les laïques lui firent acte formel « de soumission[3] ».

Telle fut la nature de l'intervention de la nation franque en cette affaire. Ce fut moins que ce que nous entendons aujourd'hui par une élection ; mais ce fut beaucoup plus que ce qui se passerait dans un régime de plein despotisme. On put dire que les grands avaient donné librement leur adhésion, et, par les grands, tous ceux qui dépendaient de chacun d'eux, c'est-à-dire la population entière.

---

[1] C'est ce que dit l'auteur (postérieur, il est vrai) de la *Vita S. Burchardi*, dans Mabillon, III, *pars prior*, p. 704 : *Zacharias papa consultus remandarit per Burchardum et Folradum melius esse vocari illum regem apud quem summa potestas consisteret; dataque auctoritate sua Pippinum jussit constitui. Qua legatione peracta, Pippinus, per auctoritatem apostolicam quam tam probabiles viri ex audientia primatum scriptis ac dictis deferebant, more Francorum electus ad regnum, per manus Bonifacii elevatus est in solium in Suessionum civitate.*

[2] *Cum consecratione episcoporum.*

[3] *Cum subjectione principum* (Continuateur de Frédégaire, c. 117).

3° Pépin et ses conseillers voulurent encore quelque chose de plus. Un usage tout nouveau, le sacre, fut institué pour la nouvelle famille régnante. Nous ne savons si l'idée première en vint du roi, ou du pape, ou des évêques. Ce qui est certain, c'est qu'à côté de la vieille cérémonie franque par laquelle les laïques placèrent le roi sur le trône, il y en eut une autre où l'on vit un archevêque oindre le nouveau roi de l'huile consacrée. C'était quelque chose de très nouveau. Aucun des Mérovingiens n'avait été sacré. D'un coup, la famille carolingienne se plaçait fort au-dessus, dans le respect des hommes, de la vieille dynastie qu'elle remplaçait.

Nous voyons sans peine quelle idée cette cérémonie représenta aux yeux des hommes. A un point de vue général, le nouveau roi devenait tout autre chose qu'un chef de guerre, plus même qu'un chef d'État : il devenait un personnage d'une nature supérieure, surhumaine, sacrée. A un point de vue plus spécial, les évêques en le sacrant par les mains de l'un d'entre eux, c'est-à-dire en lui conférant le caractère sacré et sacerdotal, le reconnaissaient comme un des leurs et comme le premier d'entre eux. Ce sacre était, par un certain côté, l'acte d'adhésion et de soumission des évêques[1]. Le roi devenait un chef d'Église.

C'était l'archevêque le plus vénéré de l'État franc,

---

[1] C'est bien la pensée qui me paraît ressortir de la phrase du Continuateur de Frédégaire : *Cum consecratione episcoporum et subjectione principum sublimatur in regno.* La *consecratio episcoporum* et la *subjectio principum* sont deux actes analogues qui se manifestent par la double cérémonie. — La *Clausula de Pippini consecratione* (Bouquet, V, p. 9) porte : *Per unctionem sancti chrismatis per manus beatorum sacerdotum Galliarum.* — Ainsi les deux textes les plus voisins de l'événement attribuent ce premier sacre à l'ensemble des évêques; saint Boniface n'aurait été en cela que le représentant de l'épiscopat.

saint Boniface, qui avait opéré le sacre. Cela ne parut pas suffisant, ou bien l'on aperçut peut-être la possibilité de difficultés à venir. L'année suivante, Pépin voulut faire renouveler le sacre par le pape. Étienne II était venu en France pour implorer le secours du roi des Francs contre les Lombards. On mit son séjour à profit. « Après qu'il eut reçu de Pépin la promesse écrite de défendre l'Église de Rome, il le consacra par l'onction sainte en la dignité de roi¹. » Cette fois le sacre venait de plus haut, et venait d'un pouvoir éloigné, qui à cette époque était en dehors de l'État franc. Par là le roi était signalé comme le plus saint des évêques, le premier des ecclésiastiques; il devenait ainsi, même au spirituel, d'une certaine façon, au moins après le pape de Rome, le chef indiscutable de l'Église franque.

Par une habileté de plus, Pépin obtint du pape qu'il sacrât en même temps ses deux fils, qui étaient deux enfants². Par là le caractère sacerdotal et sacré était étendu à toute sa famille³.

---

¹ Éginhard, *Annales* : *Stephanus papa postquam a rege Pippino ecclesiæ romanæ defensionis firmitatem accepit, ipsum sacra unctione ad regiæ dignitatis honorem consecravit.* — Annales de Lorsch, année 754 : *Stephanus confirmavit Pippinum unctione sacra in regem....*

² Éginhard, *Annales* : *Et cum eo duos filios ejus Karolum et Karlomannum.* — Annales de Lorsch : *Et cum eo inunxit duos filios ejus, domnum Carolum et Carlomannum in regibus.* — *Clausula de Pippini consecratione* : *Postea per manus Stephani pontificis die uno* (dans l'église de Saint-Denis) *in regem... cum filiis Carolo et Carlomanno in nomine Sanctæ Trinitatis unctus et benedictus est.* — De même, Chronique de Moissac, Annales de Fulde, la *Vita Pippini ducis*, les *Genealogiæ*. — *Liber pontificalis*, in Stephano (Bouquet, V, p. 456; édit. Duchesne, p. 448). — Enfin la lettre du pape Paul Iᵉʳ écrite en 765 marque bien le fait : *Dominus Deus mittens apostolum suum Beatum Petrum per ejus vicarium, et oleo sancto vos unguens celestibus replevit benedictionibus,* etc. (Jaffé, p. 118).

³ *Clausula de Pippini consecratione* (Bouquet, V, p. 10) : *Et (pontifex)*

Cette manière dont la royauté nouvelle s'est constituée explique la manière dont elle a gouverné pendant un siècle. [Elle a hérité de la monarchie mérovingienne ; mais elle est issue de l'aristocratie du Palais, et elle a été sanctionnée par l'autorité chrétienne. Les Carolingiens seront à la fois des rois et des chefs de grands et d'évêques, et leur pouvoir sera en même temps monarchique, seigneurial et sacré.]

tali omnes interdictu et excommunicatione constrinxit ut nunquam de alterius lumbis regem in ævo præsumant eligere, sed ex ipsorum quos et divina pietas exaltare dignata est, et Sanctorum Apostolorum intercessionibus per manus vicarii ipsorum confirmare et consecrare disposuit. — Cette idée, qui était sans doute celle des contemporains, est reproduite par Sigebert de Gembloux : *Pippinus a Stephano cum filiis suis in regem ungitur, et per eos generatio eorum in hereditatem regalis successionis in perpetuum benedicitur, et omnis alienigena ab ejus invasione apostolico anathemate interdicitur* (Bouquet, V, p. 575).

LIVRE III

[LES INSTITUTIONS MONARCHIQUES
Sous le gouvernement des Carolingiens]

—

OBSERVATION PRÉLIMINAIRE

[De la diversité des institutions à l'époque carolingienne.]

Avant d'entrer dans le détail des institutions carolingiennes, une observation générale est nécessaire.

Quand on a lu les documents complets de cette époque, une chose frappe d'abord et surprend : c'est qu'ils ne soient pas en désaccord entre eux. Qu'ils nous viennent de la chancellerie des rois ou qu'ils nous viennent de leurs sujets, ils présentent toujours, sous mille formes, un ensemble identique. Comparez les capitulaires des rois, les lettres des papes et des évêques, les Chroniques, les correspondances des particuliers, les poésies même, vous ne trouvez nulle opposition entre ces écrits de nature si dissemblable. Ils se complètent, ils ne se contredisent pas. Les Chroniques ont été écrites, les unes au Nord, les autres au Midi ; les unes paraissent l'œuvre de Germains, les autres paraissent l'œuvre de Neustriens, d'Aquitains ou d'Italiens. Vous ne rencontrez pas entre elles de différences essentielles. Non seulement ce sont les mêmes guerres qu'elles racontent de la même façon, et les mêmes victoires qu'elles exaltent, mais encore elles présentent le même tableau de la société, les mêmes institutions, les mêmes mœurs. Ceux qui les écrivent ont les mêmes idées, et il semble bien que ceux pour qui ils écrivent aient aussi les mêmes sentiments. En regard des Chroniques de Fontenelle et de Moissac, des écrits d'Alcuin ou de Paul Diacre, mettez les Annales de Fulde ou de Lorsch ; vous n'apercevez pas une manière différente de comprendre ou d'apprécier les faits. Ce sont les mêmes conceptions d'esprit, c'est le même tour de pensée.

Pour expliquer cela, il ne suffit pas de dire que les annalistes se sont quelquefois communiqué leurs écrits et se sont fait des emprunts. Si l'histoire a été la même au Nord et au Midi, en Germanie et en Gaule, il faut qu'il y ait eu une raison générale. Pour que toutes les parties d'un si vaste empire comprissent les événements de la même manière et les vissent sous le même jour, il faut qu'il y ait eu un accord naturel entre les intelligences et une grande unité morale. Ce serait sans doute aller trop loin que de dire que les hommes fussent exactement semblables au Nord et au Midi, et que les esprits et les mœurs fussent tout à fait les mêmes. Mais ce qu'on peut affirmer, c'est que les documents ne laissent voir, entre les diverses parties de l'empire, aucune différence essentielle dans les institutions, ni dans la manière dont les hommes les comprenaient.

Nulle différence non plus n'est signalée entre les races. A partir de Pépin le Bref, on ne saisit pas un seul indice d'une haine naturelle entre les populations de Neustrie et celles d'Austrasie. En Aquitaine, on voit bien une famille qui lutte pendant vingt-cinq ans pour posséder le pays, mais il n'est pas tout à fait certain qu'elle représente un parti national. Les Bavarois et les Lombards sont soumis assez vite, et servent l'empire. Les Saxons seuls luttent longtemps et restent des étrangers. Dans les limites de l'État franc, les races se mêlent et s'accordent. De haines entre elles, il n'y a pas de traces dans les documents. Si chacune d'elles conserve ses lois civiles et quelques usages propres, on n'en voit pas une qui ait un système particulier d'institutions politiques ou sociales. Toutes acceptent la même royauté, la même administration, le même mode de justice, à peu de nuances près ; toutes ont le même régime de propriété, les mêmes sortes de tenures et les mêmes inégalités sociales.

Pourtant une étude attentive nous fera apercevoir de grandes diversités et de singulières contradictions. Gardons-nous, quand il s'agit du moyen âge, de chercher une unité trop rigoureuse. L'esprit moderne, depuis trois siècles, a une prédilection pour ce qui est bien ordonné et systématique ; il lui plaît que les institutions soient régulièrement agencées et présentent d'abord à l'œil la symétrie d'un édifice savamment construit. C'est avec cette idée préconçue que l'on a ordinairement jugé le règne de Charlemagne. On s'est plu à en exagérer l'ordre parfait, comme on a exagéré le désordre des règnes suivants. L'une et l'autre erreur viennent d'une conception toute moderne. Les générations du moyen âge n'avaient pas le souci de la régularité absolue. Elles n'exigeaient pas que leurs lois fussent toujours en parfait accord entre elles. Deux institutions que nous jugerions incompatibles étaient également acceptées ; elles s'associaient sans qu'on s'aperçût qu'elles fussent contradictoires. Aussi faut-il juger ces temps-là, non par notre logique moderne et par nos systèmes, mais par la seule observation des documents qu'eux-mêmes nous ont laissés.

Or, si l'on étudie sans idée préconçue ceux de l'époque carolingienne, on ne peut manquer d'être frappé de certaines anomalies qu'ils accusent. Comparez deux régions de l'Empire carolingien, elles sont gouvernées de même, et pensent de même sur toutes les grandes questions; mais prenez dans l'une ou l'autre de ces régions un canton quelconque : c'est dans l'intérieur de chaque petit groupe que vous trouverez les dissemblances. La terre d'Église ne ressemble pas de tout point à la terre du laïque; la petite propriété ne ressemble pas à la grande; deux hommes qui vivent côte à côte n'ont pas les mêmes lois. Plus que cela, chez un même homme, dans une même âme, vous pouvez saisir deux séries différentes d'idées et de conceptions politiques.

C'est qu'il y a partout, peut-être sans que les contemporains s'en soient rendu compte, deux catégories de règles et d'institutions. Elles sont opposées l'une à l'autre et sembleraient devoir se combattre. Elles ne se combattent pourtant pas encore; elles s'accordent pour quelque temps.

De ces institutions, les unes sont monarchiques, les autres sont féodales. Parmi les hommes, les uns obéissent au roi, les autres à un seigneur; quelques-uns obéissent au roi et obéissent en même temps à un seigneur, quoique ces deux sujétions nous paraissent inconciliables. Parfois encore le même homme obéit au roi sans bien savoir lui-même si c'est à titre de roi ou à titre de seigneur qu'il lui obéit. Pourtant les deux sortes de sujétion sont essentiellement différentes et les obligations qu'elles imposent ne sont pas les mêmes.

Ainsi la diversité n'est pas entre les provinces de l'empire; elle n'est pas non plus entre les races; elle est entre les institutions qui régissent un même canton, elle est entre les règles qui gouvernent un même individu.

C'est cette incessante contradiction, c'est ce mélange de monarchie et de féodalité qui caractérise l'époque carolingienne, à partir même de Charlemagne. De là viennent aussi les difficultés de notre étude. Ne parler que de l'ordre administratif et régulier établi par Charlemagne sans tracer le tableau de ce qu'il y avait déjà de féodalité vivante, montrer la parfaite obéissance des peuples sans laisser voir en même temps une lutte inconsciente et presque involontaire qui perçait partout, ce serait donner une idée incomplète et inexacte de ces temps-là. Les faits les plus incompatibles se sont un moment, sous Charlemagne, conciliés et confondus.

Si nous voulons les bien comprendre, il faut que nous les séparions; car la science humaine ne peut procéder que par l'analyse. Nous distinguerons donc les diverses institutions qui régissaient les hommes du VIIIe et du IXe siècle. Nous étudierons d'abord les institutions monarchiques; nous étudierons plus tard[1] celles qui étaient déjà féodales.

---

[1] [Voir plus loin, livre IV, en particulier c. 4 et suiv.]

CHAPITRE PREMIER

De la royauté

Il y a lieu de se demander d'abord si la révolution qui avait renversé du trône les Mérovingiens avait été provoquée par le désir d'affaiblir l'autorité royale. Il a paru, en effet, à quelques historiens modernes que ce changement de dynastie avait été le dernier acte d'une longue lutte de l'aristocratie contre les rois, et qu'elle marquait la victoire de cette aristocratie. On a même quelquefois ajouté que c'était l'esprit germanique qui avait renversé la famille mérovingienne, et qu'il l'avait renversée parce qu'elle avait trop suivi les traditions monarchiques de l'Empire romain.

Une telle pensée n'apparaît jamais dans les documents. Ils ne laissent voir à aucun signe que cette révolution ait répondu à des idées particulièrement germaniques. On n'y lit jamais que les hommes aient voulu remplacer une royauté trop absolue et trop romaine par une royauté plus germanique et plus limitée. Ces mots mêmes, dont nous sommes forcé de nous servir ici, ne se rencontrent jamais dans les textes. On n'y trouve nulle part l'expression de cette antithèse toute moderne entre un esprit germanique et un esprit romain, entre une royauté absolue et une royauté tempérée.

6° QUE L'ACTE DE 752 N'A PAS ÉTÉ UN AFFAIBLISSEMENT, MAIS PLUTÔT UN RELÈVEMENT DE LA ROYAUTÉ.

La famille des Pépins n'avait jamais fait la guerre à la royauté. Dans les cent cinquante années de son histoire que nous avons déjà vues, nous n'avons pas trouvé un seul indice d'hostilité contre le pouvoir monarchique. On ne rencontre pas d'elle un seul acte qui ait eu pour effet d'affaiblir ce pouvoir. Ceux qui la représentent sortie des rangs d'une aristocratie ennemie de la royauté, font une hypothèse contraire aux textes et à tous les faits connus. Cette famille carolingienne, avant d'être une famille royale, avait été une famille de fonctionnaires royaux. Arnulf, le premier Carloman, le premier Pépin, Clodulf et Anségise, avaient tous été des dignitaires du Palais mérovingien. La famille était née dans le Palais et y avait grandi. Ces hommes étaient devenus maires du Palais, c'est-à-dire premiers fonctionnaires du roi, chefs de la hiérarchie des fonctionnaires royaux, en théorie ministres d'un monarque, en réalité monarques eux-mêmes, enfin tout le contraire de ce qu'auraient été des adversaires de la royauté.

Les voici rois en 753. Cette nouvelle royauté n'est pas différente de la royauté précédente; surtout elle n'est pas amoindrie. Ils ont pris en mains la royauté mérovingienne, sans en rien retrancher, sans en rien laisser perdre. Ils l'ont plutôt rendue plus forte.

Le caractère de la révolution de 753 est nettement marqué dans tous les annalistes qui parlent d'elle. Ils en disent la cause; et tous sont d'accord pour n'indiquer qu'une seule cause, toujours la même. Les Mérovingiens, disent-ils, ont été exclus de la royauté parce qu'ils n'exerçaient pas la royauté « avec assez de vigueur », « avec assez de puissance ».

Observez la formule de la question posée au pape : c'est le mot « force » ou « pouvoir » qui y domine. On demande « s'il faut conserver des rois qui ne possèdent pas le pouvoir qui convient à des rois ». Le pape répond « qu'il vaut mieux avoir pour roi celui qui a la force que celui qui ne l'a pas ». Dira-t-on que cette pensée pouvait être personnelle au pape? Mais les Francs, qui se réunirent ensuite pour reconnaître et proclamer le nouveau roi, se décidèrent sur cette réponse du pape. Elle leur fut présentée, et ils n'y firent pas d'objection. C'est certainement sur cette formule que le changement de dynastie fut opéré.

Éginhard au début de son Histoire de Charlemagne s'applique à donner la raison de la chute des Mérovingiens. Leur reproche-t-il d'avoir été des rois absolus ou d'avoir adopté les idées romaines? Il leur reproche uniquement de n'avoir pas eu assez de vigueur, de n'avoir pas assez régné. Regardez ce portrait dédaigneux qu'il fait de ces rois et que font tous les annalistes avec lui. Il semble que les peuples aient rougi d'eux parce que leur main ne se faisait pas assez sentir.

Cette impuissance, dira-t-on, était le résultat de l'indiscipline des grands. Cela est vrai en partie. Mais il n'est pas contraire aux habitudes de la nature humaine que les mêmes hommes affaiblissent l'autorité sans le savoir, et lui reprochent ensuite d'être trop faible. Il semble bien, en tout cas, que les hommes du viiie siècle se soient plaints d'avoir des rois sans pouvoir et les aient renversés pour avoir un gouvernement plus fort et mieux obéi. L'idéal de ces hommes paraît bien avoir été le relèvement de la royauté. Un annaliste postérieur exprime cette idée lorsqu'il dit que « les Francs, affligés d'avoir supporté si longtemps des rois sans valeur, voulurent élever Pépin sur le trône[1] ». Un autre s'exprime encore plus nettement : « La famille d'Arnulf, dit-il, a relevé l'honneur de la dignité royale, que les rois mérovingiens avaient laissé périr[2]. »

L'acte de 753 n'avait donc pas été accompli pour affaiblir la royauté, mais pour la fortifier. Aussi la suite des faits nous montrera-t-elle deux choses : l'une, que le principal effort de la nouvelle dynastie fut appliqué à relever et à agrandir l'autorité royale ; l'autre, que les hommes ne firent aucune opposition à cette politique de leurs rois.

8° QUE LES DIPLÔMES CAROLINGIENS CONTINUENT LES DIPLÔMES MÉROVINGIENS.

Que la famille carolingienne ait pris la succession de la royauté mérovingienne, c'est ce qui apparaît à un simple coup d'œil jeté sur les diplômes. Que l'on compare aux diplômes qui nous sont parvenus des rois mérovingiens ceux que nous avons de Pépin, de Charlemagne et de Louis, on reconnaîtra d'abord que les uns et les autres ont les mêmes objets. Des Mérovingiens nous avons des actes de donation de terres ou

---

[1] *Appendix ad Gesta Francorum, ex Chronico Ademari*, Bouquet, II, p. 576 : *Tunc dolentes Franci quia... jam per multos annos sustinuerant de regali prole insipientes viros, voluerunt elevare in regem Pippinum.*
[2] *Vita S. Sigeberti regis, a Sigeberto Gemblacensi*, c. 10 ; Bouquet, II, p. 600 : *Regiæ dignitatis decus quod penitus deperierat per regum Francorum inauditam desidiam, per suam reparavit prosapiam.*

des confirmations de donations privées, des concessions d'immunité, des actes de jugement, des formules d'affranchissement, des formules de nomination d'évêques. De même, les princes carolingiens font des donations ou confirment des donations privées, confèrent l'immunité, affranchissent, rendent des arrêts judiciaires, nomment les évêques et convoquent les conciles.

Les Mérovingiens avaient fait des lois, qu'ils appelaient *edicta, decreta, præceptiones*; Pépin et Charlemagne font aussi des lois, qu'ils appellent plus volontiers *capitularia*, et qui ne diffèrent pas par nature des actes législatifs mérovingiens; comme leurs prédécesseurs, ils légifèrent aussi bien pour l'Église que pour l'État. Comme eux, ils disent : « Nous voulons », « nous ordonnons ».

Non seulement le roi carolingien fait tous les actes qu'a faits le roi mérovingien, mais il les fait dans les mêmes formes. Les diplômes de Pépin commencent par les mots *Pippinus rex Francorum vir illuster*. *Rex Francorum* est l'ancien titre officiel des Mérovingiens; la nouvelle dynastie l'a pris, et elle l'a toujours conservé, même après qu'elle y a joint le titre d'empereur. *Vir illuster* était une simple épithète d'honneur, à laquelle les rois avaient droit comme leurs hauts fonctionnaires; Pépin l'a prise; il l'a employée, non plus tout à fait comme il l'employait quand il était maire du Palais; il l'a employée exactement de la même façon que les rois mérovingiens[1]. Comme eux, il adresse ses

---

[1] Comme maire, il écrivait *illuster vir Pippinus major domus* (voir Tardif, n°° 53 et 54). Roi, il écrit *Pippinus rex Francorum vir illuster*. C'est donc bien exactement la suscription mérovingienne qu'il adopte. — [Voir *Nouvelles Recherches*, p. 157-260.]

diplômes à ses ducs, comtes et autres agents de l'autorité royale. Il écrit les mêmes préambules. Il exprime les mêmes faits dans les mêmes termes. En signant il prend l'épithète de *gloriosissimus* comme les Mérovingiens, et il date suivant la manière de dater de ces rois.

On peut même faire cette remarque que beaucoup de diplômes de Pépin, de Charlemagne et de Louis ne sont que des diplômes mérovingiens retranscrits et renouvelés. C'était un vieil usage de faire confirmer à chaque nouveau règne les donations ou immunités antérieures. Maintes fois les rois carolingiens déclarent que telle personne leur a présenté un ancien diplôme et qu'ils confirment la même donation ou la même immunité. Il se trouve ainsi que beaucoup de leurs actes ne sont, à vrai dire, que des actes de Dagobert ou de Clovis II. Et ils le disent : « Nous accordons, écrit Pépin, ce qu'ont accordé nos prédécesseurs[1]. » Louis le Pieux écrit « qu'il suit l'usage des rois antérieurs » et qu'en conséquence il renouvelle un acte de Dagobert[2]. Pareils exemples sont nombreux. Quant aux arrêts judiciaires et aux concessions d'immunité, ils sont rédigés exactement dans les mêmes termes qu'à l'époque précédente.

Cette similitude dans les actes de la chancellerie royale ne prouve pas précisément que l'esprit du gou-

---

[1] Tardif, n° 61 : *Juxta quod anteriores reges per eorum auctoritates præstiterunt.* — Bouquet, n° 14, p. 706 : *Per præceptionem anteriorum regum.* — Bouquet, n° 19, p. 710 : *Sicut anteriores reges confirmaverunt nos denuo renovare debemus.* — Diplôme de Carloman, de 770 (dans Martène, *Amp'issima collectio*, t. 1, col. 52) : *Quod antecessores quondam nostri, a Deo instituti, reges....* — Diplôme de Carloman, de 770 (Migne, XCVI, col. 1578) : *Prædecessorum nostrorum constituta firmantes.*

[2] Tardif, n° 107 : *Morem prædecessorum regum sequentes.*

vernement ait été le même. Mais une telle succession de diplômes se ressemblant pour le fond et pour la forme, ayant mêmes objets, même réalité, et aussi même phraséologie, prouve au moins qu'il ne s'est pas opéré en 753 une révolution dans le régime politique, surtout une révolution dans le sens d'un affaiblissement de la royauté, et marque bien que la famille nouvelle s'est appliquée à continuer la précédente, sans nulle rupture avec le passé.

5° DE LA FORMULE « GRATIA DEI ».

On aperçoit dans les diplômes carolingiens l'expression *Gratia Dei rex Francorum*. Elle est dans un diplôme de Pépin et dans presque tous ceux de Charlemagne[1]. Au contraire on ne la trouve pas dans les diplômes qui nous sont parvenus des Mérovingiens[2]. Mais il faut se demander quel était le caractère de cette innovation et chercher le sens qu'avaient les mots *gratia Dei*.

Il arrive souvent qu'une expression ou une formule

---

[1] *Pippinus gratia Dei rex Francorum vir inluster*, acte de Pépin, de 768, en original aux Archives, Tardif, n° 62. — *Pippinus gratia Dei rex Francorum vir inluster*, Boretius, *Capitularia*, p. 42. — *Carolus gratia Dei rex Francorum*, Tardif, n°° 63, 70, 71, 72, 75, 76, 77, 81, 82, 83, 89, 96. Les mots *gratia Dei* ne sont pas dans le n° 69. — *Carlomannus gratia Dei rex Francorum*, Tardif, n° 66.

[2] Il y a, il est vrai, dans le Recueil de Pardessus, huit diplômes mérovingiens qui portent les mots *gratia Dei* à côté de *rex Francorum*; ce sont les n°° 91, 252, 289, 306, 321, 395, 462, 548; mais ces diplômes ne sont que des copies, et peu authentiques. Par contre, parmi les originaux que nous possédons aux Archives, et qui sont au nombre de vingt-sept, non compris ceux dont l'en-tête a disparu ou est illisible, il n'en est aucun qui porte le *gratia Dei*. — Quelques formules portent *gratia Dei*, mais elles paraissent être d'âge carolingien; voir Rozière, 57, et Zeumer, p. 119, 120, 121, 124, 125. On peut donc admettre que l'expression n'était pas adoptée par les Mérovingiens.

représente une certaine idée de l'esprit à une époque, et en présente une toute différente à une autre époque. Aujourd'hui et depuis trois ou quatre siècles, les mots « roi par la grâce de Dieu » signifient que l'autorité ne vient pas du peuple; ils forment une antithèse avec « la volonté du peuple » et ils présentent ainsi à l'esprit une pensée d'orgueil surhumain. C'est bien ainsi que les peuples, sinon les rois, comprennent cette formule. Mais au VIII° siècle tout le monde la comprenait autrement. Le mot *gratia* signifiait acte de bonté, pure faveur, et présentait à l'esprit l'idée d'un don obtenu sans qu'on l'eût précisément mérité[1]. A cette même époque, le sentiment religieux étant très fort dans les âmes, on admettait que toute chose bonne était une faveur de Dieu, et avec les habitudes d'humilité auxquelles on s'astreignait surtout dans le langage, on se plaisait à dire que l'on devait un bien, non à son propre mérite, mais à la clémence et à l'indulgence de Dieu.

Ce sont les ecclésiastiques qui ont commencé à adopter cette expression. Dans les formules d'âge mérovingien, nous voyons qu'un évêque se disait *gratia Dei episcopus*, « évêque par la bonté de Dieu[2] ». Dans un diplôme de 652, un évêque de Cologne signe : *Cuniber-*

---

[1] Comparez les expressions : *Si gratiam nostram optatis habere* (Marculfe, I, 11; *Senonicæ*, 18, Rozière, 456; idem, 25). *Cum Dei et nostra gratia* (Marculfe, I, 12; *Senonicæ*, 19, Rozière, 38; *Salicæ Bignonianæ*, 1, Rozière, 56). *Nos plena gratia visi fuimus concessisse* (Marculfe, I, 15). *Si gratiam Dei vel nostram vultis habere* (Rozière, 452, Zeumer, p. 120).

[2] Marculfe, II, 40 : *Ille gratia Dei episcopus*. — Formulæ Bituricenses, 8; Zeumer, p. 171; Rozière, n° 92 : *In Dei nomine, ille, etsi peccator, gratia Dei episcopus*. — Formulæ Salicæ Bignonianæ, 26; Zeumer, p. 237; Rozière, n° 857 *Ille, quamvis peccator, dono Dei episcopus*.

tus gratia Dei Coloniensis episcopus[1]; en 652, l'évêque Landri se qualifie « évêque de Paris par la bonté divine[2] »; ailleurs encore, en 728, nous voyons un « Widigern par la grâce de Dieu évêque de Strasbourg[3] ». Des abbés aussi pouvaient se dire « abbés par la grâce de Dieu[4] ». En 745, un simple prêtre de l'Église de Rome du titre de Saint-Marc s'intitule, au milieu des Actes d'un concile : *Stephanus gratia Dei presbyter*[5]. Il est donc avéré que cette expression a été employée par des hommes d'Église avant de l'être par le roi carolingien.

Or chez ces ecclésiastiques elle n'était pas une expression d'orgueil. Elle ne signifiait pas que l'évêque ou l'abbé déclarât tenir son pouvoir de Dieu seul. Le prélat qui l'employait ne faisait pas entendre par là qu'il n'eût pas été nommé par le roi après une élection ou un simulacre d'élection du peuple. Il voulait dire seulement qu'il reportait sa grandeur, non à ses mérites, mais à l'indulgence de Dieu. Aussi les mots *gratia Dei* étaient-ils quelquefois remplacés par *misericordia Dei*, qui en étaient l'équivalent[6].

Le sens de ces expressions est surtout manifeste si

---

[1] Pardessus, n° 258.

[2] Idem, n° 320 : *Divina largiente gratia Landericus Parisiorum ecclesiæ episcopus.*

[3] Idem, n° 543 : *Widigernus gratia Dei ecclesiæque Sancte Marie in Stradburgo civitate vocatus episcopus.* — Cf. ibidem, p. 355, note : *Widegernus Dei gratia Argentinensis episcopus.*

[4] *Formulæ Salicæ Merkelianæ*, 54; Zeumer, p. 260; Rozière, n° 555 : *Ego gratia Dei abbas.* — *Formulæ Salicæ Bignonianæ*, 26; Rozière, n° 857 : *Illo gratia Dei abbate.* — Diplôme de 772 (Migne, n° 11, t. I, col. 924) : *Venerabilis vir Faribertus dono Dei abbas.*

[5] Actes du concile de Rome de 745 dans les *Monumenta Moguntina*, édit. Jaffé, p. 146 : *Stephanus gratia Dei presbiter sanctæ Romanæ ecclesiæ tituli Sancti Marci.*

[6] *Richolfus misericordia Dei archiepiscopus*; Jaffé, *Monumenta Carolina*, p. 592, anno 810.

l'on songe que c'était un usage général chez les évêques, lorsqu'ils signaient un acte, de se dire « évêques quoique indignes », ou « quoique pécheurs »; ces mots se trouvent partout. L'expression « par la grâce de Dieu » est l'équivalent de ces mots-là ou en est le développement. Aussi lisons-nous quelquefois : « Un tel, quoique pécheur, par la faveur de Dieu, évêque[1]; » ou encore : « Un tel, quoique indigne, cependant par la grâce de Dieu, évêque[2]. » Dans tout cela le *gratia Dei* est une simple expression de piété et même d'humilité par laquelle on reporte à la faveur ou à la clémence de Dieu des biens que l'on n'eût pas mérités par soi-même. C'est ainsi que Boniface, vers 720, s'intitule *gratia Dei episcopus*[3], et il dit cela dans une lettre adressée au pape qui précisément l'a fait évêque. C'est qu'en s'appelant, au commencement de cette lettre, *gratia Dei episcopus*, il ne veut pas dire autre chose que lorsque, à la fin de la même lettre, il se dit *exiguus episcopus*.

Pépin et Charlemagne ont emprunté cette expression aux évêques avec l'idée qui s'y attachait. Quand Pépin

---

[1] *Formulæ Bituricenses*, 8 : *Ille, etsi peccator, gratia Dei episcopus.* — *Bignonianæ*, 26 : *Quamvis peccator dono Dei episcopus.* — Charte de 778 : *Ego Remigius, etsi peccator, gratia Dei Argentinensis episcopus* (*Testamentum Remigii*, dans Grandidier, et dans Migne, XCVI, col. 1582).

[2] Rozière, n° 744 : *Ille, quamvis indignus, tamen gratia Dei episcopus.* — On ne dira pas qu'ici les termes *gratia Dei* soient une expression d'orgueil par laquelle l'évêque se place au-dessus du roi et se déclare indépendant de lui ; car c'est la lettre d'un évêque écrite au chapelain du Palais pour solliciter une faveur du roi. — Tello, évêque de Coire, écrit dans son testament : *Deus qui me indignum, non meis meritis sed sua clementia inter præsules suæ ecclesiæ dignatus est collocare*; *Testamentum Tellonis*, de 766, dans Migne, t. XCVI, col. 1555.

[3] Jaffé, *Monumenta Moguntina*, p. 76. De même dans les Actes du concile de Rome de 745 que nous citions plus haut, le *gratia Dei presbiter* tient lieu de la formule *humilis presbyter* ou *indignus presbyter* que les autres signataires ont écrit (*Monumenta Moguntina*, p. 146, 147).

se « dit roi par la grâce de Dieu », il n'entend pas nier par là toute participation de la nation franque dans la collation de son pouvoir; il veut seulement reconnaître la faveur et la bonté de Dieu à son égard[1]. Charlemagne emploie les mêmes mots dans le même sens. Il n'en fait pas une formule caractéristique du pouvoir souverain. Il permet aux évêques de continuer à s'en servir. Il ne défend même pas à ses comtes de l'employer. Un comte, qu'il a nommé lui-même et qu'il peut révoquer, peut par piété s'intituler « comte par la grâce de Dieu[2] ».

Quelquefois l'expression est modifiée, et Charlemagne se dit « roi des Francs par la miséricorde de Dieu[3] ». Ou bien encore il écrit : « Le royaume que Dieu m'a donné quoique indigne[4]. » Louis le Pieux remplace volontiers *gratia Dei* par *divina ordinante providentia,* par *misericordia Dei*, par *divina clementia*[5]. Quelque-

---

[1] C'est dans le même sens que Pépin dit, dans un diplôme de 768 : *Quia per Dei misericordiam regna terræ gubernare videmur* (Migne, t. XCVI, col. 1570).

[2] On a un acte où un certain Guillaume, contemporain de Charlemagne, s'intitule *Willelmus gratia Dei comes*. *Bibliothèque de l'École des Chartes,* II, p. 179.

[3] *Karolus... per misericordiam Dei rex Francorum*, Boretius, *Capitularia*, p. 126, 168, 169, 211, 241, 246, 397. — Dans une lettre écrite en 809, Charlemagne se dit *Karolus... per misericordiam Dei rex Francorum et Langobardorum* (Jaffé, *Monumenta Carolina*, p. 401). — Ailleurs nous lisons : *Karolus Dei fretus auxilio rex Francorum et Langobardorum* (Boretius, p. 80; Jaffé, p. 369). — Ailleurs, il réunit les deux expressions *gratia* et *misericordia* : *Carolus gratia Dei ejusque misericordia donante rex.*

[4] *Vita Alcuini*, c. 10 (Bouquet, V, p. 446; Bénédictins, IV, p. 153); l'auteur, qui est un contemporain, met dans la bouche de Charlemagne cette parole : *Honor iste (id est regnum) quem quanquam indigno dedit mihi Deus.*

[5] *Divina ordinante providentia*, Tardif, n°ˢ 104, 107, 108, 109, 112, 113, etc.; Boretius, p. 261, 263, 273, 350, 355, etc. — *Misericordia Dei*, Boretius, p. 355. — *Divina propitiante clementia*, Tardif, n° 129. —

fois il s'explique plus clairement encore : « Si je règne, dit-il, c'est par pure faveur de Dieu; c'est par sa bonté et non par notre mérite que j'ai été élevé à ce rang[1]. » Sous toutes ces formes la pensée est la même : c'est une simple pensée de piété.

Or cette pensée n'avait pas été étrangère aux rois mérovingiens. Elle était déjà dans le style de leur chancellerie. S'ils ne l'exprimaient pas par les mots *gratia Dei*, ils avaient des expressions fort analogues. Clotaire II signait *Chlotacharius in Christi nomine rex*[2]. Il parlait de « son royaume qu'il devait à la bonté de Dieu[3] »; cette dernière formule était de style sous les Mérovingiens et nous la trouvons encore dans un diplôme de Thierry III[4]. Toutes ces formules, aussi bien que l'expression *gratia Dei*, ne sont qu'un hommage rendu à la puissance divine. Toutes signifient uniquement que rien ne se fait sans la volonté de Dieu, et les hommes exprimaient la même pensée en disant que c'est par Dieu que règnent les rois[5].

Mais, en héritant de toute la royauté mérovingienne, la royauté des Carolingiens se présente avec quelques

---

Louis le Bègue se dit aussi *rex misericordia Dei* (Annales de Saint-Bertin, année 877, p. 265).

[1] Capitulaire de 818, dans Boretius, p. 274, lignes 11 et 25 : *Ejus est muneris quod regnamus... cum nos nullis existentibus meritis divina pietas ad hujus imperii culmen provexisset.*

[2] Édit de 614, Boretius, p. 23.

[3] Ibidem, p. 20 : *In regno, Deo propicio, nostro.*

[4] Archives nationales, acte de 681, Tardif, n° 23 : *Per regna, Deo propitio, nostra.* — On trouve aussi : *Divina disponente gratia, divina præveniente clementia,* mais dans des copies d'authenticité douteuse, Pardessus, n°° 167 et 191.

[5] *Deus omnipotens per quem reges regnant et principes imperant, sua vos protegat gratia*; lettre d'Étienne IV à Charlemagne, Jaffé, p. 167. La même pensée est exprimée ainsi dans un passage de saint Augustin que Hincmar reproduit : *Nihil fit nisi quod aut Deus facit aut fieri permittit*; Hincmar, *De regis persona*, c. 1; Migne, I, col. 834.

caractères nouveaux, que nous étudierons tout à l'heure.

CHAPITRE II

Le sacre des rois.

Le sacre des rois est une innovation qui date des Carolingiens. Il avait été inconnu aux rois francs et, en général, aux rois barbares. Il ne venait pas d'ailleurs des empereurs romains. Il était de source exclusivement chrétienne.

Le sacre était, par essence, un acte religieux et même sacerdotal, qui était propre aux ecclésiastiques. Il se conférait par l'onction avec l'huile sainte, et cette onction mystique marquait que l'homme était séparé du reste des hommes et devenait un être sacré. Par elle l'homme était « béni de Dieu », et par suite il pouvait « bénir » à son tour[1].

Le point de départ de cet acte chrétien avait été l'Ancien Testament des Juifs. L'Église lisait dans le Lévitique que, lorsqu'il s'était agi de créer des prêtres, Dieu avait dit à Moïse : « Oins Aaron et ses fils de l'huile sainte; » et Moïse avait versé l'huile sainte sur la tête d'Aaron et l'avait « consacré[2] ». L'Église avait donc gardé cette règle pour son sacerdoce, qu'elle voulait séparer profondément du reste des fidèles. Dans l'ordination d'un prêtre, surtout dans celle d'un évêque, le

---

[1] *Corpus juris canonici*, édit. de Paris, 1687, 2ᵉ partie, p. 58-59.
[2] Lévitique, VI, 2 et 12 : Ἔχεε Μωϋσῆς ἀπὸ τοῦ ἐλαίου τῆς χρίσεως ἐπὶ τὴν κεφαλὴν Ἀαρὼν, καὶ ἔχρισεν αὐτὸν καὶ ἡγίασεν αὐτόν.

consécrateur versait l'huile sainte sur la tête et sur les mains de l'élu[1]. Il prononçait en même temps cette formule : « Que Dieu, qui a voulu que tu fusses élevé à la dignité d'évêque, te pénètre de cette huile, liqueur mystique, et qu'il te remplisse de sa bénédiction, afin que toute chose que tu sanctifieras soit sanctifiée et que ta main sacrée profite au salut de tous[2]. »

Or l'Église trouvait aussi dans l'Ancien Testament ce même sacre appliqué aux rois. Lorsque Samuel avait créé la royauté juive, il avait versé l'huile sainte sur la tête de Saül et lui avait dit : « Dieu t'a choisi pour régner sur son peuple et pour sauver son peuple de la main de ses ennemis ; le signe de cela est qu'il t'a oint comme son élu[3]. » Plus tard, quand, rejetant Saül, le même Samuel choisit David, Dieu lui dit encore de sacrer le nouveau roi. David reçut donc l'huile sainte et « de ce jour l'esprit de Dieu fut en lui[4] ».

Voilà ce que l'Église lisait dans la Bible. Elle ne songea pas à appliquer ce sacre aux empereurs. Ces empereurs, même chrétiens, n'avaient pas besoin de l'onction sacerdotale. Elle ne l'appliqua pas non plus aux rois

---

[1] Pour le sacre du prêtre, voir Martène, *De antiquis ecclesiæ ritibus*, 1736, in-folio, t. II, pages 50, 64, 111, 128, 180. — Pour le sacre de l'évêque, voir p. 90, 113, 130, 149, 160, 182, 201.

[2] Formules, édit. de Rozière, n° 523, p. 643 : *Deus... qui te ad pontificalem sublimari voluit dignitatem, ipse te chrismate et mysticæ delibutionis liquore perfundat, et spiritualis benedictionis ubertate fæcundet, ut quidquid sanctificaveris sanctificetur, et consecratæ manus istius vel pollicis impositio cunctis proficiat ad salutem.* — Il y avait d'autres formules analogues ; celle-ci, par exemple : *Unguatur et consecretur caput tuum cælesti benedictione in ordine pontificali. Unguantur manus istæ et consecrentur de oleo sanctificato, sicut unxit Samuel David in regem et prophetam.* Martène, *De antiquis ecclesiæ ritibus*, t. II, p. 90, 150, 182.

[3] Ancien Testament, *Rois*, I, 10, verset 11 : [Καὶ τοῦτό σοι τὸ σημεῖον, ὅτι ἔχρισέ σε Κύριος ἐπὶ κληρονομίαν αὐτοῦ εἰς ἄρχοντα.]

[4] *Rois*, I, 16, versets 1, 3, 12, 13.

francs, bien que l'on ait prétendu que Clovis avait été sacré[1]. Chez les Wisigoths d'Espagne l'usage du sacre apparaît dès le viie siècle. Lorsque les Wisigoths se firent catholiques, l'épiscopat prit tout de suite une grande force. Avec la puissance de l'épiscopat apparut l'institution du sacre des rois[2]. En France, cette institution ne se produisit qu'au siècle suivant. Elle naquit avec la dynastie carolingienne.

Il est impossible de dire si ce fut le nouveau roi ou si ce fut l'Église qui en eut la première idée. Pépin calcula peut-être que le sacre assurerait à sa famille la vénération des hommes et par conséquent leur obéissance. Les papes et les évêques calculèrent peut-être qu'un roi sacré par leurs mains leur serait plus attaché et plus docile. Mais ces calculs n'étaient pas nécessaires, et il est possible qu'on ne les ait pas faits. L'avènement des Carolingiens coïncidait avec une recrudescence du sentiment religieux dans les âmes; cette seule coïncidence fit qu'il parut tout naturel de donner à la nouvelle royauté un caractère religieux. Toute institution porte la marque d'esprit du temps où elle naît. Quand une institution traverse plusieurs âges, comme la royauté, elle prend successivement la marque d'esprit de ces âges successifs. C'est ainsi que la vieille royauté, sans perdre aucun des caractères dont les siècles précédents l'avaient empreinte, y ajouta par surcroît la marque particulière des générations du viiie siècle, la marque religieuse.

---

[1] Cette opinion est déjà exprimée par Hincmar, qui était, à la vérité, comme archevêque de Reims, intéressé à la répandre. Voir la *Coronatio Caroli Calvi*, dans Hincmar, édit. Migne, t. I, col. 806.

[2] Voir le 6e concile de Tolède, année 638. Voir aussi l'histoire de Wamba par Julianus de Tolède, dans Bouquet, II, p. 797.

Pépin ne se fit roi qu'après avoir été sacré. Tous les annalistes placent le sacre avant la prise de possession de la royauté[1]. Il est bon de remarquer que ce premier sacre fut opéré par la main des évêques, c'est-à-dire par saint Boniface en présence et au nom des évêques de la Gaule. Les deux auteurs les plus voisins de l'événement sont très nets sur ce point. L'un d'eux qui écrit en ce moment même dit que Pépin reçut « la consécration des évêques[2] ». Un autre qui écrit quinze ans plus tard dit « qu'il reçut l'onction de l'huile sainte par les mains des évêques des Gaules[3] ». Il paraît donc que le sacre de Pépin fut un acte collectif de l'épiscopat, représenté par saint Boniface. Le pape ne vint que deux ans plus tard pour le renouveler.

Il semble que les premiers Carolingiens aient eu le désir de substituer au sacre par les évêques le sacre par les papes ; et cela s'expliquerait par des calculs politiques. Charlemagne fut sacré par Étienne II comme roi et par Léon III comme empereur. Louis le Pieux fut sacré comme roi par Adrien Ier à Rome en 781, puis comme empereur par Étienne IV en 816[4]. Mais l'ac-

---

[1] Les deux choses sont presque du même jour ; mais les annalistes placent tous le sacre avant la cérémonie d'installation sur le trône. — Continuateur de Frédégaire : *Cum consecratione episcoporum... sublimatur in regno.* — Éginhard, *Annales* : *Unctus sacra unctione et elevatus in solium regni.* — *Annales Fuldenses* : *In regem unctus, regni honore sublimatus est.* — Annales de Fontenelle : *A Bonifacio unctus, rex constituitur.* — Annales de Lorsch : *Unctus per manus Bonifacii et elevatus a Francis in regno.*

[2] Continuateur de Frédégaire, c. 117 : *Cum consecratione episcoporum.* — Mêmes expressions dans l'*Appendix* aux *Gesta regum Francorum*, Bouquet, II, p. 574.

[3] *Clausula de Pippini unctione*, Bouquet, V, p. 9-10 : *Per unctionem sancti chrismatis per manus sacerdotum Galliarum.*

[4] Thégan, c. 17. — *Stephanus benedixit eum in imperatorem, et imposuit illi coronam auream.* Annales de Moissac, année 816 (Bouquet, VI, p. 171).

complissement du sacre revint à l'épiscopat national[1]. Charles le Chauve fut sacré par l'archevêque de Sens à Orléans[2], plus tard par un autre groupe d'évêques à Metz[3]; Louis le Bègue le fut à Compiègne[4], ses deux successeurs à Ferrières[5]. Puis l'usage s'établit que la cérémonie eût lieu à Reims.

Les documents du temps marquent bien quelles idées les hommes attachaient au sacre, et quelles furent les conséquences diverses de cette institution. Le sacre n'était pas une pure formalité, destinée à rehausser l'éclat du diadème. Les hommes y voyaient une véritable consécration, au sens propre, de la personne du roi. Ils le comprenaient tel qu'ils l'avaient vu dans la Bible, ou tel qu'ils le voyaient pratiqué pour les évêques.

---

[1] Nous ne voyons pas dans les documents que Charles le Chauve ait été sacré en 840, en devenant roi de la France occidentale. La chose est probable, mais aucun annaliste n'en parle. — Suivant la Chronique de Limoges et la Chronique d'Adémar, il se serait fait sacrer en 855, à Limoges, par l'archevêque de Bourges et en présence de nombreux prélats; le fait est douteux, ne nous étant donné que par deux Chroniques fort postérieures (Chronique de Saint-Martial de Limoges, p. 2; cf. p. 57; Chronique d'Adémar dit de Chabannes, Bouquet, VII, p. 227), qui paraissent faire confusion avec le sacre du jeune Charles, fils de Charles le Chauve, qui fut en effet sacré en 855 à Limoges comme roi d'Aquitaine (Annales de Saint-Bertin, p. 87-88). Charles le Chauve fit sacrer son fils avant de l'établir roi en Aquitaine; c'est qu'apparemment il s'était fait sacrer lui-même avant de régner en France; mais la mention de ce sacre a disparu des Chroniques. — Charles le Chauve, en 848, était devenu roi d'Aquitaine ainsi : *Aquitani, inertia Pippini coacti, Karolum petunt, atque in urbe Aurelianorum pene omnes nobiliores cum episcopis et abbatibus in regem eligunt, sacroque chrismate delibatum et benedictione episcopali solemniter consecrant.* Annales de Saint-Bertin, p. 68.

[2] Sacré à Orléans, Walter, III, p. 107, art. 3.

[3] Ce sacre eut lieu en 869, alors que Charles le Chauve devint roi de la Lotharingie, et il eut lieu au moment même où il prit possession de ce nouveau royaume (Annales de Saint-Bertin).

[4] Annales de Saint-Bertin, édit. Dehaisnes, p. 261.

[5] Ibidem, p. 282.

Il était dit dans les formules publiquement prononcées que par l'onction sainte le roi était « consacré à Dieu[1] », qu'il était « sanctifié[2] ». L'évêque versait l'huile sainte sur le front du roi[3], et lui disait : « Que Dieu te couronne dans sa miséricorde de la couronne de gloire, qu'il verse sur toi l'huile de la grâce de son Esprit Saint, comme il l'a versée sur les prêtres, les rois, les prophètes et les martyrs[4]. »

Le roi était donc, par le sacre, revêtu d'un caractère religieux, presque sacerdotal. Consacré à Dieu comme les évêques, il devenait une sorte d'évêque. Entre le sacre de l'évêque et le sien il n'y avait qu'une légère différence de formule. Au fond, l'acte était le même. Le roi était devant Dieu et devant les hommes aussi saint que l'évêque. Certainement le sacre le séparait des laïques et le rangeait parmi les clercs. Il s'élevait désormais au-dessus des laïques de toute la distance qui, dans les idées de ces hommes, séparait de la foule l'homme consacré à Dieu. Un pape écrit en 769 que les Carolingiens sont « une famille sacrée et un royal sacerdoce[5] ».

---

[1] *Sacra unctione Domino consecretur.* Discours prononcé Hincmar au sacre de 869, Migne, col. 806.

[2] [Cf. plus haut, p. 227, n. 2.]

[3] *Inunxit eum Hincmarus archiepiscopus de chrismate aa dexteram auriculam et in fronte usque ad sinistram auriculam et in capite* (Hincmar, ibidem, col. 807).

[4] Hincmar, ibidem : *Coronet te Dominus corona gloriæ in misericordia et miserationibus suis, et ungat te in regni regimine oleo gratiæ spiritus sancti sui, unde unxit sacerdotes, reges, prophetas et martyres.* — Ibidem, *Coronatio Ludovici*, col. 810 : *Oleo gratiæ spiritus sancti tui perunge eum, unde unxisti sacerdotes....* — Sur les diverses cérémonies du sacre, voir Martène, *De antiquis ecclesiæ ritibus*, in-folio, t. II, p. 594 et suiv.

[5] *Vos gens sancta estis atque regale estis sacerdotium.* Lettre du pape Étienne III à Charles et à Carloman, dans Jaffé, p. 160.

Par conséquent, la royauté elle-même prenait un caractère nouveau. Elle n'était plus seulement un commandement militaire, comme chez les peuples germains; elle n'était plus seulement une autorité militaire et civile à la fois, comme sous les empereurs et sous les Mérovingiens : elle devenait, par surcroît, un office chrétien. Nous voyons désormais les rois désigner leur pouvoir par le terme *ministerium*; par ce mot, qui signifie proprement un service, ils entendent qu'ils exercent en effet un service à l'égard d'une puissance supérieure, qui est Dieu. Ils sont et disent être ses serviteurs, ses agents, comme ses fonctionnaires et ses ministres ici-bas [1].

De là des droits. Il est clair qu'un tel roi pourra siéger dans un synode d'évêques, y présider, y parler, y traiter même des questions de dogme et de foi. Il pourra aussi faire des décrets sur l'Église, sur la discipline intérieure, même sur la croyance. Il exercera une surveillance sur le clergé et sur l'épiscopat, non pas seulement comme chef d'État et dans un intérêt politique, mais au point de vue de la morale, du culte, de l'instruction, des rites. Tout ce qui touche à la religion et à Dieu est de son domaine. Aussi s'explique-t-on très bien que la moitié des actes législatifs de Charlemagne et de son premier successeur ait trait à la discipline, aux mœurs, à la foi du clergé. Par le sacre, il était entré

---

[1] *Perfectio ministerii vestri*, disent les évêques à Louis le Pieux, en 820, dans Borelius, p. 367, art. 8. — Les évêques déposeront un jour Louis le Pieux en alléguant que *ministerium sibi commissum satis indigne tractavit* (*Acta exauctorationis Ludovici*, Bouquet, VI, p. 244). — *Ut sit imperator et rex suo mancipatus officio, nec aliena gerat, sed ea quæ sui juris competunt propria, neque prætermittat ea quia pro his omnibus adducet eum Deus in judicio*. Discours de Wala dans un *conventus* en présence de Louis, *Vita Walæ*, II, 2; Bouquet, VI, p. 280.

dans l'Église. Il y était entré comme chef ; il était un chef d'Église autant qu'un chef d'État.

De là aussi des devoirs nouveaux. Ils doivent gouverner dans l'intérêt de Dieu. Ils ont l'obligation de défendre l'Église, de l'enrichir, de l'améliorer dans ses mœurs. Comme le sacre les a fait entrer dans l'ordre des élus de Dieu, ils doivent souvent agir et parler en prêtres.

Cette puissance surhumaine est un lourd fardeau. Je doute qu'elle ait rendu le gouvernement des hommes plus facile. Les Carolingiens furent écrasés par la haute idée qu'ils se firent de leur pouvoir. Commander au nom de Dieu, vouloir régner par lui et pour lui quand on n'est qu'un homme, c'est s'envelopper d'un réseau d'inextricables difficultés. L'idéal en politique est toujours dangereux. Compliquer la gestion des intérêts humains par des théories surhumaines, c'est rendre le gouvernement presque impossible.

Dans la pratique, le sacre subordonne ces rois à l'épiscopat. Observons certains détails de la cérémonie. Le roi doit être sacré par les évêques, et il est assez visible qu'il ne peut pas les obliger à le sacrer malgré eux. La cérémonie ne peut avoir lieu qu'en public. Ce n'est pas un évêque seul qui l'accomplit, ce sont tous les évêques, ou du moins celui qui consacre ne peut le faire qu'au nom de tous, en les consultant, et avec leur assentiment unanime et hautement exprimé. Cette règle, qui est capitale, ressort bien des procès-verbaux qui nous sont venus des cérémonies du sacre au IX° siècle. Regardons le sacre de Charles le Chauve en 869.

Charles se présente dans le royaume de Lotharingie pour en devenir le roi. Il n'a pas encore pris ce titre. Il n'a prétendu encore officiellement à aucun droit, et aucun droit ne lui a été officiellement reconnu¹. Il arrive à Metz, et il se rend dans l'église de Saint-Étienne où les évêques du pays sont assemblés².

Un évêque adresse une harangue aux autres évêques et à l'assistance qui remplit l'église³. Nous y lisons ceci : « ...Ayant perdu notre roi précédent, nous avons par nos jeûnes et nos prières appelé l'aide de Celui à qui tout royaume appartient et qui donne le pouvoir à qui il veut; nous avons supplié la bonté de Dieu de nous choisir un prince selon son cœur, un roi qui, par justice et protection, nous garde et nous défende, et d'incliner nos cœurs unanimes vers le roi qu'il aurait élu et prédestiné pour notre salut et notre profit⁴. La volonté de Dieu, manifestée par notre accord unanime, nous a désigné comme héritier légitime de ce royaume notre seigneur Charles ici présent; nous nous sommes spontanément remis à lui, comme à notre roi et prince, afin qu'il nous commande et nous protège⁵. »

---

¹ Je laisse de côté certains détails sur l'état des partis; cela n'appartient pas au sujet que nous traitons en ce chapitre.

² Notons que ce qui donne à l'acte de 869 un caractère un peu particulier, c'est que le roi Lothaire II était mort sans enfants et qu'il n'avait pas avant de mourir réglé sa succession ni transmis ses pouvoirs.

³ *Hæc quæ sequuntur capitula Adventius episcopus, coram rege et episcopis qui adfuerunt, publice populo scripto et verbis denuntiavit.* Hincmar, Annales de Saint-Bertin, édit. Dehaisnes, p. 191.

⁴ *Rege nostro destituti, salubre consilium nobis omnibus esse consideravimus ut jejuniis et orationibus ad Eum nos converteremus qui est adjutor in opportunitatibus, cujus est regnum, et, ut scriptum est, « cui voluerit dabit illud »... Deprecantes ipsius misericordiam ut daret nobis regem ac principem secundum cor suum, qui in judicio et in justitia nos regeret, salvaret, atque defenderet juxta voluntatem ejus, et corda omnium nostrum unanimiter ad eum declinaret atque uniret, quem ad salutem et profectum nostrum præscitum et electum atque prædestinatum habebat.* Hincmar, dans Annales de Saint-Bertin, p. 191-192, ou dans la Patrologie latine, t. I des Œuvres d'Hincmar, col. 803.

⁵ *Quia voluntatem Dei in concordi unanimitate nostra videmus hunc regni hujus heredem esse legitimum, cui nos sponte commisimus, do-*

De telles paroles sont l'expression d'une idée nouvelle. L'épiscopat, à qui l'on demande le sacre, croit disposer par là de la royauté. Il déclare que celui qu'on va faire roi n'a aucun droit par sa personne ou par sa naissance ; c'est Dieu seul qui l'a choisi, et ce choix de Dieu a été manifesté par l'accord des évêques. Le roi tiendra sa couronne d'une élection, mais d'une élection épiscopale.

L'évêque continue, non pas pour dire simplement qu'on va procéder au sacre, mais pour demander aux évêques présents et à toute l'assistance si l'on y procédera. C'est le sens de cette phrase : « Il nous paraît bon, si tel est votre avis, que, après que nous aurons entendu les paroles de Charles ici présent, nous montrions par un signe certain (c'est-à-dire par l'onction) qu'il nous a été choisi et donné par Dieu[1]. » Et avant que l'assistance donne son avis, il invite le roi à prendre la parole ; autrement dit, il exige de lui une promesse publique et comme une profession de foi. « Nous croyons, dit l'évêque, qu'il est convenable au prince et nécessaire à nous que nous entendions de sa bouche ce qu'un peuple fidèle doit entendre d'un roi très chrétien[2]. »

Le roi prend donc la parole : « Puisque les vénérables évêques, parlant tous par la bouche de l'un

---

minum videlicet præsentem regem ac principem nostrum Karolum, ut nobis præsit et prosit.

[1] *Videtur nobis, si placet vobis, ut, sicut post illius verba vobis manifestabimus, signo certissimo demonstremus quia illum a Deo electum et nobis datum principem credimus* (Annales de Saint-Bertin, p. 192 ; Patrologie, col. 804).

[2] Ibidem : *Et si illi placet, dignum ipsi et necessarium nobis fore videtur ut ex ejus ore audiamus quod a christianissimo rege fideli et unanimi in servitio illius populo convenit audire.*

d'eux, ont montré par leur unanimité que Dieu m'a choisi pour vous défendre et vous gouverner, sachez que, moi, je maintiendrai l'honneur de Dieu, son culte et le respect de ses saintes églises, et que je conserverai chacun de vous et l'honorerai suivant son rang, de tout mon savoir et de tout mon pouvoir, et que j'observerai les lois ou ecclésiastiques ou civiles qui appartiennent à chacun de vous; et c'est à cette condition que chacun de vous me donnera le respect et l'obéissance qui me sont dus comme roi[1]. »

Un autre évêque fait encore un discours où il rappelle que c'est la volonté de Dieu que Charles soit roi, et qu'on se place volontairement sous son autorité[2]; il conclut en disant qu'il va procéder au sacre « si l'assemblée présente est unanime à décider qu'il en soit ainsi[3] ». L'assemblée répond par de simples acclamations[4]; mais chacun des évêques vient successivement présenter, sous la forme d'une invocation à Dieu pro-

---

[1] Annales de Saint-Bertin : *Post hæc Karolus rex hæc quæ sequuntur per se in eadem ecclesia cunctis qui adfuerunt denuntiavit : Quia, sicut isti venerabiles episcopi unius ex ipsis voce dixerunt, et certis indiciis ex vestra unanimitate monstraverunt, et vos acclamastis, me Dei electione ad vestram salvationem et profectum atque gubernationem huc advenisse, sciatis me honorem et cultum Dei atque sanctarum ecclesiarum Domino adjurante conservare et unumquemque vestrum et secundum sui ordinis dignitatem et personam, juxta meum scire posse, honorare et salvare et honorabiliter salvatum tenere velle, et unicuique in suo ordine secundum sibi competentes leges, tam ecclesiasticas quam mundanas, legem et justitiam conservare, in hoc ut honor regius et potestas ac debita obedientia mihi exhibeatur.*

[2] *Voluntatem Dei esse ut præsens domnus et rex noster ad hunc locum Domino ducente pervenerit..., et ipsi vos sponte commendastis* (édit. Dehaisnes, p. 195; Patrologie, col. 805).

[3] *Non incongruum videtur venerabilibus episcopis, si vestræ unanimitati placet, ut in obtentum regni sacra unctione Deo consecretur. Quod si vobis placet, propriis vocibus consonate.*

[4] *In hoc conclamantibus omnibus.*

noncée à haute voix, sa volonté expresse que le roi soit sacré[1]. On procède alors à l'onction. Un évêque verse l'huile sur le front et la tête du roi, en récitant des formules qui précisent le sens chrétien de l'acte[2]. Cela fait, les évêques lui mettent sur la tête la couronne[3], enfin ils lui placent dans la main le sceptre « par lequel il devra, d'abord se régir lui-même, puis défendre la sainte Église, enfin diriger les bons dans la voie droite et corriger les mauvais[4] ».

Que l'on observe cette série d'actes; ce n'est pas le hasard qui a fixé l'ordre dans lequel ils se suivent : la remise du sceptre et de la couronne ne vient qu'après l'onction sainte; celle-ci ne vient qu'après l'expression de la volonté unanime des évêques, et celle-ci ne vient elle-même qu'après la promesse faite par le roi. Le sacre est, au fond, un contrat formel entre chaque roi et les évêques. Le roi est lié par son sacre[5].

---

[1] *Coronatio Caroli Calvi*, dans les Œuvres d'Hincmar, édit. de la Patrologie, I, col. 806.
[2] Ibidem, col. 807.
[3] Ibidem, 808 : *Miserunt illi episcopi coronam in capite... Dederunt illi palmam et sceptrum.*
[4] Ibidem, 810.
[5] Nous nous sommes servi en tout ceci du procès-verbal du sacre de 869. On trouvera également, dans les Œuvres d'Hincmar, le procès-verbal du sacre de Louis II en 877, et l'on y reconnaîtra les mêmes traits essentiels, et surtout les promesses du nouveau roi (Patrologie, col. 809-811; Annales de Saint-Bertin, p. 261-264).

CHAPITRE III

Le serment de fidélité au roi.

Parmi les institutions qui se rattachent à la royauté carolingienne et qui la caractérisent, il en est une dont les documents de l'époque parlent bien des fois et avec quelque clarté : c'est le serment prêté au roi. L'historien ne doit pas la négliger ; elle est curieuse en elle-même, car nous y verrons la nature et l'étendue de l'obéissance des hommes ; elle est curieuse aussi par ses conséquences, car [on pourra se demander] si le serment féodal n'en dérive pas.

Il faut observer tout d'abord que ce serment au roi n'est pas une innovation de l'époque carolingienne. Nous l'avons déjà vu et étudié sous les Mérovingiens ; et auparavant nous l'avions déjà remarqué sous l'Empire romain[1]. Au temps des Carolingiens il prend à la fois plus de netteté et une plus grande importance.

1° [LE SERMENT DES GRANDS.]

Examinons, en premier lieu, le serment que prêtaient les grands à l'avènement de chaque nouveau roi. Pour cela nous avons à regarder successivement ce que les textes nous disent du début de chaque règne. Tous décrivent, avec plus ou moins de clarté, une cérémonie qu'ils désignent d'ordinaire par l'expression *sublimari* ou *elevari in solio*. Nous devons chercher

---

[1] [*La Monarchie franque*, p. 55 et suiv.]

en quoi consiste cette cérémonie, quel en est le sens et la nature.

L'Anonyme qu'on est convenu d'appeler le Continuateur de Frédégaire, parlant de l'avènement de Pépin, dit « qu'il fut élevé sur le trône avec la consécration des évêques et la soumission des grands[1] ». Dans ce langage trop bref, nous distinguons que l'annaliste a en vue deux actes : d'une part, les évêques font le sacre, *consecratio* ; d'autre part, les grands font une soumission, *subjectio* ; et c'est l'ensemble de ces deux actes qui constitue l'élévation au trône, *sublimatio in regno*. L'annaliste n'explique pas quelle est cette soumission, ni en quoi elle consiste[2].

Lorsqu'il parle de l'avènement de Charles et de Carloman en 768, il se sert d'expressions plus vagues encore. « Ils furent élevés sur le trône par leurs grands et par la consécration des évêques[3]. » Dans ce langage, nous discernons encore les deux actes, mais l'un d'eux n'est exprimé que par une sorte d'allusion et de la manière la plus indécise.

Trois ans plus tard, Carloman meurt et Charlemagne devient roi d'un nouveau royaume. Ici, quelques annalistes s'expriment encore très brièvement, et se contentent de marquer qu'il y eut une cérémonie par laquelle Charlemagne « fut constitué roi avec l'adhésion

---

[1] Continuateur de Frédégaire, c. 117 [33]; Bouquet, II, p. 460 : *Pippinus... cum consecratione episcoporum et subjectione principum sublimatur in regno.* — [Cf. plus haut, p. 203 et suiv.]

[2] Dans la *Clausula de Pippini consecratione* (Bouquet, V, p. 9) nous lisons : *Per manus sacerdotum Galliarum et electionem omnium Francorum in regni solio sublimatus est.* Même distinction de deux actes : le *per manus sacerdotum* est la *consecratio* ; ce que le Continuateur de Frédégaire appelait *subjectio*, le copiste l'appelle *electio*.

[3] Continuateur de Frédégaire, 137 [54]; Bouquet, V, p. 9 : *A proceribus eorum et consecratione sacerdotum sublimati sunt in regno.*

des Francs¹ ». Mais plusieurs autres s'étendent un peu plus et signalent quelques détails significatifs. Ils montrent Charlemagne entrant dans le nouveau royaume et s'arrêtant à Corbény² : là « les évêques et les abbés, les ducs et les comtes, qui avaient été à son frère, vinrent à lui, et il les reçut³ ». Ici, nous remarquons deux choses. D'abord, tous les grands du royaume doivent se rendre auprès du nouveau roi, et ce qui marque l'importance de cette obligation, c'est que « un petit nombre de grands » qui refusèrent de s'y soumettre, durent s'enfuir en Italie⁴. Ensuite il est dit que le nouveau roi les reçut, *suscepit*; or le mot *suscipere*, dans la langue du temps, signifie « recevoir en sujet » ou recevoir sous son autorité; il est le corrélatif de *se commendare*, qui signifie « se mettre en puissance d'un autre⁵ ». Ainsi, l'idée qui ressort des termes employés par les annalistes est que, à la mort de Carloman, tous les grands « qui avaient été à lui » durent venir vers le nouveau roi et faire acte de sujétion à son égard⁶.

Avec le IX° siècle l'histoire est écrite avec plus de largeur et d'intelligence; aussi nos renseignements sur

¹ Chronique de Moissac : *Consensu Francorum rex constituitur.* — *Vita Caroli*, 5 : *Consensu omnium Francorum rex constituitur.*
² *Carbonacum villam venit.* Corbény en Laonnais, d'après Teulet, Annales d'Éginhard, p. 155.
³ Éginhard, *Annales*, année 771 : *Ad se venientes suscepit.* Annales de Lorsch. Annales Fuldenses. Annales Mettenses. Annales Tiliani, Bouquet, V, p. 18. — [Cf. plus loin, p. 268, n. 1.]
⁴ Annales de Fulde : *Exceptis paucis qui cum uxore Carlomanni (in Italiam) perrexerunt.* Annales de Metz. Annales d'Éginhard.
⁵ [Cf. *Les Origines du système féodal*, p. 238.]
⁶ C'est bien ainsi que le fait a été compris par le *Poeta Saxo*; il traduit ainsi les Annales [I, v. 10 et suiv.] :

... Summos proceres omnesque potentes
Fraternae quondam partis susceperat illic,
Haud retractantes domino se subesse tali.

l'acte que nous voulons étudier ici deviennent-ils plus précis. En 806, Charlemagne fait un partage de ses États entre ses trois fils ; il réunit les grands[1] ; il leur fait connaître sa volonté ; il règle sur quelles contrées chacun de ses fils régnera ; puis, ajoute l'annaliste, « il fait faire de ce partage un acte écrit et le fait confirmer par le serment des grands[2] ». Pourquoi ce serment ? Pour beaucoup d'actes royaux on exigeait de quelques grands leurs signatures, mais il n'était pas d'usage qu'on exigeât leur serment. C'est qu'ici il s'agit de l'avènement de trois rois ; Charlemagne vient de décider auquel des trois chacun des grands aura à obéir ; il y a donc lieu à ce que chacun prête un serment.

En 814, Charlemagne meurt ; Louis le Pieux, seul fils légitime qui lui survive, prend possession du royaume entier. L'historien contemporain raconte que, pendant qu'il se rend d'Aquitaine à Aix-la-Chapelle, beaucoup de grands courent au-devant de lui pour le reconnaître. On craignait que Wala, l'un des grands officiers du Palais de Charlemagne, ne fût hostile à Louis ; on se trompait : Wala fut des premiers à accourir et à faire acte de soumission au nouveau prince ; « il se commenda et se soumit, suivant la coutume des Francs, à la volonté de Louis en sujétion très humble[3] ». Ces expressions ont une énergie et surtout une précision singulières. Elles marquent l'attitude de chacun

---

[1] Éginhard, *Annales* : *Consentum habuit cum primoribus et optimatibus Francorum, de divisione regni facienda in partes tres.*
[2] Ibidem : *De hac partitione testamentum factum et jurejurando ab optimatibus confirmatum.* — Annales de Lorsch, de même.
[3] Anonyme, Vie de Louis le Pieux, c. 21 : *Humillima subjectione se ejus nutui, secundum consuetudinem Francorum commendans subdidit.*

des grands vis-à-vis du nouveau roi ; en se déclarant son sujet, on se remet à lui, on se soumet à sa volonté, *se ejus nutui subdit*. Ce que l'historien dit de Wala se répéta pour chaque grand. La plupart « coururent à l'envi au-devant du nouveau prince ». Ceux qui ne purent pas le joindre au passage l'attendirent dans sa capitale, à Aix, et là « tous ceux qui avaient été sous l'autorité de son père promirent de lui être fidèles et offrirent spontanément leur obéissance[1] ».

Trois années plus tard, en 817, Louis le Pieux règle sa succession et le partage du royaume. Cet acte nous est connu dans un grand détail par les deux historiens contemporains, et mieux encore par une lettre dans laquelle un archevêque de Lyon, qui y avait assisté, rappela plus tard à Louis le Pieux ce qu'il avait fait. Après avoir dit à l'empereur qu'il avait fait connaître aux grands qu'ils auraient à obéir à Lothaire, il ajoute : « Puis vous avez fait mettre en écrit votre décision et vous avez ordonné que tous missent leur signature et jurassent qu'ils observeraient le choix et le partage que vous aviez faits[2]. » C'est le serment d'obéir au prince désigné ; c'est donc un serment de sujétion.

Ce même serment nous est signalé encore en 821. Louis le Pieux « revisa l'acte du précédent partage[3] » ;

---

[1] Thégan, 16 : *Ex omnibus provinciis... omnes qui sub ditione erant patris sui... fidem erga eum observare et spontaneum obsequium obtulerunt.* Il y a à noter dans cette phrase l'emploi simultané des mots *fides* et *obsequium*.

[2] *Agobardi archiepiscopi epistolæ*, dans Bouquet, VI, p. 367 : *Deinde gesta scribere mandastis, scripta signare et jurare omnes jussistis ut talem electionem et divisionem sequerentur ac servarent.* — Noter que l'archevêque ne rappelle ces faits que pour engager l'empereur à ne pas défaire ce premier partage.

[3] Éginhard, *Annales*, à l'année 821 : *Constitutam annis superioribus atque conscriptam inter filios suos regni partitionem recensuit.*

il réunit en *conventus* à Nimègue une partie des comtes de l'Empire¹, et ce fut pour obliger ces comtes et ses optimates « à garantir par leurs serments » l'acte nouveau². Pour ceux qui n'avaient pas été présents, il réunit un autre *conventus* à Thionville; et là « le même serment qui avait été prêté par une partie des grands à Nimègue fut prêté par tous les autres³ ».

En 832, Charles devient roi d'Aquitaine, et aussitôt « les chefs du pays lui jurent obéissance⁴ ». En 837, il devient roi de Neustrie; « l'abbé de Saint-Denis, le comte de Paris et les autres qui habitaient dans la même région formèrent un *conventus* et affirmèrent leur fidélité par serment⁵ ». L'année suivante, nouveau partage entre les quatre frères; Louis le Pieux, au *conventus* de Kiersy, attribue encore la Neustrie à Charles le Chauve; « les grands de Neustrie qui étaient présents au *conventus* mirent leurs mains dans les mains de Charles et enchaînèrent leur fidélité par un serment; ceux qui n'avaient pas assisté au *conventus* firent plus tard le même serment⁶ ».

C'est à l'avènement du fils de Charles le Chauve que

---

¹ Éginhard, *Annales*, année 821 : *Conventus Noriomagi condictus est, comitesque qui illuc venirent deputati.*
² Ibidem : *Ac juramentis optimatum qui tunc adesse potuerunt, confirmavit.*
³ Ibidem, année 821, *in fine* : *Sacramento, quod apud Noviomagum pars optimatum juraverat, generaliter consummato.*
⁴ Nithard, I, 4 : *In ejus obsequio primatus populi... jurat.*
⁵ Idem, I, 6 : *Hilduinus abbas S. Dionysii, Gerardus comes Parisius civitatis, ceterique omnes prædictos fines inhabitantes, convenerunt fidemque sacramento Karolo firmaverunt.*
⁶ L'Astronome, c. 59 : *Neustriam ei attribuit; et præsentes Neustriæ primores Karolo manus dederunt et fidelitatem sacramento obstrinxerunt. Absentium autem quisque postea idem fecit.* — De même en 839, Louis conduit son fils Charles en Aquitaine, *ibique fideles suos filio suo Karolo cum solitis sacramentis commendari fecit. Quidam fidelitatem denegarunt* (ibidem, c. 61).

nous voyons avec le plus de netteté quelles étaient les règles suivies; car l'historien qui nous raconte les faits est un homme qui les a vus et y a pris part. Hincmar nous dit qu'en même temps que Louis le Bègue « fut sacré et couronné roi », les évêques « se remirent à lui, eux et leurs églises, s'engageant à lui être fidèles en conseil et en aide, de tout leur savoir et de tout leur pouvoir¹ ». Les abbés firent comme les évêques. A leur tour, « les grands du royaume et les vassaux du roi se remirent à lui par la *commendatio* et promirent fidélité par serments, suivant la coutume² ».

Cette coutume, si nous ne nous trompons, est assez bien marquée par la série de faits que nous venons d'énumérer depuis 753 jusqu'à 877. Il y a, à l'avènement de chaque nouveau roi, un acte de soumission de la part des grands. Les écrivains du temps désignent cet acte par des expressions diverses; le Continuateur de Frédégaire l'appelle *subjectio principum*; l'historien anonyme de Louis le Pieux le désigne par un ensemble de mots où nous trouvons à la fois *se commendare* et *se subdere nutui*; il ajoute que cette soumission est très humble, *humillima subjectio*, et plus loin il désigne la même soumission par le terme *fidelitas*³. Thégan appelle cela à la fois *fides* et *obsequium*, « fidélité et obéissance ». Nithard, en trois passages relatifs au même

---

¹ Annales de Saint-Bertin, écrites par Hincmar, année 877, édit. Dehaisnes, p. 261 : *Consecratus et coronatus est in regem Ludovicus ab Hincmaro, et episcopi se suasque ecclesias illi... commendaverunt, profitentes secundum suum scire et posse, juxta suum ministerium, consilio et auxilio illi fideles fore.*

² Ibidem : *Abbates autem et regni primores ac vassali regii se illi commendaverunt, et sacramentis secundum morem fidelitatem promiserunt.*

³ *Fidelitatem sacramentis obstrinxerunt*, c. 59.

objet, se sert de *obsequium, fides,* et *commendatio*[1]. Hincmar emploie à la fois ou tour à tour les mots *commendatio* et *fidelitas*. Sous tous ces noms la chose est la même : il s'agit de la sujétion individuelle de chacun des grands, de chaque évêque, de chaque chef de monastère, de chaque dignitaire du Palais, de chaque duc ou comte. Cette sujétion est affirmée et garantie par un serment que chacun de ces hommes vient prêter au nouveau roi.

Il nous est parvenu des formules de ce serment. Dans l'une un évêque disait : « De tout mon savoir et de tout mon pouvoir, avec l'aide de Dieu, par conseil et par aide, je vous serai fidèle et vous seconderai pour que vous ayez et conserviez le royaume que Dieu vous a donné, en vue de l'accomplissement de sa volonté et de l'honneur de la sainte Église, et pour votre honneur royal, votre sûreté et celle de tous ceux qui vous seront fidèles[2]. »

2° [LE SERMENT DES PARTICULIERS.]

L'obligation de jurer fidélité ne s'arrêtait pas aux grands. Le serment de sujétion, prêté d'abord par l'entourage du roi, se répétait ensuite dans tout le royaume.

---

[1] Nithard, I, 4, au commencement : *In ejus obsequio jurat.* I, 6, vers le milieu : *Fidem sacramento firmaverunt.* I, 6, à la fin : *Fidem sacramento commendati firmaverunt.*

[2] Formules, Rozière, n° 6 ; Pertz, *Monumenta*, t. XIII, p. 518 : [*Quantum sciero et potuero, adjuvante Domino, consilio et auxilio secundum meum ministerium fidelis vobis adjutor ero, ut regnum quod vobis Deus donavit vel donaverit, ad ipsius voluntatem et sanctæ ecclesiæ ac debitum regium honorem vestrum et vestram fideliumque vestrorum salvationem habere et continere possitis.*] — Nous avons la formule du serment prêté par l'archevêque Hincmar, dans ses Œuvres, Migne, I, col. 1125.

Voici comment s'exprime Charlemagne dans un capitulaire de 789 : « Au sujet du serment qu'on doit jurer à nous et à nos fils, il doit être prêté en ces termes : « Ainsi je promets, moi un tel, à mon seigneur « le roi Charles et à ses fils, que je leur suis et serai « fidèle tous les jours de ma vie sans fraude ni mauvaise « foi[1]. » Notons bien que Charlemagne ici ne fait pas une innovation ; il n'institue pas le serment ; ce capitulaire n'est autre chose qu'une instruction donnée aux fonctionnaires qu'il envoie dans les provinces[2] ; le roi leur rappelle ce qu'ils ont à faire ; l'une de leurs attributions est d'exiger le serment au nom du roi. Ce serment comporte certains termes, et les *missi* doivent tenir la main à ce que ces termes soient exactement prononcés.

Le Recueil des Capitulaires contient beaucoup d'autres instructions aux fonctionnaires royaux sur ce sujet, tant on le jugeait important. Le serment devait être juré par tout le monde. Charlemagne énumère, dans un capitulaire de 792, toutes les catégories d'hommes qui y sont astreints. Il nomme les évêques, les abbés, les archidiacres, les chanoines, les prêtres paroissiaux, tous les clercs et tous les moines. Il nomme les comtes, les vassaux royaux, les vicaires, les centeniers, et enfin « toute la généralité du peuple ». Les enfants doivent jurer à partir de l'âge de douze ans. Il ajoute encore que tous les habitants du canton doivent jurer, et il nomme successivement « les hommes

---

[1] Capitulaire de 789, Boretius, p. 65, art. 18 : [*De sacramentis fidelitatis causa, quod nobis et filiis nostris jurare debent, quod his verbis contestari debet : « Sic promitto ego ille partibus domini mei Caroli regis et filiorum ejus, quia fidelis sum et ero diebus vitæ meæ sine fraude et malo ingenio. »*]

[2] C'est un *legationis edictum* donné aux *missi* partant en tournée.

des évêques », « les hommes des comtes », « les hommes des autres », c'est-à-dire des grands propriétaires ; ainsi cette population subordonnée, qui n'est libre que de nom, et qui obéit à des seigneurs, n'est pas dispensée du serment au roi. Même les colons du roi, les colons des grands propriétaires, les colons de l'Église, même les serfs, au moins ceux qui possèdent quelque grade dans le servage, les chefs de culture, ou encore ceux que le maître autorise à porter des armes, tous doivent jurer, *omnes jurent*. C'est donc un serment universel.

Charlemagne revient plusieurs fois sur ce sujet. Se fait-il quelque changement dans la situation du prince, ajoute-t-il, par exemple, à son titre de roi celui d'empereur, il faut que, sur toute la surface de l'État, tous les hommes renouvellent le serment[1]. En 805, on rappelle aux fonctionnaires qu'il y a beaucoup d'hommes qui les années précédentes n'ont pas juré, parce qu'ils étaient encore enfants ; il faudra les appeler et leur faire prêter serment[2]. En 806, Charlemagne a modifié la situation de ses trois fils ; pour cela seul il faudra que le serment soit renouvelé partout[3].

Il faut bien remarquer que ce serment n'était une coutume particulière ni à une classe d'hommes, ni à une race, ni à une région. Si nous le trouvons dans les contrées où il se peut que le sang franc ou germanique

---

[1] Capitulaire de 802, [article 2] ; Boretius, p. 92 : [*Præcepit, ut omnis homo in toto regno suo... nunc ipsam promissam nominis Cæsaris faciat.*]

[2] Capitulaire, Boretius, p. 124, art. 9 : [*Et infantis, qui antea non potuerunt propter juvenalem ætatem jurare, modo fidelitatem nobis repromittant.*]

[3] Boretius, p. 131 : [*Omnes denuo repromittant.*]

ait dominé, nous le trouvons aussi en Aquitaine. Louis le Pieux, en 839, veut donner ce pays à son fils Charles ; il réunit les Aquitains et les oblige « à se commender à Charles et à garantir leur fidélité par le serment[1] ». Nous le trouvons usité même dans la population romaine. En 816, le pape Étienne « ordonna que tout le peuple romain promît fidélité avec serment à l'empereur Louis[2] ».

Pour la prestation de ces millions de serments, il était d'usage que le représentant du roi, *missus* ou comte, à mesure qu'il parcourait une province, réunît la population de chaque ville ou de chaque canton[3]. Chacun jurait en donnant son nom. Tous ces noms étaient écrits sur des listes, et les listes étaient envoyées au Palais[4].

Il nous est parvenu deux de ces listes. L'une contient cent quatre-vingts noms, l'autre soixante-quatre[5].

---

[1] Nithard, I, 8 : *Ut illi se commendarent suasit, jussit ; qui omnes commendati eidem sacramento fidem firmaverunt.* — Annales de Saint-Bertin, année 839.

[2] Thégan, c. 16 : *Stephanus papa jussit omnem populum romanum fidelitatem cum juramento promittere Ludovico.* — Voir une formule de serment du clergé et du peuple de Rome à l'empereur, dans Bouquet, VI, p. 173.

[3] Capitulaire de 792, art. 4 ; Boretius, p. 67 : *Ipsi missi... et comites similiter de singulis centenis.*

[4] Ibidem : *Et nomina vel (et) numerum de ipsis qui juraverunt, ipsi missi in brevem secum adportent, et comites similiter....*

[5] L'une ne porte pas de date et paraît être des dernières années de Charlemagne ; on la trouvera dans le Recueil de Boretius, p. 377. L'autre est de l'année 854 ; on la trouvera dans Baluze, II, 74 [et dans Pertz, p. 429]. — La première paraît avoir été dressée dans un canton de l'Italie soumis à Charlemagne ; on y trouve deux *gastaldi*, deux *scabini*, trois *notarii* ; on y peut compter cinquante-quatre noms de forme latine. La seconde contient les noms d'hommes qui ont juré *in mallo Remis* ; la seule qualification qu'on y trouve est celle de *decanus* appliquée à neuf de ces hommes (le *decanus* est-il ici le *judex* de la *decania*? ou est-il le serf chef de culture?) Les soixante-quatre noms, à l'exception de quatre, sont de forme germanique.

Ce sont des noms de simples hommes libres. Parmi les quelques qualifications qu'on y rencontre, il n'y a ni celle de duc, de comte ou de *vassus* royal, ni celle d'évêque ou de prêtre. Ce sont, visiblement, des humbles qui ont ainsi juré fidélité au roi. Visiblement aussi, la société n'a pas encore la structure féodale; tous les hommes sont sujets du souverain.

Nous avons plusieurs formules de ce serment. L'une d'elles est conçue ainsi : « De ce jour en avant je suis fidèle au seigneur Charles, sincèrement, sans fraude ni mauvaise foi de ma part contre lui et pour l'honneur de son royaume, comme par droit un homme doit être fidèle à son maître[1]. Qu'à cette condition Dieu me soit en aide et les saints dont les reliques protectrices sont ici; car tous les jours de ma vie, par ma volonté et avec toute l'intelligence que Dieu m'aura donnée, je m'appliquerai et adhérerai de cœur à cette fidélité[2]. »

Quelques mots de cette formule nous montrent que

---

[1] Boretius, p. 101 : *Sacramentale qualiter repromitto ego quod ab isto die in antea fidelis sum domno Karolo piissimo imperatori, filio Pippini regis et Berthanæ reginæ, pura mente absque fraude et malo ingenio de mea parte ad suam partem, et ad honorem regni sui, sicut per directum debet esse homo domino suo.* — Cette formule a été usitée en 802, alors que toute la population a dû renouveler le serment, *repromittere*. — Autre formule, dans un capitulaire de 860, Baluze, II, 146 : *Firmitas quam ab hominibus missi nostri debent recipere, ista est: « De ista die in ante Karoli regnum illi non forconsiliabo neque werribo. Sic me Deus adjuvet et istæ sanctæ reliquiæ. »*

[2] Ibidem : *Si (sic) me Deus adjuvet et ista sanctorum patrocinia quæ in hoc loco sunt, quia diebus vitæ meæ per meam voluntatem, in quantum mihi Deus intellectum dederit, sic attendam et consentiam.* — Autre formule analogue, dans Boretius, p. 102, Rozière, nos 3 et 3 bis. Un capitulaire de 789 (Boretius, p. 63) contient une formule plus courte que nous avons citée [p. 246, n. 1]. — Le serment juré par la population à Charles le Chauve était conçu ainsi : *Ego ille Karolo Hludowici et Judithæ filio ab ista die in ante fidelis ero secundum meum savirum, sicut francus homo per rectum esse debet suo regi.* (15e capitulaire de Charles le Chauve, en 854, article 15).

le serment était prêté sur des reliques[1]. C'était un serment religieux. Dieu et le saint sur les reliques duquel on avait juré en étaient les garants.

Le terme *fidelis*, qui y est employé, doit être expliqué. Ce terme convenu, vague en lui-même, a une signification qui varie avec les temps. Charlemagne lui-même dans un capitulaire a expliqué quel sens il attachait à la fidélité et quelle était en conséquence la portée du serment. « Il faut, dit-il, que tous les hommes comprennent combien sont grandes et nombreuses les choses contenues dans ce serment[2]. Il ne s'agit pas seulement, comme beaucoup l'ont cru jusqu'ici, d'être fidèles au seigneur empereur jusqu'à ne pas attenter à sa vie et ne pas introduire d'ennemis dans son royaume. Il faut que tous sachent que le serment de fidélité contient toutes les choses que nous allons indiquer[3] :

« Premièrement, que chacun doit personnellement se maintenir dans le service de Dieu et dans ses préceptes, de toute son intelligence et de toutes ses forces, parce que le seigneur empereur ne peut pas avoir lui seul la surveillance et la correction de chacun de ses sujets[4].

---

[1] Boretius : *Ista sanctorum patrocinia quæ in hoc loco sunt.* — Le serment prêté à Charles le Chauve se termine par : *Sic me Deus adjuret et istæ reliquiæ.* — De même le peuple romain jure *per Deum omnipotentem et per ista sacra Evangelia et per corpus beatissimi Petri* (Bouquet, VI, p. 173).

[2] [Capitulaire de 802, art. 2 ; Boretius, p. 92] : *Qualiter unusquisque intellegere posset quam magna in isto sacramento et quam multa conprehensa sunt.*

[3] *Non, ut multi usque nunc existimaverunt, tantum fidelitate domno imperatori usque in vita ipsius et ne aliquem inimicum in suum regnum inducat, et ne alicui infidelitate illius consentiant..., sed ut sciant omnes istam in se rationem hoc sacramentum habere.*

[4] [Art. 3] : *Primum, ut unusquisque, et persona propria se in sancto*

« Deuxièmement, que nul ne doit, ni par parjure, ni par mauvais moyen, ni par fraude, ni par séduction, ni à prix d'argent, s'emparer d'un serf du seigneur empereur, ni usurper sa terre, ni rien prendre qui lui appartienne; si un des colons du fisc s'enfuit, nul ne doit être assez hardi pour l'attirer chez lui ou le cacher[1].

« Que nul ne doit commettre fraude, rapine ou injure contre les saintes églises de Dieu, contre les veuves, les orphelins, les voyageurs, par le motif que le seigneur empereur a été établi pour les protéger et les défendre[2].

« Que nul, ayant une terre bénéficiale du seigneur empereur, ne ruine et n'épuise cette terre ou n'en fasse son bien propre[3].

« Que nul ne soit assez hardi pour désobéir au ban d'ost du seigneur empereur, c'est-à-dire que chacun s'arme et aille à la guerre à toute réquisition du prince[4].

Dei servitio secundum Dei preceptum et secundum sponsionem suam pleniter conservare studeat secundum intellectum et vires suas, quia ipse domnus imperator non omnibus singulariter necessariam potest exhibere curam et disciplinam.

[1] [Art. 4] : *Secundo, ut nullus homo neque cum perjuri neque alii ullo ingenio vel fraude per nullius umquam adolationem vel præmium, neque servum domni imperatoris neque terminum neque terram nihilque quod jure potestativo permaneat, nullatenus contradicat neque abstrahere audeat.... Ut nemo fugitivos fiscales suos celare neque abstrahere presumat.*

[2] [Art. 5] : *Ut sanctis ecclesiis Dei neque viduis neque orphanis neque peregrinis fraudem vel rapinam vel aliquid injuriæ quis facere presumat, quia ipse domnus imperator... eorum et protector et defensor esse constitutus est.*

[3] [Art. 6] : *Ut beneficium domni imperatoris desertare nemo audeat, propriam suam exinde construere.* — *Desertare*, ici, me paraît signifier vider la terre de ses colons, de ses animaux, c'est-à-dire rendre le domaine improductif.

[4] [Art. 7] : *Ut ostile bannum domni imperatori nemo pretermittere presumat....*

« Que nul n'ose désobéir à aucun ban ou ordre du seigneur empereur, ni s'opposer à ce qui est de son service, ni aller à l'encontre de sa volonté ou de ses ordres[1]. Que nul ne soit assez hardi pour ne pas lui payer le cens ou toute autre chose qui lui est due[2]. »

Voilà des obligations fort diverses et fort étendues. Elles sont toutes comprises dans ce qu'on appelle la fidélité au roi[3]. Tous les sujets ont implicitement juré de les remplir. Car, pour que nul ne s'y trompât, le fonctionnaire royal, avant de faire jurer, a prononcé devant la foule assemblée un discours où il a expliqué tout le sens et toute l'étendue de ce serment[4].

3° [LES CONSÉQUENCES DU SERMENT : LES SUJETS DEVIENNENT DES FIDÈLES.]

Regardons maintenant quelles furent les conséquences d'une telle coutume. Celle qui frappe les yeux la première est que tous les sujets deviennent des

---

[Art. 8] : *Ut nullum bannum vel preceptum domni imperatori nullus omnino in nullo marrire præsumat, neque opus ejus tricare vel impedire vel minuere vel in alia contrarius fierit voluntati vel præceptis ejus.*

[2] *Ut nemo debitum suum vel censum marrire ausus sit.* — Suivent encore d'autres prescriptions sur la conduite à tenir en justice ; nous y reviendrons.

[3] *Hec omnia supradicta imperiali sacramento observari debetur.*

[4] C'est le sens des mots de l'article 2 : *Precepit imperator... ut omnes (omnibus) traderetur publice qualiter unusquisque intellegere posset....* — Cet usage de la harangue du fonctionnaire public chargé d'expliquer le sens du serment est encore mieux exprimé dans un capitulaire de 792 (Boretius, p. 66), art. 1 : *Quam ob rem ista sacramenta sunt necessaria per ordine ex antiqua consuetudine (missi nostri) explicare faciant;* art. 5 : *Explicare debent ipsi missi...* — Voir aussi un capitulaire de 811, Boretius, p. 177, art. 15 : *Ut missi nostri... aperiant et interpretentur illis hominibus qualiter ipsum sacramentum et fidelitatem erga nos servare debeant.*

fidèles. Cela résulte des termes mêmes de leur serment. Aussi faut-il faire attention que, dans la langue du VIII° et du IX° siècle, le mot *fidèle* n'a pas le sens féodal qu'il aura plus tard : il s'applique à tous les hommes et marque leurs devoirs envers le roi. Le roi adresse quelquefois ses actes législatifs « à tous ses fidèles présents et à venir[1] ». Or, à la même époque, le mot *fideles* désignait aussi ceux qui avaient foi dans le Christ, c'est-à-dire les chrétiens[2]. Il résulta de là que les deux expressions s'associèrent, et le roi adressa ses diplômes « à tous les fidèles de la sainte Église et de nous ». Cette formule, où se confondaient la fidélité à Dieu et la fidélité au roi, devint la formule dominante jusqu'à la fin du règne de Charles le Chauve[3].

De même que tous les sujets étaient des fidèles aussi longtemps qu'ils remplissaient tous les devoirs de leur serment, de même celui qui manquait à l'un de

---

[1] *Carolus... omnibus fidelibus nostris tam præsentibus quam futuris* (acte de 775, dans Tardif, n° 72). De même, Tardif, n°° 66, 63, 108, 112 : *Notum esse volumus omnibus fidelibus præsentibus atque futuris* (ibidem, n° 125). *Notum esse universis nostris fidelibus credimus* (ibidem, n° 89). — Notons pourtant que quelquefois le mot *fideles* paraît s'appliquer spécialement aux fonctionnaires royaux, par exemple, lorsque Charlemagne dit : *Notum sit omnium fidelium nostrorum magnitudini* (Tardif, n° 76); le titre *magnitudo* ne peut s'appliquer qu'à des comtes ou dignitaires de même ordre.

[2] Exemple : *Ut omnes fideles communicent* (Baluze, I, 457).

[3] Acte de Pépin, 755 : *Cognoscat omnium fidelium Dei et nostrorum, tam præsentium quam futurorum, sagacitas* (Tardif, n° 56, original). — Acte de Carloman, 770 : *Noverit omnium fidelium Dei et nostrorum sagacitas* (dans Migne, t. XCVI, col. 1578). — Acte de 814 : *Cunctis fidelibus sanctæ Dei ecclesiæ et nostris jubemus ut* (Tardif, n° 104; de même, n°° 107, 109). *Præceptum pro Hispanis* de 815, art. 7 ; Boretius, p. 262. — *Dei ac nostros fideles*, dans le traité de Mersen, 851 ; Annales de Saint-Bertin, p. 75. — *Notum sit omnibus fidelibus sanctæ Dei ecclesiæ et nostris*, dans les actes de Charles le Chauve, Tardif, n°° 155, 162, 165, 166, 167, 168, 171 et dans l'édit de Pistes, 864, art. 34.

ces devoirs devenait « un infidèle », *infidelis*, et comme le roi et Dieu étaient toujours associés dans la phraséologie du temps et dans les idées des hommes, on était dit « infidèle de Dieu et du roi[1] ». On pouvait être infidèle de bien des manières. Celui qui avait comploté contre la vie du roi était un infidèle ; mais celui qui avait seulement usurpé une terre lui appartenant était aussi bien un infidèle[2]. Était infidèle au roi quiconque avait fait quelque tort à une église, à une veuve, à un pauvre. Était infidèle au roi quiconque n'obéissait pas à l'un de ses ordres.

[Or le crime d' « infidélité » entraînait la peine la plus sévère.] La Loi Ripuaire, qui était appliquée sous les rois carolingiens, prononçait que l'homme qui était « infidèle » au roi était puni de mort et ses biens confisqués[3]. Louis le Pieux prononce dans un capitulaire que l'homme qui a usurpé une terre appartenant au roi, doit être tenu pour infidèle, puisqu'il a violé son serment de fidélité, et qu'il doit être puni « suivant la volonté du roi[4] ».

En résumé, le serment obligeait tous les hommes à une obéissance très étroite. Il impliquait de leur part une sujétion sans réserve; ce n'était pas seulement cette sujétion négative, telle que les sociétés modernes la

---

[1] Acte de Pépin : *Non habetur incognitum qualiter, suadente diabolo, Pippinus filius noster* (il s'agit de Pépin le Bâtard, révolté en 791) *cum aliquibus Dei infidelibus ac nostris in vita et regno conatus est tractare...* (Tardif, n° 96).

[2] *Si quis proprium nostrum... adquirere temptaverit, pro infidele teneatur, quia sacramentum fidelitatis quod nobis promisit irritum fecit, et ideo secundum nostram voluntatem et potestatem dijudicandus est* (capitulaire de 819, c. 20 ; Boretius, p. 285).

[3] *Lex Ripuaria*, LXIX : *Si quis homo regi infidelis exsteterit, de vita conponat et omnes res suas fisco censeantur.*

[4] Cf. plus haut, note 2.

comprennent, qui consiste à ne pas violer les lois du pays ; c'était cette sujétion effective qui consistait à obéir à tous les ordres du souverain : sujétion de l'âme presque autant que du corps, de la conscience aussi bien que des actes. Chacun avait promis, suivant l'expression d'un contemporain, de se soumettre à la volonté du prince, *se principis nutui subdere*, littéralement, « à son signe de tête ».

Voilà ce que la royauté carolingienne exigeait, et ce dont elle obtenait la promesse à chaque règne nouveau. Est-ce à dire que dans la réalité ses sujets lui aient si complètement obéi?

La coutume du serment individuel avait ce premier inconvénient que l'homme qui avait pu s'y soustraire se croyait par cela seul dispensé de toute obéissance. Cette opinion est exprimée par Charlemagne lui-même dans un de ses capitulaires : « L'an passé, dit-il, plusieurs « infidèles » ont troublé le royaume et conspiré contre la vie du roi; et dans leur interrogatoire ils ont répondu pour se justifier qu'ils n'avaient jamais juré la fidélité au roi [1]. »

Un second inconvénient fut que, les rois changeant assez fréquemment, les hommes furent contraints par le gouvernement lui-même à renouveler fréquemment leur serment, ce qui revenait à le violer. Cela fut frappant sous le règne de Louis le Pieux, qui défit et refit plusieurs fois le partage de ses États, et sous le règne de ses fils, qui se disputèrent les royaumes. Les serments si aisément faits et refaits établirent partout une fidélité intermittente, c'est-à-dire le désordre.

---

[1] Capitulaire de 792, art. 1; Boretius, p. 66 : [*Isti infideles homines magnum conturbium voluerint terminare.... quod fidelitatem ei non jurassent.*]

En troisième lieu, l'usage du serment individuel fut une occasion pour les hommes d'imposer aux rois leurs conditions. Ils ne prêtèrent le serment que moyennant des promesses. Cela fut vrai surtout des grands. Ils consentirent à jurer, mais en exigeant d'abord du roi des dignités, des terres, et l'assurance qu'elles leur seraient laissées[1]. Le serment devint ainsi un contrat.

Vouloir être trop obéi est souvent le commencement de la désobéissance; c'est ce que montre l'histoire des Carolingiens. Ces princes avaient cru lier à jamais les hommes par le serment religieux. Ce fut précisément sous ces princes que le lien de la sujétion se relâcha.

CHAPITRE IV

De la transmission du pouvoir royal.

Il faut chercher [maintenant] si cette royauté était héréditaire ou élective. La succession au trône dépendait-elle du choix d'un peuple, ou du choix d'une aristocratie? ou était-elle établie par une règle absolue d'hérédité? ou bien encore, comme il n'y a rien d'absolu dans les institutions humaines, la transmission du pouvoir était-elle régie par ces divers principes à la fois?

---

[1] Cela est surtout visible à l'avènement de Louis le Bègue, Annales de Saint-Bertin, année 877.

1° [DE LA CONTRADICTION QUI EXISTE ENTRE LES DOCUMENTS.]

La question est moins facile qu'il ne semble. La première observation qu'il faut faire est qu'il n'existe pas de cette époque une constitution écrite qui puisse nous renseigner. Ce n'est pas qu'il n'existât alors beaucoup de lois écrites ; il y en avait de toute nature et de toute origine : législations laïques et ecclésiastiques, législations romaines et germaniques. Mais aucun des nombreux codes du temps ne s'occupait de la constitution de l'État ; aucun ne règle les prérogatives de la royauté ; aucun ne fait la moindre allusion aux droits d'un peuple.

Ce n'est donc pas dans les lois, c'est dans les écrivains que nous devons chercher. Mais ici se présente une difficulté particulière. Les écrivains se contredisent.

D'une part, ils emploient des termes qui indiquent l'élection. Éginhard nous dit, par exemple, qu'à la mort de Pépin « ses deux fils furent créés rois par le consentement de tous les Francs[1] », et il dit encore qu'à ce moment « les Francs, un *conventus* général s'étant formé, instituent rois sur eux les deux fils de Pépin[2] ». Les Annales de Metz, au sujet du même événement, disent que les deux fils « furent élevés au trône par l'élection de tous les grands[3] », ne se sépa-

---

[1] Éginhard, *Annales*, année 768 : *Filii ejus Carolus et Carlomannus consensu omnium Francorum reges creati.*

[2] Idem, *Vita Caroli*, 3 : *Franci, facto sollemniter generali conventu, ambos sibi reges constituunt.*

[3] *Annales Mettenses*, année 768 : *Carolus rex in Noviomo, Karolomannus in Suessione... per electionem omnium optimatum in regni solium elevati sunt.*

rant des Annales d'Éginhard qu'en ce qu'elles font entendre une élection aristocratique au lieu d'une élection nationale. Ce qui est plus frappant encore, c'est que dans les Capitulaires mêmes nous rencontrons des termes qui indiquent l'élection populaire. Charlemagne en 806 parle « du roi que le peuple voudra élire¹ », et Louis le Pieux en 817 prévoit le cas où, un roi étant mort [en laissant plusieurs] héritiers directs, « le peuple devra s'assembler pour élire [l'un d'eux]² ». Voilà bien l'élection, du moins à ce qu'il semble à la première apparence.

D'autre part, nous voyons toujours les fils succéder à leur père, les frères partager entre eux; or ces faits ne sont pas ceux qu'un système d'élection libre produirait. Il serait bien étrange que l'élection eût invariablement élevé au trône ceux-là mêmes que l'hérédité y plaçait déjà. Puis, dans cette histoire que nous connaissons en assez grand détail, il est frappant que nous ne voyions jamais un peuple entier se réunir, délibérer, choisir, discuter son choix, compter ses votes. Aucun des incidents qu'une pareille élection produit toujours n'est jamais mentionné par les historiens du temps. Enfin, les mêmes documents où nous avons rencontré les phrases que nous citions plus haut, en contiennent d'autres qui signifient tout le contraire. Éginhard, par exemple, qui dit que « les Francs établissent rois sur eux les fils de Pépin », disait, une ligne plus haut, « que la succession au trône leur était déjà échue par la volonté de Dieu³ ». Les deux phrases

¹ *Quem populus eligere velit. Divisio imperii*, de 806, c. 5; Boretius, p. 128.
² *Si aliquis illorum legitimos filios reliquerit,... populus conveniens unum ex eis eligat. Divisio imperii* de 817, c. 14; Boretius, p. 272.
³ *Ad quos successio regni divino nutu pervenerat. Vita Caroli*, 3.

où Charlemagne et Louis le Pieux parlent du « peuple qui élit un roi », se trouvent dans deux capitulaires dont tout l'ensemble est l'opposé d'un système électif. Notons encore que tous ces rois, dans leurs lois ou les simples diplômes, ne rappellent jamais qu'ils soient rois en vertu d'une élection.

Ainsi il y a contradiction dans les termes que présentent les documents. Peut-être cette contradiction n'est-elle qu'apparente. Elle est peut-être moins dans les expressions mêmes qu'ils emploient que dans la manière dont notre esprit comprend ces expressions. Quand nous traduisons *eligere* par *élire*, sommes-nous bien sûrs que ce terme eût pour les hommes du IX° siècle le sens que le mot *élire* a pour nous ? Quand ces hommes disaient *per electionem omnium Francorum*, ces mots présentaient-ils à leur esprit l'idée que les termes d'élection nationale ou de plébiscite présenteraient au nôtre ? Leur langue était un peu vague, parce qu'ils se servaient de mots anciens pour exprimer les choses de leur temps. Leur esprit n'était d'ailleurs pas habitué, surtout en matière politique, à ces distinctions précises et tranchées auxquelles nos cent dernières années ont accoutumé notre esprit. C'est pour cela que nous ne devons pas juger leurs institutions légèrement sur quelques mots qu'ils emploient.

La question est donc difficile. Pour la résoudre, le moyen le plus sûr est d'observer le détail des faits, de regarder ce qui s'est passé à l'avènement de chaque roi, de chercher comment chacun des rois a pris possession du trône. De ces observations successives nous pourrons déduire les règles générales.

1° [LES FILS DE PÉPIN CONSACRÉS PAR LE PAPE; LA ROYAUTÉ EST INSÉPARABLE DE SA FAMILLE.]

Nous n'avons pas à redire ici comment Pépin s'est fait roi en 753; mais il faut signaler une mesure qu'il prit l'année suivante. Le pape Étienne II, étant venu en France, le sacra; et il sacra en même temps ses deux fils Charles et Carloman, qui étaient deux enfants[1]. Les annalistes sont unanimes sur ce point, et fort clairs : « Le pape consacra en rois, en même temps que Pépin, ses deux fils[2]. » La pensée qui est sous cet acte est que le pape ne croyait pas qu'une élection fût nécessaire. Il sacrait ces deux enfants à l'avance sans attendre aucune élection. Il entendait qu'à la mort de leur père ils seraient rois tous les deux; déjà il leur donnait le titre de rois et leur conférait le caractère sacré de la royauté.

Nous avons des lettres du pape Paul Ier adressées à Pépin le Bref; il n'y nomme jamais ses deux fils qu'en leur donnant la qualification de rois[3]. Il écrit quelquefois à ces jeunes gens, et sa suscription est rédigée ainsi : « A mes seigneurs, mes excellents fils, Charles et Carloman, rois des Francs[4]. » Il leur rappelle que

---

[1] Charlemagne, qui était l'aîné, avait environ douze ans.

[2] Éginhard, *Annales* : *Ad regiæ dignitatis honorem consecravit cum eo duos filios ejus.* — Annales de Lorsch : *Et cum eo inunxit duos filios ejus in regibus.* — Annales de Fulde : *Duos filios ejus unxit in reges* (année 754). — *Annales Xantenses* (Pertz, II, p. 222) : *Unguntur in reges Francorum Pippinus et duo filii ejus.*

[3] Lettre de Paul Ier, 759, Jaffé, p. 85 : *Cum dulcissima conjuge regina et eximiis natis idem regibus.* — Autre lettre de 760, p. 88 : *Cum natis idem præcelsis regibus.* — Autre lettre de 761, p. 95, où le pape leur donne à la fois le titre de rois et celui de patrices des Romains; de même dans une lettre de 763, p. 107.

[4] Lettre du pape Paul Ier écrite en 763, Jaffé, p. 103 : *Dominis excel-*

« Dieu les a élus et les a sacrés rois[1] ». Il leur dit, et cela du vivant de Pépin, que « Dieu les a établis rois et par son sacre les a remplis des bénédictions célestes[2] ».

Il ressort visiblement de ces lettres que le pape considérait Charles et Carloman comme déjà rois et qu'il ne doutait pas qu'ils ne le fussent réellement après leur père. Il en résulte aussi que Pépin et ses fils à qui ces lettres étaient écrites pensaient comme le pape. Supposerons-nous que la pensée du pape pût être absolument opposée à celle des hommes libres et de la nation franque? Mais, si la règle d'élection avait existé chez les Francs, le pape ne pouvait ni l'ignorer ni même feindre de l'ignorer. La papauté n'était pas alors cette grande puissance qu'elle a été plus tard. Le pape était alors un simple évêque, soumis à l'empereur d'Orient, menacé par les Lombards, n'ayant que son diocèse, plus pauvre que quelques évêques de France, et n'ayant encore aucune habitude d'imposer des doctrines aux peuples de l'Europe. Si la nation franque avait eu un droit d'élire ses rois, le pape Paul Ier n'avait ni la force ni la hardiesse de contredire si ouvertement ce droit ; et cela même eût été peu habile.

Mais voici sur le même sujet un autre document d'une nature singulière. Dans un manuscrit de Grégoire de Tours, aujourd'hui à Bruxelles, on trouve, à

---

lentissimis filiis Carolum et Carlomannum regibus Francorum... Paulus papa. — De même dans une autre lettre écrite entre 761 et 766, Jaffé, p. 117.

[1] Lettre du pape Paul Ier écrite en 763, Jaffé, p. 104 : *Vos Dominus elegit... et in reges ungui dignatus est.*

[2] Lettre de Paul Ier écrite entre 761 et 766, Jaffé, p. 118 : *Sic enim, praecellentissimi filii, a Deo instituti reges, Deus in utero matris vos sanctificans ad regale perveæit culmen, et oleo sacro vos unguens celestibus replevit benedictionibus.*

la dernière page, une note que le copiste a ajoutée pour faire savoir en quelle année il a écrit[1] : « Si tu veux savoir, lecteur, en quel temps le présent manuscrit a été copié, sache que c'est en l'année de l'incarnation de Notre-Seigneur 767, au temps du très heureux, très pacifique et catholique Pépin, roi des Francs, et de ses fils Charles et Carloman, également rois des Francs[2]. » Ce copiste n'hésite donc pas à donner le titre de rois aux deux fils en 767, alors même que leur père règne encore. C'est que « ces deux enfants ont été *consacrés en rois* en même temps que leur père par le pape avec l'huile sainte[3] ». Et le copiste ajoute même que, le jour où il les a sacrés, le pape « par un décret d'interdiction et une menace d'excommunication, a lié et obligé le peuple entier à n'élire dans la suite des temps aucun roi qui fût d'une autre famille et à élire toujours des rois issus de ceux-ci[4] ». — Voilà ce qu'un homme a écrit treize ans après l'événement. Il est vrai que c'est un simple copiste, inconnu[5], et l'on

---

[1] Voir l'édition de Grégoire de Tours, de Arndt et Krusch, en tête de la 2ᵉ partie, p. 465 et 466. L'éditeur pense que ce manuscrit est du xᵉ siècle; le nouveau copiste aurait donc copié par inadvertance la note du copiste de 767. — En tout cas, cette note avait déjà attiré l'attention des érudits; Mabillon la cite dans son *De re diplomatica*, p. 384.

[2] *Si nosse vis, lector, quibus hic libellus temporibus videatur esse conscriptus... invenies anno ab incarnatione Domini septingentesimo sexagesimo septimo* (cette date est confirmée plus bas par les mots *Dionisii ecclesia ubi Folradus abbas esse cognoscitur*; Fulrad était en effet abbé de Saint-Denis en 767, et aussi par les mots *indictione quinta...*) *temporibus felicissimi atque tranquillissimi et catholici Pippini regis Francorum et patricii Romanorum... et filiorum ejus corundemque regum Francorum Caroli et Carlomanni.*

[3] *Nam ipse Pippinus rex... in regem una cum predictis filiis unctus et benedictus est.*

[4] *Et tali omnes interdictu et excommunicationis lege constrinxit ut numquam de alterius lumbis regem in aevo precumant eligere, sed ex ipsorum....*

[5] Il y a apparence qu'il était un moine de Saint-Denis; cela résulte de

peut se demander quelle confiance il mérite. A-t-il assisté au sacre? a-t-il entendu ce décret du pape? a-t-il connu au moins des hommes qui eussent assisté et entendu? Nous ne savons. Nous doutons un peu que la pensée du pape se soit exprimée dans des termes si formels. Nous ne voulons tirer de cette note du copiste qu'une chose, à savoir qu'il croyait et qu'apparemment beaucoup de ses contemporains croyaient avec lui que le pape avait prononcé cette absolue interdiction. Le sacre n'avait peut-être pas, dans l'esprit du pape, une telle portée; mais les hommes crurent qu'il l'avait.

Il semble que tout le moyen âge ait adopté cette opinion. On la retrouve fortement exprimée par Sigebert de Gembloux : « Pépin est sacré roi, et ses fils avec lui, et par eux tout ce qui doit naître d'eux est béni à perpétuité et destiné à la succession royale, et le trône est désormais par anathème du pape interdit à tout homme étranger à cette famille[1]. » Il se serait donc établi, sinon par un décret du pape, du moins par la croyance que les hommes avaient à un tel décret, que la royauté était désormais inséparable de la famille carolingienne.

Toutefois cela n'était pas encore l'hérédité absolue. Les termes mêmes dont on suppose que le pape s'est servi impliquent que la nation aurait eu quelque droit de choisir ses rois. Le pape aurait interdit de choisir en dehors de cette famille, mais non pas de choisir en elle.

Aussi cette royauté n'était-elle pas précisément héréditaire. Une telle règle, formelle, rigoureuse, n'exis-

---

l'insistance qu'il met à nous apprendre que c'est à Saint-Denis, « dans l'église des saints martyrs, etc. », que le sacre a eu lieu.

[1] *Sigeberti Chronicon*, Bouquet, V, p. 375 : *Pippinus in regem ungitur cum filiis suis, et per eos generatio eorum in hereditatem regalis successionis in perpetuum benedicitur, et omnis alienigena ab ejus invasione apostolico anathemate interdicitur.*

tait pas. S'il est vrai que le fils succède au père, encore n'est-il pas vrai qu'il lui succède tout naturellement et de son plein droit, comme pour un héritage ordinaire. Il ne suffit pas que le père meure pour que le fils règne. L'hérédité absolue ne s'établira que plusieurs siècles après. Au temps des Carolingiens, le fils ne remplace pas le père à la façon dont Louis XIII a pris la place de Henri IV et Louis XIV celle de Louis XIII. La transmission du pouvoir était un acte plus complexe et d'une nature plus délicate.

5° [COMMENT CHARLEMAGNE DEVINT ROI; L'ADHÉSION DES GRANDS.]

Regardons comment Charlemagne devint roi. Pépin meurt en 768. Il laisse deux fils. La nation franque va-t-elle procéder à une élection, faire un choix, voter entre les deux noms? ou, s'il y a partage, chaque province décidera-t-elle dans quelle part elle sera?

Voici comment un annaliste, qui est un contemporain, raconte les faits. « Pépin, avant de mourir, ordonna à tous ses grands, ducs et comtes, évêques et prélats, de se rendre auprès de lui[1]. » C'est ici une assemblée, mais non pas une assemblée populaire ou nationale; c'est la réunion surtout des grands du roi, c'est-à-dire de ses fonctionnaires. « Là, avec l'assentiment de tous les *Franci* et de ses grands ou évêques, Pépin partagea le royaume par part égale entre ses fils[2]. Il établit roi

---

[1] Continuateur de Frédégaire, c. 136 [53]; Bouquet, V, p. 9 : *Cernens quod vitæ periculum evadere non potuisset, omnes proceres suos, ducibus vel comitibus Francorum, tam episcopis quam sacerdotibus, ad se venire precepit.*

[2] Ibidem : *Ibique, cum consensu Francorum et procerum suorum seu et episcoporum, regnum Francorum equali sorte inter filiis suis, dum adhuc viveret, divisit.*

en Australie Charles qui était l'aîné; au cadet il donna la Burgondie, la Provence, la Septimanie, l'Alsace et l'Alamannie; de l'Aquitaine, il fit deux parts[1]. »

Il est visible d'après ce récit que la transmission du pouvoir a été opérée par Pépin. Il est vrai qu'il réunit ses grands; mais ce ne sont pas eux qui décident qui sera roi. La question de la royauté n'est même pas posée; il est sous-entendu comme chose incontestable que les deux frères seront rois, et l'on traite seulement du partage des provinces entre eux. C'est même Pépin qui fait ce partage: *Pippinus divisit*. Il ne demande pas aux Austrasiens lequel des frères ils veulent avoir; c'est lui-même qui « institue roi des Austrasiens » l'aîné de ses fils, et c'est lui qui « donne » la Burgondie et l'Alamannie à Carloman. Il est vrai qu'il ne procède à ce partage qu' « avec l'assentiment », *cum consensu*, des grands qu'il a fait venir près de lui.

Quelques jours se passent et Pépin meurt. « Alors, dit le même annaliste, Charles et Carloman, chacun avec ceux qui dépendaient de lui, se rendit dans sa ville capitale, Charles à Noyon, Carloman à Soissons; là, ayant établi un plaid, et ayant tenu conseil avec leurs grands, ils furent l'un et l'autre, le même jour, élevés sur le trône par leurs grands avec la bénédiction des évêques[2]. » Que l'on cherche bien dans ce récit, on n'y

---

[1] Continuateur de Frédégaire, c. 136 [53] : *Austrasiorum regnum Carlo seniore filio regem instituit; Carlomanno juniore filio regnum Burgundia, Provintia et Gotia, Alsacis et Alamania tradidit. Aquitania inter eos divisit.*

[2] Ibidem, c. 137 : *His transactis* (après les obsèques de Pépin) *prædicti reges Carlus et Carlomannus, unusquisque cum leodibus suis, ad propriam sedem regni eorum venientes, instituto placito, initoque consilio cum proceribus eorum, Carlus ad Novionem urbem et Carlomannus ad Saxonis civitate, pariter uno die a proceribus eorum et consecrationem sacerdotum sublimati sunt in regno.*

trouvera pas un mot qui indique une élection. Il s'agit de la cérémonie d'installation. L'annaliste nous a dit précédemment que Charles et Carloman étaient déjà rois, et que les parts étaient déjà faites entre eux; mais il faut qu'ils accomplissent une cérémonie publique : il faut qu'ils soient élevés sur le trône par « leurs grands » et par les évêques. C'est cet acte, fort important sans doute aux yeux des hommes, qu'ils accomplissent quinze jours après la mort de leur père.

Voulons-nous un autre récit des mêmes faits? Éginhard distingue nettement les deux actes : en premier lieu, « la succession royale était échue aux deux fils[1] »; en second lieu, « les Francs réunis en *conventus* solennel les établissent rois sur eux[2] ». Par ces derniers mots il parle de la cérémonie d'installation. Il la décrit mieux dans son autre ouvrage, quand il dit que Charles à Noyon et Carloman à Soissons « prirent les insignes de la royauté[3] ». C'était en effet un vieil usage que la prise de possession des insignes royaux eût lieu en grande pompe et en présence des grands du royaume.

Les mêmes faits sont rapportés en termes plus brefs par les autres annalistes. Aucun d'eux ne contient un

---

[1] *Vita Caroli*, 3 : *Pippinus diem obiit, superstitibus liberis Karlo et Karlomanno ad quos successio regni divino nutu pervenerat.*

[2] Ibidem : *Franci, facto sollempniter generali conventu, ambos sibi reges constituunt.* — Vient ensuite une phrase que l'on a inexactement interprétée : *Ea conditione præmissa ut totum regni corpus ex æquo partirentur.* On traduit comme si c'étaient les Francs qui, après la mort de Pépin, auraient exigé ce partage, chose qui serait en contradiction avec ce qu'a dit si nettement le Continuateur de Frédégaire. Il faut traduire mot à mot : « Les Francs établissent (et installent) les deux rois, la condition ayant été mise préalablement (par Pépin) que le royaume serait partagé également. »

[3] Éginhard, *Annales*, année 768 : *Karolus in Novıomo civitate, Karlomannus in Suessona insignia regni susceperunt.* — L'auteur a parlé auparavant du *consensus*.

mot qui décèle une véritable élection*. De l'ensemble de ces documents il ressort nettement que l'avènement des deux rois n'a pas été discuté, qu'il n'y a même eu aucune assemblée ou populaire ou représentative, que les deux princes étaient déjà considérés comme rois depuis leur sacre, qu'enfin ils devinrent effectivement rois par la transmission que Pépin leur fit du pouvoir avant de mourir, « avec l'assentiment de ses grands », et qu'enfin ils furent, par ces mêmes grands, reconnus solennellement comme rois.

Trois ans après, l'un d'eux mourut. Carloman laissait des fils ; ils ne régnèrent pourtant pas après lui ; et cela marque bien que la règle d'hérédité absolue n'était pas établie. D'autre part, nous ne voyons pas que la nation se soit assemblée pour choisir entre ses fils et son frère, ni que ses fils aient été exclus par un vote national ; la règle d'élection n'était donc pas non plus en vigueur. Les fils de Carloman parurent n'avoir aucun droit certain, parce que leur père était mort sans leur transmettre officiellement le pouvoir. Il y eut donc un moment d'hésitation et de confusion. Les annalistes ne

---

* Annales de Fulde : *Pippinus diem obiit, filiique ejus Carlus et Carlomannus infulas regni suscipiunt* (Bouquet, V, p. 327). — Annales de Moissac : *Pippinus diem obiit, regnumque illius filii sui Karolus et Karlomannus inter se dividunt.* — Les Annales de Metz copient le Continuateur de Frédégaire, avec quelques changements dans les mots qui indiquent comment le second annaliste a compris le premier. Il remplace *proceres* par *optimates*; au lieu de *regnum divisit*, il écrit *regnum paterno jure divisit*; au lieu de *quisque cum leudibus suis*, il met *cum proceribus et optimatibus suis*; il remplace enfin *a proceribus suis sublimati* par *per electionem optimatum in solium elevati*, employant visiblement *electionem* dans un sens indéterminé. — Les Annales de Lorsch (Bouquet, V, p. 36 ; Pertz, I, p. 146) ne parlent que de la cérémonie d'installation, *elevati in regnum*, et elles en donnent la date précise : c'était le 7 octobre, Pépin étant mort le 24 septembre ; la même date du 7 octobre est marquée dans les *Annales Tiliani* (Bouquet, V, p. 18).

nous disent pas ce que fit la population de ce royaume, et apparemment elle resta indifférente et inerte; ils ne s'occupent que des grands, c'est-à-dire des chefs d'églises ou des administrateurs des provinces : « Les évêques et les abbés, les ducs et les comtes, qui avaient été sujets de Carloman, allèrent trouver Charles, et il les reçut comme sujets; plusieurs toutefois de ces grands se déclarèrent pour les fils de Carloman, et, se sentant trop faibles, se réfugièrent en Italie¹. » Ce n'est donc ni en vertu d'un droit d'hérédité, ni en vertu d'une décision de la nation que Charlemagne devint roi de cette partie de l'État franc; ce fut, à défaut d'une transmission régulière des pouvoirs, par l'adhésion volontaire des évêques et des hauts fonctionnaires.

4° [L'AVÈNEMENT DE LOUIS LE PIEUX; LA DÉSIGNATION PAR LE ROI RÉGNANT.]

Essayons de voir maintenant comment à Charlemagne a succédé Louis le Pieux, et voyons surtout

---

¹ Annales de Fulde : *Carlomannus decessit II nonas decembris in villa Salmuntiaco; uxor ejus et filii in Italiam pergunt, Carlus, habita synodo in Valentianas, Carbonacum venit, ubi omnes episcopi, abbates, comites et duces, qui fuerant patris sui, ad se venientes suscepit, exceptis paucis qui cum uxore Carlomanni (et filiis in Italiam) perrexerunt.* — On pourrait supposer à première vue que le *conventus* de Valenciennes avait eu justement pour objet de donner la couronne à Charlemagne; ce serait une erreur : les Annales d'Éginhard, observant mieux la suite des faits, montrent que ce *conventus* eut lieu avant la mort de Carloman et il n'y a pas d'indice que cette assemblée se soit occupée de la succession au trône. — Éginhard, Annales, année 771 : *Peracto conventu ad Valentianas, Karolus ad hiemandum proficiscitur; cumque ibi aliquandiu moraretur, Karlomannus frater ante diem secundam nonas decembris decessit. Et rex ad capiendum ex integro regnum animum intendens, Carbonacum villam venit. Ibi Walharium episcopum et Folradum presbyterum et alios plures sacerdotes, comites etiam atque primates fratris sui ad se venientes suscepit. Uxor ejus et filii cum parte optimatum in Italiam profecti sunt.* Cf. Annales Tiliani (Bouquet, V,

comment Charlemagne a préparé et réglé lui-même cette succession.

Dès 781, Charlemagne, qui se trouvait alors en Italie, fit sacrer rois par le pape deux de ses fils, l'un qui avait cinq ans, l'autre qui en avait trois; et le pape, dans cette cérémonie, leur posa la couronne sur la tête[1]. En même temps Charlemagne les fit rois, l'un de la Lombardie, l'autre de l'Aquitaine[2]. Ainsi Charlemagne faisait deux rois sans nulle élection, sans consulter aucun peuple. A partir de ce moment, les deux jeunes princes furent effectivement rois[3], et firent actes de rois : ils eurent une cour, ils signèrent des diplômes, ils firent des lois, ils commandèrent les armées[4].

Vingt-cinq ans plus tard, Charlemagne dut prendre de nouvelles dispositions. Il avait trois fils, il vieillissait, il jugea utile de fixer sa succession. « Il réunit une assemblée des grands et des optimates, afin d'assurer la paix entre ses fils et pour que chacun d'eux sût d'avance quelle part il aurait à gouverner[5]. » Éginhard,

p. 18). — La Chronique de Moissac exprime la même chose en termes vagues : *Carolus, consensu omnium Francorum, rex constituitur.*

[1] Éginhard, *Annales,* année 781 : *Romam veniens ab Hadriano papa honorifice susceptus est.... Pontifex baptizavit filium ejus Pippinum, unxitque eum in regem. Unxit etiam et Hludowicum fratrem ejus, quibus et coronam imposuit.* — Annales de Lorsch : *Duo filii Caroli regis inuncti sunt in reges a pontifice.* — Annales de Fulde : *Pippinus et frater ejus Ludovicus uncti sunt in reges.*

[2] Éginhard, *Annales,* ibidem : *Quorum major, id est Pippinus, in Langobardia, minor vero Hludovicus in Aquitania rex constitutus est.* — Annales de Lorsch : *Uncti sunt in reges, Pippinus rex in Italiam, et Hludovicus rex in Aquitaniam.*

[3] L'Astronome, c. 4, Bouquet, VI, p. 89.

[4] A peine est-il besoin d'ajouter que Charlemagne conserva pour lui l'autorité suprême, même en Lombardie et en Aquitaine.

[5] Éginhard, *Annales,* année 806 : *Conventum habuit imperator cum primoribus et optimatibus Francorum de pace constituenda et conservanda inter filios suos et divisione regni facienda in tres partes, ut*

qui rapporta ici ce qu'il a vu, ne dit pas qu'une nation ait procédé à une élection, ni même que ces « grands et optimates » aient été expressément consultés¹. Il dit seulement « qu'il fut dressé un acte écrit de ce partage, et que les optimates le signèrent, en jurant de s'y conformer² ». Ces signatures et ces serments ne signifiaient pas que les grands fussent les auteurs de l'acte ; ils étaient au contraire un engagement qu'ils prenaient de l'observer. Charlemagne voulut avoir, de même, la signature du pape, et l'acte fut envoyé à Léon III, qui le signa³.

Nous possédons ce décret rendu par Charlemagne. Il ne contient aucune mention d'élection nationale. L'empereur s'exprime ainsi, s'adressant à ses sujets : « De même qu'il est connu de vous tous que la bonté divine nous a donné trois fils, de même nous voulons que vous sachiez que nous décidons de les avoir pour associés à la royauté que Dieu nous a donnée, et de les laisser après nous comme héritiers de notre Empire et de notre royaume, si telle est la volonté de Dieu⁴. Pour évi-

---

sciret unusquique illorum quam partem tueri et regere debuisset — De même dans les Annales de Lorsch.

² Les Annales de Fulde ne parlent même pas de la présence des grands : Partitio regni Francorum ab imperatore facta inter filios suos ut sciret unusquisque eorum quam partem tueri et regere debuisset si pater eum superstitem relinqueret.

³ Éginhard, Annales : De hac partitione testamentum factum et jure-jurando ab optimatibus Francorum confirmatum.

³ C'est Éginhard qui porta la lettre à Rome : Hæc omnia litteris mandata sunt et Leoni papæ, ut his sua manu subscriberet, per Einhardum missa.

⁴ Divisio regnorum, 6 février 806, dans les Capitulaires, Baluze, I, 439, Boretius, p. 126 : Karolus serenissimus augustus, a Deo coronatus, rex Francorum atque Langobardorum, omnibus fidelibus sanctæ Dei ecclesiæ ac nostris. Sicut omnibus vobis notum esse credimus quomodo nos divina clementia tres nobis dando filios benedictionis suæ ditavit munere.... ita et hoc vobis notum fieri volumus quod eosdem per Dei

ter toute contestation, nous avons partagé l'ensemble du royaume en trois parts, et nous avons fait décrire et délimiter la part que chacun des trois devra défendre et gouverner, afin que chacun d'eux, content de la part que notre ordre lui assigne, défende ses frontières sans empiéter sur celles de ses frères². »

C'est un maître absolu qui parle ici. Il décide, il décrète. Le règlement de sa succession et le partage sont son œuvre¹. Il ne s'astreint même pas à faire les parts égales ; il assigne à Charles, qui est l'aîné, une part beaucoup plus forte⁴.

Ces dispositions, prises en 806, furent annulées par la mort de deux des trois fils. En 813, Charles n'avait plus à faire un partage, mais, se sentant près de sa fin⁵, il avait à opérer la transmission des pouvoirs. « Il fit venir vers lui son fils Louis qui régnait en Aquitaine, et ayant réuni en assemblée solennelle les grands de tout le royaume, ayant pris conseil de tous, il l'institua

---

gratiam filios nostros regni a Deo nobis concessi consortes habere, et post nostrum discessum imperii vel regni nostri heredes relinquere, si ita divina majestas adnuerit, optamus. — Optare ne signifie pas désirer, mais choisir, par conséquent décider.

² Non ut confuse... litis controversiam eis relinquamus, sed trina portione totum regni corpus dividentes, quam quisque illorum tueri vel regere debeat portionem describere et designare fecimus..., ut sua quisque portione contentus juxta ordinationem nostram....

³ Il est vrai que dans l'article 5 il semble reconnaître à la population un droit théorique d'élection : Si talis filius cuilibet istorum trium fratrum natus fuerit quem populus eligere velit ut patri suo in regni hereditate succedat, volumus ut hoc consentiant patrui ipsius. — Notons toutefois que eligere ici ne signifie pas proprement élire. La phrase signifie : Si la population d'un des trois royaumes, un roi venant à mourir, aime mieux que le fils du défunt hérite de la royauté plutôt que d'avoir pour roi l'un ou l'autre de ses oncles....

⁴ L'article 3 donne à Charles la Neustrie, l'Austrasie, une partie de la Bourgogne, presque toute l'Alamannie, une partie de la Bavière, la Thuringe, la Saxe, la Frise.

⁵ Cum jam et morbo et senectute premeretur, Vita Caroli, 30.

associé à son pouvoir royal et héritier de la dignité d'empereur, et lui mit le diadème sur la tête¹. » En même temps il voulut que son petit-fils Bernard fût roi ; « il le mit à la tête de l'Italie, et ordonna qu'on l'appelât du nom de roi² », donnant ainsi, dit Éginhard, une grande preuve de sa bonté³. Il est assez visible en tout cela que le roi régnant fait ce qu'il veut ; c'est la volonté du père qui règle la succession.

Le souverain n'accomplit d'ailleurs un tel acte que « devant les grands du royaume réunis⁴ ». Ces grands ne décident pas, mais il faut au moins qu'ils adhèrent. « Ces résolutions de l'empereur furent accueillies par tous ceux qui étaient là avec une grande faveur ; elles parurent à tous lui avoir été inspirées par Dieu pour le bien de l'État⁵. » Quelques semaines plus tard, Charlemagne mourut, et Louis « succéda à son père avec l'assentiment et la faveur de tous les Francs⁶ ».

Éginhard n'a dit que l'essentiel ; Thégan, qui est aussi un contemporain et bien instruit⁷, ajoute des

---

¹ Éginhard, *Vita Caroli*, 30 : *Vocatum ad se Hludoicum, congregatis sollempniter de toto regno Francorum primoribus, cunctorum consilio, consortem sibi totius regni et imperialis nominis heredem constituit, impositoque capiti ejus diademate, imperatorem et augustum jussit appellari.*

² Éginhard, *Annales* : *Bernardum nepotem suum, filium Pippini, Italiæ præfecit et regem appellari jussit.* — Même chose dans les Annales de Lorsch et dans celles de Fulde, et dans la Chronique de Moissac.

³ *Vita Caroli*, 19 : *Rex pietatis suæ (pietas signifie bonté) præcipuum documentum ostendit cum, filio (Pipino) defuncto, nepotem patri succedere fecisset.*

⁴ *Congregatis de toto regno primoribus.*

⁵ *Vita Caroli*, 30 : *Susceptum est hoc ejus consilium ab omnibus qui aderant magno cum favore ; nam divinitus ei propter regni utilitatem videbatur inspiratum.*

⁶ Éginhard, *Annales*, année 814 : *Summo omnium Francorum consensu et favore patri successit.*

⁷ Thégan était un ecclésiastique, chorévêque de Trèves ; mais il appar-

détails qui nous feront mieux pénétrer dans les faits eux-mêmes.

« Charlemagne, sentant que sa fin approchait, car il était fort vieilli, fit venir auprès de lui son fils Louis ; il manda aussi un *conventus* général[1], les évêques, les abbés, les ducs et les comtes et leurs lieutenants[2]. » — Voilà une assemblée qui ne laisse pas d'être assez nombreuse, mais qui est loin d'être une assemblée populaire.

« Il eut avec eux, dans son palais d'Aix-la-Chapelle, une conférence, *colloquium*[3] ; il les harangua avec autant de douceur que de noblesse[4], les avertissant qu'ils eussent à montrer leur fidélité envers son fils[5].

---

tenait à une grande famille (c. 20 et 30) et connaissait fort bien le monde et le Palais.

[1] Je traduis ainsi *cum omni exercitu* ; cela s'expliquera lorsque nous décrirons plus tard le *conventus*. — Comparez d'ailleurs, sur ce fait de 813, Thégan à tous les autres annalistes : vous remarquerez que tous appellent *conventus generalis* ce que Thégan désigne par *omnis exercitus*. Annales de Lorsch : *Generali conventu*. Éginhard, *Annales* : *Generali conventu*. Chronique de Moissac : *Habuit conventum magnum populi de omni regno et convenerunt episcopi, abbates, et comites et senatus Francorum*. Annales de Metz : *Habito generali conventu*.

[2] Thégan, *Vita Ludovici*, 6 : *Cum intellexit appropinquare diem obitus sui, senuerat enim valde, vocavit filium suum Hludovicum ad se cum omni exercitu, episcopis, abbatibus, ducibus, comitibus, locopositis*. — Dans la langue du temps, la préposition *cum* n'indique pas quelque chose qui s'ajoute, elle désigne les différentes parties dans lesquelles se décompose un ensemble ; c'est ainsi que nous lisons cent fois *villam cum domibus, campis, vineis*, une villa comprenant maisons, champs et vignes. Nous ne traduirons donc pas : « Il convoqua tout le *conventus* et de plus les évêques, abbés, ducs et comtes. » Nous traduirons : « Il convoqua tout le *conventus* comprenant évêques, abbés, ducs, comtes et lieutenants. » — La Chronique de Moissac dit la même chose sous une forme un peu différente : Charlemagne convoqua le *conventus populi* ; et *convenerunt episcopi, abbates, comites et senatus*.

[3] *Habuit generale colloquium cum eis Aquisgrani palatio*.

[4] *Pacifice et honeste ammonens.* — Nous reviendrons plus tard sur cette habitude carolingienne de haranguer le *conventus*.

[5] *Ammonens ut fidem erga filium suum ostenderent*.

Puis il les interrogea tous, l'un après l'autre, depuis le plus grand jusqu'au plus petit, leur posant cette question s'il leur plaisait qu'il transmît à son fils Louis son titre d'empereur[1]. » — Nous assistons à cette scène. Charlemagne a devant lui tout ce qui est grand dans son Empire; mais ces grands dépendent de lui : les uns sont des évêques ou des abbés, qu'il a lui-même nommés et qui sont restés plus ou moins des hommes de son Palais; les autres sont ses ducs, ses comtes et leurs lieutenants, tous fonctionnaires du roi et soumis à sa personne. Dans une assemblée ainsi composée, Charlemagne a fait un discours, c'est-à-dire a exposé sa volonté. Aucune délibération n'a lieu, aucun vote [n'est émis].

Dès qu'il a fini de parler, Charlemagne s'adresse à chacun individuellement, lui pose une question, et l'homme interpellé doit aussitôt répondre. « Tous répondirent avec empressement que la volonté de Dieu était qu'il fût fait comme le roi avait dit[2]. »

Gardons-nous d'introduire dans ces faits nos idées modernes de régime parlementaire et de discussion libre. Charlemagne n'a pas demandé à cette assemblée une décision; il a demandé à chacun une adhésion, ce qui est tout autre chose; et il a voulu que cette adhésion fût exprimée à haute voix et en public. Au fond, c'est un engagement qu'il a exigé de tous les grands.

Cet acte accompli, plusieurs jours après, un dimanche, il se rendit à l'église en habits royaux, avec son fils. Là,

---

[1] *Interrogans omnes a maximo usque ad minimum, si eis placuisset ut nomen suum, id est imperatoris, filio suo Hludovico tradidisset.*

[2] *Illi omnes exultando responderunt Dei ammonitionem esse illius rei.* — La Vie de Louis par l'Anonyme abrège toute cette longue scène et en donne seulement le sens général : *Carolus filium ab Aquitania evocavit et rerum summam penes eum futuram esse innotuit* (c. 20; Bouquet, VI, p. 90).

après les prières, il prit de nouveau la parole, s'adressant cette fois à son fils, devant la foule des évêques et de ses grands qui écoutaient[1]. Il avertit son fils qu'il devait aimer et craindre Dieu, obéir à ses commandements, gouverner les églises de Dieu et les défendre contre les méchants, honorer les évêques comme un fils honore son père, aimer son peuple comme un père aime ses fils[2], n'instituer que des fonctionnaires intègres, ne destituer personne sans juste cause[3]. Après qu'il eut ainsi parlé, il interrogea son fils, lui demandant s'il voulait se conformer aux préceptes qu'il venait de lui donner. Louis répondit que de grand cœur, avec l'aide de Dieu, il observerait ces commandements de son père[4]. Alors Charlemagne lui ordonna de prendre la couronne, qui était sur l'autel, et de se la mettre sur la tête. Cela fait, on entendit la messe, puis on retourna au Palais.

Dès ce jour, Louis le Pieux était roi et empereur. Ce ne fut pourtant que quelques mois plus tard, quand son père fut mort, qu'il exerça le pouvoir. Il était retourné en Aquitaine, il revint à Aix-la-Chapelle. « Sur son chemin, tous les grands accouraient à l'envi au-devant de lui[5] », et chacun d'eux lui faisant hommage

[1] *In proxima die dominica ornavit se cultu regio et coronam capiti suo imposuit.... Perrexit ad ecclesiam... ante altare... Postquam diu oraverunt, locutus est ad filium suum coram omni multitudine pontificum et optimatum suorum.*

[2] *Ammonens cum imprimis Deum diligere ac timere, ejus præcepta servare in omnibus, ecclesias Dei gubernare et defendere a pravis hominibus..., sacerdotes honorare ut patres, populum diligere ut filios ...*

[3] *Fideles ministros et Deum timentes constitueret qui munera injusta odio haberent; nullum ab honore suo sine causa discretionis ejecisset.*

[4] *Interrogavit eum si obediens voluisset esse præceptis suis. At ille respondit libenter obedire et cum Dei adjutorio omnia præcepta quæ mandaverat ei pater custodire.*

[5] *Vita Ludovici ab Anonymo*, c. 21 : *Proceres certatim gregatimque ei obviam ire certabant.*

« se soumettait humblement à lui suivant la coutume des Francs¹ ». Il arriva ainsi jusqu'à Aix. Il y trouva réunis les membres de sa famille « et plusieurs milliers de Francs »; il fut reçu par tous « avec grande allégresse, et fut pour la seconde fois déclaré empereur² ». C'est ici la cérémonie d'installation. L'usage est ancien ; il appartenait aux Mérovingiens; il appartenait aussi aux empereurs romains. Le nouveau prince, quand pour la première fois il faisait acte de souverain, devait se montrer en public avec tout l'appareil du pouvoir ; et la foule, composée surtout des grands et des gens du Palais, faisait entendre ses acclamations en saluant le prince de tous ses titres.

Assurément cette cérémonie, cette foule, ces acclamations avaient une grande importance aux yeux des hommes. Tant que cette cérémonie n'avait pas eu lieu, peut-être auraient-ils douté que le roi fût vraiment roi. Tant que ces acclamations ne s'étaient pas fait entendre,

---

¹ *Vita Ludovici ab Anonymo* : *Humillima subjectione se ejus nutui, secundum consuetudinem Francorum, commendans subdidit.* L'auteur dit cela de Wala, mais il est clair que tous firent la même chose; il tient à le dire de Wala par cette seule raison que Wala était justement celui dont on attendait le moins l'hommage. [Voir plus haut, p. 241.] — Nithard ne dit sur l'avènement de Louis le Pieux que ceci : *Ab Aquitania protinus Aquis venit, quo undique ad se venientem populum absque quolibet impedimento suæ ditioni addixit* (Nithard, I, 2).

² *Vita Ludovici ab Anonymo*, 22 : *Venit Aquis palatium, et a propinquis atque multis Francorum millibus cum multo est favore receptus, imperatorque secundo declaratus.* — On voit que les deux biographes de Louis, Thégan et l'Anonyme, parlant de son avènement, se complètent l'un l'autre. Thégan avait omis de parler de la cérémonie d'inauguration, c'est l'Anonyme qui nous avertit qu'elle ne fut pas oubliée. De même, l'Anonyme, parlant de la transmission des pouvoirs faite en 813, omet de mentionner la présence des grands et ne paraît voir que Charlemagne; c'est Thégan qui en face de Charlemagne place les grands à qui il fait un discours et qu'il interroge à tour de rôle. Nous croyons tous ces détails également vrais, mais chacun des deux historiens n'a rapporté que ceux qui l'avaient le plus frappé.

peut-être auraient-ils douté qu'ils fussent engagés à lui obéir.

Supposez d'ailleurs un prince qui eût été trop impopulaire, un prince qui n'eût pas répondu à l'idée qu'on se faisait de la royauté, un prince dont les croyances ou les sentiments eussent été en désaccord avec ceux de ses contemporains; si l'ensemble des hommes n'eût pas voulu d'un tel roi, il y avait dans cette seule cérémonie une occasion de le repousser. Il est clair encore que les acclamations de cette foule, composée d'hommes libres, impliquaient une adhésion volontaire des sujets à leur nouveau souverain. Mais on se tromperait beaucoup si l'on voyait là quelque chose de semblable à une élection. Cette cérémonie n'est en réalité que l'acte extérieur par lequel un peuple reconnaît son chef et s'engage à lui obéir.

De tous les faits que nous venons de passer en revue, il résulte, d'une part, que la royauté n'est pas élective, surtout dans le sens que nos langues modernes attachent à ce mot; ce n'est pas la nation qui choisit et qui crée chaque roi. Mais il en résulte aussi, d'autre part, que cette royauté n'est pas non plus précisément héréditaire; la mort du père ne suffit pas pour que le fils soit roi et il n'est pas roi de son plein droit : il faut que le roi vivant lui ait transmis ses pouvoirs; et il faut encore que les grands du Palais et même un simulacre de peuple aient consenti à s'engager à lui obéir.

5° [LE PARTAGE DE 817 ; LA FICTION DE L'ÉLECTION PAR LE PEUPLE.]

Pour les fils de Louis le Pieux, nous retrouvons les mêmes règles, mais appliquées avec plus d'hésitation et surtout de mobilité. C'est toujours le roi régnant qui dispose de sa succession et la partage à sa guise ; mais il ne fait cela qu'en public et avec l'assentiment, sincère ou simulé, d'un entourage qui paraît représenter le pays. [Nous nous bornerons à étudier le premier des nombreux actes faits par le roi Louis pour régler sa succession.]

En 817, un biographe de Louis rapporte que « dans un *placitum* général, il voulut que son fils aîné Lothaire fût empereur avec lui, et fût qualifié de ce titre, et il envoya ses deux autres fils Pépin et Louis régner en Aquitaine et en Bavière, voulant par là que le peuple sût désormais à quel prince il devait obéir[1] ». Éginhard s'exprime à peu près de même : « Louis réunit à Aix un *conventus* général, dans lequel il couronna son fils Lothaire et l'associa à son titre et à son pouvoir ; aux deux autres fils il donna le titre de rois et les mit à la tête de l'Aquitaine et de la Bavière[2]. » Nithard dit aussi que ce fut Louis seul qui partagea ses États, faisant les parts à sa guise[3]. Suivant un autre biographe contemporain, ce fut encore Louis qui « désigna son fils Lothaire pour prendre en mains après sa mort tous les États que Dieu lui avait donnés par les mains de son père[4] ». Dans une lettre écrite plus tard par Éginhard

---

[1] *Vita Ludovici ab Anonymo*, c. 29 : *Imperator in eodem placito filium primogenitum Lotharium imperatorem appellari et esse voluit, et Pippinum in Aquitaniam, Ludovicum in Bajoariam misit, ut scilicet sciret populus cui deberet potestati parere.*

[2] Éginhard, *Annales*, année 817 : *Generalem populi sui conventum Aquisgrani more solito habuit, in quo filium suum primogenitum Hlotharium coronavit et nominis atque imperii sui socium constituit, ceteros reges appellatos unum Aquitanis, alterum Bajoariæ præfecit.*

[3] Nithard, I, 2 : *Filios suos justo matrimonio junxit, et universum imperium inter eos ita divisit ut Pippinus Aquitaniam, Ludovicus Baoariam, Lotharius vero post discessum ejus universum imperium haberet.*

[4] Thégan, c. 21 : *Denominavit Lotharium ut post obitum suum omnia*

à Lothaire, Éginhard rappelle que c'est le roi son père qui « l'a associé à son titre et à son pouvoir, avec l'assentiment du peuple entier, en lui donnant Éginhard lui-même pour principal conseiller et pour guide[1] ».

L. Chronique de Moissac, d'accord sur le fond avec tout ce qui précède, entre dans plus de détails. « En 817, Louis ordonna qu'un *conventus* de tout le peuple de ses États se tînt à Aix, c'est-à-dire les évêques, abbés, comtes, et les plus grands parmi les Francs. Là, il fit connaître son intention jusqu'alors tenue secrète d'établir empereur un seul de ses fils. Il plut à tout le peuple qu'il fit ainsi. Louis prescrivit alors (avant de déclarer quel était celui des fils qu'il choisirait) un jeûne de trois jours. Au bout de ce temps il choisit pour empereur son fils aîné, Lothaire, et par la couronne d'or lui conféra l'Empire, pendant que le peuple faisait entendre ses acclamations, criant : Vive l'empereur Lothaire[2]. » — Il n'est pas possible de se tromper sur le sens de ce récit. Louis a réuni « le *conventus* du peuple,

---

regna, quæ ei tradidit Deus per manus patris sui, susciperet, atque haberet nomen et imperium patris. — Les Annales de Fulde et le Continuateur de Paul Diacre (Bouquet, VI, 173) disent la même chose qu'Éginhard.

[1] Lettres d'Éginhard, édit. Jaffé, n° 7, p. 445, édit. Teulet, n° 34 : *Cum vos in societatem nominis et regni, consensu totius populi sui, adsumpsit, Meæque Parvitati præcepit ut vestri curam gererem et vos de moribus corrigendis sedulo commonerem.*

[2] Chronique de Moissac, Bouquet, VI, 171-172 : [*Ludovicus imperator... jussit esse ibi conventum populi de omni regno vel imperio suo, apud Aquis..., id est episcopos, abbates, sive comites et majores natu Francorum. Et manifestavit eis mysterium consilii sui, quod cogitaverat, ut constitueret unum de filiis suis imperatorem.... Tunc omni populo placuit, ut ipse, se vivente, constitueret unum ex filiis suis imperare, sicut Karolus pater ejus fecerat ipsum. Tunc tribus diebus jejunatum est ab omni populo, ac letaniæ factæ. Post hoc jam dictus imperator Clotarium, qui erat major natu, imperatorem elegit, ac per coronam auream tradidit ei imperium, populis acclamantibus et dicentibus : Vivat imperator Clotarius.*]

c'est-à-dire les évêques et les grands » ; à cette assemblée il a fait connaître sa résolution de ne désigner qu'un seul empereur ; l'assemblée a répondu qu'elle y adhérait ; il n'a pas dit à cette assemblée de désigner qui serait empereur ; c'est lui seul qui, après un intervalle de trois jours, a fait connaître son choix ; l'assemblée a répondu à ce choix par des acclamations approbatives.

Nous possédons un document plus précieux encore. L'évêque Agobard, qui assista à tous ces actes, les rappelle au souvenir de Louis le Pieux dans une lettre qu'il lui écrit seize années plus tard[1] : « Quand vous avez pris soin d'associer votre fils à votre titre impérial, vous avez commencé par interroger vos fidèles en public ; votre question était : Ce qui intéresse la stabilité de l'État et la force du gouvernement, doit-on le différer ou non[2] ? Tous répondirent que ce qui était utile et nécessaire ne devait pas être différé. Alors, la résolution que vous aviez prise avec un très petit nombre de conseillers, vous la fîtes connaître à tous[3] ; et vous dites que vous vouliez donner le titre d'empereur à un seul de vos trois fils, à celui que la volonté de Dieu vous ferait connaître[4]. Vous ordonnâtes à tous un jeûne de trois jours, des prières et des aumônes, afin que Dieu

---

[1] *Agobardi Lugdunensis archiepiscopi epistolæ*, n° 8, Bouquet, VI, 367-368.

[2] *In illo tempore quando filium vestrum participem nominis vestri facere curastis, ita in publicum vestros interrogando hoc inchoastis, dicentes : Quod ad stabilimentum regni pertinet et ad robur regiminis, debet homo differre an non?*

[3] *Cumque omnes respondissent quod utile et necessarium est non esse differendum, statim vos, quod cum paucissimis tractaveratis, omnibus aperuistis.*

[4] *Dixistis vos velle... nomen imperatoris uni ex tribus filiis vestris imponeretis, in quo voluntatem Dei quoquomodo cognoscere potuissetis.*

tout-puissant fît descendre en votre cœur sa volonté[1]. Vous fîtes enfin tout ce qu'il fallait faire pour qu'aucun de nous ne doutât que votre décision ne vous eût été inspirée par Dieu et mise par lui en votre âme[2]. Alors vous avez décidé que vos deux fils Louis et Pépin auraient deux parts de votre royaume, et que Lothaire seul succéderait au royaume entier, et vous lui avez donné part à votre titre[3]. Ensuite vous fîtes faire un acte écrit; vous le fîtes confirmer par les signatures; enfin vous prescrivîtes à tous de prêter serment qu'ils respecteraient et observeraient votre choix et le partage que vous aviez fait; et tous le jurèrent, par amour pour la paix et la concorde[4]. »

Cet acte écrit, véritable loi du royaume, nous est parvenu. Il est dans le Recueil des Capitulaires[5]. Nous y retrouvons exactement, sous la phraséologie ordinaire à ces sortes d'actes, tout ce qu'Agobard et les historiens du temps nous apprenaient déjà, à savoir que Louis le Pieux dispose de ses États par sa seule volonté.

Le prince commence par dire « qu'il a réuni en son palais d'Aix le sacré *conventus* et la généralité de son

---

[1] *Propter quam (voluntatem Dei) cognoscendam injunxistis ut facerent omnes jejunium triduanum, offerrent sacerdotes sacrificia..., fieret quoque ab omnibus eleemosyna largior, ut omnipotens Deus infunderet in corde vestro voluntatem suam, et non sineret super alium inclinari voluntatem vestram nisi super eum qui sibi placuisset.*

[2] *Perfecistis omnia quæ in tali re facienda erant ut hoc a Deo vobis infusum et inspiratum nemo dubitaret.*

[3] *Ceteris filiis vestris designastis partes regni vestri, sed ut unum regnum esset, non tria, prætulistis cum illis quem participem nominis vestri fecistis.*

[4] *Ac deinde gesta scribere mandastis, scripta signare et roborare... ac jurare omnes jussistis ut talem electionem et divisionem cuncti sequerentur ac servarent. Quod juramentum nemini visum est spernendum, sed potius opportunum atque legitimum eo quod ad pacem et concordiam pertinere videretur.*

[5] *Capitularia*, édit. Boretius, p. 270.

peuple », c'est-à-dire ses grands et les évêques[1]. « Nos fidèles, dit-il ensuite, nous conseillèrent de régler le sort du royaume et de nos fils, comme avaient fait autrefois nos parents; mais, quoique ce conseil partît de cœurs fidèles et dévoués, il ne nous parut pas que, pour l'amour de nos fils, nous dussions rompre l'unité de l'Empire que Dieu nous avait donné[2]. » — Nous trouvons ici un détail que les autres documents ne nous avaient pas donné : la majorité du *conventus* était d'avis que l'empereur fît un partage égal entre ses trois fils; et l'empereur va faire précisément le contraire de ce que la majorité souhaitait. Il décide « avec quelques conseillers plus sages[3] » que les parts ne seront pas égales et qu'il n'aura réellement qu'un seul successeur.

« En conséquence, nous avons jugé nécessaire d'ordonner des jeûnes, des prières, des aumônes, afin d'obtenir de la bonté de Dieu ce que notre faiblesse n'osait décider[4]. » — Cela veut dire que le prince,

---

[1] *Cum nos Aquisgrani palatio nostro more solito sacrum conventum et generalitatem populi nostri congregassemus.* — On sait que l'épithète *sacer* s'appliquait, depuis plusieurs siècles, à tout ce qui touchait au prince; on disait *sacrum palatium*. Nous ne pensons pas que *sacrum conventum* signifie autre chose que *regalem conventum* ou *nostrum conventum*. — *Generalitas populi nostri* : ces mots sont expliqués par la Chronique de Moissac parlant de la même assemblée : *Id est episcopos, abbates, sive comites et majores natu Francorum.* Personne ne se figurera sans doute un peuple entier se réunissant dans un palais. La langue du IXe siècle n'entendait pas par *populus* ce que notre langue entend par *peuple*.

[2] *Actum est ut nos fideles nostri ammonerent quatenus de statu totius regni et de filiorum nostrorum causa, more parentum nostrorum, tractaremus. Sed quamvis hæc admonitio devote ac fideliter fieret, nequaquam nobis visum fuit ut amore filiorum unitas imperii a Deo nobis conservati divisione humana scinderetur.*

[3] *Nobis et his qui sanum sapiunt visum fuit.* Ce sont les *paucissimi* dont parle Agobard : *Id quod cum paucissimis tractaveratis.*

[4] *Idcirco necessarium duximus ut jejuniis et orationibus et elemo-*

avant de prononcer sa décision, prend ses mesures
« pour que nul ne doute, ainsi que le disait Agobard,
que cette décision ne lui eût été inspirée par Dieu ».

« Après trois jours donnés à ces pratiques, il est
arrivé par la volonté de Dieu que nos vœux et ceux de
tout notre peuple se sont accordés à choisir (pour
futur chef de l'État) l'aîné de nos fils, Lothaire[1]. » —
Ici, les règles de la phraséologie officielle veulent que
le roi et le peuple soient mis sur la même ligne; mais
nous savons bien par Agobard et par les autres historiens que le prince seul a marqué une volonté et que de
la part « du peuple » ou des grands il y a eu seulement
une adhésion.

Suivent dix-huit articles dans lesquels le prince parle
comme législateur; il dit *volumus, jubemus, præcipiendum nobis videtur*; ce sont les expressions habituelles aux souverains. Il marque la part des deux plus
jeunes fils et leur subordination à l'égard de l'aîné.
C'est sa volonté propre, ou, si l'on veut, la volonté de
quelques conseillers, qui fait loi.

Dans deux articles cependant il parle d'un « peuple »
qui aura à choisir son roi. Si l'un des fils laisse plusieurs enfants, il ne veut pas qu'il y ait partage et
prescrit que « le peuple se réunissant choisisse celui
que Dieu voudra[2] ». Si l'un de ses deux jeunes fils,
Pépin ou Louis, meurt sans enfants, il décide que l'aîné,

---

sinarum largitionibus apud illum (scilicet Deum) obtineremus quod nostra infirmitas non præsumebat.

[1] *Quibus rite per triduum celebratis, nutu Dei actum est ut et nostra et totius populi nostri in primogeniti nostri Hlutharii electione vota concurrerent.*

[2] Art. 14 : [*Si aliquis illorum decedens legitimos filios reliquerit, non inter eos potestas ipsa dividatur; sed potius populus pariter conveniens unum ex eis, quem Dominus voluerit, eligat.*]

Lothaire, prendra sa part. Si c'est Lothaire qui meurt sans enfants, alors encore il interdit le partage, et il veut que « le peuple choisisse l'un des deux autres »[1].

Il semble, à première vue, qu'il s'agisse ici de l'exercice d'un droit populaire. Mais on doit remarquer deux choses : premièrement, Louis le Pieux ne songe à faire intervenir le peuple que dans deux cas spéciaux, et le laisse de côté dans tous les autres cas ; deuxièmement, là même où il semble reconnaître ce droit d'élection au peuple, il prescrit d'avance à ce « peuple » la décision qu'il devra prendre. En effet il lui enjoint, s'il y a deux enfants, de n'en choisir qu'un, sans pouvoir se partager entre eux ; si c'est Pépin ou Louis qui meurt sans enfants, le peuple n'aura rien à faire, le royaume du défunt devra revenir au frère aîné ; c'est seulement en cas de mort de Lothaire sans enfants, et si les deux autres frères survivent, que « le peuple » ne pourra pas se partager entre les deux ni choisir un autre roi, mais qu'il devra choisir l'un des deux. Ainsi, ces mêmes articles où il semble d'abord que Louis le Pieux reconnaisse le droit d'élection populaire, ont en réalité pour objet d'imposer certaines prescriptions au peuple. Ce n'est certainement pas ainsi qu'on parlerait à une nation qui posséderait et exercerait le droit absolu de choisir ses souverains.

Qu'on lise ces articles avec un peu d'attention et l'on s'aperçoit bien que la pensée du prince ne porte pas sur l'élection du peuple, quoique ces deux mots soient dans sa phrase, mais sur l'interdiction d'opérer

---

[1] Art. 18 : [*Monemus totius populi nostri devotionem ut, si is filius noster absque legitimis liberis excesserit, propter imperii unitatem in eligendo uno ex liberis nostris eam quam in illius electione fecimus conditionem imitentur.*]

de nouveaux partages. C'est à cela seulement qu'il songe. Or en cela Louis le Pieux tentait une innovation grave, puisqu'il violait la règle de partage jusqu'alors suivie, et une innovation hardie, puisqu'il prétendait imposer sa volonté aux générations futures. C'est pour cela qu'il faisait intervenir « le peuple » et son droit idéal d'élection. Avec ce mot, il essayait de lier ses fils et ses petits-fils. Mais l'historien se tromperait si, détachant ces quelques mots de l'ensemble du texte, il en concluait que le peuple eût le droit et l'habitude de créer ses rois. Il n'a qu'à réfléchir que les dix-huit articles de cet acte législatif sont précisément la négation de ce droit.

C'est que ces termes qu'emploie le prince sont des termes de chancellerie. Ils font partie du style des actes officiels, même de ceux qui s'écartent le plus de ce que ces termes semblent dire. Tout au plus représentent-ils une idée de l'esprit, peut-être une fiction légale ; certainement ils ne représentent pas un droit effectif.

6° [L'AVÈNEMENT DE LOUIS LE BÈGUE.]

[Les différentes règles que nous avons vues s'introduire pour la transmission du pouvoir royal vont maintenant nous apparaître toutes avec une grande netteté à l'avènement de Louis le Bègue.] La manière dont la royauté s'est transmise de Charles le Chauve à son fils est décrite avec précision par un historien du temps.

Si la royauté avait été purement héréditaire, Louis serait devenu roi par le seul effet de la mort de son père. Si elle avait été élective, nous verrions un peuple se réunir pour décider s'il choisira Louis ou quelque autre carolingien. Les choses ne se passèrent ni d'une manière ni de l'autre.

Charles le Chauve mourut le 6 octobre 877. Il est bon de rappeler que quelques mois auparavant, le 14 juin, se préparant à un voyage en Italie, il avait réuni un *conventus* à Kiersy. Là, suivant un usage que nous étudierons plus loin, il avait posé une série de questions à chacune desquelles le *conventus* devait répondre[1]. Or sa quatrième question était relative à son fils. La réponse des grands à cette question est surtout significative, en ce sens qu'ils ne considèrent pas Louis comme devant régner de plein droit; ils ne disent pas non plus qu'ils auront à l'élire. Ils disent que Louis sera roi « par la faveur de Dieu et la volonté de son père »[2]. Il sera roi « si Dieu et le roi régnant le placent sur le trône »[3]. Il sera roi « dans la part de royaume que son père lui aura désignée »[4]. Et les grands promettent que « si Dieu et son père le font roi », ils lui obéiront fidèlement. D'un droit d'élection, pas un mot.

Charles le Chauve partit pour l'Italie sans régler sa succession. Il n'en revint pas. Un annaliste, qui n'est autre qu'Hincmar, et qui est un témoin oculaire des faits, raconte ce qui suit[5]. Louis, apprenant la mort de son père, ne prend pas pour cela le titre de roi, et Hincmar ne le qualifie pas encore de ce nom. Il se

---

[1] [Voir les *Nouvelles Recherches*.]
[2] Édit. de Kiersy, 877, art. 4 : *Per Dei gratiam et vestram dispositionem*. Ce sont les grands qui parlent et ils s'adressent à Charles le Chauve ; *vestra dispositio* est donc l'ordre qu'émettra le roi Charles.
[3] Ibidem : *Si Deus et vos in regni regimine sublimaveritis.*
[4] Ibidem : *In parte denominata illum designaveritis.* — Ces mots s'expliquent par l'hypothèse que Charles, qui venait de se remarier, aurait un second fils. C'est ce que disent les grands (art. 4), *si Deus vobis adhuc alterum filium dederit.*
[5] Annales de Saint-Bertin, année 877, édit. Dehaisnes, p. 259.

contente de réunir une troupe d'amis[1], se mettant en mesure de prendre la royauté dès que cela lui sera possible. En même temps, la femme de Charles le Chauve, Richilde, revient d'Italie. Le 30 novembre, elle rejoint Louis le Bègue à Compiègne, « et lui apporte la lettre royale par laquelle Charles le Chauve avant de mourir avait transmis à son fils la royauté[2] ». Louis le Bègue avait attendu cette lettre, pour lui nécessaire, pendant plusieurs semaines. La reine lui remit en même temps « l'épée dite de Saint-Pierre par laquelle le roi mourant l'investissait du royaume, ainsi que le sceptre, la couronne et les vêtements royaux »[3].

Les pouvoirs avaient donc été régulièrement transmis, et Louis était enfin roi, par la volonté du roi défunt. Mais ce n'était pas tout. Il fallait qu'il se fît reconnaître de ce qu'on appelait « le peuple » dans la langue officielle, c'est-à-dire des grands. La prise de possession de la royauté dans une cérémonie publique et avec l'adhésion des assistants était indispensable. Louis retarda cette cérémonie de quelques jours, qu'il employa à s'assurer l'adhésion des grands. « Un échange de messages, dit Hincmar, eut lieu entre le roi et les grands; on convint des dignités, honneurs, comtés et évêchés qui leur seraient distribués[4]. » Sûr alors de leur assentiment, Louis procéda à la cérémonie publique, et le

---

[1] Annales de Saint-Bertin, année 877 : *Hludovicus, accepto nuntio in Audriaca villa de morte patris sui, quos potuit conciliavit sibi.*

[2] Ibidem : *Richildis Compendium ad Hludovicum veniens, in missa S. Andreæ* (le 30 novembre) *attulit ei præceptum* (on sait que *præceptum* ou *præceptio* est un acte des souverains ayant force de loi) *per quod pater suus illi regnum ante mortem suam tradiderat.*

[3] Ibidem : *Et spatam quæ vocatur sancti Petri per quam eum de regno revestiret, et regium vestimentum et coronam ac fustem ex auro.*

[4] Ibidem : *Discurrentibus legatis inter Ludovicum et regni primores, et pactis honoribus singulis quos petierunt....*

7 décembre, « avec l'adhésion de tous, c'est-à-dire des évêques et abbés, des grands de l'État et de tous les assistants, Louis fut couronné comme roi »[1].

7° [CONCLUSION.]

Il nous semble que de l'observation attentive de cette série de faits nous pouvons déduire une conclusion.

La royauté carolingienne n'était pas précisément héréditaire, et le fils ne succédait pas au père de son plein droit.

Elle n'était pas non plus élective. Un peuple ne se réunissait pas pour élire son souverain; et, si les grands s'assemblaient, ce n'était pas pour délibérer et voter sur le choix d'un chef.

Les règles étaient celles-ci :

1° Il fallait que le roi régnant transmît de son vivant ses pouvoirs par un acte de sa volonté; et s'il avait plusieurs fils, c'était à lui qu'il appartenait de faire le partage entre eux.

2° Il fallait encore que le roi fût reconnu, en public, avec une certaine solennité. Cette cérémonie devait avoir lieu en présence des grands, c'est-à-dire des prélats d'une part, des dignitaires et fonctionnaires publics de l'autre, et il fallait que tous les assistants manifestassent leur adhésion au nouveau règne.

---

[1] Annales de Saint-Bertin, année 877 : *VI idus decembris, consensu omnium, tam episcoporum et abbatum quam regnis primorum ceterorumque qui adfuerunt..., coronatus est in regem Ludovicus.* — De même en 879, Louis le Bègue *sentiens se mortem evadere non posse, per Odonem episcopum et Albuinum comitem coronam et spatam ac reliquum regium apparatum filio suo Hludovico misit, mandans illis qui cum eo erant ut eum in regem sacrari ac coronari facerent.* Annales de Saint-Bertin, année 879, p. 278.

CHAPITRE V

Le titre d'empereur.

A la royauté les Carolingiens ajoutèrent le titre d'empereur. Il faut voir comment ils acquirent ce titre. Il faut chercher surtout quel en était le vrai sens, quelle en fut la portée, et s'il a apporté une modification profonde dans les institutions générales de la France.

Gardons-nous d'abord des grandes théories et des généralités vagues. Pour les uns, Charlemagne empereur marque la victoire définitive de la race germanique sur les races gallo-italiennes : c'est la fin de l'ancien monde et l'avènement d'un monde nouveau. Pour d'autres, au contraire, ce serait l'esprit romain qui, par la main du pape, aurait ressaisi pour quelque temps la victoire et aurait dompté le germanisme au milieu de son triomphe même. Toutes ces généralités sont également inexactes : elles ne s'appuient sur aucune preuve; ni les textes ni les faits ne les confirment. Elles sont le fruit d'une manière de penser qui est moderne, et ne répondent nullement au tour d'esprit des hommes du viiie siècle. Aussi ne trouve-t-on la trace de pareilles idées ni dans les écrits de Charlemagne, ni dans les lettres des papes, ni dans les historiens du temps.

1° [DE LA CONTINUITÉ DE L'EMPIRE ROMAIN EN OCCIDENT.]

Le couronnement de Charlemagne comme empereur à Rome, le 25 décembre de l'année 800, n'est pas un acte isolé; il se rattache à beaucoup d'actes antérieurs qui l'annonçaient et le préparaient. La première remarque qu'il faut faire, c'est que l'acquisition du titre d'empereur fut précédée de l'acquisition de celui de patrice. Charlemagne, avant de se qualifier *imperator*, prit dans ses diplômes et ses actes législatifs la qualification de *patricius Romanorum*[1]. Il y a ici une filière de faits qu'il importe de suivre.

Partons d'abord de cette vérité que l'Empire romain, *imperium romanum*, n'avait pas péri. En l'année 476, le sénat romain avait envoyé à Constantinople les insignes impériaux avec une lettre où il disait qu'un seul empereur suffisait dorénavant à l'Empire[2]. C'est que jusque-là l'Empire romain, sans cesser d'être un, avait eu deux capitales et deux empereurs. La démarche officielle du sénat romain en 476 signifiait que Rome obéirait désormais à l'empereur qui régnait à Constantinople.

Cet empereur s'appelait empereur des Romains, *imperator Romanorum*, βασιλεὺς τῶν Ῥωμαίων, c'est-à-dire qu'il était le chef de tout l'ancien État romain et de toutes les populations romaines. Il continuait l'ancien Empire; Justinien, Héraclius, Léon l'Isaurien continuaient la série des augustes.

Les habitants de la Gaule ne cessèrent pas d'appeler Empire romain l'État dont la capitale était Constantinople. Les expressions *imperium romanum* ou *respublica romana* sont fréquentes chez les écrivains mérovingiens; on les trouve dans Grégoire de Tours, dans

---

[1] A partir de 775. Tardif, n°° 76 et suiv.
[2] [Cf. *L'Invasion germanique*, liv. II. Lire, sur toute cette question des rapports des Francs avec l'Empire, l'excellent livre de M. Gasquet, *L'Empire byzantin et la monarchie franque*.]

Frédégaire, dans Marius d'Avenches, dans les hagiographes ; elles désignent toujours cet État. Le Continuateur de Frédégaire, qui écrit vers 768, désigne encore l'Empire, dont le siège est Constantinople, par le mot *respublica*[1]. Ces écrivains ne connaissent pas d'Empire grec ; ils ne connaissent qu'un Empire romain. Les rois francs écrivent souvent aux princes qui règnent à Constantinople ; c'est toujours du titre d'empereurs romains qu'ils les qualifient. Encore au temps de Charlemagne et chez Éginhard lui-même, ceux qu'on appelle *romani imperatores* sont les princes qui règnent à Constantinople[2].

Il en était de même en Italie, et à plus forte raison. Quand un Italien disait *imperium romanum*, il entendait l'Empire dont le siège était à Constantinople[3]. La plus grande partie de l'Italie continuait à faire partie de cet Empire. Ravenne, Rome, Naples restaient des villes de « l'Empire romain ». Rome n'était plus capitale. Elle reconnaissait pour capitale Constantinople. Quand un Romain du viiᵉ et du viiiᵉ siècle disait *urbs regia*, ce n'était pas de Rome, c'était de Constantinople qu'il parlait[4].

---

[1] Continuateur de Frédégaire, c. 120 : *Quod Aistulfus nequiter contra rempublicam et sedem romanam admiserat.*

[2] Éginhard, *Vita Caroli*, 28 : *Romanis imperatoribus* (il s'agit d'Irène et de Nicéphore). — Les Annales de Lorsch en 803 s'expriment ainsi au sujet de Nicéphore : *Nicephorus imperator qui tunc rempublicam gubernabat.*

[3] *Liber pontificalis*, p. 407 : *Fides imperii romani* ; p. 431 : *Ad partem reipublicæ restituit*, il rendit à l'Empire ; p. 442 : *Reipublicæ dominio loca usurpata restitueret.*

[4] *Regia urbs*, dans le *Liber pontificalis*, édit. Duchesne, p. 343, 350, 354, 366, 373, 396, 431, 432, 442, et en cent autres endroits. Aux pages 532 et 535 les mots *sacerdos regiæ urbis* désignent le patriarche de Constantinople.

Les empereurs avaient un réseau de fonctionnaires pour administrer leurs provinces italiennes. Leur plus haut représentant était l'exarque, *exarchus Italiæ*; au-dessous de lui étaient des ducs, *duces*, δοῦκες[1]. Il y avait un duc de Vénétie, un duc de Naples, un duc de Rome. Ces fonctionnaires avaient la juridiction, le commandement des troupes, la levée des impôts.

A Rome, comme dans les autres grandes villes, chaque nouvel empereur envoyait son « image sacrée », et la population devait « l'adorer » en signe d'adhésion au nouveau règne. L'image était placée dans une église[2]. Le nom du prince devait être inséré dans une des prières de la messe. On comptait les années par le règne de chaque empereur; les papes eux-mêmes, dans leurs lettres, ne dataient pas autrement[3]. Les monnaies fabriquées à Rome portaient l'effigie du souverain de Constantinople.

Le pape était un évêque de l'Empire romain, par conséquent un sujet de l'empereur. Il était élu comme les autres évêques de l'Empire, c'est-à-dire par le clergé et par le peuple; mais l'élection n'était valable que si elle était acceptée par l'empereur[4]. Le procès-verbal de

---

[1] [Voir le livre de Diehl sur l'*Exarchat de Ravenne*.]

[2] *Liber pontificalis*, *Vita Constantini*, p. 392 : *Imperatoris effigies in ecclesia introducta*.

[3] Lettre de Pélage II, dans Bouquet, IV, 82; de Zacharie, ibidem, p. 95 et 97. — Lettre de Grégoire le Grand à Augustin : *Data die decima kalendarum augustarum, imperante domino nostro Mauritio Tiberio piissimo augusto anno decimo quarto* (*Vita Augustini*, 7, cf. 29, dans la Patrologie, LXXX, col. 55). — On sait que l'auteur du *Liber carolinus* a supprimé les dates des lettres pontificales.

[4] Le *Liber pontificalis*, édit. Duchesne, p. 309, signale comme une exception que Pélage II ait été ordonné sans l'ordre de l'empereur, « parce que Rome était à ce moment assiégée par les Lombards ». — Voir surtout le *Liber diurnus*, nᵒˢ 58 et 59.

l'élection était porté à l'exarque d'Italie, qui le transmettait à Constantinople. L'élu ne prenait possession de l'épiscopat qu'au reçu de la réponse impériale qui confirmait son élection [1]. C'était la même règle que pour les autres évêques de la Grèce ou de l'Asie.

Le pape n'avait dans Rome, légalement, aucune autorité politique. A côté de lui était le duc impérial [2], et au-dessus de lui l'exarque. L'empereur pouvait intimer au pape l'ordre de se rendre à Constantinople [3], soit pour siéger en concile, soit pour lui rendre compte de sa conduite ou même de sa foi. En 653, le pape Martin Ier, pour avoir désobéi aux ordres de l'empereur, fut arrêté en pleine église par l'exarque, emmené à Constantinople et interné en Chersonnèse [4].

Cette subordination de l'Italie et de Rome à l'Empire dura jusqu'au VIIIe siècle. Longtemps elle ne donna lieu à aucune opposition. Elle paraissait naturelle et légitime. Il faut ajouter que, sous cette domination éloignée et débonnaire, les évêques d'Italie et surtout celui de Rome grandirent en richesse et en indépendance. L'autorité politique s'amollissant, le régime municipal

---

[1] *Liber pontificalis*, édit. Duchesne, p. 343, 355. — Un passage de la Vie de Benoît II paraît dispenser l'élu de la confirmation impériale. *Liber pontificalis*, p. 363 : *Divales jussiones Constantini principis suscepit per quas concessit ut persona qui electus fuerit in sedem apostolicam e vestigio absque tarditate pontifex ordinetur*. Mais, ainsi que le remarque le savant éditeur, cela veut dire seulement que l'empereur remet à l'exarque le soin de confirmer l'élection. Il abrège les délais trop longs entre l'élection et la confirmation, en déléguant ce droit de confirmation à son représentant en Italie.

[2] Le *Liber pontificalis* ne mentionne pas de duc de Rome avant 712; mais cela ne prouve pas qu'il n'en existât pas auparavant (*Liber pontificalis*, p. 392 et 403).

[3] Ibidem, p. 389 : *Hisdem temporibus imperator ad pontificem misit sacram per quam jussit eum ad regiam ascenderet urbem. (Pontifex) jussis imperatoris obtemperans....*

[4] Ibidem, p. 338.

s'annihilant, il n'y eut plus de grand et de fort que les évêques, et surtout celui de Rome. Rome perdit les avantages d'une capitale; mais le pape gagna beaucoup à ne pas avoir l'empereur près de lui. La grande autorité du Saint-Siège a ses racines dans ces trois siècles où il n'obéissait qu'à l'empereur de Constantinople.

2° [LE PAPE S'ALLIE AVEC LE ROI DES FRANCS.]

Au VIII° siècle toutefois, il se produisit plusieurs motifs pour que cette situation ne se prolongeât pas. D'abord, le pape devenait un trop grand personnage pour rester toujours dans la sujétion. Si l'autorité politique lui manquait, il possédait en revanche une immense fortune territoriale. Ses *fundi* et ses *massæ* étaient répandus dans toute l'Italie, en Sicile, en Sardaigne, même en Gaule; et comme à chacun de ces domaines était attachée une population ou de serfs ou de colons, c'était un ou deux millions de sujets que le pape avait à lui comme propriétaire.

A cela se joignait son grand prestige sur toutes les nations occidentales. Si l'Orient comptait plusieurs patriarches, le pape était le seul patriarche de l'Occident. Ni l'Italie ni la Gaule n'hésitaient à voir en lui le chef suprême de l'Église universelle. Il était en relations suivies avec les évêques gaulois et était accepté d'eux comme un supérieur. Il avait converti les Anglo-Saxons et s'en était fait, d'une certaine façon, des sujets. Au VIII° siècle, il convertit la Germanie, et fit une sorte de conquête du pays par son agent et son apôtre saint Boniface. Il était bien difficile qu'un pouvoir si riche, si puissant, moralement si fort, restât sujet de l'empereur de Constantinople.

D'autres raisons encore le détachaient d'un Empire dont le siège était en Grèce. A Constantinople il rencontrait la concurrence d'un patriarche, qui, ayant l'avantage d'être plus près du trône, pouvait réussir à s'emparer de la suprématie ecclésiastique. Ce qui était plus grave encore, c'est que l'esprit religieux qui dominait en Grèce n'était pas tout à fait de même nature que l'esprit religieux qui régnait à Rome. L'esprit grec était subtil en matière de controverses théologiques et enclin à philosopher au moins autant qu'à croire ; les raffinements et les hérésies s'y produisaient aisément. Tout autre était l'esprit romain, constant et tenace en matière de foi, ennemi des fines recherches et timide aux nouveautés. Il était presque impossible que Rome et Constantinople s'entendissent bien sur la foi. Même quand elles croyaient aux mêmes dogmes, il n'était pas certain qu'elles y crussent tout à fait de la même façon.

Dès le milieu du vii° siècle, une querelle très vive avait éclaté, au sujet de l'hérésie du monothélisme, entre le Saint-Siège d'une part, le patriarche et l'empereur de l'autre[1]. Elle se renouvela au commencement du viii°. Vers 712, on apprit à Rome que le nouvel empereur Philippicus était monothélite. Aussitôt « le peuple romain, dit l'historien des papes, décida qu'il ne recevrait pas le nom ni les lettres d'un empereur hérétique, que son image ne serait pas introduite dans les églises, que son nom ne serait pas prononcé dans les cérémonies de la messe[2] ». Peut-être Rome aurait-elle cherché dès ce moment à se détacher de l'Empire, si la mort du prince héré-

---

[1] *Liber pontificalis*, Vie de Martin I", édit. Duchesne, p. 336-338. — Hefele, § 307, trad. fr., t. IV, p. 87 et suiv.

[2] Ibidem, Constantinus, p. 392.

tique n'avait fait disparaître cette cause de discorde.

Peu d'années après, la lutte recommence pour un motif plus matériel, et nous voyons le pape Grégoire II interdire la levée des impôts par l'Empire[1]; peut-être s'agissait-il surtout de ceux que l'Empire voulait lever sur les domaines de l'Église[2].

Enfin survint la grande querelle des iconoclastes. L'empereur Léon l'Isaurien avait, non seulement interdit le culte des images, mais encore ordonné la destruction de toutes les images dans les églises[3]. La lettre impériale qui apporta ce décret à Rome menaçait le pape de destitution s'il n'obéissait pas. Grégoire II refusa d'obéir, et toute l'Italie se souleva contre les fonctionnaires impériaux. Ce qui est curieux, c'est que ni les populations ni le pape ne pensèrent encore à se séparer de l'Empire. « Toute l'Italie, dit le biographe romain, résolut de choisir un autre empereur et de le conduire à Constantinople[4]. » Un changement de prince était tout ce qu'on souhaitait. Le pape trouvait même ce dessein trop hardi[5]. Il pensait aux Lombards qui, en ce moment même, profitaient des insurrections italiennes et s'emparaient de plusieurs provinces[6]. C'était une forte raison pour qu'il ne se détachât pas de l'Empire. Aussi engageait-il les populations « à ne pas

---

[1] *Liber pontificalis*, Grégoire II, p. 403; Théophane, *Chronique*, année 715 (a. 6217).

[2] C'est ce que donnent à entendre ces mots du *Liber pontificalis*, ibidem : *Ex suis opibus ecclesias denudari*. — Peut-être s'agissait-il d'une augmentation du *census*.

[3] *Liber pontificalis*, Grégoire II, p. 404 et p. 409.

[4] Ibidem : *Cognita imperatoris nequitia, omnis Italia consilium iniit ut sibi eligerent imperatorem et ducerent Constantinopolim*.

[5] Ibidem : *Conpescuit tale consilium pontifex, sperans conversionem principis*.

[6] Ibidem, p. 405 et 407.

cesser d'être attachées et fidèles à l'Empire romain[1] ».

Grégoire III, qui lui succéda en 731, continua le même genre de lutte. Les empereurs Léon et Constantin, par de nouveaux décrets, poursuivirent, interdirent les images[2]. Le nouveau pape écrivit une lettre de protestation à l'empereur, puis, réunissant un concile d'évêques italiens, il lança l'excommunication contre quiconque briserait les images, c'est-à-dire quiconque obéirait à l'empereur[3]. C'était une véritable révolte; toutefois nous ne voyons pas que le pape ait jamais fait acte de détachement à l'égard de l'Empire[4].

Les Lombards l'effrayaient. Ils étaient volontiers ses alliés contre l'Empire; mais ils voulaient visiblement s'emparer de l'Italie et de Rome même. Contre les Impériaux et contre les Lombards, le pape chercha un appui en Occident et s'adressa au chef de guerre qui dominait en France, à Charles Martel. Il y a ici un point obscur. Il est impossible de dire quelle était la nature de l'alliance qu'il voulut contracter avec le chef franc. Nous savons bien qu'il lui écrivit, puisque deux de ses lettres nous sont parvenues[5]; mais dans ces lettres il demande seulement l'appui contre les Lombards, sans dire un mot pour ou contre l'Empire. Les ambassadeurs qu'il envoya en France en 741 furent peut-être chargés d'instructions plus précises; mais le *Liber*

---

[1] *Liber pontificalis*, Grégoire II, p. 407 : *Ne desisterent ab amore vel fide Romani imperii ammonebat.*

[2] Ibidem, p. 415 : *Fuit temporibus Leoni et Constantini imperatoribus, ea persecutione crassante... ad destructionem sacrarum imaginum Jesu Christi et genetricis omniumque sanctorum.*

[3] Ibidem, p. 416.

[4] Au contraire le *Liber pontificalis* nous montre Grégoire III, au plus fort de la lutte, ne cessant d'écrire des lettres à l'empereur (page 417) pour obtenir le retrait de ses décrets.

[5] *Liber carolinus*, édit. Jaffé, n°° 1 et 2; elles sont de 739 et de 740.

pontificalis nous dit seulement qu'il envoya à Charles Martel les clefs du tombeau de saint Pierre et qu'il lui demanda « de le délivrer de l'oppression des Lombards¹ ».

Or les clefs de saint Pierre n'étaient nullement, comme quelques-uns l'ont cru, la marque de la souveraineté sur Rome. Personne au viii⁰ siècle ne songeait à les regarder comme un symbole d'autorité sur la ville. Il était depuis longtemps dans les usages des papes de faire présent des clefs du sépulcre de saint Pierre et de quelques parcelles de ses chaînes. Le pape Grégoire le Grand avait fait ce présent à plus de vingt personnes, au roi franc Childebert², au roi d'Espagne Récarède³, au patrice impérial Asclépiodote⁴, au duc Andréas⁵, à l'évêque Columbus⁶, au médecin Théodoro⁷, à bien d'autres et même à plusieurs femmes⁸. Nul n'y attachait l'idée qu'elles fussent le symbole d'un pouvoir politique⁹.

---

¹ *Liber pontificalis*, p. 420 : *Concussa est provincia Romanæ ditionis subjecta* (ces mots désignent les provinces soumises à l'Empire) *a nefandis Langobardis et rege Liutprando. Venienzque Romæ in campo Neronis tentoria tetendit, depradataque campania.... Pro quo dolore constrictus sacras claves ex confessione beati Petri accipiens, partibus Franciæ Carolo per missos suos direxit.... postulandum ut eos a tanta oppressione Langobardorum liberaret.* — M. l'abbé Duchesne croit que tout ce passage est interpolé; mais il garde une grande valeur s'il a été écrit, comme il le pense, au temps d'Étienne II, c'est-à-dire onze ou douze ans après l'événement.

² Grégoire le Grand, *Lettres*, VI, 6. Le Continuateur de Frédégaire et tous ceux qui le copient se trompent donc lorsqu'ils disent que Charles fut le premier qui reçut les clefs de saint Pierre.

³ Ibidem, XII, 7.
⁴ Ibidem, XI, 14.
⁵ Ibidem, I, 30.
⁶ Ibidem, XII, 7.
⁷ Ibidem, VII, 28.
⁸ Ibidem, XII, 7.
⁹ C'est pourtant (ce que des écrivains allemands ont soutenu en citant)

C'est que ces clefs n'étaient pas autre chose qu'une sorte de décoration, décoration qui pouvait être renouvelée indéfiniment, et qui était une marque de pure amitié du pape[1]. Elles faisaient aussi l'office d'amulette, puisqu'elles venaient du tombeau d'un saint. On peut voir plus d'une fois dans Grégoire de Tours que la pierre qui recouvrait un saint et les seules raclures de cette pierre étaient un objet très sacré et un remède contre bien des maux. C'est la même idée qui s'attachait aux clefs qui se faisaient du tombeau de saint Pierre, d'autant qu'on y insérait quelques parcelles des chaînes qui avaient attaché les membres du saint. Ces clefs se portaient suspendues au cou[2]. Elles avaient la vertu, à la fois, de soutenir l'homme contre les tentations et le péché, de le préserver des maladies, de le sauver du danger dans les batailles[3].

---

une lettre de Grégoire III qui aurait écrit à Charles : *Sacratissimas claves quas vobis ad regnum direximus*; mais le vrai texte est *ad rogum* et non pas *ad regnum*. Voir Jaffé, *Liber carolinus*, p. 17. — Jaffé explique *quas tibi ad rogum direximus* par *ad rogationem tuam*. J'ai quelque doute sur cette explication. Dans la langue du temps, *roga*, *rogum* signifiaient présent, gratification. Exemple : *Rogam clero suo ampliavit* (*Liber pontificalis*, Léon III, § 359).

[2] Ces clefs sont désignées par les mots *claves sepulcri* (Continuateur de Frédégaire, c. 110), plus souvent *claves confessionis sancti Petri* ou *claves ex confessione* ; on sait qu'en Italie on appelait alors *confessio* le tombeau d'un saint. Quelquefois le pape emploie l'expression *clavem a sacratissimo corpore*. On ajoute souvent : *Claves in quibus de vinculis ejus inclusum est*, ou *clavem in qua ferrum de catenis ejus clausum est*.

[3] Lettre de Grégoire le Grand à Childebert : *Claves sancti Petri vobis direximus, quæ collo vestro suspensæ a malis vos omnibus tueantur.* — Lettre du même au patrice Asclépiodote : *Clavem... quæ vestro collo suspensa....*

[4] Grégoire le Grand, *Lettres*, VII, 28 : *Ut quod sancti Petri collum ligavit, vestrum ab omnibus peccatis solvat.* — Ibidem, IX, 52 : *Ut a maligno defensus permaneas.* — Ibidem, I, 30 : *Eædem catenæ quæ illa sancta colla tenuerunt, suspensæ colla vestra sanctificent.* — VI, 6 : *A malis vos omnibus tueantur.* — XI, 14 : *Contra omnia adversa vos muniat.*

Tel est le présent que reçut Charles Martel. Il ne signifiait certainement pas que Rome se donnât à lui. Quant à la demande de protection contre les Lombards, elle ne signifiait pas non plus que Rome songeât dès lors à se séparer de l'Empire.

Un annaliste franc paraît en dire davantage et semble indiquer qu'il y aurait eu un pacte formel entre le chef franc et le pape. Mais sa phrase, soit qu'elle ait été altérée par les copistes, soit que l'auteur lui-même n'ait pas bien compris ce qui lui avait été dit, est véritablement inintelligible pour nous[1]. Les annalistes postérieurs indiquent qu'une alliance fut conclue, en vertu de laquelle « le peuple romain se séparait de l'empereur des Grecs, et se remettait en la protection du prince franc[2] ». On peut douter qu'un pape ait fait des ouvertures si hardies à un prince étranger,

---

[1] Voici cette phrase : *Eo pacto patrato ut a partibus imperatoris recederet, et romanum consulatum principi Carolo sanciret* (Continuateur de Frédégaire, 110). Si *pactum* signifie un contrat, un pacte, un accord, les deux membres de la phrase doivent s'appliquer chacun à l'une des deux parties ; en ce cas, *recederet* aurait pour sujet *Carolus*, et *sanciret* aurait pour sujet *pontifex*. Mais, entendus ainsi, la phrase n'offre aucun sens, puisque Charles Martel n'avait pas à s'éloigner du parti de l'empereur, dont il n'était pas l'allié ; il avait été, au contraire, jusqu'alors l'allié du roi lombard. D'autre part, on ne voit pas bien ce que vient faire ici le consulat ; nous ne sommes plus au temps de Clovis, où il y avait encore des consuls. L'expression *consulatum sancire* ne se comprend pas [le texte que donne l'édit. Krusch et qui est celui des principaux mss., *romano consulto*, ne se comprend pas davantage]. — Les annalistes postérieurs n'ont eu d'autre source que ce passage même, et l'on voit bien qu'ils n'ont pas pu le comprendre.

[2] Chronique de Moissac, année 741 (Bouquet, II, 656) : *Quo pacto patrato sese populus romanus, relicto imperatore Græcorum et dominatione, ad prædicti principis defensionem et invictam ejus clementiam convertere cum voluissent*. — Les Annales de Fontenelle parlent de l'ambassade du pape, mais ne prétendent pas savoir le traité secret qui put être conclu. Les Annales de Fulde n'en parlent pas. Les Annales de Metz s'expriment comme la Chronique de Moissac.

qu'il savait être étroitement uni au roi des Lombards¹. Il ressort d'ailleurs du récit des mêmes annalistes que Charles Martel n'aurait rien conclu et se serait contenté d'envoyer une ambassade au pape. Enfin, à supposer même que l'alliance dont parlent les annalistes francs eût été faite, il est certain qu'elle n'aurait eu aucune suite, puisque le chef franc et le pape moururent quelques semaines après².

Grégoire III ne s'était pas séparé de l'Empire. Son successeur Zacharie lui resta attaché. Il était Grec de naissance³, et il trouvait plus d'avantages à être le sujet d'un empereur de Constantinople que d'un roi des Lombards. Il fut en rapports amicaux avec l'empereur⁴. Rome demeura ville d'Empire et chef-lieu d'un duché impérial⁵. Nous devons toutefois remarquer que le duc de Rome devient à ce moment un allié bien fidèle du Saint-Siège⁶ : il obéit à ses ordres ; il semble

---

¹ Liutprand avait envoyé des secours à Charles Martel au moment de l'invasion des Sarrasins (Paul Diacre, VI, 54), et c'est peut-être à cette entrée d'une armée lombarde en Provence qu'il avait dû sa victoire de Poitiers. — Ce même Liutprand avait adopté Pépin comme son fils (Paul Diacre, VI, 55; Adrevald, p. 56; *Chronicon Centulense*. Bouquet, III, 252).

² Voir sur toute cette affaire les observations très justes de M. Bayet, *Voyage d'Étienne III en France*, dans la *Revue historique*, 1882. — M. Gasquet, dans son étude sur le royaume lombard, *Revue historique*, janvier 1887, p. 79, incline à croire qu'un pacte fut conclu, et qu'il le fut contre l'Empire. [Il est revenu là-dessus dans son livre sur *l'Empire byzantin et la monarchie franque*.] — Il est certain qu'à la génération suivante, alors qu'il y a eu réellement un pacte, on a cru que ce pacte s'était fait une première fois sous Charles Martel. Cette opinion était celle de Charlemagne, capitulaire de 806, art. 15, Boretius, p. 128.

³ *Liber pontificalis*, p. 426.

⁴ Il se fit même donner par lui deux domaines du fisc impérial dans la campagne romaine (*Liber pontificalis*, Zacharie, c. 20, p. 433).

⁵ *Liber pontificalis*, Zacharie, c. 2, p. 426.

⁶ Ibidem, c. 2, 4, 12, p. 426, 429.

qu'il lui soit subordonné¹. C'est le pape qui négocie avec les Lombards et avec l'exarque²; c'est lui qui gouverne Rome, et le duc ne paraît être que son agent³. Apparemment il s'était opéré ici un changement que le biographe du pape ne nous fait connaître que par voie d'allusion. Rome, sans se détacher encore de Constantinople, devenait presque un État libre entre les mains de son évêque.

Vint ensuite Étienne II (752-757)⁴. Pas plus que ses prédécesseurs il ne se sépara formellement de l'Empire. Voyant que les Lombards voulaient s'emparer de Rome, c'est à l'empereur qu'il s'adressa d'abord pour être secouru⁵. Ne recevant pas de secours, il essaya de s'entendre lui-même avec les Lombards, puis il s'adressa au roi des Francs⁶. Il se rendit auprès de lui, passa un hiver en France, et conclut avec lui un contrat.

Nous n'avons pas le texte de ce contrat; nous savons seulement qu'il a été fait, au moins par le roi franc, un

---

¹ Ajoutez un passage d'Étienne II, c. 19, où l'on voit que les *militiæ optimates* obéissent au pape (p. 445).
² *Liber pontificalis*, Zacharie, c. 5 et suiv., c. 12.
³ Cela ressort bien d'une phrase du *Liber pontificalis*. Le biographe, disant que le pape quitte Rome pour aller négocier avec Liutprand, ajoute : *Relicta romana urbe Stephano duci ad gubernandum*. Le duc est donc son représentant en son absence.
⁴ On l'appelle souvent Étienne III. Nous comptons comme le *Liber pontificalis*. — La seule raison qui a induit à l'appeler Étienne III est qu'il y a eu en 752 un autre Étienne qui a été élu, mais qui est mort quatre jours après l'élection et sans avoir été ordonné et consacré; aussi le *Liber pontificalis* ne le compte-t-il pas comme pape (voir *Liber pontificalis*, Étienne II, c. 2, et la note 3 de la page 450).
⁵ *Liber pontificalis*, Étienne II, c. 9, p. 442 : *Misit regiam urbem deprecans imperialem clementiam ut modis omnibus adveniret et Romanam hanc urbem vel cunctam Italiam provinciam liberaret.*
⁶ *Ibidem*, c. 15, p. 444 : *Cernens ab imperiale potentia nullum esse subveniendi auxilium, tunc quemadmodum prædecessores ejus... ita clam per quemdam peregrinum suas misit litteras Pippino regi.*

acte écrit[1]. Deux des points de la convention sont bien connus : d'une part, Pépin serait sacré roi par le pape; de l'autre, il ferait une expédition en Italie contre les Lombards. Les autres points sont plus obscurs. Il n'y a pas le moindre indice que le pape ait demandé l'appui du roi franc contre les Grecs. Pas d'indice non plus qu'il ait annoncé le désir de se détacher de l'Empire[2].

On aperçoit pourtant dans les textes que la convention faite entre le pape et le roi franc avait un objet plus général et visait à quelque chose de plus qu'une intervention momentanée contre les Lombards. En effet, les lettres écrites par les papes dans les années suivantes signalent comme le principal objet du contrat la protection perpétuelle de l'église de Rome. « Nous avons *commendé* dans vos mains, disent-ils au roi, les intérêts de notre église, et vous avez promis de vous charger du soin de sa défense[3]. » Ce n'est pas un pacte fait pour un jour ou une année, car il a été conclu à l'avance par les futurs successeurs de Pépin : « Nous t'avons commis toi et tes fils, écrit le pape, à la protection de notre Église et de notre peuple de Rome[4]. » Un demi-

---

[1] C'est ce que rappelle Étienne II dans une lettre de l'année suivante, où il parle d'une *promissio manu firmata* (Jaffé, p. 56).

[2] Suivant le *Liber pontificalis*, c. 20, le pape demandait *ut causam beati Petri et reipublicæ Romanorum (Pippinus) disponeret*. — Or les mots *respublica Romanorum* en 754 signifiaient encore l'Empire : c'est seulement dans les années suivantes et par un malentendu très facilement explicable qu'on les a employés pour désigner l'État romain soumis au pape.

[3] Lettre d'Étienne II à Pépin, en 755, Jaffé, p. 38 : *Omnes causas principis apostolorum in vestris manibus commendavimus... et vos polliciti estis defensionem ecclesiæ procurare*. — Autre lettre, p. 36 : *Nos omnes causas sanctæ Dei ecclesiæ in vestro gremio commendavimus.*

[4] Lettre de 756, *Liber carolinus*, Jaffé, p. 53-54 : *Tibi et filiis tuis sanctam Dei ecclesiam et nostrum Romanorum populum commisimus protegendum*. — Dans beaucoup de lettres, les papes appellent Pépin ou Charlemagne *noster defensor, noster auxiliator*.

siècle plus tard, Charlemagne rappelait le point essentiel de la convention de 754 lorsqu'il disait : « Ce que nous voulons par-dessus tout, c'est que nos fils prennent sur eux la défense de l'Église de Rome, comme notre père Pépin l'a prise et nous après lui[1]. » C'est donc une mission de « défense » générale et perpétuelle que Pépin et ses fils ont assumée[2].

Pour la même raison, visiblement, le pape leur a conféré, au père et aux fils à la fois, un titre perpétuel et inamovible, celui de patrice. Ce point mérite qu'on s'y arrête.

3° [LE ROI DES FRANCS, PATRICE DES ROMAINS.]

Que Pépin ait reçu le titre de patrice des mains du pape, c'est ce qui est attesté par un homme qui était certainement un contemporain et qui fut peut-être un témoin oculaire[3]. Ce qui marque bien encore que ce titre fut acquis par Pépin dans cet hiver de 754, c'est-à-dire pendant le séjour du pape en France, c'est qu'à partir de cette date toutes les lettres pontificales sont

---

[1] Capitulaire de 806, *Divisio imperii*, art. 15, Boretius, p. 130 : *Super omnia jubemus ut ipsi tres fratres curam et defensionem ecclesiæ sancti Petri suscipiant simul, sicut quondam... a genitore nostro Pippino rege et a nobis postea suscepta est.* — Charlemagne croit même pouvoir ajouter que son aïeul Charles Martel avait déjà accepté cette mission de défense.

[2] Le contrat est bien marqué dans le *Liber carolinus*, Jaffé, p. 160-161.

[3] C'est l'auteur anonyme de la *Clausula de Pippini consecratione* dont nous avons parlé plus haut [p. 262]. Il écrivait treize ans après le sacre, et l'on admet généralement qu'il était moine du monastère de Saint-Denis où le sacre avait eu lieu. Il s'exprime ainsi : *Per manus Stephani pontificis in regem et patricium una cum prædictis filiis Carolo et Carlomanno unctus et benedictus est* (Bouquet, V, 10 ; Grégoire de Tours, édit. Arndt et Krusch, p. 465). Peut-être ne faut-il pas prendre à la lettre les paroles de l'auteur jusqu'à croire que Pépin ait été sacré comme patrice.

adressées « à Pépin patrice des Romains¹ ». Et les mêmes lettres donnent déjà la qualification de patrices à ses deux fils, qui ne sont encore que deux enfants².

Ce titre de patrice était un titre de la cour impériale. Les patrices, depuis quatre cents ans, étaient les plus hauts dignitaires de l'Empire³, et le patriciat avait pour caractère propre d'être une dignité inamovible⁴. On peut remarquer que presque tous les exarques qui administraient l'Italie au nom de l'empereur étaient patrices. Le *Liber pontificalis* qualifie chacun d'eux de *patricius et exarchus Italiæ*⁵. Rome était donc accoutumée à obéir à un patrice. Pour elle, le patrice était le plus haut fonctionnaire qui se plaçait entre le pape et l'empereur. C'est ce titre que le pape Étienne II conféra à Pépin⁶.

---

¹ *Liber carolinus*, édit. Jaffé, 1867. Les premières lettres, écrites avant 754, sont adressées *Pippino regi Francorum*. A partir de 755 toutes les lettres portent *Pippino regi Francorum et patricio Romanorum*.
² Ibidem, n° 6, lettre de 755 : *Carolo et Carlomanno regibus et patritiis Romanorum*. De même, n°⁸ 7, 8.
³ Voir Code Théodosien, VI, 6, et la note 2 de Godefroi, t. II, p. 72. — *Honor patriciatus*, Novelles de Valentinien III, tit. XI, Hænel, p. 164. — Code Justinien, XII, 2, 3 et 5, lois de Zénon et de Justinien.
⁴ Voir le diplôme de nomination d'un patrice dans Cassiodore, VI, 2. — On peut voir aussi dans le *Liber de cærimoniis* de Constantin Porphyrogénète, c. 48, édit. de Bonn, p. 244 et suiv., le cérémonial qui était observé à Constantinople pour la nomination d'un patrice.
⁵ P. 312, 528, 352, 372, 383, 403.
⁶ Il y a ici une difficulté. Si le patriciat était une dignité impériale que l'empereur seul conférait, comment peut-elle être conférée par le pape ? Cette difficulté a été très bien vue par M. Bayet, qui a fait d'excellents travaux sur cette époque. Dans son étude sur le voyage d'Étienne III en France, il met en pleine lumière que le pape n'était pas brouillé avec l'Empire ; il en conclut qu'il ne pouvait pas avec juste raison avoir la pensée de conférer lui-même une dignité que l'empereur avait seul le droit de donner, et il lui paraît vraisemblable que le pape, agissant ici de concert avec l'empereur, était porteur d'un diplôme impérial en faveur de Pépin. — Tout son travail me paraît d'une grande justesse, sauf le dernier point, sur lequel quelques objections se présentent à mon esprit.

A vrai dire, il ne pouvait guère en trouver un autre à lui donner. Il ne pouvait le nommer empereur, parce qu'il ne songeait pas à se détacher de Constantinople. Il ne pouvait pas lui obéir comme roi, parce qu'il ne voulait pas plus être sujet du roi des Francs que du roi des Lombards. Le seul titre possible était celui de patrice, titre assez haut pour qu'un roi franc pût l'accepter, et qui pourtant réservait l'autorité de l'empereur.

On aperçoit bien la pensée du pape. Il continuera à avoir pour empereur celui qui règne à Constantinople; en même temps il aura pour patrice celui qui règne à Aix-la-Chapelle : deux autorités, l'une purement nominale, l'autre un peu plus effective, toutes les deux fort éloignées; entre elles, Rome sera réellement gouvernée par son évêque. L'indépendance du Saint-Siège semblait garantie par cette combinaison.

1° Les textes ne parlent d'aucun diplôme impérial, et il n'est fait aucune allusion dans le *Liber carolinus* à une intervention de l'empereur. 2° Si Pépin eût été fait patrice par l'empereur, il fût devenu son subordonné en quelque façon, et il paraîtrait quelque chose de cela; tout au contraire, le Continuateur de Frédégaire en 757 mentionne un échange d'ambassades qui ne ressemble en rien à ce que seraient les relations entre un patrice et un empereur; Pépin y paraît visiblement comme roi, et non pas comme patrice. Je doute même que les empereurs aient reconnu à Pépin ce titre de patrice, dont ils auraient au contraire tiré un grand parti s'ils l'avaient eux-mêmes conféré. 3° Il faut noter que le titre porté par Pépin ne fut pas exactement celui qui était usité dans l'Empire; il est toujours qualifié *patricius Romanorum*; les deux mots sont toujours réunis, sans exception; les patrices impériaux étaient seulement *patricii*. 4° Autre différence : les deux fils de Pépin furent certainement nommés patrices en même temps que lui; or cela était contraire à toutes les règles de la cour impériale; il n'est pas admissible que Constantinople ait constitué au profit des rois francs un patriciat héréditaire. — Je ne serais donc pas disposé à admettre qu'il y ait eu un diplôme de l'empereur. Il est possible que le pape ait déclaré qu'il était d'accord avec l'empereur; les deux parties crurent ou feignirent de croire qu'elles avaient son assentiment.

Voilà donc Pépin et Charlemagne patrices, avec cette restriction qu'ils sont exclusivement « patrices des Romains[1] ». Ils ont, à l'égard de Rome et des territoires qui en dépendent, les devoirs et les droits qu'avaient eus antérieurement les patrices envoyés de Constantinople en Italie. Ils ont le droit et le devoir de défendre Rome ; ils ont aussi, quelque peu, le droit et le devoir de veiller à son gouvernement. Rome est leur sujette, comme elle l'était des anciens patrices. Il est vrai que leur autorité est lointaine, respectueuse, intermittente. Nous la voyons surtout s'exercer par des donations. Si Pépin enlève aux Lombards l'Exarchat et la Pentapole, ce n'est pas pour les restituer à l'empereur, c'est pour les donner au Saint-Siège.

Il s'écoule environ un demi-siècle pendant lequel la situation est celle-ci : le pape reste le sujet de l'empereur de Constantinople, il est en même temps le sujet du patrice franc. Ses relations avec Constantinople sont rares[2] ; nous ne connaissons, dans un espace de quarante-six ans, que trois lettres qu'il ait écrites à l'empereur[3]. Au contraire avec les rois francs les relations sont constantes ; entre 755 et 791, il nous est parvenu quatre-vingt-onze lettres écrites par les papes à Pépin

---

[1]. Pépin ne paraît pas avoir pris dans ses actes la qualification de patrice, à moins que ce ne fût dans des actes relatifs à l'Italie et que nous n'avons plus. Charlemagne au contraire, dès l'année 775, adopta, dans tous ses actes, le titre de patrice des Romains, qu'il ajouta à ceux de roi des Francs et de roi des Lombards (Tardif, n° 76 et suiv.).

[2] Il n'y a pas d'indice que les élections des papes soient soumises aux empereurs ou aux exarques. — Nous ne voyons plus d'apocrisiaire pontifical à Constantinople après 743 (Thomassin, *Discipline de l'Église*, 2ᵉ édit., t. I, p. 137).

[3] Elles sont mentionnées dans le *Liber pontificalis*, Paul, c. 5, Adrien, c. 15 et 88, p. 464, 490, 512. — Toutes les trois concernent la question des images.

ou à Charlemagne¹. Elles ont trait aussi bien à des intérêts matériels ou administratifs qu'à des questions religieuses. Quoique les affaires fussent le plus souvent traitées par les *missi* du roi, ces lettres laissent apercevoir de temps en temps que les papes reçoivent des ordres et y obéissent². Quand Charlemagne vient à Rome, il y est reçu en patrice, c'est-à-dire comme un chef, et avec tout le cérémonial qui avait été usité précédemment pour les patrices et les exarques³. Il s'y montre aussi en costume de patrice impérial⁴.

L'autorité de Charlemagne sur Rome grandit lorsqu'il eut conquis le royaume des Lombards. Paul Diacre écrivait, vers l'année 777, que Charles, vainqueur des Lombards, avait pris aussi possession de Rome et l'avait « ajoutée à son sceptre⁵ ». Lorsque Léon III fut élu pape, en 795, il se hâta d'envoyer à Charlemagne « les clefs du tombeau de saint Pierre et l'étendard de la ville⁶ ». Les clefs étaient un présent sans conséquence ; mais l'étendard semble bien marquer la

¹ Le Recueil des lettres d'Adrien s'arrête à 791 ; nous n'avons celles de Léon III qu'à partir de 808.

² Par exemple, dans le n° 94 du *Liber carolinus* (Jaffé, p. 276) on voit que le pape a reçu l'ordre d'expulser les négociants de Venise du territoire de Ravenne et de la Pentapole. — On a aux Archives nationales (Tardif, 87) une lettre d'Adrien Ier qui demande des instructions et des ordres.

³ *Liber pontificalis*, Adrien, c. 36, p. 497 : *Sicut mos est exarchum aut patricium suscipere.*

⁴ Éginhard, *Vita Caroli*, 23 : *Romam semel, Adriano pontifice petente, longa tunica et chlamide amictus, calceis quoque romano more formatis induebatur.*

⁵ Paulus Warnefridi, *Libellus de episcopis Mettensibus*, édit. de la Patrologie, p. 706 : *Langobardorum gentem suæ subdidit ditioni; Romanos præterea ipsamque urbem Romuleam suis addidit sceptris.*

⁶ Éginhard, *Annales*, année 796 : *Leo pontificatum suscepit* (l'élection est du 26 décembre 795, nouveau style ; Léon III fut sacré le lendemain) *et mox per legatos suos claves confessionis sancti Petri ac vexillum Romanæ urbis regi misit.*

sujétion. Ce qui était plus significatif encore, c'est que le pape demandait au roi, ou plutôt au patrice, d'envoyer un délégué à Rome pour recevoir les serments du peuple romain [1]. Charles envoya en effet à Rome un abbé, Angilbert, et dans une lettre qu'il lui remit et qui nous a été conservée il lui traça les instructions qu'il devait transmettre au pape. C'est le ton d'un souverain qui s'adresse à l'un des évêques de ses États [2]. En même temps il écrivait au pape une lettre pleine de respect, mais où il savait marquer le rôle des deux puissances : « A nous de défendre l'Église du Christ contre les attaques des païens, contre les ennemis du dehors, et *de la fortifier au dedans dans la vraie foi*; à vous d'élever les mains vers Dieu comme Moïse, afin que vos prières nous assurent la victoire [3]. »

[1] Éginhard, *Annales*, année 796 : *Rogavitque ut aliquem de suis optimatibus Romam mitteret qui populum romanum ad suam fidem atque subjectionem per sacramenta firmaret.* — Il y a dans ce texte une difficulté. Je ne suis pas bien sûr que *ad suam fidem et subjectionem* signifie « dans la foi et sujétion de Charlemagne ». Grammaticalement, cela pourrait tout aussi bien signifier « dans la foi et la sujétion du pape ». Ce qui me fait encore plus hésiter à admettre l'interprétation ordinaire, c'est que je ne vois pas que le peuple romain eût à faire son serment de fidélité au roi parce qu'il avait un nouvel évêque. Je reste dans le doute, mais je dis que, dans l'un et l'autre cas, il y a un fait caractéristique : de deux choses l'une, ou le peuple prête serment au patrice, ou bien, prêtant serment au pape, il ne peut le faire qu'en présence d'un délégué du patrice. — Je rappelle à ce sujet que le pape Paul I*er*, à peine élu, écrit à Pépin qu'il a retenu à Rome le *missus* du roi pour qu'il assistât à son ordination « et qu'il fût témoin de l'amour du peuple romain » à l'égard du patrice (*Liber carolinus*, Jaffé, p. 68); ajoutons que Pépin, à la nouvelle de l'élection de Paul I*er*, écrivit au peuple romain une *ammonitio* pour lui enjoindre « d'être fidèle » au nouveau pape (ibidem, p. 70). Il est possible que ce fût une vieille règle que le peuple romain prêtât serment à un évêque en présence du représentant de l'autorité civile.

[2] Cette lettre est au *Liber carolinus*, Jaffé, p. 353 : *Ammoneas eum de omni honestate vitæ suæ, de sanctorum observatione canonum.... De simoniaca heresi diligentissime suadeas illi.*

[3] Lettre de Charlemagne à Léon III, dans Jaffé, p. 356 : *Nostrum est,*

En l'année 800, Charlemagne changea son titre de patrice en celui d'empereur. Si l'on en croyait Éginhard, la couronne impériale lui aurait été donnée par surprise et malgré lui¹. L'étude du détail des faits va nous montrer que la scène du couronnement était préparée à l'avance.

Que Charlemagne ait eu l'ambition d'être empereur, c'est ce qu'aucun document ne dit, mais ce qui est fort vraisemblable. Tout le monde en Occident savait la valeur de ce titre. Alcuin écrivait à Charlemagne, en 799, que le nom d'empereur était plus grand que celui de roi². Mais il fallait la connivence du pape; or jusque-là les papes avaient tenu à rester les sujets de l'empereur de Constantinople. Mais les premières années du pontificat de Léon III avaient été fort agitées. Un parti ennemi avait chassé le pape et avait failli l'assassiner³. Un duc franc, qui se trouvait à Rome, avait sauvé le pape et l'avait conduit à Charlemagne. Léon III demeura tout un été en Germanie, auprès du roi. Que se passa-t-il dans leurs entretiens, très peu d'hommes le surent, et nul ne l'a dit⁴. Un chroniqueur

---

sanctam ubique Christi ecclesiam ab incursu paganorum et ab infidelium devastatione armis defendere foris, et intus catholicæ fidei cognitione munire. Vestrum est, elevatis ad Deum cum Moïse manibus, nostram adjuvare militiam quatenus, vobis intercedentibus, Deo ductore et datore, populus christianus habeat victoriam.

¹ *Vita Caroli*, 28 : *Imperatoris et augusti nomen accepit, quod primo in tantum aversatus est ut affirmaret se eo die ecclesiam non intraturum si pontificis consilium præscire potuisset.*

² *Monumenta Alcuiniana*, p. 464 : [*Tres personæ in mundo altissimæ.... Apostolica sublimitas.... Imperialis dignitas.... Tertia est regalis dignitas, in qua vos, etc.*]

³ Les documents ne nous permettent pas de dire avec certitude quelles étaient les tendances de ce parti. Voir un travail de M. Bayet, *Léon III et la révolte des Romains en 799*, dans l'*Annuaire de la Faculté des lettres de Lyon*, 1883.

⁴ Alcuin l'ignorait; il est vrai qu'il n'était pas présent, mais il était

italien dérivait, soixante-dix ans plus tard, que le pape s'était engagé, s'il était ramené à Rome et délivré de ses ennemis, à couronner Charles du diadème impérial[1]. Le roi des Francs, en effet, chargea aussitôt une armée de reconduire le pape dans sa ville, et l'année suivante il se rendit lui-même à Rome.

Il y entra visiblement en maître, puisque le pape n'y siégeait que par son appui. Tout de suite il y fit preuve d'autorité; se portant juge de la querelle entre le pape et ses adversaires[2], il obligea le pape lui-même à comparaître devant lui et devant son entourage laïque, et à se justifier, faute de preuve, par le serment judiciaire[3]:

en général tenu fort au courant des choses. Dans une lettre de septembre 799, il se plaint de ne rien savoir (*Monumenta Alcuiniana*, p. 491).

[1] Johannes diaconus, *Chronicon episcoporum Neapolitanæ ecclesiæ*, dans Muratori, *Rerum italicarum scriptores*, t. I, 2ᵉ partie, p. 312, ou dans Waitz, *Scriptores rerum italicarum*, p. 428 : *Leo fugiens ad Carolum regem spopondit ei, si de suis illum liberaret inimicis, augustali eum diademate coronaret.* — L'annaliste ajoute : *Carolus optatam audiens promissionem, e vestigio cum magno apparatu hostium proficiscens urbemque capiens, illum in suam revocavit sedem. At ille statim Carolum coronavit et dignam ultionem in suos exercuit inimicos.* Ce livre a été écrit dans le dernier quart du IXᵉ siècle. L'auteur, qui est Napolitain, n'a pas les mêmes raisons que le *Liber pontificalis* et les Annales franques pour déguiser la vérité. — On peut rapprocher de cela ce que dit Théophane, édit. de Bonn, p. 732 : Πάλιν ἀποκατέστησαν αὐτὸν (le pape) εἰς τὸν ἴδιον θρόνον, γενομένης τῆς Ῥώμης ἀπ' ἐκείνου τοῦ καιροῦ ὑπὸ τὴν ἐξουσίαν τῶν Φράγγων.

[2] Le pape était accusé de certains crimes par ses adversaires, notamment d'adultère et de parjure (lettre d'Alcuin, dans les *Monumenta Alcuiniana*, p. 489), et le roi des Francs avait chargé un de ses agents de faire une enquête, qui ne paraît pas avoir été favorable à Léon III (ibidem, p. 511). Éginhard dit que le voyage de Charlemagne à Rome avait surtout pour objet *de investigandis quæ pontifici objiciebantur criminibus.*

[3] Éginhard, Annales : *Qui (pontifex) postquam nullus eorumdem criminum probator esse voluit, coram omni populo, in basilica S. Petri, Evangelium ferens, ambonem conscendit, invocatoque Sanctæ Trinitatis nomine, de objectis se criminibus jurejurando purgavit.* — De même dans les Annales de Lorsch, et dans le *Liber pontificalis*. — Le texte du serment du pape fut conservé par écrit; il est inséré dans le *Liber carolinus*, édit. Jaffé, p. 578.

acte grave, inouï, visiblement humiliant[1]. Tout cela montre assez que déjà, comme patrice, il tenait Rome et le pape à sa discrétion. Quand on compare la grandeur du roi et la petitesse du pape, on ne doute guère que le pape n'ait dû exécuter ce que le roi voulait. Deux jours après ce jugement, le roi se faisait couronner empereur par ce même pape.

4° [LE ROI DES FRANCS DEVIENT EMPEREUR DES ROMAINS. DU CARACTÈRE DE CET ACTE.]

Pour bien comprendre cet acte et en apprécier exactement toute la signification, il faut y observer successivement trois traits distinctifs.

1° Ce couronnement de Charles comme empereur est, de la part du pape, une rupture avec Constantinople. C'est la première chose qui ressort des textes. Nous y voyons même qu'on se préoccupa d'avoir un prétexte de rupture; et ce prétexte fut que le trône impérial pût paraître vacant, n'étant alors occupé que par une femme, l'impératrice Irène. Voici comment s'expriment les Annales de Lorsch : « Comme, du côté des Grecs, l'Empire était vacant, n'étant plus exercé que par une femme, il parut convenable au pape Léon... de nommer empereur Charles roi des Francs, qui déjà avait sous son autorité Rome où les anciens Césars

---

[1] Pour sentir combien l'obligation de ce serment était humiliante pour le pape, il faut se reporter à une lettre qu'Alcuin lui avait écrite l'année précédente et où il le détournait de prêter un tel serment et même de se soumettre à aucun acte judiciaire, « par cette raison que le siège apostolique juge, mais ne peut pas être jugé ». Ce qui le fait sentir encore mieux, c'est que le pape eut soin de dire dans son serment qu'il ne se regardait pas comme jugé, et il ajouta que ce serment, contraire aux canons, ne devrait jamais être invoqué comme un précédent contre ses successeurs (Jaffé, p. 379).

avaient eu coutume de siéger[1]. » — La Chronique de Moissac exprime les mêmes idées : « Tandis que Charles était à Rome, il lui vint des messagers qui lui annoncèrent que chez les Grecs le titre d'empereur était vacant et que c'était une femme qui tenait ce titre. Sur cela… l'on décida de donner le nom d'empereur à Charles qui tenait déjà Rome, laquelle était la mère de l'Empire[2]. » — Tout cet ordre de pensées se retrouve chez des annalistes postérieurs. Anschaire, évêque de Brême, écrit soixante ans après l'événement : « La puissance impériale, depuis Constantin Auguste, avait eu pour siège Constantinople ; mais comme une femme la détenait…, on décida de transporter cette puissance au roi des Francs, parce qu'il possédait Rome qui était la vraie capitale de cet Empire[3]. » — Plus tard, Orderic Vital montre une intelligence très juste de l'événement :

---

[1] *Annales Laureshamenses*, Pertz, I, 38 : [*Et quia jam tunc cessabat a parte Græcorum nomen imperatoris, et femineum imperium apud se habebant, tunc visum est Leoni ut Carolum imperatorem nominare debuissent, qui ipsam Romam tenebat, ubi semper Cæsares sedere soliti erant.*]

[2] Bouquet, V, 78 : *Cum apud Romam moraretur rex Karolus, nuntii delati sunt ad eum, dicentes quod apud Græcos nomen imperatoris cessasset et femineum imperium apud se haberent. Tunc visum est… ut Karolum imperatorem nominare debuissent, quia ipsam Romam matrem imperii tenebat.*

[3] *Vita S. Willehadi*, auctore Anschario (Mabillon, *Acta*, t. III, 2ᵉ partie, p. 400 ; Bouquet, V, 451) : *Imperialis potestas quæ post Constantinum augustum apud Græcos in Constantinopolitana sede hactenus regnaverat, cum, deficientibus viris regalis prosapiæ, feminea directione res administraretur publica, per electionem romani populi… ad Francorum translata est dominium ; quoniam et ipse eamdem quæ caput imperii fuerat videbatur tenere, ob quod et jure dignus esset cæsarea appellatione.* — De même, plus tard, Sigebert de Gembloux, Bouquet, V, 378 : *Romani qui ab imperatore Constantinopolitano jamdiu animo desciverant* (c'est la querelle des images), *nunc accepta occasionis opportunitate quia mulier eis imperabat* (Sigebert admet donc que les habitants de Rome étaient encore sujets d'Irène), *uno omnium consensu Karolo regi imperatorias laudes acclamant atque per manum Leonis papæ coronant.*

« Depuis le grand Constantin jusqu'à Irène, c'était l'empereur de Constantinople qui gouvernait l'Empire romain, et l'Italie était sous son autorité ; mais le pape Léon et les évêques décidèrent de rejeter de leur cou le joug de l'empereur de Constantinople et d'élever Charlemagne à l'Empire[1]. »

2° Le premier trait distinctif de l'événement est donc que les hommes y ont vu une rupture avec Constantinople[2]. En voici un second. Suivant les annalistes, ce ne serait pas le pape seul qui aurait pris cette décision. Nous lisons dans les Annales de Lorsch : « Il parut convenable au pape Léon, aux vénérables évêques réunis en assemblée, et à tout le peuple chrétien de nommer Charles empereur[3]. » — La Chronique de Moissac dit que la résolution fut prise « par le pape, par toute l'assemblée des évêques, et par tous les grands, Francs et Romains[4] ». — Suivant Anschaire, Charles serait devenu empereur « par l'élection du peuple romain ». — Le *Liber pontificalis*, plus réservé à titre

---

[1] Orderic Vital, I, 24, édit. Le Prévost, t. I, p. 156 : *A tempore Constantini Magni usque ad tempus Constantiæ Irenæ filii, Constantinopolitanus imperator romanum imperium rexit, et Italiæ præfuit. Sed quia plures ex imperatoribus heretici fuerunt,... jugum Constantinopolitani principis a suo collo abjecerunt et regem Francorum Karolum elegerunt et romano imponere fastigio decreverunt.* — De même un Grec, Constantin Manassès, voir Bouquet, V, 398.

[2] Aussi n'y eut-il que la cour de Constantinople qui se trouva blessée et qui protesta. *Vita Caroli*, 28. Les princes de Constantinople ne reconnurent pas d'abord aux princes francs le titre d'empereur des Romains et prétendirent garder ce titre pour eux seuls.

[3] *Visum est apostolico Leoni et universis sanctis patribus qui in ipso concilio aderant, seu reliquo christiano populo ut....*

[4] Bouquet, V, p. 79 : *Leo papa cum consilio omnium episcoporum seu senatu Francorum necnon et Romanorum*. Et plus loin : *Leo papa et omnis conventus episcoporum et sacerdotum et senatus Francorum et majores natu Romanorum cum reliquo christiano populo consilium habuerunt ut Carolum imperatorem nominare deberent.*

d'écrit officiel, signale pourtant la présence et l'action
« de tous les fidèles romains¹ ». — Il ne faudrait pas
conclure de ces textes qu'il y ait eu une véritable délibération, un vote, un plébiscite ; mais on peut en induire qu'il y eut un simulacre de cela. Quelques pourparlers précédèrent le couronnement, lequel fut, d'une certaine façon, un acte collectif.

3° Observons maintenant la cérémonie elle-même et notons-en le caractère. Je prends la description du *Liber pontificalis*² : « Étant venu le jour de Noël, dans la basilique de Saint-Pierre, tous se réunirent de nouveau. Alors le pontife, de sa propre main, posa la très précieuse couronne sur la tête de Charles. Et à ce moment tous les fidèles romains, unanimes et d'une seule voix, sous l'inspiration de Dieu et de saint Pierre, s'écrièrent : « A Charles, très pieux auguste, couronné de
« Dieu, grand et pacifique empereur, vie et victoire ! »
L'acclamation fut répétée trois fois, et ainsi par tous il fut établi empereur des Romains. » — Éginhard dit de même : « Le pape Léon posa la couronne sur la tête de Charles, et tout le peuple romain fit entendre cette acclamation : « A Charles auguste, couronné de Dieu, grand
« et pacifique empereur des Romains, vie et victoire³. »

Or tous ces titres étaient purement romains ; *augustus* était par excellence le titre impérial ; les épithètes de « très pieux, couronné de Dieu, grand, pacifique », étaient celles que prenaient les empereurs

---

¹ [Anschaire, p. 315, n. 3.] — Orderic Vital : *Leo Papa et conventus senatorum populique romani convenerunt et de statu reipublicæ tractaverunt, jugumque....*
² *Liber pontificalis*, Bouquet, V, 466 [édit. Duchesne, t. II, p. 7].
³ Éginhard, *Annales*, année 801. De même Annales de Fulde, Bouquet, V, 352. De même le *Poeta Saxo* : *Post laudes... præsul adoravit, sicut mos debitus olim principibus fuit antiquis* (Poeta Saxo, IV, 21).

d'Orient. Nous avons un livre écrit à Constantinople sur toutes les cérémonies ou publiques ou religieuses ; l'un des chapitres décrit longuement le cérémonial usité pour le couronnement des empereurs[1]. Nous y voyons que le couronnement a lieu dans la principale église, que c'est le patriarche qui pose la couronne, et qu'à ce moment le peuple fait entendre ses acclamations : « Longues années à Auguste, empereur des Romains ; longues années à Toi qui es couronné de Dieu », et autres acclamations analogues. Si nous comparons cette description que nous donne Constantin Porphyrogénète à celle que nous donne Éginhard, nous devons reconnaître que Charlemagne a été couronné empereur suivant le cérémonial qui était suivi à Constantinople. Éginhard ajoute encore ce trait : « Après les acclamations, le pontife se prosterna (*adoravit*) devant Charles suivant le rite établi au temps des anciens empereurs[2]. »

Le caractère de l'acte de l'an 800[3] est donc bien visible. C'est « un empereur romain » que fait « le peuple romain » par les mains de son évêque. On dirait la contre-partie exacte de ce qui s'était passé en 476. A cette date, un simulacre de sénat romain avait renvoyé les insignes impériaux et avait écrit qu'il ne voulait pas d'autre empereur que celui qui était à Constantinople. En 800, un simulacre de sénat et de peuple romain, avec son évêque jouant le rôle du patriarche, déclarait qu'au lieu d'un empereur romain créé à Con-

[1] Constantin Porphyrogénète, *De Cærimoniis aulæ Byzantinæ*, édit. de Bonn, c. 38, 40, 45, p. 191-224.
[2] *Ab eodem pontifice more antiquorum principum adoratus est.*
[3] Nous disons l'an 800 : la plupart des Annales le mettent en 801, parce qu'elles font commencer l'année à Noël. Dans cette manière de compter le couronnement eut lieu le premier jour de l'année 801.

stantinople il voulait avoir un empereur romain créé à Rome et siégeant en Occident.

Nul n'avait la pensée d'un empire franc ou d'un empire germanique. Notons bien que ce n'était pas la royauté franque qui se changeait en empire. Il ne s'agissait que de l'Empire romain, et il se trouvait seulement qu'il était conféré à un roi franc. Ce qu'aucun des rois germains du v° siècle n'avait osé, Charlemagne le faisait. Mais ce qu'il n'eût pas osé, c'était de se faire empereur franc[1].

Il suffit de regarder ses diplômes pour voir qu'il ne changea pas son titre de roi des Francs contre celui d'empereur. Il est à la fois roi des Francs, roi des Lombards, et empereur des Romains[2]. Même ce dernier titre passe avant les deux autres comme supérieur. C'est à ses yeux un titre tout romain. Il se qualifie de « sérénissime auguste, empereur couronné de Dieu, grand et pacifique ». Quand on lui écrit ou qu'on lui parle, c'est du nom de *augustus* qu'on l'appelle. On l'appelle aussi césar, et de même pour Louis le Pieux[3]. Que Charle-

---

[1] Le titre d'empereur remplaçait le titre de patrice et non pas celui de roi. Éginhard, année 801 : *Ac deinde, omisso patricii nomine, imperator et augustus est appellatus*. Ce sont les empereurs grecs qui ont essayer de qualifier Charlemagne de *imperator Francorum* (Bouquet, VI, 536), et l'on comprend pourquoi. L'empereur Louis II écrivant en 871 à l'empereur grec qui lui avait demandé pourquoi il s'intitulait empereur des Romains et non pas empereur des Francs, lui dit : *Hiraris quod non Francorum sed Romanorum imperator appellemur, sed scire te consenit quia nisi Romanorum imperator essemus, utique nec Francorum, a Romanis enim hoc nomen et dignitatem assumpsimus* (Epistola Ludovici imperatoris, Bouquet, VII, 574.)

[2] Capitulaire de 806 (Boretius, n° 45, p. 126]; Tardif, n° 103.

[3] Léon III écrit à Charlemagne : *Domino piissimo et serenissimo victori ac triumphatori Karolo augusto* (Jaffé, Liber carolinus, p. 308). — Benoît Levite qualifie du titre de césar Charlemagne, Louis et Lothaire, *Præfatio capitularorum*, Bouquet, VII, 509. — Un acte de donation de 811 (original, Tardif, n° 101) est daté : *Anno undecimo imperii domni*

magne ou Charles le Chauve veuille se montrer au public en empereur, c'est du costume romain qu'il se revêt.

On pourrait supposer d'après cela que, portant deux titres, il était roi pour les Francs et empereur pour les Romains. Ce serait une erreur. Il était empereur pour tous ses États et pour tous ses sujets. Ses diplômes le prouvent[1], et ce qui le prouve encore mieux, c'est qu'en 802 il chargea ses *missi*, envoyés dans tous ses États, d'exiger « que tout homme, ecclésiastique ou laïque, qui lui avait prêté serment à titre de roi lui renouvelât son serment *à titre de césar*[2] ».

C'est un fait curieux et important que ce titre d'empereur des Romains, d'auguste et de césar ait été accepté par tous. Visiblement, le mot « Romain » dans ce titre était pris dans son sens le plus étendu; il ne désignait pas les habitants de Rome : il était employé comme les Gaulois du v° siècle l'employaient lorsqu'ils s'appelaient eux-mêmes « Romains ». Or on ne voit pas qu'aucun homme de la Gaule, fût-il de race franque, se soit plaint de voir son chef s'appeler césar, se qualifier empereur des Romains et le compter ainsi lui-même comme Romain.

---

nostri Karoli gloriosi augusti. — Annales de Fontenelle, Bouquet, VI, 174 : *Jussu augustorum.* — Annales de Saint-Bertin, p. 51 : *Augusti.* — L'auteur des Miracles de saint Goar appelle l'empereur *augustus* (Bouquet, V, 455). — Le titre de césar est un peu moins fréquent que celui de *augustus*; encore le trouvons-nous dans le capitulaire de 802, *de sacramento*, dans la formule de Rozière, n° 140, dans Ermold, etc. Moine de Saint-Gall, II, 21 : *Cæsare ad ecclesiam procedente.* — L'impératrice est toujours appelée *augusta*, Annales de Metz, année 829, Bouquet, VI, 212.

[1] Quelquefois le titre *imperator Romanorum* est remplacé par *Romanum gubernans imperium*.

[2] Capitulaire de 802, Boretius, p. 92; Pertz, *Leges*, I, 91; Baluze, I, 365 et 378 (cf. plus haut, p. 247, n. 1).

L'idée d'un Empire romain embrassant tout l'Occident s'était perpétuée à travers les siècles passés. La Gaule n'avait jamais cessé de connaître un empereur romain; sans obéir le moins du monde aux princes qui régnaient à Constantinople, elle avait su très exactement l'avènement de chacun d'eux et le gros de son histoire. A partir de l'an 800, l'empereur romain fut chez elle et fut en même temps son roi. Se dire empereur des Romains, c'était se dire chef de l'ancien Empire pour tout l'Occident.

4° Il reste à se demander si ce titre d'empereur changea beaucoup la nature du pouvoir monarchique en France. On s'est fait sur ce point quelques illusions. Ceux qui ont dans l'esprit une antithèse entre les idées germaniques et les idées romaines et une longue lutte entre ces deux courants, se figurent volontiers que le titre d'empereur a introduit une nouvelle manière de gouverner les hommes. Il n'en est rien. La royauté franque était déjà une véritable monarchie, et l'emploi des procédés romains de gouvernement est fort antérieur au couronnement de Charlemagne. Quand la suite de nos études nous montrera les diverses institutions, le Palais, l'administration, les assemblées publiques, la justice, nous n'apercevrons pas qu'aucune de ces institutions se soit modifiée en l'année 800. Nous constaterons au contraire que chacune d'elles est demeurée après cette date ce qu'elle était avant elle. Charlemagne n'a pas gouverné comme empereur autrement qu'il gouvernait comme roi[1].

Les titres seuls ont été changés, et quelques formes

---

[1] On peut noter qu'il n'a même pas changé sa cour pour y introduire le cérémonial ou les dignités en usage à Constantinople. Sa cour, comme son administration, garde les règles mérovingiennes.

extérieures. Le nom du souverain a été plus vénérable et plus pompeux. La phraséologie impériale, qui s'était continuée sous les Mérovingiens, s'est accrue et développée, en se rapprochant un peu de celle de Byzance. Plus que jamais, l'empereur, s'adressant aux peuples, s'est étendu complaisamment sur ses droits et ses devoirs.

Ce qu'on remarque le plus, c'est l'emploi du terme *respublica*. Les Mérovingiens l'avaient quelquefois employé ; il devient fréquent dans la bouche des empereurs. L'idée qui s'y attache, c'est que le gouvernement est la chose de tous, mais que la chose de tous est gérée par l'empereur seul. L'empereur doit travailler au bien de tous ; il est responsable de la sécurité, de la prospérité, du bon ordre, même de la foi et de la conduite de tous. Les empereurs dans leurs actes emploient sans cesse ce mot *respublica*[1], et les écrivains, comme Éginhard, Nithard[2], Thégan, en usent volontiers. Les fonctionnaires royaux sont appelés *ministri reipu-*

---

[1] Louis le Pieux dit dans un diplôme : *Quidam antecessorum nostrorum qui rempublicam tunc gubernabat*, Tardif, n° 155. — *Omnibus rempublicam administrantibus*, diplôme de Louis le Pieux, Bouquet, VI, 464. — *Regiam vel reipublicæ potestatem*, capitulaire de 860, 6, Walter, p. 112. — *Ministros reipublicæ*, 2ᵉ traité de Mersen, 851, art. 5, Walter, III, 56. — *Constituite comites et ministros reipublicæ qui...*, disent les évêques à Charles le Chauve, 858, Walter, p. 90. — *A ministris reipublicæ*, édit de Pistes, 864, art. 23. — *Tam comites quam ceteri omnes ministri reipublicæ*, édit de Pistes, 864, art. 24. — *(Vos) cui respublica ad gubernandum commissa est*, écrit Agobard à Louis le Pieux, Bouquet, VI, 367. — *In ecclesiasticis negotiis sive in statu reipublicæ*, dit Louis le Pieux, Boretius, p. 274. — *Nihil credimus minui ab reipublicæ jure*, acte original de 855 ; Bouquet, VI, 588 ; Tardif, n° 126.

[2] Nithard, en un ouvrage de quarante pages, emploie plus de trente fois le mot *respublica*. — Hincmar, *Epistola ad Carolum*, Migne, I, 49 : *Pro reipublicæ negotiis*. — *Status reipublicæ*, *Vita Walæ*, II, 2, Bouquet, VI, 280. — On trouve l'expression *ob beneficium reipublicæ*, « dans l'intérêt public », dans la *Vita S. Adalardi* écrite par son disciple Ratbert, c. 30,

blicæ. Le mot restera dans la langue française et se perpétuera de siècle en siècle, désignant le gouvernement de tous par un monarque, jusqu'au jour où un brusque changement dans le tour d'esprit des hommes donnera à ce mot brusquement un tout autre sens.

Il semble donc que, dans quelque mesure, la royauté se soit fortifiée et surtout se soit placée, par son esprit et son langage, à un niveau plus haut. Peut-être quelques rares esprits espérèrent-ils fonder une autorité plus haute, plus protectrice, aussi plus stable que n'avaient été toutes les royautés germaniques, et qui eût assuré le monde contre les divisions, contre les désordres et les maladies du corps social.

Cependant ces mots et ces titres ont eu peu d'influence sur le gouvernement réel des hommes. La qualification d'empereur n'a pas fait que les Carolingiens fussent mieux obéis. Si la reconstitution de l'Empire avait une véritable action, on lui verrait deux conséquences : l'une, de maintenir l'unité de l'Occident; l'autre, d'empêcher le triomphe de la féodalité. [Il n'arriva] ni l'un ni l'autre. Les guerres civiles et une irrémédiable division éclatèrent dès la génération suivante. Si le triomphe de la féodalité fut retardé, il ne le fut que de bien peu. Comme l'Empire ne changeait rien à l'état social et à la structure intime de la population, il ne pouvait avoir d'effet durable sur la structure politique. Le couronnement de Charlemagne comme empereur a été sans doute l'un des événements qui ont le plus frappé les contemporains; mais il a eu peu de portée sur la marche des institutions générales du pays.

Bouquet, VI, 277. — *Accidit rempublicam ejusdem regni affligi, Miracula S. Benedicti*, 27. — Même le domaine royal est appelé *res publica*, Walter, III, p. 119, vers la fin.

CHAPITRE VI

Le Palais.

[Après avoir examiné les différents caractères de la royauté carolingienne, il faut étudier les institutions qui se rattachaient directement à elle, le Palais, les grands, le Conseil et les assemblées qui entouraient le roi et l'aidaient à gouverner, c'est-à-dire les principaux organes de la vie politique et de l'administration centrale.]

Le Palais, tel que nous l'avons vu sous les Mérovingiens, se continue avec la nouvelle dynastie. Ce Palais n'est pas une demeure, il est un ensemble d'hommes, un personnel qui entoure le roi, et qui, s'il se déplace, se déplace avec lui[1].

1° [L'ORGANISATION DU PALAIS.]

On l'appelle *palatium regis*[2], *aula regia*[3], *domus*

---

[1] *Palatium regis dicitur... propter homines inhabitantes, non propter parietes.* [Voir *La monarchie franque*, c. 8.]

[2] *Disciplina palatii*, capitulaire de 820, Boretius, p. 297. Hincmar, *De ordine palatii. Volumus ut palatium nostrum Dei cultu et regali honore et unanimitatis concordia atque pacis ordine stabiliatur*, capitulaire de 882, Baluze, II, 285. — L'expression *ad palatium venire* (exemple, *capitulare Pippini*, Boretius, p. 32, art. 7) ne signifie pas « se rendre à tel ou tel des palais possédés par le roi », mais « se rendre là où est le roi ». — *Palatium* signifie aussi, dans les Capitulaires, le trésor royal; Boretius, p. 123, 216, et diplômes, *passim*. — *Palatium* se dit pour la royauté même : *Partibus palatii nostri fideliter deservire*, diplôme de Louis le Pieux, n° 33, Bouquet, VI, 650.

[3] *Aula regia*, *Vita S. Benedicti Anianensis*, c. 41.

regia[1], regis comitatus[2]. Ces noms sont ceux qui étaient usités, depuis le temps de l'Empire romain, pour désigner l'entourage du prince. Le terme nouveau de curia regis commence à apparaître[3].

Comme au temps de l'Empire romain, on l'appelle le Palais sacré, *sacrum palatium*[4]. Les hommes qui en font partie s'appellent des *palatini*[5] ou des *aulici*[6]. « Être dans le Palais », c'est être au service du roi, et

---

[1] Moine de Saint-Gall, I, 31, Jaffé, p. 662 : *Præpositus domus suæ nomine Liutfridus*. — Hincmar, *De ordine*, 1 : *Dispositionem domus regiæ*. — *Vita S. Willelmi ducis*, 18, dans Mabillon, IV, 1, p. 80 : *Tum subito tota domus regia consurgit, adest repente non parva procerum frequentia, nobilium Francorum militia*.

[2] Éginhard, *Annales*, année 787 : *Cum uxorem suam Fastradam filiosque ac filias et omnem comitatum Wormaciæ convenisset*. — Idem, année 793 : *Karolus cum omni comitatu ad locum venit*. — Idem, année 797 : *Constituit ut in ipsa regione hiemaret, sumpto igitur secum comitatu suo, Saxoniam petiit*. — *Vita Caroli*, 14 : *Aquasgrani ubi regis comitatus erat*. — Éginhard, *Historia translationis Marcellini*, c. 22 : *Postquam ad comitatum veneram, secundum consuetudinem aulicorum*; c. 56 : *Cum me quædam necessitas comitatum regis adire compelleret....* — Nithard, II, 8 : *Neque Karolus neque quilibet in suo comitatu*. — Moine de Saint-Gall, I, 5 : *Erat quidam clericus in comitatu regis*. — Idem, I, 35 : *Habuit Karolus quemdam in comitatu clericum*. — *Vita Walæ*, II, 1 (Bouquet, VI, 280) : *Ad comitatum rediens, omnia coram augusto proposuit*.

[3] On le trouve dans le Moine de Saint-Gall, II, 21.

[4] *Leidradi ad Karolum epistola*, dans le *Liber carolinus*, édit. Jaffé, p. 420 : *Secundum ritum sacri palatii*. — Hincmar, *Epistola* 23 (Migne, II, 154) : *Hilduinus abbas clericorum sacri palatii*. — Hincmar, *De ordine palatii*, 1 : *In sacro palatio*.

[5] Moine de Saint-Gall, I, 25 : *Karolus misit duos de palatinis*. — On disait également *proceres palatini* (l'Astronome, c. 21 et 63) et *exigui palatini, indigentes palatini* (Moine de Saint-Gall, c. 31, Jaffé, p. 745 et 746).

[6] *Quæsivit si aliquid novi de palatio audisset; cui ille : Nil, inquit, apud aulicos tam celebre est quam...* (Éginhard, *De translatione*, IV, 8). — Éginhard, *Annales*, année 778 : *Plerique aulicorum*; année 785 : *Amalvinus unus aulicorum*. — Éginhard, *Historia translationis Marcellini*, 22 : *Secundum consuetudinem aulicorum*. — *Vita S. Willelmi ducis*, 4 (Mabillon, IV, 74) : *Commendatus est regi a parentibus ut regi semper adstaret et in palatio militaret*.

dans la langue du temps cela se dit *servire* ou *militare in palatio*[1].

Pour connaître ce Palais carolingien nous possédons quelques documents importants : le traité fait par Adalhard au temps même de Charlemagne et dont un résumé nous a été conservé par Hincmar ; un capitulaire de 820 sur le règlement intérieur du Palais ; plusieurs lettres d'Éginhard et un poème de Théodulfe. Il semble bien que la bonne organisation du Palais ait été l'un des principaux objets de préoccupation des esprits. Gouverner le Palais était aussi important, peut-être aussi difficile, que gouverner le royaume[2]. Peut-être même peut-on dire que la grande supériorité de Pépin et de Charlemagne s'est plus marquée dans le gouvernement du Palais que dans celui du royaume et de la société.

Sous les Mérovingiens, le Palais avait eu un chef unique, le maire. C'était par l'exercice de cette charge que les Pépins avaient attiré à eux l'obéissance de tous les hommes, et acquis ainsi la force de renverser l'ancienne dynastie. Lorsqu'ils changèrent le titre de maire

---

[1] Éginhard, *Annales*, année 706 : *Aulicos ceterosque in palatio suo militantes.* — Capitulaire de 820, art. 3, Boretius, p. 298 : *De his qui nobis in nostro palatio deserviunt.* Ibidem, art. 1 : *Unusquisque ministerialis palatinus.* — On disait aussi : *Aulae regiae milites* (*Vita Benedicti*, 41, Mabillon, IV, 1, 207) ; *viri regales* (*Vita Walpurgis*, 3, Mabillon, III, 2, 293). — *Cum in palatio positus... principi militarem*, Éginhard, *De translatione*, I, 1. On dit *militare principi* comme on dit *militare Deo*.

[2] Notons cette expression d'Agobard (*Opera*, II, 67) : *Ut acciperet conjugem quae ei possit esse adjutrix in regimine et gubernatione palatii et regni*. — Adalhard exprimait la même pensée : *In libello* DE ORDINE PALATII *continetur duabus principaliter divisionibus totius regni statum constare : primam videlicet divisionem esse qua regis palatium regebatur et ordinabatur ; alteram vero qua totius regni status servabatur* (Hincmar, c. 12).

contre celui de roi, ils se gardèrent bien de nommer un autre maire. Ils firent disparaître la mairie.

L'ancien comte du Palais devint alors le premier dans la hiérarchie. Nous voyons ce haut fonctionnaire figurer dans les actes de jugement, comme autrefois[1]; mais, ce qui est nouveau, c'est qu'il a la surveillance et le gouvernement de tout le Palais[2]. Il est le premier des grands. Encore apercevons-nous cette singularité qu'il existe plusieurs comtes du Palais à la fois[3]. Nous ignorons d'ailleurs s'ils se partagent la direction du Palais, ou bien si chacun d'eux l'a tout entière à tour de rôle.

Sous ces comtes du Palais, le Palais se partage en plusieurs groupes ou services, que l'on appelle *officia* ou *ministeria*, comme au temps de l'Empire romain[4].

---

[1] Tardif, n° 55, acte de 755. N° 75, acte de 775. N° 103, acte de 812. Éginhard, *Annales*, année 782. Hincmar, c. 21.

[2] Capitulaire de 820, Boretius, p. 298 : *Comites palatini omnem diligentiam adhibeant ut...* — Le Moine de Saint-Gall dans une de ses anecdotes (II, 6, Jaffé, p. 672) nous montre *comitem palatii in medio procerum concionantem*.

[3] Lettres d'Éginhard (édit. Jaffé, n° 31, p. 463, Teulet, n° 11) : *Einhartus Rotberto glorioso comiti... qualiter a vobis causa inquisita est simul cum Adalhardo et Gebuino comitibus palatii.* Il ressort de ce texte qu'il existait au moins trois comtes du Palais à la fois. — Le capitulaire de 820 cité plus haut parle des *comites palatini*. — Un diplôme de 818 est fait par Louis le Pieux en présence de quinze personnages qui sont qualifiés *comites palatii nostri* (diplôme cité dans l'Histoire du Languedoc, édit. de 1875, t. II, preuves, p. 122, d'après la collection Dupuy ; Sickel, *Acta Ludovici, spuria*, p. 392). — Noter cependant que le *comes palatii* est ordinairement nommé au singulier (exemple, Boretius, p. 502, art. 3) et qu'Hincmar, c. 19 et 21, ne parle que d'un seul comte. — Voir *magistratus palatii* dans Agobard, *Opera*, t. I, p. 101.

[4] Hincmar, 28 : *Per singula ministeria*; c. 23 : *De suo quisque ministerio*. Moine de Saint-Gall, I, 11, Jaffé, p. 642 : *Omnium officiorum magistri*. — Aussi les membres du Palais sont-ils souvent appelés *ministeriales* : *Unusquisque ministerialis palatinus*, capitulaire de 820, Boretius, p. 298. — On les appelle aussi *officiales*. *Vita Walæ*, II, 8 *Officiales palatii*.

Chaque groupe a son chef, *magister*, duquel les subordonnés sont les *ministri* ou les *juniores*[1].

Nous trouvons d'abord les services domestiques, c'est-à-dire ceux qui ont pour objet la table du roi, l'écurie du roi, la chambre du roi.

1° Le chef du service de la table s'appelle sénéchal. Ce nom est germanique. Il existait déjà, ainsi que la fonction qu'il désigne, sous les Mérovingiens[2]. Nous le retrouvons au temps de Charlemagne et de Charles le Chauve[3]. Il avait la charge de la nourriture du roi et de tous les siens[4]. Aussi l'appelait-on, en langage latin, *præpositus regiæ mensæ*, *magister regiæ mensæ*, ou encore *dapifer*[5]. Ce dernier nom, rare sous les Carolin-

---

[1] Moine de Saint-Gall, I, 11 : *Officiorum magistri, deinde ministri, deinde ministrorum ministri.* Hincmar, 28 : *Per singula ministeria... magistro suo singuli adhærentes.* Ibidem, 17 : *Quorumcunque ex eis juniores.* — Il n'est pas besoin d'ajouter que les chefs de service eux-mêmes étaient qualifiés *ministri*, serviteurs, quand on les envisageait par rapport au roi. *Accitis tribus ministris suis*, Éginhard, année 782. Cf. *Epistola episcoporum*, année 858, dans Walter, III, 90 : *Constituite ministros palatii qui maximam curam gerant.* Hincmar, c. 16 : *Sacrum palatium per hos ministros disponebatur.*

[2] *Lex Alamannorum*, LXXIX. Marculfe, I, 25. Pardessus, n° 532.

[3] *Capitulaire de villis*, 16. Annales de Lorsch, année 786. Annales de Fulde, année 786. Hincmar, c. 23. Diplôme de 831 (Bœhmer, 419; Sickel, 202).

[4] Hincmar, c. 23 : *Maxima cura ad senescalcum respiciebat eo quod omnia cetera, præter potus, et victus caballorum, ad eum respiceret.* Cf. c. 22 où il est dit du *camerarius* : *Omnia absque cibo et potu vel equis ad camerarium pertinebant*; *cibus* ici désigne le service particulier du sénéchal. — Théodulfe montre le sénéchal portant les plats à la table royale.

[5] Éginhard, *Vita Caroli*, 9 : *Eggihardus regiæ mensæ præpositus.* — Audolf qui est qualifié *senescalcus* dans les Annales de Lorsch, année 786 (Bouquet, V, 44; Pertz, I, 169), est qualifié *regiæ mensæ præpositus* dans les Annales d'Éginhard, même année. — Moine de Saint-Gall, II, 6, Jaffé, p. 750 : *Magister mensæ regiæ.* — Le titre de *dapifer* n'existe, à ma connaissance, que dans un diplôme de Carloman de 878, dans Muratori, *Antiquitates Italicæ*, I. 929.

giens, deviendra fréquent sous les Capétiens. De lui dépendaient la cuisine et la boulangerie[1].

2° Les hommes employés à la boisson du roi s'appelaient *pincerna*, échanson, et leur chef était le *magister pincernarum*. Théodulfe parle de cet officier comme d'un très haut personnage[2]. On l'appelait aussi le bouteiller, et ce titre lui restera attaché sous les Capétiens[3].

3° Le chef de l'écurie royale conserve son ancien nom de *comes stabuli*[4]. Au-dessous de lui sont des *marescalci*[5].

4° Le trésor royal s'appelle *camera*; c'est la chambre qui contient l'argent monnayé; à cette chambre vont toutes sommes dues au roi[6], d'elle partent toutes celles

---

[1] *Princeps coquorum*, Ermold, IV, v. 461. — Théodulfe décrivant les fonctions d'un sénéchal le montre *vallatus cuneis pistorum atque coquorum*. — Alcuin (p. 240 des *Monumenta*, ou Migne, II, 781) représente aussi le sénéchal surveillant et punissant les cuisiniers.

[2] *Vita Benedicti*, 4 : *Pincernæ sortitur officium*. — Théodulfe :

Adveniat pincerna potens Eppinus et ipse
Pulchraque vina manu vinaque grata vehat.

— Annales de Lorsch, année 781 : *Magister pincernarum*. — Cf. Ermold, IV, v. 465.

[3] Hincmar, c. 23 : *Buticularium*; c. 16. Capitulaire *de villis*, c. 16 : *Buticularius*.

[4] Hincmar, c. 16 : *Comitem stabuli*; c. 23 : *Ad comitem stabuli pertinebat... victus caballorum*. Éginhard, *Annales*, année 782; idem, année 807. L'Astronome, 49. *Traditiones Wissemburgenses*, Zeuss, n° 69. — La forme *comistabilis* ou *conestabulus* est dans Aimoin et dans Réginon. — Le Moine de Saint-Gall représente *comitem stabuli in medio subjectorum suorum consistentem* (II, 6, p. 671).

[5] Capitulaires, 801-803, c. 40, Boretius, p. 171 : *Marscalci regis*. Cf. *Lex Alamannorum*, LXXIX.

[6] *Gesta Dagoberti*, 33 : *Telonea quemadmodum ad cameram tuam deservire videbantur*. — Le mot s'employait même dans un sens métaphorique : *Parafreda et carra ad nostram cameram deportanda*, Muratori, *Antiquitates Italicæ*, II, p. 62. *Hubæ ad cameram nostram pertinentes*, *Monumenta Boica*, XXXI, p. 168. — On disait aussi *arca publica*, l'Astronome, 23, *in fine*; et encore *sacellum regis*, capitulaire de Pépin dans Boretius, p. 32, art. 3 et 4.

qui sont payées par le roi[1]. Dans cette même « chambre » sont déposés les dons des sujets, les présents apportés par les ambassadeurs étrangers[2]. Là s'entassent les ornements impériaux, les bijoux, les armes de prix, les belles étoffes, la vaisselle d'or, et même les livres[3]. Le chef de cette « chambre » était un très haut fonctionnaire, que l'on appelait *camerarius*[4].

5° L'appartement privé du roi, *cubiculum*, renfermait d'autres dignitaires, les chambellans, *cubicularii*[5]. Il faut mentionner aussi les huissiers, *ostiarii*[6], les veneurs, *venatores*[7], les gardes du corps, *satellites*[8], les fauconniers, et surtout le maître des logis, *mansio-*

---

[1] Édit de Pîtres de 864, art. 14 : *Ut de camera nostra accipiant libras quinque argenti.*

[2] Hincmar, 22 : *Et de donis annuis militum... et de donis diversarum legationum ad camerarium aspiciebat.*

[3] *Vita Caroli*, 33. L'Astronome, 65. Cf. Thégan, 8.

[4] Hincmar, 22 : *Ad camerarium pertinebat.* Éginhard, *Annales*, année 782; année 817, *in fine.* Annales de Saint-Bertin, année 830. Annales de Fulde, année 829 : *Camerarius constitutus.* L'Astronome, 29 et 43. — Alcuin appelle ce fonctionnaire *regalis palatii arcarius* (*Lettres*, 69, p. 518). — Nous trouvons aussi le terme *sacellarius*, qui est peut-être synonyme de *camerarius*; en effet un même personnage nommé Tancolfe est qualifié, à la même date, *sacellarius* (Éginhard, *Annales*, année 820), *sacrorum scriniorum praelatus* (l'Astronome, c. 40, année 826), et *camerarius* (*Vita Benedicti Anianensis*, c. 57, année 821); mais dans Hincmar, c. 17, le *sacellarius* paraît être un subordonné du *camerarius*.

[5] Sur le *cubiculum*, Moine de Saint-Gall, II, 12, édit. Jaffé, p. 684; Éginhard, *Translatio Marcellini*, c. 22 : *Hildricum ante fores regii cubiculi sedentem et egressum principis operientem.* — Les *cubicularii* sont mentionnés par le Moine de Saint-Gall, II, 17, p. 695, où ils font un service tout privé, et le *magister cubiculariorum* est désigné, ibidem, II, 6, p. 672 : *Cubicularios imperatoris circa magistrum suum.*

[6] *Liber carolinus*, édit. Jaffé, p. 256. L'Astronome, c. 35. Éginhard, *Annales*, année 822. Miracles de saint Goar (Bouquet, VI, 509). Lettre de Frothaire, Bouquet, VI, 386, 387. Annales de Saint-Bertin, année 868.

[7] Hincmar, c. 16. Capitulaire *de villis*, c. 47. Lettres d'Éginhard, Jaffé, n° 25. L'Astronome, c. 56; idem, c. 20. *Concilium Ticinense*, 850, c. 4.

[8] Annales de Fulde, années 866, 877, 880, 884, 886. Hincmar, c. 27. Moine de Saint-Gall, I, 11 ; I, 26 ; I, 30. *Vita Caroli*, 22.

narius, dont les fonctions étaient importantes et difficiles, puisqu'il s'agissait de loger une cour et un immense personnel qui se déplaçaient souvent[1].

A côté des services domestiques et personnels, le Palais contenait ce qu'on peut appeler les services publics, quoique les habitudes du temps ne distinguassent pas les uns des autres. On y trouvait ce que notre langue administrative appelle des bureaux, ce que la langue d'alors appelait des portefeuilles, *scrinia*.

6° On écrivait beaucoup dans le Palais. Outre les lois et ordonnances, outre les instructions aux fonctionnaires, il y avait à rédiger un nombre incalculable de diplômes, diplômes d'immunité ou de donation, confirmations des chartes des particuliers, et il y avait encore une correspondance suivie avec les évêques, avec les papes, avec les empereurs. Il fallait des séries de rédacteurs et de copistes et toute une chancellerie. Aussi Hincmar montre-t-il qu'il existait un personnel « d'hommes sages, intelligents et sûrs, pour écrire les lettres royales », hommes desquels on exigeait deux qualités, « le désintéressement et la discrétion[2] ». Ces hommes sont ordinairement nommés *notarii*[3], et sous

---

[1] Cf. Hincmar, c. 25 : *Inter quos et mansionarius intererat... propter mansionum præparationem....* — Capitulaire de 820, art. 2, Boretius, p. 298 : *Mansionarius faciat simili modo cum suis junioribus per mansiones episcoporum, et comitum, et vassorum nostrorum.*

[2] Hincmar, c. 16 : *Prudentes et intelligentes et fideles viri qui præcepta regia absque immoderata cupiditatis venalitate scriberent et secreta fideliter custodirent.*

[3] *Codex Laureshamensis*, t. I, p. 48, n° 20 : *Ego Hirmimarus diaconus et notarius imperialis scripsi et subscripsi.* Hincmar, *De prædestinatione*, II, 7, édit. de la Patrologie, t. I, col. 85. Éginhard, *Annales*, année 801. Acte de 827, Tardif, n° 119. — On sait que le titre de *notarius* n'était pas particulier au Palais. Les évêques avaient leurs *notarii*; même les laïques riches avaient les leurs ; Éginhard envoie à Rome *suum notarium* (*De translatione*, I, 2).

eux se trouvaient les *scribæ*¹. Le terme de référendaire, fréquent sous les Mérovingiens, ne se retrouve plus sous la nouvelle dynastie. Le chef de ces bureaux s'appelait protonotaire ou chancelier². Hincmar fait remarquer qu'il tenait la place de celui qui dans l'ancien Palais impérial avait été désigné par l'expression *a secretis*³. C'était lui qui, ayant la responsabilité de la rédaction des actes royaux, les signait le plus souvent⁴. Nous savons ainsi les noms des chanceliers Hitérius, Radon, Ercambald, Hélisachar, Frédégise, Théoto, Hugues, l'abbé Louis, Gozlin⁵.

7° Aux bureaux où l'on rédigeait les actes étaient joints d'autres bureaux où on les conservait. C'était ce qu'on appelait spécialement l'archive, *archivum palatii*⁶. L'usage était qu'il fût fait de chaque acte royal

---

¹ Le Moine de Saint-Gall parle de *dictatores* et de *scriptores*, I, 4, p. 633. — Loup de Ferrières (Bouquet, VII, 481) parle d'un *Ludwicus epistolare officium in palatio gerens*.

² Hincmar, c. 16 : *Summus cancellarius, erantque illi subjecti qui præcepta regia scriberent....* — On l'appelle quelquefois *archinotarius* (acte de 835, Cartulaire de Saint-Bertin, p. 82).

³ Ibidem : *Summus cancellarius qui olim a secretis appellabatur*. Cette dénomination ne se rencontre pas dans les documents mérovingiens.

⁴ A partir de Louis le Pieux, c'est souvent un subordonné, *notarius*, qui signe *ad vicem* du chancelier.

⁵ Sickel, *Acta regum et imperatorum Karolinorum*, I, p. 103-105.

⁶ Éginhard, *Annales*, année 813 : *In archivo palatii exemplaria illarum constitutionum habentur*. Voir Mühlbacher, Actes de Louis, p. 471, 487, 578; et Mansi, XIV, p. 657. Tardif, n° 124, p. 188 : *Archivo nostri palatii*. — On dit aussi *archivum publicum*. On peut voir dans les Capitulaires de Boretius que *in archivo publico* de la page 275 est exactement synonyme de *in archivo palatii nostri* de la page 264. — On dit aussi *armarium palatii, nostrum armarium*. Acte de 816, dans Bouquet, VI, p. 533 : *Cujus exemplar in armario palatii nostri recondi fecimus*, expression synonyme de *in publico archivo recondere* des Capitulaires, p. 275. — On trouve aussi cette phrase dans un acte de Louis : *Imperialis aulæ reconditorio palatinis salvetur excubiis* (Mühlbacher, p. 578). — Quelquefois encore on dit simplement *scrinium*. Mühlbacher, p. 577; capitulaire de 853, Walter, III, p. 53.

plusieurs exemplaires, dont l'un restait dans l'archive[1]. Même les diplômes d'un caractère privé, tels que les donations, étaient faits en deux exemplaires, dont l'un était remis à la personne intéressée et l'autre était gardé dans l'archive du Palais[2]. Tous ces bureaux étaient sous la direction du chancelier[3].

8° Une autre partie fort importante du Palais carolingien était la chapelle. Toute grande maison avait son oratoire ; le Palais ne pouvait manquer d'avoir le sien. Ce nom de chapelle donné à l'oratoire du Palais lui venait de la chape ou manteau de saint Martin qui y était conservé comme relique précieuse[4], au milieu de beaucoup d'autres[5]. L'importance de ces reliques

---

[1] Ainsi, lorsque en 794, Boretius, p. 74, Charlemagne règle le sort de Tassilo, il fait faire trois exemplaires de cet acte, *tres breves ex hoc capitulo uno tenore conscriptos fieri præcepit, unum in palatio retinendum.* — De même pour les Capitulaires ; voir capitulaire de 808, c. 8, Boretius, p. 138. Ordonnance de Louis le Pieux de 832, Tardif, n° 124, p. 89. *Epistola Ludovici Pii ad archiepiscopum Senonensem. Præceptum* de Louis le Pieux, de 815, *pro Hispanis,* c. 7.

[2] Tardif, n° 123, p. 84, charte de 832.

[3] De là ces expressions : *Quartum exemplar* (il s'agit d'un capitulaire fait spécialement en quadruple exemplaire) *habeat cancellarius noster* (capitulaire de 808, art. 8, Boretius, p. 138) ; *capitula avi et patris nostri qui non habuerint et eis indiguerint, de scrinio nostro vel a cancellario nostro accipiant* (capitulaire de 853, art. 11, Walter, III, 53, Pertz, I, 425) ; *quæ in nostro palatio apud cancellarium retineatur* (édit de Kiersy, 861, Walter, III, p. 120, Pertz, I, 471). — C'étaient aussi les bureaux du chancelier qui délivraient les copies des actes (capitulaire de 825, art. 26, Boretius, p. 307 ; capitulaire de 853, art. 11, Pertz, I, 425).

[4] Moine de Saint-Gall, I, 4 : *In capellam suam... quo nomine Francorum reges propter cappam sancti Martini, quam secum propter sui tuitionem et hostium oppressionem ad bella portabant, sancta sua appellare solebant.* — *Cappa,* chape, manteau ; *capella,* petit manteau (*Vita S. Walarici,* Acta Sanctorum, avril, t. I, p. 22). La chape de saint Martin était déjà dans l'oratoire royal dès le temps des Mérovingiens. Marculfe, I, 38 : *Debeat conjurare in palatio nostro super capellam domni Martini.* Acte de jugement de Thierry III, dans Tardif, n° 22.

[5] Walafrid Strabo, *De exordiis ecclesiæ,* 35 : *Dicti sunt capellani a*

était immense : elles protégeaient le souverain et son entourage pendant la paix ; elles le suivaient à la guerre et lui donnaient la victoire. Même l'exercice de la justice, avec l'usage du serment judiciaire, n'aurait pu se faire sans elles. Celui qui avait ces reliques sous sa garde s'appelait le chapelain, ou l'archichapelain, plus tard l'apocrisiaire¹. On le choisissait rarement parmi les évêques ; c'était le plus souvent un abbé de grand monastère². Grand personnage d'ailleurs³, auquel un

---

cappa beati Martini quam reges Francorum in adjutorium victoriæ in præliis solebant habere secum, quam ferentes et custodientes cum ceteris sanctorum reliquiis clerici capellani cœperunt vocari. — Capitulaire de 769, art. 1, Boretius, p. 45 : (*Presbyteris*) *in exercitum pergere prohibemus, nisi illi tantummodo qui propter divinum ministerium, missarum solemnia adimplenda, et* SANCTORUM PATROCINIA PORTANDA, *ad hoc electi sunt... Id est unum vel duos episcopos cum capellanis presbyteris princeps secum habeat.*

¹ Diplôme de 768, Tardif, n° 60. Éginhard, *Annales*, année 750. L'Astronome, 26. Diplôme de 819, Tardif, n° 112. Diplôme de 837, Tardif, n° 119. Alcuin, *Lettres*, 128, p. 515. Hincmar, c. 13 ; c. 16 : *Apocrisiarius quem nostrates capellanum vel palatii custodem appellant. Translatio S. Austremonii*, Bouquet, V, 453. — L'expression *palatii custos* ou *capellæ custos* paraît avoir été fort usitée (Hincmar, c. 16 ; idem, c. 52 ; diplôme de 858, Bouquet, VIII, 406 ; Neugart, p. 432) ; cf. *Monumenta Boica*, XI, 455 : *Custos noster* ; Ducange, t. II, p. 127 : *Custodes clericos*. Dans la langue du temps, *custos* signifie gardien des reliques, *custos palatii*, gardien des reliques du Palais. — Ce même personnage est appelé *summus abbas clericorum palatii* (Mabillon, *Annales*, 2ᵉ édit., p. 212), *antistes palatii* (Agobard, I, p. 192), *magister ecclesiasticorum* (Loup de Ferrières, lettre 110, p. 162).

² Hincmar, c. 13 : *Per diaconos vel presbyteros magis quam per episcopos hoc officium exercitum exstitit, quia episcopi non debent diutius, secundum sacros canones, a suis abesse parochiis.* — Pour que Angelramne et après lui Hildebold, qui étaient évêques, fussent archichapelains et pussent vivre constamment au Palais, Charlemagne crut devoir demander l'autorisation des évêques et du pape (Capitulaires, Boretius, p. 78).

³ *Summæ sanctæque palatinæ dignitatis archicapellanus*, *Vita Anskarii*, c. 12. *Qui noverunt cujus gloriæ apocrisiarii sit dignitas*, *Vita Chrodegangi*, c. 9.

nombreux personnel de clercs et de chantres était subordonné[1].

9° A la chapelle était attachée une école [dont les contemporains nous ont longuement parlé[2]].

3° [LE GOUVERNEMENT DE L'ÉTAT PAR LE PALAIS.]

[C'était donc un organisme fort compliqué que le Palais carolingien. A lui seul il formait un petit État, ayant ses cadres et sa vie. Mais, malgré la diversité apparente de ses services, il offrait une cohésion singulière, il avait une unité parfaite, et son personnel, si nombreux qu'il fût, était animé du même esprit.] Il faut en effet observer deux choses [qui nous aideront à comprendre la nature du gouvernement carolingien] : la dépendance de chacun des palatins à l'égard du roi, l'accord de tous entre eux.

Nul ne faisait partie du Palais du roi que si le roi l'y admettait. Il n'y avait ni naissance, ni richesse, ni dignité ecclésiastique qui conférât un droit d'en faire partie. Pour y être admis, il était de règle ou d'usage qu'on se *commendât* au roi[3]. [Les officiers du Palais

---

[1] Capitulaire de 769, Boretius, p. 45. Concile de Paris de 829, c. 12. Hincmar, c. 16. Annales de Lorsch, année 800. *Vita Walæ*, II, 5. Loup de Ferrières, lettre 25. Annales de Saint-Bertin, année 864, p. 141.

[2] [Voir notamment : dans les Œuvres d'] Alcuin, les lettres 78, p. 347; 112, p. 459; 111, p. 455; Annales de Saint-Bertin, p. 31; *Vita Adalardi*, Mabillon, IV, 310; *Vita Walæ*, 6; Éginhard, *De translatione*, IV, 8.

[3] *Vita Willelmi ducis*, Mabillon, IV, p. 74 : *Commendatus est regi a parentibus, ut regi semper adstaret et in palatio militaret*. — *Gesta Aldrici*, c. 1; Bouquet, t. VI, p. 299 : *Duodecim annos habens, a patre suo ad palatium deductus est, et Karolo Francorum regi commendatus, et ab eo est decenter susceptus*. — *Translatio sancti Alexandri*, c. 4; Pertz, t. II, p. 476 : *Quem pater ejus in adolescentia sua regi Hlotario commendarit, ut palatinorum consortius ministerium*

s'intitulaient ses « fidèles » ou ses « vassaux »[1]. On entrait à la cour pour servir le roi comme un seigneur qui « nourrit » et qui protège, plutôt que comme un maître qui commande.]

[De même, on n'en peut sortir sans la permission du roi. Et quand] Éginhard, vieux et malade, [veut être affranchi des soucis du monde, c'est à l'empereur qu'il réclame sa liberté. Nul « homme du Palais » ne peut rompre de son plein gré le lien de fidélité qui l'unit au roi[2].]

[Cette union des fidèles du Palais avec leur roi est si intime, qu'il ne doit pas leur suffire d'obéir : il faut aussi qu'ils soient de corps et d'âme avec lui, qu'il y ait accord parfait, *unanimitas*, entre sa volonté et la leur[3].]

[Même l'esprit mystique et religieux qui régnait à la cour carolingienne exigeait davantage. Les « soldats du Palais » devaient vivre en union complète les uns avec les autres, comme ils l'étaient avec leur roi. Ils

---

regis impleret. — Thégan, c. 12 : *Bernardus ad Ludovicum venit et tradidit se ei in procerem et fidelitatem ei cum juramento promisit.* — Cf. *Vita Benedicti*, c. 4; Mabillon, I, 1, 194; Bouquet, t. V, p. 456.

[1] Capitulaire de 821, c. 4 : *De vassis nostris qui nobis assidue in palatio nostro deserviunt.* — Annales de Lorsch, année 802 : *Noluit de infra palatio pauperiores vassos suos transmittere.* — Voir aussi l'expression de *milites. Vita Willelmi*, c. 14, Mabillon, p. 78. *Vita Benedicti*, c. 41, ibidem, p. 207. — *Regales viri, Vita Walpurgis*, c. 5, ibidem, III, 2, p. 295.

[2] Lettre d'Éginhard, dans Jaffé, n° 14, p. 453. Il demande à l'empereur *a curis sæcularibus absolutum et liberum fieri.* — Cf. *Gesta Aldrici*, Bouquet, VI, p. 299; *Vita Willelmi*, ibidem, V, p. 473-474; *Vita Othgeri*, ibidem, p. 468; *Vita Angelberti*, c. 4, ibidem, p. 477.

[3] *Vita Willelmi*, c. 14, Mabillon, t. IV, 1, p. 78 : Willelmus dit au roi : *Mi domine, mi pater, tu ipse nosti quam verax, fidelis, quamque unanimis tibi semper extiterim, quantus erga te mihi fuerit dilectionis affectus, ut te vita gratiorem haberem.* — Cf. le traité de Mersen, 851, art. 6, dans les Annales de Saint-Bertin, p. 75, 76, 77.

avaient, entre eux, des devoirs de charité et de fraternité[1]. Ils formaient, à vrai dire, une sorte de confrérie et le prince était pour eux autant un supérieur et un père qu'un maître et qu'un seigneur. C'étaient comme les membres d'un seul corps, dont le roi était l'âme.]

[C'est avec ce corps des palatins que le roi gouvernait l'État.] Ces titres de services domestiques, que nous énumérions tout à l'heure, ne doivent pas faire illusion. Les fonctions ne sont domestiques que par un côté.

En effet, les documents montrent sans cesse que les hommes appelés bouteillers, échansons, sénéchaux, chambriers, chefs d'écurie, remplissaient fréquemment des fonctions de tout autre nature. En 782, Charlemagne envoyant trois armées en Saxe met à leur tête le chambrier Adalgise, le chef d'écurie Geilon, le comte du Palais Worad[2]. En 781, il charge d'une mission importante en Bavière un diacre de sa chapelle et son grand échanson[3]. En 786, le chef de la table ou sénéchal est chargé de combattre les Bretons[4]. En 791, le chambrier Mégenfrid est à la tête d'une armée. En 807, le chef d'écurie Burchard commande une flotte[5].

Un huissier, *ostiarius*, est chargé d'une mission auprès du pape Adrien I[er][6]. Un chef des huissiers est placé par Louis le Pieux auprès de son fils Lothaire

---

[1] Cf. le Synode de Paris, 829, dans Mansi, t. XIV, p. 582 : *Hi autem qui palatinis honoribus fulciuntur, sive clerici sint sive laici, dignum est ut vinculo caritatis connectantur.* [Cf. le capitulaire de 882, plus haut, p. 322, n. 2.]

[2] Éginhard, *Annales*, année 782. — *Plerique aulicorum quos rex copiis præfecerat*, Éginhard, *Annales*, année 778.

[3] Ibidem, année 781.

[4] Ibidem, année 786. — Un autre chef de la table est signalé comme tué dans une bataille, *Vita Caroli*, 9.

[5] Annales d'Éginhard et de Lorsch.

[6] Lettre d'Adrien, 788, Jaffé, p. 256.

comme conseiller et comme chef de gouvernement[1]. Un notaire remplit une importante mission auprès du pape[2]. Un autre notaire ou chancelier, Hélisachar, commande une armée en 824 et administre la plus difficile des provinces frontières en 829.

Il y a donc un mélange et une confusion des services domestiques et des fonctions publiques. Il ne faudra donc pas s'étonner plus tard de voir le connétable et le maréchal devenir des chefs d'armée, le chambrier devenir un ministre des finances, le bouteiller et le chef de la table (*dapifer*) devenir de vrais ministres d'État.

Dès le temps de Charlemagne, les bureaux du Palais ressemblent quelque peu à ce qu'on a appelé plus tard des ministères.

L'archichapelain n'est pas seulement le prêtre de l'oratoire royal. Il est le juge de tous les débats qui surviennent entre les ecclésiastiques. Il a la décision de toutes les affaires qui concernent la religion, la discipline de l'Église, les intérêts ou les devoirs des évêques, des chanoines, des moines[3]. Tous les évêques de l'Empire s'adressaient à lui pour les affaires de leur diocèse, et il en avait la décision[4]. Sa charge était un véritable ministère ecclésiastique[5].

---

[1] Éginhard, *Annales*, année 822, édit. Teulet, p. 354.

[2] Lettre d'Étienne II.

[3] Hincmar, c. 20 : *Apocrisiarius de omni ecclesiastica religione vel ordine necnon de canonica vel monastica altercatione seu quæcumque palatium adibant pro ecclesiasticis necessitatibus sollicitudinem haberet.* — C. 19 : *Apocrisiarius qui vocatur apud nos capellanus, vel palatii custos, de omnibus negotiis ecclesiasticis vel ministris ecclesiæ curam habebat.*

[4] Idem, c. 15 : *Apocrisiarium, id est responsalem negotiorum ecclesiasticorum.*

[5] Loup de Ferrières, lettre 110 : *Magister ecclesiasticorum.* — Mansi,

Le comte du Palais était le chef de la justice ; c'était lui qui présidait le tribunal suprême du royaume[1], et Hincmar ajoute que ce n'était là qu'une de ses innombrables attributions. Toute l'administration du royaume aboutissait à lui. Il était le premier ministre du roi pour la société laïque, comme l'archichapelain l'était pour la société ecclésiastique.

Le Palais n'était pas seulement une cour : il était l'administration centrale et le grand instrument du gouvernement. [Les officiers qui le formaient étaient à la fois des serviteurs et des fidèles du roi, et des hauts fonctionnaires de l'État. On comprend qu'un jour, dans le système féodal, les plus grands seigneurs du royaume seront rattachés par leurs titres à la domesticité du suzerain.]

CHAPITRE VII

Les optimates.

A côté de la royauté, les documents signalent quelques hommes qu'ils appellent les grands, *optimates* ou *proceres*[2]. Ces termes ne sont pas nouveaux. L'époque

---

XIV, 634 : *Archicapellanum... totius ecclesiæ istius imperii locum principem gerentem.* — *Translatio Sebastiani*, Mabillon, IV, p. 387 : *Cum in tantum exulit ut archicapellanum in omni imperio suo constitueret.*

[1] Hincmar, c. 19 : *Comes palatii de omnibus sæcularibus causis vel judiciis suscipiendi curam habebat.* — Idem, c. 21 : *Comitis palatii, inter cetera pene innumerabilia, in hoc maxima sollicitudo erat ut omnes contentiones legales quæ alibi ortæ palatium aggrediebantur, juste determinaret, seu perverse judicata ad æquitatis tramitem reduceret.*

[2] On ne peut discerner de différence entre ces deux termes. A ces

carolingienne les a reçus de l'époque précédente, qui les tenait elle-même de plus haut.

Ces grands qui entourent Charlemagne, Louis le Pieux, Charles le Chauve, ont le même caractère général que les mêmes hommes avaient en sous les Mérovingiens[1]. Ils sont essentiellement « les grands du roi[2] », « les grands du Palais ou de la cour[3] ». Les rois disent « nos grands[4] ». On les appelle « les grands de la puissance royale[5] ».

Ils ressemblent aux *optimates* que le *Liber pontificalis* nous montre à la cour des papes à la même époque[6], et aussi à ceux qui remplissent le Palais des empereurs de Constantinople[7].

Les documents ne nous montrent jamais un grand qui ne fasse pas partie du Palais. Ils n'en montrent

---

expressions s'ajoutent celles de *primates* ou *regni primores*, qui paraissent en être synonymes.

[1] [*La Monarchie franque*, c. 4; plus haut, p. 60 et suiv.]

[2] Archives nationales, Tardif, n° 60 : *Pippinus rex... proceribus nostris*. — *Pippinus misit aliquos ex suis optimatibus*, Liber pontificalis, Étienne II. — *Carolus prospexit cum optimatibus suis*, Annales de Lorsch, année 787. — *Imperatori sive optimatibus illius* (Acta exauctorationis Ludovici, année 833, Bouquet, VI, 243); *ut Lotharius cum suis primatibus veniret* (ibidem, p. 144). — *Quidam procerum regis*, Annales de Saint-Bertin, année 857, p. 92.

[3] *Aulici optimates*, Vita Theodulfi, 2, Mabillon, I, 546. — *Palatii optimates*, Translatio Sebastiani, Mabillon, IV, 598. — *Proceres palatini*, l'Astronome, 21. — *Primi palatii ex utroque ordine*, Vita Walæ, II, 8, Bouquet, VI, 282.

[4] *Fidelibus optimatibus nostris*, dit Louis le Pieux en 818, Boretius, 274.

[5] *Pippinus congregans cunctos proceres regiæ suæ potestatis*. Liber pontificalis, Étienne II, p. 448.

[6] Ainsi le pape Paul Ier dans une lettre à Charlemagne écrit en 757 : *Una cum nostris optimatibus*. Liber carolinus, édit. Jaffé, p. 68.

[7] Éginhard, Annales, année 821 : *Allatum est de morte Leonis imperatoris quod conspiratione quorumdam optimatum suorum et præcipue Michaelis comitis domesticorum in palatio sit interemptus*.

pas un qui n'appartienne au roi¹. Ils sont l'entourage du roi².

Ces grands ne sont pas une caste; on n'est pas un optimate par droit de naissance. On ne l'est pas non plus par le seul bénéfice d'une grande fortune. On l'est par la volonté royale. On ne l'est même qu'à la condition d'une obéissance plus étroite à l'égard du roi. Un historien du temps écrit : « Bernard se remit aux mains de l'empereur pour être un de ses grands et lui jura fidélité³. » Être un grand du roi, c'était être des premiers parmi ses fidèles.

Le titre de grand, qui n'était le nom ni d'une caste ni d'une classe, était simplement le nom d'une dignité; et ce titre, marque de grandeur et de dépendance à la fois, était conféré par le souverain. Éginhard écrit à des personnages qu'il qualifie de *glorieux optimates*⁴. C'est visiblement un titre officiel, et ceux qui le portent sont des hommes de la cour⁵.

---

[1] Par exemple, Éginhard dit que dans une bataille deux des *proceres* périrent; ce sont deux ducs, Éric duc de Frioul, et Gérold duc de Bavière (*Vita Caroli*, 13). — *Regni primores tam abbates quam comites*, Annales de Saint-Bertin, année 877, p. 360. — *Rex cum quibusdam primoribus consiliariis suis*, Annales de Saint-Bertin, année 878, p. 272.

[2] *Cum augusto et cum proceribus locutus est*, Vita Walæ, II, 8.

[3] Thégan, c. 12 : *Venit Bernardus et tradidit se ei in procerem, et fidelitatem ei cum juramento promisit.* — L'obligation de *commendatio* est encore bien marquée ici. En 880, Louis III et Carloman *regnum paternum inter se diviserunt*, et il fallut *ut quique de proceribus in cujus divisione honores haberet illi se commendarent* (Annales de Saint-Bertin, année 880, p. 264).

[4] Éginhard, *Lettres*, Jaffé, n° 12, Teulet, n° 15 : *Einhartus G. glorioso comiti atque optimati.* — Idem, Jaffé, n° 49, Teulet, n° 49 : *Einhartus N. glorioso optimati.* — Le contenu des deux lettres montre que les deux personnages résident dans le Palais.

[5] S'il faut en croire Ermold, IV, 425, les grands auraient eu un costume de cérémonie dans lequel ils auraient porté la couronne sur la tête, dès le temps de Louis le Pieux.

Je crois discerner aussi, dans cette cour carolingienne, le titre d' « ami du prince ». Le terme revient si souvent et de telle sorte qu'on ne peut guère l'attribuer uniquement au caprice des écrivains[1]. Peut-être cette vieille qualification impériale reprit-elle quelque vie sous Charlemagne.

L'épithète de « noble » est encore assez fréquente. Elle paraît s'étendre à un peu plus de personnes que le nom d'optimate. Mais elle ne s'applique pas à une caste indépendante. Tous les hommes que les documents qualifient *nobiles* sont des dignitaires ou des fonctionnaires royaux. On est noble, dans les idées du temps, lorsqu'on appartient à une famille depuis longtemps en possession de figurer dans le Palais. Un biographe explique cela. « Angilbert, dit-il, était d'une noblesse distinguée; car tous les hommes de sa famille avaient été dans le service particulier des rois des Francs; ses ancêtres avaient exercé les premières fonctions ou avaient été parents de ceux qui les exerçaient[2]. » Ainsi l'on n'était noble qu'en vertu d'une attache avec le roi.

De noblesse indépendante, c'est ce qui ne s'aperçoit nulle part jusqu'à la fin du ixe siècle[3].

---

[1] L'Astronome, 29 : *Eggideo regalium primus amicorum. Piccopinus de amicis regis defunctus est*, Bouquet, V, 170. *Biego de amicis regis defunctus est* (*Chronicon Saxonicum*, Bouquet, VI, 219). — Il semble que les *amici* fussent admis au *lever* du roi : *Cum calciaretur et amiciretur, non tantum amicos admittebat, verum etiam...* (*Vita Caroli*, 24). De même au bain : *Karolus non solum filios ad balneum, verum optimates et amicos, aliquando etiam satellitum turbam invitavit* (*Vita Caroli*, 22).

[2] *Vita S. Angilberti*, Bouquet, V, 475 : *Erat insigni nobilitate : nam omnes de ejus prosapia Francorum regibus familiares semper habiti sunt; avi ejus atque proavi aut in dignitatibus primi aut dignitatum magnatibus affines fuerunt et propinqui.*

[3] On trouve *proceres pagi* dans l'Astronome, 50; mais il faut faire attention à la phrase. L'auteur dit que Lothaire s'étant rendu à Paris (en

CHAPITRE VIII

Le conseil du roi.

Le roi carolingien n'était jamais seul. [Nous avons déjà vu qu'] il avait autour de lui ce qu'on appelait le Palais, c'est-à-dire un assemblage qui comprenait à la fois une cour brillante, des bureaux où l'on travaillait, et un conseil qui éclairait le roi. Si le roi avait à entreprendre une guerre, à conclure un traité, à rédiger un acte législatif, il demandait conseil à quelques hommes. Il ne se décidait qu'après avoir pris leur avis.

Les documents manifestent cette vérité de règne en règne. Prenons le règne de Pépin le Bref. L'annaliste contemporain nous dit qu'en 754, alors que le pape lui demandait de faire une expédition en Italie, le roi ne s'y décida « qu'après avoir tenu conseil avec ses grands[1] ». La guerre faite, ce fut avec le conseil et sur la demande de « ses grands » qu'il accorda la paix au roi lombard[2]. Quand ce roi lombard vient à mourir, c'est Pépin et « le conseil de ses grands » qui désignent

---

834) appela à lui *cunctos fideles* des environs; alors « Eggebard *et alii alius pagi proceres* vinrent vers lui ». Il s'agit toujours de grands du roi, de grands du *pagus* de Paris et d'un autre *pagus*, probablement des comtes, *vicarii* et *vassi* de deux *pagi*.

[1] Continuateur de Frédégaire, c. 120, Bouquet, t. V, p. 2 : *Inito consilio cum proceribus suis.*

[2] Idem, c. 121, Bouquet, V, 4 : *Rex Pippinus, ad petitionem optimatum suorum, Aistulpho vitam et regnum concessit.* — Les conditions de la paix furent déterminées *per judicium Francorum vel sacerdotum,* ibidem.

son successeur[1]. Plus tard, Pépin le Bref marche contre l'Aquitaine, il reçoit de Waifer des propositions de paix, mais il les repousse « par le conseil de ses grands[2] ». Dans leurs capitulaires, Pépin le Bref et Carloman déclarent qu'ils agissent « avec le conseil des évêques et de leurs optimates[3] ».

On voit par ces exemples que ce conseil n'était composé, en dehors des évêques, que des grands du roi, c'est-à-dire de ceux qui sous le titre de *proceres* ou d'*optimates* formaient le premier rang de la hiérarchie du Palais. Pépin, dans ses plus grandes entreprises, consultait, non pas un peuple, non pas les représentants d'un peuple, mais quelques hommes seulement, et ceux-là mêmes que sa faveur avait faits « ses grands ».

Ce n'est pas à dire que ce conseil manquât d'indépendance. Éginhard rapporte, comme un souvenir qui s'était conservé dans le Palais, qu'en 754 l'une des séances de ce conseil fut orageuse. Le pape avait sollicité le roi de porter la guerre contre les Lombards, et le roi, visiblement, y penchait ; « mais quelques-uns des grands, et de ceux qu'il avait l'habitude de con-

---

[1] Continuateur de Frédégaire, c. 22 : *Langobardi, una cum consensu regis Pippini et consilio procerum suorum, Desiderium in sedem regni instituunt.* Nous ne pensons pas que *procerum suorum* puisse signifier les grands des Lombards ; cela ne serait pas conforme aux usages de la langue du temps.

[2] Idem, c. 130 : *Waiferus legationem mittens... sed hoc rex per consilium Francorum et procerum suorum facere contempsit.* C. 132 : *Inito consilio cum proceribus suis.*

[3] Capitulaire de 742, dans Boretius, p. 24 : *Ego Karlmannus, cum consilio servorum Dei et optimatum meorum, episcopos in synodum congregavi... ut mihi consilium dedissent quomodo,* etc. *Per consilium sacerdotum et optimatum meorum ordinavimus per civitates episcopos.* — *Capitulare Suessionense*, 744, Boretius, p. 29, art. 2 : *Una cum consensu episcoporum et optimatum meorum consilio decrevimus :*

sulter, s'opposèrent tellement à sa volonté qu'ils allèrent jusqu'à déclarer tout haut qu'ils quitteraient le service du roi et retourneraient dans leurs maisons[1]. » Ces derniers mots doivent s'entendre en ce sens que ces hauts fonctionnaires, plutôt que de conseiller la guerre d'Italie, offraient de quitter le Palais, de renoncer à leurs fonctions et dignités, et de rentrer dans la vie privée[2]. Cette ardeur s'explique si l'on se rappelle qu'une alliance existait depuis Charles Martel entre l'État franc et l'État lombard; plusieurs des conseillers du roi répugnaient à rompre cette alliance dans l'intérêt du pape. L'historien qui rapporte cette discussion ne dit pas que le conseil ait été en majorité de cet avis. Ce qui est certain, c'est qu'aussitôt après cette séance la guerre fut décidée par le roi, l'armée reçut l'ordre de se mettre en marche, et l'on ne voit pas qu'aucune opposition se soit produite. La résistance qui s'était manifestée librement au conseil ne se manifesta pas dans l'armée[3].

art. 5 : *Constituimus per consilio sacerdotum et optimatum meorum.* — Si nous ne trouvons pas la même formule dans les quatre autres capitulaires qui nous sont restés de Pépin, cela tient apparemment à ce que pour aucun d'eux nous n'avons le préambule.

[1] Éginhard, *Vita Caroli*, 6 : *Quod cum magna difficultate susceptum; quia quidam e primoribus Francorum cum quibus consultare solebat, adeo voluntati ejus renisi sunt ut se regem desertu101ros domumque redituros libera voce proclamarent.* — Adrevald, *Miracula S. Benedicti*, I, 18, reproduit la même assertion dans les mêmes termes.

[2] Ces mots ne signifient nullement qu'ils voulussent renoncer à obéir au roi, qu'ils prétendissent se délier de leurs devoirs de sujets. *Regem deserere* ne signifie pas autre chose que quitter le Palais, quitter le service; ces hommes qui étaient des fonctionnaires, plutôt que de donner à Pépin un avis qu'ils jugeaient funeste, offraient, comme on disait en langage moderne, leur démission. L'écrivain n'ajoute pas qu'ils se soient réellement retirés.

[3] Voir sur cela le Continuateur de Frédégaire, c. 120. S'il a connu les secrets de la séance du conseil, il n'a pas jugé important d'en parler.

Charlemagne conserva cette habitude de consulter son conseil. En 773, il ne décida la guerre d'Italie qu'après « avoir pris conseil de ses grands[1] ». Or les annalistes qui mentionnent expressément ce fait, marquent aussi que ce conseil ne se confondait pas avec l'assemblée générale ; car ils disent que ce conseil, *consilium*, eut lieu à Thionville en hiver, tandis que le *conventus* se réunit au printemps à Genève[2]. De même un annaliste nous dit que l'expédition contre les Avares fut entreprise par le roi Charles « avec le conseil de ses grands[3] ». En 787, Charlemagne est en Italie ; le duc lombard de Bénévent lui fait des propositions de paix ; mais, dit l'annaliste, « elles déplurent au pape et aux grands du roi ; ils tinrent conseil, et ils furent d'avis

---

[1] *Annales Tiliani*, année 773, Bouquet, V, p. 19 : *Rex ad Theodonivilla... sumpto consilio jussit ut sicut Hadrianus postulaverat, ita fieret.* — *Chronicon Moissiacense*, année 773, Bouquet, V, p. 69 : *Erat tunc rex in villa quæ dicitur Theodonis villa... Per consilium optimatum suorum, voluntatem domni apostolici se adimpleturum esse spopondit.* — *Annales Mettenses*, année 773, Bouquet, V, p. 341. — Les Annales de Lorsch disent la même chose avec quelque différence dans l'expression, Bouquet, V, 37-38 : *Rex consiliavit una cum Francis, et sumpto consilio jussit ut sicut pontifex postulaverat, ita fieret.* On remarquera ici l'expression *cum Francis* qui rend ce que les autres annalistes expriment par *consilio optimatum*. C'est que, ainsi que nous l'avons vu [p. 81], l'une des significations du mot *Franci* était celle de *optimates*. — *Consiliare cum Francis* ou *consilium agere cum Francis* était une expression faite ; nous la retrouvons dans les mêmes Annales à l'année 760 ; de même *inito consilio cum Francis*, année 784.

[2] *Annales Tiliani*, ibidem : *Rex autem synodum tenuit ad Genua.* Chronique de Moissac, ibidem. Annales de Metz, ibidem. Annales de Lorsch. — Il s'agit bien entendu de Genève, comme cela est bien marqué dans les Annales d'Éginhard, même année.

[3] Annales de Metz, année 791 : *Cum consilio optimatum regni disposuit ire in Avarorum regnum.* — Les annalistes se donnent rarement la peine de parler de ce conseil presque quotidien, et ils signalent plus volontiers le *conventus* qui est annuel et dont la réunion frappe tous les yeux. Encore trouve-t-on assez souvent une allusion à ce conseil ; ainsi, dans les Annales de Lorsch, année 780 : *sumpto consilio* ; année 791 : *consilio peracto* ; année 798 : *facto consilio*.

que le roi se portât contre Bénévent; ce qu'il fit¹ ».
Quelques jours plus tard, « le roi Charles délibéra de
nouveau avec des évêques et ses optimates », et il fut
décidé qu'on ferait la paix².

Ces personnages étaient appelés conseillers du roi,
*consiliarii regis*³. Un pape écrivant à Pépin lui parle
de Fulrad, « votre conseiller⁴ ». Hincmar dans sa jeunesse avait connu Adalhard, qui était « le premier
parmi les conseillers de Charlemagne⁵ ». Ce prince, dit
encore Hincmar, avait dans son Palais « à la fois des
officiers et des conseillers, et dès qu'un homme de
l'une ou de l'autre catégorie venait à mourir, il avait
soin de lui choisir un successeur compétent⁶ ».

On peut voir dans la Vie de saint Guillaume ce que
c'était que ce conseil et comment on y entrait. « Guillaume fut d'abord dans sa jeunesse *commendé* par son
père au roi Charles, et dès lors il vécut sous ses yeux,
dans le Palais. Plus tard il devint comte, et exerça
quelques commandements à la guerre. Enfin il fut

---

¹ Annales de Lorsch, année 787, Bouquet, V, 44, Pertz, I, 169 : *Sed hoc apostolicus minime credebat neque optimates Francorum; et consilium fecerunt cum Carolo rege ut partibus Beneventanis advenisset, quod ita factum est.*

² Ibidem : *Tunc rex Carolus prospexit cum sacerdotibus vel ceteris optimatibus suis ut....*

³ Capitulaire de 789, p. 53 : *Considerans una cum sacerdotibus et consiliariis nostris.* — Hincmar, *De ordine palatii*, 31 : *Consiliarii tales eligebantur.* — Alcuin, *Lettres*, n° 126, Jaffé, p. 509, parle des *consiliarii* de Charlemagne.

⁴ *Liber carolinus*, édit. Jaffé, n° 6 : *Fulradus vester consiliarius;* n° 7 : *Vester consiliarius presbyter et abbas Fulradus.* On sait que Fulrad, abbé de Saint-Denis, était, en effet, l'un des conseillers les plus écoutés de Pépin.

⁵ Hincmar, *De ordine palatii*, c. 12 : *Adalhardum inter primos consiliarios primum, in adolescentia mea vidi.*

⁶ Idem, c. 26 : *Si aliquis ex ministerialibus vel consiliariis decedebat, loco ejus congruus et utilis restituebatur.*

admis dans les conseils du roi, et délibéra avec lui sur toutes les affaires du royaume[1]. » Un jour, on apprit au Palais que les musulmans d'Espagne avaient fait une incursion en Aquitaine. « A cette nouvelle, dit le biographe, le roi appelle suivant sa coutume les premiers de son Palais et ses conseillers; il leur demande leur avis sur ce qu'il convient de faire; avec eux il délibère longuement; l'opinion du conseil est d'envoyer une armée en Aquitaine et de la faire commander par Guillaume; le roi se range à cet avis et charge Guillaume du commandement[2]. »

On se tromperait d'ailleurs si l'on croyait que ce conseil de Charlemagne fût organisé comme l'a été, cinq siècles plus tard, le conseil du roi de la dynastie capétienne. Le conseil de Charlemagne n'était pas un corps constitué. Il n'avait pas une existence propre. Aussi faut-il remarquer qu'on ne le voit pas s'assembler hors de la présence et sans un ordre précis du roi. On peut dire qu'il n'existait qu'avec et par le roi. Il n'était même pas composé de membres à titre fixe. Chaque jour, pour chaque affaire, le roi appelait à lui ceux qu'il voulait, et ceux qu'il avait appelés se trouvaient ses conseillers ce jour-là. Il les consultait, il voulait qu'ils lui donnassent leur avis sur l'affaire pendante. Tout grand

---

[1] *Vita S. Willelmi*, c. 4, dans Mabillon, *Acta Sanctorum*, IV, p. 73-74 : *Commendatus regi a patre, stat ante regis conspectum, suscipit nomen consulis* (on sait que les hagiographes du IXe et du Xe siècle emploient quelquefois *consul* pour *comes*) *et in rebus bellicis primæ cohortis sortitur principatum. Regiis adhibetur consiliis, tractat cum rege de regni negotiis, de militia et armis*.

[2] Ibidem, c. 5 : *In diebus illis Sarraceni... Rex audito nuntio, principes et consiliarios more regio convocat, et quid facto opus sit eos consulit et ipse cum eis attente et sollicite tractat. Omnes in unam concordant sententiam ut comes Willelmus ad hoc opus eligatur et contra barbaros dirigatur... Non differt Carolus consilii effectum.*

personnage, qui avait la confiance du roi, pouvait être ainsi consulté; mais nul n'entrait au conseil de plein droit. Nul ne siégeait au conseil sans y être appelé[1].

En temps ordinaire et quand aucune affaire grave n'était en jeu, les conseillers étaient en fort petit nombre. Voici comment Hincmar représente le conseil quotidien de Charlemagne : « Il avait toujours soin d'avoir auprès de lui trois de ses meilleurs conseillers; à cet effet, ils se succédaient dans le Palais à tour de rôle; et comme il lui arrivait souvent, la nuit, de réfléchir aux intérêts de l'Église ou de l'État, il notait ses réflexions sur des tablettes, et, le jour venu, il en délibérait avec trois conseillers[2]. »

Une anecdote, qui nous a été conservée par le Cartulaire de l'abbaye de Lorsch, nous montre Charlemagne réunissant, un matin, tous les conseillers présents, leur exposant l'affaire, laissant chacun exprimer son opinion, et se décidant à la fin contre l'avis qui lui a été donné[3].

---

[1] C'est ce qui explique que le pape Léon III, dans la partie confidentielle d'une lettre adressée à Charlemagne en 808, lui conseille de ne plus appeler Fulrad à son conseil secret, *neque ad secretum consilium provocandus* (Jaffé, *Liber carolinus*, p. 314). — Cf. Flodoard, *Historia Remensis ecclesiæ*, II, 20 (Bouquet, VI, 215) : *Ebo, Remensis episcopus, a consilio imperatoris ejectus*.

[2] *Capitula in synodo apud S. Macram*, c. 8, dans les Œuvres d'Hincmar, édit. Migne, I, 1084-1085 : *Carolus Magnus imperator nullo unquam tempore sine tribus de sapientioribus et eminentioribus consiliariis suis esse patiebatur, sed vicissim per successiones, ut eis possibile foret, secum habebat; et ad capitium lecti sui tabulas cum graphio habebat, et quæ de utilitate ecclesiæ et de profectu regni meditabatur in eisdem tabulis adnotabat et cum eisdem consiliariis quos secum habebat, inde tractabat.*

[3] Voir *Codex Laureshamensis*, 1768, t. I, p. 42-43. — Il s'agit de l'histoire des amours d'Éginhard avec Imma. Cette histoire, qui n'était peut-être qu'une légende, n'est mentionnée que dans le Cartulaire de Lorsch, lequel n'a été mis en ordre qu'au xiie siècle. Je doute fort de l'aventure

Nous retrouvons sous Louis le Pieux cette même habitude du souverain de consulter sur chaque affaire les grands de son entourage. Ainsi en 822 nous voyons le prince prendre une résolution « après avoir tenu conseil avec des évêques et ses grands¹ ». En 826, Louis reçoit la nouvelle que les musulmans d'Espagne faisaient des incursions dans l'Empire; « son esprit en fut très ému; mais il se garda bien de prendre une décision hâtive, et il résolut d'attendre d'avoir l'opinion de ses conseillers sur ce qu'il y avait à faire² ». Ce conseil n'était pas le *conventus*. En 832, Louis convoqua ses conseillers, et le résultat de cette délibération fut précisément qu'on réunirait le *placitum* général quelques jours plus tard à Orléans³. En 834, c'est au contraire quelque temps après la tenue du *conventus* que Louis le Pieux « convoqua ses conseillers et les optimates qui étaient dans les environs, et délibéra avec eux sur les moyens

---

d'Imma; mais d'ordinaire, ce qui est plus vrai qu'une légende, ce sont les circonstances dont le narrateur l'entoure; elles expriment les usages du temps. Or, dans l'anecdote dont les moines de Lorsch ont conservé le souvenir, le point important n'est pas l'amour d'Imma, c'est la tenue du conseil. *Rex consiliarios primosque sui regni et ceteros quosque sibi familiares passim evocatos convenire jussit... Ita exorsus est... consilium eorum et sententiam super hoc expostulans... Diversi diversa sentientes varias dedere sententias... alii... alii... Rex inter diversorum sententias expendit, sic eos allocutus est....*

¹ Éginhard, *Annales*, année 822 : *Consilio cum episcopis et optimatibus suis habito*. — Cela n'est pas le *conventus*, car la suite du chapitre de l'annaliste montre que le *conventus* eut lieu quelques semaines plus tard.

² *Vita Ludovici ab Anonymo*, c. 40 : *Quæ quidem imperatoris animum commoverunt et ad vindictam instigaverunt; nihil tamen propere gerendum ratus, consiliariorum suorum sententiam quid tali facto opus esset statuit opperiri.*

³ Annales de Saint-Bertin, année 832 : *Convocatis undique consiliariis habitoque cum eis consilio quid de his agendum esset, statutum est ut suum generale placitum in Aurelianis habendum denuntiaretur.*

d'opérer un rapprochement avec son fils Lothaire¹ ».

Nous possédons une lettre écrite par Louis le Pieux en réponse à un de ses fonctionnaires qui l'avait consulté sur quatre points. Sur les trois premiers où il ne s'agit que d'exécuter des décisions antérieures, il répond nettement et donne une solution; mais le quatrième présentait apparemment quelque difficulté, car il se contente d'écrire : « Quant au quatrième article, nous avons décidé d'attendre que nous ayons auprès de nous un plus grand nombre de nos fidèles pour en délibérer². »

Dans les actes législatifs qu'il édictait, il était d'usage que le roi mentionnât cette délibération en conseil. Sans doute il ne voulait pas que son décret, pour lequel il exigeait l'obéissance des hommes, se présentât comme l'œuvre de sa volonté unique. Il aimait à dire que sa décision avait été délibérée en un conseil, et que des évêques et des grands avaient partagé sa pensée. L'expression la plus ordinaire pour marquer cette collaboration était *cum consilio episcoporum et optimatum*. Il ne faut pas la traduire comme s'il s'agissait de tous les évêques et de tous les opti-

---

[1] Annales de Saint-Bertin, année 834, p. 14 : *Convocavit suos consiliarios atque optimates qui in circuitu erant, et cum eis tractare studuit qualiter filium suum Lotharium ad se vocare posset*.

[2] *Responsa imperatoris*, dans les Capitulaires, édit. Boretius, p. 297 : *De quarto capitulo expectandum censuimus donec cum pluribus fidelibus nostris inde consideremus*. — Ceux des écrivains du temps qui se piquent de beau langage et qui aiment à parler le vieux latin classique, appellent ce conseil *senatus*. Ainsi, le *Poeta Saxo*, I, 179 : *Illuc Francorum proceres totumque senatum convocat*. L'auteur de la Vie d'Adalhard écrit (c. 32, Bouquet, VI, 277) que Wala était *in senatu clarior cunctis, in militia fortior universis*. L'auteur de la Vie de Wala (II, 1) montre l'empereur *una cum suis senatoribus*. Cf. Flodoard, *De Stephano papa* (Bouquet, V, 441) : *Tum rex cum regni satrapis claroque senatu*. Nous avons vu pourtant que ce conseil ne ressemblait guère au sénat romain.

mates. Il s'en fallait beaucoup que tous les évêques y fussent appelés. Trois ou quatre, ou un peu plus si l'affaire était très importante, siégeaient seuls dans ce conseil, avec deux ou trois des abbés. L'idée que tous les évêques eussent le droit d'y figurer ne venait à l'esprit de personne. Le roi y avait appelé ceux qu'il avait voulu. Ils étaient venus, moins comme chefs de diocèses que comme amis et fidèles du roi.

Ce conseil comprenait toujours un élément ecclésiastique et un élément laïque[1]. Charlemagne, en 787, étant en Italie et au milieu de son armée, avait fait la paix « sur le conseil d'évêques et de grands[2] ». Louis le Pieux, en 819, fait un long capitulaire sur les affaires de l'Église et la discipline des monastères; il déclare dans son préambule « qu'il a appelé auprès de lui plusieurs évêques et abbés, et des fidèles ses optimates, et que c'est avec eux qu'il a délibéré[3] ». Puis il promulgue vingt-huit articles et il ajoute : « Nous avons encore d'autres articles à faire sur différents sujets; nous les ferons plus tard avec le conseil de nos fidèles[4]. »

La même tradition se continue sous Charles le Chauve. Il a, comme Louis le Pieux, ses « conseillers[5] ».

---

[1] *Nos, cum fidelibus nostris tam spiritalibus quam sæcularibus tractantes* (capitulaire de 807, p. 245). — *Consiliarii tam clerici quam laici* (Hincmar, *De ordine palatii*, c. 31).

[2] Annales de Lorsch, année 787.

[3] *Capitulare ecclesiasticum*, de 819, préambule, dans Boretius, p. 274, § 2 : *Quinto anno imperii nostri, accersitis nonnullis episcopis, abbatibus, canonicis et monachis, et fidelibus optimalibus nostris, studuimus eorum consultu...*

[4] Ibidem, art. 29, p. 279 : *Nonnulla vero capitula... quæ pro temporis brevitate efficere nequivimus, differendum judicavimus donec, Domino favente, consultu fidelium facultas nobis id efficiendi ab eo tribuatur.*

[5] Diplômes de Louis le Pieux, de 838 : *Adalbertus comes et consilia-*

Nous le voyons toujours entouré de quelques fidèles, qui sont des évêques, de puissants abbés, ou des laïques optimates. Nous le voyons agir toujours « en consultant des évêques et des grands¹ », ou « avec le conseil de ses fidèles² ». S'il se réconcilie avec son frère Louis ou avec son neveu Lothaire, c'est sur le conseil des fidèles³. Ailleurs, quelques comtes l'ont consulté sur un point de droit administratif; « il en a délibéré avec des évêques et des fidèles », et d'après leur conseil il rédige un décret⁴. Un de ses fils s'est révolté contre lui, puis lui a fait sa soumission; avant de décider s'il lui pardonnera, il attend qu'un conseil de fidèles se soit réuni, et c'est « après avoir délibéré avec ses conseillers, et conformément à leur avis, qu'il se décide à tenir le jeune homme enfermé⁵ ». Même sur des affaires qui ne

---

rius noster; de 839 : *Agbertus comes et ostiarius et consiliarius noster* (Bouquet, VI, 618 et 627). — Annales de Saint-Bertin, année 868, p. 183 : *Engelramnum camerarium et ostiariorum magistrum atque a secretis consiliarium suum misit.* — Hincmar, *Ad Teudulfum comitem* (Migne, II, 265) : *Comes et honoratus regi consiliarius.* — *Consiliarii aulici,* l'Astronome, c. 59.

¹ *Episcopos et ceteros regni sui primores consulens,* Annales de Saint-Bertin, année 861.

² *Cum consilio fidelium suorum,* ibidem, année 863.

³ Capitulaire de 862, Walter, III, 131 : *Nos invicem communi fidelium nostrorum consilio reconciliarimus.* Le mot *communi* signifie que les fidèles des deux rois se sont réunis. — De même en 860, ibidem, p. 113 : *Misimus super hoc episcopos et ceteros fideles nostros ut illi hoc invenirent qualiter nos adunaremus... Fideles nostri communiter consenserunt... et nos cum illorum consilio consentimus.*

⁴ Édit de Pistes, 864, art. 31, Walter, III, 154 : *Comites nostri nos consuluerunt de illis francis hominibus qui censum regium... Cum episcopis et ceteris Dei ac nostris fidelibus tractavimus quid nobis esset agendum; et quod cum eis invenimus, præsenti edicto decrevimus.*

⁵ Annales de Saint-Bertin, année 871; comparer les deux passages, édit. Dehaisnes, p. 224 et p. 226 · 1° p. 224 : *Karlomannus ad patrem pervenit... quem pater recepit et secum manere præcepit usque dum ad suos fideles ad Belgicam iret et eorum consilio inveniret qualiter eum honorare debeat;* 2° quelques semaines après, p. 226 : *Carolus ad Silvacum*

concernent que la famille du roi, il croit utile et nécessaire de prendre conseil. Sa fille Judith s'est laissé enlever par le comte Bauduin. Charles le Chauve « consulte des évêques et des grands » sur la punition qu'il doit infliger aux deux coupables[1]; puis, l'année suivante, c'est encore « sur le conseil des fidèles » qu'il se décide à pardonner et à autoriser le mariage[2].

Sur le nombre de ces conseillers nous n'avons pas de chiffres précis. Il est visible que le nombre était très variable. Rien ne permet de croire qu'il ait jamais été fort élevé. Lorsque Charles le Chauve et Louis le Germanique se réunirent au colloque de Mersen, chacun d'eux n'avait avec lui que quatre évêques et dix conseillers[3]. En 860, un traité fut conclu par Charles le Chauve avec son frère Louis et son neveu Lothaire; ce traité avait été préparé et rédigé d'avance par les conseillers réunis des trois rois, et tous les conseillers y apposèrent leurs signatures; or nous y comptons onze évêques, deux abbés, et trente-trois laïques[4]. Tel fut, ce jour-là, le nombre total des conseillers des trois rois réunis.

---

renit, quo placitum cum suis consiliariis habuit et eorum consilio Karlomannum iterum Silvanectis custodiæ mancipavit.

[1] Annales de Saint-Bertin, année 862 : *Rex Karolus consulens episcopos et ceteros regni sui primores...*

[2] Ibidem, année 863, p. 126 : *Filiam suam Judith consilio fidelium suorum Balduino quem secuta fuerat, legaliter conjugio sociari permisit.*

[3] Ibidem, année 870, p. 205 : *Unusquisque eorum quatuor episcopos et decem consiliarios et inter ministeriales et vassos triginta tantummodo ad idem colloquium haberent.*

[4] Capitulaires de Charles le Chauve, tit. 51, édit. Walter, t. III, p. 140 : *Hæc sunt nomina episcoporum qui in secretario basilicæ Sancti Castoris consideraverunt cum nobilibus ac fidelibus laicis firmitatem quam gloriosi reges nostri Ludovicus et Karolus atque Lotharius inter se fecerunt... Hæc sunt nomina laicorum....*

On a pu remarquer dans les exemples que nous venons de citer que, à partir de Louis le Pieux, ce conseil est ordinairement appelé le conseil des fidèles[1]. Le mot *fideles*, ici, est pris dans son sens étroit, et remplace le terme de grands ou d'optimates, avec lequel il alterne encore quelquefois[2].

Ces fidèles sont des hommes liés personnellement au roi. Parmi eux, les uns sont des évêques et des abbés, qui ont reçu de lui leurs évêchés et leurs riches abbayes ; les autres sont de hauts fonctionnaires qui ont reçu de lui leurs offices et à qui il peut les ôter. Tous sont liés au roi par l'engagement étroit de la *commendatio*[3]. Ils étaient ses premiers et plus dévoués serviteurs. Il s'en fallait de tout que les uns fussent les représentants de l'Église, les autres les représentants d'un peuple. C'est uniquement à titre de fidèles du roi que le roi les consultait.

Même j'incline à croire que, pour eux, donner conseil était moins un droit qu'un devoir. Les documents des époques suivantes nous montreront que tout vassal doit le conseil à son suzerain, que tout grand

---

[1] *Cum fidelibus nostris consideremus* (Boretius, p. 297). — *Consultu fidelium* (ibidem, p. 280). — *Fideles nostri consenserunt et nos* (Walter, III, 115). — *Fidelium nostrorum consilio* (Walter, III, 151). — *Cum nostris fidelibus tractavimus* (ibidem, III, 154). — *Consilio fidelium* (Annales de Saint-Bertin, année 863).

[2] *Optimates* (ibidem, année 834). *Primores* (ibidem, année 862). — Quelquefois les deux termes *fideles* et *optimates* s'associent ; capitulaire de 819, p. 274 : *Accersitis nonnullis... fidelibus optimatibus nostris.* — *Procerum suorum consilio*, Annales de Saint-Bertin, p. 75.

[3] Les évêques eux-mêmes, au moins ceux que nous voyons figurer souvent dans les conseils, sont des hommes commendés au roi, et qui souvent l'étaient avant d'être évêques. Voir, par exemple, Hincmar et Wénilo, archevêque de Sens. Ce dernier même avait commencé par être un commendé du roi et même un serviteur : *Weniloni clerico meo mihi servienti, qui se mihi commendaverat* (capitulaire de 859, Walter, III, 106).

feudataire doit au roi aide et conseil. Or cette vérité, qui apparaîtra plus tard très nettement, commence déjà à poindre ici, vaguement encore, mais assez pour qu'un historien attentif doive la signaler. Nous remarquons en effet dans les annalistes l'emploi fréquent de cette forme de langage : « Le roi appela les grands pour les consulter; » et cela dans des passages d'où il résulte que cet appel s'adresse à des hommes qui sont plus ou moins éloignés du Palais[1]. Le roi « leur donne l'ordre de venir vers lui[2] » et il ne semble pas qu'ils puissent se dispenser d'obéir à cet ordre[3]. Ils doivent, toute affaire cessante, et à leurs frais[4], se rendre à l'ordre du roi et accourir de très loin au Palais, où on ne leur demande pourtant qu'un conseil. Voyez dans le capitulaire de 877 comment Charles le Chauve règle quels hommes font partie du conseil de son fils[5]; ce n'est

---

[1] *Codex Laureshamensis*, I, p. 42 : *Consiliarios* PASSIM EVOCATOS *convenire jussit*. — Annales de Saint-Bertin, année 832 : CONVOCATIS *undique consiliariis*. — Capitulaire de 819 : ACCERSITIS *nonnullis episcopis et fidelibus*. — La phrase de Louis le Pieux que nous avons citée plus haut, *expectandum donec cum pluribus fidelibus consideremus*, implique que la plupart des conseillers sont fort éloignés et qu'il faudra les convoquer.

[2] *Rex quoscunque potuit de vicinis consiliariis ad se venire præcepit*. Annales de Saint-Bertin, année 875, p. 240.

[3] Voir une lettre curieuse de Loup, abbé de Ferrières, n° 32, Bouquet, VII, 490. Il confie à un ami l'état de gêne extrême où il se trouve actuellement; il craint que le roi ne l'appelle au Palais, et il fait entendre qu'il n'aurait pas les ressources nécessaires pour faire le voyage. — Ainsi l'auteur de la Vie de saint Rembert, c. 21, dit qu'il était fréquemment mandé au Palais, ce qui ne pouvait être que pour donner conseil ou pour siéger au tribunal. Il était en effet l'un des conseillers du prince, *inter consiliarios collocari obtinuit*, c. 21.

[4] Loup de Ferrières, dans la lettre citée plus haut, déclare que si le roi le mandait au Palais, il n'a pas assez de vivres à emporter pour y vivre huit jours; il souhaite de ne pas être mandé avant la prochaine moisson, *donec novæ fruges referant facultatem*.

[5] C. 15. [*Nouvelles Recherches*, p. 430 et suiv.]

pas un droit qu'il leur confère, c'est une obligation qu'il leur impose. Voici qui est plus clair encore. En 859, Charles le Chauve rappelle que quelques évêques l'ont trahi. « Ils m'avaient juré fidélité, dit-il, et par conséquent ils auraient dû me donner conseil et aide[1]. » Hincmar emploie les mêmes termes, *consilium et auxilium*, pour exprimer la fidélité que les évêques et les conseillers doivent au roi[2].

[Il n'en est pas moins vrai que, à l'époque de la décadence carolingienne, et surtout sous le règne de Charles le Chauve, ce conseil devait prendre une grande importance et collaborer de plus près aux actes du gouvernement. Mais, dès l'origine et en principe, les conseillers des rois ne furent, comme ceux des empereurs romains, que des aides de la royauté, on pourrait dire, des instruments d'information. En répondant au roi qui les consultait, ils s'acquittaient du devoir inhérent à leurs fonctions ou à leur qualité de fidèles. Ils n'exerçaient pas un droit, ils ne jouissaient pas d'un privilège.]

---

[1] Capitulaire de 859, art. 9, Walter, III, 108 : *Episcopi qui mihi fidei promissæ debitores erant, et consilium atque auxilium manu propria confirmatum ferre debuerant.*

[2] Hincmar, *Ad episcopos et proceres provinciæ Remensis*, c. 3, Migne, I, 963 : *Cum consilio et auxilio episcoporum ac ceterorum consiliariorum suorum*; c. 4 : *Nobis episcopis satis agendum est ne in consilio... et ne de auxilio abscedamus.* — Le même Hincmar dit ailleurs qu'il s'est rendu à l'assemblée de Gondreville, *in obsequio domini regis, cum plurimis episcopis et ceteris fidelibus suis* (Migne, t. II, p. 290).

CHAPITRE IX

Les Assemblées générales.

[A côté du conseil se trouve l'assemblée générale, *conventus generalis*, dont il est un élément.] Le conseil nous apparaît souvent en dehors du *conventus*; mais chaque fois qu'il y a un *conventus*, il y a en même temps un conseil.

L'étude des assemblées générales est difficile. Cela ne tient pas à ce que les documents fassent défaut. Ils sont au contraire très nombreux. La tenue des assemblées est ce que les annalistes ont noté avec le plus de soin. Dans cet espace de cent vingt années qui va de Pépin le Bref à la fin de Charles le Chauve, nous connaissons environ cent vingt-cinq assemblées, mentionnées par des écrits contemporains avec l'indication, sinon de tout ce qui s'est fait, du moins de la principale chose qui s'est faite dans chacune d'elles. Si la cause de la difficulté n'est pas dans l'absence de documents, elle est plutôt dans la manière dont l'esprit moderne les a observés. Habitué que l'on est aujourd'hui à vivre au milieu d'institutions bien déterminées et bien précises, on croit volontiers que l'on trouvera le même caractère dans les institutions du ix° siècle. Mais il s'en faut beaucoup que l'assemblée générale de cette époque fût une institution rigoureusement définie.

Nous devons remarquer tout d'abord qu'il n'existait pas dans la langue un terme spécial pour la désigner. On la désignait par trois termes, appartenant tous les trois à la langue latine : *conventus*, *placitum*, *synodus*.

Les trois mots étaient employés indifféremment, comme synonymes. Tous les trois étaient par eux-mêmes des termes vagues; car ils s'appliquaient à toute espèce de réunion, grande ou petite, quel qu'en fût l'objet, et nous les trouvons maintes fois appliqués, en effet, à des réunions qui ne ressemblaient en rien à des assemblées générales. Quant à un terme officiel qui existât dans la langue pour les désigner, nous le chercherions en vain. Il ne s'en rencontre aucun, ni dans la langue latine ni dans la langue germanique. Les rois eux-mêmes, dans leurs actes législatifs, employaient l'un ou l'autre des trois termes que nous venons de voir.

Ainsi l'assemblée générale n'avait pas un nom précis et certain d'où nous pourrions tirer quelque lumière sur sa nature. Pour nous en faire une idée exacte, nous devrons passer en revue tous les textes où il est parlé d'elle. Nous devrons surtout observer attentivement ce qu'on nous dit qu'il s'est fait dans chacune de ces assemblées. Mais quand on fait ce travail, on s'aperçoit d'une très grande diversité. Non seulement la nature et la composition de l'assemblée se modifient de règne en règne; mais encore, dans le même règne et quelquefois dans la même année, deux assemblées peuvent différer entièrement par leur nature et par leur objet. C'est que l'institution des assemblées générales était une institution très variable, très flottante, et surtout très complexe.

Dans le *conventus generalis* de l'époque carolingienne, il y avait trois choses fort distinctes : une convocation militaire, une assemblée judiciaire, et une réunion politique. Nous étudierons ces trois choses l'une après l'autre.

1° LE PLAID DE GUERRE AU CHAMP DE MARS.

Je commence au règne de Pépin et je prends la première assemblée générale de ce règne. La Chronique contemporaine dit qu'en 754, après avoir vu le pape lui demander de faire la guerre contre les Lombards, « aux calendes de mars[1], le roi Pépin ordonna à tous les Francs, suivant la règle du pays, de venir vers lui à sa villa royale de Braisne; là, après qu'il eut pris conseil avec ses grands, au moment de l'année où les rois ont l'habitude de marcher à la guerre, l'armée des Francs et de tous les peuples soumis s'avança contre le pays des Lombards ». — Analysons ce passage : 1° il y a avant toutes choses un ordre du roi, *præcepit*; 2° l'objet de cet ordre est de se rendre auprès du roi, *venire ad se*, et le lieu de rendez-vous est une maison royale; 3° l'ordre s'adresse à tous les Francs, *omnes Francos*, c'est-à-dire, suivant les usages de la langue du temps, à tous les hommes libres de l'État franc; il y faut ajouter, ainsi qu'il est dit à la ligne suivante, les hommes des peuples soumis, c'est-à-dire les Bavarois, les Alamans, les Frisons, et peut-être les Aquitains; 4° tous ces hommes arrivés au rendez-vous fixé, le roi tient un conseil, non avec tous ces hommes, mais avec « ses grands », c'est-à-dire avec ses conseillers seuls; 5° il donne l'ordre de marcher en Lombardie, et l'armée se met aussitôt en marche. De tout cela il résulte

---

[1] Continuateur de Frédégaire, c. 120 [37, Krusch], Bouquet, V, 2 : *Ad kalendas martias omnes Francos, sicut mos Francorum est, Bernaco villa publica ad se venire præcepit; initoque consilio cum proceribus suis, eo tempore quo solent reges ad bella procedere, vel reliquas nationes qui (quæ) in suo regno commorabantur et Francorum agmina ad partes Langobardiæ pervenerunt.*

nettement qu'il y a eu au printemps de 754 une réunion générale, mais que cette réunion n'était pas autre chose qu'une armée. On remarquera que le chroniqueur dit dans la première partie de sa phrase *omnes Francos*, et dans la seconde *Francorum agmina*, désignant les mêmes hommes par ces deux expressions. — Un autre chroniqueur s'exprime un peu autrement : « Le roi Pépin tint le *placitum* aux calendes de mars suivant l'usage dans la villa royale de Braisne, et, ayant délibéré avec ses grands, il décida qu'il marcherait en Italie[1]. » Les traits essentiels du premier récit se retrouvent ici. Ce que l'un appelait *omnes Francos* est appelé par l'autre *placitum*; le roi ne délibère qu'avec les grands ; et quand le roi a pris sa décision, l'armée se porte vers l'Italie. Le *placitum* n'a pas été autre chose, cette année-là, qu'un rendez-vous des soldats de tout le royaume. Ces hommes ne se sont réunis que pour recevoir du roi un ordre de guerre.

En 761, le chroniqueur signale le *placitum* deux fois à peu d'intervalle. Il dit d'une part : « Le roi, ayant décrété le *placitum*, ordonna à tous les grands de l'État franc de venir à lui à Duren au Champ de Mai, pour traiter du bien du pays et des intérêts des Francs[2]. » Il

---

[1] *Annales Mettenses*, année 754, Bouquet, V, 335 : *Pippinus rex placitum habuit secundum consuetudinem kalendis martiis Brennaco villa publica ; accepto inde consilio optimatum suorum, partibus Italiæ se profecturum indixit.*

[2] Continuateur de Frédégaire, c. 125 [42] : *Pippinus omnes obtimates Francorum ad Dura ad campo madio pro salutem patrie et utilitatem Francorum tractandum, placito instituto, ad se venire præcepit.* — Annales de Metz : *Pippinus conventum habuit in Duria villa publica et de utilitate regni Francorum tractans suos ibi optimates adunavit.* — *Annales Tiliani*, année 761 : *Rex synodum tenuit ad Duriam.* — On notera que les trois chroniqueurs emploient les trois mots *placitum*, *conventus*, *synodus* pour désigner une même chose. Les Annales de Lorsch

est visible que, dans ce premier passage, le chroniqueur ne décrit pas une réunion militaire. Il s'agit d'une de ces assemblées au caractère politique que nous étudierons plus tard. Il ne s'y trouve d'ailleurs que « tous les grands ». — Mais ensuite le chroniqueur ajoute que, sur la nouvelle d'une prise d'armes de l'Aquitain Waïfer, « le roi irrité, décrétant un autre *placitum*, ordonna à tous les Francs de se rendre en tenue de guerre sur la Loire, et, l'armée se mettant en mouvement, le roi passa par Troyes, Auxerre, Nevers, franchit la Loire et vint mettre le siège devant le château de Bourbon[1] ». — Il y eut donc cette année, à la distance de quelques semaines, deux assemblées, l'une « des grands » à Duren pour délibérer sur des intérêts généraux, l'autre « de tous » sur la Loire pour faire la guerre. Le chroniqueur les appelle toutes les deux du nom de *placitum*; elles ne se ressemblèrent pourtant en rien[2].

emploient le terme *synodus*; les Annales d'Éginhard appellent cette même réunion un *generalis conventus*.

[1] Continuateur de Frédégaire, 125 : *Ira commotus jubet omnes Francos ut hostiliter, placito instituto, ad Ligerem venissent. Commotoque exercito cum omne multitudine, ad Trecas accessit, inde per Autisioderum ad Nevernum urbis veniens, Ligeris transmeato, ad castro Burbone pervenit.* Sur le sens du mot *hostiliter*, cf. capitulaire de 813, art. 10, p. 171 : *Ut unusquisque hostiliter sit paratus.* — Les Annales de Lorsch et les *Annales Tiliani* disent seulement : *Pippinus cum exercitu iter peragens.* Celles de Metz : *Cum exercitu ad Ligerim venit.* Les Annales d'Éginhard ne parlent aussi que d'une armée : *Coactis undique auxiliis, cum magno belli apparatu.*

[2] Nous pourrions citer encore comme ayant un caractère militaire un *conventus* de 765; Éginhard, *Annales* : *Conventu in Nivernis habito et contractis undique copiis, Pippinus Aquitaniam petiit... inde cum integro exercitu in Franciam regreditur.* On voit bien ici que le *conventus* de la première partie de la phrase et l'*exercitus* de la seconde sont une même chose, et qu'il n'y a pas autre chose qu'une guerre. Or voici comment s'exprime sur le même fait le Continuateur de Frédégaire, c. 130 (47) : *Commoto omni exercito Francorum, ad Nevernum urbem cum omni exercito veniens, ibique cum Francis et proceribus suis pla-*

Voici en 767 une réunion que le chroniqueur appelle un Champ de Mai, *campus madius*[1]. « Ayant ordonné une levée générale des Francs[2], il vint par Troyes et Auxerre jusqu'à Bourges ; c'est là que se tint par son ordre le Champ de Mai accoutumé ; il y tint conseil avec ses grands ; il y décida que la reine resterait avec une partie des comtes à Bourges, et lui-même avec tout le reste des Francs marcha contre Waïfer[3]. » — On voit que ce « Champ de Mai » n'est pas autre chose qu'une armée. Nous [verrons plus loin] que dans l'État franc il n'y avait pas d'armée permanente ; chaque fois qu'il y avait guerre, ou seulement prévision de guerre, le roi envoyait dans toutes les provinces l'ordre de la levée générale ; et tous les hommes libres et propriétaires de quelque bien devaient se rendre en armes au lieu fixé par le roi. Quand le chroniqueur dit que le roi ordonne que le Champ de Mai se tienne à Bourges, c'est comme s'il disait que, cette année, Bourges est le lieu fixé par le roi pour la réunion de tous les soldats. Le

---

citum suum campo madio tenens, postea Ligere transacto Aquitania pergens.... Annales de Lorsch, *eodem anno* : *Habuit placitum suum in Nivernis, et quartum iter faciens in Aquitaniam... usque ad Cadurcum pervenit.* Enfin les Annales de Metz appellent cette même réunion un *placitum generale Francorum*, sans parler d'autre chose que de l'expédition militaire.

[1] Continuateur de Frédégaire, c. 152 [49], Bouquet, V, 7.

[2] *Commoto omni exercito Francorum.* L'expression *commovere* ou *promovere exercitum* signifie ordonner la levée militaire ; *commovere omnem exercitum*, ordonner une levée générale.

[3] Ibidem : *Commoto omni exercito Francorum, per pago Trecasino, inde ad urbem Autisiodero veniens ad castro qui vocatur Gordonis, cum regina sua Bertradane Ligere transito ad Bitoricas accessit. Iterum campo madio, sicut mos erat, ibidem tenere jubet inituque consilio cum proceris suis, regina Bertradane cum reliquis Francis ac comitibus fidelibus suis in Betoricas dimisit, ipse cum reliquis Francis et obtimatis suis ad persequendum Waiofarium perrexit... Cum omni exercito reversus est.*

Champ de Mai n'a été, ici du moins, qu'un rendez-vous militaire. Aussi voyons-nous que cette armée ne délibère sur rien; le roi ne prend conseil que de ses grands, et sur son ordre l'armée se met en marche[1].

Si nous passons au règne de Charlemagne, nous y trouvons plusieurs assemblées qui ont le même caractère. En 773, nous voyons le roi tenir à Genève ce que les annalistes appellent la « réunion générale des Francs[2]. » — Mais il ne s'agit nullement ici d'une assemblée délibérante; ce qui se réunit, c'est une armée. En effet, quelques jours auparavant, le roi avait tenu conseil avec ses grands à Thionville et avait résolu de porter la guerre en Lombardie[3]. Il avait donc indiqué Genève, au pied des Alpes, comme le rendez-vous géné-

---

[1] La réunion de 767 est décrite sous les mêmes traits par les autres annalistes. Les Annales d'Éginhard l'appellent *conventus in campo* et ne parlent pas d'autre chose que de la guerre : *Ad reliquias belli profectus est et ad Bituricum veniens, conventum more francico in campo egit; indeque ad Garonnam fluvium accedens castella multa cepit*. Les Annales de Metz appellent cette réunion *conventus Francorum in campo magii*; elles ne signalent pas qu'il s'y soit fait autre chose qu'une expédition militaire. Les Annales de Lorsch l'appellent *synodus in campo* : *In mense augusto Bituricam usque venit; ibi synodum fecit cum omnibus Francis solito more in campo; et inde iter pergens, Garonnam pervenit*. Les *Annales Tiliani* s'expriment de même. — On notera qu'Éginhard, les Annales de Lorsch et les *Tiliani* disent que cette réunion eut lieu au mois d'août, ce qui n'empêche pas qu'on l'appelle un *campus madius*.

[2] Annales de Lorsch, année 773 : *Rex synodum tenuit generaliter cum Francis apud Jenuam civitatem*. — Annales Tiliani : *Synodum habuit in Genua*. — Annales Guelferbytani et Nazariani, Pertz, 1, 40 : *Magi campus ad Genua*. — Annales de Metz : *Synodum tenuit in Jenua civitate, in quo conventu....* — Chronique de Moissac : *Synodum tenuit... in quo conventu....* — Les Annales d'Éginhard appellent simplement cette réunion *exercitus* : *Bellum suscipiendum ratus, cum toto Francorum exercitu Genuam, Burgundiæ civitatem, juxta Rhodanum sitam, venit*.

[3] Cela est bien marqué dans les Annales de Lorsch, d'Éginhard, de Moissac; il y avait eu à Thionville un conseil d'optimates, et la guerre avait été décidée avant la réunion des soldats à Genève.

ral des soldats, et il s'y était rendu lui-même. La preuve qu'il ne s'agissait ici que d'une réunion militaire, c'est que, suivant tous les annalistes, il n'y fit pas autre chose que de partager « cette armée » en deux corps, et de leur ordonner de franchir les Alpes à la fois par le mont Cenis et par le Saint-Bernard[1].

Lorsque Éginhard écrit, à l'année 775 : « Le roi résolut de porter la guerre en Saxe, et, la réunion générale ayant eu lieu à Duren, il traversa le Rhin avec toutes les forces du royaume[2] », on reconnaît bien que cette réunion générale, *conventus generalis*, n'est pas autre chose que la réunion de l'armée. Observez la phrase de l'historien, et vous remarquez que *conventu generali* désigne la même chose que *totis regni viribus*. La réunion est qualifiée *generalis*, parce qu'elle comprend les soldats de toutes les provinces de l'État, et c'est pourquoi à la ligne suivante l'historien dit « toutes les forces du royaume[3] ».

---

[1] Annales de Lorsch : *Ibique exercitum dividens perrexit per montem Cenisium et misit Bernardum per montem Josis.* — Éginhard, Annales : *Copias divisit, et unam partem per montem Jovis ire jussit, alteram ipse ducens per montem Cinisium.* — Chronique de Moissac : *In quo conventu exercitum divisit....* — Annales Tiliani : *Ibique exercitum dividens....*

[2] Éginhard, Annales, année 775 : *Cum rex in villa Carisiaco hiemaret, consilium iniit ut perfidam Saxonum gentem bello aggrederetur. Habitoque apud Duriam villam generali conventu, Rheno transmisso, cum totis regni viribus Saxoniam petiit.*

[3] Les autres Annales ne parlent pas non plus d'autre chose que de guerre. Annales de Lorsch : *Rex habuit synodum in villa Duria et inde iter peragens partibus Saxoniæ....* De même les Annales Tiliani. Chronique de Moissac : *Abiit Karolus rex hostiliter in Saxonia.* Annales de Metz : *Karolus synodum habuit in villa Duria, dehinc perrexit in Saxoniam.* — J'incline à penser que le *placitum* de 776 n'est pas non plus autre chose qu'une réunion de l'armée ; les Annales de Lorsch disent en effet que Charles apprenant la révolte des Saxons *conjunxit synodum ad civitatem Wormatiam et ibi placitum publicum tenens, concilio facto, sub cele-*

En 777, la guerre recommence en Saxe; aussi est-ce en Saxe que le lieu de « la réunion générale » est fixé cette année-là. « Le roi, dit Éginhard, voyant qu'il ne pouvait pas se fier aux promesses des Saxons, partit (de Nimègue) pour aller tenir la réunion générale de son peuple au lieu appelé Paderborn et avec une grande armée se porta sur la Saxe¹. » — Dans ce curieux passage deux choses sont à noter. L'une est que Paderborn, qui n'était pas encore une ville², se trouvait alors en dehors de l'État franc, en pleine Saxe, c'est-à-dire en pays ennemi; ce n'est pas là qu'il eût été naturel de convoquer une assemblée politique. L'autre est que, dans cette même phrase de l'annaliste, le *conventus* et l'*exercitus* sont visiblement la même chose; puisqu'il n'existe pas à cette époque d'armée permanente, l'armée qui entre en Saxe ne peut pas être autre chose que la multitude qui vient se réunir auprès de Charlemagne. L'annaliste a écrit : « La réunion générale de son peuple »,

---

ritate et nimia festinatione, Saxonum casas seu firmitates introivit. Éginhard dit à peu près de même : *Haec* (la révolte des Saxons) *cum regi allata fuissent, conventu apud Wormatiam habito, Saxoniam sine mora statuit cum exercitu esse petendam*. Il est vrai que les Saxons, ne résistant pas, firent une soumission complète; cela fait dire à plusieurs annalistes : *Eo anno magi campus ad Wormatia et inde in Saxonia, jam sine bello* (Annales Guelferbytani et Nazariani); mais cette réunion n'en avait pas moins la guerre pour objet, et ce Champ de Mai était bien la réunion d'une armée. Le *Poeta Saxo*, I, 179-202, racontant plus longuement et distinguant mieux les différents actes, écrit qu'il y eut d'abord à Kiersy un conseil de *proceres* où Charlemagne résolut la guerre, puis à Duren un *conventus populi*, c'est-à-dire une réunion de l'armée.

¹ Éginhard, *Annales*, année 777 : *Rex Noviomagum profectus est, et post celebratam Paschalis festi celebritatem, propter fraudulentas Saxonum promissiones quibus fidem habere non poterat, ad locum qui Padrabrun vocatur generalem populi sui conventum in eo habiturus, cum ingenti exercitu in Saxoniam profectus est.*

² *Padrabrunna* n'était pas autre chose que « la source de la Padra ou Pader ».

generalem populi sui conventum. Or, quand on est familier avec la langue de ce temps, on sait que *populus* se dit souvent d'une armée¹. Comme il n'y avait pas d'armée distincte de la population, comme l'armée n'était que la réunion des hommes libres appelés par le roi, il était naturel que les hommes confondissent dans leur langue le peuple et l'armée².

Deux de nos Annales appellent cette même réunion générale de 777 du nom de « Champ de Mai³ ». — Ce

---

¹ Nous avons vu plus haut des exemples de ce sens de *populus* dans la langue mérovingienne [*Monarchie franque*, p. 205]. Ajoutons-y quelques exemples du ix⁰ siècle. La Chronique de Moissac dit qu'en 812 Charlemagne envoya *tres scaras*, trois corps d'armée, dans le pays des Slaves Wiltzes ; mais, ceux-ci ayant fait leur soumission, l'armée revint, *reversus est populus ad propria*. Qu'on lise dans l'Astronome, c. 48, les événements du Champ du Mensonge en 833, on remarquera que les différentes armées sont appelées en même temps *copiæ, valida manus, acies*, et *populus*. Dans la Chronique de Saint-Bertin, année 834, p. 13 et 14, on notera que l'armée de Pépin est appelée d'abord *exercitus* (p. 13), puis *populus* (p. 14), et que l'armée de Louis le Germanique qui s'avance en France est désignée par les mots *populi multitudo* (p. 14). Le même chroniqueur, en 854, p. 84, parlant de l'armée de Charles le Chauve qui ravage l'Aquitaine, appelle cette armée *ejus populus*. Dans Nithard, III, 4-7, on remarquera que les deux armées de Charles et de Louis sont appelées *exercitus, plebs* et *populus*. A Fontanet, *Francorum innumerus populus acie gladii feritur* ; Adon de Vienne, VII, 54.

² D'ailleurs les Saxons ne firent pas de résistance et, effrayés apparemment de l'arrivée de cette multitude de guerriers, ils firent tous leur soumission. Il résulta naturellement de là que le *conventus* de guerre se changea en un *conventus* de paix où les Saxons vinrent faire acte d'obéissance. — Éginhard, *Annales* : *Totum perfidæ gentis populum, quem ad se venire jusserat, sibi devotum invenit ; cuncti ad eum venerunt... et se regis potestati permiserunt*. Annales de Lorsch, *eodem anno* : *Habuit Carlus conventum Francorum ad Padrebrunnen, et ibi Saxonum multitudo baptizata est*. De même, Chronique de Moissac. Annales de Fulde : *Saxones Francorum ditioni subduntur et conventus in Saxonia habitus, ibi Saxones baptizati*.

³ *Annales Laureshamenses*, dans Pertz, I, 31, année 777 : *Habuit Carlus conventum Francorum, id est magis campum in Saxonia ad Padresbrunnon*. Chronique de Moissac, *eodem anno* : *Habuit rex conventum maximum Francorum, id est magis campum, in Saxonia ad Partes-*

terme, qui avait remplacé celui de Champ de Mars¹, exprimait l'idée d'une armée qui se groupe avant de faire campagne. Il faut remarquer, en effet, que, toutes les fois que les annalistes emploient cette expression, *campus maii* ou *campus madius*, ou bien ils placent à côté un mot comme *exercitus* ou *castra*, ou bien ils racontent une expédition militaire. Pas une seule fois, au contraire, ils n'énoncent la délibération d'une assemblée. Un Champ de Mai n'était pas autre chose que le groupement de tous les soldats venant de toutes les provinces se réunir dans une même plaine². L'expression s'explique, d'ailleurs, si l'on songe que le mot *campus* éveillait déjà par lui seul l'idée d'une armée dressant ses tentes³. On disait *campus* comme nous disons un camp, et le mot vient de là. Même l'idée de guerre s'y joignait, et souvent on désignait par le seul mot *campus* la rencontre de deux armées ou le duel régulier de deux champions⁴. On doit noter, au contraire, que jamais la langue n'attacha au mot *campus* l'idée de délibération ou d'assemblée politique.

---

brunaia. — Nous avons vu plus haut, en 770, dans les *Annales Nazariani* : *Eo anno magii campus ad Wormatia et inde in Saxonia*.

¹ *Annales Petaviani*, Bouquet, V, 13 : *Eo anno (755) mutaverunt martis campum in campo maio*. — *Vita S. Remigii ab Hincmaro*, c. 31 (Migne, I, 1158) : *Campum martium.... sic concentum illum vocabant a Marte quem pagani deum belli credebant a quo et martium mensem et diem Martis appellaverunt, quem consensum posteriores Franci maii campum, quando reges ad bella solent procedere, vocari instituerunt*.

² De là le français *camp*, et l'un des sens du mot *campagne*, et encore le mot *champion*.

³ Déjà dans l'ancienne langue latine ; Sidoine, *Carmina*, V. *Panegyricus Majoriano*, vers 439. — *Saxones præparaverunt bellum in campo*, Annales de Lorsch, année 783.

⁴ Grégoire de Tours, X, 10 : *Rex campum dijudicat*. — Capitulaire de 806, *De divisione imperii*, art. 14 : *Pugna vel campus*. — Capitulaire de 819, art. 10, Boretius, p. 285 : *In campo decertent*. — Capitulaire de 803, *Additam Legi Ripuariæ*, art. 7, p. 118 : *Campo vel cruce contendatur*.

Sans doute on peut considérer encore comme de pures réunions militaires celle de 779, dont un annaliste dit seulement : « La réunion fut à Duren et de là on se dirigea du côté de la Saxe¹ », et dont un autre parle ainsi : « Champ de Mai à Duren et marche des Francs sur la Saxe² ». — Réunion militaire aussi, celle qui eut lieu en pleine Saxe en 780 et qui eut pour effet « de soumettre de nouveau les Saxons³ ». — Réunion militaire encore, celle de 782, que la Chronique de Moissac appelle expressément « la réunion de l'armée », *conventum exercitus*⁴. — De même encore celle

---

¹ *Annales Tiliani*, année 780 (779) : *Fuit synodus ad Duriam et inde peractus partibus Saxoniæ*.

² *Annales Nazariani*, année 779 : *Mai campus ad Dura, et Franci cum rege in Saxoniam.* Les Annales de Lorsch disent simplement : *Iter peractus est partibus Saxoniæ*; et la Chronique de Moissac : *Perrexit in Saxonia*. — Éginhard appelle cette réunion *conventus generalis*, mais marque bien que ce n'est qu'un *exercitus* : *Animo ad Saxonicam expeditionem intento, Duriam venit, habitoque juxta morem generali conventu, Rhenum cum exercitu trajecit*.

³ Annales de Fulde, année 780 : *Carolus, habito conventu in Saxonia, iterum eam subigit*. — *Annales Nazariani* : *Franci in Saxonia*. — *Annales Petaviani* : *Rex Carolus cum exercitu venit in Saxoniam*. — *Annales Tiliani* : *Ubi Lippia consurgit, ibi synodum tenuit*. — Éginhard, même année : *Cum magno exercitu Saxoniam profectus est, ad fontem Lippiæ venit, ubi castra metatus*. — Annales de Lorsch : *Ubi Lippia consurgit, ibi synodum tenens, inde iter peragens partibus Albiæ flurii....* — Chronique de Moissac : *Congregans exercitum ingressus est iterum in Saxonia*. — Annales de Metz : *Rex Saxoniam ingressus... ad locum ubi Lippia consurgit, ibi synodum tenuit, inde progressus ad Albiam venit*. — Dans ces différentes manières dont les annalistes s'expriment sur un même fait, on notera que trois d'entre eux appellent *exercitus* ce que deux autres appellent *synodus*, et que le *synodum tenere* des Annales de Lorsch est rendu par *castra metari* dans Éginhard.

⁴ Chronique de Moissac, année 782 : *Habuit conventum magnum exercitus sui in Saxonia ad Lippebrunnen*. — *Annales Petaviani* : *Cum exercitu venit in Saxoniam*. — *Annales Tiliani* : *Synodum tenuit ubi Lippia consurgit*. — Annales de Lorsch : *Synodum tenuit ubi Lippia consurgit*. — Éginhard, ici encore, rapproche le *conventus* de l'*exercitus*, Annales : *Æstatis initio, cum propter pabuli copiam exercitus duci poterat, in Saxoniam eundum et ibi generalem conventum habea-*

de 795, que les uns appellent un *placitum*, que d'autres désignent par le nom d'armée, et qui n'ont d'ailleurs d'autre résultat que le ravage du pays saxon¹.

Les Capitulaires marquent très nettement la nature de cette sorte de réunion. Ils l'appellent un *placitum*; mais ils y ajoutent quelquefois l'épithète *exercitale*, et surtout ils la décrivent comme une pure convocation militaire. Il est dit, par exemple, en 802 que, lorsque le *placitum* de guerre a été décrété par le roi, celui qui y manquera payera une amende de 60 sous². Il est dit en 807 que « tous doivent se rendre au plaid du roi bien armés et en tenue de guerre³ ». Dans un autre capitulaire qui concerne spécialement la levée des soldats, [nous lisons] que chacun devra se rendre au plaid indiqué, *ad condictum placitum*⁴. Cette expression,

dum censuit; trajectoque Rheno cum omni Francorum exercitu ad fontem Lippiæ venit, et ibi castris positis.... — Il est vrai que les Saxons ne luttent pas; d'où il suit que, conventu completo, Charles revient en Gaule.

¹ *Annales Petaviani*, année 795 : *Rex commoto exercitu venit in Saxoniam omnemque terram illam vastavit.* — *Annales Tiliani* : *Venit rex ad Cufstagnum et tenuit ibi placitum suum et Saxoniam ingressus est.* — *Annales de Lorsch* : *Rex venit ad Cufnstang et tenuit ibi placitum suum... et cum exercitu in Saxoniam ingressus est.* — Eginhard, *Annales* : *Rex, Saxonum perfidiæ non immemor, conventum generalem trans Rhenum in villa Cuffestein more solemni habuit atque inde cum exercitu Saxoniam ingressus....* — *Annales de Fulde* : *Carolus cum exercitu Saxoniam vastando.* — *Annales de Metz* : *Rex tenuit placitum suum in villa Cufsistein... cum exercitu Saxoniam intravit.*

² *Capitulare missorum*, de 802, art. 18, Boretius, p. 101 : *De exercitali placito instituto, ut hi qui istum inrumperint bannum dominicum conponant.* — Comparer un autre capitulaire de 802, art. 7, Boretius, p. 93, où *exercitale placitum* est remplacé par *hostile bannum*, les deux expressions désignant la même chose.

³ *Capitularia*, édit. Boretius, p. 136, art. 3 : *Omnes generaliter ad placitum nostrum veniant bene præparati... et sic ad condictum placitum hostiliter veniant.*

⁴ *Capitulare de exercitu præparando*, de 807, Boretius, p. 134, 135 ; art. 4 : *Omnes in hostem veniant*; art. 5 : *Ad condictum placitum veniant.*

fréquente dans la langue du temps, signifie le rendez-vous qui est fixé quant au jour et quant au lieu à tous les hommes libres armés. Charlemagne écrit un jour : « Au sujet du plaid qui a été fixé (cette année) à la frontière, il est obligatoire pour tous de s'y réunir, conformément à notre ordre[1]. » Il écrit encore : « Le comte doit avoir soin que tous les hommes dans son comté, sous peine de 60 sous d'amende, soient rendus au plaid au jour annoncé, au lieu que notre ordre a fixé, chacun avec lance, bouclier, arc et flèches…. Qu'ils soient exacts au jour fixé pour le plaid et qu'on fasse revue de leurs armes[2]. » Un capitulaire de 811 punit les retardataires : « Si un homme appelé à l'armée n'est pas arrivé au plaid fixé, par chaque jour de retard après le plaid fixé il sera condamné à un jour de privation de viande et de vin[3]. »

Nous avons l'une des formules de la convocation au plaid. Elle est conçue ainsi : « Charles, sérénissimo auguste, empereur et roi des Francs, à l'abbé Fulrad[4].

---

[1] *Capitulare incerti anni*, Boretius, p. 206, art. 4 : *De placito condicto ad hanceam, necesse est ut omnimodis ex omni parte, sicut ordinatum fuerit, unusquisque conveniat.*

[2] *Capitulare Aquisgranense, anni incerti*, art. 9, Boretius, p. 171 : *De hoste pergendi, ut comes in suo comitatu per bannum unumquemque hominem per LX solidos in hostem pergere bannire studeat, ut ad placitum denuntiatum ad locum ubi jubetur veniant. Et comes praevideat quomodo sint parati, id est lanceam, scutum, arcum… Ad diem denuntiati placiti veniant et ibi ostendant quomodo sint parati.*

[3] Capitulaire de 811, art. 3, Boretius, p. 166 : *Quicumque homo nostros honores habens in ostem bannitus fuerit, et ad condictum placitum non venerit, quot diebus post placitum condictum venisse comprobatus fuerit, tot diebus abstineat a carne et vino.*

[4] *Karoli ad Fulradum abbatem epistola*, dans Jaffé, *Liber carolinus*, p. 387, ou dans les Capitulaires de Boretius, p. 168. On peut admettre que cette lettre adressée à Fulrad n'est qu'un exemplaire d'une circulaire plus générale adressée aux évêques, aux abbés et aux comtes. — Ce Fulrad était abbé de Saint-Quentin. La lettre a été écrite entre 804 et 811.

Nous te faisons savoir que nous avons fixé notre plaid général pour la présente année dans la partie orientale de la Saxe, au lieu appelé Starasfurt. En conséquence, nous t'ordonnons que tu te rendes en ce lieu, à la date du 17 juin, avec tous tes hommes bien armés et équipés[1]. L'équipement de tes hommes sera tel, que tu puisses, à partir de cet endroit, sur notre ordre, marcher en guerre. Ils auront donc armes, vivres, vêtements, ustensiles et tout le matériel nécessaire pour faire campagne[2]. »

Il existait donc un plaid militaire[3]. L'institution était assez régulière pour qu'en l'espace d'un demi-siècle les Capitulaires la mentionnent cinq fois et les annalistes plus de vingt fois. A vrai dire, elle était annuelle, parce que presque chaque année il y avait une guerre ou tout au moins une prévision de guerre. Elle était si bien une institution, que les annalistes disent souvent *ut mos erat*, « comme c'était la règle du royaume », ou bien *secundum consuetudinem*, « comme c'était la coutume ». On l'appelait un « Champ de Mai », parce que le mot *campus* éveillait l'idée de guerre. On l'appelait aussi une « réunion », *conventus*, *synodus*, ou un « plaid du roi », *placitum nostrum*. C'était au fond une

---

[1] *Notum sit tibi quia placitum nostrum generale anno presenti condictum habemus infra Saxoniam in orientali parte, in loco qui dicitur Starasfurt* (non loin de Magdebourg). *Quapropter precipimus tibi ut pleniter cum hominibus tuis bene armatis ac preparatis ad predictum locum venire debeas XV kalendas julias.*

[2] *Ibidem*: *Ita preparatus cum hominibus tuis ad predictum locum venies ut inde, in quamcunque partem nostra fuerit jussio, exercitaliter ire possis; id est cum armis atque utensilibus et cetero instrumento bellico, in victualibus et vestimentis.*

[3] On peut rapprocher de la lettre à Falral une lettre de Loup de Ferrières écrite en 854, n° 113: *Homines mei, frequentibus exhausti expeditionibus, audita profectione domni regis versus Britanniam, et denuntiati olim placiti aliquam sperantes dilationem poposcerant ut....*

convocation de tous ceux qui devaient le service militaire[1].

De tous les faits que nous venons de citer, il ressort encore une remarque : chaque fois que cette armée se réunit, nous constatons qu'elle n'est pas consultée sur la guerre. Pas une fois cette question ne lui est posée. Pas une fois elle ne délibère ni n'émet un vœu. Toujours la guerre a été résolue auparavant, par le roi seul ou par le roi en son conseil. L'armée, réunie au jour et au lieu qui ont été fixés à tous, ne fait qu'une chose : elle marche où le roi la conduit ou sous les chefs qu'il a désignés. L'ordre de convocation porte : « Une fois arrivé au lieu du rendez-vous, tu marcheras en guerre du côté où notre ordre t'indiquera d'aller[2]. »

5° DES JUGEMENTS QUI SE FAISAIENT DANS LES ASSEMBLÉES GÉNÉRALES.

Ces grandes réunions n'avaient pas toujours pour objet la guerre. Même les années où les rois n'avaient aucune guerre en vue, ils les convoquaient. Aussi lisons-nous maintes fois chez les annalistes des phrases comme celle-ci : « Cette année fut sans guerre ; les Francs vinrent seulement à Worms pour le plaid[3]. »

---

[1] Nous avons pris nos exemples sous Pépin et Charlemagne ; on en trouve d'autres, moins nombreux à la vérité, sous Louis le Pieux et Charles le Chauve. Dans les Annales de Saint-Bertin, à l'année 852, p. 7, il y a un *placitum* qui n'est visiblement que la convocation de soldats ; p. 8, le roi indique un *placitum generale* où tous doivent se rendre en tenue de guerre, *hostiliter*. Mêmes Annales, année 867, p. 106 : *Generaliter per omne regnum suum hoste denuntiata, placitum suum kalendis augusti in Carnutum civitate condixit, in Britanniam super Salomonem perrecturus.*

[2] *In quamcumque partem nostra fuerit jussio*, Boretius, p. 168.

[3] Année 781 : *Sine hoste fuit hic annus, nisi tantum Wormatia vene-*

Parmi les actes qui se faisaient dans ces réunions, citons d'abord les jugements. Nous pouvons citer huit exemples de jugements rendus dans les conventus. Dans un grand Champ de Mai tenu à Valenciennes, probablement en 771, tandis que l'armée avait établi son camp autour du prince, un duc fut accusé par ses deux sœurs de les avoir frustrées de leur héritage, fut jugé et condamné[1]. En 782, dans une assemblée militaire tenue

runt Franci ad placitum (*Annales Petaviani*, Bouquet, V, 15). — Année 764 : *Habuit placitum suum in Wormatia et nihil aliud fecit nisi in Francia resedit* (*Annales de Lorsch*). — Année 790 : *Hic annus absque hoste fuit; rex habuit ad Wormatia magnum conventum vel placitum una cum Francis* (*Annales Petaviani*, Bouquet, V, 16). — Année 790 : *Habuit rex conventum in Wormatia, non tamen magis campum, et ipse annus transiit sine hoste* (*Annales de Lorsch*).

[1] *Vita S. Salvii*, c. 17, Bollandistes, 26 juin, p. 205, Bouquet, III, 647. — La date de ce conventus est difficile à établir. Le nom de Carolus se trouve souvent dans le récit, mais tantôt il est accompagné du titre de *dux* et tantôt du titre de *rex*. Il s'agit donc ou de Charles Martel ou de Charlemagne. Dom Bouquet affirme qu'il s'agit de Charles Martel, et le plaid se placerait à une date inconnue entre 717 et 742. Papebroch, éditeur de cette Vie dans les Bollandistes, penche pour Charlemagne, à cause du mot *rex*. Dom Bouquet réplique que *rex* est pour *dux*, erreur qui se rencontre chez ceux qui ont parlé de Charles Martel, et que d'ailleurs, à la ligne plus haut, l'écrivain a écrit *ubi dux residebat*. — Nous pensons, après lecture attentive de cette Vie, que l'hagiographe lui-même a confondu les deux personnages. De Charles, duc des Francs, et de Charles, roi des Francs, il ne fait qu'un même homme ; cela est surtout visible aux chapitres 12, 13, 14, où il lui donne à la fois les deux titres. Le Charles du commencement me paraît être Charles Martel, sous qui commence la carrière du saint (c. 2 et suiv.). Puis quand le saint a péri assassiné par Génard et Winegard, le Charles qui punit les meurtriers est peut-être encore Charles Martel, peut-être Charlemagne ; sur ce point j'hésite. Mais plus tard, aux chapitres 16 et 17, c'est-à-dire au moment du plaid dont nous avons à parler, je crois qu'il ne peut être question que de Charlemagne. Ce plaid se tint à Valenciennes ; car dans notre récit il est question d'un serment prêté sur le tombeau du saint ; or le tombeau de Salvius était dans le pays de Valenciennes. Charlemagne tient, en effet, à Valenciennes un plaid en 771 (*Annales Laurissenses, Tiliani, Fuldenses, Mettenses*, même année), et je ne connais pas d'autre plaid qui se soit tenu dans le même lieu avant celui qui eut lieu sous Charles le Chauve en 855. — On serait plus assuré de la date si l'on connaissait l'année de la mort

aux sources de la Lippe, un évêque et un abbé se présentèrent pour vider un différend qu'ils avaient entre eux relativement à la possession d'un monastère; et c'est dans ce *conventus* tenu en pays ennemi que le procès fut examiné et jugé¹. En 786, plusieurs comtes et hauts fonctionnaires d'Austrasie, qui avaient conspiré contre Charlemagne, furent jugés dans un *conventus* réuni à Worms². En 788, le duc de Bavière Tassilo fut accusé et jugé dans la grande assemblée d'Ingelheim³. C'est au *conventus* de Ratisbonne en 792 que Pépin, qui s'était révolté contre Charlemagne, fut déclaré coupable et condamné à mort⁴. En 818, Bernard, roi d'Italie et neveu de l'empereur, fut jugé dans un *conventus* tenu à Aix-la-Chapelle⁵. En 820, au milieu d'une assemblée réunie à Aix, nous voyons juger un comte de Barcelone nommé Béra⁶. Enfin en 828, après une expédition malheureuse en Aquitaine, nous voyons mettre en juge-

---

du saint; mais l'écrivain ne donne aucun renseignement sur ce sujet. S'il fallait en croire Sigebert de Gembloux, Salvius ne serait mort qu'en 801 (Bouquet, V, 378); mais les érudits regardent cette date comme impossible, à cause des premiers chapitres de la Vie du saint où il est parlé visiblement de Charles Martel. — J'incline donc, malgré l'autorité de dom Bouquet, à placer le jugement dont il va être question, dans le plaid tenu à Valenciennes en 771.
¹ *Miracula S. Goaris*, c. 4. Mabillon, *Acta Sanctorum*, II, 291; Bouquet, V, 454.
² Éginhard, *Annales*, année 785, *in fine*. *Annales Laureshamenses*, année 781, Pertz, I, 32, Bouquet, V, 37. Chronique de Moissac, année 786, Bouquet, V, 72.
³ Éginhard, *Annales*, année 788. Annales de Lorsch, même année, Bouquet, V, 46.
⁴ Chronique de Moissac, année 792, Bouquet, V, 73. Éginhard, *Annales*. *Annales Laurissenses*, *Annales Fuldenses*, *Annales Tiliani*, même année.
⁵ Chronique de Moissac, année 817, Bouquet, VI, 172; Thégan, c. 22. Cf. Éginhard, année 818, qui ne parle pas d'assemblée.
⁶ Éginhard, *Annales*, année 820. L'Astronome, c. 33.

ment les chefs de l'expédition dans un conventus publicum tenu encore à Aix¹.

Si l'on s'en tenait à ces simples indications, on pourrait supposer que ces assemblées générales de la nation franque étaient investies d'un pouvoir judiciaire, que cette grande masse des hommes libres formait un immense tribunal, et qu'à elle appartenait la juridiction suprême. Mais il faut regarder de plus près chacun de ces récits des annalistes, afin d'y voir quel fut chaque fois le vrai rôle de l'assemblée.

Le jugement rendu dans le plaid de Valenciennes nous est ainsi décrit : « Charles ordonna la réunion d'un grand Champ de Mai, suivant l'usage des Francs². Tous les grands s'y rendirent, tous les chefs des provinces, toute la population; et ils établirent leur camp en cercle³. Quand tous furent réunis, il se trouva parmi eux un duc, qui était particulièrement cher au roi⁴. Mais les deux sœurs de ce duc vinrent se plaindre au roi, lui disant : « Très glorieux roi, aie pitié de nous qui « sommes orphelines, et ordonne à notre frère de nous « rendre notre part d'héritage⁵. » Charles manda aussitôt le frère et s'enquit avec soin en l'interrogeant s'il avait quelque juste droit de posséder la part de ses sœurs. Et

---

¹ Éginhard, *Annales*, année 828. L'Astronome, c. 42.
² *Vita S. Salvii*, c. 17 : *Eo tempore jussit Carolus campum magnum parari, sicut mos erat Francorum.* — Notre pensée est que *campus* a ici le même sens que l'expression *campus martius* ou *campus madius*.
³ *Venerunt optimates et magistratus omnisque populus et castra metati sunt in circuitu.*
⁴ *Congregatis omnibus, adfuit inter eos unus e ducibus quem valde rex diligebat.*
⁵ *Clamare vero cœperunt sorores ejus adversus eum coram rege dicentes :* « *Gloriosissime rex, misereri dignare nobis famulabus tuis orphanis, ut jubeas fratrem nostrum reddere partem hereditatis nostræ....*

il lui ordonna de leur rendre leur héritage[1]. Mais, le frère s'y refusant, Charles décida qu'il devrait prêter serment sur le tombeau d'un saint; et, dans ce serment, l'homme mourut[2]. » — Dans ce récit, très clair et très vivant, nous voyons bien qu'il s'est tenu une grande assemblée; mais ce n'est pas cette assemblée qui a jugé. Les demanderesses ont porté leur plainte, non à l'assemblée, mais au roi. Elles se sont adressées à lui seul : *O rex gloriosissimo, jubeas…* Lui seul aussi a mandé le défendeur, *accersivit*, lui seul l'interroge, *inquisivit*, lui seul a prononcé qu'il devait restituer, lui seul l'a condamné à un serment judiciaire qui, dans la pensée des hommes, doit le faire mourir. En tout cela, l'assemblée n'a joué aucun rôle. Nous ne savons même pas si elle a assisté au jugement, et si le roi n'a pas jugé sous sa tente, ou dans une maison, ou dans son palais voisin à Valenciennes.

Dans l'assemblée générale de 782, nous trouvons le jugement d'un procès entre un évêque et un abbé. L'écrivain s'exprime ainsi : « Le roi Charlemagne, pendant que la réunion générale se tenait en Saxe aux sources de la Lippe, prit sur lui l'examen du procès, en présence des grands de presque tout le royaume et des premiers personnages de l'ordre laïque et de l'ordre

---

[1] *Accersivit eum et diligenter inquisivit ab eo utrum earum portionem injuste possideret an non. Dixitque ad eum… : « Redde hereditatem sororibus tuis debitam.... »*

[2] *Noluit acquiescere consilio ejus, sed cœpit magis ac magis contradicere.... Ad hæc rex respondit… : « Vade et da sacramentum super sanctum sepulcrum ejus.... » Tunc infelix ille… juravit dicens.... et peracto juramento statim medius crepuit.* — Notons que tout cela était conforme à la procédure ordinaire. Déférer le serment était une véritable condamnation, en ce sens que, dans les idées du temps, si l'homme était coupable, le faux serment devait entraîner sa mort; et s'il refusait le serment, il s'avouait coupable

ecclésiastique; de l'avis de tous ceux qui prirent part au jugement, il fut décidé que le serment judiciaire serait prononcé par le représentant de l'abbé; et celui-ci s'étant acquitté de l'épreuve, le roi, avec l'assentiment des siens, adjugea à l'abbé l'objet en litige[1]. » — Dans ce récit encore, on reconnaît que le jugement a eu lieu pendant que se tenait la réunion générale, mais on reconnaît aussi que ce n'est pas l'assemblée générale qui a prononcé ce jugement. L'écrivain note même que le procès a été jugé seulement « en présence des grands du royaume, comtes et évêques »; ainsi il établit formellement une distinction entre le peuple entier qui était campé aux sources de la Lippe, et une assemblée beaucoup moins nombreuse et plus aristocratique qui a jugé. Cette assemblée des grands siégeait autour du roi qui avait évoqué l'affaire à lui; le roi examina l'affaire au milieu de ses grands; ses grands furent unanimes, et le roi prononça. On ne peut s'empêcher de remarquer que c'est ici la procédure ordinaire du tribunal du roi. Il juge aux sources de la Lippe comme il aurait jugé dans son palais d'Aix ou d'Attigny.

Le jugement de l'année 786, au plaid de Worms, a le même caractère. « Charlemagne, dit l'annaliste, ayant appris que quelques comtes d'Austrasie avaient conspiré, ordonna à ces hommes de venir vers lui. On

---

[1] *Miracula S. Goaris*, c. 46, dans Mabillon, *Acta Sanctorum ordinis Benedicti*, II, 291, dans dom Bouquet, V, 454: *Princeps, habito in Saxonia super fontem qui Lippia dicitur generali conventu, sub præsentia totius prope regni primatum et utriusque ordinis clarissimorum virorum, rem per se examinandam suscepit, omniumque qui tum adfuere judicio jurisjurandi conditio causidico monasterii est constituta, qua ille postea cum duodecim aliis firmavit possessionem* (c'est-à-dire le monastère de Saint-Goar, objet du litige) *non ecclesiæ Trevirorum sed dominio regis competere. Hoc ergo modo re definita, rex cum suorum consensu cellam S. Goaris monasterio Prumiæ tradidit.*

était au mois d'août. L'empereur fit réunir à Worms une assemblée d'évêques et un grand *conventus*, et là il décida que ceux qui avaient trempé le plus avant dans la conjuration, seraient révoqués de leurs fonctions et auraient les yeux crevés; aux moins coupables il fit grâce[1]. » — Ici encore on voit que c'est le roi qui juge. Lui seul est nommé comme auteur de la condamnation et de la grâce. Je n'en conclus pas qu'il ait jugé seul : l'usage était qu'il eût un conseil autour de lui. Quelques-uns de ces évêques dont parle l'annaliste ont sans doute siégé au tribunal, et sans doute aussi un bon nombre de grands. Mais il est visible que l'assemblée générale, c'est-à-dire le peuple entier, n'a ni délibéré, ni discuté, ni prononcé la sentence.

Sur l'assemblée de 788, les expressions des chroniqueurs permettent quelque doute. Il est vrai aussi qu'il s'agissait d'un cas particulièrement grave; l'accusé était le duc des Bavarois Tassilo, c'est-à-dire un chef de peuple et presque un souverain. Il est possible que la procédure ait été autre que s'il se fût agi d'un homme de l'État franc, d'un sujet, d'un simple particulier. Voici d'abord comment s'exprime Éginhard : « Le roi avait décrété qu'une assemblée générale de son peuple se tînt dans la villa royale d'Ingelheim, et il avait ordonné à Tassilo, comme à tous les autres vassaux, de

---

[1] *Annales Laureshamenses*, Pertz, I, 32 ; Bouquet, V, 27 : *Quo comperto, Carlus jussit eos ad se venire. In mense augusto, apud Wormatiam synodum episcoporum ac conventum magnificum coire fecit, ubi decrevit quod hi qui potissimum in hac conjuratione devicti sunt, honoribus simul ac luminibus privarentur atque exsilio damnarentur, eos vero qui innoxii in hac conjuratione seducti sunt clementer absolvit.* — La Chronique de Moissac, année 786, Bouquet, V, 72, s'exprime dans les mêmes termes. — Les Annales d'Éginhard parlent de la révolte et du châtiment, mais ne mentionnent même pas l'assemblée. Les autres annalistes n'en disent rien.

s'y rendre¹. Tassilo obéit et vint en présence du roi². Il fut accusé par des Bavarois du crime de lèse-majesté. Il ne put nier. Reconnu coupable, il fut de l'avis de tous condamné comme criminel de lèse-majesté à la peine capitale. Mais la clémence du roi lui fit grâce de la vie; et il fut enfermé dans un monastère³. » — On distingue bien ici qu'il y a eu d'autres juges que le roi, puisque tous ont prononcé la mort, tandis que le roi a commué la peine. Mais Éginhard ne dit pas précisément que ce soit l'assemblée générale du peuple qui ait prononcé le premier arrêt. Cet « avis unanime » dont il parle, suivant une formule assez fréquente, peut n'être pas autre chose que l'avis de tous ceux qui siégèrent au tribunal royal. Ce fut probablement ce tribunal qui émit l'opinion que l'accusé méritait la mort, et le roi adoucit la sentence.

Mais les Annales de Lorsch s'expriment autrement : « Charlemagne réunit une assemblée dans la villa d'Ingelheim, et Tassilo y vint sur l'ordre du roi, ainsi que tous les autres vassaux. Les Bavarois fidèles l'accusèrent d'avoir violé la foi promise. Il ne put nier et demeura convaincu. Alors Francs et Bavarois, Lombards et Saxons, et tous ceux qui avaient été appelés de toutes les provinces à cette réunion, jugèrent qu'il était digne de mort. Mais, tandis que tous d'une seule voix

---

¹ Éginhard, *Annales*, année 788 : *Cum in eadem villa generalem populi sui rex conventum fieri decrevisset, ac Tassilonem ducem, sicut et ceteros vassos suos, in eodem conventu adesse jussisset.*

² *Atque ille, ut fuerat ei imperatum, ad regis præsentiam pervenisset.* — Il est bon de noter que *ad regis præsentiam* forment une expression ordinairement employée pour désigner le tribunal du roi.

³ *Crimine majestatis a Bajoariis accusatus est.... Noxa convictus, uno omnium assensu ut majestatis reus capitali sententia damnatus est. Sed clementia regis licet morti addictum liberare curavit. Natale habitu in monasterium missus est.*

criaient qu'il méritait le dernier supplice, Charlemagne ému de pitié contint la sévérité de ses fidèles, de sorte qu'il ne mourut pas, et il l'enferma dans un monastère[1]. » — Ce que nous voyons dans ce nouveau récit, c'est moins un peuple (car le peuple n'est pas nommé) qu'une réunion de « vassaux » et de « fidèles ». Le trait saillant du récit est la présence de Lombards, de Saxons, de Bavarois dans cette réunion, et cela se comprend, puisqu'il s'agit de juger un homme qui n'est pas un Franc. Il est jugé par des « vassaux », parce que le lien qui l'attache à Charlemagne n'est pas la sujétion ordinaire, mais la vassalité, et parce que le crime dont on l'accuse est d'avoir « violé sa foi ». L'écrivain ajoute que « tous » le condamnèrent : mais « tous » ne signifie pas ici tout un peuple; il signifie tous les vassaux et fidèles qui avaient été convoqués de toutes les parties de l'Empire à cette réunion. Il y a lieu de croire que le tribunal fut ce jour-là exceptionnellement nombreux et composé d'autres éléments que ne l'était d'ordinaire le tribunal royal. Mais il n'y a pas dans ce récit de l'annaliste un trait précis qui permette de croire que ce fut l'assemblée générale de la nation franque qui jugea[2].

---

[1] *Annales Laurissenses*, Pertz, I, p. 172; Bouquet, V, 46 : *Rex congregans synodum ad villam Ingelheim, ibique veniens Tassilo ex jussione domni regis, sicut et ceteri ejus vassi. Cœperunt fideles Baioarii dicere quod Tassilo fidem suam salvam non haberet.... De his omnibus comprobatus, Franci et Bajoarii, Langobardi et Saxones, vel omnes ex aliis provinciis qui ad eamdem synodum congregati fuerint... visi sunt judicasse Tassilonem ad mortem. Sed dum omnes una voce acclamarent capitali eum ferire sententia, rex motus misericordia continuit ab ipsis Dei et suis fidelibus ut non moriretur... et in monasterio missus.*

[2] Les *Annales Tiliani* sont, avec plus de brièveté, d'accord avec les *Laurissenses*, et représentent surtout cette réunion comme une réunion de *fideles*. La Chronique de Moissac fait surtout ressortir ce trait qu'il y

En 792, un fils naturel du roi, nommé Pépin, ayant conspiré contre lui, le jugement fut rendu dans le *conventus* tenu à Ratisbonne. Une Chronique en parle dans des termes qui donnent tout de suite l'idée d'une justice populaire : Quand Charlemagne eut appris le complot de Pépin et de ses partisans, il réunit une assemblée de Francs et des autres fidèles à Ratisbonne; et là tout le peuple qui était avec le roi jugea que Pépin et ses complices méritaient la confiscation et la mort; mais le roi ne voulut pas que son fils mourût et les Francs jugèrent qu'il serait consacré à servir Dieu; le roi l'enferma dans un monastère[1]. » — Mais ce qui diminue l'autorité de ce récit, c'est qu'on ne trouve rien de semblable dans aucune des autres Annales. Elles parlent bien du jugement, de la punition de Pépin et de ses complices; mais elles ne mentionnent aucune assemblée[2]. Même l'auteur de ce récit, à le regarder de près,

---

eut là la présence d'hommes étrangers à l'État franc, c'est-à-dire de Lombards, de Saxons, de Bavarois ; et la preuve que le chroniqueur n'entend pas par là que tous ces peuples vinrent à Ingelheim, c'est qu'il ajoute qu'après cela Charlemagne se rendit en Bavière, à Ratisbonne, et *ibi venerunt Baguarii et dati sunt ei obsides.*

[1] *Annales Laureshamenses,* Pertz, I, 35 : *Rex condnunvit conventum Francorum et aliorum fidelium suorum ad Regensburg, ibique universus christianus populus qui cum rege aderat judicaverunt Pippinum et eos qui consentanei ejus erant ut simul hereditate et vita privarentur; et ita de aliquibus adimpletum est. Nam de Pippino filio quia noluit rex ut occideretur, judicaverunt Franci ut ad servitium Dei inclinare debuisset.* — La Chronique de Moissac s'exprime textuellement dans les mêmes termes ; l'un des deux annalistes a copié l'autre, ou tous les deux ont copié une source commune. Les deux textes n'ont que la valeur d'un seul document.

[2] Éginhard, *Annales,* année 792 : *Facta est contra regem conjuratio a Pippino et quibusdam Francis. Auctores conjurationis ut rei majestatis partim gladio cæsi, partim patibulis suspensi.* — Les *Annales Laurissenses minores* n'ont pas un mot non plus sur l'assemblée (Pertz, p. 119) : *Quo comperto, rex Pippinum jussit tonsorari et ejus consentaneos diversis mortibus interfici.* On remarquera que le texte qu'a publié

n'a pas dit que ce fût une assemblée générale; il n'a pas employé l'épithète *generalis*. Il se sert à la vérité du terme *populus*, mais on ne peut s'empêcher de remarquer que ce terme a un sens étrangement vague chez cet écrivain, puisque six lignes plus loin il s'en sert de nouveau pour désigner une réunion de fidèles à qui Charlemagne prodigue des présents[1]. Il faut, en examinant les textes, tenir compte des habitudes de langage des écrivains et du sens qu'ils attachaient aux mots.

Sous Louis le Pieux, en 818, il s'agissait de juger Bernard : chose grave, car Bernard était un petit-fils de Charlemagne et avait reçu de lui le royaume d'Italie. Sur la manière dont il fut jugé nous possédons la relation de cinq annalistes et un diplôme de Louis le Pieux. Il faut rapprocher ces documents et en dégager la vérité. — Éginhard dit seulement : « Le roi Bernard et les auteurs de la conjuration furent condamnés à la peine de mort par le *judicium Francorum*, et l'empereur leur faisant grâce de la vie, leur fit seulement crever les yeux[2]. » Il ne parle pas d'un *conventus*. L'expression *judicium Francorum*, ainsi que nous l'avons

---

dom Bouquet, V, 48, 2ᵉ colonne, n'est pas dans le manuscrit ; aussi Pertz ne l'a-t-il pas admis. — Pas un mot non plus d'une assemblée dans les *Annales Petaviani*, dans les *Tiliani*, dans les *Fuldenses*, dans les *Mettenses*.

[1] *Annales Laureshamenses*, Pertz, I, 33 : *Cum cognovisset fideles suos episcopos, abbates, et comites, et reliquum populum fidelem, qui cum Pippino in consilio pessimo non erant, eos multipliciter honoravit in auro, et argento, et sirico, et donis plurimis.* La Chronique de Moissac répète textuellement la même phrase. On ne supposera sans doute pas que dans cette phrase *populus* signifie la population entière; Charlemagne n'était pas assez riche pour combler tous les hommes libres d'or, d'argent, d'étoffes de soie et de présents de toute espèce.

[2] Éginhard, *Annales*, année 818 : *Imperator Aquisgrani revertitur, et paucis post Pascha diebus, conjurationis auctores et Bernhardum regem judicio Francorum capitali sententia damnatos, luminibus tantum jussit orbari.*

vu plus haut, est une des expressions consacrées pour désigner le tribunal des grands du Palais. — L'auteur anonyme de la Vie de Louis le Pieux et les Annales de Fulda s'expriment à peu près de même ; ils mentionnent, non une assemblée générale, mais un *judicium Francorum*, c'est-à-dire un jugement des grands du roi[1]. — Thégan mentionne bien un *conventus*, mais il ne dit pas précisément que ce *conventus* ait jugé : « L'empereur tint une grande réunion de ses peuples, et il fit l'enquête sur la conjuration ; tous ceux qui furent trouvés coupables furent condamnés à mort, à l'exception des évêques, qui furent seulement déposés. L'empereur refusa d'ailleurs d'exécuter l'arrêt de mort, et ses conseillers firent crever les yeux à Bernard et à ses complices[2]. » — La Chronique de Moissac signale un *conventus*, qu'elle ne qualifie pas de *generalis*. Elle marque surtout que, comme il y avait parmi les accusés des laïques et des évêques, il y eut aussi deux tribunaux, l'un qu'elle appelle une assemblée de Francs, l'autre qu'elle appelle une réunion d'évêques et d'abbés. Sur le premier elle s'exprime ainsi : « L'empereur fit une assemblée de Francs, et il leur renvoya l'examen de l'affaire, voulant voir ce que ses fidèles jugeraient de Bernard et de ses complices ; tous una-

---

[1] *Vita Ludovici*, c. 29 : *Bernhardum regem ejusque fautores, cum lege judicioque Francorum deberent capitali inveclione feriri, luminibus orbari consensit, licet multis obnitentibus et animadverti in eos tota severitate legali cupientibus.* — *Annales Fuldenses*, année 818 : *Bernhardus Francorum judicio excæcatus moritur.*

[2] Thégan, c. 22 : *Post Pascha habuit magnum conventum populorum, et omnes investigavit conspirationes hujus rei. Inventi sunt nonnulli in hac seductione lapsi... qui omnes judicati sunt ad mortem, præter episcopos qui postmodum depositi facti sunt. Illud judicium mortale imperator exercere noluit, sed consiliarii Bernhardum luminibus privarunt et exhortatores suos.*

nimement les jugèrent dignes de mort : mais l'empereur leur fit grâce de la vie¹. » On doit noter dans cette phrase que l'expression *conventus Francorum* et l'expression *fideles sui* désignent les mêmes hommes. Ceux qui forment cette assemblée ne sont que les « fidèles » particuliers de l'empereur, c'est-à-dire ses grands. L'empereur leur a présenté l'affaire et « a voulu voir ce qu'ils jugeraient », c'est-à-dire leur a demandé leur avis. Il n'a même pas été obligé de suivre leur avis, et il a prononcé une autre peine. C'est la procédure ordinaire du tribunal du roi. On peut penser que le tribunal fut ce jour-là plus nombreux que d'habitude, mais il ne fut pas d'autre nature. — Enfin, ce qui tranche la question et ce qui marque bien comment il faut comprendre ce langage des annalistes, c'est un diplôme émané de la chancellerie de Louis le Pieux, et où nous lisons : « Nul n'ignore que Bernard, roi d'Italie, et quelques-uns de ses sujets ont été infidèles à notre égard, et que, pour cette infidélité, ils ont, par le jugement de nos grands, subi la peine qu'ils méritaient². » Dans cet acte officiel, il n'est pas fait mention d'une assemblée populaire. Le *judicium procerum nostrorum* qui y est mentionné est la même chose que le

---

¹ Chronique de Moissac, année 817, Bouquet, V, 172 : *Imperator fecit conventum Francorum, et retulit eis hanc causam, ut videret quid judicarent fideles sui de eo vel de iis qui consenserant. Tunc pariter judicaverunt eos dignos ad mortem. Sed imperator pepercit vitæ illorum.*

² *Formulæ imperiales*, édit. Zeumer, n° 8, p. 293, Rozière, n° 40 ; Sickel, *Acta Ludovici*, n° 171 : *Pro qua infidelitate, juxta procerum nostrorum seu cunctæ nobilitatis Francorum generale judicium, dignam subierunt sententiam.* — Les mots *cunctæ nobilitatis Francorum* ne sont que le développement des mots *procerum nostrorum* ; les grands du roi et la noblesse des Francs étaient à cette époque une seule et même chose.

judicium Francorum dont parlent Éginhard et l'Astronome, la même chose que le *judicium fidelium* dont parle la Chronique de Moissac. C'est le jugement des grands du roi, c'est-à-dire d'un vaste tribunal composé de comtes et de vassaux.

Nous dirons peu de chose de deux jugements en 820 et 828. Éginhard parle de l'un et de l'autre comme ayant eu lieu pendant un *conventus*; mais ses deux récits ne contiennent pas un seul mot d'où l'on puisse induire que ce soit l'assemblée générale qui ait jugé[1].

Voilà donc huit actes judiciaires qui nous sont assez bien décrits par les documents. Dans deux d'entre eux, ceux de 781 et de 786, le roi est représenté comme jugeant et décidant seul, ce dont il ne faut pas conclure qu'il n'eût pas son conseil et son tribunal autour de lui. Dans un troisième, celui de 782, il est bien marqué que le jugement est rendu par un conseil de grands et d'évêques bien distinct du *conventus generalis*. Ceux de 788 et de 792 l'ont été par des vassaux et fidèles du roi; l'arrêt de 818 est l'œuvre du « jugement des Francs » ou du « jugement des grands du roi », ce qui est la même chose. Ceux de 820 et de 828, malgré les termes vagues des annalistes, semblent bien avoir été

---

[1] Éginhard, *Annales*, année 820 : *Mense januario conventus Aquisgrani habitus. In eo conventu Bera, comes Barcinonæ, qui jamdiu fraudis et infidelitatis a vicinis suis* (c'est-à-dire vraisemblablement par les comtes voisins) *insimulabatur, cum accusatore suo equestri pugna confligere conatus, vincitur; cumque ut reus majestatis capitali sententia damnaretur, parsum est ei misericordia imperatoris et Ratumagum exilio deportatus est.* — *Ibidem*, année 828 : *Conventus Aquasgrani mense februario factus est, in quo de his quæ in marca hispanica contigerant ratio habita, et legati qui exercitui præerant culpabiles inventi et juxta merita sua honorum amissione multati sunt.*
— De même l'Astronome, c. 42, mentionne bien un *conventus publicus*, mais ne dit pas que ce fut ce *conventus* qui jugea.

rendus dans les mêmes conditions. Enfin, dans les huit jugements, la vraie et définitive sentence est toujours prononcée par le roi seul, souvent en opposition avec l'opinion que le tribunal a émise.

S'il y a une conclusion scientifique à tirer de ces observations de détail, c'est que l'assemblée générale du peuple n'est jamais décrite par les écrivains comme ayant exercé le pouvoir judiciaire. Les huit jugements dont nous venons de parler ont été rendus pendant un *conventus*, mais non pas par un *conventus*. Ils ressemblent d'ailleurs à ceux que le roi rendait en dehors du *conventus*, presque tous les jours de l'année. La seule différence est que le tribunal du roi s'est trouvé plus nombreux; et cela tient à ce que la réunion générale avait groupé autour du roi tous les comtes, tous les vassaux, tous les évêques. C'est pour cette raison que les affaires particulièrement graves, comme celles de Pépin et de Bernard, ont été réservées par le prince au moment où il tiendrait son *conventus*; mais rien n'autorise à penser qu'il les ait réservées en vertu d'un droit supérieur de la nation franque ou de l'assemblée générale.

5° DES ASSEMBLÉES OÙ L'ON S'EST OCCUPÉ D'AFFAIRES POLITIQUES OU ADMINISTRATIVES.

Il est nécessaire que nous passions en revue les assemblées qui nous sont signalées par les documents. Nous observerons ce qui s'est fait dans chacune d'elles, et ce n'est qu'après cette suite d'observations précises que nous pourrons tirer des conclusions générales. Nous avons déjà vu quatorze de ces assemblées qui ont été de simples convocations militaires; nous en avons vu huit dans lesquelles des jugements ont été rendus. Il nous reste à étudier celles où des affaires de politique ou d'administration ont été traitées.

Voici d'abord l'assemblée de 761¹. Le roi Pépin, dit un chroniqueur « fixa le plaid à Duren² » ; « il tint à Duren, dit un autre, l'assemblée générale³. » La réunion eut lieu par son ordre. « Il ordonna à tous de venir vers lui⁴. » Elle eut pour objet « de traiter du bien de l'État et des intérêts du royaume des Francs⁵ ». Mais le chroniqueur qui dit cela ne dit pas que ce fut le peuple qui traita des affaires ; il ne parle au contraire que des grands⁶. Il est bien vrai que nous devons entendre que chacun de ces évêques et de ces comtes a amené avec lui une suite, une troupe d'hommes ; c'est

¹ Nous avons parlé plus haut (p. 558) de l'assemblée qui se tint à Braisne en 764. Nous savons qu'il s'en tint une autre à Compiègne en 757 (Annales Tiliani, Einhardi, Mettenses).
² Continuateur de Frédégaire, c. 125 : Pippinus... ad Dura... placito instituto.
³ Éginhard, Annales, année 761 : Pippino regi generalem conventum agenti in villa Duria.
⁴ Continuateur de Frédégaire, ibidem : Ad se venire præcepit.
⁵ Ibidem : Pro salutem patriæ et utilitatem Francorum tractandum. — Ces mots, que l'on rencontre assez souvent dans les textes, ne doivent pas se traduire par « le salut de la patrie ». D'abord, dans la langue du temps, le mot patria n'avait pas le sens que nous attachons depuis quatre siècles au mot patrie, ni celui que les anciens Romains y attachaient ; il ne signifiait pas autre chose que le pays. Puis il est bien certain qu'en 764 le salut de la patrie n'était pas en jeu ; lisez le chapitre de Frédégaire et vous verrez que la révolte de Waïfer n'a eu lieu qu'un peu plus tard, et que, si un placitum a pu avoir pour objet le salut de l'État franc, c'est celui qui a eu lieu quelques mois après sur la Loire. Les mots pro salute patriæ formaient une sorte d'expression reçue et conventionnelle pour signifier d'une manière générale l'intérêt de l'État. C'est ainsi que le même écrivain disait au c. 123 : Pippinus legationem mittens Constantinopolim pro salutem patriæ.
⁶ Voici la phrase entière du Continuateur de Frédégaire, c. 125 : Pippinus omnes obtimates Francorum ad Dura ad campo madio pro salutem patriæ et utilitatem Francorum tractandum, placito instituto, ad se venire præcepit.

donc bien ici un *conventus generalis*, ainsi que le dit Éginhard, et dans un certain sens on peut soutenir que le peuple est là. Mais quand il s'agit de traiter des affaires publiques, le chroniqueur ne pense qu'aux grands et ne voit qu'eux. — Un autre annaliste exprime la même pensée lorsqu'il écrit : « En cette année 761, le roi tint le *conventus* des Francs dans la villa royale de Duren, et traitant des affaires du royaume, il y réunit tous ses grands[1]. » On entrevoit déjà ici une vérité qui peu à peu deviendra plus claire, à savoir que, s'il est vrai qu'il y ait une réunion générale de la population, ce n'est pourtant qu'avec ses grands que le roi délibère.

Les chroniqueurs mentionnent un *conventus* ou *placitum generale* tenu à Nevers en 763, et un autre tenu à Worms en 764 ; mais ils ne disent pas ce qui y fut fait[2].

Sur le *placitum* ou *conventus generalis* qui se tint à Attigny en 765[3], nous trouvons une anecdote caractéristique dans l'auteur de la Vie de saint Goar[4]. Quelques mois auparavant, un abbé de Prume, nommé

---

[1] *Annales Mettenses*, année 761, Bouquet, V, 338 : *Rex conventum Francorum habuit in Duria villa publica, et de utilitate regni Francorum tractans, suos ibi optimates adunavit.*

[2] Année 763 : *Rex habuit placitum suum in Nivernis et iter fecit in Aquitaniam* (Annales Tiliani). *Conventu in Nivernis habito* (Éginhard, Annales). *Habuit placitum suum in Nivernis* (Annales Laurissenses majores). *Habuit placitum generale Francorum in Nivernis* (Annales Mettenses). — Année 764 : *Populi sui generalem conventum habuit in Wormatia* (Éginhard, Annales). *Habuit placitum suum ad Wormatiam et nihil aliud fecit nisi in Francia resedit* (Annales Laurissenses majores).

[3] Année 765 : *Generalem populi sui conventum in Attiniaco villa habuit* (Annales d'Éginhard). *Placitum suum habuit ad Attiniacum* (Annales Laurissenses majores).

[4] *Vita S. Goaris*, c. 44 ; Mabillon, *Acta Sanctorum*, II, 298 ; Bouquet, V, 454.

Assuérus, avait porté plainte au roi contre un personnage nommé Erpingus qui détenait le monastère de Saint-Goar, et le roi lui avait répondu qu'il lui donnerait satisfaction au moment opportun¹. Puis avait eu lieu la réunion générale d'Attigny, et l'abbé s'y était rendu². « Alors, dit l'écrivain, le roi, qui résidait dans son palais d'Attigny, manda vers lui l'abbé et, lui rappelant sa plainte antérieure, lui fit donation de ce même monastère de Saint-Goar³. » — De ce petit récit nous tirons plusieurs enseignements. D'abord, une plainte a été portée au roi alors que le *conventus* n'était pas réuni, et le roi a remis sa décision à un temps plus opportun, c'est-à-dire au temps où il réunirait ce *conventus*. Ce trait, que l'on rencontre plus d'une fois, marque que les rois ne s'occupaient volontiers des affaires qu'à l'époque des assemblées générales. Puis, ce *conventus* ayant été convoqué, nous voyons que l'abbé de Prum s'y est rendu ; les abbés et les évêques avaient le devoir de se rendre à ces réunions, aussi bien que les comtes et les guerriers. Ensuite l'hagiographe nous laisse voir que, tandis que le *conventus populi* se tient dans la plaine aux environs, le roi n'est pas au milieu [de l'assemblée] ; c'est dans son palais qu'il se tient, *positus in palatio*. Enfin, c'est le roi seul qui agit ; il mande l'intéressé près de lui et, sans consulter en rien l'assemblée, il décide l'affaire dans son palais⁴.

¹ *Pollicetur rex fore hæc emendanda cum temporis opportunitas arrisisset.*
² *Cum ad generalem populi conventum abba Assuerus venisset.*
³ *Rex positus in palatio Attiniaco, cum ad generalem populi conventum abba Assuerus venisset, evocal eum ad se, super his quæ de cella beati viri dicta ab eo fuerant commonefacit, eique regendam committit.*
⁴ En 766, le plaid se tint à Orléans ; ce fut un plaid militaire, un *exercitus* ; le Continuateur de Frédégaire, c. 131, emploie les termes

Pour le règne de Charlemagne, nous avons la mention d'un grand nombre de réunions générales; mais il est assez rare que les annalistes nous disent ce qui s'y est fait. Ces réunions générales eurent lieu, en 770 à Worms, en 771 à Valenciennes, en 772 à Worms, en 773 à Genève à cause de la guerre en Lombardie, en 775 à Duren, en 776 à Worms, en 777 à Paderborn, en 779 à Duren, en 780 en Saxe. Les annalistes n'en mentionnent pas dans les années 774, 778, 781, soit qu'il n'y en ait pas eu, soit qu'on n'en eût pas gardé le souvenir.

Nous avons un trait à signaler dans l'assemblée de 782. D'une part, les annalistes sont d'accord pour marquer qu'il s'agit ici d'une armée; cette réunion est formellement appelée par eux du nom de *exercitus*[1], et c'est pourquoi elle se tient en pays saxon. Mais en même temps ils l'appellent du nom de *conventus*[2]. Il a suffi, en effet, que l'armée s'arrêtât quelques jours et établît son camp, pour qu'il y eût par ce seul fait un plaid du roi[3]. Le roi « traita plusieurs affaires[4] », et notamment reçut les ambassades d'un roi danois et de quelques chefs des Avares[5]. Il est donc vrai de dire que le

---

exercitus et *campus madius*. En même temps le même chroniqueur note un trait sur lequel nous aurons occasion de revenir [c. 13, § 1] : *Rex multa munera a Francis vel proceris suis dilatus est.*

[1] *Annales Laureshamenses*, Pertz, I, 32, année 782 : *Rex habuit conventum magnum exercitus*. — Éginhard, *Annales*, la même année : *Cum omni Francorum exercitu.*

[2] *Conventum exercitus* (Chronique de Moissac). *Conventu completo* (Éginhard, ibidem).

[3] Éginhard, *Annales*, ibidem : *Castris ibi positis per dies non paucos ibidem (rex) moratus est.*

[4] Ibidem : *Inter cetera negotia.* Cf. Poeta Saxo, II, 20 :

> *Conventum fieri procerum jussit generalem,*
> *Illic disponens complura negotia regni.*

[5] Ibidem. *Ubi inter cetera negotia etiam legatos Sigifridi regis*

roi pouvait tenir son plaid au milieu même de l'armée et s'y occuper des affaires du pays[1].

Il faut noter la manière dont Éginhard parle de l'assemblée de 787 : « Le roi, qui avait passé l'hiver en Italie, revint en France et décida que la réunion générale de son peuple aurait lieu à Worms. Là il exposa devant ses grands ce qu'il avait fait dans son voyage d'Italie, et termina en rapportant les promesses de fidélité que le duc des Bavarois lui avait faites à Rome[2]. » — Nous apercevons ici l'une des habitudes du roi, qui profitait de la réunion du *conventus* pour faire connaître ses actes et aussi ses intentions. D'ailleurs nous y voyons aussi que cette notification royale n'était pas faite à la réunion générale, mais seulement « aux grands du roi ». Il les consultait aussi sur ce qu'il y avait lieu de faire, et c'est sans doute après avoir pris l'avis des mêmes grands que Charlemagne « se décida à éprouver ce que valaient les promesses du Bavarois en se portant avec une armée en Bavière[3] ».

Sur la réunion de 790, un annaliste s'exprime ainsi :

Danorum et quos ad se Kaganus et Jugurrus principes Hunnorum et audivit et absolvit.

[1] Même observation sur le plaid de 780, tenu également en Saxe : *Ad fontem Lippiæ castra metatus, per aliquot dies moratus est* (Éginhard). *Ibi synodum tenens* (Annales Laurissenses majores). — Même observation encore sur le plaid de 785 tenu à Paderborn : *Peractis his quæ ad illius conventus rationem pertinebant* (Éginhard, Annales).

[2] Éginhard, Annales, année 787 : *In Franciam reversus est et generalem populi sui conventum Wormatiæ habere statuit. In quo cum omnia quæ in Italia gesserat, coram optimatibus suis narrando commemorasset, et ad extremum de legatis Tassilonis qui ad se Romæ venerant mentio facta fuisset....* — Cf. *Annales Laurissenses majores* : *Synodum congregavit ad Wormatiam. Et sacerdotibus et aliis optimatibus nuntiavit qualiter omnia in itinere suo peragebantur....*

[3] Éginhard, Annales, année 787 : *Iniit consilium ut experiretur quid Tassilo de promissa sibi fidelitate facere vellet, congregatoque exercitu....*

« Le roi tint la réunion à Worms, et il régla tout ce qu'il lui parut utile de régler dans son royaume[1]. » — Ici encore, le temps de la réunion générale nous apparaît comme le temps où le roi s'occupe surtout des affaires publiques et prend ses décisions; mais nous n'apercevons pas que la réunion soit consultée sur ces affaires[2].

Du *conventus* qui eut lieu à Francfort en 794[3], nous ne savons autre chose, sinon que les évêques y formèrent une réunion particulière pour s'occuper des affaires purement ecclésiastiques[4]. Le roi d'ailleurs présida ce concile[5].

Une réunion d'un caractère particulièrement militaire eut lieu aux frontières de la Saxe en 795[6]. — Il y en

---

[1] *Annales Mettenses*, année 790 : *Conventum Francorum habuit in Wormatia, disposuitque ea quæ videbantur utilia esse in regno suo*.

[2] Nous avons parlé plus haut (p. 380) du *conventus* de 792. — En 793, il y en eut un à Ratisbonne, duquel nous ne savons que ceci : *Fecit conventum ad Ragenesburg, et cum cognovisset fideles suos episcopos, abbates, vel comites qui cum ipso aderant et reliquum populum fidelem, qui cum Pippino* (révolté l'année précédente) *non fuissent, multipliciter eos honoravit in auro, argento, et serico, et donis plurimis* (Chronique de Moissac, année 793). *Annales Laureshamenses*, Pertz, I, 35.

[3] Éginhard, *Annales*, année 794 : *Quando et generalem populi sui conventum habuit*.

[4] Voir Éginhard, *Annales*, année 794. *Annales Tiliani, Laurissenses majores, Fuldenses, Mettenses*, Chronique de Moissac, même année. Tous ces annalistes, sauf Éginhard, parlent seulement du concile des évêques, parce que c'est la seule chose qui les ait frappés; il n'en est pas moins vrai que ce concile n'est qu'une fraction du *conventus generalis*.

[5] Le capitulaire de 794 (Boretius, p. 73) dit seulement : *Ipse sancto interfuit conventui*. Les Actes du concile (Mansi, XIII, 884) disent : *Præsidente piissimo et gloriosissimo domno nostro Carolo rege*.

[6] Éginhard, *Annales*, année 795 : *Conventum generalem trans Rhenum in villa Cuffestein more solemni habuit, atque inde cum exercitu Saxoniam ingressus est*. — Nous avons dit plus haut que *more solemni* signifie suivant la coutume ordinaire. — En 799, le roi marchant contre la Saxe tint son *placitum* à Fremersheim sur le Rhin (l'Astronome, c. 9, Bouquet, VI, 91).

eut une autre en Saxe en 797¹. — Pour l'année 800, Éginhard ne cite qu'un *conventus generalis* que Charlemagne tint au mois d'août à Mayence². Mais la Chronique de Moissac, entrant dans plus de détails, mentionne deux assemblées dans cette même année : une première eut lieu au printemps à Tours, parce que le roi se trouvait alors dans cette ville³ ; une seconde eut lieu en été à Aix-la-Chapelle : mais, suivant l'annaliste, elle fut composée seulement « des grands du roi et de ses fidèles⁴ ». C'est dans celle-ci que fut résolu le voyage en Italie qui devait aboutir au couronnement de Charlemagne comme empereur.

En 801, il n'y eut pas de *conventus* au printemps, parce que Charlemagne était en Italie et qu'il y resta jusqu'à la fin de juin ; les annalistes n'en mentionnent pas non plus dans la seconde partie de l'année.

La plupart des annalistes ont passé sous silence un *conventus* très important qui eut lieu en 802⁵. Nous savons pourtant qu'il y eut un *conventus generalis* convoqué au mois d'octobre à Aix-la-Chapelle⁶. Et ce qui

---

¹ Cela n'est pas dit formellement par Éginhard, mais cela ressort de tout son récit de l'année 797.

² Éginhard, *Annales*, année 800 : *Aquasgrani reversus est et, mense augusto inchoante, Moguntiacum veniens, generalem conventum ibidem habuit.*

³ Chronique de Moissac, année 800 : *Rex post Pascha venit Turonis... et habuit ibi magnum concilium et conventum populi.*

⁴ Ibidem : *Et in æstivo tempore congregavit optimates et fideles suos ad Moguntiam civitatem... et direxit faciem suam ut iret in partibus Romæ.*

⁵ Il n'est mentionné ni par les Annales d'Éginhard, ni par les *Tiliani*, ni par les *Laurissenses*, ni par les *Fuldenses*, ni par les *Mettenses*. Il est signalé seulement par les *Laureshamenses* et par la Chronique de Moissac qui s'expriment dans les mêmes termes. Alcuin le mentionne aussi. *Lettres*, édit. Wattenbach, n° 191, p. 673.

⁶ Cela se voit nettement si l'on rapproche ces deux phrases des *Annales Laureshamenses* : 1° *Mense octimbrio congregavit universalem synodum,*

est surtout remarquable dans la description qui nous est faite, c'est que nous voyons le *conventus* se partager en deux assemblées. L'une est composée « des évêques, prêtres et diacres »; l'autre est formée « des ducs, des comtes et du reste du peuple chrétien ». Il s'y fit deux choses de la plus haute importance, une réforme de la discipline ecclésiastique, et une revision de toute la législation civile. Y eut-il de longues discussions? Quelle fut en si grave matière la part du prince, la part des grands, la part du peuple? Nous ne pouvons le savoir que par le rapport des deux chroniqueurs.

Voici comment ils s'expriment sur la première réforme : « L'empereur rassembla à Aix un synode général d'évêques, de prêtres, de diacres, et leur fit donner lecture des canons de l'Église et des décrets des souverains pontifes. Il rassembla dans le même synode tous les abbés de ses États et tous les moines qui étaient venus; ils firent une réunion entre eux; on leur donna lecture de la règle de saint Benoît, et copie en fut remise, écrite par hommes instruits, aux abbés et aux moines[1]. Cela fait, ordre fut donné par l'empereur à tous évêques, abbés, prêtres, diacres, ecclésiastiques de tout rang d'avoir à veiller à ce que chacun, dans les

---

et ibi fecit r ~opos, etc.; 8° douze lignes plus bas, *interim quod ipsum synodum, est, congregavit duces, comites, et reliquo christiano populo.* Il y eut donc à la fois la réunion des deux ordres, ecclésiastique et laïque, par conséquent un *conventus generalis*. — De même dans la Chronique de Moissac.

[1] *Annales Laureshamenses*, année 802, Borctius, p. 105 : *Fecit relegi universos canones quos sanctus synodus recepit et decreta pontificum, et pleniter jussit eos tradi coram omnibus episcopia, presbyteris et diaconibus. Similiter in ipso synodo congregavit universos abbates et monachos qui ibi aderant, et ipsi inter se conventum faciebant, et legerunt regulam sancti Benedicti, et eam tradiderunt sapientes in conspectu abbatum et monachorum.* — Mêmes expressions dans la Chronique de Moissac, Bouquet, V, 80.

évêchés, monastères et toutes églises, se conformât aux constitutions de l'Église; en sorte que les chanoines vécussent suivant les canons, que les fautes des ecclésiastiques ou des laïques fussent amendées, et que dans les monastères la règle de saint Benoît fût rétablie[1]. » — Tel fut, au dire des deux annalistes, le *conventus ecclésiasticus*. Visiblement, les intentions de la majorité devaient être d'accord avec celles du roi; mais c'est le roi qui prend l'initiative, qui dirige tout et qui ordonne.

Voici maintenant ce que disent les mêmes annalistes de la revision des lois civiles : « Pendant que cela se passait, l'empereur réunit les ducs, les comtes, le peuple chrétien, avec tous ceux qui connaissaient les lois[2]. Il fit lire toutes les législations en usage dans son royaume, et fit remettre à chaque homme la sienne. Il fit corriger là où il était nécessaire de corriger, et fit mettre en écrit la loi corrigée. Il ordonna que tout juge jugeât d'après le texte écrit[3]. Il défendit aussi aux juges de recevoir des présents et voulut que les pauvres aussi bien que les riches eussent la justice dans son royaume[4]. » — Il nous semble que l'action respective

---

[1] *Annales Laureshamenses* : *Et tunc jussio ejus generaliter super omnes episcopos, abbates, presbyteros, diaconos seu universo clero facta est, ut unusquisque in loco juxta constitutionem sanctorum patrum sive in episcopalibus seu in monasteriis aut per universas ecclesias, ut canonicè juxta canones vixerent et quicquid in clero aut in populo de culpis aut de neglegentiis apparuerit, juxta canonum auctoritate emendassent, et quicquid in monasteriis....*

[2] *Ibidem* : *Ipse imperator interim quod ipsam synodum factum est, congregavit duces, comites, et reliquo christiano populo cum legislatoribus.* — Mêmes expressions dans la Chronique de Moissac.

[3] *Ibidem* : *Et fecit omnes leges in regno suo legi et tradi unicuique homini legem suam et emendare ubicumque necesse fuit et emendatam legem scribere, et ut judices per scriptum judicassent.*

[4] *Ibidem* : *Et ut judices munera non accepissent, sed omnes homines, pauperes et divites, in regno suo justitiam habuissent.*

du roi, des grands, du peuple, est assez visible ici. La revision, même imparfaite, de tant de législations a exigé sans nul doute un très long travail; mais ce travail s'est fait dans le silence du cabinet de Charlemagne; puis le *conventus* s'est réuni pendant quelques jours, quelques semaines peut-être, et le prince n'a guère fait que lui donner lecture des résultats du long travail, en exigeant que les lois nouvelles fussent désormais observées par tous¹.

Les annalistes décrivent avec quelque précision le *conventus* de 806². Il se tint dans les premiers jours de février³. Il avait pour objet principal le partage des États de Charlemagne entre les trois fils qu'il avait alors. Or il se trouve que les annalistes ne prononcent pas ici une seule fois le mot *peuple*, et qu'ils ne parlent que des grands⁴. Il ne semble même pas, à lire leurs récits, que ces grands aient eu aucune initiative, et ils ne mentionnent aucune discussion. « Charles, disent-ils, tint un *conventus* avec les grands du royaume des Francs en vue d'affermir la paix entre ses fils et de partager le royaume entre eux. Quand il eut fait ce partage, il le fit confirmer par le serment des grands⁵. » — Ainsi l'on ne signale même pas que ces

---

¹ Les *Annales S. Amandi* (Pertz, I, 14; Bouquet, V, 29-30) ajoutent que dans cette réunion Charlemagne obligea tous les assistants à lui jurer le serment de fidélité : *Carlus imperator ad Aquis concilium habuit ut ei omnes generaliter fidelitatem jurarent, monachi, canonici; ita et fecerunt.*

² Éginhard, *Annales*; *Annales Tiliani, Laurissenses, Mettenses.*

³ Le capitulaire est daté du 6 des ides de février.

⁴ *Conventum habuit imperator cum primoribus et optimatibus Francorum*, dit Éginhard, *Annales*, année 806 ; et les mêmes termes se retrouvent chez tous les autres annalistes en parlant de ce même *conventus*.

⁵ *Annales Laurissenses : Conventum habuit imperator cum primoribus et optimatibus Francorum de pace constituenda* (et *conservanda*, dit Éginhard) *inter filios suos et divisione regni facienda in tres partes :*

grands aient été consultés. Il semble que le prince ne les ait réunis que pour leur notifier sa volonté et pour exiger d'eux le serment de l'observer dans l'avenir.

Or cette impression est confirmée par l'acte officiel qui nous est parvenu¹. C'est le roi qui parle, et l'on voit qu'il s'adresse à des hommes qui l'écoutent. Il ne leur dit pas qu'il les consulte. Il leur dit : « Nous voulons que vous sachiez que notre désir est que nos trois fils partagent avec nous la royauté que Dieu nous a donnée, et en soient héritiers après notre mort, si Dieu le permet². Pour ne pas leur laisser de cause de litige après nous, nous avons fait décrire et marquer sur quelle portion chacun d'eux régnera³. » Suit une série de vingt articles dans lesquels le roi parle en son nom seul, disant : « Nous assignons à Charles..., nous assignons à Louis..., nous décidons..., il nous a plu..., nous ordonnons et prescrivons⁴.... » Il n'y a pas un mot dans ces longues pages qui soit l'indice d'une consul-

---

ut sciret unusquisque illorum quam partem tueri et regere debuisset. De hac partitione est testamentum factum et jurejurando ab optimatibus Francorum confirmatum.

¹ *Divisio regnorum*, de 806, Baluze, I, 439 ; Pertz, I, 140 ; Borotius, p. 126. [Cf. plus haut, p. 269.]

² Ibidem : *... Et hoc vobis notum fieri volumus quod filios nostros regni a Deo nobis concessi consortes habere et post nostrum discessum heredes relinquere, si ita divina majestas adnuerit, optamus.* — Remarquer que le verbe *optare*, qui n'était pas exactement synonyme de *cupere*, exprime en latin, non un simple désir ou un vœu, mais un choix, une résolution, une volonté.

³ *Totum regni corpus dividentes, quam quisque illorum tueri vel regere debeat porcionem describere et designare fecimus.*

⁴ Art. 1 : *Ludovico consignamus* ; art. 3 : *Ludovico dedimus... Pippino ascripsimus... Karolo concessimus* ; art. 4 : *Hæc tali ordine disponimus ut...* ; art. 5 : *Volumus ut...* ; art. 8 : *Præcipimus ut...* ; art. 9 : *Præcipiendum nobis videtur ut...* ; art. 15 : *Super omnia jubemus atque præcipimus...* ; art. 17 : *De filiabus nostris jubemus ut...*

tation des grands, encore moins d'une volonté populaire.

En 807, Charlemagne « tint son *conventus* dans le palais d'Ingelheim, avec les évêques, les comtes et les autres fidèles[1] ». De ce qui s'y fit, nous ne savons qu'une chose, « c'est qu'il commanda à ces évêques, à ces comtes, à ces fidèles, de faire bonne justice dans son royaume[2] ». Il semble qu'il n'ait ainsi convoqué auprès de lui tous les fonctionnaires du royaume que pour leur donner des instructions.

Il s'est tenu trois *conventus* à Aix en 811[3], en 812[4], en 813. Nous ne savons rien des deux premiers. L'objet du troisième était d'assurer l'héritage de Charlemagne au seul fils qui lui restât. Il voulait couronner Louis comme roi et empereur. « Charlemagne malade revint à Aix, et, tenant dans cette ville la réunion générale, il mit la couronne sur la tête de son fils Louis et l'associa à la dignité impériale[5]. » Éginhard ne dit rien de plus[6]. Thégan décrit une réunion « d'évêques, d'abbés, de comtes, de vicaires ou lieutenants[7] », et montre Charlemagne adressant à ces

---

[1] Chronique de Moissac, année 807 : *Karolus perrexit ad Ingelaim palatium, et ibi habuit conventum suum cum episcopis et comitibus et aliis fidelibus.*

[2] Ibidem : *Et mandavit eis ut justitias facerent in regno ejus.*

[3] *Imperator, placito generali secundum consuetudinem habito, in tres partes regni sui totidem exercitus misit.* Annales Laurissenses majores, année 811. Éginhard, Annales.

[4] Éginhard, Annales, année 812 : *Generali conventu Aquis solenniter habito.*

[5] Éginhard, Annales : *Convalescens Aquasgrani reversus est ac deinde habito generali conventu, evocatum ad se apud Aquasgrani filium suum Hludowicum, coronam illi imposuit et imperialis nominis sibi consortem fecit, Bernardumque nepotem Italiæ præfecit.* — Les Laurissenses s'expriment de même.

[6] L'Astronome ne dit non plus autre chose, c. 20.

[7] Thégan, c. 6 : *Vocavit Ludovicum filium suum ad se cum omni exercitu, episcopis, abbatibus, comitibus, locopositis.*

hommes une harangue pour leur présenter son fils Louis comme souverain[1]. Il les interroge même un à un, leur demandant de dire « s'il leur plaisait » que Louis fût roi et empereur[2]. Chacun répondit affirmativement, et quelques jours après le couronnement eut lieu dans une église « devant toute la multitude des évêques et des grands du roi[3] ». La Chronique de Moissac mentionne aussi « un conseil tenu par Charlemagne avec les évêques, les abbés, les comtes et tous les grands du royaume[4] »; il ajoute en même temps que « cela plut au peuple[5] ». « Tout ce qu'il y avait là de peuple donna des marques d'assentiment et fit entendre des acclamations au moment où Charlemagne établit empereur son fils Louis et lui mit la couronne sur la tête, et le peuple cria tout d'une voix : « Vive « l'empereur Louis[6] ! » Il faudrait ajouter beaucoup à ces récits pour leur faire signifier qu'un véritable peuple ait été consulté et ait prononcé ici une décision[7].

---

[1] Thégan, c. 6 : *Habuit grande colloquium cum eis Aquisgrani palatio, ammonens ut fidem erga filium suum ostenderent.*

[2] Ibidem : *Interrogans omnes a maximo usque ad minimum, si eis placuisset ut nomen imperatoris filio suo Ludovico traderet.*

[3] Ibidem : *Coram omni multitudine pontificum et optimatum suorum.*

[4] Chronique de Moissac, année 813, Bouquet, V, 85 ; Pertz, I, 310 : *Habuit consilium cum episcopis, abbatibus, comitibus et majoribus natu Francorum ut constituerent Ludovicum suum regem et imperatorem. Qui omnes pariter consenserunt dicentes hoc dignum esse.*

[5] Chronique de Moissac, année 813 : *Omnique populo placuit.*

[6] Ibidem : *Et cum consensu et acclamatione omnium populorum Ludovicum filium suum constituit imperatorem secum, ac per coronam auream tradidit ei imperium, populis acclamantibus et dicentibus :* « *Vivat imperator Ludovicus!* »

[7] Thégan ne mentionne aucune question qui ait été adressée, même pour la forme, au peuple. — Il est bon de noter qu'Éginhard, qui dans les Annales appelle cette réunion *generalis conventus*, la désigne dans l'Histoire de Charlemagne par les mots *primoribus congregatis de toto regno Francorum* (*Vita Caroli*, c. 30). [Cf. plus haut, p. 272.]

[Si nous prenons l'une après l'autre les assemblées que réunit Louis le Pieux, nous ne voyons pas qu'elles aient un caractère nouveau. Tout au plus peut-on constater que] le caractère militaire s'est un peu effacé : [les guerres sont en effet plus rares et moins importantes].

Je dois noter d'abord qu'en 814 Louis prend le pouvoir sans réunir l'assemblée. Éginhard dit qu'il reçoit les ambassadeurs étrangers et qu'il fait un traité avec l'empereur grec avant la réunion du *conventus*. Cette réunion n'a lieu qu'après. Sur cette réunion elle-même, si je compare Éginhard et le Chroniqueur de Moissac, je dois remarquer que le premier l'appelle *generalis populi conventus*[1], et que le second ne voit qu'une réunion « d'évêques, d'abbés, de ducs et de comtes, avec lesquels l'empereur conféra sur les choses nécessaires et sur les intérêts de l'Église[2] ».

Nous ne savons rien du *conventus* de 815, sinon qu'il se tint dans la Saxe[3], et qu'il était surtout une armée, *exercitus*[4].

Aucune réunion n'est mentionnée en 816[5]. Celle de

---

[1] Éginhard, *Annales*, année 814 : *Habitoque Aquisgrani generali populi sui conventu, ad justitias faciendas et oppressiones popularium levandas legatos in omnes partes regni sui dimisit.* — L'Astronome, c. 23 : *Generalem conventum Aquisgrani habuit, ac per universas regni sui partes fideles ac creditarios a latere suo misit.*

[2] Chronique de Moissac, année 814, Bouquet, VI, 171 : *Resedit Aquis palatium, et in ipso anno venerunt ad eum episcopi, abbates, comites, duces, et locutus est cum eis de causis necessariis et ad utilitatem ecclesiæ.* — Thégan n'en parle pas, ni Ermold.

[3] Éginhard, *Annales*, année 815 ; Thégan, c. 14 ; l'Astronome, c. 25.

[4] Chronique de Moissac, année 815 : *Imperator collecto magno exercitu... introivit Saxoniam... et habuit ibi placitum... et misit scaras ubi necesse fuit.*

[5] La Chronique de Moissac signale seulement que l'empereur eut à Compiègne un *consilium cum episcopis, abbatibus et comitibus suis*.

817 nous est très nettement décrite. Elle se tint au mois de juillet à Aix-la-Chapelle[1]. Trois chroniqueurs l'appellent un *conventus generalis* ou un *conventus populi*; mais l'un d'eux définit le mot *populus*. « L'empereur, dit-il, ordonna la réunion au palais d'Aix du peuple de tous ses États, c'est-à-dire des évêques, des abbés, des comtes, et de tous les hommes de haut rang du royaume des Francs[2]. » Cette définition mérite qu'on s'y arrête.

On se tromperait également si l'on se figurait une simple réunion d'évêques et de grands, ou si l'on se représentait la réunion d'un peuple. Il y aurait du vrai et du faux dans chacune des deux opinions. D'une part, ce n'était pas seulement la réunion d'une centaine d'évêques et d'abbés, de quelques centaines de comtes, vicaires et vassaux royaux, et cela ne ressemblait pas à ce que serait aujourd'hui un Sénat ou une Chambre des Lords. En effet, chacun de ces évêques, comtes et vassaux ne venait pas seul. Il amenait avec lui une suite, une petite troupe, quelques dizaines ou quelques centaines d'hommes qui lui obéissaient. La réunion générale avait donc toute l'apparence d'un peuple. Ce n'était pourtant pas un peuple dans le sens moderne du mot. Ce n'était pas un peuple convoqué directement, ce n'était pas un peuple d'égaux réunis en comices. C'étaient bien des milliers d'hommes, mais venus chacun sous un chef; c'était une juxtaposition de petites troupes obéissant l'une à un évêque ou à un abbé, l'autre à un

---

[1] *Mense julio, Aquisgrani palatio nostro* (capitulaire de 817, Boretius, p. 270).

[2] Chronique de Moissac, année 817 : *Jussit esse conventum populi de omni regno vel imperio suo, id est, episcopos, abbates, sive comites et majores natu Francorum.*

fonctionnaire royal ou à un vassal du roi. On pouvait donc dire indifféremment que c'était la réunion du peuple, ou la réunion des évêques et des comtes.

[Nous n'avons pas à revenir sur ce qui se passa dans l'assemblée de 817. Nous avons vu plus haut[1] comment Louis le Pieux y régla sa succession. Or il fit ce règlement de sa propre autorité.] Il y a eu [sans doute] assemblée générale des grands et de leurs suites, c'est-à-dire du peuple. Le prince a consulté les grands seuls, mais il leur a imposé sa volonté. Il a décidé lui-même. Il a décrété lui-même l'unité de l'Empire. Les grands ont accepté sa décision, et le peuple l'a acclamée.

[Les assemblées tenues les années suivantes n'offrent rien de nouveau à signaler. Mais] le *conventus* de 822 mérite d'être étudié avec attention. Il se tint au mois d'août, à Attigny, sur l'ordre de l'empereur[2]. Les annalistes mentionnent la présence du *populus*[3] ; mais ils nous montrent aussi « l'empereur appelant à lui pour le conseil les évêques, les abbés, les hommes d'Église, et les grands de son royaume[4] ». Le principal objet de la délibération fut un scrupule de conscience dont Louis le Pieux était tourmenté au sujet de la mort de Bernard d'Italie dont il se croyait responsable, et de quelques autres sévérités du début de son règne[5]. Le conseil, où

---

[1] [Page 277 et suivantes.]
[2] L'Astronome, 35 : *Conventum generalem in Attiniaco coire jussit.* Éginhard, *Annales*, année 822. Thégan, c. 20.
[3] Éginhard, *Annales* : *In præsentia totius populi sui.*
[4] L'Astronome, 35 : *Convocatis ad consilium episcopis, abbatibus, spiritualibusque viris, et regni sui proceribus.* — Éginhard : *Consilio cum episcopis et optimatibus suis habito.*
[5] Éginhard, *Annales*, année 822 : *Fratribus suis* (il s'agit de fils naturels de Charlemagne), *quos invitos tondere jussit, reconciliatus est, et tam de hoc facto quam et de his quæ erga Bernardum, et de iis quæ circa Adelardum et Walachum gesta sunt, publicam confessionem*

les ecclésiastiques paraissent avoir été en majorité, fut d'avis qu'il fît une pénitence publique. Cela était conforme à toutes les idées de l'époque, et nous nous tromperions en supposant qu'un prince même en fût humilié et rabaissé dans l'esprit des sujets [1]. Cette pénitence, conseillée dans un conseil secret, eut lieu en public, « en présence du peuple entier [2] ».

Cela fait, les délibérations furent reprises, et l'empereur continua à tenir son conseil et à s'occuper des affaires. Ici nous possédons une lettre de l'évêque Agobard qui nous fait pénétrer dans le détail de la procédure habituelle à ces réunions. L'évêque écrit à un ami [3] : « Dans ces jours où notre maître sacré l'empereur, ayant convoqué le *conventus* à Attigny, agissait avec un grand zèle, veillant à tous les intérêts des peuples qui lui sont confiés, il en vint à l'étude d'un projet très nécessaire : il désirait trouver comment il pourrait recommander aux évêques et à ses fonctionnaires le progrès de la religion et la disparition de toutes les fautes. » — Il s'agissait probablement d'une de ces grandes réformes morales que Louis le Pieux rêva de réaliser pendant toute la première moitié de son règne et auxquelles il ne renonça que lorsque de cruelles expériences lui en eurent montré le néant, et même le danger. « Il y réfléchit avec l'inspiration de Dieu ; il trouva avec discernement ce qui était à faire, et vint de sa

---

fecit. — L'Astronome, 35 : *Divinitatem sibi placare curabat quasi hæc sua gesta fuerint crudelitate.*

[1] L'Astronome compare ici Louis le Pieux à Théodose le Grand. Il ajoute que cette pénitence fut toute spontanée.

[2] Éginhard, *Annales* : *Et penitentiam egit... in præsentia totius populi.* — Cf. *Vita Adalhardi*, c. 51, Mabillon, IV, p. 345, Bouquet, VI, 278. *Vita Walæ*, Mabillon, IV, 490 et suiv.

[3] Agobardi epistola, n° 4, édit. Baluze, I, 268, Bouquet, VI, 361.

propre bouche nous communiquer ses intentions. Ces choses ont d'ailleurs été écrites et distribuées en chapitres, et tout le monde en doit avoir connaissance. »

Toute cette première partie du récit se trouve expliquée par un passage d'Hincmar. « C'était l'usage, dit-il, pour occuper les grands pendant le *conventus*, de leur remettre au nom du roi une série de chapitres que l'esprit du roi avait conçus par l'inspiration de Dieu, pour qu'ils en conférassent et en fissent l'examen[1]. » Hincmar ajoute que le prince n'assistait pas d'habitude aux délibérations et que c'était par les dignitaires du Palais qu'il envoyait ses projets à l'assemblée ou en recevait les réponses[2].

L'évêque Agobard continue : « Le projet de l'affaire nous fut apporté par nos maîtres. » — Voici une expression qui surprend à première vue. On se demande quels sont les hommes qu'un archevêque de Lyon peut appeler ses maîtres. Mais si l'on est familier avec la langue du temps, surtout avec la phraséologie usitée au Palais impérial, on ne doute pas que « les maîtres » ne soient ici les hauts dignitaires. En effet, la suite de la lettre donne les noms de deux de ces personnages, Adalhard, qui était alors tout-puissant à la cour de Louis, et Hélisachar, qui était chancelier. Un comte du Palais, un apocrisiaire étaient aussi des « maîtres ». Un archevêque de Lyon devait appeler du nom de maître l'abbé Adalhard, parce que, tout en lui étant supérieur dans la hiérarchie ecclésiastique, il lui était inférieur

---

[1] Hincmar, *De Ordine palatii*, c. 54 : *Senatores regni, ne quasi sine causa convocari viderentur, mox auctoritate regia per ordinata capitula quae ab ipso per inspirationem Dei inventa... eis ad conferendum et considerandum patefacta sunt.*

[2] Ibidem : *Domesticis palatii missis intercurrentibus....*

dans le Palais. Comme l'empereur dominait tout, les favoris de l'empereur et ses représentants étaient pour tous des « maîtres ». Ce sont ces hommes qui au nom du prince apportèrent dans l'assemblée le projet impérial. L'un d'eux, Adalhard, fit une harangue, « où il dit qu'il n'avait rien vu de plus beau, de plus glorieux, de plus utile, depuis les temps du roi Pépin jusqu'à ce jour ». Il termina en disant à l'assemblée : « Tout ce que votre sagacité pourra trouver d'utile pour arriver à extirper les péchés, pour conjurer les périls des âmes, pour relever la religion, pour fortifier la foi, dites-le avec confiance, et soyez sûrs que l'empereur fera tout ce que vous lui proposerez de bon, si c'est la volonté de Dieu. »

Après ce discours, « très élégant et agréable », des ministres du gouvernement[1], la délibération commença. Agobard prit à la lettre la permission qui était donnée de présenter des amendements ou des additions à la proposition impériale. « Et moi, quoique le plus humble et le dernier de tous, j'osai suggérer aux ministres du prince un avis, avec toute la modestie qui convient quand on parle à si grands personnages. » L'avis de l'évêque était qu'il fallait restituer aux églises et aux monastères les biens qui leur avaient été enlevés et étaient détenus par des laïques : question grave, que le gouvernement impérial ne pouvait pas résoudre en un jour. Aussi l'évêque ajoute-t-il : « Lorsque j'eus fini mon discours, les révérends Adalhard et Hélisachar me firent une réponse honnête ; mais portèrent-ils ma proposition à l'empereur, c'est ce que j'ignore. » — Ici finit

---

[1] *Hæc et his similia cum primores nostri jucundissima loquerentur.*

le récit de l'évêque, et cette fin même est digne d'attention. Dans cette assemblée d'évêques et de grands, les commissaires impériaux ont apporté un projet du prince et ont invité les hommes à parler. Un seul membre, semble-t-il, a pris la parole. Sa proposition n'a même pas été discutée, et aucun vote n'a eu lieu. Les commissaires du gouvernement ont fait une réponse honnête, et ils ont pu à leur choix ou en référer à l'empereur ou ne pas même lui en parler. Ainsi les propositions d'un membre de l'assemblée ne peuvent avoir quelque effet que si l'empereur les adopte et les fait siennes. Quant à l'assemblée, elle n'a pas eu à délibérer.

Une autre lettre du même prélat nous montre, comme la précédente, quelle était l'attitude d'un archevêque même, je ne dis pas devant l'empereur, mais devant les ministres de l'empereur. C'est à quelques-uns d'entre eux qu'elle est adressée[1]. « A mes révérendissimes seigneurs et maîtres Adalhard, Wala, Hélisachar. A la fin du dernier *placitum*, lorsque la permission de quitter le Palais nous eut été donnée, votre bonté voulut bien s'arrêter un moment à entendre mes humbles paroles au sujet des Juifs de mon diocèse. Après un échange de paroles, vous vous rendîtes chez l'empereur. Je vous suivis et me tins à la porte. Vous avez fait un peu d'effort pour que je pusse entrer dans le cabinet du prince; pourtant je n'ai rien entendu d'autre qu'un ordre de me retirer. Ce que vous avez dit au très excellent empereur, ce qu'il vous a répondu, je l'ignore; je n'ai pas osé revenir m'approcher de vous, et je suis rentré chez moi bien troublé. » — Telle était

---

[1] *Agobardi epistolæ*, Baluze, I, 98; Bouquet, VI, 358.

la pratique de ces grands plaids royaux ; on voit assez combien ils étaient subordonnés à l'empereur, et par le peu qu'était un archevêque vis-à-vis des ministres on peut juger du peu qu'étaient ces assemblées vis-à-vis du prince.

[Nous pourrions analyser ainsi, l'une après l'autre, toutes les assemblées qui se réunirent sur l'ordre de l'empereur Louis. Mais nous n'aurions pas à constater de changement dans la nature et le mécanisme de l'institution. Elle subsistera, sans se modifier encore, sous le règne de Charles le Chauve. Hincmar, qui en donne comme la théorie dans son *De Ordine palatii*, ne fait que résumer les règles administratives en usage au temps de Charlemagne. Il nous laisse supposer qu'elles ne furent modifiées ni sous son fils ni sous son petit-fils[1]. Nous connaissons en particulier dans ses moindres détails le plus célèbre des *conventus* que tint Charles le Chauve, celui qu'il réunit à Kiersy-sur-Oise en 877, quelques semaines avant sa mort. Or il ne s'y passa rien que nous ne retrouvions dans les assemblées des règnes précédents. Le prince demande et reçoit des avis, mais c'est lui qui décide et qui annonce au peuple sa volonté[2].]

[4° CONCLUSION[3].]

[De ce qui précède] nous pouvons dégager les vérités suivantes :

---

[1] Il faut ajouter qu'Hincmar n'est pas toujours d'une exactitude parfaite ; il résume trop.

[2] (Voir les *Nouvelles Recherches sur quelques problèmes d'histoire*, p. 440 et suiv. ; et ici, plus loin, p. 480 et suiv., p. 489 et suiv.]

[3] (Cf. *Compte rendu des séances de l'Académie des Sciences Morales et Politiques*, t. CV, 1876, p. 612 et suiv. ; *Revue des Deux Mondes*, 1ᵉʳ janvier 1876, p. 134 et suiv.]

1° [On peut remarquer tout d'abord qu'il n'existe] aucun texte législatif sur la matière. [Nous ne lisons] rien dans aucune des lois barbares ni dans les Capitulaires. Ce n'est donc pas, en tout cas, une institution légiférée. C'est une pratique, devenue peu à peu un usage et une institution.

2° Sous Clovis, sous ses fils, sous ses petits-fils, nous ne trouvons rien que des réunions militaires. Sous Clotaire II, Dagobert Ier, Clovis II, [on trouve] quelque chose [qui ressemble à des assemblées] : mais ce sont des assemblées de grands, chacun étant suivi de ses hommes, et alors s'établissent des conférences. Sous Pépin d'Héristal, [il y a à la fois] des réunions de l'armée et une consultation des chefs, (du moins si l'on en croit les Annales de Metz, qui probablement représentent plutôt ce qui se passe au IXe siècle). Sous Pépin le Bref, les réunions [sont] surtout militaires. [Il en est] à peu près de même sous Charlemagne. Le caractère militaire s'efface un peu sous Louis le Pieux et sous Charles le Chauve.

3° La réunion militaire est le germe premier et reste le principal élément de l'institution.

4° Il y avait un *conventus* chaque année ; si ce n'était une règle absolue, c'était du moins une habitude[1] ; mais ce qui marque bien que ce n'était pas tout à fait une règle, c'est qu'il y a des années où le *conventus* ne se réunit pas.

5° Jamais le *conventus*, comme l'armée elle-même, ne se réunit sans un ordre du roi. Les expressions ordinairement employées sont *rex habuit placitum, rex*

---

[1] De là les expressions si fréquentes *ut mos erat, secundum consuetudinem, more solemni, solemniter.*

tenuit conventum. Jamais le *conventus* ne s'assemble de lui-même. Ces expressions ne signifient pas seulement que le roi préside les réunions : c'est lui qui les convoque. Aussi ces termes sont-ils quelquefois remplacés par ceux-ci : le roi ordonna à tous de venir vers lui, *ad se venire præcepit, adesse jussit, coire jussit*[1]. Pas une fois [on ne lit] une expression qui indique une assemblée se réunissant spontanément et par son droit.

6° La réunion n'a pas lieu à des époques réglées; c'est le roi qui décide en quel mois de l'année et à quel jour elle s'assemblera. La date de chaque *conventus* est le jour fixé par le roi.

7° Elle ne se tient pas en un lieu déterminé d'une manière constante. C'est le roi qui fixe chaque fois le lieu du rendez-vous. Elle se tient toujours à l'endroit où est le roi, auprès et autour de lui. On ne rencontre jamais une seule assemblée sans le roi.

8° La réunion a toujours lieu[2] auprès d'un palais ou d'une villa royale. Attigny, Worms, Francfort, Thionville, Duren, Aix-la-Chapelle, Ingelheim, Kiersy, sont des *villæ* du roi. Ainsi la réunion se tient sur un sol qui est propriété privée du prince[3]. Rien ne montre un centre national où la nation tiendrait ses assises. Ceux qui feraient cette supposition auraient contre eux les textes.

9° La foule campe dans les environs du palais.

---

[1] On dit encore : *Rex conventum habere statuit*. Quelquefois on dit : *Rex placitum condixit*.

[2] Sauf quelques exceptions lorsqu'on se trouve en pays ennemi, comme en 782 et en 785.

[3] Quelques exceptions rares, par exemple l'assemblée de Nevers qui n'est d'ailleurs qu'un rendez-vous de guerre, l'assemblée de Tours qui paraît s'être tenue sur les terres de l'abbaye.

C'est dans le palais que le roi réside ordinairement. Les chefs sont au palais[1].

10° Aller au *conventus* n'est pas pour les hommes un droit : c'est une obligation, *adesse jussi sunt*. Y assister, c'est faire acte de soumission, de déférence, de fidélité. Aussi les étrangers et les vaincus y doivent-ils venir aussi bien que les Francs.

11° [Tous les grands doivent s'y rendre], les évêques et les abbés aussi bien que les guerriers et que les comtes, par la raison que les ecclésiastiques aussi doivent le service de guerre et le service de conseil.

12° Les hommes s'y rendent par groupes obligés, c'est-à-dire les hommes de l'évêque sous leur évêque, et ainsi de suite, et les hommes libres sous le comte qui est leur chef.

13° Dans le palais le roi traite les affaires publiques, il s'occupe de tout ce qui concerne les intérêts du pays, *de salute patriæ et de utilitate regni*. Il juge, il prend des décisions. Il reçoit les ambassadeurs, il donne des instructions à ses agents. Il prend conseil aussi et délibère avec ses évêques et ses grands. Ces évêques et ces abbés sont des dignitaires qu'il a nommés et dont il se sert comme d'un instrument de gouvernement. Ces ducs et ces comtes ont été choisis par lui et sont toujours révocables par lui ; derrière eux sont ses vassaux qui détiennent ses domaines, tous sont ses fidèles d'une façon spéciale, et doivent lui donner leurs avis et recevoir ses volontés. Quant à la foule que chacun de ces grands a amenée à sa suite, elle peut bien former une apparence de peuple ; mais on ne la consulte pas :

---

[1] [On peut rappeler] l'exemple de Hilduin, qui, parce que l'empereur est mécontent de lui, est exclu du palais et contraint de demeurer sous la tente.

elle ne délibère, ni ne discute, ni ne vote. A peine le roi lui demande-t-il parfois, s'il le veut, ses acclamations. [Il arrivait aussi, et cela devint plus fréquent au IX° siècle, que le roi adressât au peuple une allocution[1]. Il lui donnait des conseils, lui faisait des réprimandes, au point que parfois son discours prenait le ton d'un sermon. Mais le peuple n'avait jamais à répondre à ce discours du roi.]

14° [Cette assemblée enfin, réunie par le roi, est congédiée par le roi], *populus ad sua ire dimissus*. Le peuple était venu sur l'ordre de l'empereur, il ne pouvait se retirer que sur un ordre nouveau. S'il y avait guerre, l'empereur le faisait marcher à l'ennemi; autrement il lui donnait la permission de rentrer dans ses provinces.

[On remarquera la ressemblance qui existe entre ce *conventus generalis* et celui des derniers temps de l'époque mérovingienne. C'est le même nom, ce sont les mêmes formules. L'assemblée a toujours à s'occuper *de salute patriæ et de utilitate regni*. Elle est entre les mains du roi, qui la convoque, et la convoque chez lui. Comme au VII° siècle, ces *conventus* ne sont que des réunions de grands, fonctionnaires royaux, et s'il y a un peuple, c'est que ces grands ont une suite nombreuse[2].]

Mais le *conventus* ne décide pas, n'agit pas. Il ne paraît être là que pour recevoir les ordres du roi et entendre son *annuntiatio*. Apparemment parce que

---

[1] [Voir plus loin, c. 11, § 2 et 4, p. 485.]
[2] [Et encore c'est le roi qui règle l'importance de cette suite.] Dans le *conventus* de 830, Louis a ordonné aux grands de l'Ouest de venir « sans suite nombreuse ». L'abbé Hilduin qui a amené avec lui beaucoup d'hommes, *hostiliter*, est réprimandé, puni, et exclu du palais.

nul n'avait dans l'idée qu'il en pût être autrement. [Ni les grands ni le peuple ne délibèrent à l'écart du roi et ne lui exposent leur volonté. Le roi prend conseil des uns : il profite de la présence de l'autre pour se montrer à lui, lui notifier les décisions prises, réclamer plus tôt son obéissance et se faire volontiers acclamer. Plus tard, comme sous les Mérovingiens, l'assemblée a pu devenir un élément d'agitation et la faiblesse des rois y accroître la force des grands. Le prince parlera moins et écoutera davantage. Mais, à l'état normal, sous Pépin, sous Charlemagne, même sous Louis le Pieux et sous Charles le Chauve, le *conventus* n'est que le rendez-vous de tous ceux qui aident le roi à administrer et qui le suivent au combat.]

Peut-être ce peuple, par le seul fait de sa présence, aurait-il été tout-puissant. Mais il aurait fallu qu'il voulût l'être, et d'abord qu'il pensât à l'être. Cette grande réunion ne représente que l'obéissance : qui n'est pas un fidèle sujet n'y vient pas. Elle pourrait faire opposition ; mais, suivant les idées de ces hommes, l'opposition se marquerait plutôt par l'absence. Elle n'est pas une garantie de liberté : les hommes feraient plutôt consister la liberté à la supprimer.

On voit bien que de telles réunions deviendront hostiles à la royauté le jour où les évêques et les comtes seront devenus indépendants d'elle. Mais aussi longtemps que ces mêmes hommes seront ses premiers serviteurs, elles ne devront être qu'un moyen de gouvernement. Elles étaient un procédé commode pour faire parvenir au pouvoir central les forces et l'argent des sujets, et pour faire descendre vers les sujets les volontés et les inspirations du pouvoir central. Elles étaient la centralisation même sous sa forme la plus rigoureuse et la plus dure, puisque tous les hommes libres de l'empire devaient chaque année se rendre en personne auprès du maître.

CHAPITRE X

L'administration provinciale.

[Après avoir étudié le gouvernement central, c'est-à-dire la royauté, le Palais, le conseil, les assemblées, il faut chercher comment cette royauté exerçait son action sur les populations, c'est-à-dire comment elle les administrait.] De ce que les Carolingiens n'avaient pas de capitale au sens propre du mot, et de ce que les rois et leur Palais se déplaçaient incessamment, il ne faudrait pas conclure que ces rois administrassent directement les populations. S'ils se déplaçaient, ce n'était pas pour se mettre en rapport avec les sujets, ce n'était pas pour les juger immédiatement ou percevoir leurs impôts. Quoique leur Palais fût ambulant, il n'en était pas moins un centre auquel tout convergeait. Leur gouvernement était un gouvernement centralisé, qui n'administrait les hommes que par une série d'intermédiaires et qui était représenté partout par des agents

1° LES DIVISIONS ADMINISTRATIVES.

Pour bien comprendre cette administration, il faut observer d'abord quel était le système de circonscriptions territoriales.

Le vaste Empire de Charlemagne et de Louis le Pieux s'étendait depuis l'Èbre jusqu'à l'Oder. Cet ensemble, l'Italie mise à part, était désigné tout entier dans l'expression *regnum Francorum*[1]. Quoique le mot *Francia* eût un sens plus restreint, on le trouve quelquefois appliqué à la totalité de ces États[2]. On voit assez qu'aucune idée de race ne s'attache à ces expressions : elles ont une signification purement politique.

Il y avait dans cet Empire des divisions de plusieurs sortes. Et d'abord une division par grandes régions géographiques. Les hommes continuaient à distinguer la Gaule et la Germanie. Ces deux mots continuent à être fréquemment employés. On les trouve, non seulement dans la langue ecclésiastique des Actes des conciles, mais aussi chez les annalistes[3]. Les deux contrées ainsi désignées étaient séparées par le Rhin : « L'empereur, dit un annaliste, passe le Rhin, et entre en

---

[1] Charlemagne s'intitule *rex Francorum et Langobardorum*. Le titre de *rex Langobardorum* ne s'applique qu'à l'Italie ; le titre de *rex Francorum* s'applique à tout le reste. Charlemagne ne se qualifie pas roi des Saxons ni roi des Espagnols ; l'expression *rex Francorum* enveloppe tout cela.

[2] C'est ainsi que Nithard emploie le mot *Francia* dans cette phrase (II, 10) : *Ludhovicus et Karolus Lothario mandaverunt ut... universam Franciam æqua lance diviserent.* — L'Italie était toujours exceptée. — De même le Moine de Saint-Gall déclare qu'il appelle *Francia* tout ce qui n'est pas l'Italie ; I, 10 : *Franciam vero cum nominavero, omnes Cisalpinas provincias signifco.*

[3] Annales de Lorsch, année 794 : *Synodus episcoporum Galliarum, Germanorum, Italorum.* Ibidem, année 801, Bouquet, V, 53. Ibidem, année 809. Éginhard, *Annales*, années 809 et 817. L'Astronome, 29. Annales de Saint-Bertin, année 859. Loup de Ferrières, *Epistolæ*, 41 (Bouquet, VI, 404). *Miracula S. Wandregisili*, 2. Annales de Metz, année 803. *Adonis Chronicon*, année 801. — Annales de Saint-Bertin, année 864, p. 139 : *Episcopos Galliarum, Germaniarum et Belgicæ provinciæ.* — *Germaniæ populos, Saxones videlicet, Thoringos, Bajoarios atque Alamannos* (Adrevald, *Miracula S. Benedicti*, 27).

Germanie¹. » Ainsi, cette vieille division, que les invasions germaniques du vᵉ siècle n'avaient pas effacée, subsistait encore dans la pensée des hommes du ixᵉ. Seulement les deux termes de Gaule et de Germanie n'étaient que des termes géographiques².

Le terme de *Francia* s'appliquait aussi parfois à la Gaule ; il s'opposait ainsi au terme Germanie, comme les « Francs » s'opposaient aux « Germains »³.

Venait ensuite une autre division en régions qu'on peut appeler nationales. En Germanie on distinguait la Bavière, l'Alémannie, la Thuringe, la Saxe, la Frise. En Gaule on distinguait la France proprement dite, l'Aquitaine, la Burgondie, la Septimanie ou Gothie et la Provence⁴ ; et dans la France proprement dite, on

---

¹ Annales de Saint-Bertin, année 840 : *Germaniam transposito Rheno ingreditur.* — Annales de Lorsch, année 801 : *Loca quædam circa Rhenum in Gallia et in Germania tremuerunt.* — *Rheni qui Gallis cingit Germanica terris* (Bouquet, V, 405).

² Noter que les deux mots sont rarement employés dans les Capitulaires.

³ Dans l'Astronome, 45 : Les ennemis de Louis voulaient que l'assemblée se tînt dans la *Francia*, *in Francia conventum fieri volebant* ; mais Louis réussit à la convoquer dans la Germanie. Nimègue n'était pas dans la *Francia*. Plus loin l'écrivain dit : *Omnis Germania Neumagum confluxit.* Ibidem, 49 : *Populi Franciæ et Germaniæ.* — De même on distinguait les *Franci* des *Germani*. L'Astronome, 20 : *Monitus est tam a Francis quam a Germanis* ; c. 45 : *Diffidens Francis magisque se credens Germanis. Vita Hiltrudis*, 1 (Bouquet, V, 442) : *Pippinus Francorum et Germanorum monarchiam obtinuit.* — En ce sens, *Franci* était synonyme de *Galli*, *Francia* de *Gallia* ; voir un long passage du Moine d'Angoulême, à l'année 787, Bouquet, V, 185, où les mots *Galli* et *Franci* sont plusieurs fois employés comme synonymes, s'opposant l'un et l'autre aux Italiens. De même, Moine de Saint-Gall, II, 1 : *Franci vel Galli, reges Gallorum vel Francorum.* — Toutefois, dans un certain usage, le terme *Francia* s'appliquait aussi à la partie occidentale de la Germanie, c'est-à-dire à la partie de la Germanie qui avait été soumise la première à l'État franc. *Vita Caroli*, 15, p. 48 ; et 18, p. 60 ; Éginhard, *Annales*, année 823, et Annales de Fulde, années 838 et 851. Cf. Bouquet, VI, 331 d.

⁴ Voir sur ce point la *divisio imperii* de 806 (Boretius, p. 127). Charlemagne, qui partage ses États, les énumère tous. Il cite à l'article 2

distinguait encore la Neustrie et l'Austrasie¹. Toutes ces dénominations n'avaient pas précisément un caractère politique, et ce serait trop dire qu'elles fussent des signes de nationalité. Mais elles tenaient à des usages et à des traditions de trois siècles et elles restaient fortes dans les habitudes et dans la manière de penser des hommes.

La *Francia*, dans ce sens plus restreint du mot, n'allait au sud que jusqu'à la Loire; mais vers l'est elle allait jusqu'au Rhin².

Au-dessous de cette division en régions il existait une division en *pagi*. Elle datait de fort loin. Le *pagus*

l'Aquitaine, la Vasconie, l'Espagne, une portion de la Burgondie, la Provence, la Septimanie ou Gothie; aux art. 2 et 3, la Bavière, l'Alamannie, la Thuringe, la Saxe, la Frise; entre les deux groupes, à l'article 5, la Francia. — Notez encore cette phrase d'un capitulaire de 817, Borelius, p. 272 : *Rectores ecclesiarum de Francia talem potestatem habeant rerum ad illas pertinentium, sive in Aquitania sive in Italia sive in aliis regionibus ac provinciis huic imperio subjectis*. — Les Annales de Saint-Bertin, année 858, p. 96, distinguent très bien l'Aquitaine, la Neustrie, la Burgondie. — L'Astronome, 49 : *Populi tam Franciæ quam Burgundiæ, necnon Aquitaniæ et Germaniæ*.

¹ Capitulaire de 806, art. 3. Diplôme de 782, Bouquet, V, 747. Annales de Lorsch, année 779. Tardif, n° 81. Éginhard, *Lettres*, 63 [25, Jaffé]. Diplôme de 817, Bouquet, VI, 50; cf. VI, 649. — On trouve aussi l'expression *in Ripuaria* (Éginhard, *Annales*, année 782). Un capitulaire de 835 cite aussi un pays appelé *Ripuarius*, mais qui paraît n'être qu'un simple *pagus* (Baluze, I, 690).

² Cela résulte du capitulaire de 806, art. 1, où l'on voit Charlemagne excepter de l'Aquitaine le *pagus* de Tours; c'est que, sans cette exception expresse, ce *pagus* eût été compris dans l'Aquitaine. L'Astronome, c. 47, dit que Louis étant en Aquitaine repasse la Loire pour rentrer en France. Voir Muhlbacher, p. 747. — Que la *Francia* s'étendit jusqu'au Rhin, c'est ce qui ressort encore de ce que Lothaire II, roi du pays entre Meuse et Rhin, est qualifié *rex Franciæ* (Annales de Saint-Bertin, année 855, p. 87 et 90). Le duché d'Alsace était dans la part de ce Lothaire (ibidem, année 867, p. 166). — Ajouter que, dans la langue habituelle des hommes, le Rhin d'un côté et la Loire de l'autre semblent les deux grandes limites naturelles. De là cette expression si fréquente : *Tam ultra Ligerem quam citra Ligerem, tam citra quam ultra Rhenum* (Tardif, n° 81; Muhlbacher, p. 747; Bouquet, V, 727).

correspondait au territoire d'une *civitas* et à tout le ressort qui dépendait d'elle. L'expression est fréquente dans les textes carolingiens, dans les Chroniques, et même dans les actes privés. Le *pagus*, sans être précisément un ressort administratif et officiel, était la circonscription que les hommes connaissaient le plus et à laquelle l'habitude les attachait le plus[1].

Nous ne faisons que mentionner ici la division ecclésiastique. C'était l'ancienne division romaine. Les archevêchés et diocèses représentaient les anciennes *provinciæ* et *civitates*. Quelques légères modifications avaient élevé le nombre des archevêchés à 18, celui des évêchés à 127[2].

La vraie division officielle et administrative était la division en comtés, *comitatus*. Elle s'adaptait d'ailleurs, le plus souvent, à la division en *pagi* et en *civitates*. Les Carolingiens l'avaient trouvée établie, ils la conservèrent. La seule différence appréciable est que le mot *comitatus*, qui à l'époque mérovingienne désignait plutôt la fonction du comte, devint au VIIIe siècle un terme géographique et désigna un territoire qu'un comte administrait[3]. L'étendue du ressort appelé comté varia peu entre les Mérovingiens et les Carolingiens.

Il faut remarquer que le comté fut une institution générale dans tout l'Empire de Charlemagne. L'Aquitaine était partagée en comtés comme la France pro-

---

[1] Dans la langue du temps, on employait aussi le mot *pagus* pour des circonscriptions moins étendues que l'ancienne *civitas* : on disait, par exemple, *pagus Perticus*.

[2] Guérard, *Prolégomènes*, p. 41. [Voir maintenant l'*Atlas historique* de Longnon et le texte qui l'accompagne.]

[3] Exemples : Capitulaire de 792, Boretius, p. 67 : *Fugiendo de comitatu ad aliud comitatum*; capitulaire de 807, p. 135 : *De singulis comitatibus*; capitulaire de 823, p. 305 : *In qualibet provincia aut in aliquo comitatu*.

prement dite, la Frise et la Saxe comme la Bavière et l'Alémannie.

Le duché, *ducatus*, n'était pas, comme le comté, une circonscription permanente et fixe¹. Le terme ne prend cette signification qu'à la fin de la période carolingienne, et à peu près à l'époque où les duchés deviennent héréditaires. Au viii° et au ix° siècle, le *ducatus* est plutôt un commandement que l'on confie momentanément à un personnage en le mettant au-dessus de plusieurs comtes pour l'intérêt ou le besoin du moment. Il ne faut pas se représenter l'État carolingien divisé en duchés qui se subdiviseraient eux-mêmes en comtés. Cette distribution régulière du territoire n'exista jamais².

Une circonscription qui est particulière à l'époque carolingienne, est la marche, *marca*. Ce terme signifiait toute espèce de limite. Il se disait des frontières de l'Empire, et c'est ainsi que Charlemagne dit que tous les hommes doivent être prêts à défendre la frontière,

---

¹ *Ducatus* se trouve avec le sens de circonscription dans un capitulaire de Pépin le Bref. Boretius, p. 41, art. 9 (Baluze, I, 165) : *Si quis in alium ducatum seu provinciam fugerit.* — Dans la *Lex Ripuariorum*, le pays ripuaire est désigné par le mot *ducatus*, art. XXX, XXXIII, LXXII. La Loi dite des Chamaves, art. XLIV (XLII dans Baluze, col. 614) parle du *ducatus* comme d'une circonscription qui comprend plusieurs *comitatus*; c'est l'idée qui s'attache ordinairement à ces deux termes; ainsi nous lisons dans les Annales d'Éginhard, année 749 : *Pippinus Grifonem more ducum duodecim comitatibus donavit.*

² *Adjudicatur conclamante exercitu ut Willelmus totius Aquitaniæ investiatur ducatu; non differt Carolus consilii effectum et de consule (id est comite) sublimatur in ducem* (Vita Willelmi, c. 5, dans Mabillon, IV, p. 74). — *Baldricus dux Forojuliensis... pulsus est ducatu et inter quatuor comites ejus potestas dissecta,* l'Astronome, 42, vers 828. — Il semble qu'on n'ait pas très nettement distingué le duché du comté : on dit tantôt *ducatus Lugdunensis* (Annales de Saint-Bertin, p. 90) et *comitatus Lugdunensis.* Ermold le Noir, à vingt vers de distance, appelle Willelmus *dux* et *comes* (Ermold, I, v. 157 et 172).

marcam[1]. Par extension, le même terme fut appliqué aux provinces extrêmes de l'Empire, chacune étant considérée comme étant une frontière vis-à-vis de l'étranger. Il y eut ainsi la marche d'Espagne[2], la marche de Bénévent, la marche de Frioul, la marche de Bretagne[3], la marche de Septimanie[4].

Sauf quelques duchés et quelques marches, la division normale et constante du royaume était la division en comtés. Nulle uniformité entre les comtés quant à l'étendue. L'un pouvait être fort grand, comme le comté d'Auvergne, l'autre fort petit comme [le comté de Senlis]. En général, chaque comté comprenait une ville de quelque importance et tout le territoire rural dont elle était le chef-lieu. Le nombre des comtés carolingiens, dans ce qui forme la France actuelle, était environ de [cent dix][5].

---

[1] Capitulaire de 808, Boretius, p. 139. Cf. p. 206 et 300. — De même chez les écrivains. Les Annales de Lorsch disent que, la frontière du côté de la Saxe ayant été mal gardée, *dimissa marca contra Saxones*, les Saxons envahirent (année 774). Cf. Chronique de Moissac, années 809 et 812. — Le mot *marca* correspond exactement au mot latin *limes*, qui est également employé. Ainsi l'on dit *custodes limitis* (Éginhard, *Annales*, années 795, 826) et *comites marcæ* (idem, année 822). Annales de Fulde, année 849 : *Dux limitis*.

[2] *Hispanicus limes* (Éginhard, *Annales*, année 810, p. 286, année 826, p. 380) et *Hispanica marca* (ibidem, années 788, 821, 822, 827, 828).

[3] *Britannicus limes* (Éginhard, *Annales*, années 779 et 826), *Britannica marca* (Nithard, I, 5; Annales de Saint-Bertin, année 859; Annales de Lorsch, année 799); mais notez que dans les Annales de Lorsch, année 799, *marca Britanniæ* signifie le territoire franc qui confine à la Bretagne.

[4] Annales de Saint-Bertin, année 835 : *Dispositis markis Hispaniæ, Septimaniæ, sive Provinciæ*. — Ibidem, année 865, p. 143 : *Marchia Gothiæ*. — Louis le Pieux, dans un diplôme de 817, dit *marka Tolosana*, Boretius, p. 271.

[5] Le *comitatus* porte presque toujours le nom de la *civitas*. De là vient que dans les documents le mot *comitatus* est quelquefois remplacé par *civitas*. [Cf. les recherches de Longnon dans le texte de son *Atlas historique*.]

Le comté était lui-même partagé en subdivisions que l'on appelait des centènes, *centenæ*. Ce terme, qui dans l'époque précédente ne se rencontre que deux ou trois fois et avec quelque vague, devient fréquent à partir de Charlemagne et prend le sens précis de circonscription territoriale. Dans un capitulaire de 786, le roi dit que la liste des hommes qui auront prêté serment devra être dressée par centènes dans chaque comté[1]. Ce qui marque d'ailleurs que cette centène n'est pas un groupe de personnes, mais un territoire, c'est cet article d'un capitulaire de 818 : « Dans les procès, les témoins devront être du comté où sont situés les biens en litige; si pourtant l'objet en litige se trouve sur le confin de deux comtés, on pourra prendre des témoins dans la plus proche centène du comté voisin[2]. » Nous lisons dans un capitulaire de 829 que le comte doit faire le recensement des hommes libres de son comté et qu'il doit le faire par centènes[3].

Rien ne prouve que cette division en centènes ait été instituée par Charlemagne ou par Pépin le Bref. Il est possible qu'elle se soit formée tout naturellement, par suite du besoin d'ordre public qu'éprouvèrent les populations, ou par suite de la nécessité que les comtes sentirent de subdiviser eux-mêmes leurs ressorts. Il semble bien que les centènes s'étaient établies à peu près partout dans le siècle qui précéda Charlemagne. C'était une division admise, non seulement dans les usages

---

[1] Capitulaire de 786 ou 792, Boretius, p. 67, art. 4 : *Nomina de ipsis qui juraverunt... Comites similiter de singulis centinis semotis.*

[2] Capitulaire de 818, c. 10, Boretius, p. 283 : *Si contentio quæ inter eos exorta est in confinio duorum comitatuum fuerit, liceat eis de vicina centena adjacentis comitatus ad causam suam testes habere.*

[3] *Quanti liberi homines in singulis comitatibus maneant ratio examinetur per singulas centenas.* Pertz, Leges, p. 354 [Krause, p. 19].

administratifs, mais dans les usages ordinaires des particuliers. Les Formules le prouvent. Quand on vend ou qu'on donne une terre, on ne manque guère d'en marquer la situation par l'indication du *pagus* et de la *centena*[1].

A côté des centènes nous trouvons assez souvent des vicairies, *vicariæ*. Plusieurs actes de vente et plusieurs formules marquent la situation du domaine par l'indication du *pagus* et de la *vicaria*. Ces formules montrent bien qu'il y avait plusieurs vicairies dans chaque comté[2]. Peut-être la vicairie correspondait-elle à la centène, les deux termes étant synonymes. On trouve pourtant quelques chartes du IXe siècle où la vicairie semble comprendre plusieurs centènes[3]. Nous ne pensons pas d'ailleurs qu'il faille chercher en cette matière une uniformité parfaite. Comme les vicairies et les centènes n'avaient pas été établies par un acte de l'auto-

[1] *Formulæ Merkelianæ*, Zeumer, p. 241, n° 1, Rozière, n° 194 : *Res meas in pago illo, in centena illa*. — De même, dans ce Recueil, aux numéros 2, 5, 7, 8, 10, 11, 16, 17, 19, 20, Rozière, n°° 206, 321, 513, 272, 278, 252, 244, 303. — De même dans un acte de jugement, ibidem, n° 29, Rozière, n° 462. — Mêmes expressions dans les *Bignonianæ*, n° 19, Zeumer, p. 235, Rozière, n° 126 ; et dans les *Formulæ imperiales*, n° 34, Zeumer, p. 312. — Le mot *centuria* avec le même sens se trouve dans une formule d'Alsace, Rozière, n° 150, Zeumer, p. 435 : *In comitia Durgerve, in centuria illa*.

[2] *Formulæ Bituricenses*, n° 15, Zeumer, p. 175, Rozière, n° 221 : *Res proprietatis meæ sitas in pago Biturico, in vicarias illas et illas, in villa illa*. — *Formulæ imperiales*, n° 3, Zeumer, p. 289, Rozière, n° 317 : *Mansos tantos qui sunt in pagis illis et illis, in vicariis illis et illis, in villis illis et illis*. — *Libellus dotis*, Zeumer, n° 9, p. 539 : *In pago Aurelianensi, in vicaria Percei, alodum de Sociaco*. — *Libellus dotis*, n° 10, Zeumer, p. 539 : *In pago Floriacensi, in vicaria Reinense, in villa Noriont, alodem meum*. — Ibidem, n°. 11, p. 540 : *De rebus proprietatis meæ in pago illo, in vicaria illa, in villa illa, mansum indominicatum unum....* — Diplôme de 939, Tardif, n° 231 : *In pago Biturico, in vicaria Brivense, in villa Petri*.

[3] Voir deux chartes citées par Guérard, *Prolégomènes*, p. 43, note 5, et 44, note 6.

rité souveraine, comme elles s'étaient établies ici ou là, sans calcul et sans système, il pouvait y avoir beaucoup de variété. Ce qui était centène ici pouvait être ailleurs vicairie, et les deux pouvaient quelquefois coexister dans un même comté. Rien de fixe non plus quant à l'étendue.

La division en villages ou communes rurales n'existait pas; le village était chose de droit privé, non d'administration publique.

2° LES COMTES

A ce système de divisions administratives correspondait tout un réseau d'administrateurs. C'étaient les ducs, les chefs de marches ou marquis, les comtes, les vicaires et les centeniers[1].

Tous ces noms, sauf celui de marquis[2], étaient an-

---

[1] Diplôme de 755, Tardif, n° 55 : *Pippinus rex Francorum, vir inluster, omnibus ducibus, comitibus, graffionibus, domesticis, vicariis, centenariis, vel omnes agentes tam præsentibus quam futuris. Cognoscat Utilitas seu Magnitudo Vestra....* Dans ce préambule, tous les personnages désignés sont des *agentes*, c'est-à-dire des agents royaux. — *Grafio* est un terme équivalant à *comes*. Le *grafio* carolingien n'est pas le chef d'un petit canton, c'est un chef de comté; la synonymie de *grafio* et de *comes* résulte de plusieurs textes; ainsi un capitulaire de 742, art. 5, place le *grafio* à côté de l'évêque dans tout un diocèse; de même un capitulaire de 769, art. 6, Boretius, p. 45. Voir encore une des *formulæ imperiales*, n° 29, Zeumer, p. 307, et plusieurs diplômes dans les *Acta Karoli*, Mühlbacher, n°° 733, 747, 748, 763, et les *Acta Ludovici*, n°° 506 et 567. — Les *domestici* ne sont pas précisément des administrateurs de l'ordre politique; ils régissent les domaines fiscaux. — Cf. diplôme de 769, n° 64; *Formulæ Senonicæ*, n° 36; diplôme de 775, n° 77; diplôme de 814, n° 104; diplôme de 846, n° 153 : *Notum sit episcopis, abbatibus, ducibus, comitibus, vicariis, centenariis, telonariis, actionariis, vel omnibus rempublicam administrantibus.* — Cette formule devient rare après Charles le Chauve et finit par disparaître. Le régime féodal ne la comporte plus.

[2] On a dit *præfectus marchæ* (Éginhard, *Annales*, année 818); *præfectus limitis* (idem, années 799, 819, 821); *comes marcæ* (idem,

ciens. Cette administration n'a pas été créée par Charlemagne. Elle venait des Mérovingiens. Elle conserve aussi son ancien caractère jusqu'à la fin du règne de Charles le Chauve. Portons d'abord notre attention sur le comte, qui est le personnage le plus important de cette hiérarchie et comme le point fixe de ce système.

Le sens propre et essentiel du mot *comes* est « compagnon du prince ». *Comes* est un titre officiel de la cour carolingienne. Il y avait des comtes attachés au Palais, *comites palatini*[1]. On pouvait être *comes* sans exercer de fonctions et sans posséder un *comitatus*. Éginhard écrit à un personnage qu'il qualifie de « glorieux comte », sans ajouter le nom d'un comté[2]. Léon III dans une lettre à Charlemagne parle des « glorieux comtes Helmengaud et Hunfrid »; ce ne sont pas des chefs de comté : ce sont des « compagnons du prince », qu'il a chargés d'une mission auprès du pape[3]. Ces comtes qui résidaient « aux côtés du prince[4] » pouvaient être chargés de commandements militaires[5].

D'autres comtes résidaient dans les provinces[6], et la

---

année 822), *custos limitis* (idem, année 820); *comitem et marcæ præfectum* (idem, année 818); *comes et præfectus limitis* (idem, année 799); *comes et marchio* (Vaissette, I, 98, III, 117); *a marchionibus nostris* (capitulaire de 807, c. 5, Boretius, p. 200); *a nostris marcmionibus* (capitulaire de 815, pro Hispanis, idem, p. 261). *Marchio* est fréquent dans les Annales de Saint-Bertin; *marchisus* est dans Hincmar, *De Ordine palatii*, c. 30.

[1] Thégan, 45. *Acta Ludovici*, p. 454. *Capitulare de disciplina palatii*, art. 6, Boretius, p. 298. [Cf. plus haut, p. 325.)

[2] *Einhardi epistolæ*, édit. Jaffé, n° 25, Teulet, n° 05. De même dans deux diplômes, Tardif, n°⁸ 96 et 97.

[3] Lettre de Léon III, année 808, *Liber Carolinus*, édit. Jaffé, p. 310. — De même dans les Annales de Saint-Bertin, année 870, p. 204.

[4] L'Astronome, 41 : *Missos a latere suo Hugonem et Matfridum comites*.

[5] Un comte Boniface commande une flotte, l'Astronome, 42.

[6] De là l'expression *comites provinciales*. Capitulaire de 802, art. 1, Boretius, p. 92.

circonscription que chacun d'eux avait à régir s'appelait, de leur nom, un comté¹.

Ainsi le comte, *comes*, était par essence et en principe un compagnon du prince; et le prince pouvait aussi bien le charger d'une fonction dans le Palais, d'une mission diplomatique, ou d'un commandement militaire, que du gouvernement d'un comté. Les comtes sont l'entourage du roi rayonnant dans toutes les parties du territoire et remplissant toutes les missions dont le roi veut les charger.

Le titre de comte n'est pas encore attaché à la naissance. Mais il n'est pas davantage attaché à la possession d'un territoire. Ce n'est pas le comté qui fait le comte. Le comte n'est pas, par son origine, un chef de pays, il est un compagnon du prince. Il n'a pas ses racines dans le pays, il les a dans le Palais. C'est du Palais qu'il est envoyé dans le comté.

La plupart du temps, un comte est un homme qui a été élevé dès l'enfance dans le Palais. Il a été instruit dans l'école palatine. Il a fait ensuite une sorte d'apprentissage de quelques années auprès d'un grand. A l'âge de vingt ans il a obtenu un emploi, tel que celui d'échanson, celui de cubiculaire, ou il a été employé dans les bureaux. A l'occasion, il a fait une ou deux campagnes. Arrivé à l'âge de vingt-huit ou trente ans, le roi le nomme comte et lui désigne un comté.

Nul n'est comte que par la volonté du roi et en vertu d'une nomination royale². Un écrivain du temps,

---

¹ Dans la langue ordinaire, le comte prend le titre de la cité qu'il administre.
² *Ludovicus Ramnulfum comitem Pictavis præfecit, Turpionem comitem constituit Egolismæ* (Bouquet, VI, 224).

Adrevald, donne du droit du roi un exemple frappant[1]. Il vint un moment où le personnel du Palais dont le roi tirait ses comtes vint à faire défaut. C'était après la conquête de l'Aquitaine et de la Lombardie. Le Palais avait été épuisé, « vidé », pour fournir des comtes dans les nouvelles provinces[2]. Charlemagne dut chercher des fonctionnaires dans les classes les plus intimes du Palais. Il prit, dit Adrevald, jusqu'à des serfs de ses domaines, après les avoir préalablement affranchis[3]. Et l'écrivain cite des noms : tels étaient Rahon qu'il fit comte d'Orléans, Sturminius qu'il fit comte de Bourges, Bertmund qu'il mit à la tête de l'Auvergne[4]. Et il y en eut d'autres « qu'il nomma comme il voulut[5] ». — Ainsi le roi choisissait ses comtes à son gré. Il n'était pas tenu de les prendre

---

[1] Adrevald, contemporain de Louis le Pieux et de Charles le Chauve, mort en 878.

[2] Adrevald, *Miracula S. Benedicti*, I, 18, édit. de Certain, p. 43 : *Ampliata regia potestate, necesse erat duces subjugatæ genti præficere... Qua de re primatibus populi ducibusque contigit palatium vacuari, eo quod multos ex Francorum nobili genere filio* (à son fils Pépin, roi d'Italie) *contulerit qui cum eo regnum noviter susceptum tuerentur et regerent.* — Le même fait se reproduisit quelques années plus tard pour un autre motif : il y avait eu deux révoltes en 786 et 792 et beaucoup de comtes y avaient été compromis; de là beaucoup de destitutions, beaucoup d'emplois à pourvoir, et insuffisance du personnel ordinaire; Adrevald, ibidem : *Ob Francorum suspectam fidem semel in conjuratione dum bellum inchoaretur Saxonicum, iterum autem in conjuratione Pippini naturalis filii.*

[3] Ibidem : *Quibusdam servorum suorum, fisci debito sublevatis, curam regni tradidit.*

[4] Ibidem : *In primis Rahonem Aurelianensibus comitem præfecit, Bituricensibus Sturminium, Arvernis Bertmundum.* — Nous devons bien entendre que ces serfs du domaine, ou plutôt peut-être ces colons, ne furent pas tirés de leur glèbe pour devenir comtes de ces grandes cités. Apparemment ces hommes avaient passé leur jeunesse au Palais, dans les emplois inférieurs, peut-être dans les bureaux, et Charlemagne ne les fit comtes qu'après les avoir éprouvés.

[5] Ibidem : *Aliisque alios præfecit, ut ei visum est.*

dans certaines catégories ou classes d'hommes. Nulle règle sur ce point ne s'imposait à lui.

De même que le roi nommait les comtes, il les déplaçait à sa volonté et pouvait les révoquer. Le Moine de Saint-Gall remarque cette différence entre Charlemagne et ses successeurs : « Ceux que Charlemagne avait destitués de leurs dignités, il ne les replaçait jamais[1]; » il fait ainsi allusion à l'habitude qu'avaient Louis le Pieux et Charles le Chauve de destituer souvent, mais de replacer ensuite les mêmes comtes sur une simple promesse de fidélité. Or cette remarque du Moine de Saint-Gall prouve bien que tous ces rois exerçaient le droit de révocation à l'égard des comtes. Nous en avons de nombreux exemples sous Charlemagne. Au moment de mourir, il recommanda à son fils « de ne faire que de bons choix et ensuite de ne révoquer personne sans juste cause[2] ». Il reconnaissait donc à son successeur le droit absolu de révocation, puisqu'il lui conseillait de n'en pas abuser.

Il y a des exemples de comtes révoqués par Louis le Pieux; Hugues et Matfrid le furent pour avoir mal conduit une expédition militaire[3]; Bernard le fut pour avoir été soupçonné d'intrigues contre l'empereur[4].

---

[1] Moine de Saint-Gall, II, 11 : *Honoribus privatos nulla occasione ad pristinum gradum conscendere passus est.*

[2] Thégan, 6 : *Ut fideles ministros constitueret, nullum ab honore suo sine causa rejiceret.*

[3] L'Astronome, 42 : *Hos autem, honoribus ademptis, luere jussit imperator culpam hujus ignaviæ.* — L'historien remarque que l'empereur ne prononça pas cette révocation sans avoir fait d'abord une enquête sérieuse, et au milieu même d'un *conventus*. — *Miracula S. Benedicti*, c. 20, Bouquet, VI, 512 : *Matfrido comite Aurelianensi ob culpam incrtiæ honoribus privato, Odo in ejus locum substituitur.*

[4] Bernard fut soupçonné plutôt que convaincu. L'Astronome, 47 : *Conventum publicum Aurelianis fieri jussit.... Quo ventilata causa, Bernardus quidem cum insimularetur infidelitatis, nec tamen usque ad*

Nous trouvons des révocations même sous Charles le Chauve, qui ne fut pas un roi aussi faible et aussi mou que la légende l'a représenté. A un certain Bernard « il reprit toutes les dignités qu'il lui avait données et les conféra à Robert[1] ». En 865, il reprocha à trois comtes, Adalhard, Hugues et Bérenger, de n'avoir pas défendu le pays contre les Normans; « il leur enleva leurs comtés et les donna à d'autres[2] ». Deux ans plus tard, nous voyons le même prince destituer un comte de Bourges nommé Gérard, et même le destituer « sans motif[3] ».

Il n'est donc pas douteux que, jusqu'à la fin du règne de Charles le Chauve, le comte, nommé par le roi, ne fût révocable par lui. Nul ne pensait qu'un comte fût inamovible. Encore moins pensait-on qu'un comté pût être héréditaire. Nous voyons souvent à cette époque qu'un fils est comte comme son père l'avait été. Les mêmes familles se perpétuaient dans le Palais au service du roi, et comme le fils suivait la même carrière que le père, il arrivait aux mêmes dignités. Mais ce que nous ne voyons pas, c'est que le fils fût comte dans le même comté où son père l'avait été[4]. Les comtés n'étaient donc héréditaires ni en droit ni en fait.

---

congressionem probator procedere vellet, honoribus est privatus. Ce refus d'aller jusqu'au combat judiciaire implique qu'il n'existait pas non plus d'autre preuve. — Autres exemples : Annales de Metz, année 830 (Bouquet, VI, 212); Hincmar, *De villa Noviliaco* (Bouquet, VI, 216). Et d'une manière générale : *Honores qui habuerant, amittebant* (*Vita Walæ,* II, 7, Bouquet, VI, 282). Ajouter *Miracula S. Benedicti*, c. 20 (ibidem, VI, p. 312).

[1] Annales de Saint-Bertin, année 864, p. 138.
[2] Ibidem, année 865, p. 152.
[3] Ibidem, année 867, p. 171. — Il est vrai que Gérard n'accepta pas sa destitution, apparemment parce qu'aucune faute ne lui était imputée et parce que le roi ne lui avait pas permis de venir se justifier, *sine præsentia illius.*
[4] Gérard est comte d'Auvergne ; son fils Ramnulf est comte de Poitiers

Quand Robert le Fort eut été tué en 866, son fils n'hérita pas des pays qu'il avait gouvernés[1]. Le fils de Ramnulf ne lui succéda pas dans le comté de Poitiers[2].

Les comtes étaient donc dans la dépendance du roi. Ils n'étaient comtes que par lui et ne l'étaient qu'aussi longtemps qu'il le voulait. Ils étaient ses agents, figurant au premier rang parmi ceux qu'il appelait ses *agentes*. La langue du temps les nommait aussi ses serviteurs, *ministri regis*, ou les serviteurs de l'État, *ministri reipublicæ*[3]. Hincmar les appelle « les collaborateurs de l'office royal », *cooperatores regii ministerii*[4].

Un comté n'est pas une propriété, c'est un office et un emploi, *ministerium*. C'est en même temps une dignité, *honor*; mais cet honneur, émanation du pouvoir royal, n'est ni héréditaire, ni viager, ni indépendant. Cet « honneur » n'est pas une propriété et n'est pas même un fief : il n'est qu'une délégation[5].

Les attributions du comte étaient fort diverses.

En premier lieu, il était ce que notre langue moderne appelle un agent de transmission. C'était par lui

(Bouquet, VI, 224). — Du moins les exemples de cela sont fort rares et ne forment que des exceptions.

[1] Annales de Saint-Bertin, année 868, p. 172 : *Ablatis a Rotberti filio his quæ post mortem patris de honoribus ipsius ei concesserat, et per alios divisis.* — Robert avait eu les comtés d'Anjou, d'Auxerre et de Nevers.

[2] Ibidem : *Et a filiis Ramnulfi tultis paternis honoribus.*

[3] [Cf. plus haut, p. 320, n. 1.]

[4] Hincmar, *Capitula in synodo apud S. Macram promulgata*, c. 6, Migne, t. I, col. 1077.

[5] *Honor* est l'ancien terme qui désignait ou la *magistrature* conférée par le peuple ou la fonction conférée par le prince (Lampride, *Alexander*, 49 : *Honores juris gladii*). *Honor* a trois sortes d'applications au IXᵉ siècle : ou il désigne une dignité conférée par le roi; ou il désigne une dignité de l'Église; ou enfin il se dit de terres bénéficiales concédées temporairement par le prince. Dans aucun de ces trois cas, le détenteur n'est un propriétaire. L'idée de propriété est exclue du mot *honor*.

que le prince transmettait ses volontés aux sujets. Aussi les diplômes royaux étaient-ils adressés d'ordinaire, non à la population, mais au comte et aux autres agents[1]. Quand le roi faisait un acte législatif, il en envoyait le texte à chaque comte pour que celui-ci le promulguât en réunissant les hommes dans chaque district de son ressort[2]. Plus souvent encore, comme les comtes se rendaient chaque année au Palais, ils prenaient au moment de retourner dans leurs comtés le texte des nouveaux actes législatifs et devaient les faire connaître à leurs administrés[3]. De même, c'était le comte qui faisait prêter le serment au roi, et il dressait la liste de tous ceux qui l'avaient prêté[4].

En second lieu, c'était le comte qui était chargé de l'exécution des lois et de tous les ordres du souverain[5]. Il avait aussi le soin de l'ordre public, *pax*, toute la police locale contre les malfaiteurs, et le soin de la garde du pays contre toute révolte et même contre toute attaque extérieure.

En troisième lieu, le comte faisait dans son comté tout ce que le roi y eût fait s'il eût été présent. Comme il était un délégué du roi, il exerçait tous les droits royaux. Nous verrons plus loin que sa fonction la plus ordinaire était de juger les crimes ou les procès[6].

---

[1] C'est le sens des préambules que nous avons cités plus haut.
[2] *Capitularia*, édit. Boretius, p. 112, Baluze, I, 591 : *Hæc capitula facta sunt et consignata Stephano comiti ut hæc manifesta fecisset in civitate Parisius in mallo publico, et ipsa legere fecisset....*
[3] *Capitularia*, édit. Boretius, p. 141 : *Capitula quæ volumus ut... comites qui modo ad casam redeunt per singula loca eorum nota faciant et observare studeant.* — Nous verrons plus loin que les évêques avaient la même attribution.
[4] Voir plus haut [p. 245 et suiv.].
[5] Boretius, p. 141 : *Capitula... observare studeant.*
[6] De là des instructions royales telles que celles-ci : *Si comis in eo*

Comme le roi possédait encore quelques impôts, c'était le comte qui les percevait en son nom ou qui veillait à leur perception. Comme le roi exigeait des sujets le service militaire, c'était le comte qui faisait les levées de soldats. Mais il ne les faisait que sur un ordre du roi[1]. D'ordinaire c'était lui-même qui conduisait sa troupe contre l'ennemi. L'une de ses attributions était de diriger les travaux publics, d'entretenir les routes, de réparer les ponts et les écluses[2].

Dans l'exercice de ces attributions, le comte ne rencontrait auprès de lui aucun pouvoir qui contrôlât le sien. Il n'existait pas d'assemblées provinciales. On chercherait en vain dans les nombreux documents de cette époque la mention ou le plus léger indice d'assemblées de cette nature. Les capitulaires de Charlemagne et de son fils parlent fréquemment d'abus et

---

ministerio justitias non fecerit, etc. (capitulaire de 779, art. 21, Boretius, p. 51); *ut comites pupillorum et orfanorum causas primum audiant* (capitulaire de 789, art. 17, Boretius, p. 63).

[1] Ou pour défendre sa frontière : *In marcha nostra, juxta rationabilem comitis ordinationem atque admonitionem, explorationes et excubias quod usitato vocabulo waclas dicunt, facere non negligant. Praeceptum pro Hispanis*, 815, Boretius, p. 261.

[2] Moine de Saint-Gall, I, 50 : *Fuit consuetudo in illis temporibus ut, ubicumque opus ex imperiali praecepto faciendum esset, siquidem pontes vel naves aut trajecti sive purgatio seu stramentum vel impletio coenosorum itinerum, ea comites per vicarios et officiales suos exequerentur.* — *Capitulare Mantuanum*, art. 7, Boretius, p. 197 : *De pontibus vero vel reliquis similibus operibus... si opus conpletum non habuerit, liceat comiti pro pena prepositum operis pignerare; comis autem si neglexerit, a rege judicandus est.* — *Lex dicta Chamavorum*, c. XXXVIII : *Si quis sclusam dimiserit, quando suus comes ei commendat facere;* c. XXXIX : *Si quis ad pontem publicum bannitus fuerit et ibi non venerit.* — Capitulaire de 818, c. 8, Boretius, p. 288 : *Volumus ut missi nostri per singulas civitates una cum comite homines eligant quorum curae sit pontes emendare.* — Capitulaire de 829, c. 11, Pertz, I, 352 [Krause, p. 16] : *De pontibus publicis placuit nobis... ut comites reddant rationem de eorum pagensibus, cur eos non constrinxerunt ut hoc facerent.*

d'excès de pouvoir qui sont commis par les comtes et de réclamations qui se produisent contre eux. Ces excès de pouvoir et la manière même dont ces réclamations se produisent, démontrent qu'il n'existe dans l'intérieur du comté aucun contrôle légal, aucune assemblée en face du comte. Le comte est dans son comté un souverain absolu.

Mais il n'est ce souverain absolu qu'au nom du roi. Il tient de lui tout son pouvoir. Il reçoit les instructions du roi, les exécute, et lui rend compte de la manière dont il les exécute. Le Recueil des Capitulaires jusqu'à la fin du règne de Charles le Chauve est rempli des ordres que le prince adresse à ces agents. « Si l'un de vous, écrit un jour Charlemagne, est négligent à exécuter ce que je prescris et s'écarte de mon capitulaire, qu'il sache qu'il sera appelé en notre présence pour rendre compte de sa conduite[1]. » Voici comment leur parle Louis le Pieux : « Quant à vous, comtes, nous vous disons et vous avertissons qu'il appartient à votre office de maintenir l'ordre public et la justice dans votre ressort, et que, tous les ordres que notre autorité vous adresse, vous devez mettre votre zèle à les exécuter. Nous avertissons donc Votre Fidélité de garder bonne mémoire de la foi que vous nous avez promise ; nous vous avons confié une partie de notre propre office, montrez-vous nos vrais collaborateurs[2]. »

---

[1] *Capitularia*, édit. Boretius, p. 203-204 : *Si ullus ex vobis... negligens apparuerit, et de his sicut in capitulare continetur, contradicere præsumpserit, sciat se procul dubio, nisi se cito correxerit, in conspectu nostro exinde deducere rationem.*

[2] *Ludovici admonitio ad omnes regni ordines*, c. 7 et 8, Boretius, p. 304 : *Vobis vero comitibus dicimus vosque admonemus quia ad vestrum ministerium maxime pertinet ut reverentiam et honorem sanctæ Dei ecclesiæ exhibeatis... et pacem et justitiam faciatis, et quæ nostra auctoritas publice (publica?) fieri decernit, ut studiose perficiantur*

Il n'est pas jusqu'à Charles le Chauve qui, jusqu'à la fin, ne considère les comtes comme ses délégués et ne leur envoie ses ordres. « Si quelque comte, dit-il, néglige d'exécuter les présentes instructions, nos *missi* nous le feront savoir, afin qu'il soit puni suivant ce qu'ordonnent les capitulaires de nos prédécesseurs[1]. » « Que nos comtes, dit-il encore, sachent bien que nous prenons des mesures pour savoir s'ils remplissent nos ordres avec zèle[2]; quiconque d'entre eux sera convaincu de négligence, nous le ferons venir devant nous, et il faudra qu'il nous dise si c'est par mauvais vouloir ou par impossibilité que nos ordres n'ont pas été remplis; et si c'est par son mauvais vouloir, nous saurons bien trouver un autre homme qui en son lieu et place exécutera mieux nos volontés[3]. » Jusqu'en 877 et pour ainsi dire jusqu'à son dernier jour, Charles le Chauve parle à ses comtes comme un maître à ses agents[4].

attendite. *Proinde monemus Vestram Fidelitatem ut memores sitis fidei nobis promissæ et in parte ministerii nostri vobis commissi... Vos ipsos tales exhibeatis ut nostri veri adjutores juste dici possitis.* — Il écrit à un autre et termino : *Videte ut omnino impleatis et nullam exinde habeatis negligentiam si gratiam nostram vultis habere* (Chronicon S. Benigni, année 858, Bouquet, VI, 236).

[1] *Edictum Pistense*, de 864, art. 1, Walter, III, 159 : *Quicunque comitum vel ministrorum reipublicæ hæc quæ mandamus observare neglexerit,... volumus ut neglegentia comitis ad nostram notitiam per episcopos et per missos nostros deferatur... ut nostra auctoritate quod in capitulari prædecessorum nostrorum continetur subire cogantur.* — Cf. les capitulaires de 862, Walter, p. 126; de 864, art. 17.

[2] *Edictum Pistense*, c. 35 : *Sciant comites nostri quia per singulos comitatus missos nostros dirigemus qui de his quæ nunc constituimus inquirant, qualiter in his nostram jussionem adimplere certaverint.*

[3] Ibidem : *Et quicumque neglegens inde inventus fuerit, præcipiemus ut ante nostram præsentiam venire jubeatur, et rationem reddat utrum hoc quod jussimus facere noluerit aut non potuerit... Si non voluit, aut suæ neglegentiæ causa non potuit, nos talem invenire volumus qui hoc quod jubemus servare velit aut possit.*

[4] Voir même le fameux capitulaire de Kiersy, que l'on s'est figuré, sans

Une chose enfin caractérise les comtes de toute cette époque. Ils sont astreints, au moins une fois chaque année, à une époque indiquée d'avance, à se rendre auprès du roi. Partis du Palais, ils y reviennent tous les ans. Ils y demeurent plusieurs semaines, rendant leurs comptes au roi en personne ou à ses ministres, recevant de nouvelles instructions, donnant aussi leur avis sur les affaires de leur comté ou du royaume. Ainsi, non seulement on exige d'eux que dans leurs comtés ils soient en correspondance incessante avec le pouvoir supérieur, non seulement on fait surveiller leur conduite par des *missi*, mais on exige encore, à un certain moment de l'année, leur présence personnelle dans le Palais. Ils sont régulièrement en contact avec le souverain. Le Palais est leur centre et comme leur point fixe.

Mais à côté de ces faits et de ces usages il en est d'autres qu'il faut observer, et qui ont pu avoir quelque influence sur la suite des institutions. Ces comtes, si dépendants du roi, ne recevaient pas de lui un traitement. La règle de payer les fonctionnaires avec le trésor public avait disparu depuis les Romains.

Cherchons quels étaient les bénéfices du comte et l'équivalent d'un traitement. En premier lieu, il percevait à son profit le tiers du produit des amendes judiciaires. Cette règle est énoncée dans un capitulaire de 793. « Pour la part des compositions qui revient au roi, si c'est le comte qui a fait l'enquête et jugé la

---

nulle raison, comme la charte constitutive de la féodalité, art. 18 : *Comites de raptoribus et malis hominibus prævideant qualiter pax fiat et malla teneant, et omnibus qui hostem debent denuntient ut in nostrum servitium pergere valeant.* [Cf. *Nouvelles Recherches*, p. 431 et 461.]

cause, il en a un tiers, et le roi les deux tiers[1]. » Il semble aussi que le comte ait perçu un droit d'expédition sur les actes de jugement[2]. Comme il représentait le roi, il exerçait à son profit personnel tous les droits du roi, et nous ne devons pas douter qu'il ne se soit emparé notamment du droit de gîte[3]. Un capitulaire de Louis le Pieux marque même que beaucoup de comtes en abusaient pour exiger des fournitures de vivres et de chevaux[4].

Mais le principal avantage du comte est que des terres sont attachées à sa fonction et qu'il en perçoit tous les revenus. Les terres fiscales étaient nombreuses dans chaque comté. Il en était fait trois parts. Les unes demeuraient exploitées au profit du roi[5]. D'autres étaient

---

[1] *Capitulare Italicum*, c. 5, Baluze, I, 259, Boretius, p. 201 : *De compositionibus quæ ad palatium pertinent* (c'est le *fredum*). *Si comites ipsas causas commoverint ad requirendum, illam tertiam partem ad eorum recipiant opus, duas vero ad palatium. Et si per quam negligentiam remanserint, et missus dominicus ipsas causas cœperit requirere, comites illam tertiam partem non habeant, sed cum integritate ad palatium veniant.*

[2] Cela ressort, sinon comme règle, au moins comme usage, d'un *responsum misso cuidam datum* (801-814), Boretius, p. 145, Pertz, I, 121, art. 2 : *De secundo unde me interrogasti si comes de notitia solidum unum accipere deberet et scabinii sive cancellarius.* La réponse du roi est indécise ; il dit qu'il posera la question au prochain plaid. Il n'en ressort pas moins de là que l'usage tendait à s'établir.

[3] Cela se prouverait, au besoin, par les chartes d'immunité. Si l'on interdit au comte de se faire donner gîte et fournitures de table, *mansionem et paratas*, sur la terre immuniste, c'est qu'il fait cela sur les autres terres.

[4] *Præceptum pro Hispanis*, 815, art. 5 : *Neque eos sibi mansionaticos parare aut veredos dare cogant.*

[5] Ce sont celles dont il est parlé à l'art. 1 du capitulaire *de villis*, Boretius, p. 83, Baluze, I, 331 : *Ut villæ nostræ quæ ad opus nostrum serviendi institutas habemus, sub integritate partibus nostris deserviant et non aliis hominibus.* — Les mêmes terres sont appelées ailleurs *villæ indominicatæ* (édit de Pîtres, année 864, art. 8 ; Annales de Saint-Bertin, année 870, édit. Dehaisnes, p. 212).

données en bénéfice à des vassaux royaux[1]. Les autres enfin étaient à la disposition du comte[2]. Il était le maître, non seulement des revenus, mais de tous les hommes qui habitaient ces terres.

Ce n'est pas la même chose pour un fonctionnaire public de recevoir de son gouvernement un traitement fixe ou de percevoir lui-même une partie des profits de ce gouvernement. Dans le premier cas, sa dépendance se marque dans l'acte même qui le rémunère. Dans le second, il paraît échapper à cette dépendance. Les terres dont il jouit semblent à lui. Quand il prélève le droit de gîte, il agit comme s'il était le souverain. Dans les amendes qu'il perçoit, ni les autres hommes ni lui-même ne distinguent très nettement qu'une part re-

---

[1] C'est ce que les Annales de Saint-Bertin, p. 212, appellent les *villæ vassallorum*, et l'édit de Pistes, art. 8, *villæ hominum nostrorum*; [on trouve] souvent *beneficia*, *villæ beneficiales*.

[2] Édit de Pistes, année 864, art. 8 : *In omnibus villis tam nostris indominicatis quam et in his quæ sunt de comitatibus.* — *Comites qui nostra beneficia habere videntur*, capitulaire de 806, 6, p. 131. — Les Annales de Saint-Bertin rapportent qu'en 869 Charles le Chauve prescrivit à ses comtes de dresser la liste des bénéfices des vassaux, et aux vassaux de dresser la liste des bénéfices des comtes, *ut vassalli dominici comitum beneficia inbreviarent*, Annales de Saint-Bertin, année 869, p. 185. — Les trois sortes de domaines sont mentionnées dans un *præceptum* de Louis le Pieux de 817, Bouquet, VI, 500 : 1° *De proprio fisco nostro perticas LXXXIV*; 2° *de fisco nostro quem Werinfredus in beneficium habet perticas XCIX*; 3° *de fisco nostro quem Ruoculfus comes in ministerium habet perticas XXXII*. — Les terres du comte sont encore signalées dans cette formule d'âge carolingien (Zeumer, p. 280, Rozière, n° 317) : *Dedit ille episcopus de rebus ecclesiæ suæ, aut abbas ex rebus monasterii sui, aut comes ille ex comitatu suo aut beneficio suo*. — *Codex Laureshamensis*, n° 6, p. 16 : *Hanc villam habuerunt in beneficio Wegelenzo pater Warini, et post eum Warinus comes filius ejus in ministerium habuit ad opus regis, et post eum Bugolfus comes, quousque eam rex Carolus Sancto Nazario tradidit* (acte de 795). — *Berengarius comes dedit res ex beneficio suo, id est mansos centum* (diplôme de 825, Bouquet VI, 547). Notons que le comte fait ratifier sa donation par l'empereur.

présente ses honoraires. En théorie, il est rétribué par le roi ; dans la réalité apparente, c'est lui qui porte de l'argent au roi. Ce mode de rétribution avait pour effet visible que les comtés semblaient être mis en ferme. Sans doute cela était fort loin de la pensée de Charlemagne ; mais les institutions ne sont pas toujours exactement ce qu'on croit qu'elles sont. Au point de vue de ses intérêts les plus personnels, le comte était une sorte de fermier gérant un comté pour le roi et pour lui. De là à être un feudataire il n'y avait pas très loin.

5° VICAIRES, CENTENIERS, DIZAINIERS.

Le comte, qui avait des fonctions multiples et un ressort étendu, avait au-dessous de lui toute une hiérarchie d'autres agents et d'autres fonctionnaires. Les documents du IX° siècle les appellent des termes généraux de *judices* ou *agentes publici*[1]. Ils continuaient à représenter, au-dessous du comte, l'autorité publique, c'est-à-dire l'autorité du roi.

Les premiers parmi eux étaient les vicaires et centeniers. Il est difficile de dire si ces deux termes désignent deux catégories de fonctionnaires. Plusieurs textes établissent entre eux une entière similitude. Tantôt ils

---

[1] A l'époque carolingienne, *judices* désigne quelquefois tout l'ensemble des fonctionnaires, les comtes compris : *Reclament ad nos vel nostros judices* (lettre de Charlemagne à Offa, dans Jaffé, p. 557). *A judicibus nostris vindicentur* (capitulaire de 789, art. 67, Boretius, p. 59). Mais d'autres fois le même terme *judices* s'applique plus spécialement aux fonctionnaires de second ordre, le comte mis à part. Capitulaire de 809, art. 7, Boretius, p. 149 : *Neque comes neque judex neque scabinus*. *Capitulare Italicum*, 12, Boretius, p. 210 : *Volumus ut comites et eorum judices*. Capitulaire de 779, art. 19, Boretius, p. 51 : *Judex comitis*. Capitulaire de 789, art. 62, Boretius, p. 58 : *Inter episcopos, abbates, comites, judices*.

sont employés ensemble comme synonymes[1]. Tantôt ils sont employés séparément, mais dans des cas tout à fait analogues, comme s'ils pouvaient être pris l'un pour l'autre[2]. Sans rien affirmer, parce qu'il n'y avait pas de règles absolues, il semble que le plus souvent les vicaires et les centeniers aient été des fonctionnaires de même ordre. Peut-être les appelait-on ici vicaires, là centeniers. Peut-être même, en quelques endroits, portaient-ils à la fois les deux noms, le terme de centenier indiquant le ressort de leur action, et le terme de vicaire indiquant la nature essentielle de cette action, qui était de tenir la place du comte[3].

Ce que l'on peut constater tout d'abord, c'est qu'il y avait habituellement plusieurs vicaires dans chaque comté[4].

---

[1] Walafrid Strabo, *De exordiis ecclesiæ*, c. 31 : *Centenarii qui et centenariones vel vicarii.* — Capitulaire de 805, art. 12, Boretius, p. 124 : *Vicarii et centenarii tollantur.* — Capitulaire de 810, art. 3, Boretius, p. 153 : *Ut ante vicarium et centenarium de proprietate aut libertate judicium non terminetur.*

[2] *Ut comites et centenarii ad omnem justitiam faciendam....* (capitulaire de 802, art. 25, Boretius, p. 96). Cf. *ut comites et vicarii eorum legem sciant* (*capitulare incerti anni*, Boretius, p. 144, art. 4). — Remarquez aussi que la juridiction du centenier a exactement les mêmes limites que celle du vicaire; comparer capitulaires dans Boretius, p. 210 et 315. — L'identité du *vicarius* et du *centenarius* est surtout bien marquée dans le texte de Walafrid Strabo : *Centenarii vel vicarii presbyteris plebium conferri queunt.* Plus loin il dit que les *decani* sont placés *sub ipsis vicariis*, et dans la phrase suivante il dit de ces mêmes *decani* qu'ils sont *ministri centenariorum*.

[3] On pourra supposer aussi que dans les centènes les plus importantes le centenier ajoutait à son titre celui de *vicarius*. Toutes ces hypothèses sont également plausibles. Ce qui est sûr, c'est que les documents ne signalent aucune différence essentielle entre les *vicarii* et les *centenarii*.

[4] Capitulaire de 822, art. 5, Boretius, p. 302 : *Ante comitem vel vicarios ejus.* Nous ne voulons pas dire que ce fût une règle absolue. Il existait de très petits comtés, surtout au nord-est; ceux-là pouvaient n'avoir qu'un seul *vicarius* ou même n'en pas avoir du tout. Mais les comtés comme ceux d'Auvergne, d'Anjou, de Bourges, avaient plusieurs *vicarii*.

Ce que l'on constate ensuite, c'est que ces vicaires ne résidaient pas auprès du comte comme une sorte de conseil. Chacun d'eux avait sa circonscription à administrer. Le ressort du comte étant le territoire d'une *civitas*, ce ressort se partageait en districts analogues à nos cantons, et dans chacun d'eux résidait le vicaire ou centenier[1].

Le vicomte, *vicecomes*, ne doit pas être confondu avec les vicaires. Il n'y avait dans chaque comté, le plus habituellement, qu'un seul vicomte[2]. Il n'avait pas de

[1] Cela résulte de deux textes qu'il faut citer et expliquer : 1° Hincmar, *Ad regem de coercendo raptu*, c. 3, édit. Sirmond, t. II, p. 227, édit. de la Patrologie, t. I, col. 1019 : *Zelari debent, reges in regnis suis, regum comites in civitatibus suis, comitum vicarii in plebibus suis*. On voit qu'Hincmar ici place le *vicarius* dans sa *plebes*, comme le comte dans sa *civitas*, comme le roi dans son royaume. La *civitas* est un territoire analogue au diocèse. Ce qu'on appelait *plebes* dans la langue ecclésiastique du IX° siècle était un district intermédiaire entre le diocèse et la paroisse; dans la *plebes* ecclésiastique il y avait un archiprêtre et une église baptismale; synode de 904, art. 12 : *Ut singulæ plebes archipresbyterum habeant qui sollicitudinem gerat eorum presbyterorum qui per minores titulos habitant*. Synode de Pontion de 876, art. 11 : *Ecclesiæ baptismales quas plebes vocant*. — 2° Walafrid Strabo, *De exordiis ecclesiæ*, c. 31, établit un long parallèle entre les dignités laïques et les dignités ecclésiastiques. Il dit d'abord que le duc correspond au métropolitain, c'est-à-dire qu'il a plusieurs diocèses dans sa circonscription, que le comte correspond à l'évêque, c'est-à-dire que le comté a, le plus souvent, la même étendue que le diocèse et l'ancienne *civitas*. Puis, arrivant aux *vicarii*, il s'exprime ainsi : *Centenarii vel vicarii qui per pagos statuti sunt, possunt conferri presbyteris plebium qui baptismales ecclesias tenent et minoribus presbyteris præsunt* (Patrologie latine, t. CXIV, col 964 [cf. l'édit. Knœpfer]). — Les deux textes d'Hincmar et de Walafrid sont en parfait accord; la *plebes* ecclésiastique est une circonscription analogue au doyenné d'aujourd'hui; c'est un canton assez étendu. Le vicaire ou centenier est le chef administratif de ce canton, comme l'archiprêtre en est le chef spirituel.

[2] Il a pu y avoir des exemples de deux ou trois vicomtes dans un même comté; au X° siècle nous trouvons trois vicomtés dans le comté de Poitiers; mais le cas est rare, surtout au IX° siècle, tandis que pour les *vicarii* la pluralité était la règle ordinaire. — La différence entre le *vicecomes* et les *vicarii* a été bien démontrée par Sohm, p. 513-519; cf. note de Molinier dans Vaissette, I, 867, nouv. édit.

ressort spécial. Il résidait d'ordinaire auprès du comte et en cas d'absence il tenait sa place[1]. Quand le comte se rendait à la guerre ou au Palais, ou s'il était retenu par quelque fonction importante[2], il laissait son vicomte dans le comté. Même en temps ordinaire il se déchargeait sur lui du soin de juger les petites affaires[3]

---

[1] Archives nationales, Tardif, n° 107 : *Statuimus ut nullus comes vel vicecomes, aut vicarius vel centenarius, sive judex publicus.* — Capitulaire de 804, art. 14, Baluze, II, 170 : *Habeat unusquisque comes vicecomitem suum cum duobus aliis hominibus.* — Capitulaire de 844, pro Hispanis, art. 5, Baluze, II, 28 : *Comitis, aut vicecomitis, aut vicarii.* — Acte de jugement de 933, à Narbonne, dans Vaissette, édit. de 1875, t. V, preuves, p. 100 : *Resonabat in ipso privilegio quod nullus comes, seu vicecomes, nec vicarius, nec centenarius;* le diplôme porte le signum *Richildis vicecomitissæ.* — Le diplôme suivant, ibidem, p. 101, porte mention de deux *vicecomites*, mais on ne sait à quels comtés ils appartiennent. — Acte de jugement de 834, à Narbonne, Vaissette, II, preuves, col. 187 : *Beneficio comitis vel vicecomitis.* — Capitulaire de 884, art. 9, Pertz, I, 552 : *Placuit nobis ut comes præcipiat suo vicecomiti suisque vicariis et centenariis.* — Acte de 828 passé à Dijon (Pérard, p. 17) : *Convenit inter Leotgis vicecomitem et Albericum episcopum.* — Acte de jugement de 816, à Autun (Pérard, p. 35-36) : *Cum resedisset Theodericus comes in mallo publico.... Signum Eligario vicecomite Gerbaudus vicarius subscripsit.* — Le *vicecomes* est souvent appelé *vicedominus*, surtout dans le Midi. Vaissette, II, preuves, col. 64 : *In judicio Ciriliani vicedomini.* Acte de 791, ibidem, col. 57-58 : *Conditiones sacramentorum ex ordinatione Magnarii comitis de Narbona.... Testes ostenderunt coram vicedomino a Magnario comite misso.*

[2] Par exemple, Agobard, *Lettres,* Bouquet, VI, 364 : *Qui pagum Lugdunensem vice comitis regit.*

[3] Deux actes de jugement, dans le Languedoc, en 834 et en 858, sont passés *ex ordinatione Stephani vicedomini, et ex ordinatione Richelmi vicecomitis;* le tribunal est composé de huit ou neuf *judices* sous la présidence de ce vicomte qui représente visiblement le comte (Vaissette, t. II, preuves, col. 185 et 306). — Walafrid Strabo, *De exordiis,* 31 : *Minores causas determinant.* — Acte de jugement de 816, à Autun (Pérard, p. 36) : *In Augustoduno civitate in mallo publico ante Blitgario vicecomite et plures scabinos.* — Acte de jugement de 863, à Vienne (d'Achery, *Spicilegium,* t. XII, p. 154) : *Veniens Wilfradus ecclesiæ S. Mauricii advocatus in præsentia domni Adonis Viennensis ecclesiæ archiepiscopi et Erlulfi vicecomitis missi illustris Bosonis comitis vel judicum qui ibi aderant.* La suite porte mention de deux *vicarii*.

ou il le déléguait pour remplir telle ou telle mission dans le comté ou hors du comté[1].

Au-dessous des vicaires et centeniers, il existait encore d'autres agents de l'État. On les appelait des dizainiers, *decani*[2]. Chacun d'eux avait sa petite circonscription. Il ne faut pas que ces termes de centeniers et de dizainiers nous fassent supposer une division numériquement exacte par cent familles ou par dix familles. Rien de si régulier n'exista à cette époque. Ces mots n'étaient que des expressions de convention et contenaient l'idée de territoire, non celle de nombre. Rien n'assure non plus que chaque centène ait toujours contenu dix dizaines. Le centenier était le chef d'un canton assez grand. Au-dessous de lui quelques dizainiers administraient des districts plus petits, formés d'un gros bourg et de quelques villages[3].

---

[1] C'est pour cela qu'il est quelquefois appelé *missus comitis*. *Capitulare Langobardorum*, 782, art. 6, Boretius, p. 192 : *Illum distringat comis aut per missum suum aut per epistolam*. *Capitulare Aquisgranense*, 810, art. 2, Boretius, p. 153 : *Ut... comites illorum missos transmittant*. Walafrid Strabo, *De exordiis*, 31 : *Comites quidam missos suos præponunt secularibus qui minores causas determinant, ipsis majora reservent.* — Cartulaire de Saint-Victor de Marseille, n° 291, vers 814 : *Descriptio mancipiorum villæ quæ facta est temporibus viri illustris Eldeberto comite per suo misso Nortaldo vicedomino.* — Sohm a tort d'identifier toujours le *missus comitis* avec le *vicecomes*; un seul comte pouvait avoir, quoi qu'il en dise, plusieurs *missi* : *Tam cum comite suo quam cum missis ejus* (*præceptum pro Hispania*, 815, c. 5).

[2] Walafrid Strabo, *De exordiis*, 31 : *Decuriones vel decani qui sub ipsis vicariis quædam minora exercent*. L'écrivain les compare aux prêtres des paroisses, *presbyteris titulorum possunt comparari*.

[3] *Formulæ Senonenses*, 11, Zeumer, p. 217, Rozière, n° 667 : *Ducibus, comitibus, vigariis, centenariis et decanis*. *Formulæ Lindenbrogianæ*, 17, Zeumer, p. 278. — Voir encore dans une des formules de l'épreuve par le fer chaud, dans Zeumer, p. 616 : *Sigillet decanus manum ejus*, là où une autre formule analogue, dans Zeumer, p. 614, dit : *Fiat involuta manus sub sigillo judicis*. Le *decanus* est donc compté parmi les *judices*. — Il ne faut pas confondre ces *decani*, fonctionnaires publics, avec les *decani* des grands domaines privés (voir *capitulare de villis*, 10 et 58).

Dans le village lui-même il n'existait pas de représentant de l'autorité publique, par ce motif que le village d'alors était le plus souvent un domaine privé; il n'obéissait donc qu'à son propriétaire ou à l'agent de ce propriétaire.

Au-dessous du *decanus* lui-même il existait un personnel d'agents. Un écrivain contemporain de Louis le Pieux les nomme. Ils n'ont jamais eu assez d'importance pour figurer dans les actes officiels[1].

Ces vicomtes, vicaires, centeniers, dizainiers n'avaient pas chacun une attribution distincte et précise; ils avaient toutes les attributions du comte, mais dans un ressort plus petit. Chacun d'eux était à la fois un administrateur, un juge, un chef de police[2], et au besoin un chef de soldats. Leurs fonctions judiciaires sont celles qui sont le plus souvent mentionnées dans les documents[3]. On y voit que les tribunaux ou *mall* des

---

ni avec les *decani* des monastères (formules de Rozière n°° 330, § 2, 351, 361, § 2, 397, etc.). — Les *decani* fonctionnaires publics sont rarement cités dans les Capitulaires; je ne les trouve mentionnés nommément que dans un *capitulare Italicum* de 705 (Baluze, I, 543); mais ils sont compris sous la dénomination générale de *vel ceteris agentibus* ou *ministerialibus nostris*.

[1] Walafrid Strabo, *De exordiis*, 31 : *Sub ipsis ministris centenariorum sunt adhuc minores qui collectarii, quaterniones, duumviri possint appellari, quia colligunt populum et ipso numero ostendunt se decani minores*. Il les compare aux diacres et aux sous-diacres. Il nomme encore les *questionarii, id est qui reos examin· t*, puis les *reredarii*, les *commentarienses*, les *ludorum exhibitores*. — Remarquer que le terme *capitanei*, qui se rencontre au IX° siècle, n'est pas le nom d'un fonctionnaire, il est un simple adjectif : *Omnes fideles nostri capitanei*, Boretius, p. 135; Annales de Lorsch, dans Bouquet, V, 44.

[2] Capitulaire de 801-813, Boretius, p. 171 : *Ut comites in suo comitatu carcerem habeant et... vicarii patibulos habeant.*

[3] Capitulaire de 805, Boretius, p. 124, art. 12 : *Vicedomini, vicarii et centenarii sciant et velint juste causas discernere et terminare.* — Hincmar, *Epistolæ*, IV, 15 : *Comites et vicarii vel etiam decani plurima placita constituunt.* — *Formulæ codicis S. Emmerammi*, Zeumer, p. 463 :

cantons sont tenus par eux, et que le tribunal procède comme s'il était présidé par le comte. On y reconnaît qu'ils jugent les procès civils aussi bien que les procès criminels. Seulement il faut observer que les causes les plus importantes leur échappent. Ils ne peuvent connaître, au civil, des questions de propriété foncière ou des questions d'État; au criminel, ils ne jugent ni le meurtre, ni l'incendie[1]. On aperçoit déjà ici la distinction entre haute et moyenne justice qu'on retrouvera dans tout le moyen âge.

Cette liste d'agents royaux de tout ordre que nous venons de dresser laisse bien voir que le personnel administratif était plus nombreux à l'époque carolingienne qu'il n'avait été à aucune des époques précédentes, et que cette hiérarchie de fonctionnaires royaux pénétrait fort avant dans la population. Il est assez curieux que ce développement du réseau de fonctionnaires se soit justement opéré à la veille du jour où le régime féodal allait l'emporter.

En étudiant de près ce même système administratif,

In illa civitate, in mallo publico, ante illo vicario. — Formulæ Bignonianæ, Zeumer, p. 230, Rozière, n° 460 : *Cum resedisset inluster vir ille vicarius illo comite (illius comitis).* — Cartulaire de Saint-Victor de Marseille, n° 26, jugement rendu en 845 *ante Ratberdum vicarium.* — Capitulaire de 811, art. 4, Boretius, p. 176 : *In placito centenarii.* — Ibidem, Boretius, p. 171, art. 8 : *De placito comitis vel vicarii.*

[1] Capitulaire de 814, Boretius, p. 315 : *Omnis controversia coram centenario definiri potest, excepto redditione terræ et mancipiorum quæ nonnisi coram comite fieri potest.* — Boretius, p. 210, art. 14 : *Ut ante vicarios nulla criminalis actio diffiniatur nisi tantum leviores causæ.* — Observons toutefois que plusieurs actes de jugement, cités à la note précédente, sont en désaccord avec ces capitulaires. La loi et la pratique n'étaient pas tout à fait d'accord. Cela paraît aussi contredit par cet article d'un capitulaire : *Ut comites, unusquisque in suo comitatu, carcerem habeant, et judices et vicarii patibulos habeant* (Boretius, p. 171, art. 11).

nous y remarquons quelques règles ou quelques rouages qui expliquent en partie le triomphe de la féodalité et qui y ont au moins contribué.

Une première chose nous frappe à la lecture des documents : c'est que, dans l'intérieur de chaque comté, la longue hiérarchie des agents inférieurs semble dépendre du comte plus que du roi. Il est bien vrai que dans les actes officiels le roi les compte tous comme ses agents, *comitibus, vicariis, centenariis et reliquis agentibus nostris*. Il les fait entrer dans l'énumération des *ministri reipublicæ*[1]. Leurs offices sont, sans nul doute, des offices royaux[2]. Cependant ils parlent d'eux presque toujours comme s'ils étaient, non leurs serviteurs, mais les serviteurs des comtes. Ces hommes sont les subordonnés du comte, *juniores comitis*, les agents du comte, *ministri comitis*[3]. Ils n'apparaissent pas comme vicaires ou centeniers du roi, mais comme vicaires ou centeniers du comte[4]. C'est le comte qui leur

---

[1] *Vicariis atque centenariis ac reliquis ministris reipublicæ*, capitulaire de Carloman, art. 9, 884, Pertz, I, 552.

[2] *Ministerium nostrum amittant*, dit le roi en parlant des *vicarii*. Capitulaire de Worms, 829, 2ᵉ p., art. 15, Walter, II, 384 [Krause, p. 17].

[3] *Sire ad vos ipsos*, dit Charlemagne s'adressant aux comtes, *sive ad juniores vestros* (*capitula ad comites directa*, dans Boretius, p. 184, art. 2). Notons que *juniores* ne signifie pas les administrés du comte ; on disait *pagenses*. *Juniores* désigne les agents inférieurs ; *junior* dans la langue du temps désigne l'inférieur, comme *senior* le supérieur. — *Neque a comite neque a junioribus et ministerialibus ejus*. Præceptum pro Hispanis, 815, art. 1, Boretius, p. 262. — *Per comitem ac ministros ejus*. Capitulaire de 818, art. 11, Boretius, p. 282. — *A comite aut a ministris ejus*. Capitulare Lotharii, 822, art. 18, Boretius, p. 519. — Concile de Chalon de 813 (Sirmond, II, 312) : *Ministros comitum quos vicarios et centenarios vocant*. — Capitulaire de 818, art. 6, p. 281 : *Per comitem aut per missum ejus*.

[4] *Vicarii comitum*, Hincmar, *loco citato*. — *Jussione comitis vel vicarii aut centenarii sui*, capitulaire dans Boretius, p. 137. — *Ut comites et vicarii*

donne des ordres, et les instructions royales ne leur parviennent que par lui¹. Ils ne sont les agents du roi que médiatement².

Ce qui rendait cette situation plus sensible encore, c'est qu'il existait à côté d'eux d'autres hommes qui avaient les mêmes titres de vicaires, de vidames, de centeniers, et qui étaient les agents des évêques ou des abbés à titre privé³. Il ne semble pas que dans la pratique on distinguât beaucoup les uns des autres. Les hommes voyaient dans les uns des agents du comte, comme dans les autres des agents de l'évêque. Le caractère de représentants de l'autorité publique s'effaçait chez tous ces fonctionnaires inférieurs.

Nous possédons la formule d'une lettre écrite par le comte à un vicaire, et nous y pouvons voir de quel ton le supérieur parlait à l'inférieur⁴. « Sache que nous te

---

eorum, capitulaire de 814, art. 4, Boretius, p. 144. — *Comites et eorum centenarii*, capitulaire de 811, art. 2, Boretius, p. 165. — *Centenarium comitis*, capitulaire de 819, art. 19, p. 290. — *Ante comitem vel vicarios ejus*, capitulaire de 822, art. 5, Boretius, p. 302. — *Comites per vicarios et officiales suos*, Moine de Saint-Gall, I, 30. — *Ante Ratbertum vicarium de Adalberto comite* pour *Adalberti comitis*), Cartulaire de Saint-Victor, n° 26. — *Habeat unusquisque comes vicarios et centenarios suos secum*, capitulaire de 825, art. 4, Pertz, I, 247. — *Dum Sturmio comes cum suos judices*, acte de 854, dans dom Vaissette, II, preuves, col. 186.

¹ Capitulaire de 884, art. 9, Pertz, I, 552 : *Ut comes præcipiat suo vicecomiti suisque vicariis atque centenariis ut....* Ibidem : *Ut ministri comitis habeant auctoritatem nostram et sui comitis*.

² La règle n'est pas absolue. On voit en 807 Charlemagne donner des instructions aux *vicarii*, sinon directement, au moins par ses *missi* : *Hoc unusquisque vicarius in suo ministerio una cum missis nostris prævideat*, Boretius, p. 136, art. 4.

³ Capitulaire de 802, art. 13, Boretius, p. 95 : *Ut episcopi, abbates, abbatissæ advocatos atque vicedominos centenariosque legem scientes et justitiam diligentes habeant*.

⁴ *Formulæ Merkelianæ*, 51, Zeumer, p. 259. Rozière, n° 886. M. Waitz croit que cette formule est du temps de Charlemagne.

mandons qu'au sujet de l'office que nous t'avons confié tu apportes un grand zèle et beaucoup d'attention.... Pour les procès qui viennent devant toi de ton ressort, fais l'enquête et juge comme je ferais moi-même, sans que rien te trouble ou t'arrête, et n'accepte pas de présents. Fais attention à n'apporter aucune négligence et montre du zèle si tu veux avoir nos bonnes grâces[1]. » C'est le langage d'un maître qui tient l'inférieur à sa discrétion.

On voudrait savoir avec une pleine certitude par qui ces centeniers et dizainiers étaient nommés. Quelques érudits modernes, préoccupés par la pensée que les libertés populaires avaient dû être très fortes à cette époque, ont soutenu qu'ils avaient été élus par la population. Il leur a semblé que le centenier avait dû être nommé par l'assemblée des hommes libres de la centène, le dizainier par celle de la dizaine.

Cependant les documents ne font aucune mention d'assemblées de cette sorte. S'ils signalent des assemblées générales, ils ne fournissent aucun indice d'assemblées locales. Les Capitulaires, qui réglementent toutes choses, ne contiennent aucun règlement sur de telles assemblées, ne donnent aux *missi* aucune instruction qui les concerne, ne font aucune allusion à leur convocation ni aux droits qu'elles exerceraient.

L'opinion que nous avons devant nous s'appuie uniquement sur deux textes légèrement observés.

---

[1] Les derniers mots de la lettre, *si gratiam nostram velis habere*, sont précisément ceux dont le roi se servait, parlant à ses agents (Marculfe, I, 11). Ce qui est curieux ici, c'est que le comte ne dit pas « si vous voulez avoir les bonnes grâces du roi », mais « si vous voulez avoir mes bonnes grâces ».

Le premier est une phrase où Charlemagne dit que « là où il se trouvera des vidames, vicaires ou centeniers qui soient mauvais, ils devront être destitués et l'on en devra choisir de meilleurs[1] ». Parce que Charlemagne emploie dans cette phrase le mot *eligantur*, on en conclut tout de suite qu'il s'agit d'une élection par un peuple assemblé. Mais on ne fait pas attention que le mot *eligere* n'a jamais signifié *élire*. Que l'on prenne le latin classique, on ne lui trouvera pas ce sens. Quand Cicéron emploie *eligere*, il veut parler d'un choix, non d'une élection[2]; et quand il veut parler d'une élection, il emploie de tout autres termes. Il en est de même dans la langue du moyen âge. Aucun terme n'est plus fréquent que *eligere*; mais observez-en l'emploi, et vous reconnaîtrez que les hommes ne mettaient pas dans ce mot l'idée que nous attachons aujourd'hui à notre mot *élire* ou à notre mot *élection*[3]. Maintes fois

---

[1] Capitulaire de Thionville, de 805, c. 12, Boretius, p. 124 : *Ut pravi advocati, vicedomini, vicarii et centenarii tollantur, et tales eligantur quales et sciant et velint justæ causas discernere.* — Rapprocher de cela un article d'un autre capitulaire incerti anni, Boretius, p. 144 : *Ubicumque inveniuntur vicarii aliquid mali consentientes vel facientes, ipsos ejicere et meliores ponere jubemus.*

[2] Exemples : *Facere alicui potestatem optionemque ut eligat utrum velit* (Divinatio in Cæcilium, c. 14). *Permitto ut de tribus Antoniis eligas quem velis* (Philippiques, X, 2). *Ex malis eligere minima oportet* (De officiis, III, 1). *Sunt firmi et constantes amici eligendi* (De amicitia, 17).

[3] Quand les hommes veulent parler d'élection, ils ajoutent *a populo*. Ainsi, une véritable élection avait lieu pour les évêques; on disait donc d'eux *eligantur a clero et a populo*. Mais *eligere* tout seul ne présente pas ce sens. Pour que l'idée d'élection soit dans ces termes, il faut qu'il y ait à côté le mot *populus* : *Episcopi per electionem cleri et populi*, capitulaire de 818, art. 2, Boretius, p. 276. Il est clair que quand nous lisons *monachi eligunt abbatem, populus eligit episcopum*, nous pouvons traduire *eligere* par élire; au fond il signifie encore choisir, et nous pourrions aussi bien traduire : les moines choisissent leur abbé, etc.; mais nous pouvons aussi traduire par élire, parce qu'il y a une collection d'hommes dans ces phrases.

nous lisons qu'un évêque nomme un archidiacre ou un archiprêtre, *eligit*. L'évêque lui-même est nommé par le roi, *a rege electus*[1]. Un homme préfère-t-il la vie monacale au siècle, *eligit monachus fieri*; cette expression est dans presque toutes les Vies des saints[2]. Charlemagne lui-même l'emploie vingt fois dans des cas où il est visible qu'aucune élection n'a lieu[3], par exemple lorsqu'il dit que dans un procès l'accusateur doit choisir ses témoins, *testes eligere*[4]. Il l'emploie pour désigner une nomination qui est faite par un seul homme, par un supérieur. Il l'emploie quand ce sont ses *missi* eux-mêmes qui choisissent et qui nomment[5]. Or il se trouve que ce même article où Charlemagne dit que « les mauvais conteniers doivent être destitués, et de meilleurs doivent être choisis à leur place », fait partie d'une instruction adressée, non au peuple, mais à ses *missi*[6].

Le second texte qu'on allègue est un article d'un

---

[1] *Leobinum a rege electum, Vita S. Leobini*, 14, Bouquet, III, 431. — *Per electionem reginæ ad episcopatum accessit Dinifius*, Grégoire de Tours, *Historia Francorum*, X, 31, § 11.

[2] Ajouter, pour Charlemagne même, cet article d'un capitulaire, en parlant de ceux qui renoncent au siècle : *De relinquentibus seculum, ut unum e duobus eligant, aut secundum canonicam aut secundum regularem institutionem vivere* (Boretius, p. 122), et un peu plus loin : *Ut puellulæ non velentur antequam elegere sciant quid velint*. Capitulaire de 819, art. 21, p. 278 : *Feminæ id quod eligere debent eligant*.

[3] Capitulaire de 794, art. 9, Boretius, p. 75 : *Episcopus elegit ut suus homo ad Dei judicium iret*. Il s'agit d'un évêque qui, étant accusé, préfère le combat judiciaire au serment.

[4] Capitulaire de 805, art. 11, Boretius, p. 124 : *Accusatorem liceat testes eligere.... De ipso pago testes elegantur*.

[5] Capitulaire de 803, art. 3, Boretius, p. 115 : *Ut missi nostri scabinios, advocatos, notarios per singula loca elegant*. — Capitulaire de 819, art. 8, p. 288 : *Volumus ut missi nostri homines eligant quorum curæ sit pontes emendare*.

[6] *Capitulare missorum in Theodonis villa datum*, Boretius, p. 120-122.

capitulaire de 809, dans lequel se trouve aussi le mot *eligere*[1]. Mais on n'a pas remarqué qu'il s'agit ici de vidames, de prévôts, de *advocati* ou avoués, c'est-à-dire de fonctionnaires des évêques ou abbés, et non pas de ces fonctionnaires royaux qu'on appelait vicaires, centeniers ou diziniers[2]. Cet article, écrit en 809, ne fait que reproduire un article semblable écrit en 802 par lequel Charlemagne avait prescrit « que les évêques, abbés et abbesses choisissent des vidames, avoués et centeniers qui eussent la connaissance des lois et l'amour de la justice[3] ». Lors donc qu'il emploie ici le mot *eligantur*, il ne se peut pas qu'il songe à une élection populaire ; car nous savons bien que dans les domaines de l'Église où les hommes obéissaient à titre privé, il n'y avait aucune espèce d'élection populaire, et que ces vidames, avoués ou prévôts étaient « choisis » par l'évêque, par l'abbé, ou par l'abbesse. Le capitulaire de Charlemagne ne modifie nullement ce mode de nomination. Il recommande aux dignitaires ecclésiastiques de ne faire que de bons choix. Il ajoute cette précaution que la nomination que fera l'évêque, l'abbé

---

[1] Capitulaire de 809, art. 22, Boretius, p. 151 : *Ut vicedomini, prepositi, advocati, boni et veraces et mansueti cum comite et populo eligentur.*

[2] Il est vrai que deux des manuscrits, notamment le n° 9654 de Paris, folio 22, ajoutent les deux mots *judices* et *centenarii*. Mais les agents des évêques étaient appelés *judices*, et les évêques avaient même des *centenarii*.

[3] Capitulaire de 802, art. 13, Boretius, p. 93 : *Ut episcopi, abbates atque abbatissæ advocatos atque vicedominos centenariosque legem scientes et justitiam diligentes et mansuetos habeant.* Plus loin il ajoute les *præpositi* : *Neque præpositos neque advocatos damnosos et cupidos in monasteria habere volumus.* Noter que dans cette dernière phrase *habere* a le sens que nous donnons à notre expression « il y a », et la phrase doit se traduire ainsi : « Nous ne voulons pas qu'il y ait dans les abbayes des prévôts ou avoués malfaisants ou cupides. »

ou l'abbesse devra être faite en présence du comte et en public, *cum comite et populo*[1]. Mais il ne veut nullement dire que ces vidames et prévôts soient élus « par le comte et par le peuple », ce qui n'aurait aucun sens[2]. De même quand Hincmar dit des conseillers de Charlemagne *eligebantur*[3], il n'entend pas dire qu'ils fussent élus par le peuple : ils étaient choisis par l'empereur.

On peut être assuré qu'il n'y a pas un seul texte du VIII° ou du IX° siècle d'où il résulte que les vicaires, centeniers, dizainiers fussent des magistrats électifs. S'ils l'eussent été, les rois ne les appelleraient pas « nos agents » ou « les agents des comtes[4] ». S'ils l'eussent

---

[1] *Cum* a fréquemment le sens de *coram* dans la langue du VIII° et du IX° siècle. — La même prescription de Charlemagne est exprimée ainsi dans un autre capitulaire : *Volumus ut advocati in presentia comitis eligantur* (capitulare Italicum, Boretius, p. 210, art. 11) ; et encore : *Volumus ut episcopus una cum comite suo advocatum eligat* (ibidem, 822, p. 319, art. 9).

[2] Je trouve encore dans M. Beauchet, p. 222, un autre texte qui serait celui-ci : *Ut judices, advocati, præpositi, centenarii, scabinii, quales meliores inveniri possunt et Deum timentes, constituantur ad sua munera exercenda cum comite et populo eligantur mansueti et boni* (capitulaire de 809, art. 11, Pertz, I, 156, cf. Boretius, p. 149). — Mais on aurait dû remarquer que dans tous les manuscrits, sauf un seul, la phrase s'arrête au mot *exercenda* et que par conséquent il n'y est question ni du comte ni du peuple, ni d'aucune espèce d'élection. Le seul manuscrit qui porte les mots qui suivent est le n° 4995, de Paris, folio 55 ; or il faut noter que ce manuscrit réunit les deux capitulaires qui portent les n°° 61 et 62 de l'édition de Boretius ; il confond en un seul article l'article 11 du premier et l'article 22 du second. — Tout le système de M. Beauchet fondé sur ce texte est erroné. Quand il ajoute que « cette participation du peuple à l'élection des centeniers lui paraît conforme à l'esprit de la législation carolingienne qui était de ressusciter les anciennes institutions franques », il présente une hypothèse à l'appui de laquelle il aurait de la peine à citer un texte ou un fait.

[3] Hincmar, *De Ordine palatii*, 31.

[4] On ne dirait pas le centenier du comte, *centenarium comitis*, comme dans un capitulaire de 819, art. 19, p. 290, ou, comme dans un autre de 811, art. 2, p. 165, *comites et eorum centenarii* [cf. p. 442, n. 4].

été, les Capitulaires mentionneraient des assemblées locales. Ils s'occupent d'objets beaucoup moins importants que ne le serait la tenue de ces réunions ou les abus qui s'y devaient produire.

Mais, s'il est inadmissible que les vicaires et centeniers fussent élus par le peuple, on ne voit pas davantage qu'ils fussent nommés par le roi. Outre que les écrivains et les Formules ne fournissent pas un seul exemple d'un roi nommant un centenier, les capitulaires que nous venons de citer impliquent que ces fonctionnaires n'avaient pas été choisis par le roi.

Leur nomination appartenait au comte. Cette vérité ressort de plusieurs documents. Quand le comte écrit à son vicaire, il lui rappelle que c'est lui-même « qui lui a confié son office[1] ». Dans un concile de 813, les évêques recommandent aux comtes, non seulement d'être justes eux-mêmes, mais encore de « n'avoir pour agents, c'est-à-dire pour vicaires et centeniers, que des hommes qui soient justes aussi ». C'est une recommandation qu'ils ne feraient pas aux comtes si les comtes n'avaient choisi eux-mêmes leurs agents[2]. En 858, Hincmar, au nom de plusieurs évêques, écrit à un roi: « Établissez des comtes et des fonctionnaires publics qui ne recherchent pas les présents et n'oppriment pas leurs administrés. Que ces comtes à leur tour établissent des agents qui aiment la justice et qui

---

[1] *Formulæ Merkelianæ*, 51 : *Mandamus tibi de tuo ministerio quod tibi commendavimus.*
[2] Concile de Chalon de 813, art. 21, Mansi, XIV, 98; Sirmond, II, 512 : *Comitibus hoc summopere observandum est ut juste judicent et nequaquam in judicio munera seu personas accipiant. Sed et ministros, quos vicarios et centenarios vocant, justos habere debent; ne forte eorum avaritia aut rapacitate populus gravetur.*

suivent leur propre exemple¹. » On voit ici bien clairement que le choix des fonctionnaires inférieurs appartient au comte, comme celui des comtes appartient au roi².

Nous pouvons donc considérer comme certain que les vicomtes, vicaires, centeniers, dizainiers, n'étaient ni élus par le peuple ni choisis par le roi. Ils étaient nommés par le comte. Non qu'ils ne fussent, en théorie, de vrais agents royaux. Il n'est même pas douteux que le roi n'ait eu le droit de les nommer. Mais il s'était déchargé de ce soin sans penser aux conséquences, ou bien les comtes avaient aisément usurpé cette prérogative.

On s'explique alors les instructions données par Charlemagne à ses *missi* en 805 et en 809. Comme il a pleinement le droit de surveiller tous ces agents, il veut que ses *missi* s'assurent de leur capacité et de leur conduite. « Là où ils seront trouvés insuffisants et mauvais, nous voulons qu'ils soient destitués, *tollantur*,

---

[1] Hincmar, *Epistola ad regem Ludovicum*, édit. Sirmond, t. II, p. 137, édit. de la Patrologie, t. II, col. 19-20 : *Constituite ministros palatii qui Deum cognoscant, qui maximam curam gerant.... Constituite comites et ministros reipublicæ qui non diligant munera, qui odiant avaritiam, qui detestentur superbiam, qui non opprimant neque dehonestent pagenses, qui messes et vineas et prata ac silvas eorum nequaquam devastent, qui eorum pecora vel friskingas non prædentur.... Ipsi comites similiter, quantum potuerint, similes sibi timentes Deum et justitiam diligentes per se ministros constituant, qui, sicut seniores suos benignos et affabiles pagensibus suis viderint, et ipsi pro modulo suo illos imitari certent.*

[2] Ajoutons ce capitulaire de 802, art. 25, Boretius, p. 96 : *Ut comites et centenarii... juniores tales in ministeriis suis habeant in quibus securi confident, qui legem adque justitiam observent*, etc. — Pour le vicomte, une lettre d'Agobard prouve qu'il était au choix du comte ; l'archevêque de Lyon loue « son comte Bertmund » *qui bene* HABEAT ORDINATUM *de justitiis comitatum suum et qui* TALEM VIRUM PRO SE CONSTITUERIT *qui propter amorem et timorem senioris sui hæc strenue gerat* (Bouquet, VI, 360).

et que de meilleurs soient choisis à leur place, *eligantur*[1]. » Destitués par qui? Par le *missus*, visiblement. Choisis par qui? Probablement encore par ce même *missus*; et c'est ce qui est exprimé formellement dans deux manuscrits : « Que de meilleurs soient mis à leur place par nos *missi*[2]. » On se tromperait si l'on concluait de là que la nomination des centeniers appartint normalement au *missus* royal. Elle ne lui appartenait que par exception. De même qu'il avait le pouvoir de redresser tous les actes des comtes, il pouvait aussi destituer un agent nommé par eux, et, s'ils ne consentaient à en choisir un meilleur, faire lui-même ce choix.

La règle ordinaire était que, le comte étant seul nommé par le roi, tous les fonctionnaires inférieurs du comté fussent nommés par le comte. Il paraît même que le comte avait le droit de les révoquer. Lorsqu'il écrit à son vicaire : « Remplis avec zèle l'office que nous t'avons confié.... et prends garde d'y apporter quelque négligence si tu veux avoir nos bonnes grâces », il semble bien qu'il y ait dans ce langage une menace de révocation.

Le comte était donc un maître à l'égard de tous les autres fonctionnaires publics. Cette omnipotence n'était limitée que par l'inspection annuelle du *missus* royal. Mais, qu'il vienne un jour où cette institution des *missi* disparaisse ou s'affaiblisse, le comte sera visiblement un maître absolu dans son comté. Il n'a pas d'assemblée locale qui contrôle ses actes. Il n'existe

---

[1] *Capitularia*, édit. Boretius, p. 124, art. 12.
[2] *Ubi mali inventi fuerint, a missis nostris mittantur meliores.* C'est ce que portent le manuscrit de Paris n° 9654 et le *Vaticanus* 582. — Comparer capitulaire de 803, art. 3, Boretius, p. 115 : *Ut missi nostri scabinios, adrocatos, notarios per singula loca elegant*

rien qui ressemble au conseil provincial de l'Empire romain, rien qui ressemble au conseil général d'aujourd'hui. L'autorité du comte, qui n'est pas limitée légalement par des assemblées locales, n'est même pas affaiblie dans la pratique par la présence d'agents inférieurs qui soient nommés directement par l'État. Tout, populations et fonctionnaires, dépend de lui seul et est à sa discrétion. Il dépend du roi, mais dans son comté il est un roi.

Nous retiendrons ces faits pour nos études à venir. Il suffira, en effet, que le lien qui attache ce comte au roi soit rompu ou soit seulement relâché pour que ce comte devienne un feudataire indépendant sans que rien soit changé dans son comté. Ce n'est ni la population locale ni la série des fonctionnaires qui lui fera obstacle.

―

Ainsi, l'administration carolingienne, toute monarchique qu'elle est, renferme pourtant des germes qui contribueront à former le régime féodal. La hiérarchie des ducs, comtes, vicomtes, vicaires, centeniers et dizainiers se retrouvera dans ce régime. Quelques-uns de ces noms, à la vérité, disparaîtront, comme trop humbles, mais on aura des ducs, des comtes, des vicomtes, des châtelains, des barons. A cette hiérarchie correspondra toute une échelle de fiefs et d'arrière-fiefs. Ceux qui ont dit que la féodalité était une armée qui était venue s'établir sur le pays et qui s'était découpé le territoire en conservant ses généraux, ses colonels, ses capitaines et ses soldats, ont exprimé une hypothèse, c'est-à-dire une pure idée de l'esprit, qui n'a jamais eu aucune réalité. La hiérarchie féodale n'est pas autre chose, à quelques nuances près, que la hiérarchie administrative de Charlemagne. Sous Charlemagne elle obéissait; plus tard elle a cessé d'obéir, et le système féodal s'est constitué. La hiérarchie administrative a été la charpente et comme l'ossature de ce système.

CHAPITRE XI

[Du pouvoir législatif et] de la confection des lois[1].

[Tels étaient les organes à l'aide desquels gouvernait le roi carolingien. Examinons maintenant quelle était l'étendue de ses droits, comment il les exerçait, et quelles charges incombaient aux populations.

Une première question se pose. Dans quelle mesure la royauté carolingienne a-t-elle possédé le pouvoir législatif, qui avait appartenu en propre aux rois mérovingiens comme aux empereurs romains?]

Le petit-fils de Charlemagne a écrit dans un de ses capitulaires : *Lex consensu populi fit et constitutione regis*[2]. Cette phrase de Charles le Chauve signifie-t-elle, comme il semble à la première apparence, qu'au IX⁰ siècle le droit de faire les lois appartînt à la nation? Signifie-t-elle au moins que ce droit fût partagé entre la nation et le roi? Telle est la question que nous nous proposons d'étudier ici. Pour la résoudre, il est clair

---

[1] [*Revue historique*, t. III, p. 3 et suiv.]
[2] Édit de Pistes, année 864, c. 6, dans Pertz, *Leges*, t. I, p. 489, et dans Baluze, Capitulaires, t. II, col. 177.

qu'il ne suffira pas d'observer cette phrase isolément; il la faudra examiner au milieu de son contexte. Cela même ne sera pas assez : il sera nécessaire au préalable de passer en revue les documents divers de l'époque carolingienne qui peuvent nous renseigner sur la manière dont les lois étaient faites et sur la nature du pouvoir législatif au viiie et au ixe siècle.

[1° QUE L'AUTORITÉ LÉGISLATIVE N'APPARTIENT QU'AU ROI.]

Pour qui a lu complètement et de suite les capitulaires de Pépin, de Charlemagne, même de Louis le Pieux, il n'est guère possible de mettre en doute que l'autorité législative n'appartint tout entière au prince. On n'y trouve jamais la marque de la volonté formelle et précise d'une assemblée nationale. Si l'on y rencontre fréquemment l'expression du *consentement général*, ces termes vagues ne peuvent pas être considérés comme l'indice d'une discussion ni d'un vote; quant aux fidèles et aux grands, dont l'adhésion est souvent mentionnée, ils n'ont pas été désignés par la nation et ne la représentent pas. Le vrai législateur est toujours le prince. Dans ses considérants, il allègue d'ordinaire, non la volonté d'une assemblée, mais son devoir de roi ou son désir de plaire à Dieu. Ce n'est pas la nation qui parle, c'est le roi. Il dit : « Nous ordonnons, nous prescrivons, nous défendons, il nous plaît[1]; » et ce

---

[1] *Carolus gratia Dei rex... Statuimus... Omnino prohibemus.... Decrevimus* (capitulaire de 769 [Boretius, p. 45]). — *Placuit nobis ut comites nostri...* (capitulaire de 793 [ou 794], art. 13 [Boretius, p. 201]). — *Statuit domnus rex* (capitulaire de 794, art. 4 [Boretius, p. 74]). — *Curavimus, sancimus, promulgavimus* (capitula addita ad Legem Langobardorum, année 801 [Boretius, p. 205]). — *Præcipimus omnibus*

pluriel désigne, sans nul doute possible, la seule personne du prince. On ne saurait trouver durant ces trois règnes ni une loi que la population assemblée ait imposée au roi, ni une loi qui, proposée par le roi, ait été rejetée par la population. Charlemagne fut un législateur infatigable, et jamais législateur ne marqua son œuvre d'un cachet plus personnel : sa pensée et sa volonté respirent partout.

On a des exemples de pétitions adressées à l'empereur; mais elles ne sont pas rédigées par un peuple réuni en assemblée régulière[1]. Celle de l'année 803, dont le texte nous a été conservé, est particulièrement instructive. Elle porte ce titre : *Petitio populi ad imperatorem*. Croire qu'elle ait été composée par une assemblée nationale serait une erreur; car l'empereur, dans sa réponse, dit précisément qu'il attendra le temps de l'assemblée, *quando ad generale placitum venerimus*. Il est difficile aussi d'admettre que les mots *petitio populi* doivent être pris à la lettre et qu'il y ait eu un pétitionnement universel de la population. Il ne s'agit, à vrai dire, que de l'intérêt des évêques, et la demande a été certainement inspirée et dictée par eux, bien qu'elle soit présentée par un groupe de seigneurs laïques[2]. Cette pièce commence ainsi : « Nous tous, flé-

---

ditioni nostræ subjectis (capitulaire de 803, art. 3). — *Placet nobis de teloneis.... De heribanno volumus ut missi nostri...* (3ᵉ capitulaire de 805, art. 13 et 19 [Boretius, p. 124-125]). — *Volumus firmiter omnibus in imperio nostro notum fieri ut....* (capitulaire de 820 [Boretius, p. 294]).

[1] En 803 (Baluze, Capitulaires, t. I, p. 405-408). — En 828 (Pertz, *Leges*, t. I, p. 326 et 332). — En 855 (Pertz, ibidem, p. 435).

[2] Qu'ils soient des seigneurs, c'est ce qui résulte des mots : *Fidelibus nostris... nostros homines cum eorum hominibus... nos et nostri* (Baluze, col. 408); qu'ils soient des laïques, c'est ce qui ressort avec une pleine évidence du texte tout entier; mais la pensée religieuse et la main de l'épiscopat se voient aussi partout.

chissant les genoux, nous adressons cette prière à Votre Majesté afin que les évêques, à l'avenir, ne soient plus écrasés comme aujourd'hui par l'obligation d'aller à la guerre¹. » Ce n'est certainement pas ainsi que s'exprimeraient des hommes qui posséderaient une part de l'autorité législative, et il n'y a pas non plus dans le reste de cette longue pièce un seul mot qui fasse allusion à l'existence d'une assemblée délibérante. C'est à l'empereur seul qu'on demande une loi nouvelle, parce qu'on voit en lui l'unique auteur de la loi. Aussi l'empereur répond-il immédiatement et en son nom propre qu'il accorde ce qu'on lui demande.

Il y a sans doute une distinction à faire entre les simples capitulaires et les lois proprement dites. Plusieurs textes marquent que ces deux séries d'actes n'étaient pas absolument confondues². Toutefois la limite qui les séparait est fort difficile à apercevoir. Les capitulaires embrassaient les mêmes matières que les lois; ils s'appliquaient aussi bien au droit civil qu'au droit criminel; ils décidaient les questions de succession, de mariage, d'affranchissement, de même qu'ils punissaient le meurtre, l'inceste, le parjure. Ils n'avaient pas moins de valeur dans la pratique que les lois, et les populations leur devaient la même obéissance. Il est assez visible que Charlemagne ne permettait pas qu'on dérogeât à ses capitulaires; Louis le Pieux et Charles le Chauve proclament plusieurs fois que leurs

---

¹ *Flexis omnes precamur poplitibus Majestatem Vestram ut episcopi deinceps, sicut hactenus, non vexentur hostibus; sed quando vos nosque in hostem pergimus, ipsi propriis resideant in parrochiis* (Baluze, p. 405).

² Voir le préambule du capitulaire de 817 [818-819, cf. Boretius, p. 266] dans Pertz, p. 205 [Boretius, p. 275], et Hincmar, *De institutione Carolomanni* (*De Ordine palatii*), c. 8.

capitulaires doivent être observés par tous et à perpétuité[1].

Ce qui diminue d'ailleurs singulièrement la distance que l'on est tenté de supposer entre les capitulaires et les lois, c'est que l'on voit fréquemment les princes transformer leurs capitulaires en lois par leur seule volonté, ou ordonner de les écrire parmi les lois, ou enfin prescrire qu'on leur obéisse comme s'ils étaient des lois[2]. Les contemporains distinguaient peu les uns des autres, et l'historien moderne a beaucoup de peine à en saisir nettement la différence. Quoi qu'il en soit d'ailleurs, il est incontestable que les capitulaires étaient l'œuvre des rois seuls et de leur conseil intime ; ils ressemblaient à ces *edicta, decreta, consti-*

---

[1] *Hæc capitula... ut sive nostris sive successorum temporibus rata forent* (capitulaire de 817, Pertz, p. 205 [Boretius, p. 275]). — *Quæ capitula propter utilitatem imperii a cunctis inviolabiliter conserventur* (charta divisionis, année 817 [Boretius, p. 271]). — *Illud capitulum per regnum nostrum observari regia auctoritate præcipimus* (36ᵉ capitulaire de Charles le Chauve, art. 34, dans Baluze, t. II, col. 193 [Pertz, p. 498]). — *Hæc capitula permanere inconsulsa decernimus* (40ᵉ capitulaire de Charles le Chauve, Baluze, col. 210).

[2] *Capitula quæ in Lege Salica mittenda sunt* (capitulaire de 803, dans Pertz, p. 112 [Boretius, p. 112]). — *Capitula quæ domnus Karolus imperator jussit ponere inter alias leges* (capitulaire de 803, Pertz, p. 113, Baluze, p. 390 [Boretius, p. 113]). — *Capitula quæ ad Legem Bajuariorum Karolus imperator addere jussit* (Pertz, p. 126 [Boretius, p. 157]). — *Quædam capitula quæ in lege scribi jussimus* (lettre de Charlemagne à Pépin roi d'Italie, dans Pertz, p. 150 [Boretius, p. 212]). — *Capitula domni imperatoris quæ pro lege tenenda constituit* (3ᵉ capitulaire de 819, art. 12, dans Baluze, t. I, p. 610 [Boretius, p. 293]). — *Jam non ulterius capitula, sed tantum lex dicantur, imo pro lege teneantur* (capitulaire de 821). — *Capitula quæ pro lege habenda sunt* (capitulaire de 829 [Krause, p. 17]). — *Capitula quædam legibus addidit* (Vita Ludovici ab Anonymo, c. 32). — *Capitula avi et patris nostri quæ Franci pro lege tenenda judicaverunt* (capitulaire de Kiersy, 873, art. 8). — *Capitula triginta et septem Karolus constituit et ut legalia per omne regnum suum observari præcepit* (Annales de Saint-Bertin, année 864).

tutiones qui, quatre siècles auparavant, partaient du Palais des empereurs romains[1].

La question est plus difficile à résoudre en ce qui concerne les lois proprement dites, et c'est sur ce point qu'il faut consulter les textes avec une attention particulière.

Éginhard rapporte que Charlemagne fit rédiger des recueils de lois pour les divers peuples de l'Empire; il n'ajoute pas que ces codes aient été discutés et acceptés par les peuples[2]. Résumant l'œuvre législative qui fut accomplie sous ce règne, il la rapporte tout entière à l'empereur : « Il songea, dit-il, à réformer les lois de son peuple, à y ajouter ce qui manquait, à en retrancher les contradictions, à corriger ce qu'il y avait de vicieux en elles; il y fit d'ailleurs peu de changements et se contenta de les augmenter d'un petit nombre de chapitres[3]. » Nul indice d'une intervention des sujets.

La *Lex Salica emendata* ne contient pas trace d'une acceptation populaire ou des délibérations d'une assemblée. En 803, Charlemagne ajoute quelques chapitres nouveaux à la Loi Salique; nulle mention d'un vote national; les textes que nous avons portent simplement ceci : « Ici commencent les chapitres que le seigneur auguste Charles, en la troisième année de son autorité impériale, a ordonné d'ajouter à la Loi Salique[4]. »

---

[1] Les expressions toutes romaines, telles que *edictum, decretum, constitutio*, sont fréquemment employées par les rois carolingiens et remplacent le mot *capitula* ou s'associent à lui.

[2] *Omnium nationum jura quæ scripta non erant describere ac litteris mandari fecit* (Éginhard, *Vita Caroli*, c. 29).

[3] *Cum adverteret multa legibus populi sui deesse... cogitavit quæ deerant addere et discrepantia unire, prava quoque corrigere... pauca capitula legibus addidit.*

[4] *Incipiunt capitula quæ in Lege Salica domnus augustus Karolus....*

Un manuscrit porte ce préambule un peu différent :
« Voici les chapitres que le seigneur Charles empereur a ordonné d'écrire dans son conseil et a prescrit de placer entre les autres lois[1]. »

Deux années auparavant, Charlemagne, à titre de roi des Lombards, avait ajouté quelques chapitres au code de cette nation, et voici comment il s'était exprimé : « Charles, couronné de Dieu, empereur, auguste, aux ducs, comtes et autres fonctionnaires publics préposés par nous aux provinces de l'Italie; comme nous étions venu en Italie et qu'à mesure que nous traversions les villes, un grand nombre de procès étaient portés en notre présence concernant les intérêts des églises, de l'État, ou des particuliers, nous avons terminé la plupart d'entre eux par un juste jugement, après avoir fait donner lecture des articles de la Loi Romaine ou de la Loi Lombarde; pour d'autres, nous en avons remis l'examen à un autre temps, parce que le cas avait été omis par les législateurs ou que leur décision était tombée en oubli. Depuis lors, nous, considérant notre utilité et celle du peuple qui nous a été confié par Dieu, suppléant ce qui avait été omis dans la Loi Lombarde par nos prédécesseurs les rois d'Italie, tenant compte des circonstances et des temps, nous avons fait ajouter ces nouveaux articles qui manquaient à la loi, afin que les cas douteux fussent décidés, non par l'arbitraire des juges, mais

---

præponendo addere jussit (2ᵉ capitulaire de 803, Baluze, t. I, p. 387 [Boretius, p. 112]).

[1] *Hæc sunt capitula quæ domnus Karolus Magnus imperator jussit scribere in consilio suo et jussit eas ponere inter alias leges* (Baluze, t. I, col. 390 [Boretius, p. 113]). Un troisième manuscrit porte simplement : *Incipiunt capitula Legi Salicæ quos constituit Karolus imperator* (Pertz, t. I, p. 112 [Boretius, p. 112]).

d'après les règles émises par notre autorité royale; voici donc les chapitres qu'il nous a plu d'ajouter[1]. » Un tel langage permet-il de croire que les populations fussent réellement consultées?

Hincmar, dans le traité où il décrit les institutions et les procédés administratifs du règne de Charlemagne, attribue formellement au prince le droit de faire des lois nouvelles et même d'abolir les lois existantes. « Lorsqu'il se présentait un cas, dit-il, sur lequel les lois du siècle n'avaient rien décidé ou sur lequel leur décision était plus rigoureuse que la justice chrétienne et l'autorité de l'Église ne le voulaient, il appartenait au prince, entouré de conseillers qui connaissaient également la loi du siècle et la loi de l'Église, de décider lui-même et de statuer de telle sorte que les deux lois fussent conciliées si cela était possible, ou qu'au cas contraire la loi du siècle fût effacée pour laisser subsister la loi de Dieu[2]. »

Le préambule d'un capitulaire de l'an 802 exprime

---

[1] *Karolus, serenissimus augustus... Quocirca nos considerantes utilitatem nostram et populi a Deo nobis concessi, ea quæ ab antecessoribus nostris regibus Italiæ in edictis Legis Langobardicæ ab ipsis editæ prætermissa sunt, juxta rerum et temporis considerationem, addere curavimus, scilicet ut necessaria quæ legi defuerant supplerentur, et in rebus dubiis non quorumlibet judicum arbitrium, sed nostræ regiæ auctoritatis sanctio prævaleret* (capitulaire de 801, dans Pertz, *Leges*, t. I, p. 83, et dans Baluze, t. I, p. 346 [Boretius, p. 205]). — Charlemagne ajouta de même quelques articles à la Loi des Bavarois, et ces articles ne portent pas d'autre intitulé que celui-ci : *Capitula quæ domnus Karolus addere jussit* (Baluze, t. I, p. 207 [Boretius, p. 157]). — Toutes ces formules sont analogues à celles que nous trouvons employées par le même prince dans les additions à la Loi Salique.

[2] Hincmar, *De Ordine palatii*, c. 21 : *Si quid tale esset quod leges mundanæ statutum non haberent... hoc ad regis moderationem perduceretur ut ipse cum his qui utramque legem nossent... ita decerneret, ita statueret ut, ubi utrumque servari posset, utrumque servaretur, sin autem, lex sæculi merito comprimeretur, justitia Dei conservaretur.*

en ces termes l'étendue du pouvoir législatif du prince :
« Le sérénissime empereur a envoyé dans les différentes parties de son royaume les plus sages de ses grands ; partout où il se trouve dans les lois quelque chose qui soit contraire au bien et à l'ordre, il a ordonné qu'on le lui fît savoir, parce qu'il veut lui-même, avec l'inspiration de Dieu, le corriger[1]. »

Nous ne trouvons d'ailleurs dans aucun des recueils de lois qui ont été rédigés à cette époque un seul article qui impose au roi l'obligation de consulter la nation ou de faire voter une assemblée. Rien de semblable ne se voit non plus, fût-ce par simple allusion, dans les Chroniques, ni dans les lettres qui nous sont parvenues de ce temps-là.

Il est bien vrai que le prince, dans les mêmes préambules où il annonce qu'il « décrète et statue », ajoute presque toujours qu'il « a consulté ses fidèles », qu'il « agit avec le consentement de tous », qu'il est » au milieu de son plaid, entouré des évêques, des comtes, de tous les grands [2] ». Ces formules reviennent sans cesse, elles sont tout à fait dans les habitudes de la chancellerie carolingienne. Est-ce à dire que ce soit le plaid ou l'assemblée des grands qui ait fait la loi ? Les textes ne disent rien de pareil. La loi a été faite au milieu du plaid, mais non pas par lui. L'auteur en est toujours le roi. « Nous conserverons, dit Charlemagne, les capi-

---

[1] *Serenissimus imperator Karolus... ubi aliter quam recte et juste in lege esset constitutum, hoc diligentissimo animo exquirere jussit et sibi innotescere, quod ipse donante Deo meliorare cupit* (1ᵉʳ capitulaire de 802, art. 1 [Boretius, p. 92]).

[2] *Visum est nobis una cum consultu fidelium nostrorum statuere.... Cum fidelibus nostris tam spiritualibus quam saecularibus tractantes, cum consensu et pari consilio invenimus.... Per consensum pontificum et procerum* (Capitulaires, *passim*).

tulaires que notre père Pépin a établis dans ses plaids¹. » On lit dans la Chronique de Moissac, à l'année 813 : « L'empereur réunit la grande assemblée du peuple, c'est-à-dire les évêques, les abbés, les comtes et tous les seigneurs du royaume des Francs, et là il établit ses capitulaires². » On lit ailleurs : « Charles, empereur, auguste, avec les évêques, comtes, ducs et tous fidèles, a établi les capitulaires suivants dans son palais d'Aix³. » « L'empereur Louis réunit une grande assemblée de son peuple et là il ajouta aux lois tout ce qu'il jugea utile d'ajouter. » « Le même empereur, au milieu de son plaid, suivant son habitude, émit de nombreux statuts⁴. » Parmi tant de textes il n'en est aucun qui montre le peuple discutant et délibérant⁵.

---

¹ *Capitula quæ genitor noster Pippinus rex in sua placita constituit* (capitulaire de 779, art. 12). *Capitula vero quæ bonæ memoriæ genitor noster in sua placita constituit et (in) synodis, conservare volumus* (Pertz, Leges, I, p. 37 [Boretius, p. 50]).

² *Fecit conventum magnum populi, et ibidem convenerunt episcopi, abbates, comites et senatus Francorum ad imperatorem, et ibidem constituit capitula* (Chronique de Moissac, année 813).

³ 2ᵉ capitulaire de 813 (Baluze, t. I, p. 506 [Boretius, p. 170]).

⁴ *Habuit imperator concilium magnum in Aquis et decrevit in ipsa synodo ut....* (Chronique de Moissac, année 815). — *Imperator conventum publicum populi sui celebravit et quidquid utile judicavit superaddidit... et capitula quædam legibus addidit* (Vita Ludovici ab Anonymo, c. 32). — *In eodem placito, secundum morem suum, multa admonuit, statuit et definivit* (ibidem, c. 40).

⁵ La Chronique de Moissac, à l'année 802, s'exprime ainsi : *Congregavit duces et comites et reliquum populum christianum cum legislatoribus* (terme qu'assurément il ne faut pas traduire par législateurs, mais qui a plutôt le sens de *legum periti, legum magistri, juris doctores*, que l'on trouve dans d'autres textes : voir Waitz, *Deutsche Verfassungsgeschichte*, t. IV, p. 327), *et fecit omnes leges legere et tradere unicuique legem suam et emendare ubicunque necesse fuit.* — Rien dans ces expressions n'indique une discussion populaire ; Charlemagne réunit auprès de lui les grands et ce qu'on appelait alors le peuple, en ayant soin de rassembler surtout ceux qui étaient experts dans les lois ; il fit lire les

Il était d'usage que le prince consultât « ses grands », c'est-à-dire les évêques et les comtes. Les uns et les autres, également nommés par le prince, dépendaient presque également de lui, du moins au temps de Charlemagne. Loin de représenter la nation, ils étaient plutôt les agents du pouvoir; ils en étaient surtout les conseillers naturels. Plusieurs capitulaires de Charlemagne, de Louis le Pieux, de Charles le Chauve, nous sont parvenus sous forme de questions, avec la réponse que les grands ont faite à chaque article[1]. Ils ont donné leur avis, parce que le prince le leur demandait; mais leur avis n'est pas ce qui fait la loi; l'acte législatif tire sa force, non de leur volonté, mais de celle du prince.

Hincmar explique avec une parfaite netteté quels étaient les procédés habituels de Charlemagne pour la confection des lois. « Lorsque les grands étaient réunis, on leur présentait, par la volonté du prince, les capitulaires que sa pensée avait conçus par l'inspiration de Dieu, ou dont le besoin lui avait été manifesté dans l'intervalle des réunions. Après avoir reçu ces communications, ils en délibéraient article par article; le résultat de leur examen était mis ensuite sous les yeux du glorieux prince qui, avec la sagesse qu'il avait reçue de Dieu, adoptait une résolution à laquelle tous

---

différents codes, remit à chaque peuple celui qui convenait et corrigea tout ce qui était à corriger. Le chroniqueur montre en tout cela le travail du prince et de ses conseillers, il ne montre nullement les délibérations d'une assemblée nationale. — Sur le caractère de ces assemblées, nous nous référons à un mémoire inséré dans les *Séances et travaux de l'Académie des sciences morales*, année 1876, p. 612 (cf. plus haut, c. 9].

[1] Capitulaire de 789, dans Baluze, t. I, p. 210 et suiv. [Boretius, p. 52 et suiv.] — Capitulaire de 811, ibidem, p. 478 et suiv. [Boretius, p. 161 et suiv.] — 3ᵉ capitulaire de 819, ibidem, p. 607 [Boretius, p. 292 et suiv.] — Capitulaire de Kiersy, de 877.

devaient obéir¹. » — Rien de plus clair que ce passage; le roi consulte ses principaux conseillers; il exige qu'ils examinent ses projets et qu'ils lui en donnent leur avis; mais c'est lui seul qui fait la loi.

Il n'est guère douteux qu'en 881 on ne se souvînt encore très bien de la manière dont les lois avaient été faites au temps de Charlemagne. Or voici comment s'expriment sur ce sujet les Pères d'un concile tenu dans la province de Reims cette année-là : « Le grand empereur Charles, ainsi que l'un de nous l'a entendu de la bouche d'hommes qui l'ont connu, voulait toujours avoir autour de lui trois de ses principaux et plus sages conseillers; ils se succédaient près de sa personne à tour de rôle. Lui cependant avait toujours ses tablettes à écrire à portée de sa main, et la nuit au chevet de son lit; et, dès qu'il lui venait la pensée d'une chose utile au bien de l'Église ou au profit du royaume, il en prenait note, et il en délibérait aussitôt avec ces trois conseillers qu'il avait près de lui. Puis, quand venait le temps de son plaid, ces mêmes articles qu'il avait mûrement discutés, il les présentait à l'ensemble de ses conseillers; enfin, après avoir reçu leur commun avis, il les transformait en actes et veillait à ce qu'ils eussent leur plein effet². »

---

¹ *Proceres et primi senatores regni, ne quasi sine causa convocari viderentur* (ces derniers mots, comme l'a remarqué M. Guizot, montrent bien que cette réunion ne constituait pas un droit pour les grands, mais une obligation), *mox auctoritate regia per denominata et ordinata capitula quæ vel ab ipso per inspirationem Dei inventa vel undique sibi nuntiata post eorum abcessum præcipue fuerant, eis ad conferendum vel ad considerandum patefacta sunt... donec res singulæ ad effectum perductæ gloriosi principis auditui in sacris ejus obtutibus exponerentur, et quidquid data a Deo sapientia ejus eligeret, omnes sequerentur.* Hincmar, *De Ordine palatii*, c. 34. Cf. Guizot, *Essais sur l'histoire de France*, édit. de 1844, p. 221.

² *Carolus Magnus imperator, sicut quidam nostrum ab illis audivit*

Ainsi, en 884, on se souvenait nettement que Charlemagne n'établissait jamais une loi sans qu'elle eût été examinée et discutée deux fois, d'abord par trois de ses conseillers intimes à tour de rôle, ensuite par l'ensemble des conseillers, *plenitudo consiliariorum*, c'est-à-dire par les *missi* et la plupart des prélats et des comtes. Quant au vote d'un peuple ou d'une assemblée indépendante, personne n'en avait souvenance. Nul ne pensait que l'autorité législative eût été partagée entre le prince et un autre pouvoir. Charlemagne avait eu seul l'initiative et la préparation des lois, comme il avait eu seul la décision définitive.

[2° DE LA PROMULGATION DES LOIS ET DU CONSENTEMENT DE TOUS.]

Il importe de ne pas confondre deux choses fort différentes, la confection de la loi et sa promulgation. Après que l'acte législatif avait été préparé et institué par le prince en son conseil, il restait à le faire connaître à la population et à lui assurer l'obéissance des hommes. Cette promulgation avait bien plus d'importance dans une société où la loi émanait du prince qu'elle n'en peut avoir dans nos sociétés modernes qui font elles-mêmes les lois par leurs représentants. Aussi s'opérait-elle suivant des règles et par des procédés

---

qui interfuerunt, nunquam sine tribus de sapientioribus consiliariis suis esse patiebatur, sed vicissim per successiones secum habebat. Et ad capitium lecti sui tabulas habebat, et quæ sive in die sive in nocte de utilitate ecclesiæ et de profectu regni sui meditabatur, adnotabat, et cum eisdem consiliariis quos secum habebat inde tractabat. Et quando ad placitum suum veniebat, omnia subtiliter tractata plenitudini consiliariorum suorum monstrabat et communi consilio illa ad effectum perducere procurabat. Synodus apud S. Macram, année 884, dans Labbe, t. IX, col. 353-354 [et Migne, t. CXXV, col. 1084]). [Cf. plus haut, c. 8.]

que nous avons d'abord quelque peine à saisir, tant ils s'éloignent de nos habitudes présentes. Quelques textes vont nous les montrer.

En 803, une pétition dont nous avons déjà parlé est adressée à l'empereur pour que les règles du service militaire soient modifiées en ce qui concerne les ecclésiastiques. Ce n'est pas une mesure temporaire qu'on lui demande, c'est un acte législatif qui règle cette matière pour toujours : « Afin que toutes ces choses que nous vous demandons soient conservées à jamais dans les temps à venir par vos successeurs et par les nôtres, nous vous supplions de les faire insérer parmi vos capitulaires[1]. » Charlemagne répond sans nul délai et sans consulter aucune assemblée : « Nous accordons tout de suite ce que vous nous demandez. » Mais il ajoute qu'il ne peut pas immédiatement faire une loi qui soit valable pour tout l'avenir. Il faut attendre qu'il soit au milieu de son plaid général, « là où se trouveront la plupart des évêques et des comtes », pour qu'il puisse faire un acte législatif qui donne à sa concession le caractère de perpétuité. Est-ce à dire que ce plaid délibérera et votera comme une assemblée souveraine? Charlemagne se contente de dire qu'il consultera ses fidèles, *consultu omnium fidelium*. Est-ce ce plaid qui sera l'auteur de la loi? Nullement : « Quand nous serons au milieu de notre plaid, nous confirmerons par écrit ce que nous venons de vous accorder, afin que cela dure dans tout l'avenir irrévocablement[2]. »

---

[1] *Postulata concedite; ut ergo hæc omnia a vobis et a nobis, sive a successoribus vestris ac nostris futuris temporibus absque ulla dissimulatione conserventur... inter vestra capitula interpolare præcipite* (8ᵉ capitulaire de 803, dans Baluze, *Capitularia*, t. I, col. 408, et dans Walter, *Corpus juris germanici*, t. II, p. 192).

[2] *Quando ad generale placitum venerimus, scriptis firmare irrefra-*

Ainsi, tout acte ayant caractère de loi ne pouvait être fait par le prince que dans le temps de l'assemblée générale et en sa présence. Hors de là, le prince pouvait émettre une volonté, ainsi qu'on le voit dans l'exemple même que nous citons, et cette volonté était immédiatement exécutoire sans qu'aucune assemblée fût consultée ; seulement, l'avenir n'était pas engagé, et le prince pouvait toujours revenir sur sa décision. Pour que sa volonté passât, en quelque sorte, de l'état instable à l'état de loi perpétuelle et devint « un capitulaire devant être tenu pour loi », la présence de l'assemblée générale était nécessaire.

Devons-nous croire que cette assemblée discutât régulièrement les propositions du prince ? C'est une chose dont on ne trouve l'indication dans aucun document, et les passages d'Hincmar que nous avons cités plus haut montrent bien que, si les grands étaient consultés, le peuple du moins n'avait ni à délibérer ni à voter. Il n'y a pas d'exemple, depuis Pépin le Bref jusques et y compris Charles le Chauve, que le peuple ait jamais rejeté ou amendé une proposition du prince ; on ne trouve même pas un mot qui indique qu'il ait eu ce droit. Une seule chose paraît dans les textes, c'est qu'il donnait son assentiment à la loi dont lecture lui était faite ; cela s'appelait en langage officiel *consensus omnium*.

Les termes de la langue politique ne doivent pas toujours être interprétés d'après leur sens littéral et apparent ; c'est par les faits et la pratique qu'on en peut connaître la vraie signification et la valeur. Or nous avons une lettre de Charlemagne qui nous montre ce que ce

gabiliter manenda firmissime cupimus.... ad proximum synodalem nostrum conventum ac generale placitum, ubi plures episcopi et comites convenerint, ista sicut postulatis firmabimus (Baluze, I, p. 408, 409).

consensus était dans la réalité. En 809, il écrivait à son fils Pépin qui administrait l'Italie : « On nous a rapporté qu'au sujet de quelques capitulaires que nous avons ordonné d'écrire dans la loi, il y a des pays où les hommes disent que nous ne les avons pas portés à leur connaissance, et pour cette raison ils refusent d'y obéir, d'y *consentir*, de les tenir pour loi. Tu sais pourtant ce que je t'ai dit sur cette matière; je te rappelle que dans tout le royaume confié à tes soins tu dois donner connaissance au peuple des nouveaux capitulaires et exiger qu'on leur *obéisse*[1]. » — On voit assez par là combien peu la population était consultée. Il fallait lui notifier la loi et exiger « qu'elle y consentît et obéît » : mais personne ne pensait à la lui faire discuter ni à lui demander ses suffrages.

Quelquefois cette formalité était remplie dans le Champ de Mai ou plaid général, en présence de toute la population libre du pays. C'est pour cela que la plupart des capitulaires, ceux du moins qui ont force de loi, portent la mention du plaid dans lequel ils ont été établis et promulgués[2]. C'est pour cela que les Chroni-

---

[1] *Audivimus quod quedam capitula quæ in lege scribi jussimus, aliqui dicant quod nos nequaquam illis hanc causam ad notitiam per nosmetipsos condictam habeamus, et ideo nolunt eis obedire nec consentire neque pro lege tenere. Tu autem nosti quomodo tecum locuti fuimus de ipsis capitulis. Et ideo monemus Tuam Dilectionem ut per universum regnum tibi a Deo commissum ea nota facias et obedire atque implere præcipias* (Baluze, *Capitularia*, t. I, col. 462; Pertz, *Leges*, t. I, p. 150 [Boretius, p. 212]).

[2] *Datum in plena synodo* (capitulaire de 794 [Boretius, p. 73]). — *Hoc fuit datum ad Aquis tertio anno imperii Karoli Augusti, quando synodus ibi magna fuit* (3ᵉ capitulaire de 803, art. 29). — *Datum Aquisgrani in generali episcoporum et optimatum conventu* (capitulaire de 797). — *Data Wormatie in generali populi conventu* (8ᵉ capitulaire de 803). — *Capitula addita ad Legem Salicam in generali populi conventu habito apud Aquisgranum* (1ᵉʳ capitulaire de 819).

quos répètent fréquemment que le prince réunit l'assemblée générale et y publie des décrets. C'est pour cela enfin que nous rencontrons parmi les actes législatifs de Louis le Pieux cette mention singulière : « Voici des articles qui ont été réservés pour le plaid général, afin qu'ils fussent portés à la connaissance du plus grand nombre[1]. »

Dans ces grandes réunions, le peuple marquait son assentiment[2] suivant des formes qui nous sont inconnues, mais dans lesquelles il n'entrait certainement rien qui ressemblât à un vote. Il est étrange que, parmi tant de capitulaires, tant de Chroniques, tant de lettres et d'écrits de toute nature, nous ne trouvions pas une ligne qui nous fasse connaître comment ce *consensus* se manifestait, ni s'il était autre chose qu'une vaine formalité.

L'idée d'indépendance ne s'associait pas nécessairement à celle du *consensus*. Nous voyons, en effet, qu'en 797 Charlemagne édicta un capitulaire pour les Saxons. Il s'en fallait de tout qu'il traitât ces hommes en peuple libre. Il crut devoir pourtant appeler auprès de lui les Saxons des diverses bourgades, et il exigea d'eux un acte par lequel ils s'engageaient à *consentir* et à *s'accorder* à la loi nouvelle[3]. Cette sorte d'assentiment ressemblait beaucoup plus à un engagement que prenait la popula-

---

[1] *Hæc sunt capitula quæ ad plurimorum notitiam ad generale placitum sunt reservata* (capitulaire de 820, dans Pertz, p. 329 [Krause, p. 11]).

[2] *Statuit domnus rex consentiente synodo* (capitulaire de 794, c. 4 [Boretius, p. 74]). — *Capitula quæ Legis Salicæ per omnium consensum addenda esse censuimus* (capitulaire de 820, c. 5 [Boretius, p. 295]).

[3] *Congregatis Saxonibus de diversis pagis, omnes unanimiter consenserunt et aptificaverunt ut... Omnes statuerunt et aptificaverunt ut... Placuit omnibus Saxonibus ut...* (capitulare Saxonicum, année 797 [Boretius, p. 71]).

tion d'observer la loi du prince qu'à une participation effective de cette population au pouvoir législatif.

Il n'était pas absolument indispensable que les nouveaux capitulaires fussent présentés au plaid général. Quelquefois le roi se contentait d'en remettre des copies aux fonctionnaires des divers ordres, ducs, comtes, évêques, missi, et chacun de ceux-ci, revenu dans sa province, réunissait la population libre pour publier l'acte royal. Ainsi nous avons un capitulaire de 805 qui porte cet intitulé : « Capitulaire que nous voulons que les comtes et les évêques, de retour dans leurs provinces, portent à la connaissance des populations et fassent observer[1]. » — Voici qui est plus clair encore : « Nous ordonnons que les capitulaires qui, avec le conseil de nos fidèles, ont été établis par nous, soient transcrits par les soins de notre chancelier, que les évêques et les comtes en reçoivent copie, et que chacun de ceux-ci en fasse faire une lecture publique, afin que notre volonté soit connue de tous[2]. » — De même encore, Charles le Chauve termine une de ses lois par cette formule : « Nous établissons cette constitution, et nous

---

[1] *Capitula quæ volumus ut episcopi, abbates et comites qui modo ad casam redeunt, per singula loca nota faciant et observare studeant* (capitulaire de 805, tiré d'un manuscrit de la Bibliothèque Nationale, n° 4995, cité dans Pertz, *Leges*, t. I, p. 139 [Boretius, p. 141], et dans la Patrologie latine de Migne, t. XCVII, p. 281). — *Excarpsum capituli domni imperatoris quem Jesse episcopus ex ordinatione ipsius augusti secum detulit ad omnibus hominibus notum faciendum* (4° capitulaire de 805, dans Walter, t. II, p. 212 [Boretius, p. 120]). — *Hæc capitula missi nostri cognita faciant omnibus* (3° capitulaire de 806 [Boretius, p. 150]).

[2] *Volumus ut capitula quæ consultu fidelium nostrorum a nobis constituta sunt, a cancellario nostro archiepiscopi et comites eorum accipiant et unusquisque ea transcribi faciant et in suis comitatibus coram omnibus relegant, ut cunctis nostra voluntas nota fieri possit* (capitulaire de 824, art. 26 [Boretius, p. 307]).

voulons que, dans les cités, dans les tribunaux, dans les marchés, elle soit lue, reconnue, observée[1]. »

Il est bien vrai que le jour où on donnait lecture d'un acte législatif aux hommes assemblés, on leur demandait leur adhésion, *consensus*; on leur posait la question *an consentirent*. S'agit-il ici d'accepter ou de rejeter? Nullement; les textes ne disent jamais cela. Le sens de la question est nettement marqué dans un document de l'année 803 qui est le procès-verbal d'une de ces petites assemblées locales. Il est ainsi conçu : « L'an troisième de notre maître Charles, auguste, ces chapitres de loi (*capitula legis*) ont été faits; copie en a été remise au comte Étienne, afin qu'il les publiât dans la cité de Paris au mall public et en fît donner lecture en présence des scabins; ce qu'il a fait; et tous d'un commun accord ont déclaré qu'ils voulaient observer ces capitulaires à toujours dans l'avenir; et tous, scabins de l'évêque, scabins de l'abbé, scabins du comte, ont apposé leurs signatures[2]. »

[1] *Hanc nostram constitutionem et in palatio nostro et in civitatibus et in mallis atque in placitis seu in mercatis relegi, adcognitari, et observari mandamus* (capitulaire de 864, Baluze, t. II, col. 454 [Pertz, p. 477]). — De même en 860 le même prince ordonne à ses missi, *ut capitula nostra adcognitent et omnibus innotescant* (Walter, t. III, p. 115-116 [art. 5, Pertz, p. 473]).

[2] *Incipiunt capitula legis imperatoris Karoli nuper inventa anno tertio domni nostri Karoli augusti. Sub ipso anno hæc capitula facta sunt et consignata Stephano comiti ut hæc manifesta fecisset in civitate Parisius mallo pubplico et ipsa legere fecisset coram illis scabineis; quod ita et fecit; et omnes in uno consenserunt quod ipsi voluissent omni tempore observare usque in posterum, etiam omnes scabinei episcopi, abbatis, comitis manu propria subter firmaverunt* (Pertz, Leges, t. I, p. 112 [et Borelius, p. 112], d'après le manuscrit de la Bibliothèque Nationale, n° 4995, Patrologie latine, t. XCVII, p. 255). — Le même texte est cité par Baluze, Capitulaires, t. I, col. 591, avec cette variante : *Omnes scabini, episcopi, abbates, comites*; mais il n'est guère admissible que dans la petite assemblée locale de la cité de Paris présidée par le comte Étienne (qui fut en effet comte de Paris en 803, ainsi que l'attestent plu-

On remarquera ici que cette assemblée, qui est censée représenter toute la population libre d'un comté et qui agit en son nom, ne comprend guère que des scabins; or les hommes qu'on appelait de ce nom n'étaient pas les élus du peuple : ils étaient, à cette époque, des fonctionnaires d'ordre inférieur qui assistaient le comte ou l'évêque dans l'administration de la justice et qui étaient choisis par ce comte ou cet évêque[1].

On remarquera encore dans ce document que la lecture de la loi a été faite par le comte, agent royal; qu'aucune discussion n'a eu lieu, ni aucun vote; qu'on ne s'est pas demandé si la loi existerait ou non; qu'il n'a été douteux pour aucun membre de cette assemblée que la loi ne fût déjà faite et achevée avant qu'ils ne se fussent réunis; qu'on a simplement demandé aux assistants s'ils s'engageaient à lui obéir toujours; qu'enfin, sans nul débat, ils ont pris cet engagement et l'ont attesté par leur signature. On leur a demandé s'ils promettaient d'observer la loi, et ils ont promis; on ne leur a pas demandé de la discuter, et ils ne l'ont pas discutée.

Ce qu'on voulait obtenir par cette formalité, c'était que les hommes attestassent qu'ils avaient reçu notification de l'édit du prince; c'était aussi qu'ils donnassent une preuve publique de leur volonté de l'observer toujours. N'oublions pas qu'il s'agissait de donner à cet

---

sieurs diplômes) il se soit trouvé plusieurs évêques, plusieurs abbés et plusieurs comtes. Il serait d'ailleurs singulier que ces évêques et ces comtes fussent placés après les scabins. Il s'agit des scabins du comte de Paris, de ceux de l'évêque de la même ville et enfin de ceux de l'abbé de Saint-Germain.

[1] Les scabins du comte étaient souvent choisis par le *missus* impérial (3ᵉ capitulaire de 803, c. 3 [Boretius, p. 115]).

édit un caractère de perpétuité, c'est-à-dire la valeur d'une loi. Il fallait donc que, de même que le prince s'engageait à ne jamais révoquer sa volonté, la population s'engageât à ne jamais y contrevenir[1].

Aussi la loi nouvelle devait-elle porter les signatures, du prince d'abord, ensuite des populations elles-mêmes ou du moins de ce qu'il y avait de plus considérable en elles. Nous lisons en tête d'une série de capitulaires de l'an 813 : « Charles, sérénissime empereur, auguste, a institué ces capitulaires, dans son palais d'Aix ; il les a confirmés de sa signature, afin que tous les fidèles les confirmassent aussi de la leur[2]. » C'est à peu près ce que dit Charlemagne lui-même dans une instruction de l'année 803 : « Que le peuple soit interrogé au sujet des capitulaires qui ont été nouvellement ajoutés à la loi, et, après que tous auront adhéré, que tous apposent leurs signatures[3]. »

---

[1] L'expression de ce double engagement se rencontre plusieurs fois dans les textes : *Volumus ut, sicut nos omnibus legem observamus, ita et omnes nobis legem conservare faciant* (capitulaire *ex Lege Langobardorum*, année 801, art. 28 [Boretius, p. 210, art. 15]). — *Hæc capitula... reges subscripserunt manibus propriis et inter se ac fideles suos perpetuo se conservaturos promiserunt* (année 851, Baluze, t. II, p. 45 [Pertz, p. 408]).

[2] *Karolus serenissimus imperator augustus constituit capitula ista in palatio Aquis... quæ et ipse manu propria firmavit ut omnes fideles manu roborare studuissent* (2ᵉ capitulaire de 813, Walter, t. II, p. 260 [Boretius, p. 170]). — *Capitula quæ subscriptione principis et episcoporum ac ceterorum fidelium Dei confirmata fuere, consensu Warini et aliorum optimatum* (capitulaire de Charles le Chauve, année 843, Walter, t. III, p. 4 [Pertz, p. 370]). — *Hoc ut ab omnibus fidelibus ecclesiæ et nostris firmum esse credatur, firmiusque per secula ventura custodiatur, propriæ manus signaculo et episcoporum vel optimatum nostrorum sub jurejurando et subscriptionibus, pactum istud roboravimus* (décret de Louis le Pieux, Walter, t. II, p. 328 [Boretius, p. 355]).

[3] *Ut populus interrogetur de capitulis quæ in lege noviter addita sunt; et postquam omnes consenserint, subscriptiones et manufirmationes suas in ipsis capitulis faciant* (3ᵉ capitulaire de 803, art. 19

Gardons-nous de voir ici une population discutant la loi ; la loi est déjà faite et instituée avant que le peuple ne soit interrogé ; les capitulaires ont été déjà « ajoutés à la loi ». On ne demande pas à ce peuple s'il veut que ces capitulaires soient ou ne soient pas : on lui demande s'il veut les observer ; *an velint in perpetuum observare*, c'est à cette question seule que les hommes répondent, ainsi que nous le voyons par le compte rendu de l'assemblée du comté de Paris de cette même année 803 ; et cette question même est une simple formule qui ne laisse aucun doute sur la réponse. Puis, quand les hommes ont répondu affirmativement, on exige qu'ils attestent et certifient par leur signature la promesse qu'ils viennent de faire[1]. Cette signature ne saurait signifier que ce sont eux qui ont fait la loi ; elle signifie seulement qu'ils ont juré de l'observer. Elle n'est pas une preuve de liberté politique, elle est une marque d'engagement.

Sans doute il ne faudrait pas nier l'importance de cette sorte d'assentiment populaire. On voit aisément combien une promulgation ainsi faite en présence des hommes assemblés, sous forme de question, en leur demandant leur serment ou leur signature, diffère d'une simple promulgation par cri public ou par voie d'affichage. Un tel procédé ne permettait pas à un despote de faire des lois qui fussent notoirement contraires

[Boretius, p. 116]). — Comparer ce qu'on lit en tête de la Loi des Burgondes : *Constitutionis nostrae seriem placuit etiam adjecta comitum subscriptione firmari ut... per posteros custodita perpetuae pactionis teneat firmitatem. Nomina eorum qui leges signaturi sunt vel (et) in posterum cum prole servaturi* (Walter, t. I, p. 304 [Pertz, p. 527]).

[1] De même nous lisons dans une lettre d'Agobard (dom Bouquet, t. VI, p. 367) qu'en 817 Louis le Pieux, ayant de sa propre autorité désigné Lothaire pour son successeur, fit rédiger un acte et obligea tous les grands à le signer et à jurer de l'observer.

à l'intérêt public. Il assurait à la population un moyen de manifester ses vœux ou ses plaintes ; il lui accordait un certain rôle dans la confection des lois, il l'y intéressait directement. Mais l'historien ne doit pas s'y tromper. Cette interrogation, ce consentement et cette signature n'avaient rien de commun avec une discussion et un vote populaire. Loin que l'idée de liberté y fût contenue, les hommes y voyaient plutôt une forme de l'obéissance.

Cela est si vrai, que le mot *consentire* était souvent employé, dans la langue de ce temps-là, avec le sens d'obéir, ainsi que le prouvent plusieurs textes d'une clarté parfaite. Il désignait cet état d'âme par lequel la volonté se met d'accord avec la loi du prince, c'est-à-dire se soumet à elle. C'est en ce sens que Charlemagne écrit dans un capitulaire : « Que tous obéissent et *consentent* aux ordres impériaux », *obediant et consentiant*. C'est encore ainsi qu'en 807 il se plaint que son fils Pépin n'ait pas encore contraint les hommes à « obéir et *consentir* à certains capitulaires ». De même encore en 806, quelques mois après avoir réglé de sa propre autorité le partage de ses États entre ses trois fils, il enjoint à ses *missi* d'exiger « que tous *consentent* pleinement au partage qu'il a établi[1] ».

---

[1] *Unusquisque suos juniores distringat ut melius obœdiant et consentiant mandatis imperialibus* (1ᵉʳ capitulaire de 810, art. 17 [Boretius, p. 153]). — *Capitulis nolunt obœdire nec consentire neque pro lege tenere* (epistola ad Pippinum, dans Pertz, *Leges*, t. I, p. 150 [Boretius, p. 212]). — *Ut ea quæ statuimus, pleniter omnes consentire debeant* (5ᵉ capitulaire de 806, art. 2 [Boretius, p. 131]). — C'est encore en ce sens qu'il est dit qu'en 797 les Saxons *consenserunt et aplificaverunt ut... solidos sexaginta solvent* (Walter, t. II, p. 126 [Boretius, p. 71]). — Nous ne voulons pas dire que le mot *consentire* ait toujours cette signification ; mais on sait combien il est fréquent dans la langue du moyen âge qu'un mot ait plusieurs sens.

Au fond, ces formalités avaient surtout pour objet de donner à la loi plus de force ; le législateur s'autorisait de cette adhésion universelle pour assurer la durée de son œuvre. Le prince alléguait volontiers le *consentement de tous*, comme si le peuple entier eût émis un vote unanime. Ainsi, en 821 Louis le Pieux, confirmant un capitulaire de l'année précédente, ne manquait pas de dire que tous y avaient donné leur assentiment, quoique aucun de ses biographes ne mentionne ni cette année-là, ni en aucune autre, un fait aussi extraordinaire que le serait le vote de toute une population. Ainsi encore en 873 Charles le Chauve, parlant des capitulaires de ses deux prédécesseurs, dit que « les Francs ont jugé qu'ils devaient être tenus pour lois ». On se méprendrait beaucoup si l'on prenait ces expressions à la lettre.

[3° L'AUTORITÉ LÉGISLATIVE SOUS LOUIS LE PIEUX.]

Si en sortant du règne de Charlemagne on traverse celui de Louis le Pieux, on ne rencontre pas un seul texte qui marque que la nation ait le droit de délibérer sur ses lois. Les actes législatifs émanent toujours du prince seul et nulle assemblée nationale ne les discute. Hincmar, qui résumait au temps de Charles le Chauve le traité qu'Adalhard avait écrit sur les règles administratives établies par Charlemagne, ne laisse pas supposer qu'aucune de ces règles ait été modifiée sous son fils. Ni les Capitulaires, ni les Chroniques, ni les lettres des contemporains ne marquent par le plus léger indice que les volontés du prince fussent soumises à l'acceptation et au vote de la population[1].

[1] Voir notamment le préambule du capitulaire de 816 (Boretius,

On distingue parmi les capitulaires de Louis ceux qui sont de simples instructions adressées à ses *missi* ou à ses comtes, *capitula missis data*, et ceux qui sont de véritables actes législatifs, *capitula quæ pro lege habenda sunt* ; il n'est pas plus fait mention dans ceux-ci que dans ceux-là d'une volonté populaire : les uns comme les autres émanent du prince seul[1]. C'est ordinairement dans des assemblées générales qu'il promulgue ses capitulaires et qu'il ordonne, par exemple, « de les ajouter à la Loi Salique[2] ». Pour les actes les plus importants, il exige que les personnages les plus notables y apposent leur signature et jurent de les observer[3]. Ces règles et ces formalités sont les mêmes qu'au temps de Charlemagne et elles impliquent que le pouvoir législatif est resté tout entier dans les mains du prince.

On peut voir par une lettre de l'archevêque de Lyon, Agobard, comment et par qui les lois étaient préparées et discutées au temps de Louis le Pieux. Le prélat, écrivant à un ami, lui rapporte que l'empereur avait convoqué le *conventus*, c'est-à-dire la réunion des comtes

---

p. 273, qui place ce préambule en 818 ou 819] ; on y voit clairement que le prince peut appeler à lui les évêques et les consulter, mais que la loi émane de lui seul.

[1] Voir, par exemple, Pertz, *Leges*, t. I, p. 355, et Walter, t. II, p. 384.

[2] *Capitula quæ domnus Hludowicus imperator cum universo cœtu populi in Aquisgrani palatio promulgavit atque Legis Salicæ addere præcepit* (1ᵉʳ capitulaire de 819, Walter, t. II, p. 329 [Boretius, p. 280]). — *Imperator conventum publicum celebravit et... capitula quædam legibus addidit* (*Vita Ludovici ab Anonymo*, c. 32).

[3] Ainsi, pour le partage de 817, Agobard écrivait plus tard à l'empereur : *Gesta scribere mandastis,* SCRIPTA SIGNARE ET ROBORARE, *ac deinde* JURARE *omnes* JUSSISTIS *ut talem electionem ac divisionem cuncti* SERVARENT (dom Bouquet, t. VI, p. 367). — De même l'Anonyme (c. 34) dit : *Conventum habuit in quo partitionem regni quam jamdudum fecerat* CORAM RECITARI *fecit et ab omnibus proceribus qui tunc affuere* CONFIRMARI.

et des évêques, à Attigny. Là, les grands étant rassemblés, les ministres du prince leur apportèrent un projet de loi dont l'empereur avait eu l'initiative et que ses conseillers intimes avaient rédigé. Un des ministres en donna lecture et demanda l'assentiment de l'assemblée. Or cette assemblée se composait, ou de comtes qui étaient des fonctionnaires nommés par le prince et révocables par lui, ou de prélats qui lui devaient leurs évêchés et leurs abbayes. Nulle discussion ne s'établit sur le projet de loi qu'on venait d'entendre; aucun vote n'eut lieu. Agobard seul, dont on connaît le caractère indépendant, prit la parole; d'un ton singulièrement modeste et avec l'humilité « qui convient quand on s'adresse à si grands personnages que les ministres du prince », il essaya, non pas de combattre le projet, mais d'y introduire un amendement et une addition. Les ministres se contentèrent de répondre qu'ils en parleraient à l'empereur, et aucune suite ne fut donnée à la demande du prélat, sur laquelle il n'y eut pas même de délibération [1].

La lettre d'Agobard nous fait assister à cette séance; nous y voyons une assemblée ordinairement muette, nécessairement docile; elle reçoit les lois que lui envoie l'empereur; elle les discuterait si l'empereur voulait qu'elle les discutât; mais elle se borne ici à approuver et n'a ni le droit de rejet, ni le droit d'amendement; et ce qui est plus significatif encore que tout cela, c'est que dans cette longue lettre où tout est décrit minutieusement, nous ne sentons à aucun signe qu'il existe une nation qui ait le droit de contrôler les volontés du

---

[1] [Cf. plus haut, p. 402 et suiv.]

prix ; et qui partage avec lui le pouvoir de faire ses lois[1].

Un autre contemporain de Louis le Pieux, Jonas, évêque d'Orléans, parle ainsi du respect que les sujets portent aux lois du prince : « Dès qu'un roi ou un empereur promulgue quelque édit qu'il notifie à ses sujets et pour lequel il exige l'obéissance, quel est l'homme, je vous le demande, qui n'écoute pas cette lecture la bouche béante et qui songe à autre chose qu'à se conformer à toutes les injonctions du roi[2]? »

[4° L'AUTORITÉ LÉGISLATIVE SOUS CHARLES LE CHAUVE; LES ÉDITS DE PISTES ET DE KIERSY.]

Si nous passons au règne de Charles le Chauve, nous n'y voyons pas que la nature de l'autorité législative ait été modifiée. On sait assez que ce prince a été souvent en lutte avec les seigneurs et qu'il a dû plusieurs fois se soumettre à leurs exigences. Parmi ses capitulaires il s'en rencontre qui lui ont été visiblement arrachés par la force. Mais ce que nous n'apercevons jamais, c'est qu'une nation, ou une assemblée représentant la nation, intervienne de quelque manière que ce soit dans l'œuvre législative. Là même où les grands

---

[1] *Agobardi opera*, édit. Baluze, t. I, p. 208, Bouquet, t. VI, t. 361. Baluze place cette séance vers la fin de l'année 822, et croit que le capitulaire dont il y fut donné lecture est celui qui porte la date de 825. Il suffit de le lire pour se convaincre qu'il est l'œuvre de l'empereur seul et de ses conseillers intimes; le prince y parle en son propre nom et comme un souverain absolu.

[2] *Cum quispiam regiæ aut imperialis dignitatis apicem tenens, ceteris mortalibus imperans, aliquod edictum proponit quod a sibi subjectis et audiri diligenter et impleri fideliter velit, quis, rogo, subditorum non inhianter obaudit illiusque jussionibus obtemperare satagit?* (Jonas, *Aurelianensis episcopus, De institutione regia*, c. 11, dans la Patrologie latine, t. CVI, p. 501.)

exigent des concessions, ils les exigent de lui comme d'un pouvoir qui légifère seul. Ils ne songent pas à les faire ratifier par un autre pouvoir. Dans ces concessions mêmes qu'ils dictent, ils veulent que le prince parle en maître absolu.

Il ne faut pas d'ailleurs se méprendre sur le caractère du règne de Charles le Chauve. Ni les Capitulaires ni les Chroniques ne le présentent comme un prince qui ait été toujours sans vigueur. S'il a souvent plié, il s'est souvent raidi et relevé. Il s'est toujours souvenu de l'autorité de Charlemagne et a quelquefois réussi à l'exercer. L'édit de Pistes, de 864, en est une preuve entre bien d'autres[1].

Avant de présenter l'analyse de cet édit fameux, voyons ce que rapporte l'annaliste contemporain au sujet de l'assemblée où il a été promulgué. « Le roi Charles, aux calendes de juin, tint son plaid général en un lieu appelé Pistes; là il reçut les dons annuels et aussi le tribut que lui apporta le duc des Bretons; il fit aussi construire en ce lieu des forteresses sur la Seine pour empêcher les Normands de remonter le fleuve; enfin il institua trente-sept capitulaires avec le conseil de ses fidèles et suivant la coutume de ses prédécesseurs, et il ordonna qu'ils fussent observés comme lois dans tout son royaume. » — Rien dans ce récit ne donne l'idée d'un roi subordonné à une assemblée souveraine[2].

[1] *Sequuntur capitula quæ in mense novembrio domnus Karolus consultu fidelium suorum in Silvaco edidit et per regnum suum a missis suis adnuntiari et observari præcepit* (capitulaire de Charles le Chauve, titre 14 [Pertz, p. 423]). — *Hæc capitula dedit missis suis domnus Karolus ut illa unusquisque missus in suo missatico exequi procuret* (titre 15 [Pertz, p. 428]). — *Capitula quæ Karolus fecit apud Carisiacum palatium* (titre 23 [Pertz, p. 451]).
[2] Annales de Saint-Bertin, édit. de la Société de l'Histoire de France, p. 156. — Cette partie des Annales a été rédigée par Hincmar.

L'édit est précédé d'une *annuntiatio*, c'est-à-dire de quelques paroles adressées par le prince à l'assemblée générale : « Nous vous remercions, dit-il, de la fidélité et du zèle que vous avez montrés à notre service, imitant en cela ce que vos prédécesseurs ont fait pour les nôtres; nous vous remercions d'être venus tous et de bonne intention à notre plaid.... Les règlements que nous avons établis, il y a trois ans, avec le conseil et l'accord de nos fidèles, ont été reçus et observés par vous avec zèle; de même aujourd'hui, en vue de notre commun salut, du bon ordre et de l'honneur du royaume, nous établissons de nouveaux règlements, avec l'accord et conseil de nos fidèles; nous voulons vous les faire connaître et vous les donnons en écrit, afin que vous les puissiez plus pleinement entendre et qu'en recourant plus tard à cet écrit, dont nous ordonnons que lecture soit faite et que copie soit gardée dans chaque comté, vous les observiez constamment et sans nulle hésitation. Copie en sera donnée aussi aux évêques, afin que chacun d'eux dans son diocèse en fasse donner lecture et les fasse comprendre au peuple[1]. »

Tel est ce préambule; on y voit assez clairement que la loi n'a été préparée que par le roi et ses conseillers intimes, qu'aucune assemblée ayant un caractère national ne l'a discutée, et qu'enfin la population n'aura qu'à en prendre connaissance et à s'y soumettre.

Après cette *annuntiatio*, un fonctionnaire royal

[1] *Quæ nunc constituimus, vobis per scriptum nota facere volumus, ut illa plenius audire et ad illud scriptum recurrendo, quod in singulis comitatibus dari et relegi atque haberi præcipimus, firmius retinere et certius observare possitis. Quæ etiam ab episcopis aperto sermone, ut ab omnibus possint intelligi, tradi volumus.* Edictum Pistense, adnuntiatio domni Karoli, dans Baluze, t. II, p. 173 [Pertz, p. 488].

donna lecture du texte de l'acte législatif. « Charles, par la grâce de Dieu, roi. Faisons savoir que, dans ce plaid, avec l'accord et conseil de nos fidèles, nous établissons les articles suivants et enjoignons à tous de les observer sans nulle contradiction[1]. »

Suivent trente-quatre articles. Le 1er enjoint aux comtes de protéger les terres d'Église. — Le 2e et le 3e recommandent aux comtes et aux *missi* de veiller à la défense des orphelins, des veuves, des faibles, ainsi qu'au maintien du bon ordre. — Dans le 5e le prince dit qu'il saura reconnaître les services de ses comtes et de ses *missi* et qu'il saura aussi punir leur négligence. — Le 6e et le 7e ont pour effet de poursuivre plus sévèrement que par le passé le brigandage. — Les douze articles qui suivent sont relatifs à la monnaie : d'une part, le prince ordonne de punir sévèrement les faux monnayeurs; de l'autre, il maintient pour le roi seul et pour ses fonctionnaires le droit de frapper la monnaie, et l'on voit qu'il en fixe le poids et la loi à sa guise, sans que sur une matière si importante la population soit consultée. — Les articles 20 à 22 règlent les poids et mesures qui devront être usités dans tout le royaume; les fonctionnaires publics, *ministri reipublicæ*, devront veiller à ce qu'ils soient partout conformes aux étalons « envoyés du palais ». — Le 25e interdit de vendre des armes aux étrangers sans permission du roi. — Le 26e impose le service de guerre à tout homme libre « qui possède ou peut posséder des chevaux ». Ceux qui ne peuvent marcher à l'ennemi sont astreints à des gardes ou à des corvées. — Le 28e

---

[1] *Hæc quæ sequuntur capitula una cum fidelium nostrorum consensu atque consilio constituimus et cunctis sine ulla refragatione observanda mandamus.*

et les deux suivants règlent les devoirs des hommes libres, des colons des églises et des colons du roi. — Le 32ᵉ défend à deux comtes voisins l'un de l'autre de tenir leurs tribunaux le même jour.

Le 34ᵉ est particulièrement digne d'attention : « Plusieurs de nos comtes, dit le roi, nous ont consulté au sujet des hommes libres qui, pressés par la faim, se sont vendus comme esclaves. Nous nous sommes demandé, avec les évêques et nos autres fidèles, ce que nous devions faire à ce sujet. Dans la Loi Salique, nous n'avons rien trouvé qui soit relatif à cette matière. Dans le troisième livre du Recueil des Capitulaires il n'est question que de l'homme qui se donne en gage. Nous avons cherché dans la Sainte Écriture ; elle dit que l'homme qui s'est livré en servitude sera esclave six ans et redeviendra libre la septième année. Nous nous sommes reporté ensuite à la loi qu'ont établie nos prédécesseurs, les célèbres empereurs de Rome[1], et nous y avons trouvé plusieurs articles relatifs aux hommes libres qui, pressés par la faim ou par quelque autre nécessité, vendent leurs enfants. L'un de ces articles nous a paru devoir être cité ici ; il y est dit (c'est la 32ᵉ Novelle de Valentinien III[2]) que si un homme libre, pressé par la faim, a vendu ses enfants, ceux-ci recouvreront la liberté en remboursant à l'acheteur le prix d'achat augmenté d'un cinquième. Nous voulons que cette même règle soit appliquée aux parents

---

[1] *In lege etiam quam prædecessores nostri et nominatissimi imperatores constituerunt* (art. 34). Il ne se peut agir ici de Charlemagne ni de Louis le Pieux, puisqu'il a parlé précédemment des capitulaires de ces deux princes. — Charlemagne aussi parle quelquefois de « ses prédécesseurs empereurs » ; voir le 2ᵉ capitulaire de 805, art. 22, et le 3ᵉ de la même année, art. 24 [Boretius, p. 126].

[2] *Novellæ*, édit. Hænel, p. 237-239.

qui se sont eux-mêmes vendus. » Charles le Chauve cite à l'appui de son interprétation un passage de saint Grégoire et il termine en disant : « Voilà ce que nous, avec l'accord et le conseil de nos fidèles, nous voulons qu'on observe dans tout notre royaume en vertu de notre autorité royale[1]. » — Rien de plus clair que ce chapitre : on y voit que, sur un sujet si grave, la population n'a pas été consultée; le roi a décidé seul; sur ce point de droit particulièrement difficile, il a cherché des lumières partout, dans les lois antérieures, dans les Capitulaires, dans le droit romain, dans l'Ancien Testament, partout enfin, excepté dans les votes d'une assemblée.

La loi proprement dite s'arrête ici; il est visible que cette loi n'a été et ne sera discutée par aucune assemblée nationale : elle est l'œuvre du prince seul, entouré de ses conseillers. Charles le Chauve ajoute encore : « *Sachent nos comtes que dans chaque comté nous enverrons nos missi pour s'informer s'ils font observer ces règlements que nous établissons aujourd'hui et s'ils remplissent pleinement nos ordres*; et si un comte est négligent ou impuissant à les exécuter, nous en saurons trouver un autre qui veuille et sache faire observer ce que nous ordonnons[2]. »

Ce n'est pas tout : il faut que la population entière connaisse les nouveaux règlements et leur obéisse. « Nous voulons, dit le prince, que, conformément au chapitre 24 du deuxième livre des Capitulaires, ces articles qui ont été établis par nous, nos fidèles consultés, soient remis par notre chancelier aux évêques et

---

[1] *Quod et nos per regnum nostrum, una cum consensu et fidelium nostrorum consilio, observari regia auctoritate præcipimus.*
[2] Art. 55.

aux comtes, et que chacun de ceux-ci en fasse faire une lecture publique dans son diocèse et son comté, afin que notre ordre et notre volonté soient notifiés à tous[1]. »

Après que lecture eut été donnée, au nom du roi, de ce long texte de loi[2], Charles le Chauve reprit la parole. Il ajouta une recommandation qui avait été omise : « Nous voulons, dit-il, et expressément ordonnons que toute forteresse élevée dans le royaume sans notre permission soit démolie, et nous chargeons de l'exécution de notre ordre nos comtes, sous peine de destitution. »

Enfin, quand l'assemblée eut tout écouté en silence, sans nulle discussion, sans nulle forme de vote, le roi la congédia en ces termes : « Que ceux d'entre vous qui ont été cités en notre palais pour quelque cause à juger, restent jusqu'à ce que la cause soit jugée. Que ceux qui, pour un procès où ils sont demandeurs, ont besoin de demeurer auprès de nous, restent autant que cela leur sera nécessaire. Que nos vassaux avec leurs hommes restent aussi et marchent avec nous[3]. Quant aux autres, retournez chez vous, et, soit dans votre voyage, soit en votre maison, soit quand vous reviendrez vers nous, observant l'ordre établi par nous dans notre assemblée générale, allez avec la grâce de Dieu et la nôtre. Que Dieu nous accorde que, dans un bref délai et plus tard pendant une longue suite d'années, nous nous revoyions en santé et en joie, et que la miséricorde et la grâce de Dieu soient avec nous. »

Tel est l'édit de Pistes. Il fallait le citer en entier

---

[1] Art. 36.
[2] *Post hæc omnia lecta* (Baluze, col. 195 [Pertz, p. 499]).
[3] Ces *vassalli* ne doivent pas être confondus avec les comtes et autres *ministri reipublicæ*; il s'agit ici de chefs de troupes attachés personnellement au roi et qui doivent le suivre partout.

pour donner une idée de la manière dont les actes législatifs étaient préparés, édictés, promulgués, encore au temps de Charles le Chauve.

Mais, dans l'analyse que nous venons d'en faire, nous avons volontairement omis et réservé un article, celui-là même que nous présentions au début de ce [chapitre], celui où se trouve cette ligne : *Lex consensu populi fit et constitutione regis*. Plusieurs historiens modernes, préoccupés peut-être de l'idée qu'il devait exister alors un grand système de liberté politique, ont volontiers traduit ces mots comme si Charles le Chauve avait voulu dire que la loi se faisait par la volonté commune du peuple, le roi n'ayant qu'à la promulguer[1]. Une telle affirmation serait unique au milieu de la multitude des textes carolingiens; elle serait en désaccord manifeste avec les renseignements très précis qui nous montrent comment les actes législatifs étaient préparés, décrétés et promulgués; elle serait surtout en contradiction avec ce même édit de Pistes qui certainement n'est pas soumis à l'acceptation populaire.

Pour comprendre le vrai sens de la phrase de Charles le Chauve, il faut lire le paragraphe tout entier où elle est contenue. Il est le sixième de l'édit, et il a pour objet de changer une ancienne règle de la procédure. D'après le vieux droit des Francs, nul ne pouvait être assigné en justice qu'en vertu d'une citation faite en sa propre maison, et aucun tribunal de

---

[1] Pardessus, *Loi Salique*, dissertation première, p. 421. Waitz, *Deutsche Verfassungsgeschichte*, t. IV, p. 506. — M. Waitz rapproche de ce texte la phrase suivante : *Judici discenda lex est a sapientibus populi composita*; mais les manuscrits portent *populo* et non pas *populi* [Boretius, p. 58], ce qui présente un sens fort différent; il faut d'ailleurs lire cette phrase dans l'art. 61 du capitulaire de 789, et l'on verra qu'elle n'a pas l'importance que M. Waitz paraît lui attribuer.

« francs hommes »[1] ne pouvoit condamner par contumace si l'on n'attestait pas par serment que l'accusé avait été assigné en son domicile. Or le prince veut abolir cette vieille règle devenue inapplicable, et voici comment il s'exprime : « Il est parvenu à nos oreilles que plusieurs hommes des comtés qui ont été dévastés par les Normands, hommes qui possédaient autrefois des maisons et qui n'en ont plus aujourd'hui, pensent qu'il leur est permis de se livrer à tous les désordres; ils prétendent que, parce qu'ils n'ont plus de maisons où l'on puisse les sommer suivant la loi, ils ne peuvent pas être appelés en justice et qu'aucun jugement légal ne peut être prononcé contre eux[2]. Eu égard à la malice de ces hommes, nous, avec l'accord et conseil de nos fidèles, nous statuons que, tel cas échéant, le comte enverra son agent à l'endroit où le coupable avait autrefois sa maison et qu'en cet endroit il le fera sommer à comparaître. »

Ici, Charles le Chauve s'aperçoit que l'exécution de ses ordres rencontrera un obstacle dans un usage qu'observaient les tribunaux et suivant lequel, lorsqu'un accusé ne comparaissait pas, il fallait que les « francs hommes » jurassent qu'il avait été cité dans sa propre maison. Cette formalité rendrait l'application de la nouvelle loi fort difficile en justice, puis-

---

[1] Sur les *fraci homines*, et le *judicium francorum*, voir 1ᵉʳ capitulaire de 809, art. 30 [Boretius, p. 148, c. 1]; 2ᵉ capitulaire de la même année, art. 1 [Boretius, ibidem]; l'édit de Pistes, art. 52 et le 3ᵉ capitulaire de Carloman, année 884, art. 9 [Pertz, p. 552]. Les expressions *coram francis hominibus* et *secundum judicium francorum* sont fréquentes dans les diplômes du ixᵉ siècle. Il n'est pas besoin d'avertir que le mot *franci* ne désigne pas ici une race particulière.

[2] *Quia non habent domos ad quas secundum legem manniri et banniri possint, dicunt quod de mannitione vel bannitione legibus comprobari et legaliter judicari non possunt.*

qu'elle empêcherait le prononcé d'un jugement; mais Charles le Chauve supprime la difficulté en exigeant « que les francs hommes jurent que le coupable a été cité et sommé pour faire réparation et justice, suivant la nouvelle ordonnance du roi, et que cette citation est légale¹ ». Cette formule suffira pour qu'il soit procédé au jugement, et les scabins pourront ordonner la confiscation des biens du coupable et son arrestation en quelque comté qu'il se trouve.

Tel est le langage de Charles le Chauve. On voit assez que ce serment qu'il exige des francs hommes est une innovation grave ; or il n'a demandé pour établir une règle si nouvelle l'approbation d'aucune assemblée : il ordonne et statue en maître souverain ; et c'est précisément pour instituer un serment si contraire à l'ancienne procédure qu'il prononce ces paroles : « Parce que la loi tire son plein effet de l'adhésion du peuple et de la constitution du roi », *quoniam lex consensu populi fit et constitutione regis.* — Qu'on observe bien la suite de la pensée dans tout ce texte : loin que le roi veuille dire que la loi n'existe que par la volonté du peuple, il donne à entendre que le peuple doit obéir à

---

¹ *Franci jurare debeant quia secundum regium mandatum nostrum, ad justitiam reddendam vel faciendam, legibus bannitus vel mannitus fuit* (Baluze, t. II, 177 [Pertz, p. 490]). — Ces francs hommes, qui jurent devant le tribunal du comte et des scabins, sont probablement les mêmes hommes dont il est parlé dans l'article 32 du même édit de Pistes, *francos homines et adrocatos,* et dans un capitulaire de 884, *francis hominibus mundanæ legis documentis eruditis* (Walter, *Corpus juris germanici,* t. III, p. 230 [Pertz, p. 552, art. 9]). Ce terme désignait une catégorie d'hommes qui, dans la procédure des tribunaux locaux, jouaient un rôle important comme témoins et jureurs, *sacramentales, conjuratores,* peut-être aussi comme avocats et légistes. Il y a quelque apparence que ce sont ces mêmes hommes qui sont désignés dans d'autres textes par les expressions *legales viri, probi et legales homines.*

la loi dès que le roi l'a établie, et cela jusqu'à changer les vieilles formes du serment en justice¹.

Les autres actes législatifs de Charles le Chauve ont le même caractère que l'édit de Pistes : on n'y voit jamais qu'ils soient soumis à la discussion et au vote d'une assemblée nationale².

Nous ne citerons comme exemple que le fameux capitulaire de Kiersy-sur-Oise de 877; on l'allègue trop souvent comme un témoignage de l'extrême faiblesse de Charles le Chauve; nous ne nous occuperons pas ici des relations qu'il signale entre le prince et les grands : nous y chercherons seulement s'il marque par quelque indice que l'autorité législative appartint à d'autres qu'au prince³.

Nous lisons en tête de cet édit : « Ces capitulaires ont été établis par le seigneur Charles, glorieux empereur, avec l'adhésion de ses fidèles, à Kiersy, la seconde année de sa puissance impériale; de ces capitulaires, il a lui-même rédigé les uns; sur les autres, il a consulté ses fidèles et leur a ordonné de lui répondre. »

---

¹ Il n'est pas inutile de remarquer que l'expression *lex fit* ou *facere legem* ne se rencontre jamais avec la signification de faire une loi. Au contraire *facere legem* se trouve employé dans le sens de faire justice, c'est-à-dire appliquer la loi. *Facere legem* est un terme de procédure, non un terme de législation; aussi dans le passage qui nous occupe est-il question de l'application de la loi en justice et non pas de la confection de la loi. — Quant au mot *consensus*, il désigne ici, comme en beaucoup d'autres textes, l'adhésion obligatoire, c'est-à-dire l'obéissance. — Enfin le terme de *constitutio*, que l'on a traduit en ce passage comme s'il signifiait une simple promulgation, a toujours désigné l'acte spontané d'un souverain légiférant en son nom propre.

² Capitulaires, *passim*. Cf. Annales de Saint-Bertin, année 873 : *Regio ministerio, cum consilio fidelium suorum, secundum morem prædecessorum suorum leges paci ecclesiæ et regni soliditati congruas promulgavit et ab omnibus observari decrevit.*

³ [Voir l'étude détaillée qui en a été faite dans les *Nouvelles Recherches*.]

Nous distinguons, en effet, dans ce long édit, deux séries d'articles qui ne se ressemblent pas. Les huit premiers ont la forme de questions[1], et chacun d'eux est suivi d'une réponse des grands. Cette réponse, d'ailleurs, est toujours conforme à la pensée et à la volonté du roi; elle n'est autre chose qu'une approbation formelle de chaque article, ou plutôt elle est un engagement que les grands prennent de l'exécuter. — « Votre premier article, disent-ils, comme vous l'avez décrété par l'inspiration de Dieu, nous l'approuvons tous et voulons le conserver[2]. » — « Nous faisons la même réponse pour le second article. » — « Par le troisième, vous avez réglé, suivant les vues que Dieu vous a inspirées, la défense de votre royaume et la garde de votre fils; nous ne pouvons ni ne devons troubler cet ordre que vous avez établi, et nous ne connaissons rien qui soit meilleur[3]. » — « Vous nous demandez dans le quatrième comment nous pouvons être tranquilles à l'égard de votre fils, et votre fils à notre égard; nous répondons, sur le premier point, que nous ne demandons à votre fils aucune autre sécurité que de conserver chacun de nous dans son rang, suivant les dispositions que vous avez antérieurement établies et décrétées; sur le second point, nous répondons que nous voulons lui être fidèles comme on doit l'être à son seigneur. » — Semblables réponses sont faites au 5°, au 6°, au 7°, au

---

[1] [Ou plutôt encore de rubriques; cf. *Nouvelles Recherches*, p. 420 et suiv.] — Ce mode d'interrogation était d'un usage ancien; on en trouve des exemples sous Charlemagne en 789, en 799, en 811, et sous Louis le Pieux en 819.

[2] *Primum capitulum, sicut Deo inspirante decrevistis, omnes conlaudamus et conservare volumus.*

[3] *Cetera capitula responsione non egent, quoniam a vestra sapientia sunt disposita et diffinita*, art. 9.

8° article; elles sont toujours ce que le roi a souhaité qu'elles fussent; les grands disent qu'ils « sont prêts à faire ce que le prince a établi ». — Le 9° article et les vingt-quatre qui suivent n'ont plus la forme de questions; aussi les grands n'ont-ils pas répondu et se sont-ils contentés d'écrire : « Les articles suivants n'ont pas besoin de réponse, parce qu'ils ont été rédigés et décrétés par votre sagesse. » Viennent en effet vingt-cinq articles dans lesquels le prince statue seul en son nom propre et souverainement. Ils ne sont pas tous à l'avantage des grands; les grands ne manifestent néanmoins aucune opposition. Quant à une assemblée qui aurait discuté préalablement cet édit, il n'y en a pas la moindre trace. La volonté du prince est seule exprimée.

Ces trente-trois articles avaient été notifiés aux grands le [14][1] juin 877; deux jours après, Charles le Chauve fit faire une promulgation solennelle devant « le peuple » assemblé. Mais, comme le plus grand nombre de ces articles ne concernaient que les comtes, les *missi* et autres fonctionnaires, il se borna à faire connaître au peuple ceux qui pouvaient l'intéresser. « Le 16 des calendes de juillet, le seigneur empereur Charles, en assemblée générale, annonça au peuple son départ pour Rome; il fit savoir quelles dispositions il avait prises pour son fils en son absence, quelles règles il avait établies (c'était le résumé des trente-trois articles précédents); puis il ajouta[2] qu'il se trouvait dans cet édit quelques articles dont il voulait que tous eussent connaissance; et

---

[1] [Voir, pour la date, *Nouvelles Recherches*, p. 417 et suiv.]
[2] *Quia de ipsis capitulis quædam capitula excerpta habebat quæ in illorum omnium notitiam recitari volebat. Et tunc jussit Gauzlenum cancellarium ut hæc sequentia capitula in populum recitaret.*

il ordonna au chancelier Gozlin d'en donner lecture. »

Enfin, après que cette lecture eut été faite, il prononça immédiatement la clôture de l'assemblée, suivant la forme ordinaire : « Chacun de vous, dit le prince[1], peut retourner chez lui avec la grâce de Dieu et la nôtre, à l'exception de ceux qui ont quelque motif pour rester près de nous ou qui ne se sont pas encore acquittés des dons annuels qu'ils nous doivent[2]. » — On voit assez que tous ces procédés sont exactement l'opposé de ce qui aurait lieu si le pouvoir législatif appartenait ou au peuple lui-même ou à une assemblée. Dans cet édit de Kiersy, qui est le dernier de ses actes, Charles le Chauve parle encore en prince absolu.

Tels sont les textes et les faits. Il est possible sans doute, surtout en interprétant certaines expressions dans un sens qu'elles n'avaient plus au ixe siècle, d'y reconnaître un souvenir et comme un vestige de vieilles libertés disparues. On peut admettre aussi qu'il y eût au milieu de tout cela quelques germes de liberté pour l'avenir. Mais, si nous bornons notre regard au ixe siècle, si nous donnons aux mots le sens qu'ils avaient dans la langue du temps, si nous observons la

---

[1] *Post hæc lecta capitula, dedit omnibus licentiam cum Dei gratia et sua redeundi ad patriam, exceptis his quos specialiter pro specialibus causis considerandis vel pro dona liberanda secum aliquantis diebus manere præcepit.* Édit de Kiersy, *in fine*, Baluze, t. II, col. 270 [Pertz, p. 542].

[2] Sur cette formule de dissolution des assemblées, comparer l'édit de Pistes de 869, qui se termine ainsi : *Gratias vobis agimus quia fideliter secundum nostram commendationem in nostro venistis servitio. Et ite cum Dei gratia sani et salvi, et Deus nobis concedat ut iterum cum sanitate et gaudio ad suam voluntatem reconjungamur.* Voir aussi les dernières lignes de l'édit de 864 que nous avons citées plus haut.

pratique et la réalité telles qu'elles nous sont décrites par les documents si nombreux et si clairs de cette époque, nous ne reconnaissons nulle part que la nation, au temps des quatre premiers Carolingiens, ait possédé ou ait seulement partagé avec ses rois la puissance législative.

[L'autorité législative demeure donc une des prérogatives essentielles de la royauté franque, comme elle le fut de la monarchie romaine. Charlemagne fut par-dessus tout un législateur, comme les empereurs romains de toutes les époques; il ne cessa de légiférer durant tout son règne.] Il fit rédiger des codes pour les populations germaniques qui lui obéissaient; mais on se tromperait fort si l'on croyait que ces codes fussent l'œuvre des populations elles-mêmes : c'est le prince seul qui, par son autorité propre, modifia les lois des Lombards et des Francs, établit celles des Thuringiens, des Frisons et des Saxons. Aussi leurs lois sont-elles l'expression du pouvoir monarchique le plus absolu, sans nulle idée de liberté politique. Charlemagne fit en outre un nombre considérable de capitulaires qui étaient exécutoires dans tout l'Empire.

Il ressemble à ces empereurs romains qui envoyaient de leur palais des édits et des rescrits à toutes les provinces. Le souvenir de Rome remplit en effet l'esprit de Charlemagne. Il appelle la législation romaine « la mère de toutes les lois humaines[1] ». Il exprime la pensée qui l'a principalement dirigé dans toute son œuvre législative quand il dit : « Nous avons eu soin de faire recueillir ces capitulaires qui sont empruntés

---

[1] *Lex Romana quæ est omnium humanarum mater legum. Capitularia, additio quarta,* c. 160 (dans Baluze, t. I, p. 1226).

ou aux décrets des saints évêques ou aux édits des empereurs[1]. »

CHAPITRE XII

De la justice[2].

[Le droit de juger était, avec celui de faire des lois, le principal] attribut de cette royauté omnipotente. Les documents ne signalent jamais ni le peuple s'assemblant pour juger, ni le peuple élisant ses juges. Ils présentent au contraire les juges comme des hommes qui dépendent du roi, qui reçoivent ses instructions, qu'il nomme et destitue. « Nous voulons, dit Charlemagne, qu'aucune faute ne soit laissée impunie par nos juges », *a judicibus nostris*. — « Qu'aucun juge ne permette à un malfaiteur de se racheter, sous peine d'être révoqué de sa charge. » — Alcuin écrit au roi : « Ne permets pas aux juges qui sont sous ta puissance de vendre la justice. » Est-ce ainsi que l'on parlerait de jurys populaires[3] ?

Les Capitulaires sont pleins d'articles qui montrent les fonctionnaires royaux, c'est-à-dire les *missi*, les

---

[1] *Sequentia quædam capitula ex sanctorum patrum decretis et imperatorum edictis colligere curavimus atque inter nostra capitula lege firmissima tenenda, generali consultu, Erchembaldo cancellario nostro inserere jussimus. Capitularia, additio quarta* (dans Baluze, t. I, p. 1181).

[2] [*Académie des Sciences Morales, Compte rendu*, t. CVI, p. 701-708; *Revue des Deux Mondes*, 1ᵉʳ janvier 1876, p. 140-148.]

[3] Capitulaire de 789, art. 67 [Boretius, p. 59]; de 779, *in fine* [Boretius, art. 21, p. 51]; Alcuin, *Lettres*, n° 120. — L'expression *judices publici* ne doit pas faire illusion; elle s'oppose à *judices ecclesiastici* (voir capitulaire de 755, art. 27 [Boretius, p. 37]) et désigne toujours les juges royaux. C'est le sens du mot *publicus* dans les expressions *functiones publicæ, ministri reipublicæ* et beaucoup d'autres de la langue du IXᵉ siècle.

comtes, les centeniers, chargés du soin de punir les crimes et de vider les procès. Charlemagne ne cesse de prescrire à ses agents de faire bonne justice. Il leur recommande particulièrement les pauvres et les faibles, ce qui serait sans doute inutile s'il existait des jurys populaires[1]. Il veut que ses comtes sachent les lois ; il leur enjoint de ne choisir pour vicomtes et centeniers que des hommes qui les connaissent aussi[2]. Il se fait rendre compte de la manière dont ils jugent. Louis le Pieux écrit : « Que nos *missi* et nos comtes jugent bien, afin que les plaintes des pauvres ne s'élèvent pas contre eux. » Il ajoute : « Que le peuple sache qu'il ne doit s'adresser à nous pour aucun autre procès que pour ceux où nos *missi* et nos comtes auraient refusé de faire justice[3]. » De tels textes ne sont-ils pas incompatibles avec l'existence d'une justice populaire ?

Le tribunal au milieu duquel le comte rendait ses jugements s'appelait le *mall* ou le *plaid* du comte[4]. Se représenter ce *mall* comme une assemblée populaire serait une

---

[1] 3ᵉ capitulaire de 780, art. 1 [Boretius, p. 63, art. 17] ; capitulaire de 801, art. 19 [Boretius, p. 209, art. 4].

[2] Capitulaire de 779, art. 11 [Boretius, p. 49] ; 3ᵉ capitulaire de 803 (?), 2ᵉ partie, art. 4 [Boretius, p. 144] ; 2ᵉ capitulaire de 805, art. 12 [Boretius, p. 124] ; capitulaire de 829, art. 14 [Krause, p. 10].

[3] Baluze, Capitulaires, t. I, p. 668-669 [Krause, p. 14-20].

[4] *Mallus comitis, placitum comitis, mallus centenarii* (capitulaire de 769, art. 12 [Boretius, p. 40] ; 2ᵉ de 809, art. 5 [Boretius, p. 148] ; *præceptum Ludovici pro Hispanis*, art. 2 [Boretius, p. 262]). — L'expression *mallus publicus* est souvent employée comme synonyme des précédentes, et n'a nullement le sens d'assemblée populaire ; *publicus*, dans la langue du IXᵉ siècle, se dit de tout ce qui appartient à l'État et s'oppose à ce qui appartient à l'Église ; *mallus publicus* s'oppose à *mallus episcopi* ou *abbatis* (voir les diplômes, *passim*, et les Actes des conciles qui appellent les tribunaux laïques *placita publica et secularia* ; Labbe, t. VII, p. 1232). — Il se tenait dans la propriété et sur le domaine du comte ; c'est le sens des mots *infra suam potestatem* du capitulaire de 819, Baluze, I, 603 [Boretius, p. 284, art. 14].

illusion; il ne se tenait pas en plein air, mais dans une salle, et nous avons plusieurs capitulaires qui prescrivent au comte de veiller à ce que cette salle soit toujours en bon état[1]. Le comte tenait son plaid, c'est-à-dire ses séances, quand il voulait. Il n'était pas dans son plaid comme on se figurerait un fonctionnaire au milieu d'une assemblée indépendante; il y était un maître: « Nous voulons, est-il dit dans un capitulaire, que le comte ait toute puissance dans son plaid, sans que nul le contredise; s'il fait quelque chose qui soit contre la justice, c'est à nous que la plainte doit être adressée[2]. »

Toutefois le comte devait consulter les hommes qui l'entouraient. Cette règle était fort ancienne; dans l'antique Germanie comme dans l'Empire romain, le juge avait ou auprès de lui un « conseil » sans lequel il n'avait pas pu rendre ses sentences. L'importance de ce conseil paraît même s'être accrue sous les Mérovingiens[3]. Comme il était rare que les fonctionnaires de ce temps-là fussent des légistes, il avait fallu laisser aux asses-

---

[1] 1ᵉʳ capitulaire de 809, art. 25 [Boretius, p. 151]. — *Ut in locis ubi mallos publicos habere solent tectum tale constituatur quod in hiberno et in œstate observandos usus esse possit* (2ᵉ capitulaire de 809, art. 13 [Boretius, p. 149]).

[2] 2ᵉ capitulaire de 819, art. 5 [Boretius, p. 296: *Volumus ut comes potestatem habeat in placito suo facere quæ debet, nemine contradicente; et si aliter fecerit quam juste, ad quem factum illud pertinet veniat in præsentiam nostram, et nos illi de eodem comite faciamus justitiam*]. — Il faut noter qu'il existait une sorte de justice populaire, que l'on appelait la justice des *vicini* ou des *pagenses*; il en est fait mention dans le *capitulare Saxonicum*, de l'an 797, art. 4 [Boretius, p. 71], et dans le *præceptum pro Hispanis* de l'an 815, art. 2 [Boretius, p. 262]; mais ces jurys ne jugeaient que les *causæ minores*: ils n'étaient présidés ni par le comte ni même par le centenier, et ce qui est surtout digne de remarque, c'est que ces tribunaux populaires ne sont jamais désignés par le mot *mallus*.

[3] [Voir dans *La Monarchie franque*, les deux chapitres sur la justice, c. 13 et 14, en particulier p. 350 et suiv.]

seurs le soin d'interroger les parties, de faire la recherche du fait, de dire la loi qu'il fallait appliquer. Le comte n'avait, la plupart du temps, qu'à prononcer l'arrêt que ces hommes lui avaient dicté. Il y a un texte dans les Capitulaires qui lui défend de prononcer autrement que ces hommes n'ont jugé[1]. Mais il y en a un autre qui enjoint au comte d'empêcher « que nul ne juge mal devant lui », ce qui implique qu'il n'est pas tenu de se conformer à l'opinion de ceux qui l'entourent[2]. Les relations entre le comte et les hommes du plaid n'étaient pas nettement définies, et il y aurait autant d'inexactitude à considérer ce comte comme un juge unique au milieu d'un conseil impuissant, qu'à regarder ce conseil comme un tribunal souverain sous la présidence impuissante du comte.

Ce qu'il importerait surtout de bien connaître, c'est la composition de ce conseil. Les lois n'apprennent rien sur ce sujet ; elles ne disent ni que le plaid dût être formé de tous les hommes libres du comté, ni d'un nombre déterminé d'entre eux, ni si les hommes étaient tirés au sort, choisis par le comte, ou élus par le peuple. Les membres du tribunal sont appelés rachimbourgs ou *boni homines* dans les textes du VIIe siècle, « francs hommes », *franci homines*, dans ceux du VIIIe et du IX[e][3].

---

[1] 2e capitulaire de 813, art. 13 [Boretius, p. 172 : *Postquam scabini eum dijudicaverint, non est licentia comitis ei vitam concedere*].

[2] 3e capitulaire de 803, 2e partie, art. 4 [Boretius, p. 114 : *Ut comites et vicarii eorum legem sciant, ut ante eos injuste neminem quis judicare possit vel ipsam legem mutare*].

[3] Les expressions *secundum judicium Francorum* ou *coram francis hominibus* se rencontrent souvent dans les diplômes et les Capitulaires pour désigner les hommes qui prennent part aux tribunaux des comtés ; voir 1er capitulaire de 809, art. 50 ; 2e de 809, art. 1 [Boretius, p. 148, art. 1] ; édit. de Pîtres, de 864, art. 32 ; capitulaire de 884, art. 9 [Pertz, p. 552] : *Franci homines mundanæ legis documentis eruditi*. — [Cf. *Recherches*, p. 423 et suiv.]

Toutes ces appellations sont également vagues; on peut pourtant dire d'elles qu'elles s'appliquaient à des catégories d'hommes qui n'étaient pas très nombreuses dans cette société où les esclaves, les affranchis et les colons formaient la grande majorité des êtres humains. Aussi les articles de la loi où le plaid se trouve désigné ne contiennent-ils aucun trait qui dénote une assemblée nombreuse. Il s'en faut de tout qu'il ressemble à une foule. Quant à supposer que ces hommes fussent élus par le reste du peuple, c'est une conjecture qui ne s'appuie sur aucun document. Il faut se résigner à ignorer suivant quelles règles le comte garnissait son plaid.

La seule vérité qui ressorte des textes, c'est que ces hommes ne se rendaient au plaid que sur l'ordre du comte; il y avait même une lutte incessante entre le comte et eux, et ce n'était pas ce genre de lutte qu'il y aurait entre un fonctionnaire qui voudrait juger seul et des jurés qui lui imposeraient leur présence; tout au contraire, c'était le comte qui contraignait à venir au plaid, tandis que les hommes ne désiraient que d'être affranchis de cette obligation. Le comte était réduit à frapper d'amende ceux qui refusaient d'obéir à son ordre, et la population se plaignait même qu'il ne convoquât les hommes que pour avoir occasion de lever des amendes. Charlemagne mit fin à cet étrange débat en dispensant les hommes d'aller aux plaids et de juger[1].

---

[1] [Capitulaire de 809, art. 5, Boretius, p. 148 : *Ut nullus alius de liberis hominibus ad placitum vel ad mallum venire cogatur, exceptis scabinis et vassis comitum, nisi qui causam suam aut quærere debet aut respondere.* — Capitulaire de 803, art. 20, Boretius, p. 116 : *Ut nullus ad placitum banniatur, nisi qui causam suam quærere, aut si aller ei querere debet, exceptis scabineis septem qui ad omnia placita præesse debent.*]

A partir de ce moment, les plaids ne furent plus composés que de deux sortes d'hommes, les uns qu'on appelait les serviteurs du comte, *vassi comitis*, les autres qu'on appelait *scabini*[1]. Ces scabins n'étaient pas élus par la population : ils étaient choisis ou par le comte ou par les *missi*[2]. Ils étaient subordonnés au comte, qui avait sur eux un droit de surveillance et qui répondait de leur conduite. Ils étaient des fonctionnaires publics, qui aidaient les centeniers et les comtes à rendre la justice[3].

Les arrêts des comtes pouvaient être revisés par les *missi* en tournée[4]. De tous les jugements on pouvait appeler au prince, qui se trouvait ainsi le juge suprême de l'Empire[5].

Le plaid du roi se tenait dans le palais. L'énoncé des sentences commençait ordinairement par cette formule : « Charles empereur, auguste.... Tandis que dans notre palais nous siégions pour entendre les causes de tous et les terminer par un juste jugement, telles personnes

---

[1] *Ut nullus ad placitum venire cogatur exceptis scabinis et vassallis comitum* (1er capitulaire de 809, art. 13 ; 2e de la même année, art. 5 [Boretius, p. 148 et 150]).

[2] *Ut missi nostri scabinios per singula loca elegant* (3e capitulaire de 803, art. 3 [Boretius, p. 115]). — Capitulaire de 873, art. 9 et 11 (Pertz, p. 521). — Voir Guizot, *Essais sur l'histoire de France*, 4e essai, c. 3.

[3] 1er capitulaire de 809, art. 22 [Boretius, p. 151 : *Ut vicedomini, prepositi, advocati* (*centenarii, scabinei*, ajoutent les mss. *Vaticanus* 582 et n° 9654 de la Bibliothèque Nationale) *boni et veraces et mansueti eligantur* (les deux mêmes mss. ajoutent *et constituantur ad sua ministeria exercenda*). *Ibidem*, p. 149, art. 11]. — Les scabins sont toujours comptés parmi les *ministeriales* ou *juniores* des comtes.

[4] Flodoard, *Historia Remensis ecclesiæ*, II, 18. [Cf. plus loin, c. 15.]

[5] 4e capitulaire de 806 [?], art. 7 : [*Ut si aliquis voluerit dicere quod juste ei non judicetur, tunc in præsentia nostra veniant* ; Boretius, p. 159] ; capitulaire de 829, art. 14 : [*Populo autem dicatur, ut careat de aliis causis se ad nos reclamare, nisi de quibus aut missi nostri aut comites eis justitias facere noluerint*].

se sont présentées devant nous.... Et nous, au milieu de nos fidèles et par leur conseil, nous avons décidé¹. »

Ces fidèles que le roi consultait ne ressemblaient en rien à un grand jury national; les uns étaient des évêques et des abbés que le prince avait choisis; les autres étaient des courtisans, *domestici*, des ducs, des comtes, des *ministeriales* de tout ordre, en un mot des fonctionnaires². La description que fait Hincmar de ces réunions prouve que nul n'y pouvait entrer qui ne fût à la convenance du roi³. Ce plaid était habituellement présidé par le comte du Palais; le roi en prenait la présidence dans les causes importantes⁴. Il ne prononçait guère de jugement sans interroger chacun des membres du plaid; mais il y a des exemples qui prouvent qu'il n'était pas tenu de se conformer à l'opinion de la majorité⁵. Les Capitulaires proclament plus d'une fois que le roi a le droit de juger suivant sa seule conscience et ses lumières, et qu'il peut punir suivant sa volonté⁶.

---

¹ Diplômes de 775 et de 802, dans dom Bouquet, t. V, p. 754 et 767.

² Dans un jugement rendu en 838, on trouve les noms de l'archichapelain, de 2 comtes du Palais, de 17 évêques, de 26 comtes, de 17 abbés et de 25 autres personnages dont chacun se qualifie *vassus dominicus* (Bouquet, VI, p. 501).

³ Hincmar, *De Ordine palatii*, 31-33. On a une autre description des usages relatifs au plaid judiciaire dans la préface des Actes du concile de Mayence de 813.

⁴ 3ᵉ capitulaire de 812, art. 2 [Boretius, p. 176 : *Neque comes palatii nostri potentiores causas sine nostra jussione finire præsumat, sed tantum ad pauperum et minus potentium justitias faciendas sibi sciat esse vacandum*]. Comparer Éginhard, *Vita Caroli*, 24.

⁵ Chronique de Moissac, année 788. Annales de Loisel, année 792. Thégan, c. 22. Éginhard, *Annales*, année 820. L'Astronome, c. 45.

⁶ 2ᵉ capitulaire de 813, art. 12 [Boretius, p. 171 : *Rex super eos districtionem faciat carcerandi, exiliandi usque ad emendationem illorum*]. — 1ᵉʳ capitulaire de 819, art. 9 [Boretius, p. 282 : *Quanto tempore nobis placuerit*]. — Voir encore un diplôme de 775, dans la Patrologie latine, t. XCVII, p. 955. — (Voir plus haut, c. 9, § 2.)

Il n'existait donc à aucun degré de l'administration judiciaire ni un véritable jury ni une magistrature indépendante. Toute justice émanait du roi et était rendue ou par lui ou par ses délégués. La pénalité était la même que dans les époques précédentes. La mort, la mutilation des membres, la prison étaient fréquemment prononcées[1]. On voit des hommes du plus haut rang qui sont condamnés à périr par le glaive ou par le gibet. Il était enjoint aux comtes, aux vicomtes et à tous juges royaux d'avoir une prison et une fourche patibulaire[2]. Les tribunaux des comtes prononçaient fréquemment la peine capitale[3]; toutefois il n'était pas rare qu'on permît au condamné de racheter sa vie par la perte de tous ses biens[4].

CHAPITRE XIII

[Les charges de la population.]

1° LES IMPÔTS[5].

Il n'est pas facile de calculer quelles étaient, sous ce régime, les charges de la population; ni les Chroniques ni les actes législatifs n'en font le compte. On reconnaît du moins à de nombreux indices que les hommes

---

[1] Capitulaire de 744, art. 4; 1ᵉʳ capitulaire de 809, art. 30 [Boretius, p. 148, art. 1]; capitulaire de 873, art. 12 [Pertz, p. 521]. — Éginhard, *Annales*, année 792; Moine de Saint-Gall, II, 31.
[2] 2ᵉ capitulaire de 813, art. 11 [Boretius, p. 171].
[3] 2ᵉ capitulaire de 813, art. 13.
[4] 1ᵉʳ capitulaire de 809, art. 30 [Boretius, p. 149]; 2ᵉ de 813, art. 13.
[5] [*Académie des Sciences Morales et Politiques, Compte rendu*, t. CVI, p. 708-715.]

avaient encore à payer des impôts à l'État. Ce que l'on appelait du terme général de *publicæ functiones* apparaît fréquemment dans les diplômes et dans les Capitulaires, et cette expression désignait un ensemble de charges fort diverses [1].

1° Les documents signalent dans les termes les plus formels une contribution publique qui, sous le nom de *donum publicum* ou *donum generale*, était remise aux mains du roi chaque année. Cet usage venait de l'époque mérovingienne : « C'était l'ancienne coutume, disent les Annales, qu'au Champ de Mars les dons fussent apportés au roi par le peuple [2]. » L'usage se continua sous Pépin le Bref, Charlemagne, Louis le Pieux et Charles le Chauve. Hincmar, dans le traité *De Ordine palatii*, atteste que l'une des deux assemblées annuelles avait pour principal objet de percevoir les dons publics [3]. Les Chroniques de Saint-Bertin et de Saint-Wandrille mentionnent, à chaque plaid, le payement des dons [4]. Ce mot *don*, qui était usité au VIIIe et au IXe siècle, ne doit pas plus nous faire illusion que le

---

[1] Baluze, Capitulaires, t. I, p. 547 et 622 (cf. Boretius, p. 294); t. II, p. 324. L'expression *functio regalis* est employée comme exactement synonyme, ibidem, t. I, p. 726. — Comparer les nombreux diplômes d'immunité où les mots *functiones publicæ* reviennent sans cesse.

[2] *Annales Laurissenses minores*, année 751. Annales de Fulde, année 751 : *In martii campo secundum antiquam consuetudinem dona regibus a populo offerebantur.*

[3] Hincmar, *Ad proceres pro institutione Carolomanni* (*De Ordine palatii*), c. 30 : *Aliud placitum propter dona generalia danda.* Idem, c. 35 : *In suscipiendis muneribus.* — Une lettre de l'évêque Frothaire (Bouquet, t. VI, p. 594) mentionne aussi les *dona regalia* qu'il fallait envoyer au Palais impérial.

[4] *Imperator conventum habuit..., in quo annualia dona suscepit* (Éginhard, *Annales*, année 829). — *Ibi dona annualia more solito suscipiens* (Annales de Saint-Bertin, année 832). — *Carolus placitum tenuit et dona annua suscepit* (Chronique de Fontenelle, année 851). — *Imperator annua suspiciens dona* (*Vita Ludovici ab Anonymo*, c. 41 et 43).

mot *octroi* qui sera employé plus tard : il désignait une contribution obligatoire.

Il ne paraît pas que le chiffre en fût fixé d'une manière permanente; il variait probablement suivant les besoins ou les désirs du prince. C'est ainsi qu'un chroniqueur, racontant la grande expédition de Pépin le Bref en Aquitaine, fait remarquer que cette année-là les dons furent plus considérables que de coutume[1]. Il y a apparence que le chiffre était indiqué aux contribuables, quelques semaines à l'avance, par une lettre partie du Palais; c'est du moins ce qu'on peut induire de ce qu'écrit Loup de Ferrières en 845 à un ministre : « Je vous adresse les dons obligés, *debita dona*, que le roi par votre lettre m'a enjoint d'envoyer[2]. » L'évêque Frothaire parle aussi dans une de ses lettres des dons royaux qu'il a envoyés au Palais.

Ces dons se payaient encore à Charles le Chauve dans la dernière année de son règne; car, à la suite du procès-verbal de la fameuse assemblée de Kiersy-sur-Oise, de 877, on lit ce qui suit : « Après que ces capitulaires eurent été lus en public, le roi donna à tous la permission de retourner chez eux, excepté à ceux qui ne s'étaient pas encore acquittés de leurs dons et qu'il retint plusieurs jours pour qu'ils s'en acquittassent. »

Les monastères eux-mêmes, sauf un petit nombre, n'étaient pas exempts du payement de cet impôt. On peut voir, au milieu des capitulaires de Louis le Pieux, une liste de quarante-huit monastères, sur lesquels trente *doivent le don annuel*, *debent dona*, et dix-huit

---

[1] Continuateur de Frédégaire, c. 131 : [*Multa munera a Francis vel procesis suis ditatus est.*]
[2] Lettres de Loup de Ferrières, n° 43 (Bouquet, VII, 492).

en sont affranchis[1]. Enfin dans un diplôme de Louis le Pieux, daté de 830, nous lisons cette phrase : « Comme ce monastère nous payait, avant la présente charte, un don annuel, nous établissons qu'à l'avenir il nous enverra chaque année six livres d'argent, moyennant quoi il sera exempt de tout don et de tout service[2]. »

Il nous semble d'après ces textes que le *don annuel* était un véritable impôt. Ce qui en faisait le caractère particulier, c'est qu'au lieu d'être perçu par les fonctionnaires royaux résidant dans les provinces, il était porté ou envoyé par le contribuable lui-même au prince et remis directement dans ses mains. Ce qui disparut donc au viiie siècle, ce ne sont pas les impôts directs, ce sont les percepteurs, c'est-à-dire les intermédiaires entre le gouvernement et les contribuables.

Les diplômes d'immunité, qui exemptaient de tout impôt payable aux comtes ou autres fonctionnaires publics, n'exemptaient pas toujours du *don* au roi. Ainsi l'on sait que l'abbaye de Saint-Denis, qui avait depuis longtemps l'immunité, devait donner au roi chaque année deux cents muids de vin; l'Église de Reims était tenue d'envoyer un don annuel au palais d'Aix-la-Chapelle[3].

2° A côté de cet impôt, les Capitulaires en mentionnent un autre, qu'ils appellent des noms de tribut, *tributum*, de « cens royal », *census regalis*, ou de *infe-*

---

[1] [*Quæ monasteria in regno vel imperio suo dona et militiam facere possunt, quæ sola dona sine militia, quæ vero nec dona nec militiam*, Boretius, p. 350.]

[2] Dom Bouquet, t. VI, p. 564.

[3] Diplôme, dans dom Bouquet, t. VI, p. 541; Flodoard, *Historia Remensis ecclesiæ*, II, 19, et III, 4. Ces *dons* furent payés au roi jusqu'au temps de Louis le Pieux.

renda[1]. « Nous enjoignons à nos *missi*, écrit Charlemagne en 812, de rechercher tous les cens qui de toute antiquité ont été dus au roi », *qui census antiquitus ad partem regis venire solebant*. Il écrit ailleurs : « Nous voulons que le cens royal soit payé partout où il est dû, soit de la personne, soit des biens », *sive de persona, sive de rebus*. Cet impôt était donc à la fois personnel et foncier. De même dans un capitulaire de Charles le Chauve il est fait mention « des hommes francs, *franci homines*, qui doivent le cens au roi, soit pour leur personne, soit pour leurs terres », *de suo capite vel de suis rebus*[2].

Un érudit qui est mort trop tôt pour la science, M. Lehuërou, a supposé que ce cens n'était qu'une sorte de rente domaniale et que le roi ne la percevait que sur le sol dont il était propriétaire[3]. Cette conjecture est contraire aux textes ; car les mêmes capitulaires qui mentionnent le cens royal que les francs hommes payaient de leurs terres, montrent que ces hommes pouvaient les vendre ou les léguer, ce qu'ils n'auraient pas pu faire s'ils n'avaient eu sur elles un droit complet de propriété.

Cet impôt foncier était réparti et perçu par les fonctionnaires royaux. Un tableau de répartition avait été

---

[1] Sur l'*inferenda*, les principaux textes sont : le capitulaire de 829, art. 15 [Krause, p. 17]; les *Gesta Dagoberti*, c. 37, et les diplômes de 814 et de 842 dans dom Bouquet, t. VI, p. 460, et t. VIII, p. 435. — [Cf. *La Monarchie franque*, p. 264 et suiv.].

[2] 3º capitulaire de 812, art. 10 [Boretius, p. 177]; 2º de 805, art. 20 [Boretius, p. 125]. Capitulaires, liv. III, c. 86 [Boretius, p. 454]; liv. IV, c. 57 [Boretius, p. 442]. 4º capitulaire de 819, art. 2 [Boretius, p. 287]. Édit de Pistes de 864, art. 28 et 34 [Pertz, p. 495 et 497]; capitulaire de 865, art. 8 [Pertz, p. 502]. Voir encore un diplôme de 820 (Bouquet, VI, 525).

[3] Lehuërou, *Institutions carolingiennes*, p. 480.

dressé par les *missi dominici* de Charlemagne ; un capitulaire de Louis le Pieux défendit d'y rien changer et menaça de destitution tout fonctionnaire qui exigerait du peuple un chiffre supérieur à celui qui avait été fixé. Un autre capitulaire signale les remises de tribut qui étaient accordées par le prince aux *provinciaux* et mentionne à cette occasion les percepteurs, qui sont appelés *exactores*[1].

Les actes les plus nombreux qui nous aient été conservés de la chancellerie carolingienne sont des diplômes d'immunité. Sans cesse, nous voyons Charlemagne, Louis le Pieux, Charles le Chauve accorder à des évêques et à des abbés, parfois même à des laïques, l'exemption des impôts sur leurs terres. Il est assez évident que les princes n'auraient pas eu lieu d'accorder cette exemption et que personne n'aurait songé à la demander, si ces impôts n'avaient pas régulièrement existé. Quand Charlemagne ou Charles le Chauve écrit : « Nous voulons qu'aucun fonctionnaire public n'entre sur les terres de telle abbaye pour y percevoir le cens, le tribut ou l'*inferenda* », nous devons penser que le fonctionnaire public levait ces mêmes contributions sur les terres qui n'appartenaient pas à cette abbaye. Si nombreux d'ailleurs que fussent les diplômes d'immunité, ils laissaient encore beaucoup de terres soumises à l'impôt.

On ne doit sans doute pas conclure de ces faits et de ces textes qu'il existât un système d'impôts très régulier ; mais on peut en inférer que les impôts publics

---

[1] Capitulaire de 829, art. 15 [Krause, p. 17 : *Quicumque vicarii ve alii ministri comitum tributum, quod inferenda vocatur, majoris pretii a populo exigere præsumpsit;... ministerium amittat*]. Capitulaires, liv. V, c. 359.

n'avaient pas encore tout à fait disparu. Les hommes libres et les propriétaires du sol payaient encore des contributions directes.

Nous ne trouvons pas assez de chiffres dans les documents pour que nous puissions apprécier si elles étaient lourdes. Le *don* paraît avoir été l'impôt des grands, des évêques, des abbés, et particulièrement des immunistes; le *cens*, *tribut* ou *inferenda*, paraît avoir été, sous des noms divers, un seul impôt, et il ne pesait vraisemblablement que sur les petits propriétaires. Le premier était porté au roi directement par le contribuable à l'occasion du Champ de Mai; le second était perçu au nom du roi par les comtes et les autres fonctionnaires. Le premier devait disparaître le jour où le roi cesserait de convoquer les Champs de Mai et ne pourrait plus grouper la nation autour de lui; le second devait rester dans les mains des comtes, le jour où ceux-ci deviendraient indépendants du roi.

Pour ce qui est des impôts indirects, ils existaient sous trois formes : les péages, le droit de gîte et la corvée.

3° Les péages, que l'on appelait tonlieus, *telonea*, d'un mot grec qui avait été usité en Occident dans les derniers siècles de l'Empire romain, étaient établis sur les routes, sur les ponts, à l'entrée des ports, aux passages des frontières[1]. Un chroniqueur mentionne des douaniers, *telonarii*, dans la ville d'Orléans et sur toute la ligne de la Loire, au temps de Charlemagne. Les diplômes de Charles le Chauve signalent les tonlieus établis sur la Loire, sur le Rhône, sur la Seine,

---

[1] On leur donnait aussi une foule d'autres noms latins, *pulveraticum, rotaticum, portaticum, ripaticum, pontaticum*, etc. [Cf. *La Monarchie franque*, p. 428 et suiv.].

sur l'Escaut, et aux portes des villes; les mêmes diplômes montrent que ces péages étaient perçus au profit du roi par des fonctionnaires publics[1].

4° Le droit de gîte, *mansio* ou *parata*, était l'obligation pour tout propriétaire de loger et de défrayer les envoyés du roi, les fonctionnaires en passage, et en général tous ceux qui voyageaient avec une lettre du roi, *evectoria* ou *tractoria*[2]. Un tarif fixait ce que chacun, suivant son rang, pouvait exiger; par exemple, un comte avec sa suite avait droit, chaque jour, à trente pains, deux muids de vin (32 *sextarii*), un porc et trois poulets; il fallait en outre lui fournir des chevaux[3].

Une lettre de Charlemagne à son fils Pépin laisse voir que cette prestation donnait lieu à de nombreux abus[4]. Les fermes royales et la plupart des abbayes immunistes en étaient affranchies; elle pesait d'autant plus lourdement sur les petits propriétaires.

5° La corvée était l'obligation de travailler aux routes, aux ponts, aux édifices publics. Il est visible qu'au temps des Carolingiens on voyageait, et même avec une

---

[1] Capitulaire de 755, art. 26 [Boretius, p. 32, art. 4]; de 805, art. 13 [Boretius, p. 124]; de 869, art. 8 [cf. Boretius, p. 149, art. 0]. — Miracles de Saint-Benoît, I, 19, p. 46 de l'édit de la Société de l'histoire de France. — Flodoard, *Historia Remensis ecclesiæ*, II, 18. — Diplômes de 775, de 800, de 822, de 840, de 855; dom Bouquet, V, 732; V, 764; VI, 532; VI, 634; VIII, 327 et 538. — [Cf. *La Monarchie franque*, p. 254.]

[2] Capitulaire de 802, art. 27 [Boretius, p. 96]; *præceptum pro Hispanis*, année 815, [Boretius, p. 262, art. 5]; capitulaire de 855, art. 4 [cf. Pertz, p. 434]. Cf. une lettre d'Agobard qui mentionne la *tractoria stipendialis* (Bouquet, VI, 364); voir aussi un grand nombre de diplômes accordant l'exemption des *mansiones* et des *paratæ*. — Cf. Guérard, *Polyptyque de l'abbé Irminon*, t. I, p. 804-812. [*La Monarchie franque*, p. 260 et suiv.].

[3] 5° capitulaire de 810, art. 29 (Baluze, I, p. 619, Pertz, *Leges*, III, p. 218) [Boretius, p. 291].

[4] Dom Bouquet, t. V, p. 629.

certaine rapidité; les diplômes signalent maintes fois les voitures du commerce, et les Capitulaires mentionnent également les chariots des armées. De tout cela nous sommes en droit de conclure qu'il y avait des routes et des ponts sur les rivières. Comme nous ne voyons jamais que l'État fit les frais de ces constructions et de l'entretien incessant qu'elles exigeaient, nous devons penser que tous ces travaux étaient à la charge des populations. Cette vérité ressort d'ailleurs de plusieurs capitulaires; nous y voyons que dans chaque canton les habitants avaient le devoir de travailler aux routes, aux ponts, même à la restauration des églises et des maisons royales[1].

9° LE SERVICE MILITAIRE.

Le plus lourd fardeau qui pesât sur les populations était le service militaire. Aucune époque ne fut plus remplie de guerres que celle de Pépin et de Charlemagne. Rarement les annalistes remarquent que « cette année fut sans guerre » et que « la terre se reposa »[2]. Il n'existait pourtant pas d'armées permanentes. A peine voyait-on quelques gardes du corps auprès de la personne du prince[3]. De garnisons, il n'y en avait aucune dans l'intérieur du pays, et ce n'était que par exception

---

[1] Capitulaire de 793, art. 20 (Baluze, I, 516); de 817, art. 8 [Boretius, p. 149, art. 9]; de 821, art. 11 [Boretius, p. 301]; de 855, art. 4 [cf. Pertz, p. 434]. — Cf. Moine de Saint-Gall, I, 30.

[2] *Duobus annis cum terra cessasset a preliis*, Continuateur de Frédégaire, 124. — *Ipse annus transiit sine hoste*, Chronique de Moissac, année 790.

[3] Ce sont ceux que les documents appellent *satellites* ou *custodes*. *Vita Caroli*, 19 et 22; *Gesta abbatum Fontanellensium*, c. 11, 12 et 15; *Annales Fuldenses*, année 866. Mais il n'y a pas d'indice que ces *satellites* aient été nombreux.

qu'on en établissait quelques-unes pour garder quelques *castella* sur des frontières très menacées[1]. Les documents ne signalent jamais une troupe qui fût constamment tenue réunie. Les armées étaient levées pour chaque campagne, et après chaque campagne se dissolvaient.

Il n'existait pas non plus à cette époque une classe guerrière. Se figurer une catégorie d'hommes spécialement voués à la profession ou au devoir militaire serait une grande erreur. Les documents ne signalent jamais cette classe. Ils ne contiennent même pas une seule allusion qui en suppose l'existence. Il n'y a pas d'hommes qu'ils qualifient spécialement des noms de *bellatores* ou de *milites*[2]. Les armées carolingiennes sont composées d'hommes de toute condition et de toute profession, de propriétaires, d'agriculteurs, de marchands. Ces hommes quittent une occupation paisible pour faire campagne, et, la campagne finie, reprennent leur occupation paisible. Leurs chefs aussi sont les comtes, qui, chefs d'armée pendant la guerre,

---

[1] Ainsi le Continuateur de Frédégaire, c. 129, parle de garnisons établies dans l'Aquitaine au moment de la conquête. — De même au moment de la conquête de la Saxe (Annales de Lorsch, année 776). — Éginhard, *Annales*, années 775, 785, 802 et 809; *Vita Caroli*, 9; Annales de Lorsch, années 774 et 788; l'Astronome, c. 13 et 8; Chronique de Moissac, année 803.

[2] Le terme *milites* se présente souvent, mais avec un autre sens. Il signifie des serviteurs du roi, des hommes du Palais : *Aulæ regiæ milites*, *Vita Benedicti*, 41; voir Hincmar, *De Ordine palatii*, 27; Moine de Saint-Gall, I, 26; I, 30 [cf. plus haut, p. 324, n. 1]. De même on dit des serviteurs d'un comte, *milites comitis*; en ce sens *miles* est déjà presque synonyme de *vassus*. *Militares viri* signifie les hommes de la cour, l'Astronome, 7, et Moine de Saint-Gall, I, 11. Quelquefois *militaris ordo* s'oppose à *ordo ecclesiasticus*, Agobard, II, 48. — Il n'est sans doute pas besoin d'ajouter que, dans une armée, *milites* se dit d'hommes actuellement soldats. Mais l'idée d'une classe ou d'une caste de *milites* n'est exprimée nulle part.

sont des administrateurs et des juges en temps de paix.

S'il n'existe pas de classe guerrière, c'est que tout le monde est soldat. Tous les hommes doivent le service de guerre, du moins tous les hommes libres, c'est-à-dire ceux qui ne sont ni esclaves ni serfs. « Quand le seigneur empereur donne l'ordre de guerre, nul ne doit être assez hardi pour désobéir[1]. » Le comte, qui est le chef de la population, est aussi celui qui lève les soldats[2]. « Tous les hommes doivent se tenir entièrement prêts, disent encore les Capitulaires, de manière à se mettre en route dès qu'ils en recevront l'ordre. Si quelqu'un, l'ordre venu, dit qu'il n'est pas prêt à partir, qu'il soit conduit devant notre tribunal pour être jugé et puni[3]. » « Que chaque comte, est-il dit ailleurs, ait soin d'obliger les hommes à partir pour l'armée, sous peine pour chacun d'une amende de 60 *solidi*, afin que chacun se rende au jour fixé au lieu où nous leur ordonnerons de se rendre[4]. »

Cette règle qui s'impose à tous les hommes libres du royaume, se trouve incidemment mentionnée dans une ordonnance relative à quelques cultivateurs espagnols qui avaient été admis comme membres de l'Em-

[1] Capitulaire de 802, art. 7, p. 93 [Boretius] : *Ut ostile bannum domni imperatori nemo pretermittere presumat.*

[2] Ibidem : *Nullus comes tam presumptuosus sit ut ullum de his qui hostem facere debiti sunt exinde dimittere audeant.*

[3] Ibidem, art. 34, p. 97 : *Ut omnes pleniter bene parati sint, quandocunque jussio nostra vel annuntiatio advenerit. Si quis autem tunc se inperatum esse dixerit, et præterierit mandatum, ad palatium perducatur.*

[4] *Capitulare Aquisgranense*, incerti anni, Boretius, p. 171, Baluze, I, 306, art. 9 : *De hoste pergendi, ut comiti in suo comitatu per bannum unumquemque hominem per LX solidos in hostem pergere bannire studeat, ut ad placitum denuntiatum ad illum locum ubi jubetur, veniant.*

pire. « Ils seront, dit l'empereur, assujettis à aller à l'armée comme tous les autres hommes libres[1]. » « Ils devront encore faire le service de gardes aux frontières à toute réquisition du comte[2]. » Il est si vrai que ce service de guerre pesait sur tous les hommes libres, que beaucoup de ces hommes entraient dans les ordres ecclésiastiques sans autre motif que de s'en affranchir[3].

Pour le service militaire, on ne distinguait pas les races, et il n'est pas douteux que le descendant des Francs, à supposer qu'il pût se reconnaître, ne coudoyât à l'armée le descendant des Gaulois. On ne distinguait pas les professions, et nous verrons bientôt que l'agriculteur et l'artisan s'y rencontraient. On ne distinguait pas non plus les provinces, et la population de l'Aquitaine devait le même service que la population de l'Austrasie. Les peuples sujets, comme les Bavarois et les Alamans, le devaient dans les mêmes conditions. La Saxe, à peine conquise, fut assujettie au service de guerre[4]. Ce que les annalistes de l'époque appellent l'armée des Francs, *exercitus Francorum*, n'est pas

---

[1] *Præceptum pro Hispanis*, année 815, Boretius, p. 261 : *Eo videlicet modo ut, sicut cæteri liberi homines, cum comite suo in exercitum pergant.*

[2] *Et in marcha nostra, juxta rationabilem ejusdem comitis ordinationem, atque admonitionem, explorationes et excubias quod usitato vocabulo wactas dicunt, facere non negligant.* — Les mêmes dispositions sont renouvelées par Charles le Chauve en 844.

[3] Capitulaire de 803, art. 15, p. 125 : *De liberis hominibus qui ad servitium Dei se tradere volunt, ut prius hoc non faciant quam a nobis licentiam postulent. Hoc ideo, quia audivimus aliquos non tam causa devotionis quam exercitu fugiendo.* — La *Lex dicta Chamavorum* parle aussi du service de garde, *wacta*, *warda*, c. XXXVI, et du service de guerre dû par tout homme libre sur la réquisition du comte, c. XXXIV, XXXV, XXXVII.

[4] Capitulaire de 807, Boretius, p. 130, art. 2.

composée de guerriers de race franque : c'est l'armée de tout l'Empire.

Les ecclésiastiques seuls étaient dispensés. Encore remarque-t-on, si l'on regarde ces lois avec quelque attention, que ce dont on les exemptait, c'était moins le service militaire avec ses charges diverses que l'obligation de combattre en personne et de verser le sang[1].

Le service militaire était gratuit. Même en campagne et devant l'ennemi, l'homme ne recevait aucune solde. Le prix de son temps, le prix de son danger ne lui était pas compté. Les documents ne mentionnent rien qui ressemble à une solde militaire, et l'on ne voit même dans la langue aucun mot qui présente cette idée. Le soldat n'était même pas nourri par l'État. Quand il entrait en pays ennemi, il fallait qu'il se fût procuré ses vivres, qu'il les transportât lui-même. La règle était qu'au début de chaque campagne il se fût pourvu de vivres pour trois mois[2]; encore les trois

---

[1] Capitulaire de 742, art. 2, Boretius, p. 25. — Capitulaire de 769, art. 1 et 2, p. 45: *Servis Dei omnibus armaturam portare vel pugnare aut in exercitum et in hostem pergere omnino prohibemus, nisi illi qui propter divinum ministerium, missarum solemnia adimplenda et sanctorum patrocinia portanda ad hoc electi sunt…. Ut sacerdotes neque christianorum neque paganorum sanguinem fundant.* — C'est la même raison qui leur fait interdire de porter des armes : *Presbyteri et diaconi ut arma non portent*, capitulaire de 789, art. 68 (70), Baluze, I, 236, Boretius, p. 59. De même, *capitulare episcoporum*, 802, Baluze, I, 360, Boretius, p. 107, art. 18 : *Nemo ex sacerdotum numero arma pugnantium umquam portet.* — Nous verrons plus loin [cf. p. 520 et 527] que les prêtres, évêques, abbés, étaient astreints d'une certaine façon au service militaire. Un document dit même qu'ils en étaient accablés : *Flexis precamur poplitibus Majestatem Vestram ut episcopi deinceps, sicut hactenus, non vexentur hostibus* (capitulaire de 803 inséré dans la collection de Benoît Lévite, VI, 370, Baluze, I, 987).

[2] Capitulaire de 811, art. 8, Boretius, p. 167 : *Constitutum est ut, secundum antiquam consuetudinem, præparatio ad hostem servaretur, id est victualia de marca ad tres menses…. De marca signifie à partir de la frontière.*

mois comptaient-ils, non du jour où il avait quitté son foyer, mais du jour où il passait la frontière, et quand cette frontière pouvait se trouver à vingt jours de marche de son foyer[1].

Le roi ne fournissait ni armes ni vêtements. Chacun devait se procurer lance, bouclier, arc et flèches[2], et, s'il était assez riche, casque et cuirasse[3]. Il fallait se munir d'armes de rechange et de vêtements pour six mois[4]. On lit dans une ordonnance de Louis le Pieux : « Nous voulons et prescrivons que tous hommes dans notre royaume qui doivent faire la campagne, soient bien munis de chevaux, d'armes, de vêtements, de chariots, de vivres, afin que, dès qu'ils recevront notre ordre, ils partent sans retard pour le pays qui leur sera indiqué[5]. » La loi ne fixait aucune limite d'âge.

Un service militaire si fréquent et si coûteux pouvait se concilier avec la structure générale de la société de ce temps-là. La plus grande partie des terres était cul-

---

[1] Capitulaire de 811 : *Ita observari placuit ut his qui de Reno ad Ligerem pergunt, de Ligere initium victus sui conputetur* (il s'agit sans doute d'une guerre en Aquitaine)... *Qui autem trans Renum sunt et per Saxoniam pergunt, ad Albiam marcam esse sciant....*

[2] *Capitulare Aquisgranense*, Boretius, p. 171, art. 9 : *Comis praevideat quomodo sint parati, id est lanceam, scutum, arcum cum duas cordas, sagittas duodecim.*

[3] Ibidem : *Habeant loricas vel galeas.* — Capitulaire de 805, art. 6, p. 123 : *De armatura in exercitu... Omnis homo de duodecim mansis bruneam habeat; qui vero bruniam habens et eam secum non tullerit, omne beneficium cum brunia perdat.*

[4] Capitulaire de 811, art. 8, p. 167 : *Arma atque vestimenta ad dimidium annum.*

[5] *Epistola Ludovici et Lotharii encyclica*, dans Bouquet, VI, 343, [et dans Krause, p. 5], année 828 : *Præcipimus atque jubemus ut omnes homines per totum regnum nostrum qui exercitalis itineris debitores sunt, bene sint præparati cum equis, armis, vestimentis, carris et victualibus, ut quocumque tempore eis a nobis denuntiatum fuerit, sine ulla mora exire et in quamcumque partem necessitas postulaverit pergere possint, et tamdiu ibi esse quamdiu necessitas postulaverit.*

tivée par des bras serviles que le devoir de guerre ne réclamait pas. La population libre étant à l'armée, la terre pouvait encore être labourée et moissonnée. Pourtant, à côté des grands propriétaires, il en existait encore de très petits qui n'avaient que très peu de serfs ou qui même cultivaient de leurs mains. Il y avait même des hommes libres qui étaient tout à fait pauvres et qui n'auraient pu faire les frais de leur service militaire. Il fallait à tout le moins posséder quelque chose pour vivre sans travail pendant six mois et pour se fournir de vivres, de vêtements et d'armes. De là une série de règles que nous trouvons exprimées dans les Capitulaires.

On distinguait plusieurs catégories d'hommes inégalement astreints au service de guerre, non suivant leur race, mais suivant leur fortune.

La première classe se composait de ceux qui détenaient des bénéfices royaux; ils étaient astreints, tous et sans nulle exception, au devoir de guerre à leurs frais[1]. Ces bénéfices sont ordinairement de grands domaines auxquels est attaché un personnel agricole assez nombreux. Les hommes les détiennent temporairement, le roi restant propriétaire. Il semblerait que, cette concession royale étant une pure faveur, un devoir militaire plus rigoureux y fût attaché. La suite va nous montrer qu'il n'en est rien. Si les bénéficiaires doivent tous le service de guerre, ce n'est pas parce que le roi a mis cette condition à sa concession : ils le doivent par cette seule raison qu'ils sont hommes libres et qu'ils

---

[1] *Capitulare de exercitu præparando*, année 807, p. 134 : *In primis quicumque beneficia habere videntur, omnes in hostem veniant.* — Nous pensons que ces *beneficia*, quoique le mot *nostra* ne soit pas exprimé, sont les bénéfices royaux.

occupant une terre assez étendue pour subvenir aux dépenses de l'expédition.

Après la classe des bénéficiaires, en effet, vient la classe des propriétaires. Il n'est pas besoin de posséder un domaine bien étendu pour être astreint au service. « Tout homme qui possède en propre une terre de cinq manses doit aller à la guerre à ses frais[1]. » Nous avons vu ailleurs que le manse, petite parcelle de la *villa*, est l'unité de culture[2]. L'étendue du manse varie suivant la nature du terroir. Il est, en général, ce qu'une famille serve peut cultiver, et ce qui suffit à la nourriture de cette famille, déduction faite de la redevance due au propriétaire. Notre capitulaire ajoute : « Il en sera de même du propriétaire de quatre manses, et même de celui qui n'a que trois manses[3]. » Or on peut juger qu'un propriétaire de trois manses est en réalité un homme fort pauvre, puisqu'il n'a que les redevances relativement légères de trois familles serves.

Quant à celui qui ne possède que deux manses, la loi reconnaît qu'il est incapable de faire à lui seul le service de guerre. Elle prononce donc qu'il se réunira à un autre homme qui en possède un ou deux, et que, de ces deux hommes, l'un partira, l'autre fera les frais[4].

---

[1] Capitulaire de 807, art. 2 : *Quicumque liber mansos quinque de proprietate habere videtur, similiter in hostem veniat.* — J'ajoute « à ses frais »; cela ressort des articles suivants, et d'ailleurs cela est dit nettement dans le capitulaire de 808, art. 1 : *Ipse se præparet et in hostem pergat. Præparare* se signifie se fournir de vivres, d'armes, vêtements, chevaux pour l'expédition.

[2] [*L'Alleu*, p. 367 et suiv.]

[3] Capitulaire de 807 : *Et qui quatuor mansos habet, similiter faciat, qui tres habere videtur, similiter agat.*

[4] Ibidem : *Ubicumque inventi fuerint duo quorum unusquisque duos mansos habere videtur, unus alium præparare faciat, et qui melius ex ipsis potuerit in hostem veniat.... Et si alter habet unum mansum, similiter....*

De la même façon, trois hommes, dont chacun ne possède qu'un manse, et qui peut-être cultivent eux-mêmes, s'associent : l'un d'eux part ; les deux autres lui fournissent ses armes et ses vivres[1]. Il en est même qui ne possèdent qu'un demi-manse ; ceux-là s'associent par six[2]. On peut calculer que la charge, même si partagée, ne laisse pas d'être fort lourde pour chacun, d'autant qu'elle se renouvelle presque chaque année et qu'elle dure presque toute la vie.

Un autre capitulaire adoucit quelque peu la rigueur de celui-ci en fixant à quatre manses le minimum de terre qui oblige au service complet ; encore ne compte-t-il que les manses « vêtus », c'est-à-dire garnis du personnel agricole nécessaire à la culture[3]. Il est d'ailleurs indifférent que l'on possède ces quatre manses en propre ou que l'on n'en soit qu'un détenteur bénéficiaire[4]. Le service militaire est une charge inhérente à la possession de la terre[5].

Mais il y a des hommes qui ne possèdent aucune

---

[1] Capitulaire de 807, art. 2 : *Ubicumque tres fuerint inventi quorum unusquisque mansum unum habeat, duo tercium præparare faciant.*

[2] Ibidem : *Illi qui dimidium mansum habent, quinque sextum præparare faciant.*

[3] *Capitulare de exercitu promovendo*, année 808, p. 137 : *Ut omnis liber homo qui quatuor mansos vestitos de proprio suo sive de alicujus beneficio habet, ipse se præparet et per se in hostem pergat.... Qui tres mansos habuerit, huic adjungatur qui unum mansum habeat et det illi adjutorium.... Qui unum mansum de proprio habet, adjungantur ei tres qui similiter habeant et dent ei adjutorium et ille pergat tantum, tres vero domi remaneant.* — Cet adoucissement apporté au capitulaire de l'année précédente me paraît avoir été imposé à Charlemagne par la pauvreté croissante des petits propriétaires.

[4] Ibidem : *Qui quatuor mansos vestitos de proprio suo sive de alicujus beneficio habet.* Dans le premier cas, l'homme marche sous les ordres du comte ; dans le second, de son seigneur, *cum seniore suo.*

[5] De là cette expression d'un capitulaire de 825 : *Liberi homines qui tantum proprietatis habent unde hostem bene facere possunt* (Boretius, p. 329).

terre, qui ne sont ni propriétaires ni agriculteurs, mais qui sont commerçants ou artisans. La loi ne les oublie pas. Elle ajoute : « Les hommes qui ne possèdent pas de terres, mais qui possèdent en biens meubles la valeur de vingt sous d'argent, doivent s'associer à six, de manière que l'un d'eux parte et que les cinq autres fassent les frais[1]. » D'un autre capitulaire on peut déduire que l'homme qui possédait la valeur de six livres d'argent, soit en métaux précieux, soit en meubles, vêtements, chevaux, devait le service complet, personnellement et à ses frais, et qu'il suffisait de posséder en biens meubles la valeur d'une livre pour être astreint à la sixième partie de ce service[2]. Les commerçants et artisans quelque peu aisés n'étaient donc pas exempts[3]. Si l'on compte que la livre d'argent de l'année 807 avait à peu près la même valeur qu'auraient 560 francs d'aujourd'hui, on voit qu'il suffisait de posséder cette valeur en meubles pour être astreint, presque chaque année, sinon à faire la guerre soi-même, du moins à

---

[1] Capitulaire de 807, art. 2, p. 135 : *Qui nec propriam possessionem terrarum habeat, tamen in praecio valente... solidos, quinque sextum præparent.* — Baluze écrit *quinque solidos* (I, 458) ; c'est en effet ce que porte le ms. de Paris 9654, folio 20 ; mais le *Vaticanus* laisse le chiffre en blanc. Boretius fait justement observer que *quinque* doit être une erreur du copiste. Le vrai chiffre peut se déduire du capitulaire de Thionville de 809, art. 19, dont nous parlons plus loin.

[2] Capitulaire de Thionville, année 809, art. 19, p. 125. Ce capitulaire règle les peines encourues par ceux qui manquent au service militaire, suivant l'état de fortune de chacun ; on en peut donc déduire quelle était pour chacun l'étendue de ce service. Celui qui possède la valeur de six livres d'argent, *in auro, in argento, bruneis, aeramento, pannis integris, caballis, bovos, vaccis vel alio peculio*, payera l'amende complète, c'est-à-dire 60 *solidi*. Celui qui ne possède que la valeur de trois livres d'argent, payera la moitié de l'amende, 30 *solidi*. Celui qui ne possède qu'une livre payera seulement 5 sous, ce qui est une proportion moindre.

[3] Guérard, *Prolégomènes du Polyptyque d'Irminon*, p. 158, évalue la livre d'argent, valeur relative, à 565 francs d'aujourd'hui.

fournir la cinquième partie des armes, vêtements, vivres, et de toutes les charges qui étaient comprises sous le nom de service de guerre[1].

Au-dessous ou à côté des hommes libres, directement sujets du roi, il existait des catégories d'hommes qui appartenaient aux évêques, aux abbés, ou à des seigneurs laïques. Ces hommes n'étaient pas exempts du service militaire[2]. Ce n'était pas qu'ils le dussent immédiatement au roi. Le roi ne les convoquait pas. Ils n'étaient pas enrôlés et conduits par le fonctionnaire royal. Mais, comme le principe était que chacun dût un service de guerre proportionnel à sa fortune, il suivait de là que le seigneur propriétaire d'un ou plusieurs grands domaines, l'évêque possesseur de grands territoires, le riche abbé dont le monastère régnait sur des milliers de manses, devait fournir pour la guerre un nombre de soldats en rapport avec cette fortune foncière. Il y a là des faits d'une grande importance [pour l'avenir]. Disons dès maintenant que, tout seigneur ecclésiastique ou laïque qui recevait du roi l'ordre de guerre, devait transmettre cet ordre à « ses hommes », et les fournir au roi tout armés et équipés pour la campagne.

Par ces hommes, il est clair que nous ne devons pas entendre les serfs qui cultivent les manses. Il s'agit d'hommes libres, à tout le moins d'affranchis[3], mais

---

[1] Mêmes règles dans l'édit de Pistes, de 864, art. 26 et 27.
[2] Nous voyons dans une lettre d'Éginhard que « ses hommes » ont dû, en vertu d'un ordre du roi, faire la garde du littoral. Éginhard, *Lettres*, édit. Jaffé, n° 18, édit. Teulet, n° 22. — Une autre lettre, n° 57 de l'édit. Jaffé, n° 35 de l'édit. Teulet, fait encore une allusion fort claire au service que doivent les « hommes » d'Éginhard.
[3] Que les affranchis ou lites fussent astreints au service de guerre, c'est ce qui résulte d'une lettre de Louis le Pieux de 824. Il écrit à l'abbé de

d'hommes libres en vassalage et qui occupent quelque terre d'un évêque, d'un abbé ou d'un grand propriétaire¹. C'est ce qu'explique bien ce capitulaire : « Quiconque étant libre occupe quatre manses en bénéfice d'un seigneur, doit le service de guerre personnel et complet, et il doit marcher à la suite de son seigneur.² » De même, ceux qui n'occupaient que deux ou qu'un manse devaient une part proportionnelle de ce service³. L'évêque et l'abbé faisaient la levée de leurs hommes, aussi bien que le comte faisait celle des sujets directs du roi⁴. L'ecclésiastique était dispensé de combattre en personne, mais il devait mettre quelqu'un à sa place à la tête de ses combattants⁵. Les abbesses étaient soumises exactement aux mêmes obligations que les abbés et les évêques.

Voici un ordre de guerre adressé par Charlemagne à un abbé⁶. Il s'agit de Fulrad, abbé du monastère de Saint-Quentin en Vermandois. « Charles, sérénissime

---

Corvey pour lui assurer une pleine immunité, et il lui dit que dorénavant ses comtes n'entreront plus sur les terres du monastère pour saisir « les hommes libres ou lites et les forcer d'aller à la guerre », *in eo quod homines tam liberos quam litos qui super terram monasterii consistunt in hostem ire compellant*, Bouquet, VI, 357. Cf. *Traditiones Corbeienses*, n° 104, p. 115, charte d'immunité, *ut neque abbates illius loci neque homines eorum cujuscunque conditionis in expeditionem ire debeant*.

¹ *Vassi episcoporum, abbatum, abbatissarum et comitum qui anno præsente in hoste non fuerunt*, capitulaire de 819, art. 27, p. 291.

² Capitulaire de 808, art. 1, p. 137 : *Liber homo qui quatuor mansos vestitos de alicujus beneficio habet, ipse se præparet et per se in hostem pergat cum seniore suo*.

³ Ibidem, année 808.

⁴ *Capitulare Aquisgranense, anni incerti*, p. 171, art. 9 : *Episcopi, comites, abbates, hos homines habeant qui hoc bene prævideant et ad diem denuntiati placiti veniant et ibi ostendant quomodo sint parati*.

⁵ Capitulaire de Pépin, année 744, Boretius, p. 29 : *Abbates hostem non faciant, homines eorum transmittant*.

⁶ *Karoli ad Fulradum epistola*, dans Jaffé, *Liber Carolinus*, p. 387, dans Boretius, p. 168. [Cf. plus haut, p. 369 et 370.]

auguste, couronné de Dieu, grand et pacifique empereur et avec l'aide de Dieu roi des Francs, à l'abbé Fulrad. Nous te faisons savoir que nous avons fixé notre rendez-vous général pour la présente année en Saxe, dans la partie orientale, près de la rivière Boda, au lieu nommé Starasfurt¹. En conséquence, nous t'ordonnons que tu te rendes en cet endroit en plein service avec tes hommes, bien armés et fournis de tout, et que tu t'y trouves le 14 des calendes de juillet². Vous serez, toi et tes hommes, si bien garnis de toutes choses nécessaires, que vous puissiez aussitôt marcher en guerre du côté où vous recevrez l'ordre de marcher, c'est-à-dire que vous devrez avoir avec vous tout ce qu'il faudra en armes, vêtements, vivres, ustensiles et tous instruments³. Chaque cavalier aura l'écu, la lance, l'épée longue et l'épée courte, arc, carquois, flèches. Dans vos chariots, vous aurez des cognées, des haches, des pioches, des pelles en fer et tout ce qui est nécessaire à l'armée. Vos chariots devront porter des vivres pour trois mois, des vêtements et armes pour six mois⁴, à

¹ *Notum sit tibi quia placitum nostrum generale anno presenti condictum habemus infra Saxoniam in orientali parte super fluvium Bota, in loco qui dicitur Starasfurt.* — La Boda est un affluent de la Saale, qui se jette dans l'Elbe; Strassfurt est voisin de Magdebourg. Tout cela est fort loin de Saint-Quentin.

² *Quapropter precipimus tibi ut pleniter cum hominibus tuis bene armatis ac preparatis ad predictum locum venire debeas XIV kalendas julii* (18 juin).

³ *Ita vero preparatus cum hominibus tuis ad predictum locum venies ut inde in quamcumque partem nostra fuerit jussio, et exercitaliter ire possis; id est cum armis, utensilibus et cetero instrumento bellico, in victualibus, et vestimentis.* — Le ton de la lettre semble indiquer que l'abbé doit se rendre en personne au rendez-vous; mais il faut faire attention que cette lettre est une circulaire qui était faite aussi bien pour les seigneurs laïques que pour les ecclésiastiques. On pouvait d'ailleurs écrire à un abbé : « Tu te rendras à l'armée », étant bien entendu qu'il pouvait se faire représenter.

⁴ *Unusquisque caballarius habeat suctum et lanceam et spatam et*

compter du jour du rendez-vous à Starasfurt.... Aie soin de n'apporter à tout cela aucune négligence, si tu veux mériter nos bonnes grâces¹. »

Nous avons une lettre écrite à Frothaire, évêque de Toul, par son métropolitain de Trèves, pour lui transmettre l'ordre de Louis le Pieux. « Sache que j'ai reçu de notre seigneur l'empereur un ordre qui ne souffre pas de désobéissance : c'est de faire savoir à tous les hommes de notre ressort que tous se préparent pour partir en guerre en Italie². En conséquence, nous te mandons et ordonnons, au nom de l'empereur, que tu veilles avec grand soin à ce que tous abbés, abbesses, comtes, vassaux, et toute la population de ton diocèse qui doit le service de guerre se tiennent prêts à partir, si bien que, l'ordre du départ leur arrivant le soir, ils partent le lendemain matin, l'ordre arrivant le matin, ils partent le soir, sans nul retard, pour l'Italie³. »

---

semispatum, arcum et pharetras cum sagittis, et in carris vestris utensilia diversi generis, id est cuniada et dolataria, tarratros, assias, fosorios, palas ferreas et cetera utensilia que in hostem sunt necessaria. Utensilia vero ciborum in carris de illo placito in futurum ad tres menses, arma et vestimenta ad dimidium annum.

¹ *... Vide ut nullam negligentiam exinde habeas sicut gratiam nostram velis habere.*

² *Frotharii seu ad Frotharium epistolæ, nº 25, Bouquet, VI, 395 : Notum sit tibi quia terribile imperium ad nos pervenit domni imperatoris ut omnibus notum faceremus qui in nostra legatione manere videntur, quatenus universi se præparent qualiter proficisci valeant ad bellum in Italiam.* — Hetti, archevêque de Trèves, écrit cette lettre, non à titre de métropolitain, mais à titre de *missus* ou *legatus* de l'empereur; de là les mots *omnibus qui in nostra legatione manere videntur*. La date de la lettre est de 817.

³ *Propterea tibi mandamus atque præcipimus de verbo domni imperatoris, ut solerti sagacitate studeas cum summa festinat ac omnibus abbatibus, abbatissis, comitibus, vassis dominicis, vel cuncto populo parrochiæ tuæ quibus convenit militiam regiæ potestati exhibere, omnes præparati sint; ut si vespere eis adnuntiatum fuerit, mane; et si mane, vesperi absque ulla tarditate proficiscantur in partes Italiæ.*

Tel était le service militaire au temps des Carolingiens. Tous les hommes, à l'exception des serfs, y étaient astreints, et toute leur vie, chaque fois qu'il plaisait au roi de décider une guerre[1]. Chacun marchait sous les ordres du comte, s'il était sujet direct du roi; s'il était sujet d'un seigneur, d'un abbé ou d'un évêque, il marchait sous les ordres de ce seigneur ou du représentant de cet abbé ou de cet évêque[2].

———

Telles étaient les charges de la population. Il est nécessaire de s'en faire une idée pour comprendre la lassitude et la désaffection que les hommes ne tardèrent pas à éprouver pour ce régime. Il est utile aussi de remarquer qu'elles pesaient principalement sur la classe moyenne des hommes libres et des propriétaires du sol. Le système d'impôts et le système militaire étaient également de nature à ruiner cette classe. Aussi arriva-t-il qu'elle disparut insensiblement : tous les hommes peu à peu la désertèrent, les uns pour tomber dans la catégorie des colons et des serfs, les autres pour s'élever au rang de vassaux des seigneurs. Pour échapper

---

[1] Il y avait quelques exemptions, non pas légales, mais à la discrétion des comtes ou des seigneurs, capitulaire de 819, art. 27, p. 291 : *Exceptis his qui domi dimissi fuerunt, id est qui a comite propter pacem conservandam et propter conjugem ac domum custodiendam, et ab episcopo vel abbate vel abbatissa similiter propter pacem conservandam et propter fruges colligendas et familiam constringendam et missos recipiendos, dimissi fuerunt.* — Voir encore capitulaire de 808, art. 4, p. 137.

[2] Nous voyons dans une lettre d'Éginhard qu'un certain Gundhart, « homme de l'abbé de Fulde », a reçu de son abbé l'ordre de se rendre à l'armée, *ad iter exercitale*; il prie son abbé de l'exempter (édit. Jaffé, n° 42). — On voit dans les *Miracula S. Wandregisili* un certain Sigenandus qui est *miles monasterii Fontanellæ* et qui fait la guerre en Saxe au temps de Charlemagne (Mabillon, *Acta*, II, 547).

aux charges de la liberté, on renonça à la liberté et à la propriété même, et l'on se réfugia soit dans le servage, soit dans la féodalité.

CHAPITRE XIV

Des rapports de l'État avec l'Église[1].

On s'est demandé si cette royauté carolingienne, d'allure si fière et si hautaine à l'égard des populations, n'avait pas, par une sorte de compensation, obéi à l'Église. De ce que Charlemagne et Louis le Pieux manifestaient un grand respect pour la croyance chrétienne et pour l'épiscopat, on a parfois conclu que leur politique avait été inspirée et conduite par le clergé; on a même appelé leur gouvernement le règne des prêtres. Ces généralités sont toujours pleines de péril; il faut observer le détail des faits.

Au temps de Charlemagne et de Louis le Pieux, comme au temps des empereurs romains, les conciles ecclésiastiques ne pouvaient se réunir qu'avec l'autorisation du prince ou sur son ordre[2]. Le prince avait le droit de siéger au milieu d'eux; il n'était pas rare qu'il les présidât et qu'il dirigeât leurs discussions, même quand ils traitaient de questions de doctrine[3]. Pépin le

[1] [Académie des Sciences Morales et Politiques, Compte rendu, t. CVI, p. 717-727; Revue des Deux Mondes, 1er janvier 1876, p. 148-152.]
[2] In conventu a domino Carolo cæsare, more priscorum imperatorum, congregato (concile de Reims, année 813, Labbe, VII, p. 1254). — Jussu imperatoris congregati (concile de Francfort, 794; d'Arles, 813; de Mayence, 813).
[3] Statuimus per annos singulos synodum congregari ut, NOBIS PRÆ-

Bref, en 767, tint un synode d'évêques au sujet de la Trinité et des images des Saints[1]; Charlemagne en présida un en 794 pour la condamnation de l'hérésie de Félix d'Urgel[2], et un autre en 809 où l'on traita de la procession du Saint-Esprit[3]. Ce droit des rois à la présidence et à la direction des conciles était encore reconnu au temps de Charles le Chauve, ainsi qu'on peut le voir dans le préambule des Actes du concile de Soissons en 853[4].

Les décisions des évêques réunis en concile étaient toujours soumises au pouvoir temporel; elles ne recevaient de valeur légale et ne devenaient exécutoires que lorsqu'elles avaient été acceptées et promulguées par le prince. Non seulement il avait le droit de les rejeter, il pouvait même les modifier. Ce principe était reconnu formellement par les évêques eux-mêmes. On lit souvent à la suite des Actes d'un concile une formule telle que celle-ci : « Voilà les articles que nous avons rédigés, nous évêques et abbés; nous décidons qu'ils seront présentés au seigneur empereur, afin que sa sagesse y ajoute ce qui y manque, y corrige ce qui est contre la raison, et que ce qu'elle y reconnaîtra bon, elle le promulgue et le rende exécutoire[5]. » Ainsi les conciles

---

sanctus, relegio christiana emendetur (capitulaire de 742, art. 1 [Boretius, p. 25]).

[1] Annales dites de Loisel, dans dom Bouquet, V, p. 36.

[2] *Vita Alcuini ab auctore fere æquali* (Bouquet, V, p. 446). Cf. Chronique de Réginon à l'année 794.

[3] Éginhard, *Annales*, année 809. Cf. Flodoard, *Historia Remensis ecclesiæ*, III, 11.

[4] Cf. Annales de Saint-Bertin, p. 69, 156, 244, de l'édit. de la Société de l'histoire de France.

[5] Actes du concile d'Arles, 813, et du concile de Mayence, même année, dans Labbe, t. VII, p. 1230, 1241. Voir encore une lettre des évêques à Louis le Pieux, en 825, dans Bouquet, t. VI, p. 358 [cf. Boretius, p. 558].

n'avaient qu'un droit de proposition ; même en matière de discipline et de foi, l'autorité législative appartenait à l'empereur.

Le pouvoir civil avait un droit de surveillance sur l'Église ; les commissaires royaux visitaient les évêchés, pénétraient dans les monastères, faisaient un rapport au prince sur la conduite des évêques, des prêtres, des moines et des religieuses[1].

Il est vrai que l'Église avait sa juridiction particulière et que les Carolingiens confirmèrent maintes fois le privilège que ses membres avaient de n'être pas justiciables des tribunaux des comtes ; mais les appels des sentences des évêques étaient portés au roi, qui se trouvait ainsi le juge suprême des ecclésiastiques comme des laïques[2].

Les évêques étaient indépendants des comtes et des ducs, et à certains égards plus puissants qu'eux ; mais ils étaient subordonnés aux commissaires royaux ; ceux-ci les mandaient devant eux, leur faisaient rendre leurs comptes, les obligeaient à assister à leurs plaids, enfin faisaient savoir au prince si chacun d'eux exécutait scrupuleusement dans son diocèse les volontés royales[3].

Les membres du clergé ne pouvaient sortir du royaume,

---

[1] 5ᵉ capitulaire de 806, art. 4 [Boretius, p. 134] ; capitulaire de 793 [787 chez Boretius], art. 11 [Boretius, p. 199] ; capitulaires d'Anségise, I, 118 ; II, 26 et 28 ; Flodoard, *Historia Remensis ecclesiæ*, II, 18. Ces *missi* qui visitaient les monastères étaient ordinairement des ecclésiastiques [cf. plus loin, c. 15] ; mais c'est à titre de commissaires du roi qu'ils les visitaient.

[2] Capitulaire de 789, art. 10 [Boretius, art. 27, p. 64] ; 5ᵉ de 812, art. 2 [Boretius, p. 176] ; 5ᵉ de 819, art. 23 [Boretius, p. 291]. Cf. une lettre d'Alcuin et une de Charlemagne à Alcuin (Bouquet, t. V, p. 610 et 623). — Capitulaire de 869, art. 7 [Pertz, p. 510].

[3] Voir *capitula misso cuidam data*, année 803 [art. 5, Boretius, p. 145] ; le 1ᵉʳ capitulaire de 802, art. 40 [Boretius, p. 98] ; le 5ᵉ de 819, art. 28 [Boretius, p. 291].

même pour aller à Rome, qu'avec une permission spéciale du souverain¹.

Ils n'étaient pas affranchis, comme corps et d'une manière générale, des charges publiques; s'ils étaient exempts de la plupart des impôts, c'était en vertu de concessions particulières. Ils ne l'étaient pas du service militaire : ils devaient faire la guerre, sinon en personne, du moins par tous les hommes qui dépendaient d'eux. Ils armaient leurs sujets, faisaient tous les frais de leur équipement et de leur entretien, et les envoyaient ou les conduisaient eux-mêmes aux rendez-vous d'armée².

Pépin, Charlemagne et Louis le Pieux aimaient à se donner le titre de « défenseurs des églises ». Nous ne devons pas nous tromper sur le sens de cette expression; elle avait alors une signification fort différente de celle qu'elle aurait de nos jours. Avoir les églises dans sa défense ou dans sa *mainbour*, c'était, suivant le langage et les idées du temps, exercer sur elles à la fois la protection et l'autorité. Ce qu'on appelait *défense* ou *mainbour* était un véritable contrat qui entraînait inévitablement la dépendance du protégé. Un évêque ou un abbé en mainbour ressemblait fort à un laïque en vasselage. Il était soumis aux obligations de toute sorte que la langue du temps réunissait sous le seul mot de *fidélité*. Aussi devait-il prêter serment au prince. Il lui

---

¹ Flodoard, *Historia Remensis ecclesiæ*, II, 18.
² Voir les capitulaires de 742, 744, 769, 803; *Notitia monasteriorum quæ regi militiam debent*, de 817 [Boretius, p. 348]; la lettre de Charlemagne à l'abbé Fulrad, dans Pertz, *Leges*, t. I, p. 145-146 [et plus haut, p. 521]; trois lettres de Loup de Ferrières, nᵒˢ 18, 24, 113. Cf. un capitulaire de 845, art. 8, dans Baluze, II, p. 17, et ce que dit Charles le Chauve contre Wénilo, archevêque de Sens, en 859, art. 6 et 15 [Pertz, p. 463]. Voir encore les Annales de Saint-Bertin, à l'année 866.

disait, en mettant les mains dans ses mains : « Je vous serai fidèle et obéissant comme l'homme doit l'être envers son seigneur et l'évêque envers son roi[1]. »

Pour la nomination des évêques et des chefs de monastères, les règles anciennes n'avaient jamais été formellement abrogées : il était encore admis en principe que l'évêque fût élu par le clergé avec l'accord de la population, l'abbé par les moines[2]. Mais il fallait au préalable que le roi donnât la permission de procéder à l'élection[3]. Il fallait ensuite que le choix des prêtres ou des moines lui fût soumis, et il pouvait l'annuler[4] : en sorte qu'il était impossible qu'un homme fût évêque ou abbé sans l'aveu du roi[5]. Le plus souvent ce simulacre même d'élection libre disparaissait et le roi nommait directement et sans nul détour l'évêque ou l'abbé. On peut voir dans les récits du Moine de Saint-Gall de quelles sollicitations il était assiégé dès qu'un évêché devenait vacant. Charlemagne avait coutume de dire, au rapport du même chroniqueur : « Avec cette église ou cette abbaye, je puis me faire un fidèle[6]. » Il dis-

---

[1] Voir les différentes formules de ce serment dans Baluze, Capitulaires, t. II, p. 225, et dans les Annales de Saint-Bertin, à l'année 870. — Cf. Formules, édit. de Rozière, n° 6.

[2] 1er capitulaire de 803, art. 2; de 816 [818-819?], art. 5 [Boretius, p. 276].

[3] Flodoard, *Historia Remensis ecclesiæ*, III, 25; III, 28; lettres de Loup de Ferrières, n° 81; *Vita Ægili abbatis*, dans dom Bouquet, t. VI, p. 275; *allocutio missorum*, dans Baluze, Capitulaires, II, p. 601.

[4] On voit un exemple de cela dans une lettre d'Éginhard, édit. Teulet, t. II, p. 174; et un autre dans une lettre de l'évêque Frothaire (Bouquet, VI, p. 592, 593).

[5] Aussi le pape Jean X écrivait-il encore en 921 : *Prisca consuetudo et regni nobilitas censuit ut nullus episcopum ordinare debuisset absque regis jussione* (Bouquet, IX, p. 216).

[6] Moine de Saint-Gall, I [c. 13 : *Cum illo foeco vel curte, illa abbatiola vel ecclesia, æque bonum vel meliorem vassallum, quam ille comes aut episcopus sit, fidelem mihi facio cf.*]; c. 3, 4, 14; cela est pleine-

tribuait en effet les églises et les monastères à titre de *bénéfices*, à peu près comme il distribuait les comtés et les domaines du fisc[1].

Les hommes qui aspiraient aux dignités ecclésiastiques n'avaient pas de plus sûr chemin pour y arriver que de servir la personne du roi. Ils entraient dès leur jeunesse dans le Palais et faisaient partie de ce qu'on appelait la *milice palatine*. Après avoir été plusieurs années les clercs du prince, ils obtenaient de lui un évêché ou une riche abbaye[2]. Il n'était pas rare que des laïques mêmes reçussent du prince la direction d'un monastère, avec la jouissance des terres qui en dépendaient[3].

Il nous est parvenu un grand nombre de lettres d'évêques ou d'abbés qui vivaient sous Charlemagne et sous ses deux successeurs, lettres qui sont écrites, non au souverain lui-même, mais à ses ministres. On est surpris du ton modeste et obséquieux que ces chefs du clergé étaient tenus d'employer à l'égard des hommes au pouvoir. Un prélat se faisait humble vis-à-vis d'un comte du Palais; un archevêque s'inclinait devant un simple prêtre que le prince honorait de sa faveur.

L'un des principaux personnages de l'administration

---

ment confirmé par les lettres d'Éginhard, *passim*; et par les Annales de Saint-Bertin, année 866.

[1] *Ecclesias tam nostras a nobis in beneficio datas quam et aliorum* (2ᵉ capitulaire de 813 [art. 1, Boretius, p. 170]). — Un capitulaire de 793, art. 6 [Boretius, p. 201], mentionne les *monasteria regalia* que l'on ne peut obtenir que *per beneficium regis*.

[2] *Militiam clericorum in palatio... qui non ob aliud serviunt nisi ob honores ecclesiarum* (Vita Walæ, II, 15). — Lettre d'Eudes, abbé de Ferrières (Bouquet, VII, p. 482). — *Libellus proclamationis Caroli*, année 859 [art. 1, Pertz, p. 462].

[3] *Abbatibus et laicis specialiter jubemus ut in monasteriis quæ ex nostra largitate habent* ([collection d'Anségise, II], art. 8 [Boretius, p. 416]).

centrale était celui qu'on appelait l'apocrisiaire ou le chapelain du roi ; il était ordinairement, dans la hiérarchie ecclésiastique, l'un des derniers ; mais sa dignité de ministre du prince l'élevait fort au-dessus de tout son ordre et le mettait hors de pair[1]. Tous les prélats de l'Empire lui adressaient leurs sollicitations et leurs supplications ; ils avaient à lui écrire pour les moindres affaires de leur diocèse ; s'agissait-il d'impôt ou de service militaire, de discipline ecclésiastique ou de procès, il fallait avoir recours à lui. Sa faveur pouvait tout, sa volonté décidait tout ; il semble que tous les intérêts des prélats fussent dans ses mains[2].

On est frappé de voir dans le Recueil des Capitulaires combien les évêques étaient assujettis. Sans cesse le prince les mande auprès de lui ; sans cesse il leur envoie ses instructions ; sous des formes de respect, il leur commande, il leur parle comme à des sujets, plus que cela, comme à des fonctionnaires. Il les charge d'exécuter ses ordres, il les emploie à faire pénétrer et prévaloir partout sa volonté. Pour l'obéissance, ils sont placés sur le même pied que les comtes ; comme eux, ils sont des instruments de la pensée du prince. Il se sert d'eux pour gouverner ; il administre par eux ; il choisit parmi eux une partie de ses *missi* ; il fait d'eux ses premiers serviteurs et ses agents.

Tous ces faits ne donnent pas l'idée d'une royauté soumise à l'Église. Charlemagne gouverne aussi bien la société ecclésiastique que la société laïque. Nous n'avons pas à parler ici de ses rapports avec le siège de Rome. Quant aux églises de France sous ce prince, elles ne

---

[1] Hincmar, *De Ordine palatii*, c. 20 [plus haut, p. 336].
[2] Voir les lettres d'Agobard, de Frothaire, des abbés de Ferrières.

forment certainement pas un corps qui fasse la loi au pouvoir civil[1]. Elles seraient peut-être assez fortes pour s'affranchir de son action, si cette action était contraire à leurs intérêts; mais comme l'obéissance ne leur coûte pas, elles obéissent. Elles vivent avec le pouvoir civil dans un parfait accord. Elles sont satisfaites de le servir, parce que leur pensée est en harmonie avec la sienne. Tel est d'ailleurs l'état moral de ces générations, que les esprits ne distinguent pas nettement ce qui est de l'Église et ce qui est de l'État. Nul ne s'aperçoit encore qu'il y a là deux pouvoirs différents qui doivent s'exercer sur un domaine séparé et qui peuvent être en conflit.

Charlemagne ne songe même pas à empêcher l'Église d'empiéter sur le terrain de l'État; c'est au contraire lui qui intervient à tout moment dans la vie intime de l'Église. Il s'occupe, et en souverain, de sa discipline, de sa moralité, de son instruction, de son dogme même. De graves désordres s'étaient introduits dans l'Église au siècle précédent, et la même anarchie qui avait désorganisé la société civile avait jeté un trouble profond dans le clergé. Les rois carolingiens s'arrogèrent le droit, que personne ne leur contesta, d'y rétablir l'ordre. Le Recueil de leurs Capitulaires s'applique autant au clergé qu'aux laïques et ne touche pas moins au droit canonique qu'au droit civil. Ils voulurent obliger tous les ecclésiastiques à une vie régulière et sévère. Non seulement on les voit défendre aux évêques de porter les armes, de verser le sang, de chasser; ils surveillent même leur doctrine; ils leur rappel-

---

[1] Aussi Charles le Chauve pouvait-il écrire au pape Adrien II : *Nos reges Francorum ex regio genere orti, non episcoporum vicedomini, sed terræ domini hactenus fuimus computati* (Hincmar, *Opera*, t. II, col. 706).

lent fréquemment qu'ils doivent se conformer à la croyance catholique ; ils leur enjoignent d'observer les canons, de visiter leurs diocèses, de prêcher et d'instruire. De même, ils prescrivent aux laïques la dévotion, le jeûne, le repos du dimanche, l'assistance aux sermons.

C'est à ces princes qu'il faut attribuer l'institution de la règle des chanoines ; cette réforme du clergé séculier, commencée par Chrodegang, neveu de Pépin le Bref[1], fut reprise par Charlemagne et achevée par Louis le Pieux, qui l'établit par décret en 826. La réforme monastique à laquelle s'attache le nom de Benoît d'Aniane ne triompha que par la volonté de Louis le Pieux, après que Charlemagne en avait déjà préparé le succès par plusieurs capitulaires[2]. Il est visible que, dans l'un et l'autre cas, ces princes n'ont pas été l'instrument du clergé, mais qu'ils ont au contraire plié le clergé, et non sans résistance, à leur pensée et à leur volonté. Éginhard et le Moine de Saint-Gall montrent combien Charlemagne était occupé de la liturgie, du culte, des chants d'église, de l'instruction professionnelle du clergé. En toutes ces choses auxquelles le pouvoir civil n'oserait pas toucher aujourd'hui, son autorité se faisait sentir et l'impulsion partait de lui.

Ce que nos sociétés modernes appellent l'ordre, et qui est une chose purement matérielle et exclusivement politique, apparaît à ces générations sous la forme de

---

[1] Sigebert de Gembloux, à l'année 760 — Saint Rigobert, de Reims, avait donné le premier modèle de l'institution des chanoines (Flodoard, *Historia Remensis ecclesiæ*, II, 11).

[2] Chronique de Moissac, année 815. *Vita Ludovici ab Anonymo*, c. 19. *Vita sancti Benedicti Anianensis*, dans dom Bouquet, VI, p. 274. Capitulaire de 817. Lettres de Louis le Pieux dans dem Bouquet, VI, p. 333-335.

paix et de concorde, c'est-à-dire comme chose morale, et d'ordre à la fois politique et religieux[1]. Ce gouvernement se donnait pour mission, non pas seulement d'accorder les intérêts humains et de mettre l'ordre matériel dans la société, mais encore d'améliorer les âmes et de faire prévaloir la vertu. Il se présentait comme établi par Dieu pour empêcher « que le péché ne grandît sur la terre », pour avertir les hommes « de ne pas tomber dans les pièges de Satan », pour « faire fructifier la bonne doctrine et supprimer les fautes[2] ». Il prenait la charge de la morale publique, de la religion, des intérêts de Dieu. Il entendait que ses droits et ses devoirs allassent jusqu'à régir la pensée et la conscience. Tout cela, dans les mains d'un homme qui n'était ni un petit esprit ni un caractère faible, marque une singulière extension de l'autorité royale. On ne saurait guère imaginer une royauté plus absolue.

[1] Charlemagne dit : *Ut* PAX *sit et* CONCORDIA *et* UNANIMITAS *cum omni populo christiano inter episcopos, abbates, comites, judices, et omnes ubique seu majores seu minores personas, quia nihil Deo sine pace placet.... Est in Lege :* « DILIGES *proximum tuum sicut te ipsum.* » « *Beati pacifici quoniam filii Dei vocabuntur* », etc. Capitulaire de 789, art. 62, Boretius, p. 58. — Il est vrai que c'est un *capitulare episcoporum*; il n'en est pas moins vrai que c'est Charlemagne qui parle.

[2] *Ne peccatum adcrescat* (1er capitulaire de 802, art. 32 [Boretius, p. 97]). *Quis sit satanas...* (2e capitulaire de 811, art. 9 [Boretius, p. 163]). *Ad vitanda peccata, ad corroborandam fidem* (lettre d'Agobard, dans dom Bouquet, VI, p. 361). Cf. le titre 2 du capitulaire de 802 [Boretius, p. 93 et suiv.], et une lettre d'Alcuin, de la même année. — On peut voir encore quelle idée les hommes se faisaient de l'office du roi, dans les Capitulaires, *additio secunda*, c. 24, 25, 26 (Walter, *Corpus juris germanici*, t. II, p. 789-792).

CHAPITRE XV

Les « missi ».

[Non seulement cette royauté était absolue, mais elle voulait surtout le montrer et le dire, à ses agents comme à ses sujets. Elle était toute-puissante, mais elle tenait aussi à être toujours visible. Représentée par ses comtes et ses évêques, elle le fut en outre par des envoyés réguliers, qui rendirent son action plus directe et sa parole plus rapide.] Pour maintenir le corps administratif dans la dépendance, elle eut, comme principal moyen, l'institution des *missi*[1]. [Mandataire immédiat de la volonté

---

[1] *Missi dominici*, « envoyés du maître », c'est-à-dire envoyés du roi, de même qu'on dit *vassalli dominici*, *fiscus dominicus*. C'est l'appellation la plus usuelle dans la langue des sujets. Un acte de mandatum porte : *Ante vicarios, comites, missos dominicos* (Formules, Zeumer, p. 216); un acte de jugement : *Ab ipsis missis dominicis* (Formulæ Senonenses, n° 4); *ante ipsos missos dominicos* (ibidem, n° 7); *abbas ille et ille comes, missi dominici* (Formulæ Augienses, n° 22); *judicaverunt ipsi viri dominici* (Zeumer, p. 464). — L'expression *missi dominici* était également employée dans les lettres du temps : *Misso dominico Einhartus* (lettre d'Éginhard, édit. Jaffé, n° 18); *missis dominicis impedientibus* (lettre de Frothaire, n° 15, Bouquet, VI, 392). — Les Capitulaires et actes officiels émanant des rois disent plutôt *missi nostri*; encore trouvons-nous quelquefois *missi dominici*, expression qui dans la bouche des rois était illogique, mais qui apparemment était devenue une expression de la langue courante que les rois employaient par mégarde (exemples : *capitulare italicum* de Pépin, dans Boretius, p. 201, art. 5 et 8; *capitulare Legi Ripuariæ additum*, année 803, art. 8, Boretius, p. 118; titre d'un capitulaire de 808, p. 137). On pourrait citer aussi la *Lex dicta Chamavorum*, VIII : *Si quis missum dominicum occiderit*; mais on sait que ce document n'émane pas de l'autorité royale. — On trouve aussi fréquemment l'expression *missi regis* (Traditiones Sangallenses, n° 120, etc.), *missi domni regis* (Formulæ Senonenses, 7, Zeumer, p. 214, Rozière, n° 461), *missi regales* (capitulaire de 797, art. 4, Boretius, p. 71), *jussu missorum imperatoris* (Zeumer, p. 384), *missi a latere regis legati* (capitulaire de 844, art. 2 [Pertz, p. 384]). — Les rois désignent encore ces

du roi, le *missus* résume dans ses attributions multiples tous les droits et toutes les prétentions de la royauté carolingienne.]

1° [DES RÈGLES RELATIVES A CETTE INSTITUTION.]

Cette institution n'a pas été créée de toutes pièces par Charlemagne. Les rois mérovingiens avaient fréquemment envoyé « de leur Palais », *a palatio*, ou d' « auprès de leur personne », *a latere regis*, des serviteurs chargés de parcourir les provinces, de faire exécuter les ordres royaux, ou de remplir quelque mission spéciale. Le premier diplôme que nous ayons de Pépin le Bref est adressé à la fois « aux ducs, comtes, vicaires, centeniers, et à tous les *missi* parcourant les provinces [1] ».

Ce qu'on peut attribuer à Charlemagne, c'est d'avoir fait d'un usage intermittent une institution régulière. Avec lui et sous ses premiers successeurs, ces missions ou inspections se reproduisirent chaque année, à époque fixe ; elles eurent un objet bien défini et des règles certaines.

---

personnages par l'expression *missi discurrentes* (*Formulæ imperiales*, n° 21 et 35; diplôme de Louis le Pieux, Bouquet, VI, 464), ou *missi a palatio* (Dorotius, p. 207, art. 13), *a palatio directi* (*Formulæ imperiales*, n° 14 et 53), et quelquefois encore *legati* (*decrevimus ut per omnes provincias regni legatos mitteremus*, *Formulæ imperiales*, n° 14, *Formulæ Sangallenses*, 9 ; *legatos regios qui tunc ad justitias faciendas apud eos conversabantur*, Annales de Lorsch, année 798; Ermold, II, 508-509, les appelle en même temps *legati* et *missi*).

[1] Archives nationales, Tardif, n° 55 : *Et omnes missos nostros de palatio ubique discurrentes*. — Cf. *Cartæ Senonicæ*, n° 19 : *Illo comite seu missos nostros discurrentes*. *Formulæ imperiales*, 35 : *Episcopis, ducibus, comitibus, vicariis, centenariis, actionariis, clusariis, seu missis nostris discurrentibus*. Ibidem, n° 21 : *Missorum per imperium a Deo nobis collatum discurrentium*.

Bien que les missions eussent lieu chaque année, les *missi* n'étaient pas des fonctionnaires permanents, comme sont nos inspecteurs généraux. Ils étaient de simples commissaires choisis par le roi chaque année et dont la commission ne durait que quelques semaines.

Une innovation de Charlemagne fut de choisir toujours ses *missi* dans les rangs les plus élevés de la société. Les Mérovingiens n'avaient guère pris pour ces missions que des serviteurs de leur Palais[1]. Il prit les premiers parmi les comtes, les premiers parmi les évêques. Son motif était vraisemblablement qu'il voulait que leur situation personnelle leur assurât le respect des autres comtes et des autres évêques auprès desquels ils se transportaient. Cependant un annaliste lui attribue un autre motif, qui mérite d'être signalé. « Charles, saisi de pitié pour les faibles et les petits qui étaient dans son royaume et qui ne pouvaient pas avoir justice, se décida à ne pas envoyer du Palais à titre de *missi* ses serviteurs de second ordre, à cause des présents par lesquels on corrompait aisément leur pauvreté[2]. Il choisit des archevêques, des évêques, des abbés, des ducs et des comtes. Comme ces hommes étaient déjà riches, ils n'avaient plus besoin de recevoir des présents qui les eussent induits à condamner les pauvres. Il les envoya donc dans les diverses parties du royaume pour faire rendre justice aux églises, aux veuves, aux orphelins,

---

[1] *De infra palatio pauperiores vassos suos*, Annales Laureshamenses, année 802.

[2] *Annales Laureshamenses*, Pertz, I, 38-39; Chronique de Moissac, Bouquet, V, 79-80 : *Recordatus misericordiæ suæ de pauperibus qui in regno suo erant et justitias suas pleniter habere non poterant, noluit de infra palatio pauperiores vassos suos transmittere ad justitias faciendum, propter munera....*

aux pauvres et à tout le peuple[1]. » Que cette explication que donne l'annaliste soit vraie ou fausse, elle nous présente au moins l'opinion des hommes sur cette institution. Elle nous donne aussi l'idée des abus qu'il y avait à surveiller et de l'objet principal où les *missi* devaient tendre.

Ce qu'on peut encore attribuer aux Carolingiens, c'est d'avoir toujours associé ensemble deux *missi*[2]. Il fut de règle que l'un des deux fût un ecclésiastique. Cela était nécessaire avec la nouvelle conception qu'on se faisait du gouvernement. Le prince gouvernait l'Église autant que l'État. Par le droit du sacre, et au nom de la divinité, il devait surveiller aussi bien les évêques et les moines que les laïques. Ses deux *missi* marchant ensemble représentaient son double pouvoir[3].

Le prince désignait chaque année ses *missi*, et en

---

[1] *Annales Laureshamenses* : Sed elegit in regno suo archiepiscopos et episcopos et abbates, cum ducibus et comitibus, qui jam opus non habebant super innocentes munera accipere, et ipsos misit per universum regnum suum ut ecclesiis, viduis, orphanis et pauperibus et omni populo justitiam facerent.

[2] Le chiffre de deux n'était pas absolu. Nous voyons dans un document (Boretius, p. 183) que Charlemagne nomma un jour trois *missi* qui devaient agir ensemble, et que, l'un d'eux étant tombé malade, il le remplaça par deux autres, en sorte que le groupe fut de quatre *missi*. Mais le chiffre de deux fut de beaucoup le plus fréquent.

[3] Les deux *missi* dans leur tournée se partageaient-ils les fonctions? L'un inspectait-il les choses de l'Église, l'autre la société laïque? On le suppose volontiers ; mais les documents ne signalent jamais ce partage, et j'incline à croire qu'il n'était pas la règle. Les deux *missi*, dans des séries d'actes divers, dans les Formules, sont toujours nommés ensemble. On comprend d'ailleurs que, le *missus* ecclésiastique tenant à inspecter les choses et les hommes d'ordre laïque, il eût été difficile que son compagnon se séparât de lui dans l'inspection de l'ordre ecclésiastique. Le gouvernement paraît avoir tenu à ce qu'ils fussent toujours ensemble, ne fût-ce que pour se surveiller ou s'éclairer l'un l'autre. Rappelons enfin que c'était un principe du gouvernement carolingien que l'évêque et le comte fussent toujours en surveillance mutuelle et « en concorde ». Le même principe pouvait s'appliquer aux *missi*.

même temps il partageait le pays en *missatica*, c'est-à-dire en ressorts d'inspection. Chaque groupe de deux recevait du roi l'indication du ressort qu'il devait parcourir[1].

Il nous est parvenu plusieurs arrêtés royaux sur ce sujet. En 802, par exemple, Charlemagne décide que Frédulfe, abbé de Saint-Denis, et Étienne, comte de Paris, auront à visiter le Parisis, la Brie, les pays de Melun, de Provins, d'Étampes, de Chartres et de Poissy[2]. De même l'archevêque de Rouen Magénard et le comte Madelgaud devront inspecter le Maine, le Hiémois, le pays de Lisieux, de Bayeux, de Coutances, d'Avranches, d'Évreux, de Rouen[3]. D'autres ont leur itinéraire tout tracé d'avance ; l'archevêque de Sens Magnus et le comte Godefroi durent partir d'Orléans, rejoindre la Seine en ligne droite, inspecter tout le pays de Troyes, se porter vers Langres, de Langres à Besançon, puis revenir de Besançon à Autun, et d'Autun à Orléans[4].

---

[1] Le *missus* étant appelé aussi *legatus*, sa fonction s'appelait indifféremment *missaticum* ou *legatio*. *De ipso pago istam legationem perficiant missi nostri* (capitulaire de 792, art. 5, p. 67) ; *missi nostri qui hac legatione fungi debent* (capitulaire de 808, art. 7, p. 138) ; *imperator in istis partibus injunctam habuit legationem suam* (lettre de missi à un comte, dans Boretius, p. 183) ; *missi omnibus notum faciant qualis sit* rum *legatio* (capitulaire de 825, art. 2, p. 308) ; *capitula ad legationem missorum nostrorum pertinentia* (capitulaire de 819, p. 289). *Missaticum* a quelquefois le même sens : *Si quis missaticum illi injunctum contradixerit* (capitulaire de 810, art. 1, p. 160). — Mais en même temps *legatio* et surtout *missaticum* se disent de chaque ressort qu'un groupe de *missi* doit inspecter. *Ut unusquisque in suo missatico* (capitulaire de 806, art. 1, p. 131) ; *quicquid missus in illo missatico invenerit* (capitulaire de 811, art. 9, p. 177) ; *comitibus qui ad ejus missaticum pertinent* (ibidem, art. 12).

[2] *Capitulare missorum*, année 802, Boretius, p. 100.

[3] Ibidem.

[4] *Capitulare missorum Aurelianense* (d'après le ms. de Paris 9654, folio 10 v°) : *In primis de Aurelianense civitate ad Segonnam quomodo rectum est* (il ne s'agit pas ici de la Saône, visiblement ; *Segonnam* est

Nous possédons un document semblable qui émane de Louis le Pieux. En 825, le prince règle que le ressort de Besançon sera inspecté par l'évêque Heiminus et le comte Monogold, le ressort de Trèves par l'archevêque Hetti et le comte Adalbert. Les six comtés de Reims, Châlons, Soissons, Senlis, Beauvais et Laon seront visités par l'archevêque Ebbon et le comte Rotfrid; les comtés de Noyon, Amiens, Thérouanne et Cambrai le seront par l'évêque de Noyon Ragnair et le comte Bérenger[1]. Dans cette liste, dont nous ne donnons ici qu'une partie, on remarque que les districts d'inspection correspondent presque toujours aux provinces ecclésiastiques[2]. Presque toujours aussi, l'un des deux *missi* est précisément l'archevêque de la province[3]. Quant aux comtes, au contraire, on ne voit pas qu'il fut d'usage qu'ils eussent leur comté dans la province qu'ils devaient inspecter[4].

Nous avons encore une liste pareille dressée par Charles le Chauve en 853. Il partage la France septen-

---

pour *Sequanam*, à moins que le copiste n'ait mal lu *Senonicum*, le pays de Sens; en effet on aurait dû remarquer que le pays de Sens est omis dans l'énumération, tandis qu'il est certain qu'il faisait partie de ce ressort; la simple vue d'une carte montrera que le *Senonicum* devait justement se trouver à la place qu'occupe le mot *Segennam*), *deinde ad Trecas, cum Tricassino toto, inde ad Lingonis, de Lingonis ad Bissancion in villam parte Burgundiæ, inde vero ad Augustidunum, postea ad Ligerem usque ad Aurelianis, sunt missi Magnus archiepiscopus et Godefredus comes.*

[1] *Commemoratio missis data*, année 825, Boretius, p. 308.

[2] La province ecclésiastique de Reims est seule partagée en deux *missatica*, sans doute à cause de son étendue.

[3] Hetti est archevêque de Trèves, Hadalbold de Cologne, Ebbon de Reims, Jérémie de Sens, Willibert de Rouen, Landramn de Tours. Il n'y a d'exception que pour la province de Besançon. Rotade qui, au besoin, remplacera Ebbon de Reims, appartient à la même province: il est évêque de Soissons.

[4] Encore n'y avait-il pas de règle absolue sur ce point; nous avons vu plus haut que le *missus* chargé en 802 du *missaticum* de Paris et ressort était Stephanus, comte de Paris.

trionale en douze ressorts d'inspection et désigne les *missi* pour chacun d'eux[1]. Le procédé est le même que dans les deux règnes antérieurs. La seule innovation est que chaque groupe de *missi* est le plus souvent de quatre personnes ; on y voit d'ordinaire un évêque, un abbé et deux comtes. Plusieurs de ces comtes ont leurs comtés dans le même ressort ; d'où il résulte qu'assez souvent les comtes ont à s'inspecter les uns les autres.

Un premier point à signaler est que les frais de ces inspections n'étaient pas supportés par le trésor royal ; ils l'étaient par les pays visités. Les *missi* étaient logés et défrayés de tout par les habitants, soit durant leur voyage, soit dans leur séjour dans la province[2]. En partant du Palais, ils emportaient une lettre qui marquait à quelles fournitures ils avaient droit[3]. Un règlement de Louis le Pieux qui nous est parvenu montre que la dépense de chaque jour en pain, viande, vin, nourriture des chevaux, était considérable, et ce règlement nous

---

[1] On trouvera ce document dans Baluze, II, 68, dans Walter, III, 54 [et dans Pertz, p. 426].

[2] La règle générale se trouve mentionnée dans un acte qui est particulier à quelques Espagnols admis à s'établir dans le midi de la France. Louis le Pieux dit qu'ils devront, *sicut cæteri liberi homines*, fournir à ses *missi* ou à ceux du roi son fils *paratas et reredos*, c'est-à-dire la nourriture et les chevaux. *Præceptum pro Hispanis*, année 815, art. 1, dans Borelius, p. 261-262. — Voir d'ailleurs le *capitulare missorum* de 802, art. 28, p. 96 ; et un autre *capitulare missorum* de 803, art. 17, p. 116 : *De missis nostris discurrentibus, ut nullus mansionem contradicere præsumat*.

[3] Nous avons des formules de ces lettres déjà dans le Recueil de Marculfe, I, 11, ensuite dans un recueil que Zeumer appelle *Formulæ Marculfinæ ævi carolini*, n° 20, p. 121. Les deux formules s'appliquent à un groupe de deux *missi* voyageant ensemble, dont l'un est un évêque, *vir apostolicus*, l'autre un comte, *inluster vir*. Elles visent à les faire défrayer de tout pendant tout le voyage d'aller et de retour. On y voit que, là où ils se présentaient, on devait leur fournir vivres de toute nature, chevaux et moyens de transport.

fait voir que chacun de ces personnages était accompagné d'une suite assez nombreuse[1].

S'ils avaient le droit de loger chez l'habitant, nous voyons surtout qu'ils logeaient chez ceux-là mêmes dont ils avaient à inspecter la conduite, c'est-à-dire chez les évêques et abbés[2], chez les comtes et centeniers. Celui qui eût refusé de les recevoir eût été exposé à la perte de ses fonctions ou de ses bénéfices[3]. A tout le moins il eût vu leur séjour se prolonger chez lui[4]. De là ces singulières dispositions des capitulaires royaux : « Si un comte a manqué à l'un de ses devoirs, il devra entretenir les *missi* dans sa maison jusqu'à réparation du mal[5]. » Les mêmes rigueurs sont prescrites contre les

---

[1] Capitulaire de 819, art. 29, p. 291 : *Panes XL, friskingas III, de potu modii III, porcellus unus, pulli III, annona ad caballos modii IV*; tout cela pour chaque *missus* et pour chaque jour. Le comte recevait un peu moins que l'évêque. Si le *missus* laïque n'avait que le rang de *vassallus*, cas assez rare, il n'avait droit qu'à dix-sept pains, un *modius* de vin, deux poulets, etc. — Voir des chiffres un peu différents dans les *Formulæ imperiales*, n° 7. — Notons que les *missi* devaient rendre compte au roi de leur temps de séjour en chaque lieu et du nombre d'hommes de leur suite, capitulaire de 803, art. 26, p. 116. — Notons encore qu'il était enjoint aux *missi*, lorsqu'ils se trouvaient à portée d'une de leurs terres, de s'y loger et de s'y nourrir; capitulaire de 819, art. 26, p. 291.

[2] C'est ainsi que l'archevêque Agobard écrit qu'il a vu venir les *missi* impériaux *habentes in manibus tractoriam stipendialem*, ayant en mains leur lettre de voyage qui fixait le chiffre des fournitures (Bouquet, VI, 364).

[3] Capitulaire de 818, art. 16, Boretius, p. 284 : *Si quis litteras nostras dispexerit, id est tractoriam quæ propter missos recipiendos dirigitur, aut honores quos habet amittat.... honorem qualemcumque habuerit sive beneficium amittat.*

[4] Ibidem : *Aut in eo loco ubi missos suscipere debuit tamdiu resideat et de suis rebus legationes illuc venientes suscipiat quousque animo nostro satisfactum habeat.*

[5] Capitulaire de 779, art. 21, p. 51 : *Si comis in suo ministerio justitias non fecerit, misso nostro (missum nostrum) de sua casa soniare faciat usque dum justitiæ ibidem factæ fuerint; et si vassus noster justitiam non fecerit, tunc et comis et missus ad ipsius casa sedeant et de suo vivant.* — Le mot *justitia* a un sens plus large que notre mot *justice*.

évêques et les abbés par Louis le Pieux[1]. Au contraire le séjour des *missi* devra être court chez les fonctionnaires sans reproche[2].

2° [LES ATTRIBUTIONS DES « MISSI ».]

Sur les attributions des *missi* nous possédons des documents d'une entière précision ; ce sont les instructions mêmes que les rois leur donnaient. En effet, ces hommes qui partaient chaque année du Palais, emportaient avec eux la liste rédigée par le roi des principaux objets dont ils avaient à s'occuper[3]. Plusieurs de ces instructions sont venues jusqu'à nous. Nous avons celles que donna Charlemagne en 789, 792, 802, 803, 805, 806, 808, 810 ; celles de Louis le Pieux en 819, 821, 825, 826 ; celles de Charles le Chauve en 853, 854, 860, 865. Les plus complètes ont jusqu'à quarante articles et contiennent les sujets les plus divers. Quelques-unes sont beaucoup plus courtes, parce qu'on veut attirer l'attention des *missi* sur quelques points spéciaux[4].

---

[1] Capitulaire de 819, art. 23, p. 291 : *Ubicumque ipsi missi episcopum aut abbatem invenerint qui justitiam facere vel noluit vel prohibuit, de ipsius rebus vivant quamdiu in eo loco justitias facere debent.*

[2] Ibidem, art. 24 : *Ut in illius comitis ministerio qui bene justitias factas habet, missi diutius non morentur, sed ibi moras faciant ubi justitia vel minus vel neglegenter facta est.*

[3] Ainsi Louis le Pieux en 826 rappelle à ses *missi* les instructions qu'ils avaient reçues de lui l'année précédente, *anno præterito quando capitula legationis vestræ vobis dedimus*. Boretius, p. 309. — Ainsi encore, Agobard écrit que les *missi* arrivent chez lui ayant en mains, outre la *tractoria stipendialis*, les *capitula sanctionum*, c'est-à-dire les articles contenant les différents ordres du roi ; Bouquet, VI, 364.

[4] Voici le titre des instructions de 789 : *Anno dominicæ incarnationis DCCLXXXIX, anno XXI regni nostri, actum est hujus legationis edictum in Aquis palatio publico. Data est hæc carta die decima kaleudas aprilis* (Boretius, p. 62). Suivent trente-sept articles ; mais de beaucoup d'entre eux il n'y a que les titres, apparemment parce qu'il suffisait de rappeler ces points sur lesquels le roi avait donné des explications ver-

Ce qui frappe les yeux d'abord, c'est que ces instructions concernent autant l'Église que la société laïque. Ordinairement, les prescriptions relatives à l'Église sont marquées les premières. Dans celles de 789, les seize premiers articles concernent les monastères, et sur les vingt et un suivants on en trouve encore neuf qui ont rapport aux choses de l'Église. Il en est à peu près de même jusqu'à la fin du règne de Charles le Chauve. C'est que l'Église est une des parties de la société où s'exerce le plus l'autorité royale.

La première obligation des *missi* est de faire connaître partout les volontés royales. Les comtes avaient certainement le même devoir; mais on comptait davantage sur les *missi* qui partaient directement du Palais. Ainsi nous voyons Charlemagne remettre à ses *missi* des capitulaires « qu'ils devront faire connaître à tous dans toutes les provinces[1] ». Ainsi fait encore Louis le Pieux[2]. Sous Charles le Chauve, c'est presque toujours par les *missi*, et uniquement par eux, que les volontés royales sont notifiées à la population; c'est qu'à cette époque les comtes ont à peu près cessé d'être des agents de transmission[3].

bales. — Les instructions de 819 commencent ainsi : *Hæc sunt capitula ad legationem missorum nostrorum ob memoriæ causam pertinentia, de quibus videlicet causis agere debent* (Boretius, p. 289). — En 825 [Boretius, p. 308], nous lisons seulement : *Commemoratio missis data*. — En 853 : *Capitula quæ per regnum suum a missis suis adnuntiari præcepit* (Walter, III, 42 [Pertz, p. 425]). — En 865 [Pertz, p. 501] : *Hæc capitula misit per....*

[1] *Capitulare incerti anni* (805-813), n° 67 de Boretius, p. 156, Baluze, I, 449 : *Hæc capitula missi nostri cognita faciant omnibus in omnes partes.*

[2] Capitulaire de 818, n° 156 de Boretius, p. 281 : *Incipiunt capitula quæ legibus addenda sunt, quæ et missi et comites habere et ceteris nota facere debent.*

[3] Capitulaire de 860; de 853, art. 7, 8, 9, 10, 12; capitulaire de 853; capitulaire de Kiersy de 857.

Quelquefois c'est par les *missi* que les rois se font jurer fidélité par la population[1]. C'est qu'ils apparaissent aux yeux des hommes comme des représentants bien plus directs que les comtes de la personne royale. Si c'est le comte qui fait prêter serment, l'homme pourra douter si c'est au comte ou si c'est au roi qu'il jure. Avec le *missus*, aucun doute. Les *missi* devront d'ailleurs rapporter au roi la liste de tous ceux qui ont prêté le serment, et aussi la liste de ceux qui se sont dérobés à cette obligation.

Quelquefois le roi charge ses *missi*, de préférence à ses comtes, de faire les levées militaires[2], d'entretenir les routes ou de construire des ponts[3].

D'une manière générale, les *missi* devaient s'assurer que toutes les lois et ordonnances, toutes les volontés royales étaient exécutées dans la province[4]. « Nous voulons savoir par nos *missi*, écrit le roi, si tous les ecclésiastiques, évêques, abbés, prêtres, moines et religieuses, ont bien observé notre ban et notre décret; nous voulons savoir aussi si les laïques en tout lieu obéissent à nos ordonnances et à nos volontés, et comment ils gardent notre ban : afin que nous récompensions ceux qui font bien et que nous corrigions ceux qui font mal[5]. »

[1] Capitulaire de 792, p. 66. Capitulaire de 806, 2, p. 151. — Capitulaire de 865, *apud Tusciacum*, Walter, III, p. 157 [Pertz, p. 501].
[2] Capitulaire de 808, p. 137, Baluze, I, 489 : *Brevis capitulorum quam missi dominici habere debent ad exercitum promovendum*. Suit une série de neuf articles sur les hommes qui doivent le service et sur les cas d'exemption.
[3] Capitulaire de 821, art. 10 et 11, p. 301.
[4] *Capitulare missorum*, année 802, art. 8, p. 93 : *Ut nullum bannum, vel preceptum domni imperatori nullus in nullo marrire præsumat, neque opus ejus tricare vel inpedire vel minuere vel in alia contrarius fieri voluntati vel præceptis ejus.*
[5] *Capitulare missorum*, année 802, art. 40, p. 98, Baluze, I, 374.

Louis le Pieux parle de même : « Nos *missi* sont établis pour faire connaître à toute la population tout ce que nous avons décidé par nos capitulaires, et pour veiller à ce que nos décisions soient exécutées pleinement par tous[1]. »

Aussi devaient-ils veiller à tout ce qui touchait aux intérêts ou aux droits du prince[2]. La conservation des domaines royaux était naturellement un de leurs premiers soucis. Leurs instructions omettaient rarement ce point. « Nos *missi*, dit Charlemagne en 789, doivent s'assurer si les terres fiscales que nous concédons en bénéfices sont bien cultivées, et ils nous en feront rapport[3]. » Louis le Pieux leur recommande de faire des recherches sur toute terre qui aurait appartenu au fisc et qu'on en aurait détournée, et aussi sur les serfs du fisc qui se seraient dérobés[4]. L'un des crimes les plus grands que l'on puisse commettre contre la fidélité due au roi n'est-il pas « de s'emparer de sa terre ou de son

---

[1] Capitulaire de 825, art. 3, p. 309 : [*Volumus, ut omnibus notum sit, quia ad hoc constituti sunt, ut ea quæ per capitula nostra generaliter de quibuscumque causis statuimus per illos nota fiant omnibus et in eorum procuratione consistant, ut ab omnibus adimpleantur.*] Cf. capitulaire de 819, art. 8, p. 289 : *De observatione præceptorum nostrorum et immunitatum.*

[2] *De regalibus justitiis, capitulare missorum* de 853, art. 2, Walter, p. 51 [Pertz, p. 424]. *Ut regales justitiæ cum omni diligentia perficiantur*, en 857, *admonitio missorum*, art. 6, Walter, III, 75 [Pertz, p. 455].

[3] Capitulaire de 789, art. 35, p. 64 : *Ut missi nostri provideant beneficia nostra quomodo sunt condricta, et nobis renuntiare sciant.* — Sur le sens du mot *condrigere* ou *condirgere*, voir un capitulaire de Pépin de 768, art. 5, p. 43 : *Qui nostrum beneficium habet, bene ibi laboret et condirgat.* — Cf. capitulaire de 809, art. 9, p. 150 : *De beneficiis nostris non bene condrictis.*

[4] Capitulaire de 821, art. 2, p. 300 : *De rebus sive mancipiis quæ dicuntur a fisco nostro esse occupata, volumus ut missi nostri inquisitionem faciant... per veraciores homines pagi illius circummanentes.*

serf, ou de son colon fugitif¹ » ? C'est peut-être le bénéficiaire lui-même qui cultive mal et qui diminue la valeur du bénéfice. Peut-être ce bénéficiaire épuise-t-il le bénéfice et, au lieu d'en employer les revenus aux réparations et aux améliorations, les emploie-t-il à s'acheter des propriétés². Peut-être encore ce bénéficiaire, dès qu'il possède une terre en propre, transporte-t-il les serfs du bénéfice sur sa propriété, stérilisant ainsi la terre du roi pour améliorer la sienne³. C'est une fraude fréquemment commise par les comtes eux-mêmes, et sur laquelle les *missi* devront avoir les yeux⁴. Une autre fraude était celle-ci : le bénéficiaire faisait une vente fictive de la terre fiscale, et se la faisait revendre ensuite comme si c'était un alleu⁵ ; cette seconde vente ayant lieu suivant les formes, il avait dès lors en mains un titre authentique attestant que cette terre était, non un bénéfice royal, mais sa propriété. Charlemagne, Louis le Pieux, Charles le Chauve ne cessent de mettre en garde leurs *missi* contre toutes ces fraudes⁶.

---

¹ *Capitulare missorum*, année 802, art. 4, p. 92 : *Ut nullus homo neque cum perjuri neque ullo ingenio vel fraude neque servum domni imperatoris neque terminum neque terram abstrahere audeat, et ut nemo fugitivos fiscales suos qui se injuste liberos dicunt celare presumat.*

² Ibidem, 806, art. 6, p. 131 : *Auditum habemus qualiter et comites et alii homines qui nostra beneficia habere videntur, conparant sibi proprietates de ipso nostro beneficio.*

³ Ibidem, 806 : *Et faciant servire ad ipsas proprietates servientes nostros de corum beneficio, et curtes nostræ remanent desertæ* (c'est-à-dire vides d'hommes, vides de cultivateurs).

⁴ *Capitulare missorum*, 802, art. 6 : *Ut beneficium domni imperatoris desertare nemo audeat, propriam suam exinde construere.*

⁵ Ibidem, 806, art. 7 : *Audivimus quod aliqui reddunt beneficium nostrum ad alios homines in proprietatem, et in ipso placito, dato pretio, conparant ipsas res iterum sibi in alodem.*

⁶ *Capitulare missorum*, 819, art. 11, rapproché des *capitula per se scribenda*, art. 5, dans Boretius, p. 290 et 287.

Les forêts royales devaient être aussi l'objet des soins des *missi*; ils avaient à les défendre contre l'usurpation, contre l'abus des droits d'usage, contre la chasse des particuliers[1]. Ils prenaient en main tous les droits pécuniaires du roi et veillaient à ce qu'aucun de ses revenus ne disparût ou ne s'amoindrît[2].

Ils exerçaient aussi une surveillance générale. Ils s'assuraient que la police était bien faite, que les brigands étaient poursuivis, arrêtés, punis[3]; que les vagabonds eux-mêmes étaient connus et surveillés[4]; qu'il ne se formait pas d'associations illicites[5]; que les ordonnances royales sur les poids et mesures étaient

---

[1] *Capitulare missorum*, 819, art. 22, p. 291 : *De forestibus nostris ut, ubicumque fuerint, diligentissime inquirant quomodo salvæ sint et defensæ.* — Cf. *capitulare missorum*, 802, art. 39, p. 98 : *Ut in forestes nostras feramina nostra nemo furare audeat, quod jam multis vicibus fieri contradiximus....*

[2] Ibidem, 802, art. 19, p. 101 : *Undecumque necesse fuerit, tam de justitiis nostris quam et justitiis ecclesiarum, viduarum, orfanorum, inquirant et perficiant.* Capitulaire de 811, art. 10, p. 177 : *Ut missi nostri census nostros perquirant diligenter, undecunque antiquitus ad partem regis exire solebant, similiter et freda.* — Par le mot *justitiæ*, il faut entendre les droits de toute nature, par *census* les redevances pécuniaires, par *freda* le produit des amendes judiciaires. Capitulaire de 805, p. 122, art. 3 : *De justitiis regalibus ut pleniter fiant inquisitæ.* Ibidem, art. 20, p. 125 : *Census regalis, undecumque legitime exiebat, volumus ut inde solvatur, sive de propria persona hominis sive de rebus.* Capitulaire de 806, art. 10, p. 132 : *De teloneis et cespitaticis, ubi antiqua consuetudo fuit, exigantur.*

[3] *Capitulare missorum*, 802, art. 25, p. 96; ibidem, art. 32. Ibidem, année 808, art. 8, p. 140. Ibidem, année 810, art. 11, p. 155.

[4] *Capitulare missorum*, 803, art. 6, p. 115 : *De fugitivis ac peregrinis ut distringantur, ut scire possimus qui sint aut unde venerint.* — Capitulaire de 809, art. 5-6, p. 150.

[5] *Capitulare missorum Aquitanicum*, 789, art. 15, p. 66 : *De truste non faciendo.* — *Capitulare missorum*, 805, art. 10, p. 124 : *De conspirationibus, ut triplici ratione judicentur. Ubi aliquid mali perpetratum fuit, auctores facti interficientur. Ubi nihil mali perpetratum est, inter se flagellentur.... Si vero per dextras aliqua conspiratio firmata fuerit, aut jurent hoc pro malo non fecisse aut suam legem conponant; si vero servi sunt, flagellentur.*

observées¹. Ils devaient poursuivre, d'une part, les faux monnayeurs², de l'autre ceux qui refusaient la monnaie du roi³. Ils veillaient à ce que nul ne se dérobât à l'obligation du service de guerre⁴.

Les *missi* étaient donc avant tout des agents de la volonté royale, et leur obligation première était de faire que cette volonté fût respectée et obéie des populations. S'ils trouvaient quelque part un comte qui fût empêché de remplir son office par quelque hostilité locale, ils devaient lui prêter main-forte et assurer son pouvoir⁵. Ils faisaient de même à l'égard des évêques⁶. Ils devaient leur appui à toute autorité locale qui se trouvait trop faible.

Mais, le plus souvent, c'était cette autorité elle-même qu'ils avaient à surveiller, à contenir, parfois à contre-

---

¹ Ibidem, année 803, art. 8, p. 115 : *De mensuris ut secundum jussionem nostram æquales fiant.* — Ibidem, année 809, art. 8, p. 150 : *De monetis et mensuris modiorum.*

² *Capitulare missorum*, 803, art. 28, p. 116 : *De falsis monetariis requirendum.* — Capitulaire de 805, art. 18, p. 125.

³ *Capitulare missorum Aquisgranense*, art. 7, p. 152 : *De monetis statutum est ut nullus audeat denarium merum et bene pensantem rejectare, et qui hoc facere præsumpserit, bannum componat.* — Cf. capitulaire de 825, p. 306, art. 20.

⁴ Capitulaire de 792, art. 6, p. 67. — *Capitulare missorum*, 802, art. 7, p. 93 : *Ut hostile bannum domni imperatoris nemo pretermittere presumat.* — Cf. capitulaire de 805, art. 19, p. 125 : *De heribanno volumus ut missi nostri fideliter exactare debeant*, etc. — Capitulaire de 810, art. 12, p. 153 : *De heribanno ut diligenter inquirant missi*, etc.

⁵ Capitulaire de 825, art. 2, Borelius, p. 308 : *Si quilibet comes ministerium suum per quodlibet impedimentum implere non possit, ad eos (missos) recurrat, et cum eorum adjutorio ministerium adimpleat.* — Cf. une lettre adressée par des *missi* à un comte (Borelius, p. 184, art. 3) : *Quicumque vobis rebelles aut inobedientes fuerint, remandate nobis ipsis ut secundum quod dominus noster commendatum habet, faciamus.*

⁶ Même capitulaire de 825, ibidem : *Si quilibet episcopus*, etc. — Cf. lettre de Louis le Pieux à un archevêque (Baluze, I, 555-556, Borelius, p. 541) : *Missos nostros ad Tuam Sanctitatem ideo direximus... ut tibi opem in cæteris commonendis ferrent.*

dire et à redresser. Les plus hauts dignitaires de l'Église n'échappaient pas à leur inspection. « Ils observeront, dit Charlemagne, si quelque plainte ne s'élève pas contre un évêque ou contre un abbé, et ils nous le feront savoir [1]. » « Ils veilleront à ce que les évêques, abbés, abbesses sachent gouverner leurs subordonnés avec respect et amour, qu'ils ne les écrasent pas par un pouvoir tyrannique, qu'ils aient pour eux douceur et charité, et que ce soit par l'exemple du bien qu'ils gardent le troupeau à eux confié [2]. » Ils devront regarder si l'évêque et ses prêtres observent exactement et font exécuter les ordres du roi [3]. Ce gouvernement ne tolère même pas les excès de zèle religieux quand il va contre une de ses ordonnances. Louis le Pieux a voulu que les Juifs fussent à peu près libres dans ses États ; un archevêque de Lyon veut-il aller à l'encontre de cette tolérance, Louis envoie ses *missi*, et l'archevêque se soumet humblement [4].

[1] *Capitulaire de 789*, art. 27, p. 64 : *Missi nostri providere debent ne forte aliquis clamor super episcopum vel abbatem seu abbatissam vel comitem seu super qualemcumque gradum sit et nobis renuntiare.*

[2] *Capitulare missorum*, 802, art. 11, p. 93 : *Ut episcopi, abbates atque abbatissæ qui ceteris prelati sunt, cum summa veneratione ac diligentia subjectis sibi preesse studeant, non potentiva dominatione vel tyrannide sibi subjectos vexant, sed simplici dilectione cum mansuetudine et caritate vel exemplis bonorum operum commissam sibi gregem custodiant.*

[3] Lettre de Louis le Pieux à un archevêque (Baluze, I, 556, Borctius, 341) : *Missos nostros ad Tuam Sanctitatem direximus ut tuum cæterorumque ecclesiasticorum diligenter in hoc negotio intuerentur studium.*

[4] Agobard écrit dans une première lettre (Bouquet, VI, 363 b) : *Magister Judeorum nobis comminatur se missos a palatio adducturum qui pro istis rebus nos judicent et distringant.* Puis, dans une seconde lettre (Bouquet, VI, 364) : *Venerunt missi habentes in manibus capitularia sanctionum... Direxi ad illos ut præciperent quidquid vellent et nos obediremus.* Encore n'obtient-il pas aisément son pardon et son clergé, lui-même étant absent, est fort durement traité : *Nihil venis*

L'enquête des *missi* s'exerçait particulièrement sur les officiers à qui les évêques, abbés et abbesses déléguaient leur pouvoir judiciaire. Ils voyaient comment ces vidames, prévôts, avoués, rendaient la justice à la population sujette [1]. Ils pouvaient exiger leur destitution et faire procéder à de nouveaux choix par les dignitaires ecclésiastiques [2].

Ils surveillaient à plus forte raison les fonctionnaires laïques. Ils avaient à examiner la conduite de chaque duc et de chaque comte [3]. Ils leur rappelaient leurs devoirs : « Les comtes doivent juger les hommes suivant la loi écrite et non pas suivant leur opinion personnelle [4]. » « Ils ne doivent pas aller à la chasse les jours où ils tiennent leurs assises [5]. » Ils doivent faire bonne police, « ne pas manquer d'arrêter les voleurs, brigands, meurtriers, adultères, auteurs de maléfices, sacrilèges, ne permettre à aucun prix qu'ils échappent à la justice, et les châtier selon la loi [6] ». « Ils ne doivent pas accep-

adepti sumus, ita ut etiam aliqui ex sacerdotibus nostris, quibus nominatim minabantur, non auderent præsentiam suam eis exhibere.

[1] *Capitulare missorum*, 802, art. 13, p. 93 : *Ut episcopi, abbates atque abbatissæ advocatos atque vicedominos centenariosque legem scientes et justitiam diligentes pacificosque et mansuetos habeant.. neque præpositos neque advocatos damnosos et cupidos in monasteria habere volumus.*

[2] *Ibidem* : *Et si se emendare noluerit..., removeantur et qui digni sunt in loca eorum subrogentur.*

[3] Édit de Pistes, 864, art. 35, Pertz, p. 498 : *Sciant comites nostri, quia per singulos comitatus missos nostros dirigemus, qui specialiter de his quæ nunc constituimus inquirant, qualiter....*

[4] *Capitulare missorum*, 802, art. 26, p. 96 : *Ut judices secundum scriptam legem juste judicent, non secundum arbitrium suum.*

[5] *Legationis edictum*, 789, art. 17, p. 63 : *Et in venationem non vadant illo die quando placitum debent custodire, nec ad pastum.*

[6] *Capitulare Aquitanicum*, 789, art. 13, p. 65. *Capitulare missorum*, 802, art. 25, p. 96 : *Fures latronesque et homicidas, adulteros, maleficos adque incantatores vel augurialrices omnesque sacrilegos nulla adulatione vel præmio celare audeat, sed magis prodere, ut castigentur secundum legem.*

ter d'argent pour exempter des hommes du service militaire[1]. »

Nous avons l'une des formules de la lettre que les *missi* adressaient à un comte pour lui notifier leur arrivée[2]. « Nous vous écrivons pour vous ordonner au nom de l'empereur de porter tout le zèle possible dans l'exercice de votre fonction. Car l'empereur nous a enjoint de lui faire rapport, au milieu du mois d'avril, de la manière dont tous ses ordres sont exécutés. A ceux qui font bien il donnera des récompenses ; à ceux qui n'agissent pas suivant sa volonté, il adressera les reproches qu'ils méritent[3]. Relisez attentivement les instructions qui vous ont été précédemment envoyées, rappelez-vous aussi les instructions verbales que vous avez reçues et ayez le plus grand zèle afin d'être récompensés par Dieu, et par notre maître le grand empereur[4]. N'apportez aucune négligence à maintenir tous les droits du prince. Maintenez aussi leurs droits aux églises, aux veuves, aux orphelins, à tous sans nulle fraude, sans

---

[1] *Capitulare missorum*, 802, art. 7, p. 93 : *Nullus comis tam præsumptuosus sit ut ullum de his qui hostem facere debiti sunt exinde vel aliqua propinquitatis defensione vel cujus muneris adelatione demittere audeant.*

[2] *Liber Carolinus*, édit. Jaffé, p. 417-419 ; *Capitularia*, Boretius, p. 183-184 ; Pertz, *Leges*, I, 137.

[3] *Nos igitur in ipsa legatione positi, idcirco ad vos hanc direximus epistolam ut vobis ex parte domni imperatoris juberemus... ut de omni re quantum ad ministerium vestrum pertinet..., totis viribus agere studeatis. Præceptum est enim nobis ut medio aprili ei veraciter renuntiemus quid in regno suo ex his quæ ipse fieri jussit factum sit vel quid dimissum sit, ut facientibus gratias condignas reddat, non facientibus secundum quod ei placet, increpationes meritas rependat.*

[4] Ibidem, art. 1 : *Admonemus, ut capitularia vestra relegatis et quæque vobis per verba commendata sunt recolatis, pro quo et apud Deum mercedem et apud ipsum magnum dominum nostrum condignam retributionem suscipiatis.*

recevoir d'argent[1]. N'allez pas surtout, pour retarder l'exercice de la justice, dire aux parties : « Ne dites rien jusqu'à ce que les *missi* soient passés, nous nous arrangerons après entre nous; » car si vous faites quelque fourberie de cette sorte, soyez sûrs que nous en ferons un sévère rapport contre vous[2]. Relisez plusieurs fois la présente lettre et gardez-la bien, pour qu'elle serve de témoignage entre nous et vous[3]. » Ce langage montre assez combien le délégué du prince en mission se juge au-dessus du comte.

Tous, jusqu'aux comtes et aux évêques, lui doivent obéissance[4]. « Nous instituons nos *missi*, dit encore Louis le Pieux, afin qu'ils s'assurent si chacun de ceux que nous avons établis pour régir notre peuple remplit l'office que nous lui avons confié conformément à la volonté de Dieu, à notre honneur royal et à l'intérêt de notre peuple[5]. »

---

[1] *Liber Carolinus*, art. 2 et 3 : *Obedientes sitis et nullam negligentiam habeatis.... De justitiis domni imperatoris tale certamen habeatis sicut vos debitores esse cognoscitis.... Justitias ecclesiarum, viduarum, orfanorum et reliquorum omnium sine ullo malo ingenio et sine ullo injusto pretio.*

[2] *Ibidem*, art. 5 : *Observate valde ne... dicatis :* « *Tacete donec illi missi transeant et postea faciamus nobis invicem justitias.* » *Si tale aliquod malum ingenium inter vos factum fuerit aut si ipsæ justitiæ quas sine nobis facere potestis, aut per negligentiam aut per malitiam tamdiu retractæ fuerint donec nos veniamus, sciatis certissime quod grandem exinde contra vos rationem habebimus.*

[3] *Ibidem*, art. 7 : *Ut istam epistolam sæpius relegatis et bene salvam faciatis ut ipsa inter nos et vos testimonium sit utrum sic factum habeatis sicut ibi scriptum est, aut non habeatis.*

[4] Lettre de Charles le Chauve aux évêques et comtes de Bourgogne, Walter, III, 158 : *Ut istis missis nostris obedientes et adjutores in omnibus existatis.*

[5] *Legationis capitulum*, 826, Boretius, p. 309-310 : *Volumus ut missi nostri quos ad hoc constitutos habemus ut curam habeant quatinus unusquisque qui rector a nobis populi nostri constitutus est, officium sibi commissum juste ac Deo placite ad honorem nostrum ac*

Ils surveillaient de plus près encore les officiers des comtes, agents inférieurs dont les Capitulaires donnent une idée peu favorable. Ils devaient regarder si ces vicomtes, vicaires, centeniers, « savaient les lois[1] », « s'ils ne recevaient pas de présents pour faire pencher la justice[2] », « s'ils ne faisaient pas évader les coupables à prix d'argent[3] », « s'ils ne s'enivraient pas avant de s'asseoir sur leur tribunal[4] ». Le droit des *missi* n'allait pas jusqu'à destituer les comtes, et ils ne pouvaient que signaler leurs fautes ou leurs délits dans un rapport au roi ; mais ils pouvaient révoquer les vicaires et centeniers. En ce cas, ils obligeaient le comte à faire de meilleurs choix, ou ils faisaient ces choix eux-mêmes[5].

Or ces *missi* n'étaient pas seulement des inspecteurs, ils avaient droit d'agir[6]. On leur recommandait même d'être énergiques : « Que nos *missi*, dit Charlemagne, agissent virilement en toutes choses[7]. » Louis le Pieux

populi nostri utilitatem administret.... secundum voluntatem Dei et jussionem nostram.

[1] *Capitulare missorum*, année 802, art. 25 : *Ut juniores tales in ministeriis suis (comites) habeant qui legem atque justitiam fideliter observent.* — Capitulaire de 803, art. 12, p. 124 : *Qui sciant et velint judicandi, juste causas discernere.*

[2] Capitulaire de 802, art. 38, p. 103 : *Ut quibus data est potestas juste judicent, non muneribus.*

[3] *Capitulare missorum*, année 819, art. 20, p. 290 : *Ut vicarii et centenarii qui fures et latrones vel celaverint vel defenderint, secundum sibi datam sententiam dijudicentur.*

[4] Capitulaire de 802, art. 38, p. 103 : *Et ut judices jejuni causas judicent.*

[5] Capitulaire de 803, art. 12, p. 124 : *Ut pravi advocati, vicedomini, vicarii et centenarii tollantur, et tales eligantur quales et sciant et velint juste causas discernere.*

[6] Capitulaire de 810, art. 2, p. 155 : *Quicquid de imperatoris jussione commendare debent, potestative præcipiant.*

[7] *Capitulare missorum*, année 809, art. 15, p. 150 : *Ut missi nostri viriliter in omnibus agant.* — Capitulaire de 802, art. 39, p. 101 :

parle de même : « Vous corrigerez, leur dit-il, tout ce qui sera à corriger, vous réformerez tout ce qui sera à réformer¹. » Tout pouvoir leur était donné. Ils devaient seulement rendre compte au roi de tout ce qu'ils avaient décidé en son nom². Dans le cas où ils ne se sentaient pas assez forts pour opérer eux-mêmes la réforme utile, ils en référaient au roi³.

Dans les questions difficiles ou douteuses, ils lui écrivaient en hâte pour lui demander ses instructions. Aucune de ces lettres, qui seraient si curieuses pour nous, ne nous est parvenue ; nous avons du moins une réponse de Charlemagne à des questions qu'un de ses *missi* lui avait soumises⁴. Nous y voyons que le *missus*

Quodcunque ad emendandum invenerint, emendare studeant in quantum melius potuerint. — Capitulaire de 811, art. 9, p. 177 : *Quicquid ille missus in illo missatico aliter factum invenerit quam nostra sit jussio...., illud emendare jubeat.*

¹ Capitulaire de 825, art. 2, p. 308 : *Si episcopus aut comes aliquid negligentius in suo ministerio egerit, per istorum admonitionem corrigatur.* — Capitulaire de 819, art. 13 : *Quicquid emendare potuerint, emendent.*

² Capitulaire de 819, art. 13, p. 290 : *Ea quæ emendaverint, diligenter scriptis notent... De omnibus quæ illic peregerint nobis rationem reddere valeant.*

³ Capitulaire de 802, art. 59, p. 104 : *Quod per se emendare nequiverint, in præsentiam nostram adduci faciant.* — Capitulare missorum, 810, art. 1, p. 155 : *Notum faciant quæ difficultas eis resistat.* — Capitulaire de 823, art. 15, p. 305 : *Si talis causa* (causa, chose, affaire quelconque) *in aliquo comitatu horta fuerit quæ aut ad inhonorationem regni aut ad commune damnum pertineat, quæ sine nostra potestate corrigi non possit, nos diu latere non permittatis qui omnia corrigere debemus.* — Capitulaire de 825, art. 5, p. 309 : *Eorum relatu nobis indicetur ut per nos corrigatur quod per eos corrigi non potuit.*

⁴ *Responsa misso cuidam data,* dans Baluze, I, 401, dans Borelius, p. 145. Cette réponse est en huit articles ; il y a eu huit questions posées. Les articles 1 et 8 sont relatifs à des sujets de droit civil ; les articles 3, 4, 7, à la procédure ; les articles 2 et 5, à des points d'administration ; l'article 6, aux tonlieus. A l'article 2, l'empereur ne donne pas de solution ferme et dit qu'il consultera le prochain *placitum generale.*

l'avait consulté à la fois sur des sujets de droit civil, d'administration, d'impôt, et cela nous fait voir que ces délégués royaux exerçaient leur action sur toute sorte de sujets. Ils pouvaient « tout ordonner et tout disposer à leur gré », pourvu que leurs actes fussent « conformes à la volonté de Dieu et aux ordres du prince [1] ».

Leur arme principale était la justice. Par cela seul qu'ils représentaient le roi, ils possédaient le pouvoir judiciaire dans toute son étendue. Les appels au roi, qui paraissent avoir été fort nombreux, ne pouvaient pas être tous jugés par le tribunal du Palais. La plupart du temps, le soin de les juger était confié aux *missi*, et cela était avantageux aux justiciables [2]. D'ailleurs, tout particulier, sans faire appel au roi, pouvait s'adresser directement à eux. Louis le Pieux écrit : « Nos *missi* doivent faire savoir à la population qu'ils sont envoyés par nous à cette fin que tout homme qui n'aura pu obtenir justice et rentrer dans ses droits puisse recourir à eux et recevoir justice par leur aide [3]. »

---

[1] *Capitulare missorum*, année 806, art. 1, p. 131 : *Ut unusquisque in suo missatico maximam habeat curam ad præsidendum et ordinandum ac disponendum secundum Dei voluntatem et jussionem nostram.* — Un article d'un capitulaire de Pépin donnerait à penser qu'ils pouvaient faire des arrêtés et presque des lois, pourvu qu'ils s'entendissent avec les principaux du pays : *Quicquid missi nostri cum illis senioribus patriæ ad nostrum profectum melius consenserint, nullus contendere hoc præsumat* (capitulaire de 768, art. 12, p. 43); mais il faut faire attention que c'est ici un *capitulare Aquitanicum*, qu'il est fait au moment de la conquête, et qu'il vise une situation particulière.

[2] Capitulaire de 825, art. 2, p. 309 : *Ut, quando aliquis ad nos reclamaverit, ad eos (missos) possimus relatorum querelas ad definiendum remittere.* — *Formulæ imperiales*, n° 55, Zeumer, p. 327 : *In nostra aut in missorum nostrorum præsentia.*

[3] Capitulaire de 825, art. 2, p. 308-309 : *Omnis populus sciat ad hoc eos esse constitutos ut quicumque per neglegentiam aut incuriam vel impossibilitatem comitis justitiam suam adquirere non potuerit, ad*

Ils devaient même aller au-devant des injustices à réparer. « Vous rechercherez soigneusement, leur dit-on, s'il n'y a pas quelque homme qui ait à se plaindre d'un autre homme¹. » Tout procès antérieurement jugé pouvait être repris par eux. Ils revisaient les sentences rendues par les évêques, par les abbés, ou par les officiers de ces évêques et de ces abbés². Ils réformaient aussi les arrêts des comtes et des autres agents royaux³.

Leurs décisions portaient principalement sur les débats relatifs à la propriété foncière ou à la liberté civile⁴. Ces deux grands biens de l'homme étaient fort menacés à cette époque, et ils n'avaient pas de garantie plus sûre que le zèle et l'impartialité des *missi*. « En 815, dit un chroniqueur, Louis le Pieux recommanda à ses envoyés de faire justice dans tout le royaume ; s'ils trouvaient un homme qui eût été privé de son héritage par la cupidité d'un comte ou de quelque homme riche, ils devaient le lui faire rendre ; si un autre avait été, par arrêt injuste, réduit en servitude, ils devaient le

---

eos primum querelam suam possit deferre, et per eorum auxilium justitiam adquirere. — Charlemagne avait dit, trente-cinq ans auparavant : *Explicare debent ipsi missi qualiter domno regi dictum est quod multi se conplangunt legem non habere conservatam, et quia voluntas regis est ut unusquisque homo suam legem pleniter habeat conservatam. Capitulare missorum*, année 792, art. 5, Boretius, p. 67. — De même Charles le Chauve, en 853 : *De missis directis per regnum ut populus pacem et justitiam habeat* (Walter, III, 49, art. 1 [Pertz, p. 422]).

¹ *Capitulare missorum*, année 802, art. 1, p. 92 : *Missi diligenter perquirere (debent) ubicumque aliquis homo sibi injustitiam factam ab aliquo reclamasset.*

² *Capitulare missorum*, année 819, art. 1, p. 289, Baluze, I, 613 : *Primo ut, sicut aliis missis injunctum fuit... si episcopus aut abbas aut vicarius aut advocatus hoc fecisse inventus fuerit, statim restituatur.*

³ *Ibidem : Si vero vel comes... hoc perpetravit....*

⁴ *Ibidem : Justitiam faciant de rebus et libertatibus injuste ablatis.*

remettre en liberté¹. » Les Capitulaires sont remplis de prescriptions de cette nature. Nous avons d'ailleurs des actes de jugement rendus par les *missi*, et nous y pouvons voir de quels procès ils avaient à s'occuper. Dans l'un, il s'agit d'un homme qui se dit libre et qu'un propriétaire réclame comme son colon². Dans un autre, le débat porte sur une propriété foncière³. Un troisième touche au droit criminel : un homme a été accusé d'inceste, le comte l'a déclaré coupable et a prononcé la confiscation de ses biens ; mais il a fait appel aux *missi*, et ceux-ci, prononçant au nom et « par ordre de l'empereur », annulent le précédent arrêt et rendent au prévenu ses biens⁴.

Les *missi* passaient donc une grande partie de leur temps à juger. La population voyait moins en eux de simples inspecteurs que de véritables juges. Un *missus* de

---

¹ Chronique de Moissac, année 815, Bouquet, VI, 171 : *Mandavit missis et comitibus suis ut justitias facerent in regno suo et si aliqui homines injuste privati fuissent de hereditate parentum per cupiditatem comitum aut diritum, ut reddere facerent; et si aliqui homines injuste in servitium redacti erant, ut iterum acciperent libertatem.*
² Formulæ Senonenses recentiores, n° 4, Zeumer, p. 213, Rozière, n° 438 : *Cum resedissent venerabilis ille abbas et industris vir ille per jussionem domni et gloriosi illius regis ad universorum causas audiendum vel recta judicia terminandum... Taliter ab ipsis missis dominicis... fuit judicatum.*
³ Ibidem, n° 7, Zeumer, p. 214, Rozière, n° 461 : *Ante inlustribus viris illis et illis, missis gloriosissimi illius regis... Ante ipsos missos dominicos...* Le *jubemus* qui termine l'acte est visiblement prononcé par les *missi*.
⁴ Formulæ Augienses, n° 22, Zeumer, p. 357, Rozière, n° 476 (Formules de Strasbourg, n° 14) : *Notum sit... qualiter ille comes, placito habito, divestivit illum de proprio alode propter crimen incesti. Postquam autem missi dominici in illas partes convenissent ad jussionem domni imperatoris explendam et justa judicia terminanda, reclamavit se prædictus ille... Missi jusserunt homines testimoniare quod veritatem scirent... Tunc missi judicaverunt jussione imperatoris quod pro tali incesto non debuisset proprias res perdere, et reddiderunt ei prædictas res pro proprio.*

Charlemagne, Théodulfe d'Orléans, dans un petit poème qui nous est parvenu, fait la relation de sa mission en Septimanie : il n'y parle presque que de ses fonctions judiciaires [1]. Ces *missi* étaient une façon de juges itinérants. Ils représentaient la justice royale parcourant les provinces. Quelquefois, dans les cas douteux ou particulièrement graves, ils s'abstenaient de décider eux-mêmes ; ils en référaient au prince, qui, d'après leur enquête, prononçait la sentence [2]. Nous avons une série de réponses adressées par Louis le Pieux à des *missi*, et par lesquelles il tranche des questions de droit difficiles [3].

Le comte était tenu d'assister au plaid judiciaire des *missi* ; de même l'évêque du diocèse [4]. Nulle excuse n'était admise, à moins que ce ne fût la maladie ou une mission du roi au dehors [5]. A tout le moins devaient-ils y envoyer un représentant pour « rendre compte » en leur nom sur chaque affaire [6]. Comme leurs arrêts pou-

---

[1] *Theodulfi Aurelianensis episcopi Parænesis*, édit. Migne, t. CV, p. 283-500 ; édit. Dümmler, p. 493 et suiv.

[2] Ainsi nous trouvons dans les *Formulæ imperiales*, n° 5, un arrêt de l'empereur qui réforme un jugement d'un comte d'après le rapport de ses *missi*. — Autre arrêt semblable au n° 9 du même recueil, sur une question de liberté civile. — Au n° 50, un jugement d'un abbé est revisé par l'empereur sur le rapport de ses *missi*, qui cette fois sont deux comtes. — Ailleurs encore, n° 51, le jugement d'un *missus* antérieur est annulé par le prince sur le rapport de deux nouveaux *missi*. — Nous avons encore dans les *Formulæ Bituricenses*, n° 14, Zeumer, p. 174, Rozière, n° 419, un appel adressé à Charlemagne contre un jugement des *missi*.

[3] *Responsa missis data*, Boretius, p. 514. On y voit dix réponses sur des procès d'ordre privé et de nature très diverse.

[4] *Capitulare missorum*, année 819, p. 291 : Ut omnis episcopus, abbas, et comes, nullam excusationem habeat quin ad placitum missorum nostrorum veniat.

[5] Ibidem : Nullam excusationem, excepta infirmitate vel nostra jussione.

[6] Ibidem : Aut talem vicarium suum mittat qui in omni causa pro illo rationem reddere possit.

vaient être réformés, on trouvait juste qu'ils fussent présents. D'autre part, il était interdit aux *missi* de tenir leurs plaids et même de faire leur inspection lorsque le comte se trouvait absent de son comté pour le service du roi[1].

Dans l'exercice de ce pouvoir judiciaire, les *missi* devaient se présenter comme les défenseurs des faibles au nom du prince. Je ne pense pas que ce fût là une une formule d'apparat; la monarchie avait intérêt à soutenir les faibles, et elle savait bien qu'elle avait cet intérêt. Il leur était recommandé de faire savoir à la population que les plus humbles pouvaient avoir recours à eux. Il était dans leurs instructions d'obliger les comtes à faire passer les causes des orphelins, des veuves, des pauvres, avant celles des riches et des grands[2]. Ils avaient charge d'empêcher les comtes « d'opprimer les pauvres[3] ». Louis le Pieux leur prescrivait spécialement « de donner aide et relèvement aux faibles, aux veuves, aux mineurs, à toute victime d'une injuste oppression[4] ». C'est que l'empereur était « le

---

[1] *Capitulare missorum*, année 792, art. 5, p. 67 : *Nullatenus sine comite de ipso pago legationem perficiant, excepto si ille comis in alia utilitate regis non fuerit.* — *Capitulare missorum*, année 819, art. 25, p. 291 : *Ut missi nostri placitum non teneant in illius comitis ministerio qui in aliquod missaticum directus est, donec ipse fuerit reversus.*

[2] Capitulaire de 789, *legationis edictum*, art. 17, p. 63 : *Ut comites pupillorum et orfanorum causas primum audiant.* — *Capitulare missorum*, année 802, art. 1, p. 92 : *Ita ut pauperibus, pupillis et viduis legem pleniter atque justitiam exhiberent.*

[3] *Capitulare missorum*, année 802, art. 25 : *Pauperes nequaquam oppriment.* — Ibidem, p. 104, art. 51 : *Ut liberi pauperes a nullo injuste opprimantur.* — Ibidem, année 805, art. 16, p. 125 : *De oppressione pauperum liberorum hominum, ut non fiant a potentioribus oppressi.* — Ibidem, année 809, art. 12, p. 150 : *Ut nullus absque justicia pauperem expoliare presumat.*

[4] *Capitulare missorum*, année 819, art. 3, p. 289 : *De pauperibus et viduis et pupillis injuste oppressis, ut adjuventur et relerentur.*

défenseur, après Dieu, des veuves et des orphelins[1] ».

Leur mission allait encore plus loin. La royauté carolingienne n'avait pas seulement, comme toute royauté, des obligations générales d'ordre public et de justice, et une obligation spéciale de protection pour les faibles. Elle s'était encore imposé des devoirs moraux que la plupart des royautés modernes laissent volontiers à l'Église. Elle prétendait surveiller la conscience, la croyance, la conduite, faire la guerre au vice et même au péché, contraindre les hommes à l'observance de toutes les règles religieuses[2]. Établir l'ordre et la justice ne lui suffisait pas : elle se croyait le devoir de conduire les peuples à leur salut éternel dans l'autre monde[3].

De là pour les *missi*, qui représentaient en tout le roi[4], toute une série d'attributions. Ils avaient le devoir « de tout disposer suivant la volonté de Dieu[5] ». « Nous ordonnons à nos envoyés, dit Charlemagne, qu'ils corrigent toute chose en vue du service de Dieu et pour le plus grand profit des chrétiens[6]. » « Ils mériteront ainsi, ajoute-t-il, la faveur de Dieu et la nôtre[7]. »

[1] Capitulaire de 802, art. 5, p. 93 : *Quia domnus imperator post Dominum et sanctos ejus, eorum protector et defensor esse constitutus est.*

[2] *Capitulare missorum*, année 802, art. 1, p. 92 : *Omnes omnino secundum Dei præceptum viverent.*

[3] *Ad christiani populi salvationem* (epistola missorum ad comites, Boretius, p. 184). — *Capitulare missorum*, année 802, p. 94, art. 14 : *Ut et nos per eorum bonam voluntatem magis vitæ premium eternæ quam supplicium mereamur.*

[4] *Missos nostros ad vicem nostram mittimus*, capitulaire de 809, art. 11, p. 152.

[5] *Capitulare missorum*, année 806, 1, p. 131 : *Unusquisque in suo missatico maximam habeat curam ad prævidendum et ordinandum ac disponendum secundum Dei voluntatem.*

[6] *Capitulare missorum*, anni incerti, Boretius, art. 4, p. 147 : *Præcipimus missis nostris... ut ad servitium Dei et ad utilitatem nostram et ad omnium christianorum profectum innovare studeant.*

[7] Ibidem : *Ut a Deo et a nobis gratum habeant.*

En conséquence, ils devaient examiner tout d'abord la conduite privée des évêques et des prêtres[1]. Ils s'assuraient que ces ecclésiastiques « vivaient conformément aux canons[2] », « qu'ils fuyaient les longs festins et le jeu[3] », qu'ils n'avaient ni chiens de chasse, ni faucons[4] », qu'ils connaissaient et comprenaient bien les dogmes[5] », « qu'ils savaient les enseigner aux autres par la prédication[6] ». Il était dans les instructions des *missi* de veiller à ce que la liturgie fût bien observée[7], à ce que les chants d'église fussent conformes aux règles[8], à ce que le baptême fût donné suivant le rite romain[9]. Ils visitaient le trésor de chaque église et en faisaient l'inventaire, de peur que l'évêque n'en aliénât quelque

---

[1] *Capitulare missorum*, année 800, art. 3, p. 131 : *Ut missi per singulas civitates... praevideant quomodo ecclesiae... et diligenter inquirant de conversatione singulorum.*

[2] *Capitulare missorum*, année 802, art. 10, p. 93 : *Ut episcopi et presbiteri secundum canones vivant et ita ceteros doceant.*

[3] *Ibidem*, art. 23 : *Non inanis lusibus vel comiviis secularibus usum habeant.*

[4] Capitulaire de 789, art. 31, p. 64 : *Ut episcopi et abbates et abbatissae cuppias canum non habeant nec falcones nec accipitres nec joculatores.* — Capitulaire de 802, art. 19, p. 93 : *Ut episcopi, abbates, presbyteri canes ad venandum habere non presumant.*

[5] Capitulaire de 802, art. 2, p. 100 : *Si canones bene intellegant et adimpleant.*

[6] *Capitulare missorum*, année 810, art. 6, p. 153 : *Ut sacerdotes praedicare et docere studeant plebem sibi commissam.* Cf. Moine de Saint-Gall, I, 18.

[7] *Ibidem*, art. 28, p. 103 : *Ut episcopi diligenter discutiant per suas parochias presbyteros, eorum fidem, baptisma, et missarum celebrationes et ut fidem rectam teneant et baptisma catholicum observent et missarum preces bene intelligant.*

[8] *Ibidem* : *Et ut psalmi secundum modulationes versuum modulentur.* — *Capitulare missorum*, année 805, art. 2, p. 121 : *De cantu.* — *Ibidem*, 806, art. 3, p. 131 : *De lectione et canto.* — Cf. Chronique du Moine d'Angoulême.

[9] Capitulaire de 789, art. 23, p. 64 : *Ut secundum morem romanum baptizent.*

partie[1]. Ils examinaient aussi les livres de l'église et s'assuraient qu'ils ne contenaient pas trop de fautes de copie[2].

Tous les monastères, même ceux de femmes, leur étaient ouverts[3]. Ils devaient observer si les abbés, si les abbesses connaissaient bien la règle de leur ordre et y conformaient exactement leur conduite[4]. Ils devaient veiller à ce que les supérieurs fussent bien obéis[5], tout en leur interdisant d'abuser des punitions[6]. La conduite de tous les moines, de toutes les religieuses était soumise à leur inspection[7]. On sait que la grande réforme des monastères, conçue par Benoît d'Aniane et prescrite par Louis le Pieux, a été opérée surtout par les *missi*.

---

[1] Capitulare missorum, année 806, art. 3 et 4, p. 151.

[2] Capitulare missorum, anni incerti, art. 1, p. 147 : *Ita missis mandare precipimus ut... in ecclesiis libri canonici veraces habeantur.* — Cf. capitulare missorum, anno 805, art. 3, p. 121 : *De scribis ut non vitiose scribant.* — Capitulaire de 810, art. 28, p. 279 : *Presbyteri libellos bene correctos habeant.*

[3] Capitulare missorum, anno 806, art. 3, p. 151 : *Ut missi... per monasteria virorum et puellarum... inquirant de conversatione singulorum.* — Capitulaire de 802, art. 18, p. 95 : *Monasteria puellarum firmiter observata sint.*

[4] Capitulaire de 802, art. 3, p. 100 : *De abbatibus si regulam bene intelligant.* — Ibidem, art. 35 : *Ut abbatissae regulam intelligant et regulariter vivant.*

[5] Capitulare missorum, année 789, art. 4, p. 63 : *De obœdientia quæ abbati exhiberi debet et ut absque murmuratione fiat.*

[6] Ibidem, art. 16 et 22.

[7] Capitulaire de 789, art. 1, p. 63 : *De monachis gyrovagis et sarabaitis.* — Ibidem, art. 10 : *De vestimentis monachorum.* — Voir particulièrement tout le long article 17 du capitulaire de 802, p. 94. — Capitulaire de 802, art. 1, p. 92 : *Ut sanctemoniales sub diligenti custodia vitam suam custodirent.* — Ermold le Noir résume ainsi les instructions données aux *missi* (II, 511 et suiv.) :

Canonicamque gregem sexumque probate virilem
Femineum necnon quæ pia castra colunt.
Qualis vita, decor, qualis doctrina, modusque,
Quantaque religio, quod pietatis opus, etc.

Ils avaient le même droit d'inspection sur la conduite des laïques. Ils devaient tenir la main à ce que « tout le peuple chrétien sût par cœur le Symbole de la foi catholique et l'Oraison Dominicale¹ », à ce que le repos du dimanche fût religieusement observé², à ce qu'il n'y eût, ce jour-là, ni marchés, ni plaids judiciaires, ni spectacles³, à ce que « le dimanche fût donné à la prière⁴ ». Ils devaient faire défense aux laïques de consulter les sorciers, d'observer les songes, de vénérer les arbres ou les sources⁵. Il leur appartenait de faire régner la paix et la concorde entre tous, « parce que Dieu n'aime rien tant que la paix⁶ », et de faire en sorte « que les laïques vécussent en charité parfaite les uns envers les autres⁷ ». Ils devaient obliger tous les hommes à payer la dîme à l'église⁸, à jeûner⁹, à faire

---

¹ *Capitulare missorum*, année 802, art. 30, p. 103 : *Ut omnis populus christianus fidem catholicam et dominicam orationem memoriter teneat.* — *Capitulare missorum*, incerti anni, art. 2, p. 147 : *Ut laici symbolum et orationem dominicam pleniter discant.*

² *Capitulaire* de 802, art. 40, p. 104 : *Ut opera servilia diebus dominicis non agantur. Et ut dies dominica a vespera ad vesperam celebretur.*

³ *Capitulare missorum*, année 813, art. 2 : *Ut in ullo loco diebus dominicis expectacula neque publica mercata seu placita non fiant.*

⁴ Ibidem, art. 1, p. 181 : *Admonendum est ut populi christiani diebus dominicis vacent orationi.*

⁵ Ibidem, année 802, art. 40-41, p. 104 : *Ut nemo sit qui ariolos sciscitetur, vel somnia observet, vel ad auguria intendat... Ut observationes quas stulti faciunt ad arbores vel petras vel fontes, tollantur et destruantur.*

⁶ Ibidem, année 802, art. 31, p. 103 : *Ut inter episcopos, abbates, comites, judices, et omnes ubique seu majores seu minores personas, pax sit et concordia et unanimitas, quia nihil Deo sine pace placet.*

⁷ Ibidem, année 802, art. 1, p. 92 : *Laici omnem in invicem in caritate et pace perfecte viverent.*

⁸ *Capitulare missorum Aquitanicum*, année 789, art. 11, p. 65 : *Ut decima de omnia secundum jussionem episcopi dispensentur, et omnes dent.*

⁹ Ibidem, 802, art. 23, p. 103 : *Ut ecclesiastica jejunia sine necessitate rationabili non solvantur.*

l'aumône¹. Ils ordonnaient la vertu d'hospitalité² et interdisaient le vice d'ivresse³. Ils faisaient la guerre à l'usure, et pour cela leurs instructions leur expliquaient longuement que, tout prêt à intérêt étant usure, le prêt à intérêt était toujours défendu⁴.

Pour exercer cette surveillance des mœurs et pour faire pénétrer partout cet esprit religieux par lequel les rois voulaient gouverner, les *missi* devaient, dans chaque partie de leur ressort, rassembler les hommes et les instruire par leur propre bouche de toutes ces vérités morales. Ces sortes de réunions s'appelaient *conventus missorum*. Pour faire comprendre cet usage, nous ne pouvons mieux faire que de présenter une instruction à eux adressée par Louis le Pieux⁵. « Nos *missi* devront, vers le milieu du mois de mai, chacun dans son ressort, tenir un *conventus* avec les évêques, les abbés, les comtes, les vassaux royaux, les avoués des abbesses et les représentants de ceux qui seront empêchés de venir⁶. Pour plus grande commodité, ils tiendront le *conventus* successivement en deux ou trois endroits. Là chaque comte viendra, amenant avec lui ses vicaires et centeniers, et trois ou quatre scabins⁷. Dans cette réu-

---

¹ Ibidem, 810, art. 5, p. 153 : *Ut sacerdotes admoneant populum ut œlemosinam dent.*
² *Capitulare missorum*, année 802, art. 27, p. 66.
³ Ibidem, année 789, art. 26, p. 64 ; ibidem, année 810, art. 7, p. 153.
⁴ Voir les articles 11 à 17 du *capitulare missorum* de 806, Boretius, p. 152.
⁵ *Capitulare missorum*, année 826, Boretius, p. 309-310, inséré dans les capitulaires d'Anségise, II, 28.
⁶ Ibidem : *Volumus ut medio mense maio, conveniant idem missi, unusquisque in sua legatione, cum omnibus episcopis, abbatibus, comitibus ac vassis nostris, advocatis nostris ac vicedominis abbatissarum necnon et eorum qui propter aliquam necessitatem ipsi venire non possunt ad locum unum.*
⁷ Ibidem : *Et habeat unusquisque comes vicarios et centenarios suos*

nion, on fera d'abord porter l'examen sur la manière dont la religion est suivie, et sur la bonne conduite de l'ordre ecclésiastique[1]. En second lieu, nos *missi* rechercheront comment chacun des hommes établis par nous dans les fonctions remplit l'office que nous lui avons confié, s'il administre cet office parmi le peuple suivant la volonté de Dieu et la nôtre[2], si tous ces hommes revêtus de l'autorité gardent la concorde entre eux et s'aident pour l'accomplissement de leurs fonctions[3]. »

Ce *conventus* était donc la réunion des fonctionnaires et des ecclésiastiques d'un district sous la présidence des deux *missi*. Ceux-ci donnaient leurs instructions, faisaient part des ordres du roi, s'enquéraient de la conduite de chacun, distribuaient l'éloge ou le blâme, annonçaient les récompenses du prince ou sa disgrâce[4]. Nous pouvons admettre aussi que dans ces entretiens les intérêts de la province étaient présentés et discutés, et que les *missi* voyaient se produire les vœux ou les

---

secum, necnon et de primis scabinis suis tres aut quattuor. — Cf. capitulaire de 820, art. 2, p. 295 : *Vult domnus imperator ut in tale placitum veniat unusquisque comes et adducat secum duodecim scabinos, si tanti fuerint, sin autem de melioribus hominibus illius comitatus suppleat numerum duodenarium; et advocati tam episcoporum, abbatum et abbatissarum, cum eis veniant.*

[1] *Capitulare missorum*, année 826, p. 310 : *Et in eo conventu primum christianæ religionis et ecclesiastici ordinis conlatio fiat.*

[2] Ibidem : *Deinde inquirant missi nostri ab universis qualiter unusquisque illorum qui ad hoc a nobis constituti sunt, officium sibi commissum secundum Dei voluntatem ac jussionem nostram administret in populo.*

[3] Ibidem : *Quam concordes atque unanimes ad hoc sint vel qualiter vicissim sibi auxilium ferant ad ministeria sua peragenda.*

[4] Capitulaire de 811, art. 12, p. 177 : *Ut unusquisque missorum nostrorum in placito suo notum faciat comitibus qui ad ejus missaticum pertinent, ut....* — *Capitulare missorum*, année 819, art. 21, p. 291 : *Ut comites et centenarii de constitutione legis ammoneantur qua jubetur ut propter justitiam pervertendam munera non accipiant.*

questions qu'ils auraient à soumettre au prince à leur retour au Palais.

Outre ces conférences avec les ecclésiastiques et les officiers royaux, nous voyons que les *missi* avaient l'habitude de réunir et de haranguer la population [1]. Mais qu'on ne se figure pas, transportant dans ce temps-là les idées d'aujourd'hui, des réunions populaires, de grands *meetings* où les *missi* eussent à parler avec respect et à attendre les vœux ou les ordres d'un peuple souverain. Dans les assemblées dont il s'agit ici, la foule n'a rien à dire et ne doit qu'écouter. La harangue du *missus* s'appelle dans la langue du temps une *admonitio*, c'est-à-dire un avertissement, une admonestation, presque un sermon. Il ne s'agit pas d'autre chose en effet que de donner aux hommes des conseils, des préceptes de conduite, des ordres. « Ils doivent faire savoir à tous que les choses qu'ordonne le prince dans ses capitulaires doivent être exécutées par tous [2]. »

Nous avons quelques instructions de Charlemagne et de son fils sur ces harangues : « Vous avertirez toute la population, dit Charlemagne, que, suivant l'autorité de l'Évangile, les œuvres de chacun doivent briller devant les hommes, de manière à glorifier notre Père qui est dans les cieux [3]. » Et ailleurs : « Vous avertirez les hommes que le peuple chrétien doit employer le jour

---

[1] *Capitulare missorum*, année 813, p. 182 : *Admonendum est ut populi christiani....* — Ibidem, année 825, art. 2, p. 308 : *Ut conventum congregent ubi omnes convenire possint, et omnibus generaliter notum faciant.... Et omnis populus sciat....*

[2] Ibidem, année 825, art. 3, p. 309 : *Ut omnibus notum sit quia ad hoc (missi) constituti sunt ut ea quæ per capitula nostra statuimus, ab omnibus adimpleantur.*

[3] Ibidem, année 810, art. 8, p. 153 : *Admonendi sunt omnes generaliter secundum evangelicam auctoritatem ut sic luceant opera vestra coram hominibus ut glorificent Patrem vestrum qui in cœlis est.*

du dimanche à la prière, qu'il doit s'abstenir des spectacles, et qu'il doit donner la dîme[1]. » Ailleurs encore, l'empereur a fait rédiger d'avance un modèle d'*admonitio* qui s'adressera particulièrement aux prêtres[2]. On leur recommandera « d'avoir une foi droite[3] », d'instruire leurs paroissiens, de leur faire réciter l'Oraison Dominicale et le *Credo*, de bien connaître par la confession la conduite de chaque homme, de chaque femme, « parce qu'il en rendra compte à Dieu[4] », de se garder eux-mêmes du péché d'avarice ou de gourmandise, d'employer leur argent à acheter des livres ou les objets nécessaires au culte[5].

Une de ces harangues édifiantes d'un *missus* de Charlemagne nous est parvenue. Nous la citons parce qu'elle donne l'idée du tour d'esprit de l'époque et des préoccupations du gouvernement[6]. « Écoutez, très chers frères, l'avertissement que vous adresse par notre bouche notre seigneur, l'empereur Charles. Nous som-

---

[1] *Capitulare missorum*, 813, p. 181-182 : *Admonendum est ut populi christiani diebus dominicis vacent orationi... ut in ullo loco diebus dominicis expectacula non fiant.... ut populi christiani decimas donent.* — Voir aussi les explications que les *missi* devaient donner au peuple sur le sens du serment prêté au roi par tous, art. 13, p. 177, et art. 1, p. 60.

[2] *Capitula de presbyteris admonendis*, dans Baluze, I, 351, Boretius, p. 237-238.

[3] Ibidem : *Primo admonendi sunt de rectitudine fidei suæ ut eam intelligant.*

[4] Ibidem : *Et unusquisque eos quos habet in suo ministerio cognoscat, sive viros sive feminas, ut noverit singulorum confessiones et conversationem, quia pro omnibus redditurus est rationem Deo.*

[5] L'article 6 est contre les prêtres *qui neque in sua lectione aliquid profecerunt neque libros congregaverunt aut ea quæ pertinent ad cultum augmentaverunt.*

[6] *Missi cujusdam admonitio*, dans Boretius, p. 238-239. Baluze, I, 375, c. 41, n'en donne que la première partie, laquelle se trouve seule dans le ms. de Paris 4613 ; la pièce entière est dans un ms. provenant de l'abbaye de la Cava.

mes envoyé ici pour votre salut éternel et nous avons chargé de vous avertir que vous viviez vertueusement selon la loi de Dieu, et justement selon la loi du siècle. Nous vous faisons savoir d'abord que vous devez croire en un seul Dieu, le Père, le Fils, le Saint-Esprit, vraie trinité et unité tout ensemble, créateur de toute chose, en qui est notre salut.... Croyez au Fils de Dieu fait homme pour sauver le monde.... Croyez qu'il viendra juger un jour les vivants et les morts et rendra à chacun selon ses œuvres. Croyez qu'il n'y a qu'une Église, qui est l'association de tous les hommes pieux par toute la terre, et que ceux-là seuls sont sauvés qui persévèrent jusqu'à la fin dans la foi et communion de cette Église.... Aimez Dieu de tout votre cœur. Aimez vos proches comme vous-mêmes ; faites l'aumône aux pauvres suivant vos moyens. Recevez les voyageurs dans vos maisons, visitez les malades, ayez pitié des prisonniers. Remettez-vous vos dettes les uns aux autres, comme vous voulez que Dieu vous remette vos péchés. Rachetez les captifs, donnez aide aux opprimés, défendez les veuves et les orphelins. Fuyez l'ivresse et les longs repas. La haine et l'envie éloignent du royaume de Dieu.... Que les femmes soient soumises à leurs maris. Que les maris n'adressent jamais à leurs femmes de paroles injurieuses. Que les fils respectent leurs parents, et que, parvenus à l'âge d'homme, ils prennent femme en légitime mariage, s'ils n'aiment mieux se consacrer à Dieu. Que les clercs obéissent à leur évêque. Que les moines observent fidèlement leur règle. Que les ducs, comtes, et autres fonctionnaires publics rendent la justice au peuple et soient miséricordieux envers les pauvres ; que l'argent ne les détourne pas de l'équité. Rien n'est caché à Dieu. La vie est courte et le moment de la mort est inconnu. Soyons toujours prêts. »

Les documents ne disent pas en quels lieux ces sortes de réunions se tenaient. On peut conjecturer avec quelque vraisemblance qu'elles se tenaient dans des églises.

On voit combien étaient étendues et diverses les attributions des missi. Chargés de défendre les droits du roi, ils surveillaient les comtes et agents royaux, ils surveillaient également les évêques et abbés, ils rendaient la justice, ils devaient protéger les faibles et devaient en même temps instruire les populations de leurs devoirs religieux et moraux. Ils faisaient tout ce que le roi eût fait s'il eût été présent partout.

Par eux aussi se manifeste l'esprit du gouvernement carolingien. Ce n'est pas un gouvernement désintéressé : il tient à ne rien perdre de ses droits et veut être obéi. Il parle haut aux évêques comme aux comtes. Il se croit des obligations et des droits sur la société civile, sur l'Église, sur la conduite et la conscience individuelles. Établi par Dieu, il prétend à la fois assurer l'ordre public en ce monde et le salut éternel des âmes dans l'autre. Les comtes et les évêques sont ses agents pour atteindre ce double but; mais c'est surtout par ses *missi* qu'il agit directement sur les populations. Par eux il visite en quelque sorte chaque année tous ses sujets, et chaque année il leur répète qu'il a le droit de les régir et la volonté de les sauver.

LIVRE IV

[LE TRIOMPHE DE LA FÉODALITÉ]

[Les précédents volumes nous ont montré la présence simultanée, pendant l'époque mérovingienne, de deux systèmes d'institutions, que nous avions également constatés dans la société romaine. La monarchie régnait dans l'ordre public : le pouvoir des rois francs, dérivé de celui qu'avaient exercé les empereurs, était, comme le leur, de nature civile et militaire. Il n'y avait pas en dehors de la royauté d'autorité publique ; l'État et elle ne faisaient qu'un[1]. Dans l'ordre social, l'aristocratie foncière dominait, comme au IV° siècle[2]. Mais il s'était formé de plus, par la coutume purement privée du bénéfice et du patronage, une vaste hiérarchie de fidèles et de seigneurs. Le roi lui-même avait pris sa place dans cette hiérarchie : il acceptait des fidèles et conférait des bénéfices[3].]

Dans les premiers siècles du moyen âge, [ces] deux systèmes d'institutions [demeurèrent ainsi] en présence. Dans l'un, les hommes obéissaient à une autorité publique, à des lois générales, à une administration commune : c'était la monarchie. Dans l'autre, ils obéissaient

---

[1] [*La Monarchie franque.*]
[2] [*L'Alleu et le domaine rural.*]
[3] [*Les Origines du système féodal.*]

individuellement l'un à l'autre en vertu d'un pacte personnel et volontaire ; c'était la féodalité.

Ces deux régimes se partagèrent et se disputèrent les hommes durant quatre siècles, vivant en concurrence et se dressant sur le même sol. Chacun pouvait librement choisir entre eux et, suivant son intérêt ou son caprice, se porter vers l'un ou vers l'autre. Gaulois et Germains, petits et grands, tous jouissaient à cet égard du même droit. Celui qui avait adopté d'abord l'un des deux avait encore la faculté de revenir à l'autre ; de vassal, il pouvait redevenir homme libre ; d'homme libre, il pouvait se faire vassal. Le sol passait de même par les deux états ; le bénéfice se transformait incessamment en alleu, l'alleu en bénéfice.

Il arrivait ainsi que deux gouvernements de diverse nature, chacun avec ses règles spéciales et sa discipline propre, étendaient leur réseau sur toutes les parties du territoire, se joignant et se heurtant partout, ayant chacun en quelque sorte un pied dans chaque canton, dans chaque famille, dans chaque existence humaine.

Cette singularité n'est pas propre à la Gaule : on la trouve dans toutes les sociétés de ce temps-là. Elle se rencontre chez les Wisigoths d'Espagne et même chez les Anglo-Saxons aussi bien que chez les populations gallo-franques. Du VIIe au IXe siècle, toute l'Europe hésita entre le régime de l'État ou de la monarchie et le régime du patronage ou de la féodalité.

[On a montré dans ce volume comment, au VIIe et au VIIIe siècle, ces deux ordres d'institutions se sont pénétrés et combinés, comment, sous les derniers Mérovingiens, la fidélité a lentement agi sur l'autorité publique, pour l'écarter ou l'affaiblir[1], et comment, sous

---

[1] [Voir plus haut, livres I et II.]

Pépin et Charlemagne[1], les deux systèmes d'institutions se sont un instant conciliés en la personne de rois, monarques et seigneurs à la fois. Nous nous sommes arrêté au début du IX° siècle, avant que l'équilibre ne soit rompu, et que le principe de la fidélité ne triomphe pour des siècles du droit monarchique.

C'est ce triomphe qu'il nous faut maintenant raconter.]

CHAPITRE PREMIER

Pourquoi le régime du patronage prévalut [sous les derniers Mérovingiens][2].

[Et tout d'abord une question se pose.] D'où vient que ce fut [le régime du patronage] qui prévalut [sous les derniers Mérovingiens ? Il faut revenir un instant en arrière afin de la résoudre.]

On ne peut sans doute pas attribuer le cours que prirent les événements à une volonté nettement exprimée par les populations. On ne voit assurément pas qu'elles se soient concertées, qu'elles aient discuté et mis en balance les avantages des deux régimes, ni qu'elles se soient décidées pour l'un d'eux après mûre délibération. Mais ce qui ne se voit pas davantage, c'est que ces événements se soient produits contrairement à la

---

[1] [Plus haut, livre III, notamment chapitre 5. Voir plus loin, chapitres 3 et 4.]

[2] [Cf. *Revue des Deux Mondes*, 1" août 1874, p. 564 et suiv. ; *Académie des Sciences Morales et Politiques, Compte rendu des séances*, t. CIII, 1875, p. 376 et suiv.]

volonté formelle des populations. L'établissement de la féodalité n'est pas le résultat d'un coup de force, d'un grand acte de violence. Les seigneurs n'étaient pas des conquérants; il y avait parmi eux autant de Gaulois que de Germains. Supposer que ces hommes de toute race, sur tous les points à la fois du territoire, se soient coalisés pour briser la royauté et asservir les peuples, c'est supposer un fait impossible et dont aucun indice ne se trouve dans les documents[1].

Ce régime a été le développement naturel et pour ainsi dire l'épanouissement des vieilles institutions de patronage et de fidélité. Il existait en germe dans la vieille Gaule; il se retrouva dans les derniers siècles de l'Empire romain; il prit vigueur après la chute de l'autorité impériale[2]. Les lois romaines l'avaient combattu et traité en ennemi; les lois mérovingiennes cessèrent de le combattre, et les rois le favorisèrent. Pendant plusieurs générations, il marcha de pair avec les institutions monarchiques; à la fin il les renversa et prit l'empire.

Cette victoire ne s'opéra pas d'un seul coup; elle ne fut même pas l'effet d'un grand effort collectif. Se figurer qu'un parti tout entier y ait travaillé avec suite et avec entente serait se faire une idée fausse. Elle fut l'œuvre, non d'un parti ni d'une classe, mais d'un nombre incalculable d'hommes qui y travaillèrent isolément. Il y a surtout dans cet événement un caractère singulier : ce ne fut pas une révolution générale s'imposant aux individus humains; ce fut une révo-

---

[1] Quelques historiens modernes présentent les choses comme si la classe des grands avait conspiré contre les rois; les chroniqueurs et les hagiographes ne disent rien de semblable.

[2] [Cf. *Les Origines du système féodal*, c. 8 et 9.]

lution qui s'accomplit d'abord par les individus humains et qui s'imposa ensuite à la société. Avant le temps où nous voyons ce régime s'établir dans les lois, il y a déjà plusieurs générations d'hommes qu'il s'est implanté dans presque toutes les existences ; il y a deux ou trois siècles que les hommes sont venus l'un après l'autre mettre leurs intérêts, leurs habitudes, leur état d'âme en harmonie avec lui. Avant la révolution publique et légale, il s'est produit une multitude innombrable de révolutions individuelles. Les relations de l'homme avec l'homme ont changé insensiblement, et, quand cette transformation de presque tous les rapports personnels a été achevée, le régime féodal s'est trouvé constitué.

Si l'on cherche quelles furent les causes qui déterminèrent chaque homme à changer l'ordre de ses relations avec les autres hommes et à se porter vers le système du patronage ou de la fidélité, on reconnaît que la cause principale fut le désordre du temps et l'impuissance des institutions publiques à gouverner les hommes.

Il faut nous représenter en effet le trouble extrême dans lequel vécut cette société à partir des invasions germaniques. L'entrée des Germains en Gaule n'avait pas été précisément une conquête; mais elle avait causé plus de désordres qu'une conquête n'en produit[1]. [Ces troupes] d'étrangers avides qui s'étaient répandues sur toutes les parties du territoire avaient mis la confusion dans les intérêts et les relations sociales en même temps que dans les idées et dans les consciences. Les nouveaux venus n'étaient ni meilleurs ni plus mauvais que les anciens habitants; mais ils avaient d'autres

---

[1] [Voir *L'Invasion germanique*, liv. II, surtout p. 555 et p. 558.]

vertus et d'autres vices, d'autres habitudes, un autre langage, une autre manière de penser sur presque toutes choses. Ils avaient surtout des intérêts à satisfaire, des convoitises à assouvir.

Ils ne décrétèrent jamais une spoliation en masse; mais les Chroniques montrent qu'il y eut un nombre infini de spoliations individuelles. Désordres locaux, mais qui se produisaient partout, çà et là, à tout moment. Il arrivait même que chaque spoliation se répétait indéfiniment par une série de contre-coups, chaque victime s'efforçant de devenir à son tour un spoliateur. Le Gaulois dépossédé prenait aussitôt toutes les cupidités, toutes les violences, toutes les ruses du barbare; il pillait comme on l'avait pillé, et chaque désordre se répercutait ainsi de proche en proche.

Une conquête aurait apporté un trouble moins profond et surtout moins durable. De la façon dont les choses s'accomplirent, il n'y eut pas une race asservie et une race maîtresse; mais il y eut l'incertitude dans toutes les existences : pas un droit qu'on ne vît à chaque instant violé, pas un intérêt qui ne fût menacé, pas une vie d'homme qui connût la sécurité et le calme.

Si ce débordement d'étrangers s'était opéré d'un seul coup et en une fois, la vie sociale aurait bientôt repris son cours régulier; mais cette sorte d'invasion se prolongea durant quatre siècles. Ce fut une immigration incessante et continue durant quinze générations d'hommes. Nul ordre ne put tenir contre cette affluence d'intérêts toujours nouveaux, de cupidités toujours renaissantes.

Devant des difficultés de cette nature et de cette persistance, la royauté fut impuissante. Elle manquait autant d'autorité morale que de force matérielle. Le trait caractéristique de la royauté mérovingienne est de n'avoir pas été *die*.

[La royauté ...t affaiblie et épuisée elle-même, parce qu'elle n'a eu ni l'intelligence de ses devoirs, ni la conscience de ses droits : injustes, brutaux, cupides surtout, les Mérovingiens n'eurent pour toute politique que d'amasser des trésors[1]. Ils ne surent pas se conduire comme des chefs d'État soucieux des intérêts publics ; ils ne songèrent qu'à leurs intérêts personnels, exploitant le pays qu'ils avaient à gouverner. Ni les chefs ni les sujets n'ont plus compris cette idée de la « chose publique », qui sous les Romains planait au-dessus des espérances des peuples et des ambitions des souverains, comme une personnalité sainte et respectée.

On a cessé de regarder l'impôt comme une charge légitime : c'est un pillage organisé dont chacun cherche à s'affranchir, et les rois, dans des moments de faiblesse, en accordent l'exemption aux plus habiles ou aux plus forts, c'est-à-dire aux plus riches. Les fonctionnaires ne sont plus que les instruments du despotisme : on veut se dérober à leur justice et à leur autorité, et les diplômes d'immunité que les grands obtiennent de la royauté lui enlèvent ses administrés et ses contribuables.

En même temps, les idées religieuses deviennent chaque jour plus puissantes, l'influence de l'épiscopat grandit, et sous le double empire de la piété et de l'Église, on ne regarde plus ce qui vient des rois de la terre, impôts, justice, administration, que comme une sorte de fléau, une misère humaine. L'incapacité des rois, le zèle religieux, ont fait de l'État un ennemi.]

[1] [Voir plus haut, liv. I, c. 1-4.]

Si mauvais que fussent ces princes, leurs fonctionnaires et leurs agents valaient encore moins qu'eux et obtenaient encore moins de soumission. Un jour qu'une armée avait été honteusement mise en déroute et n'avait su que piller son propre pays, les chefs appelés devant le roi se justifièrent en ces termes : « Que voulez-vous que nous fassions? Le peuple s'abandonne à toutes sortes de vices et tous se complaisent dans le mal; nul ne craint le roi, nul ne respecte les officiers royaux; si quelqu'un de nous veut punir les fautes, on s'insurge[1]. » Ainsi, la discipline sociale faisait absolument défaut. Le chroniqueur rapporte qu'un homme à qui l'estime publique déférait le suprême pouvoir le repoussa par ce motif qu'il aurait trop de sentences de mort à prononcer[2]. Un jour, deux hommes de la ville de Tournai s'étant pris de querelle, eux et leur suite se massacrèrent si bien, que des deux troupes il ne resta qu'un seul homme vivant; les parents des deux hommes en vinrent aux mains à leur tour. Ni les lois, ni la justice, ni l'autorité royale n'eurent la force de mettre fin à cette série de carnages; la reine Frédégonde ne vit qu'un moyen, ce fut d'inviter à un repas ce qu'il restait des deux familles et d'égorger tout[3]. Les Chroniques du temps sont pleines de faits semblables. Chaque fois que Frédégaire mentionne la tenue d'un Champ de Mars, c'est pour raconter la lutte à main armée de deux chefs de bande en présence du roi, qui ne peut pas les séparer. La faiblesse de cette royauté était manifeste; elle ne pouvait pas assurer la paix publique.

[1] Grégoire de Tours, VIII, 30.
[2] Frédégaire, *Epitomata*, 58.
[3] Grégoire de Tours, X, 27.

Il est remarquable qu'en cette absence de toute autorité les populations ne se soient jamais insurgées. Il semble que les Gallo-Romains trouvaient l'occasion de secouer le joug des rois francs; ils n'y pensèrent pas. On voit quelquefois une ville se soulever contre le fonctionnaire royal; on n'en voit pas qui refuse de reconnaître la royauté[1]. Aucune entente d'ailleurs entre ces villes : Orléans fait la guerre contre Chartres, Blois contre Châteaudun, Bourges contre Tours, Tours contre Poitiers[2]. Dans l'enceinte même de chaque ville les conflits sont continuels. Il est pourtant impossible de constater l'existence de ce qu'on appelle de nos jours des partis. Ce n'est jamais pour un principe général que ces hommes en viennent aux mains. Si deux villes se font la guerre, c'est pour piller réciproquement leurs campagnes. Deux troupes de citoyens s'égorgent sans autre motif que la vengeance ou la cupidité. Ce sont les intérêts les plus égoïstes et les passions les plus personnelles qui se donnent carrière. Dans le désordre social, chacun se met à la poursuite de son propre bien-être et court à la satisfaction de sa convoitise.

C'est surtout la terre qu'on se dispute. Nous lisons dans les Chroniques et dans les Vies des saints que la plupart des procès étaient relatifs à des domaines envahis et usurpés. Le vol et le brigandage, qui dans nos sociétés modernes ne peuvent guère atteindre que les objets mobiliers, s'attaquaient alors à la propriété foncière. Les actes du temps parlent sans cesse de « méchants hommes » qui s'emparaient de terres et de maisons, et une foule d'anecdotes marquent combien il

---

[1] [Plus haut, liv. I, c. 4.]
[2] Grégoire de Tours, VII, 2, 12, 13, etc.

était difficile à la veuve, au mineur, au petit propriétaire de conserver son bien [1].

On serait tenté de croire que, dans une société où les droits étaient si peu garantis, il dut se produire un grand soulèvement des classes inférieures et que ce furent les pauvres qui dépouillèrent les riches. Il en fut tout autrement. Les prolétaires ne gagnèrent absolument rien au désordre social. Ce furent au contraire les plus riches qui en profitèrent, et ce furent surtout les petits propriétaires qui en furent les victimes. L'événement montra ici que l'autorité publique est encore plus salutaire aux classes inférieures qu'aux classes élevées, et que, si cette autorité vient à disparaître, ce sont les pauvres et les faibles qui souffrent le plus. Il se produisit en effet, dans cette anarchie qui dura plusieurs générations d'hommes, une spoliation incessante, non des riches par les pauvres, mais des pauvres par les riches.

Les spoliateurs, dont les Chroniques parlent si souvent, sont indifféremment Francs ou Gaulois, laïques ou ecclésiastiques ; mais ils sont toujours des hommes puissants, et presque toujours des hommes déjà riches. Grégoire de Tours parle de deux évêques nommés Cautinus et Bodégisile, qui paraissent être l'un Gaulois, l'autre Germain, et qui étaient tous les deux également âpres à envahir le bien d'autrui [2]. Nul n'était en sûreté dans le voisinage de Cautinus : « Il mettait la main sur

---

[1] *Quasdam quoque res quas pravi quidam pervaserant, apud regiam majestatem repetitas et oblentas ecclesiæ restituit*, dit Flodoard [dans son Histoire de l'église de Reims, 11, b], sur l'évêque Sonnatius (vers 600). — *Perpetuo anathemate feriatur qui res ecclesiæ competere et pervadere præsumpserit*; 5ᵉ concile de Paris, c. 2. — Si l'on usurpait ainsi les terres de l'Église, il était beaucoup plus facile encore d'usurper celles des laïques.

[2] Grégoire de Tours, IV, 12 ; cf. VIII, 39.

toutes les terres qui touchaient aux siennes ; pour les domaines de quelque importance, il se les faisait adjuger en justice ; pour les plus petits, il les prenait de force et contraignait les malheureux propriétaires à lui livrer leurs titres de propriété. » Si telle était la conduite d'un évêque, jugez celle des laïques. Le même historien mentionne un certain Pélagius, habitant de Tours, qui, profitant de l'influence que lui donnait un haut emploi dans l'administration, « ne cessait de voler, d'envahir les propriétés, de tuer ceux qui prétendaient garder leur bien[1] ».

Il y a eu surtout un genre de spoliation qui a été général. Il était dans les habitudes des Gallo-Romains comme dans celles des Germains qu'à chaque groupe de propriétés privées correspondît une propriété commune en pâtures, en forêts, en terres vagues. C'était la ressource des petits possesseurs, qui pouvaient ainsi nourrir quelques troupeaux et se fournir de bois. Ces communaux furent usurpés presque partout par les possesseurs des grands domaines[2] ; les petits propriétaires furent mis dans l'impossibilité d'user de leurs droits dans les forêts et les pâturages. Il résulta de là que la culture de leur petit champ leur devint de plus en plus difficile et onéreuse. Leur enlever leur part de terre commune équivalait indirectement à leur enlever leur petit alleu ou à les forcer d'y renoncer eux-mêmes. Ainsi, loin que le désordre social ait amené la mise en commun du sol, il eut au contraire pour effet de supprimer presque partout ce qui était le bien com-

---

[1] Grégoire de Tours, VIII, 40. — Frédégaire (*Chronicon*, 90) parle d'un Franc nommé Willibad qui, étant déjà démesurément riche, accroissait incessamment son opulence en s'emparant des propriétés.

[2] Championnière, *De la Propriété des eaux courantes*, p. 280.

mun; et cette suppression se fit, non au profit des prolétaires ou des pauvres, mais au profit des propriétaires les plus riches.

Il s'en faut beaucoup que cette anarchie profitât à la liberté. Il semblerait que l'occasion fût belle pour les esclaves de s'affranchir; nombreux comme ils étaient et n'étant pas maintenus sous le joug par les pouvoirs publics, on croirait qu'il leur eût été aisé alors de sortir de leur servitude. Ils ne l'essayèrent même pas; les insurrections de serfs sont d'une époque bien postérieure. Au temps des rois mérovingiens, non seulement le nombre des esclaves ne diminua pas, mais il augmenta dans une forte proportion. Les actes de donation et de testament mentionnent de nombreux achats d'esclaves. Il est avéré que beaucoup d'hommes se vendaient volontairement. D'autres étaient enlevés de force et réduits en servitude. Ce n'était pas seulement au nom du droit de la guerre que les hommes étaient ainsi asservis; ce n'étaient pas seulement les rois qui, dans leurs querelles intestines, condamnaient leurs prisonniers à l'esclavage : il se commettait en outre, journellement et sur tous les points du territoire, une foule de vols de personnes humaines, et il y avait une sorte de brigandage organisé contre la liberté. Nous lisons dans la Loi Salique[1] : « Si quelqu'un a dérobé un homme libre et l'a vendu... », et dans la Loi des Ripuaires[2] : « Si un homme libre a vendu au delà des frontières un autre homme libre... » Ainsi, dans cette confusion universelle, ce n'était pas l'esclave qui reprenait sa liberté, c'était l'homme libre

---

[1] Loi Salique, titre XLII.
[2] Loi Ripuaire, titre XVI. [Cf. *L'Alleu*, p. 279.]

qui était à tout moment menacé de tomber dans l'esclavage.

Le fait dominant de cette triste époque, celui qui remplissait toutes les existences et les troublait toutes, c'était l'absence de sécurité. Défendre son bien, sa liberté, sa vie, était la grande affaire, la grande difficulté, la suprême ambition de l'être humain. Pour cela, il ne fallait compter ni sur les rois, ni sur leurs fonctionnaires, ni sur les tribunaux. L'administration et la justice étaient sans force.

Il arriva alors ce qui s'était produit dans tous les temps et se reproduira toujours en pareil cas : le faible, qui ne se sentait pas protégé par les pouvoirs publics, demanda à un fort sa protection et se mit sous sa dépendance. Le patronage fut le refuge de tous ceux qui voulaient vivre en paix.

Telle est l'inévitable loi : les inégalités sociales sont toujours en proportion inverse de la force de l'autorité publique. Entre le petit et le grand, entre le pauvre et le riche, c'est cette autorité publique qui rétablit l'équilibre. Si elle fait défaut, il faut de toute nécessité que le faible obéisse au fort, que le pauvre se soumette au riche.

Mais pourquoi les faibles ne défendirent-ils pas vaillamment leur indépendance et leurs propriétés? Ils étaient nombreux; la loi leur permettait de s'associer; ils possédaient des armes : pourquoi ne s'opposèrent-ils pas au triomphe des institutions aristocratiques[1]?

---

[1] La querelle d'Ébroïn et de saint Léger est quelquefois présentée par les historiens modernes comme une lutte des classes inférieures contre l'aristocratie ; mais il n'y a pas un seul des chroniqueurs contemporains qui lui attribue ce caractère. Ni Frédégaire, ni les Vies des saints, ni les diplômes ne fournissent le moindre indice d'une coalition ou d'un effort général des hommes libres. (Cf. plus haut, liv. I, c. 7.)

Cela tient à l'état psychologique de ces générations. À la distance où nous sommes d'elles, nous sommes portés à croire qu'elles étaient fort courageuses; il semble que des hommes qui usaient si volontiers du glaive devaient avoir une grande force de caractère, et il ne manque pas d'historiens qui attribuent les désordres de cette époque à une exubérance de l'énergie individuelle. De la lecture des documents contemporains, il ressort une vérité toute contraire. Il s'en faut beaucoup que les chroniqueurs nous dépeignent ces populations comme fort vaillantes. Ils nous présentent plus d'exemples de lâcheté que de courage. Ils montrent que ces hommes n'allaient à la guerre que malgré eux, qu'ils fuyaient aussitôt qu'ils se voyaient inférieurs en nombre, qu'ils refusaient souvent de combattre, qu'il fallait faire luire à leurs yeux l'espoir du butin pour les décider à courir quelque danger[1].

On ne saurait imaginer un plus triste et plus répugnant spectacle que celui d'une armée mérovingienne; ce n'est, la plupart du temps, qu'un ramassis de misérables qui pillent, qui brûlent, qui tuent la population inoffensive, même dans leur propre pays, et qui souvent, à la première vue de l'ennemi, se débandent[2]. Ils se révoltent contre leurs chefs quand ceux-ci refusent de les mener à un butin facile, et ils se révoltent encore quand on les conduit contre un adversaire trop nombreux ou trop vaillant.

Nulle différence sur ces points-là entre le Franc et le Gaulois; les documents qui les montrent mêlés et confondus dans les armées n'indiquent jamais que l'un

---

[1] [La Monarchie franque, p. 297.]
[2] Grégoire de Tours, V, 14; VI, 31; VI, 45; VII, 24; VII, 38 et 39; X, 3. — Frédégaire, passim.

fût plus discipliné ou plus brave que l'autre[1]. Les Thuringiens, les Alamans, les Saxons ne valaient pas mieux; ils sont maintes fois représentés implorant lâchement la pitié de l'ennemi. L'imagination moderne a prêté à tous ces hommes une bravoure que les documents du temps sont fort loin de signaler. Les descriptions de batailles que nous avons de toute cette époque montrent qu'on luttait de ruse et de fourberie plus souvent que de courage. L'issue d'un combat est presque toujours décidée à première vue : le plus nombreux a tout de suite la victoire; de l'autre côté, c'est une fuite éperdue. On ne voit jamais de ces belles résistances qui honorent la défaite et ramènent quelquefois la fortune.

C'est que le vrai courage n'appartient guère aux sociétés troublées; il ne s'allie pas avec la cupidité et les passions égoïstes; il lui faut certaines vertus calmes et désintéressées, et il se peut même que la bravoure guerrière ne soit qu'une des formes extérieures de l'esprit de discipline sociale.

L'énervement des caractères est visible dans toute l'histoire de ce temps-là. Beaucoup d'intrigues, de mensonges, de violences, de crimes; nulle énergie d'âme; rien de fier ni de noble. L'idée même de la grandeur morale ne semble être conçue par personne. C'est une des époques où la société se montre avec le plus de faiblesse, et l'être humain avec le plus de lâcheté. Chacun a peur. Voyez dans les documents de quel ton humble on parle au roi[2]; on parle de même au

---

[1] Il y avait à la vérité quelques troupes d'élite, comme ces escadrons neustriens dont il est parlé dans les *Gesta Dagoberti* et qui formaient le meilleur élément d'une armée du roi d'Austrasie.

[2] Les deux citations qu'on répète toujours, et qui sont relatives aux

moindre fonctionnaire et à tout homme plus fort ou plus riche que soi. On appelle cet homme du nom de maître et l'on se dit son esclave. On signe des actes où il est dit que, ne pouvant se nourrir ni se vêtir, on se livre à la charité d'autrui[1]. On tremble, on se courbe, on ne demande qu'à servir. Ne pensons pas que le trouble social et l'effacement de l'autorité publique aient rendu vigueur à l'âme humaine; elle s'y est au contraire affaissée, amollie, brisée, et elle y a perdu ce qu'il lui restait encore de vertu et d'énergie.

Dans cet universel affaiblissement, dans cette égale absence d'ordre social et de vigueur individuelle, chacun chercha sa sûreté où il put. Le patronage seul offrait un asile sûr, on y courut. Ce qui faisait que cette protection était sûre, c'est qu'on l'achetait; elle n'eût été qu'un vain mot, comme celle que promettaient les lois et l'autorité publique, si le protégé ne l'eût payée d'un prix réel et palpable. Il promettait au protecteur ses redevances, ses services, son obéissance; il faisait plus : il donnait sa terre; il livrait sa personne même. De propriétaire et d'homme libre, il devenait bénéficiaire et vassal. Plus son sacrifice était grand, plus la protection lui était assurée. Le patron était pour lui un défenseur intéressé. Comment n'aurait-il pas défendu de son mieux cette terre qui était devenue sa propriété, cet homme qui était devenu son *homme*? En se livrant, on avait trouvé le plus sûr moyen d'être protégé.

Gardons-nous de croire que le patronage ou le séniorat, — ce second terme remplace le premier à partir

---

guerriers de Thierry et de Clotaire, ne doivent pas faire illusion : c'est l'ensemble des documents, des Chroniques, des lettres du temps, qu'il faut voir.

[1] [Voir *Les Origines du système féodal*, c. 12, § 1.]

du viii° siècle, — ait été imposé de force aux populations. Ce furent elles, la plupart du temps, qui allèrent au-devant de lui. La lecture des documents et l'observation des faits donnent à penser que le faible rechercha l'appui du fort plus souvent que le fort ne mit de lui-même le joug sur le faible.

Il est surtout incontestable que ce lien s'est établi en vertu d'une multitude de contrats individuels. Chaque homme a pu choisir entre l'indépendance et le vasselage[1]. Les Chroniques n'offrent pas un seul exemple d'une province où les hommes aient été réduits à l'état de vassaux par la force. On voit bien qu'ils auraient préféré rester hommes libres et propriétaires; il n'est pas douteux qu'ils n'eussent souhaité la protection sans la dépendance; mais comme on ne pouvait avoir l'une sans l'autre, on n'hésita guère à se faire vassal et sujet. Cette sujétion s'établit par contrat régulier : ce fut un véritable marché entre deux hommes, dont l'un vendait sa protection, l'autre vendait son obéissance.

Le contrat était personnel et n'engageait jamais les héritiers des contractants; il était rompu par la mort de l'une ou de l'autre des deux parties. La liberté du choix reparaissait donc à chaque génération nouvelle. S'il s'était trouvé, depuis le vi° siècle jusqu'au xi°, un seul moment où la majorité des hommes eût intérêt à ressaisir sa liberté, elle pouvait la reprendre. Il se trouva, au contraire, que le désordre alla grandissant de siècle en siècle. Alors le plus ardent désir des hommes ne fut pas d'être libres, ce fut de vivre en sûreté.

Représentons-nous un petit propriétaire de ce temps-

---

[1] Nous ne parlons pas ici du servage : c'est un sujet à part; nous [avons montré plus haut] que le servage n'a aucun rapport avec la féodalité. [*L'Alleu*, c. 9 et 14.]

là. Son champ lui suffirait, il y vivrait à l'aise ; mais, isolé qu'il est et mal protégé par l'autorité publique, il ne saurait se défendre contre la cupidité et la violence. Il voit qu'à côté de lui un grand propriétaire, homme riche, bien armé, entouré de nombreux serviteurs, sait repousser les attaques, et que sur ce domaine on laboure et on récolte en paix. Comment ne lui viendrait-il pas à l'esprit que sa petite terre jouira du même calme dès qu'elle fera partie du grand domaine ? Il la donne, on la lui rend à titre de bénéfice, il y vit dès lors sans crainte, et, en rendant les redevances et les services convenus, il peut compter sur sa moisson de chaque année.

Si le riche voisin est un monastère, la tentation de se livrer est encore plus forte ; car la paix est mieux assurée sur la terre d'Église que sur toute autre, et le saint du convent défend son so' avec autant d'énergie pour le moins que l'homme de guerre. Le petit propriétaire renonce donc en faveur du saint à son droit de propriété, et, devenu simple bénéficiaire, il jouit et travaille en paix[1].

D'autres sont déterminés par d'autres motifs. La propriété est grevée d'impôts ou d'obligations diverses ; le riche antrustion ou le monastère a obtenu d'en être exempt, et la charte prononce même que cette immunité s'étendra à toutes les terres qu'il acquerra dans la suite. Il arrivera alors que le petit propriétaire livrera son champ pour le décharger de l'impôt ; il le reprendra en bénéfice, et aimera mieux payer une légère redevance à son seigneur que l'impôt au roi. Un autre a

---

[1] « Jamais tempête ni grêle ne font dommage en son domaine, et l'orage qui bat les terres d'alentour n'ose franchir ses limites. » Flodoard, *Historia ecclesiæ Remensis*, II, 11.

une terre qu'il possède en plein droit d'alleu; mais la loi veut que tout propriétaire soit soldat toute sa vie et à ses frais. Or il y a une guerre presque chaque année, et c'est chaque année la ruine du cultivateur; cet homme donnera sa terre et se donnera lui-même à un couvent pour éviter les dangers et surtout les dépenses du service militaire[1].

A mesure que le patronage s'étend, il devient plus difficile de vivre en dehors de lui. A chaque génération nouvelle s'accroît le danger de rester libre. L'inégalité sociale grandissant toujours et l'autorité publique s'affaiblissant de plus en plus, il faut bon gré mal gré subir le patronage. Si le riche voisin n'est pas un protecteur, il sera un ennemi et facilement un spoliateur. Si l'on ne se fait pas l'homme du monastère, on aura à redouter la colère du saint. Le petit propriétaire fera bien, tout calculé, de donner son champ et de se soumettre au vassalage. La religion était une force de plus pour les forts, plutôt qu'elle n'était une sauvegarde pour les faibles.

Voilà pour quels motifs il y eut à chaque génération nouvelle un plus grand nombre d'hommes qui se firent sujets, un plus grand nombre d'alleux qui devinrent bénéfices. Il se fit un mouvement continu et de plus en plus rapide vers la vassalité. L'autorité publique perdait chaque jour du terrain; le patronage en gagna chaque jour. Insensiblement il prit possession de presque toutes les terres et de presque toutes les personnes humaines. Il attirait tout à lui.

Ce n'étaient pas seulement les faibles et les pau-

[1] Voir sur ce point le Polyptyque de l'abbé Irminon, p. 51, n° 61. — Cf. 2° capitulaire de 803, art. 15; et 5° de 811, art. 4 [Boretius, n°° 44 et 73].

vres qui s'y réfugiaient ; il n'était homme si fort qui pût se flatter d'y échapper, car le puissant rencontrait toujours un plus puissant que soi. Comme les plus petits recherchaient sa protection, il recherchait à son tour celle d'un plus grand. On se recommandait à lui, et il se recommandait à un autre. On était son vassal, et il était vassal. On lui livrait la terre, et il livrait la sienne. On s'était fait bénéficiaire à son égard, et il devenait à son tour un bénéficiaire. Tous les liens de dépendance que d'autres avaient contractés avec lui, il les contractait avec un autre. On l'appelait d'un côté maître et seigneur, et il y avait d'un autre côté un personnage qu'il appelait aussi son maître et son seigneur et dont il se disait l'*homme*. C'était une chaîne d'engagements où toutes les classes d'hommes trouvaient leur place.

Le contrat de protection et de fidélité se reproduisait de degré en degré dans toute l'échelle sociale. Entre le roi et le comte, entre le comte et le simple seigneur, entre ce seigneur et celui qu'on appelait « un nourri », les conditions et les lois du patronage étaient les mêmes ; elles avaient toujours pour effet de soustraire l'homme à l'autorité publique et de le soumettre corps et âme à un autre homme.

CHAPITRE II

[L'avènement des Carolingiens est la conséquence du développement de la fidélité.]

[Affaiblissement de l'autorité publique, développement du patronage et de la fidélité, voilà les deux faits inséparables que nous a montrés l'histoire des derniers Mérovingiens. L'État, tout en gardant presque toujours ses droits, perdait ses sujets qui allaient à l'aristocratie. Le prestige de l'État diminuait en même temps que la puissance des grands s'élevait. Grâce au système du patronage, la société s'organisait peu à peu d'une façon nouvelle, en dehors de l'État. En deux siècles, la Gaule est transformée. Vers l'an 700, la royauté, qui n'a rien perdu en droit, en fait n'est plus rien.

L'autorité effective appartient à quelques centaines de grands propriétaires, abbés, évêques ou laïques, riches en terres et riches en fidèles. Ils ont obtenu, par des lettres d'immunité, que nul représentant du roi ne pénètre sur leurs domaines pour recruter des soldats, exercer la justice ou lever des impôts. Ce sont eux qui, sur leurs terres, exercent cette justice, lèvent ces impôts, et l'assemblée de 641 montra que leurs serviteurs ou leurs fidèles pouvaient être au besoin leurs soldats.

Ces grands font partie presque tous du gouvernement. Ils appartiennent au Palais : ils forment une noblesse de fonctionnaires, et cette noblesse remplace l'ancienne aristocratie des sénateurs romains (qui d'ailleurs, eux aussi, étaient des fonctionnaires). Mais ces grands sont plus puissants comme propriétaires que comme comtes, et leur influence vient moins du titre qu'ils reçoivent de la monarchie que des terres qu'ils possèdent et de l'immunité qu'elle leur octroie, moins des droits qu'ils exercent en son nom que de ceux qu'elle abandonne en leur faveur.

Ces grands s'associent et se liguent entre eux, et, pendant tout le VIIe siècle, leurs groupes ne cessent de se combattre, comme les rois s'étaient combattus pendant le siècle précédent. Les guerres n'ont pas plus qu'autrefois un caractère politique ou national : ce sont des luttes privées plus encore que des guerres civiles. Ce n'est pas l'aristocratie qui lutte contre la royauté, ni la race germaine contre les Gallo-Romains, ni l'Austrasie contre la Neustrie. Ce sont des groupes de seigneurs qui combattent d'autres groupes de seigneurs, pour acquérir des places, des terres, des évêchés. Si l'aristocratie a parfois essayé de rendre ses fonctions héréditaires et d'imposer ses volontés au roi, c'est pour gouverner en son nom, et non pas à sa place. Quand les rois se sont dépouillés au profit des grands, ils leur ont transmis, avec leur pouvoir, leurs convoitises et leurs passions, et la Gaule a été divisée par les jalousies des leudes, comme elle l'avait été par les jalousies des rois.

A ce moment grandit une institution publique qui sert comme de trait d'union entre la monarchie et l'aristocratie, la mairie du Palais. Le maire est le chef des fonctionnaires du roi : il devient par là même le seigneur naturel des grands. Il ressemble d'ailleurs à ces grands, qui lui sont subordonnés comme fonctionnaires. Il appartient à la même aristocratie qu'eux. Comme eux, il a des terres, des fidèles. Le roi exerce son patronage par son intermédiaire, et les fidèles de la royauté sont les fidèles du maire. Presque tous les grands se commendent à lui, car il peut au besoin les révoquer.

Il arriva qu'un jour le roi n'eut plus de sujets ou plutôt il n'en eut qu'un seul, plus puissant que lui, le maire du Palais, [chef de l'aristocratie des fidèles. On comprendra donc que c'est la dynastie royale issue de ces maires qui fera entrer un jour dans l'ordre public les institutions féodales.

Au sein de cette aristocratie se détache une famille

austrasienne qui subordonne insensiblement à elle
toutes les autres familles. Les petits s'étaient groupés
autour des grands. Les grands se groupent autour de
celui d'entre eux qui paraît le plus fort.

La première en Austrasie par sa richesse territoriale
et le nombre de ses fidèles, la famille de Pépin avait
aussi dans sa main l'autre instrument de domination,
l'influence religieuse. Très dévote, elle fournissait à
l'Église des saints et des évêques. Elle avait le prestige
moral, comme l'autorité matérielle. Elle s'appuyait sur
les deux forces de ce temps, la terre et la religion.

Enfin, elle s'empara de la seule fonction qui avait
encore quelque pouvoir dans l'ordre public, la mairie
du Palais. Le premier des Pépins l'obtint et son fils
tenta de la rendre héréditaire dans sa famille, comme
les autres grands cherchaient à le faire pour leurs fonctions. Pépin II, vrai chef de l'Austrasie par la vassalité,
s'empara de nouveau de la Mairie et ses descendants la
gardèrent. Avec ses bandes de fidèles, il conquit la Neustrie et désormais il n'y eut plus en Gaule qu'un seul
groupe de fidèles. Pépin II, Charles Martel, Pépin III,
devinrent ainsi les maîtres effectifs du pays au nom des
trois principes qui se partageaient le gouvernement des
hommes : ils avaient la plus haute fonction de la monarchie, ils étaient les princes des fidèles, ils étaient
les alliés de l'Église.

La famille de Pépin reçut enfin l'autorité suprême
que conférait le titre de roi. L'arrivée au pouvoir de la
nouvelle dynastie se fit sans trouble et sans secousse,
par l'adhésion des grands dont elle était le chef et la
sanction de l'Église dont elle était l'amie. Ce ne fut pas
une révolution aristocratique, encore moins le triomphe
d'une nouvelle invasion de Germains. Ce fut surtout

l'avènement, dans l'ordre public, des deux idées qui grandissaient depuis longtemps en dehors de l'État, l'idée religieuse dans les âmes, l'idée féodale dans la société.]

CHAPITRE III

(Charlemagne relève l'autorité publique.)

[La manière dont les Carolingiens sont montés sur le trône explique celle dont ils ont gouverné. Héritiers par les Mérovingiens de la monarchie romaine, ils allaient en outre fortifier la royauté des deux principes au nom desquels ils s'étaient faits rois, le principe religieux et le principe féodal. La royauté ainsi transformée deviendra l'institution la plus puissante que le monde ait encore connue. Elle aura dans ses mains tous les moyens dont on disposait alors pour commander aux hommes.

Prenons celui des princes de cette dynastie qui a su le mieux gouverner, et qui, grâce à son intelligence et à sa volonté, a le plus profité des ressources que lui donnaient ses titres et les tendances de son temps. Jamais souverain ne fut en apparence mieux obéi, n'eut un pouvoir plus étendu que Charlemagne, à la fois chef d'État, chef d'Église et chef de fidèles.

1° Comme chef d'État[1], il exerça l'autorité civile et militaire que l'Empire romain avait léguée à la monarchie franque. Les règles administratives des anciens

---

[1] [Voir plus haut, liv. III, c. 1, 5, 9, 11, 12, 13.]

augustes et des premiers Mérovingiens furent reprises. La dignité royale a recouvré tout son prestige. Charlemagne se sert des formules et porte les titres en usage chez ses prédécesseurs de la première dynastie. La législation romaine, il le dit du moins, inspire ses capitulaires et dirige ses actes. Du prince émane toute loi et toute justice. A son gré, il lève les impôts, qui diffèrent à peine de ceux qu'avaient payés les générations précédentes. On lui doit le service militaire : Charlemagne, comme les empereurs d'autrefois, fut avant tout un chef d'armée. S'il a fait une institution régulière des assemblées générales, qui étaient déjà fréquentes sous les derniers Mérovingiens, ce n'est nullement pour diminuer les droits de la royauté et garantir aux populations plus de libertés qu'elles n'en avaient eues sous la loi romaine : dans ces réunions, le roi parle en maître ; il demande des conseils, mais il impose sa volonté.

En face de lui [1], il n'y a aucune noblesse héréditaire, de sang ou de race, qui contrebalance l'autorité monarchique. Il existe une aristocratie de grands : mais ces grands sont les fonctionnaires du roi ; un conseil : mais ce conseil l'assiste dans son œuvre plus qu'il n'y collabore ; une assemblée : mais elle sert d'instrument pour gouverner, et, si le roi convoque près de lui les hommes, c'est pour annoncer plus vite sa volonté à ses agents et à ses sujets.

Les cadres de l'administration publique [2] n'ont point changé. Le Palais est toujours le corps central de l'État. Il a même une cohésion plus forte que sous la

---

[1] (Voir plus haut, liv. III, c. 7 et 8.)
[2] (Voir plus haut, liv. III, c. 6 et 10.)

dynastie précédente : les membres de ce corps sont plus unis entre eux, plus solidement attachés à la personne du roi. Ils le servent comme prince parce qu'ils le servent comme homme, ils sont à la fois ses domestiques et ses agents. Cette confusion des services privés et des services publics fait alors du Palais un instrument de centralisation administrative plus puissant peut-être que les bureaux du Bas-Empire. Les divisions du pays, les titres des fonctionnaires remontent aussi aux précédents régimes. Comme dans les derniers temps de l'Empire et sous les Mérovingiens, le principal fonctionnaire de la royauté est le comte; et, comme autrefois encore, les comtes, « compagnons du prince », sont l'entourage du roi, gouvernant en son nom, soit autour de lui, soit au loin sur le territoire. Ils exercent tous les pouvoirs de la royauté : elle les leur délègue, ainsi que l'*imperator* romain déléguait son *imperium* à ses gouverneurs de province.

La monarchie de Charlemagne conserve en effet le principe de la centralisation romaine[1]. Il semble même qu'elle le fortifie. Car, au-dessous du comte, il y a dans les cantons des cités, dans les districts ruraux, de nouveaux représentants de l'autorité publique. Elle pénètre ainsi profondément dans tous les recoins du pays, plus visible, plus mêlée à la vie des hommes, qu'elle ne l'avait jamais été au temps du despotisme impérial. Chaque année les comtes doivent se rendre au Palais, y recevoir les ordres du pouvoir central et se mettre en contact direct avec lui. Pour compléter enfin cette centralisation, pour lier plus fortement encore à sa volonté les différents représentants de l'État, le roi

---

[1] [Voir plus haut, liv. III, c. 10 et 15.]

envoie sans cesse des agents dans les provinces, des *missi*, qui, parlant haut et ferme aux comtes et aux évêques, rappellent régulièrement aux serviteurs de la royauté qu'ils tiennent d'elle seule leur toute-puissance.

Et ajoutez ce fait, qui donne presque la formule de ce gouvernement carolingien où l'État et le roi ne faisaient qu'un] : il n'existait pas de capitale; le vrai centre de cette administration n'était pas une ville, c'était la personne même du souverain.

Si l'on fait [donc] attention à cette hiérarchie de fonctionnaires qui s'étendait comme un réseau sur tout l'Empire, à ces commissaires royaux qui le parcouraient chaque année, à ces ministres vers lesquels toutes les affaires convergeaient, à ces instructions qui partaient incessamment du prince, à ces rapports qui revenaient incessamment vers lui, on reconnaîtra qu'un tel régime était la centralisation la plus complète. [Regardez Charlemagne en tant qu'héritier des Mérovingiens et de Rome : jamais encore, en Gaule, l'unité monarchique n'avait été plus forte, l'administration plus centralisée, l'État plus homogène. C'est en gouvernant ainsi, plus encore qu'en prenant le titre d'empereur, c'est en qualité de roi plutôt que d'auguste, que Charlemagne a reconstitué la monarchie romaine. Et, comme les anciennes formules et les idées d'autrefois reparaissent quand les gouvernements se restaurent ou s'affermissent, le terme de *respublica*, que les Mérovingiens ont si mal compris et si peu employé, revient constamment dans les actes des Carolingiens. Il y a donc de nouveau une « chose publique », un État, géré par l'empereur seul.

2° Aussi omnipotent que les empereurs romains,

Charlemagne est comme eux une personne sacrée[1]. Le christianisme a conféré aux Carolingiens cette personnalité religieuse que le titre païen d'auguste donnait aux empereurs. La sainteté de la royauté, abolie sous les Mérovingiens, reparaît avec la nouvelle dynastie. Dans ces temps où la religion est la principale affaire des hommes et l'Église leur vraie souveraine, les Carolingiens s'unissent à l'Église et à la religion de toutes les manières. Charlemagne est d'une famille de saints et d'évêques. Elle a été portée au pouvoir par l'aristocratie des évêques. Le roi reçoit leur consécration. Il est sacré, et, par le sacre, il prend place dans la société religieuse, comme chef d'Église agréé par Dieu. Il peut présider les synodes; il sanctionne leurs décisions. Ses agents contrôlent le gouvernement de l'épiscopat. Évêques et abbés sont ses agents et ses hommes autant que les directeurs des fidèles et les hommes de Dieu. Par eux, Charlemagne commande aux clercs; par ses comtes, aux laïques. Dieu l'a établi sur le trône pour empêcher que le mal ne grandisse sur la terre. Il est, comme les empereurs romains, le maître des hommes, et comme les évêques, le gardien des âmes.

3° A côté de l'ordre monarchique et de l'ordre religieux, de l'État et de l'Église, nous avons vu se former, dans l'ordre social, l'aristocratie féodale. La famille des Carolingiens est issue de cette aristocratie. Ils ont été des chefs de fidèles avant d'être des rois. Pépin et Charlemagne seront l'un et l'autre, et la royauté deviendra avec eux la suzeraine du monde féodal.]

[1] [Voir plus haut, liv III, c. 2 et 14.]

CHAPITRE IV.

[Charlemagne consacre et développe le système du patronage;] la féodalité sous Charlemagne.

L'histoire des siècles dont nous faisons l'étude est pleine de contradictions. Il en faut observer l'extrême diversité, en regarder successivement toutes les faces. Ce n'est que par l'analyse et par la distinction des faits qu'on peut arriver à la comprendre.

Charlemagne essayait de relever l'autorité publique; il la reconstituait avec toutes les prérogatives de l'ancien Empire, avec tous ses titres, avec ses droits et ses traditions. Mais s'il pouvait, sans rencontrer aucune résistance, sans provoquer aucun murmure, replacer ainsi la monarchie dans les institutions politiques, il ne pouvait rien changer aux institutions sociales qui existaient avant lui.

La grande propriété, le servage et le colonat[1], l'assujettissement presque inévitable des non-propriétaires, la puissance du sol sous la forme du bénéfice, la recommandation, le patronage et la vassalité, tous ces faits sociaux que nous avons vus poindre dès le temps de l'Empire romain et qui s'étaient développés dans la période mérovingienne[2], conservèrent toute leur vigueur au temps de Charlemagne : [il dut les accepter, et de plus il s'y conforma, il les sanctionna même et voulut leur donner force de lois].

---

[1] [Voir tout le volume sur l'*Alleu.*]
[2] [Voir tout le volume sur les *Origines du système féodal.*]

1° [CHARLEMAGNE FAIT ENTRER DANS LE DROIT LES RÈGLES DU PATRONAGE.]

L'usage de donner des lots de terre en bénéfice se continua. C'était ainsi que le roi lui-même distribuait la plus grande partie de ses domaines[1]. On peut voir dans les Capitulaires quelles étaient les règles et quels étaient les effets de cette sorte de concession. Ce qu'on appelait bénéfice était, comme dans l'époque mérovingienne, un simple usufruit. Il n'était jamais héréditaire de plein droit; pour qu'il passât au fils, il fallait une concession nouvelle. Il était même rompu par la mort du concédant, en sorte qu'on ne peut même pas dire qu'il fût viager[2]. Cette jouissance était d'ailleurs conditionnelle : elle impliquait soit une redevance pécuniaire, soit un service[3]; elle impliquait surtout la sujétion per-

---

[1] *De illis qui nostra* BENEFICIA *habent distructa et* ALODES *eorum restauratas* (2ᵉ capitulaire de 802, art. 10 [Boretius, p. 100]). — *Qui* BENEFICIUM *domini imperatoris et æcclesiarum Dei habet, nihil exinde ducat in suam* HEREDITATEM (7ᵉ capitulaire de 803, art. 3 [p. 116]). — *Auditum habemus qualiter et comites et alii homines qui nostra* BENEFICIA *habere videntur conparant sibi* PROPRIETATES DE IPSO NOSTRO BENEFICIO (5ᵉ capitulaire de 806, art. 6 [p. 130]). — BENEFICIA NOSTRI FISCI *describantur* (3ᵉ capitulaire de 812, art. 7 [Boretius, p. 177]). — *Ut missi inquirant diligenter quid unusquisque* DE BENEFICIO *habeat vel quot homines casatos* IN IPSO BENEFICIO (capitulaire de 812, art. 5 [Boretius, p. 177]).

[2] Voir Lettres d'Éginhard, n° 53 et n° 2 [Jaffé, n°ˢ 19 et 22] : *Postquam eum domno Lothario commendavi, impetravi a domno imperatore ut ei confirmationem faceret de eodem beneficio ad dies vitæ suæ.* — Il en était de même des bénéfices concédés par les particuliers : *Wolfgarius episcopus, me petente, beneficiavit homini nostro Gerberto mansos tres; sed quia hoc diutius manere non potuit nisi dum ille (Wolfgarius) in corpore vixit, precor benignitatem vestram ut Gerbertum illud beneficium habere permittatis sicut habuit* (ibidem, n° 6, édit. [Jaffé, n° 17]). — Cf. n°ˢ 26 et 27 [Jaffé, 1 et 2]; Nithard, II, 1.

[3] *Sciat se de illo (beneficio) tale obsequium seniori suo exhibere debere quale nostrates homines de simili beneficio senioribus suis exhi-*

sonnelle du concessionnaire à l'égard du concédant, et cette sujétion s'appelait fidélité[1]. Au bénéfice correspondait toujours la recommandation, c'est-à-dire l'engagement de la personne[2].

[Or] ces règles, c'est Charlemagne lui-même qui les a tracées dans ses Capitulaires; mais ce n'est pas lui qui en est l'auteur : elles sont beaucoup plus anciennes que lui. Il ne faut pas penser non plus qu'elles ne s'appliquent qu'aux bénéfices accordés par le prince. Ce que Charlemagne dit de ses terres peut se dire de toutes les terres. Ses sujets concèdent comme lui des bénéfices, et ils les concèdent aux mêmes conditions que lui. L'évêque et l'abbé, le comte et le riche propriétaire ont des bénéficiers qui occupent leurs domaines, qui leur rendent des cens ou des services, et qui surtout sont leurs fidèles et leurs sujets.

Les documents de cette époque signalent fréquemment des hommes qui, sans être esclaves ni colons, sont « les hommes d'autrui[3] »; ils sont réputés libres, et

---

bere debent. *Præceptum pro Hispanis*, année 815, art. 6 [Boretius, p. 262].

[1] La 48ᵉ lettre d'Éginhard montre bien que les bénéfices étaient révocables à la volonté du concédant [Jaffé, n° 54].

[2] *Si quisquam eorum (aliquid beneficium) ab eo cui se commendarit fuerit consecutus....* Præceptum pro Hispanis, art. 6 [Boretius, p. 262]. — La recommandation n'entraînait pas toujours une concession bénéficiaire; mais la concession bénéficiaire supposait toujours une recommandation d'une certaine sorte; cela est si vrai, qu'à la mort du concédant il fallait renouveler l'acte de recommandation. *Postulat ut sibi liceat beneficium suum habere quod ei domnus Karolus dedit, usque dum ille ad præsentiam imperatoris venerit ac se in manus ejus commendaverit* (Lettres d'Éginhard, 27 [Jaffé, n° 2]). — Cf. Lettres d'Éginhard, 52 : *Eum suscipere dignemini et quando in vestras manus se commendaverit, aliquam consolationem ei faciatis de beneficiis.*

[3] Éginhard a des hommes à lui : *Homines nostri* (lettre 55 [Jaffé, n° 57]); *homo noster* (lettre 11 [Jaffé, n° 51]); *fidelibus nostris* (lettre 12 [Jaffé, n° 54]). — *Cujuslibet homo sit, sive domni imperatoris sive*

pourtant ils appartiennent à quelqu'un. Celui-ci est l'homme du roi, celui-là est l'homme d'un évêque, tel autre est l'homme d'un grand; ils sont tous « en puissance » de quelqu'un qu'ils appellent « leur maître »[1]. Un ecclésiastique, aussi bien qu'un laïque, peut être l'homme d'un autre[2]. Un évêque a « ses hommes »; un comte a les siens; il suffit d'être un riche propriétaire pour avoir, indépendamment de ses esclaves, des hommes à soi.

Ces serviteurs libres sont appelés des fidèles, des vassaux, des clients[3]. On les désigne aussi par le terme de *juniores*[4], mot qui depuis plusieurs siècles signifiait aussi bien l'infériorité de la condition sociale que celle de l'âge. A ce nom correspond celui de *senior* qui se donne au supérieur. Ce terme était d'un usage fort ancien, mais c'est surtout au temps de Charlemagne qu'on le trouve employé dans les actes officiels. Il s'ap-

---

ceterorum potentium hominum (5ᵉ capitulaire de 810, art. 5 [Boretius, p. 155]). — *Suos homines dirigat* (capitulaire de 803 [alias 808, cf. Boretius, p. 157, art. 4]). — *Homines tam nostros quam episcoporum vel abbatum et abbatissarum* (capitulaire de 873, art. 2 [Pertz, p. 519]).

[1] *Nullus alterius hominem recipiat* IN SUA POTESTATE (7ᵉ capitulaire de 803, art. 4 [Boretius, p. 146]). — *Precipimus ut quemlibet liberum hominem qui* DOMINUM SUUM *dimiserit* (charta divisionis, année 806, art. 8 [Boretius, p. 128]).

[2] *Nemo alterius clericum recipiat in sua potestate* (7ᵉ capitulaire de 803, art. 4 [Boretius, p. 146]). — *De clericis laicorum* (capitulaire de 825, art. 15). — *Si senior ignorat ubi suum requirere debet clericum* (capitulaire de 794, art. 27 [Boretius, p. 76]). — *Ut presbyteri parochiani suis senioribus debitam reverentiam atque obsequium impendant; quod si non fecerint, seniores illorum episcopis innotescere studeant* (capitulaire de 869, art. 8 [Pertz, p. 510]). — Un abbé est le fidèle d'Éginhard qui lui écrit : *Memorem te esse non dubito qualiter iam [te quam tuos mihi] commisisti* (lettre 58 [Jaffé, nº 61]).

[3] Lettres d'Éginhard, 68, 69, 70.

[4] *Devoto juniore vestro* (Éginhard, lettre 45 [Jaffé, nº 12]). — *Unusquisque suos juniores distringat* (1ᵉʳ capitulaire de 810, art. 17 [Boretius, p. 155]). — [Cf. plus haut, p. 442, n. 4.]

plique souvent aux grands propriétaires, comme dans cet article de loi : « Que chaque *senior*, obligé de se rendre à la guerre avec ses hommes, ait le droit d'en laisser deux dans sa maison[1]; » mais l'idée qui s'y attache surtout est celle d'autorité. On est seigneur par rapport à d'autres hommes qui sont des serviteurs.

On peut juger les usages de ce temps-là par une lettre qu'un contemporain de Charlemagne écrivait à un évêque : « Le vassal que je vous adresse et qui se nomme Irthéo a été quelque temps à mon service; il désire vivre désormais sous votre domination; je vous le recommande et vous prie de daigner le recevoir dans votre patronage et le nourrir comme votre vassal[2]. »

Voici en quels termes des clients parlaient à leur patron : « Vos très humbles clients s'empressent de mettre sous les yeux de leur très excellent maître le témoignage de leur entière obéissance; ils assurent que leur dévotion n'aura pas d'autres bornes que celles de leurs faibles moyens, toutes les fois que votre grandeur daignera leur donner des ordres. Fidèles en toutes choses et pour toujours à vous et aux vôtres, ils sont heureux de promettre obéissance à vos gracieux commandements[3]. »

Les Capitulaires rappellent les devoirs de ces vassaux ou de ces clients envers leurs patrons : « Celui qui aura

---

[1] *Unicuique seniori duos homines quos domi dimitteret concessimus* (2ᵉ capitulaire de 812, art. 9 [Boretius, p. 167]).

[2] *Vassalus iste, nomine Irtheo, fuit per aliquantum tempus in nostro servitio; sed quia nunc desiderat sub vestro dominatu dies suos ducere, ideo has commendatorias litteras ei dare decrevi; precor igitur ut eum suscipere et sicut vassalum vestrum nutrire dignemini* (Éginhard, lettre 59 [édit. Teulet]).

[3] Lettre écrite *in persona quorumdam clientum*, dans les Lettres d'Éginhard, n° 66 [Jaffé, n° 67].

reçu un bénéfice de l'homme auquel il s'est recommandé, lui devra toute l'obéissance qui est due par les hommes à leurs seigneurs[1]. » L'ensemble de ces devoirs était ordinairement exprimé par le mot fidélité, *fides*. Il se composait d'une série d'obligations très rigoureuses. L'une d'elles consistait à suivre le maître partout où celui-ci voulait emmener son homme[2]. On devait marcher à la guerre sous ses ordres[3], combattre pour lui, soutenir toutes ses querelles. Celui qui refusait d'affronter un combat contre l'adversaire de son seigneur perdait son bénéfice[4].

De telles règles, [formées en dehors de la monarchie, sont maintenant] reconnues et consacrées par l'autorité monarchique elle-même. Elles existaient avant Charlemagne, mais elles n'étaient pas admises dans les lois. La seigneurie et la vassalité commencent avec lui à devenir des institutions régulières et légales. Elles ne sont plus seulement dans la pratique et dans les mœurs, elles prennent place dans le Droit. Il est singulier qu'un si grand progrès de la féodalité se soit accompli dans le moment même où le régime monarchique paraissait à son apogée.

---

[1] *Præceptum pro Hispanis*, année 815, art. 6 [Boretius, p. 262: *Sciat se de illo tale obsequium seniori suo exhibere debere, quale nostrates homines de simili beneficio senioribus suis exhibere solent*].

[2] *Si quis seniorem suum, cui fidem mentiri non poterit, in alium ducatum secutus fuerit, et uxor ejus eum sequi noluerit* (capitulaire de 752, art. 9 [Boretius, *decretum Vermeriense*, p. 41]). La femme n'était pas tenue de suivre son mari, le vassal devait suivre son seigneur.

[3] 1ᵉʳ capitulaire de 812 [808, Boretius, p. 137], art. 1 : [*Sive cum seniore suo si senior ejus perrexerit sive cum comite suo*]; cf. 5ᵉ capitulaire de 811, art. 8 [Boretius, p. 165].

[4] *Si quis contra adversarium suum pugnam aut aliquod certamen agere voluit et convocavit ad se aliquem de conparis suis, et ille noluit et exinde neglegens permansit, ipsum beneficium quod habuit auferatur ab eo et detur ei qui in fidelitate sua permansit* (2ᵉ capitulaire de 813, art. 20, édit. Pertz, p. 189 [Boretius, p. 172]).

Il y a plus. Jusqu'alors le lien de patronage avait été considéré comme absolument volontaire et avait pu être rompu par l'une ou l'autre partie. Charlemagne semble s'appliquer à le rendre obligatoire, indissoluble, presque héréditaire : « Que personne, dit-il dans un capitulaire, ne quitte son seigneur contre la volonté de celui-ci, du moment qu'il aura reçu de lui la valeur d'une pièce d'or. » « L'homme qui quitte son seigneur, dit-il encore, ne doit être reçu par personne¹. » La liberté n'est rendue au vassal que dans trois cas : si le seigneur a voulu le tuer ou le frapper d'un bâton, s'il a déshonoré sa femme ou sa fille, s'il lui a enlevé son héritage. De même que la fidélité devenait à peu près indissoluble, le bénéfice devenait à peu près irrévocable ; le seigneur ne pouvait le reprendre que si le vassal avait manqué à ses obligations².

Ainsi, dans le moment même où Charlemagne s'efforçait de faire revivre la monarchie impériale, c'était le patronage et la vassalité qu'il rendait plus fermes et plus solides. Il semble que ce prince obéisse à une nécessité inflexible. Non seulement il ne lutte pas contre l'institution féodale ; il la sert, il travaille pour elle, il

---

¹ *Precipimus ut quemlibet liberum hominem qui dominum suum contra voluntatem ejus dimiserit, neque ipse rex suscipiat neque hominibus suis consentiat ut recipiant.* Charta divisionis, année 806, art. 8 [Boretius, p. 128]. — *Nullus seniorem suum dimittat postquam ab eo acceperit solido uno, excepto si eum vult occidere aut cum baculo cædere vel uxorem aut filiam maculare aut hereditatem ei tollere.* 2ᵉ capitulaire de 815, art. 16 [Boretius, p. 173].

² Cette règle est mentionnée par Thégan, c. 6, par le biographe anonyme de Louis le Débonnaire, c. 42 ; par Éginhard, *Annales*, année 828 ; Annales de Saint-Bertin, année 864. — Le bénéfice était toujours révocable pour cause d'infidélité ou quand le tenancier manquait au service militaire (2ᵉ capitulaire de 805, art. 6 [Boretius, p. 123] ; 2ᵉ capitulaire de 812 [octobre 811?], art. 5 [Boretius, p. 167] ; capitulaire de 819, art. 27 [Boretius, p. 291]).

aide à sa victoire. Il permet que chaque homme libre ait un seigneur et qu'il prête serment à ce seigneur comme au prince[1].

8° [CHARLEMAGNE GOUVERNE PAR LES RÈGLES DU PATRONAGE.]

Lui-même est un seigneur en même temps qu'un roi. Il possède de nombreux domaines et il les concède en bénéfice à des hommes qui « se recommandent » à lui. Ces hommes contractent dès lors envers lui des devoirs particuliers. Il a donc deux sortes de sujets : à titre de roi et d'empereur, il est un chef d'État; à titre de seigneur et de patron, il est un chef de vassaux. Il gouverne une partie des hommes en vertu des antiques principes de l'autorité publique; il en gouverne d'autres par les règles du patronage.

L'obéissance au prince prend peu à peu la forme de la recommandation. Les Chroniques racontent-elles qu'un roi vient se soumettre à Pépin le Bref ou à Charlemagne, elles le montrent prêtant le serment de foi et « se recommandant » au souverain[2]. Il en est de même des sujets du royaume : les principaux d'entre eux, à chaque changement de règne, accourent près du nouveau prince

---

[1] 2° capitulaire de 805, art. 9 [Boretius, p. 124 : *Ut nulli alteri fidelitas promittatur nisi nobis et unicuique proprio seniori*]; 3° de 806, a. 4 [Boretius, p. 157].

[2] Chronique de Réginon, année 756; année 787; année 810. — Thégan, c. 12 : *Bernardus tradidit semetipsum ei ad procerem et fidelitatem ei cum juramento promisit; suscepit eum dominus Ludovicus.* — *Vita Ludovici ab Anonymo*, c. 59 : *Et præsentes Neustriæ primores Karolomanus dederunt et fidelitatem sacramento obstrinxerunt; absentium autem quisque postea idem fecit* (en 838). — *Ibi fideles suos sibi occurrentes benigne juxta morem solitum suscepit et suo filio Karolo cum solitis sacramentis commendari fecit*, en 839 (l'Astronome, c. 61). — [Cf. plus haut, p. 258 et suiv.]

pour « se recommander¹ ». Charlemagne exige de tous les hommes libres un serment individuel de fidélité². [Ce serment n'est pas une innovation des Carolingiens : mais il prend alors une tout autre importance et un nouveau caractère.] On voit assez que, [tel qu'il est conçu désormais], il est en contradiction avec le principe monarchique, puisqu'il suppose implicitement que l'obéissance n'est ni obligatoire, ni héréditaire, ni collective; il tend à substituer les usages de la féodalité à ceux de la monarchie. On dirait que les esprits de ce temps-là avaient perdu la notion de l'obéissance à l'autorité publique et que la fidélité personnelle était devenue l'unique principe de la discipline sociale³.

En vain Charlemagne s'appelle-t-il empereur ou auguste. Le recueil même de ses Capitulaires montre qu'il agit plus souvent comme seigneur que comme chef d'État. On y aperçoit, par exemple, qu'il obtient difficilement le service militaire des hommes libres et qu'il ne compte guère que sur ses vassaux, c'est-à-dire sur ceux dont la moindre faute peut être punie de la perte du bénéfice⁴. Dans ces capitulaires il ne s'adresse le plus souvent qu'à des fidèles et à des vassaux. Toute

---

¹ *Wala ad Ludovicum venit et humillima subjectione se ejus nutui commendans subdidit; post cum omnes Francorum proceres certatim ei obviam ire certabant* (Vita Ludovici ab Anonymo, c. 21). — [Cf. plus haut, p. 241.]

² [Voir plus haut, liv. III, tout le c. 5, et notamment p. 245 et suiv.]

³ Les liens de famille eux-mêmes semblent moins forts que le lien féodal. Louis le Pieux écrit à ses fils révoltés : il leur rappelle d'abord qu'ils sont ses fils et ajoute : *Mementote etiam quod mei vassalli estis mihique cum juramento fidem firmastis*. Vita Walæ, Bouquet, VI, 289.

⁴ L'homme libre, propriétaire en allen, ne doit le service que s'il possède quatre manses; au contraire, *quicumque beneficia habere videntur omnes in hostem veniant* (capitulaire de 807 [Boretius, p. 134]). [Voir plus haut, p. 515 et suiv.]

l'histoire de son règne le montre parfaitement obéi; mais il l'est plutôt en vertu des règles du vasselage qu'en vertu des droits de l'autorité publique.

Ceux dont Charlemagne était le seigneur étaient à leur tour les seigneurs d'autres fidèles. De là cette expression souvent employée par le prince dans ses actes législatifs, « nos hommes et ceux des autres[1] ». Toute l'autorité que Charlemagne avait sur ses vassaux, ceux-ci l'avaient sur les leurs. Il reconnaît lui-même les droits du seigneur sur ses hommes. Au lieu de juger ces arrière-vassaux, il répète maintes fois que c'est aux seigneurs qu'il appartient de leur administrer la justice. Loin de dénier aux seigneurs cette autorité judiciaire, il leur recommande incessamment d'être de bons juges et de choisir des agents inférieurs qui sachent les lois[2]. Il renonce ainsi à gouverner lui-même les populations; il se résigne du moins à n'agir sur elles que par l'intermédiaire des seigneurs. « Que chacun, dit-il, se fasse obéir de ceux qu'il a sous lui, afin que ceux-ci obéissent mieux aux ordres qui viennent de nous[3]. » Charlemagne ne compte déjà plus sur la soumission directe des classes inférieures.

La société semblait monarchique : elle était déjà féodale. C'est par les règles du patronage que le prince gouvernait l'Église; les évêchés et les abbayes étaient dans sa mainbour et sous sa défense[4]. Chaque évêque prêtait

---

[1] *Nostri et aliorum homines.... Vassi nostri et vassi episcoporum et aliorum hominum.... Cujuslibet homo sit, sive imperatoris, sive ceterorum potentium hominum* (3ᵉ capitulaire de 810, art. 5 [Boretius, p. 155]).

[2] 1ᵉʳ capitulaire de 802, art. 13 [Boretius, p. 93], *et alias passim*.

[3] 1ᵉʳ capitulaire de 810, art. 17 [Boretius, p. 155] : *De vulgari populo, ut unusquisque suos juniores distringat, ut melius obœdiant mandatis imperialibus.*

[4] *De mundeburde ecclesiarum* (2ᵉ capitulaire de 802, art. 18 [Bore-

au roi le serment de fidélité; il lui disait : « Je vous serai fidèle comme un *homme* doit l'être à son seigneur¹ ». Il « se recommandait » au roi et lui recommandait en même temps son église, c'est-à-dire tous les hommes qui dépendaient de lui². Cet hommage était de même nature, à peu de chose près, que celui que prêtaient les bénéficiaires laïques. Le contrat était conçu dans les mêmes termes et produisait à peu près les mêmes effets.

Cet évêque qui était un vassal du prince était en même temps un chef de vassaux. Il exerçait le patronage, d'abord sur les clercs, à qui il n'était pas permis de se recommander à d'autres qu'à leur évêque³, ensuite sur toute la population qui cultivait les domaines de l'Église. Il était pour tous ses hommes un seigneur, un maître : il levait sur eux des impôts; il les jugeait; il avait pour les administrer une série de fonctionnaires, qu'on appelait ses centeniers, ses *advocati*, ses *scabini*⁴.

---

tius, p. 101]; 7° de 803, art. 1 [Boretius, p. 146]. — *Karolus rex sanctæ ecclesiæ defensor humilisque adjutor* (1ᵉʳ capitulaire de 789 [Boretius, p. 53]). — *Ecclesiæ quæ sub ditione et tuitione regiminis nostri consistunt* (capitulaire de 877 [Pertz, p. 537]). — (Cf. plus haut, p. 527.)

¹ *Fidelis et obediens ero sicut homo suo seniori* (Annales de Saint-Bertin, année 876). [Plus haut, p. 527.]

² *Metropolim Senonum Weniloni qui se mihi commendaverat et fidelitatem sacramento promiserat, ad gubernandum commisi* (libellus proclamationis Caroli regis, année 859 [Pertz, p. 462]). — *Veniens Virdunum, Hattonem civitatis episcopum et Arnulphum Tullensis urbis episcopum sibi se commendantes suscepit.... Adventium episcopum in sua commendatione suscepit* (Hincmar, Annales, année 869). — *Ecclesiam mihi commissam vobis commendo* (commendatio Ansegisi, année 877 [Pertz, p. 542]). — Aussi l'évêque était-il l'homme du roi; il obéissait à ses ordres et à ceux de ses *missi* : *De episcopis vel ceteris nostris hominibus...* (6° capitulaire de 803, art. 5 [Boretius, p. 145]).

³ *Sint sacerdotes subjecti proprio episcopo nec ab eorum* POTESTATE *dissiliant, neque seculari potestati eis commendare se liceat* (capitulaire de 876, art. 8 [Pertz, p. 531]).

⁴ *Ut episcopi, abbates, atque abbatissæ advocatos atque vicedominos*

Quant aux comtes, ils étaient avant tout des fonctionnaires royaux; mais ils avaient en même temps un autre caractère. Ces hommes avaient toujours commencé leur carrière par le service du Palais ou ce qu'on appelait la milice palatine; or, pour entrer dans cette milice, il avait fallu se recommander au prince et se faire son fidèle. Ils ne renonçaient assurément pas à cette fidélité le jour où le même prince leur confiait un comté[1]. Ils s'y regardaient plutôt comme des vassaux et des bénéficiaires que comme des représentants de l'autorité publique. Toutes ces idées se confondaient d'ailleurs à tel point, que dans le langage du temps un comté était réputé un bénéfice[2].

Dès que ces comtes étaient des vassaux par rapport au prince, il était naturel qu'ils eussent eux-mêmes des vassaux[3]. Les fonctionnaires inférieurs qu'on appelait leurs vidames, leurs vicaires, leurs centoniers, leurs dizainiers, leurs scabins, étaient ordinairement nommés et révoqués par eux[4]. Il n'est guère douteux que le lien qui unissait ces subalternes au supérieur ne fût le lien de fidélité. On sait en effet que chaque comte rétri-

---

centenariosque legem scientes habeant (capitulaire de 802, art. 13 [Pertz, p. 93]; 2° de 813, art. 14 [Boretius, p. 172]). — *Scabini episcopi, abbatis* (acte de 803, dans la Patrologie latine, t. XCVII, p. 255).

[1] Louis le Débonnaire, dans une circulaire qu'il adresse aux comtes, leur dit : *Memores sitis fidei nobis promissæ* (Walter, t. II, p. 358 [Boretius, p. 304, art. 8]).

[2] *Comites qui nostra beneficia habere videntur* (5° capitulaire de 806, art. 7 [Boretius, p. 131, art. 6]). — Le mot *honor*, dans tout le IX° siècle, s'applique à la fois aux fonctions et aux bénéfices. — [Cf. plus haut, p. 433 et la n. 5 de la p. 437.]

[3] *Vassi nostri et vassi comitum* (5° capitulaire de 819, art. 27 [Boretius, p. 291]).

[4] [Cf. plus haut, p. 499 et suiv.] — Le comte était responsable de la conduite de ses subalternes : *Ut comites et centenarii juniores tales habeant in quibus securi confident* (capitulaire de 802, art. 25 [Boretius, p. 96]).

buait ses inférieurs en leur concédant des bénéfices[1]. L'entourage d'un comte, dès le temps de Charlemagne, devait ressembler un peu à une cour féodale.

L'obéissance des hommes à l'égard de ces fonctionnaires prenait la forme de la vassalité. On aimait à se recommander à eux, parce qu'ils étaient puissants; on recevait d'eux des terres bénéficiales; on se liait à eux par un serment tout personnel et l'on contractait à leur égard toutes les obligations du vassal envers le seigneur[2]. Ils auraient dû gouverner les hommes en vertu des droits de l'autorité publique : ils les gouvernaient en vertu des règles du patronage.

5° [L'EMPIRE DE CHARLEMAGNE EST DÉJÀ UN ÉTAT FÉODAL.]

Ainsi, sous une apparence de monarchie, la féodalité gagnait du terrain; elle en gagnait à la faveur de la monarchie même. Les institutions de seigneurie et de vassalité, partant du prince et rayonnant en tous sens par ses propres fonctionnaires, par les comtes qu'il nommait, par les évêques qu'il choisissait, étendaient leur réseau sur toutes les existences et pénétraient de plus en plus profondément dans les habitudes, dans les intérêts, dans les mœurs des populations. Cette société

---

[1] *Et si ministerialis comitis hoc fecerit, honorem, qualemcunque habuerit, sive beneficium amittat* (capitulaire de 819, art. 16 [Boretius, p. 284]).

[2] *Noverint iidem Hispani sibi licentiam a nobis esse concessam ut se in vassaticum comitibus nostris more solito commendent. Et si beneficium aliquod quisquam ab eo cui se commendavit fuerit consecutus, sciat se de illo tale obsequium eunom suo exhibere debere quale nostrates homines de simili beneficio senioribus suis exhibere solent. Præceptum pro Hispanis,* art. 6 [Boretius, p. 262]. — *Qui se aut comitibus aut vassis nostris se commendaverunt et ab eis terras ad habitandum acceperunt...* 2° *præceptum pro Hispanis,* apud [Boretius, p. 264].

était déjà une chaîne de vassaux, dans laquelle la sujétion avait ses degrés et montait d'un homme à un autre homme jusqu'au roi.

[On a remarqué ce fait[1]. Jamais l'autorité publique n'eut plus de représentants qu'au moment où elle allait disparaître. C'est précisément cette multiplicité d'agents qui facilitera le triomphe du système féodal. S'il y avait eu moins de fonctionnaires, il y aurait eu moins d'hommes dépendant les uns des autres : les sujets seraient restés davantage à la discrétion du roi ; l'autorité royale serait allée plus directement du prince au sujet, comme au temps de l'Empire romain ; elle ne se serait pas dispersée, affaiblie, transformée, en passant par tant de mains ; elle aurait mieux conservé son caractère. Cet excès de centralisation monarchique amènera précisément le morcellement féodal, et c'est la monarchie de Charlemagne qui fournira au nouveau système politique ses cadres et sa hiérarchie.]

Voyez une armée au temps de Charlemagne : elle ne ressemble ni aux armées de l'Empire romain ni à celles des États modernes. Le roi a convoqué ses fidèles ; chacun d'eux a réuni les siens. La troupe de chaque évêque est sous les ordres de son vidame[2] ; chaque comte est suivi de ses vicaires, de ses centeniers, des seigneurs du comté, et chaque seigneur à son tour est suivi de ses hommes[3]. Le soldat n'obéit pas au roi ; il obéit

---

[1] [Plus haut, à la page 441.]

[2] [*Capitulare Aquisgranense*]. art. 9 [Boretius, p. 171]. — Cf. Annales de Saint-Bertin, année 866 (p. 160). — [Cf. plus haut, p. 523.]

[3] *Pergat in hostem cum seniore suo* (1er capitulaire de 812 [alias 808, Boretius, p. 131, art. 1]. — Cf. capitulaire de 811, art. 8 [Boretius, p. 165]: *Sunt qui remanent et dicunt quod seniores eorum domi resideant et debeant cum eorum senioribus pergere.... Alii vero sunt qui ideo se commendant ad aliquos seniores quos sciant in hostem non*

à son seigneur et marche sous sa conduite. C'est déjà presque une armée féodale.

Voyez la cour de Charlemagne en temps de paix. Autour du roi sont ses fidèles, qui lui font cortège, qui le servent, qui garnissent son plaid. Chacun d'eux a de même autour de soi des fidèles qui lui appartiennent en propre; il en a, dit un contemporain, autant qu'il en peut nourrir et gouverner, et il est servi par eux comme le prince l'est par lui[1]. Le Palais est la réunion des courtisans du roi, dont chacun a lui-même sa petite cour.

Voyez enfin l'assemblée générale[2]. Une immense multitude est réunie dans une plaine, sous des tentes; elle est partagée en groupes distincts. Les chefs de groupes s'assemblent autour du roi et délibèrent avec lui; puis chacun d'eux fait connaître aux siens ce qui a été décidé, les consulte peut-être, obtient en tous cas leur assentiment avec aussi peu de peine que le roi a obtenu le sien, car ces hommes dépendent de lui comme il dépend du roi. L'assemblée générale est un composé de mille petites assemblées qui, par leurs chefs seuls, se rallient autour du prince. [Remarquez encore que ces assemblées, qui existaient avant les Carolingiens, prennent avec eux, dans l'État, une importance considérable. C'est précisément la conséquence des progrès du système féodal. En les réunissant, le roi trouve dans ce groupe-

---

esse profecturos. Voir encore le capitulaire de 823, art. 15 (Walter, p. 560).

[1] Hincmar, *De Ordine palatii*, c. 28 : *Tertius ordo erat... in vassallis quos unusquisque, prout gubernare et sustentare poterat, studiose habere procurabant.* — Cf. capitulaire de 809, *de disciplina palatii* [art. 1, Boretius, p. 298] : *Unusquisque ministerialis palatinus discutiat homines suos.*

[2] [Cf. plus haut, liv. III, c. 9.]

ment de la nation par fidèles un moyen de faire plus vite connaître sa volonté : il parle aux grands, les grands aux vassaux et, par les chaînons successifs de la hiérarchie des « recommandés », les rapports s'établissent rapidement entre la tête et les membres, le roi et le peuple. Ces assemblées en armes sont l'image de la société de ce temps, aristocratique et militaire. Si le roi y parle souvent en monarque, c'est un monde déjà féodal qui reçoit ses ordres.]

Au-dessus de tout cela se dresse la grande figure de Charlemagne. Il est le chef suprême de tous ces groupes. Par une série d'anneaux, tout se rattache à lui. Toute terre bénéficiale aboutit à lui; de lui émane indirectement toute fonction. Il est le centre des intérêts; il est le cœur de cette immense circulation. Il diffère des rois qui viendront après lui en ce point que la vassalité tout entière lui obéit encore et gravite autour de sa personne. L'Empire carolingien, c'est la féodalité centralisée.

Le fond de la politique de Charlemagne n'a pas été de combattre la féodalité, mais de la rattacher et de la subordonner au prince. Il a employé son énergie et son habileté à faire en sorte que toute la hiérarchie des vassaux aboutît à lui. Il a voulu qu'on ne se fît le fidèle que d'un fidèle du roi. Il s'est appliqué à ce que les seigneurs les plus élevés ne fussent que des comtes qui étaient ses fonctionnaires, ou des évêques qui étaient placés sous sa mainbour. Il espérait que, les fidèles du roi continuant à lui obéir toujours et se faisant obéir aussi de leurs propres fidèles, l'obéissance et la discipline se transmettraient ainsi de proche en proche jusqu'aux derniers rangs de la société.

C'est ce qui eut lieu, en effet, aussi longtemps qu'il vécut, et de là vint sa grande puissance. Jamais gouvernement n'exigea davantage des hommes et n'obtint plus facilement ce qu'il exigeait[1]. Guerre chaque année, armement de toute la population, impôts, fourniture de vivres, travaux des routes, rien ne lui fut refusé. Nulle réclamation ne s'éleva en faveur des libertés locales, nationales, ecclésiastiques. C'est que la sujétion reposait, pour la plupart des hommes, sur un contrat d'une singulière rigueur; ils n'étaient pas seulement des sujets, ils étaient des fidèles. Leurs biens et leur personne étaient au chef; ils devaient le service, presque la servitude. Ils tenaient au roi par un serment dont les termes vagues ne marquaient aucune limite à leur assujettissement. Ils tenaient surtout à lui par leurs intérêts, puisque le roi était le propriétaire ou le patron de presque toutes les terres. Jamais société ne fut plus fortement cimentée; jamais prince n'eut si complètement les hommes dans sa main. C'est par ce vaste système de patronage universel que Charlemagne fut l'un des plus grands souverains de l'histoire.

[Il fut de même durant tout le moyen âge le plus grand des souverains de la légende, et la tradition le grandit d'autant plus que l'œuvre qu'il avait créée se brisa plus vite après lui.] C'est souvent l'avantage des hommes qui n'ont rien fondé de durable de devenir après leur mort l'objet d'une légende populaire. Comme ils ont laissé la société dans l'incertain, la société qui a beaucoup souffert avec eux souffre encore plus après eux, et elle les regrette. Le malheur des générations qui les suivent les fait paraître plus grands. S'ils eussent fondé une œuvre solide, les peuples plus heureux les eussent peut-être oubliés.

[1] *Ut nihil in imperio moliri præter quod publicæ utilitati congruebat, auderent* (Nithard, I, 1).

Supposons que l'œuvre de Charlemagne se fût consolidée, l'Europe aurait eu un gouvernement qui aurait réuni en lui-même l'autorité publique que conférait la monarchie, l'autorité personnelle que conférait le patronage, [l'autorité religieuse que conférait le sacre], toutes absolues et sans limites. Le souverain, [déjà personnage sacré et gardien des âmes], aurait été [en outre] le chef de tout l'État, le seigneur de toutes les personnes, le propriétaire de presque tout le sol. L'Europe aurait eu le gouvernement le plus despotique qu'il soit possible d'imaginer. [C'est ce qu'a été le gouvernement de Charlemagne, et c'est pour cela que cet homme, héritier des empereurs romains, monarque absolu sur un vaste empire, seigneur de la plus vaste réunion de fidèles qui fût jamais, oint par l'Église et surveillant des consciences, est devenu dans l'esprit des générations suivantes le type idéal de la grandeur et de la sainteté.]

CHAPITRE V

De la dissolution de l'Empire carolingien; [les fidèles se partagent entre plusieurs chefs].

Mais, pour que cette grandeur se continuât, il eût fallu [que les successeurs de Charlemagne fussent assez forts pour concilier, comme il l'avait fait, et pour retenir également l'autorité du monarque absolu et le commandement des vassaux. Il eût fallu] que la chaîne des seigneurs et des fidèles conservât son unité et qu'elle restât dans les mains des rois.

[La faiblesse des princes, la lassitude des sujets, et, plus encore, l'impossibilité de concilier plus longtemps deux systèmes contradictoires et d'imposer à la société d'un vaste empire une cohésion trop grande et une tension trop forte, tout cela brisa la chaîne des fidèles et détruisit l'œuvre de Charlemagne :] il allait venir un moment où les institutions monarchiques tomberaient et où les institutions féodales resteraient seules.

1° [QUE LE DÉMEMBREMENT DE L'EMPIRE CAROLINGIEN N'EST POINT DÛ A LA DIVERSITÉ DES RACES.]

Charlemagne avait réuni en un seul corps toutes les populations chrétiennes depuis l'Èbre et le Garigliano jusqu'à l'Oder. Germains du Nord et Germains du Midi, Gaulois et Italiens, il avait tout associé en un seul État. Il meurt en 814; vingt-neuf ans après sa mort, l'unité est déjà rompue, et au lieu d'un Empire il y a trois royaumes. Quarante ans plus tard, d'un seul de ces royaumes il s'en est formé sept. Un siècle encore se passe, et dans la France seule on peut compter plus de cinquante États presque indépendants.

Plusieurs historiens modernes ont attribué le déchirement de cet Empire à la diversité des races qui le composaient. C'est une hypothèse que la lecture des documents n'autorise pas. Jamais les races ne se sont si facilement mêlées et n'ont eu moins d'antipathie l'une pour l'autre qu'à cette époque. Qu'on lise les lettres qui nous sont parvenues des personnages du temps, on sera frappé d'y voir que la distinction de race n'y est jamais présentée comme un principe de haine. On y remarquera que les hommes se déplaçaient volontiers, qu'ils se transportaient d'un bout à l'autre de l'Empire sans se croire étrangers nulle part et sans que la différence d'origine fût une cause de mésintelligence. Il y avait des Saxons et des Espagnols en Gaule, comme il y avait des Gallo-Francs en Saxe et en Italie. Les peuples se mêlaient incessamment par des mariages[1].

Il faut se garder de porter dans les études historiques des idées préconçues. Les esprits modernes sont préoccupés de la diversité des races et de leurs luttes ; mais ce serait une grave erreur d'attribuer une pareille préoccupation aux hommes des temps passés. Les écrits du ixe siècle ne signalent aucune différence de sentiments ou d'idées entre l'Austrasien et l'Italien, entre l'Aquitain et le Bavarois. Chacun de ces peuples, objecte-t-on, avait sa loi particulière ; cela est vrai ; mais il faut songer combien ces lois se ressemblaient. La législation romaine, qui différait seule de toutes les autres, était plutôt la loi de l'Église et de tous ceux qui lui obéissaient, que la loi d'une race. Depuis les Pyrénées jusqu'à l'Elbe, la justice était rendue de la même façon. Comparez les capitulaires que Charlemagne fait pour les Lombards, pour les Bavarois, pour les Aquitains ; vous n'y trouverez que de très légères différences. La constitution sociale était partout la même ; c'étaient les mêmes classes et les mêmes rangs, le même servage et le même colonat, la même *recommandation* et la même vas-alité, la même propriété allodiale et la même jouissance bénéficiaire. L'Italie, la Gaule, l'Allemagne n'avaient qu'une religion ; elles n'avaient aussi qu'une seule langue offi-

---

[1] Cela se voit, non seulement par les Chroniques et les diplômes, mais même par les lois. Voir capitulaire de 787, art. 10 [Boretius, p. 199] ; de 806, art. 12 [Boretius, p. 129]. La loi devait prévoir le cas où un homme qui s'était marié dans une contrée était obligé d'en aller habiter une autre.

cielle, qui était le latin. Chacun pouvait parler en même temps une langue vulgaire, mais personne ne pensait en ce temps-là que la langue pût être un signe d'inimitié.

D'autres ont dit que l'Empire de Charlemagne avait été fondé par la conquête, et que la dissolution de cet Empire répondait à un désir d'affranchissement chez les peuples. C'est encore là une pensée dont on ne trouve aucun indice chez les contemporains. Charlemagne n'avait pas été le chef d'une race; ses guerriers n'avaient pas été les seuls Francs; ces Francs n'avaient exercé avec lui aucune domination, n'avaient reçu de lui aucun privilège. Aucun document ne signale une race conquérante ou une race maîtresse. Dans tous les Capitulaires, les races sont traitées sur le même pied, placées au même niveau. Les Saxons seuls furent véritablement conquis, et ils le furent par des guerriers qui appartenaient à toutes les races de l'Empire.

On a dit enfin que le sentiment de nationalité avait surgi à cette époque, et que l'Italie, la Gaule, l'Allemagne avaient brisé l'unité carolingienne pour se constituer en nations distinctes. C'est supposer chez les hommes du IX° siècle des sentiments qui n'ont paru dans l'âme humaine que quatre siècles plus tard. L'idée de former des nations n'apparaît alors dans aucun esprit; aussi ces guerres civiles n'en ont-elles fondé aucune. Il est assez visible que, si l'unité a été rompue, ce ne sont pas les nationalités qui en ont pris la place.

Celui qui étudie ces événements dans les récits que les contemporains nous en ont laissés, et qui s'applique à s'en faire la même idée que les contemporains s'en sont faite, remarque d'abord deux choses : l'une, que la haine de race et l'amour de la patrie sont des sentimonts étrangers aux hommes de cette époque; l'autre, que ces hommes, qui se font si souvent la guerre entre eux, ne se divisent ni suivant les races ni suivant les nations. Louis le Débonnaire a des Neustriens et des Bourguignons dans son armée comme il a des Germains, et des hommes de ces trois populations sont en même temps dans les armées rebelles[1]. Il est renversé et rétabli tour à tour par des Germains. Quand, après sa mort, ses trois fils se combattent, nous voyons dans l'armée de Lothaire des Neustriens et des Saxons aussi bien que des Austrasiens; Louis le Germanique a derrière lui des Austrasiens comme il a des Saxons; la moitié des Aquitains est avec Charles le Chauve et l'autre moitié avec Lothaire. Ce qui frappe surtout, au milieu de ces longues luttes, c'est que les mêmes peuples, les mêmes hommes, sont un jour dans une armée, et un autre jour dans l'armée opposée. Nithard, qui fut témoin et acteur dans tous ces conflits, et qui en a connu tous les secrets, n'a pas un mot qui dénote que chaque nation eût une politique ou une aspiration qui lui fût particulière. Dans le drame qu'il raconte, les personnages ne sont pas des nations, ce sont des individus, et ils ne luttent manifestement que pour des intérêts individuels[2].

Nous avons essayé plus haut de marquer le vrai caractère de l'unité carolingienne. La famille d'Héristal avait grandi par le patronage. Pépin de Landen, Pépin d'Héristal, Charles Martel avaient groupé autour d'eux, par le lien de la recommandation et de la vassalité, presque toutes les terres et presque toutes les personnes

---

[1] *Vita Ludovici ab Anonymo*, 49, 50; Nithard, I, 4.
[2] Tout au plus faut-il excepter quelques hommes d'Église. Voir Himly, *Wala et Louis le Débonnaire*.

humaines. Pépin le Bref et Charlemagne avaient hérité de ce grand rôle de *patron* universel et l'avaient étendu à l'Italie et à la Germanie. Ces mêmes princes avaient pris, il est vrai, la couronne de roi, la couronne d'empereur; mais c'était surtout par la *fidélité* qu'ils avaient gouverné les hommes.

La vraie unité en ce temps-là, la seule que la majorité des esprits pût concevoir, la seule à laquelle les habitudes et les intérêts fussent attachés, ce n'était pas l'unité de lois, de patrie, de race, de langue, c'était simplement la fidélité à un seul seigneur suprême. Telle était l'espèce d'unité qui était en vigueur sous Charlemagne; c'est elle aussi qui disparut après lui.

[LES PARTAGES SOUS CHARLEMAGNE.]

Il ne faut pas perdre de vue qu'il n'y avait aucun rapport entre la fidélité et l'autorité publique. Charlemagne était à la fois un chef de fidèles et un empereur; mais ce n'était pas parce qu'il était empereur qu'on se faisait son fidèle; c'est parce qu'il était le propriétaire d'une immense quantité de terres bénéficiales, le patron de toutes les églises, le patron d'une multitude de recommandés, le seigneur d'une foule de vassaux.

Ce patrimoine était héréditaire; les lois germaniques aussi bien que les lois romaines exigeaient que les domaines fussent transmis du père au fils et partagés entre les frères. On aurait compris que l'autorité publique fût indivisible : on ne pouvait pas comprendre que le patrimoine le fût. Or ce patrimoine se composait de terres bénéficiales et de droits de patronage. Toute la série des bénéficiers, des clients, des protégés y était donc attachée et devait se partager avec lui.

Cette règle très simple était contenue implicitement dans tous les codes et gravée dans tous les esprits. Depuis Clovis, le patrimoine et la truste avaient toujours été partagés. Charles Martel et Pépin le Bref avaient divisé leur succession entre leurs fils. Charlemagne lui-même, quand ses trois fils étaient encore vivants, avait fait un partage[1].

Ce que Charlemagne partageait ainsi, ce n'était pas l'autorité publique; il la gardait tout entière dans sa main: « Nous entendons, disait-il[2], qu'aussi longtemps que nous vivrons, notre puissance s'exerce sur tous les États qui nous ont été donnés par Dieu, qu'elle reste telle qu'elle a été jusqu'à ce jour, avec une pleine autorité royale et impériale, que nos fils nous soient obéissants, et que le peuple demeure en notre sujétion. » Il ne songeait pas davantage à séparer les nations; il n'y a pas dans ces actes de partage un seul mot qui indique que les nations aient demandé à être séparées ou que l'empereur se préoccupe d'un tel vœu; ils marquent au contraire, par une série de dispositions précises, que les différentes parties de l'Empire continueront à former une même société politique. Ce qui se divisait, c'était l'ensemble des bénéfices, des offices, et la fidélité qui était attachée à chacun d'eux.

Tel est le vrai sens de ces partages. On s'en convaincra en examinant avec attention chacun d'eux.

---

[1] Les filles n'entraient pas dans ces partages, apparemment parce qu'elles ne pouvaient pas exercer le *mundium* ni aucun des droits du patronage.

[2] *Decrerimus ut, quandiu divinæ majestati placuerit nos hanc corporalem agere vitam, potestas nostra sit super a Deo conservatum regnum istud, sicut hactenus fuit, in regimine et omni dominatu regali atque imperiali, et ut obedientes habeamus filios nostros atque populum nostrum cum omni subjectione.* Charta divisionis, année 806, art. 20 [Boretius, p. 130]

Charlemagne en a fait un premier en 781 entre ses trois fils; or le biographe de l'un d'eux, Louis d'Aquitaine, nous montre que ce roi ne jouissait nullement dans son royaume de la souveraineté politique : il devait obéir à tous les ordres de son père, se rendre à ses plaids[1], le suivre dans ses expéditions. Il y a plus : les commissaires nommés par Charlemagne, ses *missi*, parcouraient l'Aquitaine comme les autres provinces et y faisaient acte d'autorité[2]. Par contre, le roi d'Aquitaine distribuait à sa guise les offices, les évêchés, les abbayes, les terres bénéficiales; sa liberté à cet égard était si grande, que Charlemagne s'aperçut un jour que le jeune Louis en avait abusé et qu'il avait fait don de tous les domaines[3].

La charte de partage dressée par Charlemagne en 806 ne divise pas non plus l'autorité publique, puisqu'elle la fait reposer tout entière sur la tête de l'empereur; mais elle décide avec un soin singulier que les *fidèles* devront *se recommander* à l'un ou à l'autre de ses trois fils[4]. Ce qui semble préoccuper surtout l'empereur, c'est la crainte qu'après sa mort ses fils ne se disputent les fidèles, comme cela s'était toujours fait sous les Mérovingiens; il redoute aussi que les fidèles ne s'a-

---

[1] *Vita Ludovici ab Anonymo* [c. 6, 7, 8 : *Accepit ab eo mandatum... Cui obediens ... Misit ad illum pater*, etc.].

[2] *Ibidem* [c. 7 : *Habuit secum missum sibi a patre....* C. 15 : *Misit ei missum suum...* C. 17, etc.].

[3] *Ibidem* [c. 6 : *Didicit* (Charles) *ab illo* (Louis) *quia privatis studens quisque primorum negligens publicorum,* DUM PUBLICA VERTUNTUR IN PRIVATA, *nomine tenus dominus factus sit omnium pene indigus*].

[4] *Homines uniuscujusque eorum accipiant beneficia unusquisque in regno domini sui et non in alterius* (ibidem, art. 9). Il s'agit uniquement ici des terres bénéficiales; quant aux propriétés allodiales, le même homme peut en posséder dans les trois royaumes : *Hereditatem suam habeat in quocunque regno* (*charta divisionis*, année 806).

gitent et ne passent de l'un à l'autre au gré de leurs caprices[1].

3° [LES PARTAGES SOUS LOUIS LE DÉBONNAIRE.]

Le partage de 817 a le même caractère. Louis le Débonnaire y déclare dans les termes les plus formels que, non seulement il garde de son vivant la souveraineté tout entière, mais que même après sa mort il n'y aura qu'un seul empereur, qu'un seul chef politique; les deux frères plus jeunes obéiront à l'aîné; ils devront assister à ses plaids, lui rendre compte de leur administration, le suivre dans ses guerres; ils ne pourront ni contracter des alliances, ni envoyer des ambassadeurs, ni en recevoir; ils ne pourront même pas se marier sans l'autorisation de l'empereur[2]. Mais en même temps chacun des trois frères a, dans la circonscription qui lui est assignée, la libre disposition des terres bénéficiales, la collation des offices, le patronage

---

[1] Aussi Charlemagne défend-il à ses fils, non seulement d'attirer les fidèles d'un autre, mais même de les recevoir (art. 7 et 8).

[2] *Nequaquam nobis nec his qui sanum sapiunt visum fuit ut unitas imperii a Deo nobis conservati divisione humana scinderetur. Itaque placuit nobis.... Hlotarium successorem imperii constitui.... Pippinus et Hludowicus, sub seniore fratre, regali potestate potiantur.... Volumus ut semel in anno ad seniorem fratrem cum donis suis veniant. ... Volumus ut nec pacem nec bellum contra exteras nationes absque consensu senioris fratris suscipere praesumant.... De legatis vero, si ob exteris nationibus directi fuerint, nullatenus sine senioris fratris conscientia eis respondeant. ... Volumus etiam ut si alicui illorum tempus nubendi veniret, cum consilio et consensu senioris fratris uxorem ducat.* Charta divisionis, année 817 [Boretius, n° 136, p. 270-273]. — Il est hors de doute que la partie principale de l'acte de 817 fut de faire couronner Lothaire empereur, afin d'assurer l'unité; c'est ce que marquent bien Éginhard dans ses Annales, et la Chronique de Moissac. Les chroniqueurs ont vu dans cet acte une œuvre d'union et non pas une œuvre de division (voir Patrologie, t. XCVII, col. 375).

des églises et la nomination des évêques et des abbés[1]. Par là tous les fidèles se partagent entre eux, se recommandent et se lient à l'un d'eux par serment. Chacun des trois fils devient ainsi, non un souverain dans le sens moderne du mot, mais un chef de fidèles.

Un nouveau partage fut opéré en 837 et les mêmes principes y prévalurent encore. L'annaliste, voulant tracer la part qui fut assignée à Charles le Chauve, dit qu'il eut tout ce qui est situé entre la Seine, le Rhin et l'Océan, « c'est-à-dire les évêchés, les abbayes, les comtés, les domaines fiscaux et tous les biens situés dans ces limites, avec leurs dépendances[2] ». Il ajoute que « les évêques, les abbés, les comtes, les vassaux royaux, tous ceux qui tenaient des bénéfices dans la contrée, durent venir se recommander à leur nouveau seigneur et lui prêter serment de fidélité[3] ».

On voit par tout cela de quoi il s'agissait dans ces partages ; on comprend aussi pourquoi les souverains les faisaient. Si Charlemagne a partagé sa succession de son vivant, si Louis le Pieux a fait de même, il faut qu'ils aient eu un motif puissant. Nous ne devons pas oublier que le bénéfice était viager et qu'il cessait aussi bien par la mort du concédant que par celle du concessionnaire ; il en était de même pour le lien de patronage et de fidélité. Supposons le cas où un de ces puissants princes serait mort sans avoir fait aucun partage : cette

---

[1] *Volumus ut in cunctis honoribus intra suam potestatem distribuendis propria potestate poliantur; tantum ut in episcopatibus et abbatiis ecclesiasticus ordo teneatur, et in ceteris honoribus dandis honestas et utilitas servetur* (ibidem, art. 5).

[2] *Omnes videlicet episcopatus, abbatias, comitatus, fiscos, et omnia intra prædictos fines consistentia cum omnibus ad se pertinentibus* (Annales de Saint-Bertin, édit. Dehaisnes, p. 26).

[3] *Episcopi, abbates, comites et vassalli dominici in memoratis locis*

mort eût aussitôt brisé les milliers de contrats de fidélité et de recommandation qui avaient été conclus personnellement avec lui. Chaque bénéficier eût perdu immédiatement son bénéfice, chaque comte son comté ; de même chaque évêque et chaque abbé, en gardant intacte sa dignité ecclésiastique, eût perdu la mainbour royale qui lui assurait ses biens et son autorité temporelle. C'eût été la rupture brusque et complète de toute possession, la mise en suspens de tous les intérêts, de tous les droits, de tous les pouvoirs. L'imagination a de la peine à se figurer le trouble immense qui se fût abattu sur tout ce vaste Empire. C'est pour cette raison qu'un partage anticipé était nécessaire ; si le prince ne l'eût pas voulu au nom de l'intérêt social, la foule des fidèles l'eût réclamé au nom de l'intérêt de chacun [1].

Il y a encore dans ces actes de partage un point qui n'a pas été assez remarqué. Les chroniqueurs qui les rapportent ne manquent jamais d'observer qu'ils ont été accomplis en présence des fidèles et avec leur consentement. On se tromperait si l'on voyait là une sorte d'élection des nouveaux rois. La royauté était héréditaire [en ce sens qu'on la jugeait en ce temps-là inséparable de la famille carolingienne] [2]. Louis le Pieux avait été sacré roi dès l'âge de trois ans et il s'intitulait « roi et empereur par la grâce de Dieu » [3]. Il était admis sans contestation que le titre et l'autorité de

beneficia habentes Karolo se commendaverunt et fidelitatem sacramento firmaverunt (ibidem).

[1] Aussi peut-on reconnaître dans le préambule de l'acte de 817 qu'il y a eu une demande adressée à l'empereur par les fidèles : *Actum est ut nos fideles nostri admonerent*, etc.

[2] [Cf. plus haut, liv. III, c. 4, en particulier p. 263 et 264.]

[3] *Ludovicus divina ordinante providentia imperator augustus.* Voir Capitulaires, *passim*; Anségise, dans sa préface, appelle Louis auguste et Lothaire césar, tous les deux *divina ordinante providentia.*

roi suivissent l'ordre de la naissance. C'était au contraire pour le partage des terres bénéficiales et des offices que les fidèles étaient consultés et que leur assentiment était nécessaire. A ces terres et à ces offices, en effet, était attachée la fidélité des hommes qui les occupaient. Or cette fidélité, qui était toute personnelle et qui s'établissait par contrat volontaire, ne pouvait pas être léguée et partagée sans l'aveu des fidèles. Lors donc qu'un prince voulait distribuer entre ses fils une succession qui était un vaste ensemble de bénéfices et de droits de patronage, il fallait qu'il convoquât tous les bénéficiers et tous les fidèles et qu'il demandât à chacun d'eux s'il entendait conclure avec l'un de ses fils le même contrat qu'il avait conclu avec lui. Le lien de patronage et de fidélité était alors renouvelé individuellement entre chacun des fils du prince et chacun des vassaux[1].

Toutes ces règles ne venaient pas du caprice des hommes ; elles dérivaient des conceptions qui régnaient dans tous les esprits. Il n'en est pas moins vrai qu'elles donnaient lieu à de grandes difficultés et qu'elles pouvaient devenir des causes de conflits et de guerres civiles.

Il y avait en effet une contradiction entre l'indivisibilité de l'Empire et le partage de la fidélité. L'unité de

---

[1] C'est pour cela que nous trouvons à chaque partage le *consensus fidelium*, le *sacramentum fidelitatis* et un *testamentum* ou diplôme portant la signature des principaux fidèles. Voir Éginhard, *Annales*, année 806 ; *Vita Caroli*, c. 30 ; *Annales*, année 817 ; Nithard, I, 6 ; Thégan, c. 6 ; Annales de Saint-Bertin, année 837. Éginhard ajoute que le *testamentum* de 817 fut porté au pape ; c'est que l'évêque de Rome était un des principaux fidèles ; on lui demandait, comme aux autres, d'apposer sa signature à l'acte qui modifiait sa mainbour. — [Cf. plus haut, liv. III, c. 4, notamment p. 277 ; cf. aussi p. 241 et tout le c. 5.]

l'État était comprise par trop peu d'esprits et touchait à trop peu d'intérêts pour qu'elle pût subsister après que l'unité du corps des fidèles aurait été rompue.

On le vit bien dès le règne de Louis le Pieux. Lui qui était le seul souverain et le véritable empereur, il fut à la merci des fidèles dont ses trois fils étaient les chefs. Il fut détrôné ou rétabli sur le trône suivant que la majorité des fidèles voulait qu'il cessât de régner ou qu'il redevînt roi. L'autorité politique fut dans ses mains une arme sans valeur; il n'est pas bien sûr qu'elle en aurait eu davantage dans celles de Charlemagne.

L'occasion de ces luttes fut la naissance d'un quatrième fils. Il ne venait à l'esprit de personne que le jeune Charles dût être déshérité; un nouveau partage était donc nécessaire, mais ce nouveau partage créait une singulière difficulté : il ne réduisait pas seulement la part des trois princes du premier lit; il modifiait encore la situation des trois chaînes de fidèles qui s'étaient formées derrière eux. L'existence de chaque bénéficiaire était troublée; il fallait changer de seigneur, renouveler le serment, contracter un lien nouveau. Si les hasards du partage faisaient que la terre qu'on possédait changeât de prince, on se voyait dans l'alternative ou de la perdre ou d'avoir au moins à la demander une seconde fois. Il pouvait arriver qu'on eût été l'ennemi d'un des trois princes et qu'on se trouvât placé par le partage dans le lot de celui-là. Il fallait alors ou se recommander à un chef qu'on n'aimait pas, ou perdre sa terre et essayer d'aller fonder dans un autre pays un nouvel établissement.

Ce n'est pas tout. Il était contraire au principe de la fidélité et aux termes mêmes du serment que l'on

DE LA DISSOLUTION DE L'EMPIRE CAROLINGIEN.

fût le vassal de deux seigneurs à la fois, et par conséquent que l'on tint des bénéfices de deux princes. Or les populations étaient tellement mêlées depuis plusieurs générations, qu'il était fréquent qu'un même homme possédât des terres bénéficiales dans plusieurs contrées de l'Empire; dès que le lot d'un prince se trouvait réduit, beaucoup de ses fidèles se voyaient obligés de renoncer à une partie de leurs bénéfices ou de leurs offices. Chaque partage nouveau portait le trouble et l'incertitude dans tous les intérêts [1].

On s'explique ainsi les longues guerres civiles qui remplirent le règne de Louis le Pieux. Son premier partage n'avait pas été une œuvre facile [2]; le second et le troisième soulevèrent les plus violentes réclamations. Un évêque fut en droit de lui dire : « Vous avez tout bouleversé; vous faites murmurer les populations de tous ces serments divers que vous exigez d'elles. » Le même évêque ajoutait : « On a prêté serment d'abord à l'empereur-père; on l'a prêté ensuite à l'empereur-fils (Lothaire); on l'a prêté ensuite aux rois-fils; il faut le prêter maintenant à un enfant (Charles le Chauve). » Et Louis le Pieux, dans sa pénitence publique, s'ac-

---

[1] Ajoutez un autre inconvénient. Les églises possédaient des domaines souvent fort éloignés du chef-lieu épiscopal ou abbatial; celles de la Gaule avaient des terres en Aquitaine et en Italie. Or nous avons vu que toutes ou presque toutes ces terres étaient en *recommandation*, ce qui leur donnait quelque analogie avec les terres bénéficiales et permettait aux princes d'en disposer à titre de patrons. Il se trouvait donc qu'un évêché ou une abbaye située dans la part d'un prince et sous son patronage avait des terres situées dans le lot et sous le patronage d'un autre prince. On devine les difficultés qui naissaient de là; il y est fait une allusion très claire dans les Annales de Saint-Bertin, p. 21, et dans la Vie de Louis le Pieux par l'Anonyme, c. 55. Les églises étaient, en général, favorables à l'unité de l'Empire pour la raison que nous venons d'indiquer; cette unité était conforme à leurs intérêts.

[2] On le voit par le préambule de l'acte de 817.

cusait lui-même « d'avoir troublé la paix en exigeant des hommes des serments contradictoires[1] ». La fidélité était, par nature, bien assez instable et versatile sans que celui qui en devait être le chef lui enseignât encore à se déplacer au gré des passions ou des intérêts de chacun.

On a voulu assigner à ces grandes querelles des causes analogues à celles qui déterminent les événements à notre époque. On a cru voir une lutte de classes : mais tous ces partis étaient composés des mêmes éléments ; dans les deux camps on trouvait à la fois des leudes et des évêques[2]. D'autres ont cru voir une lutte de nations : mais les documents montrent qu'il y avait dans chaque armée des hommes de toute nation, et ils montrent aussi que chaque nation a soutenu tour à tour l'un et l'autre parti. L'historien Nithard, qui a vu ces événements, ne signale ni lutte de classes ni lutte de peuples ; il dit simplement « que chaque homme ne songeait qu'à son intérêt personnel et qu'on ne pensait pas au gouvernement[3] ». C'est que, la chaîne de la fidélité s'étant rompue, il s'était formé plusieurs séries de fidèles : l'une s'attachait au père, les autres à chacun des fils ; elles se disputaient les dignités, les bénéfices, les comtés, les évêchés, les abbayes, les terres, les péages, en un mot tous les profits par lesquels la fidé-

---

[1] [*Murmuratio est nunc inter homines propter contraria et diversa juramenta*], Agobard, *Epistola de divisione imperii, apud* Bouquet, t. VI, p. 567-568 ; Himly, p. 155, 170, 175.

[2] Il y a des évêques qui réclament le retour à l'acte de 817 ; il y en a d'autres en aussi grand nombre qui s'y opposent (*Vita Ludovici ab Anonymo*, c. 48). Cf. Nithard, II, 9.

[3] *Quoniam quisque eorum propria quærebat, rempublicam penitus negligebant* (Nithard, I, 4). *Respublica, quoniam quisque cupiditate illectus sua quærebat, quotidie deterius ibat* (idem, I, 3). — [Voir de même à l'époque des Mérovingiens, plus haut, liv. I, c. 7.]

lité se payait. Spoliations, destitutions, envahissement des églises ou des terres bénéficiales, puis retour des anciens possesseurs et nouvelles expulsions, voilà le résultat de chaque revirement et de chaque victoire. C'est « la fidélité » se déchirant et s'entr'égorgeant.

Seulement, comme la fidélité à cette époque enserre presque toute la population, la guerre civile est partout. Les historiens racontent surtout les querelles des fils contre le père ou des fils entre eux ; mais il faut songer que chacun de ces hommes a derrière soi une série de fidèles qui le poussent au combat parce qu'il faut qu'il satisfasse leurs appétits et leurs convoitises, et l'on doit songer encore que cette horrible querelle entre les membres de la famille royale n'est que l'expression abrégée d'une multitude incalculable de conflits qui se répétaient sur toutes les parties du territoire[1].

4° LE TRAITÉ DE VERDUN DE 843.

Le vrai caractère des événements qui amenèrent le traité de Verdun, et de ce traité lui-même, est clairement marqué dans les écrivains contemporains.

---

[1] Voir Annales de Saint-Bertin, édit. Dehaisnes, p. 21 ; *Vita Ludovici ab Anonymo*, c. 55. — *Vita Walæ*, p. 498 : *Quem (Wala) secuti sunt jam* EXPULSI ET DEJECTI RECTORES ET PRIMI PALATII, *flentes et lugentes quod ab uno impudico violarentur omnia jura imperii, pellerentur optimi quique et opprimerentur ubique clarissimi viri*. Le chroniqueur dans cette phrase laisse voir à la fois les intérêts qui faisaient agir les hommes, et les prétextes dont ils coloraient leurs actions. Si ces comtes et ces ministres destitués représentaient leur destitution comme le renversement de tous les droits de l'Empire, il est probable que les ministres et comtes qui prenaient leur place représentaient leur triomphe comme la sauvegarde de ces mêmes droits. A travers ces conflits d'ambitions égoïstes, on rencontre sans cesse des formules générales, *pro utilitate patriæ, pro communi salvamento*. Cette phraséologie, que l'on trouve déjà dans les siècles précédents, ne doit pas tromper l'historien ; dans les guerres

À la nouvelle de la mort de son père, dit l'historien Nithard, Lothaire fit savoir partout qu'il laisserait les bénéfices et les dignités à tous ceux qui les possédaient déjà, pourvu qu'ils se fissent ses fidèles¹. Beaucoup d'hommes, « par désir d'acquérir ou par crainte de perdre », se donnèrent à lui. Quant à ceux qui avaient précédemment prêté serment à l'un de ses frères, il les mit dans l'alternative ou de perdre leurs bénéfices ou de lui prêter serment à lui-même².

Le but que poursuivait Lothaire était bien visible. Il avait le titre d'empereur et une suprématie incontestée sur ses deux frères; mais, non content de cela, il voulait être le chef unique des fidèles, et reconstituer à son profit l'unité du patronage.

Ses deux frères, de leur côté, ne lui contestaient ni le titre d'empereur ni cette suprématie de nature politique qui lui avait été assurée; mais ils voulaient que les fidèles fussent partagés. Charles le Chauve se plaignait dès le premier jour que son frère aîné « lui enlevât ses hommes³ ». On vit alors chacun des trois frères se hâter « de s'attacher des fidèles, soit par la

---

civiles, les principes dont on parle le plus sont souvent ceux auxquels on pense le moins. Ici en particulier, à regarder le détail des faits et les perpétuels revirements des personnes, on reconnaît bien que ces formules générales ne correspondaient pas aux sentiments qui occupaient les âmes.

¹ *Audiens Lotharius patrem suum obiisse, confestim nuntios ubique mittit, promittens unicuique honores a patre concessos se concedere et eosdem augere velle. Dubios quoque fidei sacramento firmari praecepit* (Nithard, II, 1).

² *Quoniam ad ipsum se vertere frustrata fide noluerunt, honoribus quos pater illis dederat, privavit* (idem, II, 2). — *Elegerunt potius fidem omittere, juramento contemnere, quam facultates relinquere* (idem, II, 3).

³ *Suos sibi subtrahens* (Nithard, II, 3). — *Nam suorum hominum sollicitatos quosdam suo juri Lotharius adjecit* (idem, II, 8).

force ou la menace, soit par des dons de bénéfices et par des arrangements particuliers[1] ».

L'esprit de nationalité était si peu ce qui déterminait le choix des hommes, que beaucoup de seigneurs neustriens, un abbé de Saint-Denis, un comte de Paris, les grands du pays de Chartres, se firent les fidèles de Lothaire[2], tandis que des grands de la Bourgogne et de l'Aquitaine étaient les fidèles de Charles le Chauve[3]. Il en était de même en Germanie, où une partie des guerriers quittaient Louis le Germanique, pour se donner à Lothaire[4]. En général, chacun choisissait son chef suivant son intérêt personnel ; on se déclarait pour celui des trois dont on espérait des dignités ou des terres ;

---

[1] *Hludowicus et Karolus, alter ultra, alter citra Rhenum, partim vi, partim minis, partim noxonibus, partim quibusdam conditionibus, omnes sibi vel subdunt vel conciliant* (Annales de Saint-Bertin, année 841).

[2] *Hilduinus abbas Sancti Dionysii et Gerardus comes Parisii civitatis, a Karolo deficientes, fide frustrata, ad Lotharium venerunt* (Nithard, II, 5). — *Lotharius Sequanam excessit præmittens qui inter Sequanam et Ligerim degentes partim minis partim blanditiis subducerent. Ipse Carnutenam civitatem tendebat ; quumque Theodericum, Ericum et hos qui illum sequi deliberaverant ad se venturos didicisset....* (idem, II, 5).

[3] *Interea Karolus Teotbaldum et Warinum cum quibusdam e Burgundia ad se venientes excepit* (Nithard, II, 5). — *Omnes Aquitanos qui suæ parti favebant post se venire præcepit ; insuper quicunque e Burgundia sui juris esse vellent* (idem, II, 6). — La Chronique d'Adémar place les Aquitains dans le parti de Charles le Chauve : *Lotharius ex una parte cum exercitu Italiæ, Carolus et Ludovicus ex altera cum Germanis, Francis et Aquitanis* (Chronicon Ademari Chabannensis monachi S. Eparchii Engolismensis, apud Bouquet, VII, 225). Il ajoute même un détail précis et significatif : dans la bataille de Fontanet, Lothaire fut d'abord vainqueur ; l'arrivée inattendue des guerriers de Provence et du comte de Toulouse fit recommencer le combat et décida la perte de Lothaire : *Victor extitit Lotharius, sed subito Warinus dux cum Provincianis et Tolosanis superveniens, super Lotharium irruit fugatusque est et victus Lotharius* (ibidem, année 841).

[4] Nithard, II, 7. — Annales de Fulde, année 841 : *Hlotharius Moguntiacum veniens, Saxones cum filio suo Lothario obviam sibi venire præcepit.*

les plus prudents attendaient de savoir lequel des trois serait le plus fort[1].

Les trois frères, après d'inutiles pourparlers, se rencontrèrent dans la plaine de Fontanet. Chacun d'eux avait derrière soi une armée de fidèles, c'est-à-dire des ducs, des comtes, des évêques, des abbés, des vassaux[2], qui s'étaient attachés à sa fortune. Les Italiens et la majorité des Austrasiens étaient avec Lothaire, qui avait aussi beaucoup de Neustriens, d'Aquitains, d'Alamans et de Saxons[3]. Il y avait aussi des Neustriens, des Aquitains et des Saxons dans l'armée adverse. Ni les uns ni les autres n'étaient poussés par un sentiment patriotique ou une haine de race; du moins les documents ne portent trace de rien de pareil. Il est visible, dans les récits de Nithard et de l'Annaliste de Saint-Bertin, que ces armées n'avaient pas été formées par des levées nationales : elles n'étaient que des troupes de vassaux[4]. Chacun de ces guerriers, laïque ou ecclé-

---

[1] *Qui adhuc causa timoris neutri se copulaverant* (Nithard, II, 9).

[2] *Comites, abbates, episcopos* (Nithard, II, 6).

[3] Voir Annales de Saint-Bertin, p. 47. Cf. Nithard, IV, 2 : *Nobilitas Saxonum in duabus partibus divisa, una Lotharium, altera Ludovicum secuta est.* Idem, III, 3 : *Lotharius habebat tam Saxonum quam et Austrasiorum necnon et de Alamanis partem haud modicam secum.* D'autre part, Charles et Louis avaient avec eux des Saxons, des Gascons, des Austrasiens, des Bretons (Nithard, III, 6).

[4] Ce qui a trompé quelques historiens modernes, c'est que les Chroniques emploient dans le récit de ces faits le mot *populus*; mais on sait assez que les mots changent de sens avec le temps, surtout avec l'état social. Le terme de *populus*, depuis trois siècles, était employé pour désigner une armée; il était absolument synonyme de *exercitus*. Voir Grégoire de Tours, II, 31 et 40; VII, 33 [*La Monarchie franque*, p. 295]; *Gesta regum Francorum*, 17; *Vita Ludovici ab Anonymo*, c. 48: *Quum pæne omnis populus* (l'armée de Louis le Débonnaire) *ad eos more torrentis deflueret*; Annales de Saint Bertin, année 833 : *Pravis persuasionibus populum qui cum imperatore venerat deceperunt ita ut omnes eum dimitterent*; Nithard, I, 4 : *Juxta montem Sigwaldi castra ponunt ac variis affectionibus populum ut a patre deficeret filii compellunt*. De

siastique, était un fidèle qui, directement ou médiatement, *tenait* de l'un des trois princes, et qui, en soutenant la cause de ce prince, combattait en réalité pour la conservation de son office ou de sa terre.

Quant aux trois princes, ils étaient poussés à la guerre par leurs fidèles eux-mêmes ; car chacune des trois bandes voulait que son chef possédât le plus de terres, le plus de comtés, le plus d'évêchés qu'il était possible, afin qu'il eût de quoi satisfaire tous les appétits. Aucun des trois frères n'était libre de renoncer à la lutte, et le chroniqueur nous en dit la raison : « Céder, c'eût été tromper ceux qui s'étaient mis en sa foi[1]. » La question était de savoir si la bande de Lothaire jouirait seule de toutes les terres bénéficiales et de tous les revenus de l'Empire, ou si les deux bandes de Charles et de Louis en auraient une part. C'est pour cela qu'on s'égorgea durant toute une journée dans la plaine de Fontanet[2].

Cette bataille où l'on dit que 80 000 hommes[3]

---

même l'Annaliste de Saint-Bertin désigne les deux armées de Charles et de Louis réunies près de Strasbourg par les mots *fideles populi*. Voir encore Nithard, IV, 2. Dans tous ces exemples, *populus* ne désigne ni une unité nationale ni une classe de la société, mais une armée [cf. plus haut, p. 363]. — Ce n'est que quand on est familier avec les documents du moyen âge que l'on peut comprendre combien un même mot pouvait avoir à la fois d'acceptions diverses. *Populus* signifie à la fois peuple et armée ; *virtus* signifie à la fois vertu et violence ; *francus* signifie à la fois un homme du pays Franc et un homme libre ; *hostis* signifie ennemi et armée ; *plebs* se dit d'une paroisse et se dit aussi du peuple entier ; *consuetudo* se dit d'une coutume et se dit aussi d'un impôt.

[1] *Cum tanta nobilitas illum secuta esset, quos in sua fide deceptos esse minime oporteret* (Nithard, III, 3).

[2] *Magna cæde Christiani in invicem debacchati sunt* (Annales Xantenses, Pertz, t. II, p. 227).

[3] L'exagération nous paraît évidente. Il n'est pas probable qu'il y ait eu ce nombre de combattants à Fontanet. Les armées étaient en général peu nombreuses sous les Carolingiens. Le nombre des soldats est toujours en

périrent et que le sang guerrier s'épuisa, ne décida rien[1]. Les trois bandes subsistèrent et continuèrent à pousser leurs chefs à la lutte. Charles le Chauve et Louis le Germanique furent contraints de prêter, près de Strasbourg, un serment public, non pas l'un à l'autre, mais chacun à ses propres fidèles et à ceux de son frère. Le chroniqueur nous a transmis le texte des discours et des serments des deux princes; on n'y trouve pas un mot qui dénote le sentiment de l'indépendance nationale ou le désir de former des nations distinctes. On y voit seulement que chaque prince s'engage vis-à-vis de ses propres fidèles à poursuivre la guerre contre Lothaire, les déliant à l'avance de leur serment pour le cas où il renoncerait à la lutte. Les fidèles déclarèrent de leur côté qu'ils ne resteraient fidèles à leur propre seigneur qu'autant que la lutte serait continuée par les deux frères conjointement contre le troisième. Ainsi les deux troupes, redoutant apparemment que l'accord ne se fît à leurs dépens, prenaient des précautions contre leurs propres chefs[2].

proportion de celui de la population libre; or la grande majorité des hommes était alors dans l'état de serf ou de colon.

[1] Les deux partis s'attribuèrent la victoire. D'après Nithard, partisan de Charles le Chauve, c'est celui-ci et son frère qui auraient été vainqueurs. De même d'après la Chronique de Réginon. D'après le poème d'Angilbert, c'est Lothaire qui aurait eu le dessus. On voit par Nithard (III, 2) que les populations ignorèrent longtemps à qui avait appartenu la victoire, peut-être parce qu'elles étaient fort indifférentes au sujet d'une lutte qui les touchait peu.

[2] L'acte de Strasbourg comprend trois parties, que l'on n'a pas assez distinguées : 1° Chacun des deux rois a fait un discours à sa propre armée, Charles en langue romane, c'est-à-dire en langue vulgaire, Louis en langue teutonique. La raison de ces deux discours est indiquée; chaque prince dit aux siens : *Quoniam vos de nostra stabili fide ac firma fraternitate dubitare credimus, hoc sacramentum inter nos in conspectu vestro jurare decrevimus.* Puis chaque prince ajouta ceci, qui est bien significatif : *Si sacramentum quod fratri meo juravero violare præsumpsero, a subditione mea et a juramento quod mihi jurastis unumquem-*

On ne hasarda pourtant pas une nouvelle bataille, et l'on se décida à faire un partage à l'amiable. Les trois princes et leurs fidèles s'entendirent pour diviser en trois lots la succession paternelle, « c'est-à-dire les évêchés, les abbayes, les dignités de comte, les domaines fiscaux[1] ». Un premier projet de partage fut repoussé par Lothaire, qui objecta, au nom de ses fidèles, « que son lot ne lui offrait pas de quoi les récompenser tous et les indemniser de la perte qu'ils faisaient de leurs terres situées dans les deux autres lots[2] ».

Les négociations durèrent près d'une année. Ce qui

---

que vestrum *absolvo* (Nithard, III, 5). — 2° Les deux rois prononcèrent ensuite leur serment. S'il s'était seulement agi de s'engager l'un vis-à-vis de l'autre, le serment eût été prononcé en latin ; mais comme il s'agissait d'une sorte de contrat entre les deux rois d'une part et les deux armées de l'autre, on jugea bon que les deux serments fussent prononcés en langue vulgaire. Comme Charles le Chauve avait employé le roman dans son premier discours par lequel il s'engageait envers les siens, il employa le teuton dans le serment par lequel il s'engageait envers l'autre armée. Et réciproquement pour Louis. — 3° Enfin chacune des deux armées, par la bouche de ses principaux chefs, s'engagea en ces termes : « Si mon seigneur Charles, ou mon seigneur Louis, viole son serment, je ne lui aiderai pas » (ce qui signifiait le renoncement à la fidélité). Tout cela est nettement décrit par Nithard et par l'Annaliste de Saint-Bertin. Aucun d'eux n'indique qu'il y eût là une nation allemande et une nation française ; Nithard fait au contraire remarquer que c'était un mélange de toutes races, « Saxons, Gascons, Austrasiens, Bretons » (III, 6).

[1] *Omnes videlicet episcopatus, abbatias, comitatus, fisca....* (Nithard, IV, 5).

[2] *Querebatur suorum qui se secuti sunt causam, quod in parte quæ illi offerebatur non haberet unde illis ea quæ amittebant restituere posset* (Nithard, IV, 3). Ce trait est significatif ; Lothaire avait avec lui des hommes de la Germanie et de la France qui, perdant leurs bénéfices dans ces deux pays, devaient être indemnisés par lui en Austrasie ou en Italie. Il y a loin de là aux luttes nationales que quelques historiens modernes se sont figurées. L'esprit de parti et les idées préconçues, depuis soixante ans, ont dénaturé toute cette histoire. Le savant Guérard, en 1835, dans le *Bulletin de la Société de l'histoire de France*, a démontré, contre le système d'Aug. Thierry, que la distinction des races et l'antipathie nationale n'ont eu presque aucune influence sur le démembrement de l'Empire de Charlemagne.

rendit ce partage si difficile, c'est que l'on n'avait pas une liste exacte des possessions royales. S'il s'était agi de séparer des nations, des races, des langues, on n'aurait pas hésité. Si l'on avait voulu créer trois royaumes égaux, tout le monde savait assez l'étendue des provinces, le nombre des comtés, des villes, des diocèses[1]. Ce qu'on ne savait pas, c'était le nombre des terres bénéficiales, les revenus des divers offices, l'importance pécuniaire des évêchés, c'est-à-dire précisément ce qu'il s'agissait de partager.

On chargea donc des commissaires de parcourir tout l'Empire et de dresser des listes exactes qui pussent servir de base à un partage équitable. Ces délégués rapportèrent le tableau des domaines, des villas, des manses[2]. D'après ce tableau et en comptant les possessions de chaque contrée, les principaux fidèles procédèrent au partage[3]. Chacun des trois frères eut un lot dans la partie méridionale de l'Empire : Lothaire l'Italie, Charles l'Aquitaine, Louis la Bavière. Chacun eut aussi un lot dans la partie septentrionale : Lothaire la région comprise entre l'Escaut, la Saône et le Rhin, Charles la contrée située à l'Occident, Louis tout ce qui était au delà du Rhin[4].

---

[1] L'Église connaissait parfaitement le nombre et l'exacte étendue de ses circonscriptions. L'État avait, sous Pépin, sous Charlemagne, sous Louis le Pieux, des listes exactes de ses comtés et *pagi*, comme le prouvent les listes des *missatica* que l'on a du temps de Charlemagne et de Charles le Chauve.

[2] *Tres reges miserunt legatos suos proceres unusquisque ex parte sua ut per descriptas mansas aeque tripartirent regnum Francorum* (Annales Xantenses, apud Pertz, t. II, p. 227).

[3] *Seniores et regni primores in tres partes regnum diviserunt* (Hincmar, Opera, t. II, col. 181). — Le partage est dans un fragment *ex libro monasterii S. Wandregisili*; Bouquet, VII, p. 44. Cf. Annales de Fulde, années 842 et 843.

[4] Tous ces faits nous sont parfaitement connus. Ils sont rapportés par des

Il serait long et singulièrement difficile de dire si les lignes de partage se trouvaient correspondre à des divisions naturelles. Ce qui est certain et ce qui ressort manifestement des récits des chroniqueurs, c'est que personne ne songea à respecter des divisions de nations, de races ou de langues. La fidélité ne connaissait ni langue, ni race, ni patrie. Le partage de Verdun ne fut pas fait par des peuples, mais par des groupes de vassaux, et ce qui triompha alors, ce ne fut pas le principe de la nationalité, ce fut le principe de la féodalité[1].

chroniqueurs contemporains, comme Thégan, l'Anonyme, Ermold, les Annalistes de Fontenelle, de Saint-Bertin, de Saint-Riquier, d'Anjou. Ils nous sont présentés par des hommes qui y ont pris part, comme Nithard, Wala, Agobard; nous avons les plaidoyers ou les manifestes des deux partis, nous pouvons entendre Louis le Pieux, Lothaire, Charles le Chauve eux-mêmes; nous avons le texte des serments prêtés à Strasbourg; nous avons les lettres des évêques ou des grands de tous les partis; nous savons de quoi ils s'accusent réciproquement, nous savons comment chacun se justifie. Ces hommes, tout entiers à la lutte, ont la passion et l'acharnement; nous pouvons voir chez eux les sentiments qui animaient les deux factions, les motifs cachés, les motifs avoués, les raisons et les prétextes que chacun alléguait. Les mêmes événements sont rappelés par les hommes de la génération suivante, par exemple par Hincmar, par Flodoard, par les évêques du concile de Troyes en 867 (Conciles, VIII, p. 870), à une époque où les passions s'étaient calmées et où l'on pouvait juger et apprécier clairement des faits qui étaient déjà dans un passé assez éloigné. Tous ces témoignages si divers nous permettent d'observer l'événement sous toutes ses faces et de tous les points de vue. Nous le voyons par ses côtés divers, nous en décomposons tous les éléments, nous le saisissons tout entier, tel qu'il s'est produit, tel que l'ont compris les hommes qui en ont été ou témoins ou acteurs. Or nous n'apercevons jamais l'indice de rien qui ressemble à une lutte de nations, ou à une antipathie entre des races, ou à une lutte de partis et de principes politiques.

[1] Quelques hommes avaient souhaité le maintien de la grande unité carolingienne. *Wala voluit ut unitas totius imperii maneret ob defensionem patriæ et ecclesiarum liberationem* (*Vita Walæ*, p. 504). Quelques-uns, comme le diacre Florus, s'affligèrent du démembrement. Mais l'historien s'éloignerait de la vérité s'il croyait que ces sentiments fussent communs à beaucoup d'hommes. Les documents contemporains et la suite des faits montrent assez qu'ils n'ont été que des exceptions. — Les vers du

CHAPITRE VI

Comment les rois perdirent l'autorité sur leurs fidèles[1].

Les descendants de Charlemagne continuèrent à régner en France pendant un siècle et demi. Si l'on s'en rapporte aux circulaires qu'ils rédigeaient et aux formules de leur chancellerie, il semble qu'ils fussent de véritables monarques.

[Ils se donnaient les titres les plus solennels et se qualifiaient des épithètes les plus pompeuses[2].] Ils ne parlaient de leur royauté que comme d'un pouvoir indépendant et suprême. Si, au contraire, on regarde leur conduite et celle des hommes à leur égard, si l'on observe par quels moyens ils commandaient et de

---

discre Florus, de Lyon, sont dignes d'attention comme symptôme du niveau que l'art d'écrire en vers latins atteignait encore au milieu du ixe siècle. Mais on aurait tort d'y chercher l'histoire des faits ou l'indice des idées politiques du même temps. L'habile versificateur, nourri qu'il est de Virgile, a un regret purement littéraire pour les grandeurs déchues. Le grand Empire de Charlemagne frappait son imagination; il voudrait qu'il fût encore debout. D'ailleurs ne lui demandez pas ce que pensent les peuples, ni ce que lui-même pense des peuples, ni quels intérêts ont divisé l'Empire, ni s'il y avait un intérêt plus grand à ce que l'Empire restât uni; il ne sait rien de tout cela. Il s'aperçoit seulement qu'autour de lui la vie est troublée et souffrante et il regrette le passé qu'il se figure paisible et prospère : *Montes et colles silvæque*, etc.... Il déplore ensuite les églises dépourvues d'évêques, les abbayes gouvernées par des laïques, les abbés portant les armes, et il se rappelle alors avec tristesse le grand empire qui n'est plus : *Floruit egregium claro diademate regnum*, etc.

[1] [Cf. la note de la page 642.]
[2] *Gloriosissimo et a Deo coronato, magno et pacifico imperatori, domino nostro Karolo, perpetuo augusto* (capitulaire de 876; Walter, t. III, p. 189 [Pertz, p. 528]). — *Excellentia Nostra, Serenitas Nostra* (Baluze, t. II, p. 1500).

quelle façon ils étaient obéis, on s'aperçoit qu'ils étaient plutôt des chefs de fidèles que des monarques.

On ne les voit jamais réunir une armée qui se compose d'autres hommes que des fidèles qui ont bien voulu les suivre. On ne les voit pas faire une loi qui s'applique à une nation. Ils portent encore le titre de roi, parfois même celui d'empereur ; mais on peut remarquer dans les actes que l'usage prévaut de plus en plus de les appeler du nom de seigneurs[1]. Nous voyons de même dans les faits que ces princes s'appliquent uniquement à s'attacher des fidèles. Obtenir des hommes le serment de foi et les déterminer à respecter ce serment, telle est leur grande préoccupation et le fond de leur politique. La royauté se confond de plus en plus avec le séniorat, et la sujétion avec la fidélité[2].

Il semble à première vue qu'un pouvoir qui était fondé sur le contrat de foi dût être singulièrement solide. On croirait que l'homme qui avait prêté serment, qui avait engagé non seulement ses bras, mais sa conscience et sa volonté même, qui avait fait l'abandon complet de sa personne, qui s'était déclaré l'homme de son chef et son serviteur à tout jamais, qui recevait d'ailleurs pour cela un beau domaine, la richesse, les honneurs, on croirait, disons-nous, qu'un tel homme dût être un sujet docile et ne pût songer qu'à obéir. Les choses humaines ne se règlent pas suivant cette logique. De même que des régimes où la liberté est le plus hautement proclamée sont quelquefois ceux où

---

[1] Walter, t. III, p. 57, et alias passim. — Si ad Caroli senioratum et fidelitatem reverti voluerit (capitulaire de 856, Walter, p. 67 [Pertz, p. 449]). — En 897, les partisans de Charles le Simple expliquent leur fidélité en disant quod senior eorum filius esset sui quondam senioris (Annales de Saint-Waast, édit. Dehaisnes, p. 554).

[2] [Cf. plus haut, p. 255 et 256.]

l'homme est le moins libre, de même il peut arriver que ceux où l'obéissance est le plus rigoureusement imposée soient pourtant ceux où l'on obéisse le moins. Tout principe, dès qu'il est poussé à l'extrême, se heurte à un ensemble de sentiments et d'intérêts humains qui sont plus forts que lui et qui lui font produire le contraire de ce qu'il annonçait.

Les fidèles[1] étaient les hommes sur qui l'on pouvait le moins compter. Tour à tour très dévoués et très exigeants, ils passaient de l'extrême docilité à l'extrême insubordination. Il y avait à cela deux motifs.

L'un était que chacun de ces hommes se trouvait puissant par soi-même. Il n'est pas naturel que l'homme qui se sent fort se résigne à obéir. Celui qui se voit entouré de serviteurs nombreux est difficilement un serviteur; au moins ne l'est-il qu'autant qu'il veut bien l'être. Un monarque règne plus aisément sur des millions d'individus égaux entre eux et également faibles que sur quelques centaines de chefs dont chacun est semblable à lui.

L'autre motif était que, dans ce régime de la fidélité, les intérêts de l'inférieur étaient trop dans la main du supérieur. C'est une erreur assez commune aux gouvernements de croire que, plus ils ont à donner, plus ils tiennent les hommes par l'intérêt, et plus ils peuvent compter sur leur soumission. On s'expose beaucoup, au contraire, quand on se fait le centre de tous les désirs, de toutes les ambitions, de toutes les convoitises. Il est bien vrai que les fidèles tenaient du prince leurs béné-

---

[1] [On entend ici *fidèles* dans le sens étroit du mot : on a vu qu'à partir du règne de Louis le Pieux il tend à remplacer le terme de *grands* ou d'*optimates*; cf. plus haut, p. 353. Dans son sens large *les fidèles* désignaient aussi tous les sujets du roi; cf. plus haut, p. 252 et suiv.]

fices et leurs dignités, l'aisance et l'éclat de leur vie ; ils ne vivaient en effet que par lui ; ils étaient, suivant l'énergique expression de cette époque, ses *nourris*. Mais, par cela même, ils avaient toujours à redouter d'être dépossédés par lui ; ils sentaient que sur un signe de sa volonté ils seraient rejetés dans le néant. Ils avaient donc les yeux toujours attachés sur ce chef dont ils pouvaient tout espérer et tout craindre. L'unique occupation de leur vie consistait en deux choses : recevoir de lui, et l'empêcher de reprendre. Leur possession, leur richesse, leur bonheur présent et leur espoir pour l'avenir, tout était dans sa main ; ce n'était pas une raison pour se dévouer toujours à lui, mais c'en était une pour se défier toujours de lui. La révocabilité des bénéfices, loin d'être une force pour le pouvoir, le mettait dans un perpétuel conflit et avec ceux qui voulaient les obtenir et avec ceux qui craignaient de les perdre. Sous une apparence d'universel dévouement, c'était une lutte universelle.

Il faut se représenter la royauté carolingienne comme un immense domaine dont le roi était le propriétaire et dont les fidèles se partageaient le revenu. Se figure-t-on qu'ils dussent permettre au prince de gérer à sa guise ce qu'ils regardaient comme leur bien commun ? Comment ne se seraient-ils pas attribué le droit de surveiller et de diriger la gestion de ce qui semblait à eux ? L'État était le composé de leurs terres, de leurs offices, de leurs dignités, de tous leurs intérêts. Ils étaient eux-mêmes l'État. Comment n'auraient-ils pas prétendu, sous le nom du roi, gouverner eux-mêmes ? Pouvaient-ils souffrir que ce roi eût d'autres intérêts et d'autres volontés que les leurs ?

De tout temps il avait été indispensable de consulter

les fidèles[1]. Quand Pépin le Bref avait voulu faire une expédition en Italie, il leur avait demandé leur opinion, « et plusieurs d'entre eux s'étaient opposés à sa volonté jusqu'à dire tout haut que, s'il y persistait, ils l'abandonneraient et retourneraient chez eux[2] ». Plus tard, Charlemagne n'osait passer les Alpes qu'avec l'assentiment exprès de ses fidèles[3].

Les faits de cette nature sont innombrables. Il ne faut les attribuer ni à de vieux usages germaniques dont personne ne se souvenait, ni à un généreux amour pour la liberté politique dont personne n'avait plus alors la notion. Ce qui est vrai, c'est que, les fidèles étant liés au roi par tous leurs intérêts, tout acte du roi les touchait trop sensiblement pour qu'il fût possible de ne pas prendre leur avis. Ce n'était pas au nom de l'intérêt public, mais du leur, qu'ils étaient consultés. S'agissait-il d'une guerre, outre que c'étaient eux qui en supportaient les frais, il était avéré que le succès augmenterait le capital commun des fidèles et que le revers le diminuerait; l'association avait donc le droit de décider si elle voulait ou ne voulait pas cette guerre.

Charles le Chauve[4] fut un chef de fidèles à qui les

[1] [Cf. plus haut, p. 342 et suiv.]

[2] *Quidam e primoribus Francorum cum quibus consultare solebat, adeo voluntati ejus renisi sunt ut se regem desertaros domumque redituros libera voce pronuntiarent* (Éginhard, *Vita Caroli*, 6). — [Cf. plus haut, p. 345.]

[3] *Fideles consuluit utrum petitionibus apostolicis assensum præberet* (Réginon, *Chronicon*, année 773). [Cf. plus haut, p. 344 et 390.] — Il en était de même pour les lois : *De quarto capitulo exspectandum censuimus donec cum plurioribus fidelibus nostris inde consideremus* (2ᵉ capitulaire de 819, c. 9, [Boretius, p. 297]). [Cf. plus haut, p. 463.]

[4] [Ce n'est pas à dire qu'il ait toujours été le roi faible et impuissant que la légende nous représente. Il a dû souvent plier, surtout dans les premières années de son règne. Mais il s'est souvent aussi relevé; il a pu

fidèles firent la loi. Il ne put gouverner que comme ils prétendirent qu'il gouvernât. Autant ils auraient dû dépendre de lui à cause de leur serment, autant il dépendit d'eux à cause de leurs intérêts. Il se forma une ligue de tous les bénéficiaires contre le grand propriétaire des terres bénéficiales, de tous les fonctionnaires contre le distributeur des fonctions, de tous les serviteurs contre le maître. Cette lutte n'avait rien de national et le fond de la population y était étrangère. Elle ne portait pas non plus sur des principes : elle avait pour unique objet l'intérêt matériel et personnel de chacun des membres du vasselage royal.

On voit dans un capitulaire de 844 qu'après le partage fait à Verdun et la réconciliation des trois frères, Charles le Chauve eut des conflits à soutenir dans son propre royaume [1]. Ce n'était pas chose facile, en effet, de faire la répartition de ce lot que le traité lui avait donné, de distribuer les comtés, les prélatures, les bénéfices, d'indemniser ceux des fidèles qui perdaient leurs possessions situées dans le lot des deux autres frères, de récompenser les fidèles étrangers sans léser ceux du pays, de respecter les droits acquis et de tenir en même temps toutes les promesses qu'on avait faites. Il y eut des mécontentements, même des troubles. Les

---

parfois reprendre avec vigueur les traditions de Charlemagne, et n'a jamais oublié même dans les dernières années de sa vie que les comtes n'étaient que ses agents, et que de la royauté seule émanait toute loi et dérivait tout pouvoir. Il leur a toujours parlé en maître quand bien même il leur ait parlé conformément à leur désir. Les deux célèbres édits de Pistes et de Kiersy en 864 et 877 montrent en particulier qu'il a toujours eu la conscience des droits de la royauté alors même que la force lui a manqué pour les faire valoir. Voir plus haut p. 422, 426, 430, 431, 479-492; *Nouvelles Recherches*, p. 440 et suiv.]

[1] *Restiterunt in nobis et in viris ecclesiasticis necnon et in reipublicæ nostræ solatialoribus* (ces derniers mots désignent les comtes et les *tassi materiæ et fomites dissensionum* (capitulaire de 844, *Præfatio*).

fidèles se coalisèrent; prélats et guerriers se réunirent en un *conventus*¹; après de longues conférences, ils rédigèrent une sorte de charte et obligèrent le roi à la signer².

Dans cette charte de 844, dont le texte nous est parvenu, le roi ne traite pas avec une nation, il traite avec des fidèles, c'est-à-dire avec des évêques, des comtes, des bénéficiaires de tout rang³. L'autorité royale y est formellement reconnue⁴; mais en échange le roi s'engage à laisser les fidèles en possession de leurs bénéfices et de leurs dignités⁵. Il ajoute que les fidèles auront un droit de contrôle sur tous ses actes : « Vous veillerez tous, dit-il, à ce que nul ne nous suggère d'agir contre la justice et la raison; si quelque mesure mauvaise a été obtenue de nous par surprise ou par suite de la faiblesse humaine, votre fidèle dévouement nous avertira, afin que nous la corrigions⁶. » Autrefois il

---

¹ *Venientes in unum fideles nostri, tam in venerabili ordine clericali quam et inlustres viri in nobili laicali habitu constituti* (ibidem).

² *Hortatus est alter alterum, immo omnes se invicem monuerunt ut... de regni utilitate possent tractare et suum atque totius populi profectum obtinerent* (ibidem, Præfatio). — *Omnes sicut in vestra convenientia pepigistis* (art. 4).

³ *Capitula quæ acta sunt in conventu habito in villa quæ dicitur Colonia; quæ etiam subscriptione ejusdem principis et episcoporum confirmata fuere, consensu Warini et aliorum optimatum* (Baluze, t. II, p. 2 [Pertz 576]). Dans cet acte, Charles le Chauve parle en son propre nom, suivant un usage constant que nous retrouverons en France comme en Angleterre pendant tout le moyen âge; mais il ressort bien de l'ensemble de cet acte qu'il a été imposé au roi. Charles le Chauve ne s'adresse pas à la nation, mais aux fidèles (voir art. 4).

⁴ *Honor regius et potestas regali dignitati competens atque obtemperantia seniori debita nobis ab omnibus exhibeatur* (art. 2).

⁵ *Volumus ut omnes fideles nostri certissimum teneant neminem cujuslibet ordinis aut dignitatis nostro inconvenienti libita promerito honore debere privari, nisi justitiæ judicio et ratione atque æquitate dictante* (art. 3).

⁶ *Quod ut facilius atque obnixius nostra auctoritas valeat observare,*

avait été de règle que le seigneur fût un juge pour ses fidèles ; ici, Charles le Chauve écrit que si un de ses fidèles vient à violer la convention faite, il sera jugé par tous les autres. Le roi renonce à son droit de justice sur eux [1].

Le groupe des fidèles se partageait en ecclésiastiques et en laïques. Les prélats n'étaient pas plus portés à l'obéissance que les guerriers. En 844, les évêques réunis à Thionville dressèrent un acte où ils reprochaient au roi d'avoir fait une mauvaise distribution des biens des églises et de les avoir concédés à des laïques [2]. La réclamation était légitime, à ne la regarder que du côté de la religion ; mais elle touchait en même temps à l'une des règles du patronage. C'était en effet comme patrons des églises et des abbayes que Charles Martel, Pépin le Bref, Charlemagne et Louis le Pieux avaient eu le droit de distribuer les biens ecclésiastiques à titre de bénéfices et sous la charge d'une redevance envers ces églises et ces abbayes [3]. C'est à ce prix que, suivant les usages et la manière de penser de ce temps-

---

omnes sicut in vestra convenientia pepigistis, conservare studebitis. Immo etiam cuncti sollicite præcavebunt ne aliquis nobis immoderatius suggerat ut contra justitiam agamus. Et si forte subreptum nobis quippiam, ut homini, fuerit, competenter et fideliter ut hoc corrigatur vestra fidelis devotio ammonere curabit (art. 4 et 5).

[1] Si quis hoc fœdus inruperit, tunc pontificalis auctoritas et regalis sublimitas atque in caritatis connexione persistentium magnanimitas... (art. 6). — Les mots pontificalis auctoritas désignent les fidèles de l'ordre ecclésiastique, les évêques ; magnanimitas désigne les grands de l'ordre laïque, viri inlustres in nobili laicali habitu constituti ; le terme magnanimitas est celui qui était officiellement employé à l'égard des comtes.

[2] L'Acte du synode de Thionville est dans Walter, Corpus juris germanici, p. 6-8 [et dans Krause, p. 112]. On y peut remarquer le ton hautain que prennent les prélats : « Dieu est le seul roi, disent-ils, et il a voulu que son Église fût gouvernée par l'autorité épiscopale et la puissance royale. »

[3] [Cf. plus haut, liv. III, c. 14.]

là, les églises avaient obtenu la mainbour des puissants princes d'Austrasie. Sous Charles le Chauve, elles se dégagèrent de cette obligation et, en conservant les profits du patronage royal, repoussèrent ce qui en était la compensation[1]. Cet ancien patronage avait eu pour effet de leur enlever dans une certaine mesure le domaine éminent de leurs terres; elles voulurent le reprendre, faisant ainsi l'analogue de ce que les guerriers faisaient pour leurs bénéfices.

A l'égard de ceux-ci la royauté était de plus en plus faible. En vain essayait-elle de tenir ferme contre eux : en 847, Charles le Chauve promit « de ne jamais se conduire vis-à-vis de ses fidèles contrairement à la raison[2] ». En 851, il s'exprimait ainsi : « Nous voulons que tous nos fidèles soient bien assurés qu'à l'avenir nous ne condamnerons aucun d'eux et ne le priverons de ses bénéfices et dignités que suivant la loi et la justice, et nous nous conformerons aux avis qu'ils nous donneront en commun[3]. »

En 856, une partie des fidèles de Charles l'avait abandonné; l'autre ne lui resta attachée qu'en lui imposant des conditions[4]. Nous n'avons plus le texte du

---

[1] On peut faire cette remarque en lisant les Capitulaires que les ecclésiastiques, qui auraient dû, suivant la coutume du patronage, s'appeler les fidèles du roi, prirent l'habitude, à partir de Louis le Pieux, de s'appeler les fidèles de Dieu.

[2] Capitulaire de 847, apud Walter, t. III, p. 55 [Pertz, p. 395, art. 4].

[3] Ut nostri fideles sint de nobis securi quia nullum contra legem et justitiam aut damnabimus aut dehonorabimus (capitulaire de 851, art. 6). Le sens du mot dehonorare est « priver de l'honor »; or on sait que dans la langue de cette époque honor se disait d'un bénéfice. — Illorum communi consilio, secundum Dei voluntatem et commune salvamentum, adsensum præbebimus (ibidem). Cf. Annales de Saint-Bertin, édit. Dehaisnes, p. 75-76.

[4] Voir dans Walter, t. III, p. 65 [Pertz, p. 445] : Senior noster (a rolus) rogavit fideles suos ut de illius iracundia aut animi commotione

pacte qui fut alors conclu, mais nous pouvons le deviner d'après un manifeste public que les partisans du roi, qui venaient de le rédiger, adressèrent à l'autre parti. « Sachez, y disaient-ils, que le roi Charles s'est uni à nous, ses fidèles, à telle condition que, s'il lui arrivait d'enfreindre en quelque point le pacte qui nous lie, nous l'avertirions respectueusement de s'amender et de maintenir chacun de nous dans son droit et dans son rang. S'il s'y refusait, sachez encore que nous sommes unis tous ensemble entre nous si étroitement, du consentement même et de l'aveu du roi, que chacun de nous s'est engagé à ne jamais abandonner son pair et son associé, afin que notre roi ne puisse rien faire à aucun de nous contre la loi et la raison, quand même il le voudrait, ce qu'à Dieu ne plaise [1]. » Ils adjuraient ensuite les grands du parti adverse de se réunir à eux et de souscrire à la même convention : « Rentrez, disaient-ils, dans la fidélité et sous le séniorat du roi Charles ; il promet de maintenir chacun de vous, ainsi que chacun de nous, en possession de tous ses droits ; joignez vos efforts aux nôtres, afin que nous fondions

communiter quæraut et inveniant atque describant hoc quod ille secundum suum ministerium facere debet et quæ facere illum non condeceant. Et ubicumque inventum fuerit quod fecit quod facere non debuit, paratus est ut emendet et corrigat (art. 8). Sous cette forme adoucie, on devine les exigences des fidèles.

[1] *Sciatis quia sic est adunatus cum suis fidelibus et nos omnes sui fideles de omni ordine ut si ille aliquid contra tale pactum fecerit, illum cum reverentia ammonemus ut ille hoc corrigat et emendet et unicuique in suo ordine debitam legem conservet.... Et si ammonitus a suis fidelibus suam intentionem non voluerit, sciatis quia sic est ille nobiscum et nos cum illo adunati et sic sumus omnes per illius voluntatem et consensum confirmati, episcopi atque abbates cum laicis, et laici cum viris ecclesiasticis, ut nullus suum parem dimittat, ut contra suam legem et rectam rationem et justum judicium, etiamsi voluerit, quod absit, rex noster alicui facere non possit* (art. 10; Walter, p. 64 [Pertz, p. 440]).

en commun les statuts qui conviennent le mieux à notre association ; le roi a convoqué pour le 24 juillet dans son palais de Verberie tous ses fidèles pour confirmer devant Dieu nos conventions, qui seront conservées à jamais entre ses successeurs et les nôtres[1]. »

Ainsi la royauté signait une nouvelle charte. Il est digne d'attention que cette charte lui était dictée non par une nation, mais par ses fidèles eux-mêmes[2]. Les Carolingiens n'ont jamais eu contre eux une nation ; leurs seuls adversaires ont été leurs fidèles.

A l'origine, le patronage ou séniorat n'avait donné lieu qu'à un seul serment : le fidèle s'engageait, le sei-

---

[1] *Et habet VII kalendas augusti ad palatium Vermeriam omnes fideles suos convocatos... ut ista convenientia, quam teste Deo confirmabimus, innatis diebus vitæ nostræ conservetur... et nos nostris successoribus suis successoribus conservandam relinquamus* (art. 11). — *Si volueritis ad illius fidelitatem atque servitium venire et nobiscum in ista societate esse, et ipse et nos volemus ut cum nobis hoc quæratis et insculatis et statuatis et confirmetis atque conservetis...* (art. 12).

[2] C'est ce qui ressort de presque chaque ligne de cette singulière lettre ; les hommes qui l'écrivent se qualifient de *fideles* ; ils appellent Charles le Chauve *senior noster*. Ceux à qui ils s'adressent sont aussi des fidèles qui se plaignent de n'avoir pas été assez payés de leur service (art. 6) et qui songent à se donner à un autre seigneur ; *mandat noster senior* (Charles le Chauve) *quia si aliquis de vobis est cui suus senioratus non placet et illi simulat ut ad alium seniorem melius quam ad illum acaptare possit...* (art. 13). Il est si vrai que ces hommes ne sont que des fidèles, que Charles leur fait écrire : *Ut memores sitis nutrimenti genitoris ejus et sui* ; ils ont été les *nourris* de Louis le Pieux et de Charles (Walter, p. 66 [Pertz, p. 448]). Il dit encore dans une autre lettre : *Et si aliqua pars ex vobis ad ejus senioratum et fidelitatem reverti voluerit* (ibidem, p. 67 [Pertz, p. 449]). — Il n'était d'ailleurs question en tout cela que de terres et de dignités à distribuer, de convoitises à assouvir. Ces mêmes fidèles de Neustrie et d'Aquitaine, un moment réconciliés par la charte de 856, abandonnèrent de nouveau Charles le Chauve en 858 et appelèrent Louis le Germanique, tant l'esprit de nationalité existait peu ; Louis vint jusqu'à Troyes, *ibique distribuit invitatoribus suis comitatus, monasteria, villas regias atque proprietates* (Annales de Saint-Bertin, p. 96). — Plus tard, en 861 : *Ad Karolum revertuntur et ab eo honoribus redonantur* (ibidem, p. 106).

gneur n'avait pas à s'engager. Les relations s'étaient tellement modifiées, qu'en 858 nous trouvons dans les Capitulaires le texte d'un double serment qui était prêté par le roi aussi bien que par les fidèles. Les fidèles disaient : « Suivant mon pouvoir, avec l'aide de Dieu, sans fraude ni surprise, je vous serai fidèle et vous aiderai de conseil et de secours afin que vous conserviez la couronne royale que Dieu vous a donnée et que vous puissiez gouverner suivant la volonté de Dieu et l'intérêt de vos fidèles. » Le roi répondait : « Et moi, suivant mon pouvoir, avec l'aide de Dieu, je promets à chacun de vous bénéfices et protection, sans dol ni injustice, et je maintiendrai à chacun son droit, ainsi qu'un roi fidèle doit assurer à ses fidèles bénéfices, protection et droits ; si, par fragilité humaine, je m'écarte de ce que je dois, j'aurai soin de m'en amender [1]. » Ainsi l'engagement était réciproque, et la fidélité devenait, contrairement aux anciens principes, un contrat synallagmatique [2].

Ce qui était peut-être encore plus grave, c'est que le roi renonçait à distribuer lui-même les bénéfices et les honneurs qui étaient le prix de la fidélité. On remarque en effet dans les actes de Charles le Chauve deux déclarations qui se répètent fréquemment : l'une est qu'il ne reprendra les bénéfices d'un homme que de l'aveu et par le jugement des autres fidèles ; l'autre est qu'il ne donnera ces mêmes bénéfices que par le conseil des fidèles [3]. Ceux-ci forment donc entre eux une véritable association, qui administre elle-même le bien commun.

[1] Walter, *Corpus juris germanici*, t. III, p. 78 [Pertz, p. 457].
[2] [Cf. plus haut, p. 256.]
[3] Voir notamment Walter, p. 62, 63, 209 [cf. plus haut, p. 646, 648, 650].

C'est ainsi que les rois perdirent la libre disposition de leurs domaines [1]. Ces terres bénéficiales étaient, en théorie, toujours révocables et la jouissance n'en était que viagère. Mais les rois ne pouvaient les reprendre que par le jugement des bénéficiaires eux-mêmes, ni les conférer à de nouveaux possesseurs qu'avec l'agrément du corps tout entier. Il arriva naturellement que ce corps s'entendit pour que les familles qui le composaient fussent maintenues dans la possession de ces terres. La jouissance bénéficiale passa ordinairement du père au fils. Il est vrai que le fils devait obtenir du roi le renouvellement de la concession ; mais le roi ne pouvait plus la refuser. Ce roi restait le propriétaire éminent d'un immense domaine ; mais il n'avait le droit ni d'en jouir, ni de choisir ceux qui en jouissaient. Tous les usufruitiers de ce domaine restaient, en théorie, ses fidèles ; mais ils étaient indépendants de lui.

Dès lors la fidélité, tout en restant théoriquement un principe d'obéissance et de discipline, ne procure presque plus d'obéissance effective, du moins en France, et pour les descendants de Charlemagne. La féodalité n'est plus un moyen suffisant de gouvernement. Le lien qui paraissait le plus fort se rompt ; l'obéissance disparaît chez ceux-là surtout qui sem-

---

[1] Il faut ajouter que beaucoup de terres furent données par les rois en alleu, c'est-à-dire en pleine propriété. *In tantum largus ut villas regias tradidit in possessionem sempiternam* (Thégan, c. 19). — Voir sur ce point les Formules, édit. de Rozière, n°° 141 et 142 : *Perpetuo in proprium concedimus... de nostro jure in illorum jus more solemni transferimus.... villas jure proprietario eis ad proprium concedimus*, etc. — Beaucoup d'autres terres étaient usurpées par les détenteurs et transformées en propriétés allodiales, *in alode adsumptum* (voir capitulaire de 846, art. 20, dans Walter, t. III, p. 23 [Pertz, p. 589]). [Cf. p. 546.]

blaient le plus voués à l'obéissance. Les Carolingiens sont des rois sans sujets et toute leur force s'évanouit.

CHAPITRE VII

Comment les rois ont perdu l'autorité publique.

Nous avons vu que Charlemagne avait été à la fois un chef de fidèles et un monarque. Comme chef des fidèles il avait eu en mains la force que donnait le séniorat; comme roi et empereur, il avait possédé celle que donnait l'autorité publique. De ces deux pouvoirs, nous avons dit comment ses descendants perdirent le premier; il reste à voir comment le second leur échappa.

Les attributions de l'autorité publique, que l'on appelait dans la langue du xe siècle *regia vel reipublicæ potestas*[1], étaient ce que les Romains avaient appelé du nom de *imperium* et ce que les générations suivantes appelèrent les droits régaliens. Elles comprenaient :

1° Le droit de faire des lois, capitulaires, décrets ou ordonnances[2];

2° La juridiction criminelle; le jugement du rapt, du meurtre, de l'incendie, la faculté d'infliger des peines capitales; la possession de la prison et de la potence[3]; enfin l'appel des juridictions locales[4];

---

[1] Capitulaire de 869, art. 10 [Pertz, p. 511 : *Episcopus regiam nostram vel reipublicæ nostræ potestatem adeat*].
[2] [Cf. plus haut, liv. III, c. 11.]
[3] *Ut comites unusquisque in suo comitatu carcerem habeant, et judices atque vicarii patibulos habeant*; second capitulaire de 813, art. 11 [Boretius, p. 171]. [Cf. plus haut, liv. III, c. 12.]
[4] Capitulaire de 869, art. 7 [Pertz, p. 510; cf. ici, plus haut, p. 526]. Capitulaire de 884 [Pertz, p. 551-553; cf. ici, p. 499 et suiv.].

3° La police générale du pays, et ce qu'on appelait le droit de ban[1];

4° La perception des impôts directs, des douanes et des péages[2];

5° Le droit de faire la paix et la guerre et de traiter avec l'étranger, le commandement suprême de toute force armée, et le privilège d'élever des fortifications et des châteaux forts[3];

6° Le droit de battre monnaie[4];

7° La surveillance de l'Église, c'est-à-dire le droit de convoquer les conciles, celui de promulguer leurs décrets, celui d'autoriser et de confirmer les élections[5].

Tout cela était en dehors et au-dessus du séniorat. Aucune de ces attributions n'était comprise dans le pouvoir que le patronage donnait au seigneur sur son fidèle. Elles n'avaient aucun rapport avec le vasselage. Elles avaient appartenu autrefois aux empereurs; elles avaient passé aux rois mérovingiens et carolingiens.

Le roi les exerçait en personne ou par des délégués. En personne, il rédigeait les ordonnances; il jugeait, il commandait l'armée, il surveillait les actes des églises.

Ses délégués étaient les ducs et les comtes. Ils exerçaient, chacun dans sa circonscription, tous les droits royaux. Ils publiaient les ordonnances, faisaient observer le ban du roi, rendaient la justice, exécutaient les arrêts, percevaient les impôts et les douanes, dirigeaient

---

[1] Capitulaire de 819, art. 1, 2, 4, 5, 9 (Boretius, n° 136).
[2] [Cf. plus haut, liv. III, c. 15, § 1.]
[3] Défense d'avoir des châteaux forts, édit de Pistes, 864 [cf. plus haut, p. 485, et liv. III, c. 13, § 2].
[4] Édit de Pistes, 864, art. 12, Walter, p. 142 [Pertz p. 490 : *Constituimus, ut in nullo loco alio in omni regno nostro moneta fiat, nisi....*]; art. 14, p. 143.
[5] [Cf. plus haut, liv. III, c. 14.]

la fabrication des monnaies, commandaient les soldats et gardaient les châteaux forts[1].

Ils possédaient ces pouvoirs, non pas à titre de seigneurs ou en vertu d'un droit personnel, mais à titre de représentants de l'État. La langue officielle du ixe siècle les appelait *ministri reipublicæ*, c'est-à-dire fonctionnaires publics.

Le roi, dont ils n'étaient que les agents, les nommait, les déplaçait, les révoquait; il se faisait rendre compte de tous les actes de leur administration; il les surveillait par l'intermédiaire des commissaires ambulatoires[2].

Sous Charles le Chauve, les comtes étaient encore considérés officiellement comme des fonctionnaires. Ce prince leur envoyait encore ses instructions, leur donnait des ordres[3], et faisait encore parcourir leurs provinces par ses commissaires[4]. [Jusqu'à la fin de son règne il ne cessa de les regarder comme des agents révocables à sa volonté[5].]

Toutefois à la fin de ce règne on aperçoit qu'un changement s'accomplissait dans leur situation. Le roi ne pouvait plus ni les révoquer ni même les déplacer; si

---

[1] [Voir plus haut, liv. III, c. 10.]

[2] [Voir plus haut, liv. III, c. 15.]

[3] [Édit de Pistes, de 869, art. 11, Pertz, p. 511 : *Ut comites et missi nostri pacem in suis ministeriis faciant*. Capitulaire de 873, art. 2, 5, 6, etc.; Pertz, p. 519-521. Voir ici, p. 431, notes 1-4.]

[4] Les *missi dominici* sont signalés dans beaucoup de capitulaires de Charles le Chauve, en 853 (Walter, p. 49 [cf. Pertz, p. 423]), en 857 (p. 69 [cf. Pertz, p. 452]), en 860 (p. 115 [cf. Pertz, p. 473]), en 862, où ils sont appelés *missi reipublicæ* (p. 121 [cf. Pertz, p. 477]), en 864 (p. 139 [cf. Pertz, p. 498, art. 35]), en 865, où on voit qu'ils avaient le droit de faire des commandements aux comtes (p. 160 [cf. Pertz, p. 501]), en 873 (p. 181 [cf. Pertz, p. 599]), en 877 (p. 212 [cf. Pertz, p. 536]), en 884 (p. 230 [cf. Pertz, p. 551-553]), etc.

[5] [Plus haut, p. 426 et suiv.]

l'un d'eux venait à mourir, il fallait donner le comté à son fils, comme si ce comté eût été un héritage. [Il semble même que la royauté ait vu dans ce changement plutôt un avantage qu'une cause d'affaiblissement.]

Il paraît surprenant, à première vue, que les fonctions publiques soient devenues héréditaires. La raison s'en voit aisément. Un comte n'était pas seulement un représentant de l'autorité publique, il était aussi un chef de fidèles, et cela de deux façons.

En premier lieu, il avait la nomination à tous les emplois inférieurs; il choisissait ses avoués, ses centeniers, ses scabins, ses juges[1]. Il avait en même temps, à titre d'émoluments de sa charge, la possession de nombreuses terres, dont il distribuait des lots à ses fonctionnaires inférieurs et à ses agents. Dans les idées du temps, ce domaine ressemblait fort à un bénéfice qu'il aurait tenu du roi[2]; et de même les terres qu'il

---

[1] *Ut comes præcipiat suo vicecomiti suisque centenariis*, capitulaire de 884, art. 9, Walter, p. 230 [Pertz, p. 552]. — *Ministri comitis*, ibidem. — *Ut pravi advocati, vicedomini, vicarii et centenarii tollantur...*, second capitulaire de 805, art. 12 [Boretius, n° 44, p. 124]. — *De advocatis et judicibus comitum et omnibus publicis actoribus, tales eligantur quales et sciant et velint juste causas terminare*, 3e capitulaire de 805, art. 14 [même art. 12 dans Boretius, même n° 44]. — Il ressort de ces deux derniers textes que tous ces fonctionnaires inférieurs étaient à la nomination du comte. Cf. capitulaire de 802 : *Ut comites... juniores tales in ministeriis suis habeant in quibus securi confident qui legem adque justitiam observent* [Boretius, p. 96, art. 25]. — [Cf. plus haut, p. 444 et suiv.]

[2] Les profits du comte étaient exactement de même nature que ceux d'un bénéficiaire. Il ne recevait pas un traitement de l'État; c'était son comté et ses fonctions qui devaient l'enrichir; il avait une part du produit des impôts ou des amendes (ordinairement un tiers); il pouvait donc considérer sa fonction, ainsi que le bénéficiaire considérait la terre bénéficiale, comme un bien à exploiter, dont la propriété appartenait au roi, mais dont le revenu, au moins pour une part, était à lui. — [Cf. plus haut, p. 455 et suiv.]

concédait à ses inférieurs ressemblaient à des bénéfices qu'ils auraient tenus de lui. Il pouvait donc se considérer comme un fidèle à l'égard du roi, et tous les fonctionnaires de son comté étaient des fidèles à son égard[1].

En second lieu, le même lien de patronage s'établissait entre le comte et les habitants du comté. Dès le temps de Charlemagne il avait été permis et presque enjoint aux hommes libres de se recommander à lui. Il conférait les terres bénéficiales à ses recommandés[2]. On contractait donc avec lui le lien de vasselage, et beaucoup d'hommes lui étaient soumis, non comme à un représentant de l'État, mais comme à un seigneur.

Le comte se trouvait être ainsi, en même temps qu'un serviteur royal, le chef personnel de nombreux serviteurs qui étaient attachés à lui par tous les liens de la féodalité, qui tenaient de lui des emplois et des bénéfices, et qui n'occupaient les uns et les autres qu'en vertu de la concession que le comte leur en avait faite en son nom propre.

Supposons que le comte fût révoqué, c'était tout le nombreux groupe des fidèles d'une province qui était destitué, dépossédé, ruiné. Essayait-on seulement de le déplacer, c'était encore tout un groupe qui avait à chercher fortune ailleurs. Il n'y avait pas de gouvernement qui ne dût reculer devant le trouble que le déplacement de quelques fonctionnaires eût mis dans tout l'État. Quant à la révocation, elle était infailliblement une

---

[1] Il semble même que le comté fut administré, de quelque façon, en commun par le comte et ses ministériels. Le capitulaire de Kiersy de 877 porte : *Qui cum ministerialibus ipsius comitatus comitatum prævideat* [art. 9, Pertz, p. 539].

[2] *Præceptum pro Hispanis* [815, art. 6, Boretius, p. 262, plus haut p. 610 et 611].

occasion de guerre civile; car presque toute la population du comté tenait au comte par les plus forts liens, c'est-à-dire par le serment et par l'intérêt tout à la fois[1].

Quand un comte mourait, son fils héritait naturellement de ses richesses, de l'attachement des hommes, de leur serment. Il avait ses fidèles, dont les intérêts étaient liés aux siens. La population ne voulait pas avoir d'autre comte que lui, sachant bien qu'un autre qui serait venu de loin aurait amené ses propres fidèles et leur aurait distribué les emplois et les terres de la province[2].

Il est bien difficile de croire que les ducs et les comtes eussent pu s'emparer de la souveraineté dans leurs duchés et leurs comtés et transformer leur fonction en une sorte de royauté, si l'esprit public ne les avait soutenus et si la volonté de la plupart des hommes n'avait autorisé leur usurpation. Et la raison de cela s'aperçoit bien.

Il faut songer qu'entre le temps où les hommes ont vu dans leur comte un fonctionnaire docile, surveillé, révocable, et celui où ils ont vu en lui un souverain, il y a eu un espace de deux ou trois générations pendant lequel chaque comté a été disputé entre deux comtes, dont chacun avait ses subalternes, sa troupe d'agents, de bénéficiers, de serviteurs; ce fut alors la guerre dans le comté entre ces deux fonctionnaires rivaux, ces deux personnels administratifs qui s'arrachaient les profits

---

[1] Annales de Saint-Bertin, année 867 (affaire de Gérard et Egfried), p. 171 : [*Comitatum Bituricum a Gerardo comite abstulit et præfato Acfrido dedit. Sed isdem Acfridus super Gerardum eumdem comitatum evindicare non valuit*].

[2] Tout cela est visible dans les romans du moyen âge, dont le fond, sinon la forme, date de ce temps-là, particulièrement dans le Garin.

de l'administration. Une telle lutte troubla toutes les existences et épuisa les forces du canton. Il dut arriver au bout de peu de temps que la population de ce comté n'eût plus qu'un désir, celui de la paix ; peu lui importa quel chef elle eût, pourvu que ce fût toujours le même. Elle ne redouta rien tant que le changement. La permanence de l'autorité fut toute son ambition ; en évitant toute chance de compétition, on rendrait au canton la paix et la prospérité.

Ce sont les peuples qui ont voulu que les comtes fussent irrévocables ; pour la même raison, ils ont laissé s'établir l'hérédité.

Il n'est pas exactement vrai que l'hérédité des offices ait été arrachée par surprise à la faiblesse de Charles le Chauve. [Elle fut acceptée et peut-être voulue par la royauté elle-même, comme le montre le capitulaire que Charles le Chauve promulgua en 877 à Kiersy-sur-Oise. Elle était en effet inévitable du jour où l'idée de l'État avait disparu de l'esprit des peuples et de celui des gouvernants. Il y a plus. Les choses en étaient venues à ce point que la royauté ne pouvait trouver ce changement ni mauvais ni dangereux. Si Charles le Chauve l'admit et le reconnut] dans la pratique, c'est qu'il était impossible qu'il fît autrement[1]. Un comté était constitué de telle sorte, qu'il y aurait eu un plus grand trouble social à le soumettre à l'instabilité des volontés royales qu'à le laisser devenir héréditaire. Les principes de l'administration ne pouvaient se concilier longtemps avec ceux de la fidélité. A mesure que ceux-ci prévalurent, ceux-là durent s'effacer et disparaître.

[1] Voir capitulaire de Kiersy, art. 9, 10, et dans l'*Annuntiatio*, art. 3 ; Walter, p. 210, 214, 215. [On a étudié à ce point de vue les deux articles de ce capitulaire dans les *Nouvelles Recherches*, p. 460 et suiv.]

Dès que le roi ne put plus révoquer les comtes, ils ne furent plus à son égard que des fidèles. Il continua de les nommer, mais comme il nommait des vassaux, c'est-à-dire sans les choisir. Le fils du comte mort fut contraint d'aller vers le roi pour demander le comté; le roi, de son côté, fut contraint de le lui donner.

Il en fut de même dans l'intérieur de chaque comté : la même indépendance que le comte prenait vis-à-vis du roi, ses vicomtes, vicaires, centeniers, la prirent vis-à-vis de lui. Il continua à les nommer, mais après la mort du père il fut contraint de nommer le fils.

L'ancienne échelle administrative subsista ; seulement toute nomination se fit sous la forme de la recommandation et de l'investiture; le seul lien entre le concédant et le concessionnaire, entre le supérieur et l'inférieur, fut celui de la fidélité. Au lieu d'une hiérarchie de fonctionnaires, il y eut une hiérarchie de seigneurs et de vassaux.

Il arriva ainsi que l'autorité publique, c'est-à-dire l'ensemble des droits régaliens, resta dans les mains des anciens fonctionnaires à titre héréditaire et patrimonial. Sans se confondre précisément avec la seigneurie elle s'unit à elle. En principe, elle continua d'émaner du roi; en fait, elle fut exercée par des hommes indépendants du roi, et sur lesquels il n'avait aucune prise. Elle appartint aux seigneurs, non pas à tous, mais à ceux qui descendaient des anciens fonctionnaires royaux et qui continuaient à porter les titres de leurs anciens emplois. Ce ne furent plus les rois, ce furent les ducs, les comtes, les vicomtes qui jugèrent sans appel, qui battirent monnaie et qui gardèrent les châteaux forts.

Les évêques et quelques abbés acquirent les mêmes pouvoirs. Ils avaient déjà, depuis le temps des Mérovingions, l'immunité, par laquelle leurs domaines, leurs églises, leurs hommes étaient affranchis des impôts et de la juridiction de l'État. Les chartes d'immunité furent renouvelées par les princes carolingiens. Charlemagne en accorda à un grand nombre d'églises[1]; Louis le Pieux les prodigua. Ces chartes étaient conçues en des termes qui marquaient un abandon formel des droits de l'État[2]. « Nous voulons, y était-il écrit, qu'aucun fonctionnaire n'entre dans ces domaines, soit pour juger les procès, soit pour percevoir les impôts; de tout ce qui revenait à notre fisc, nous faisons don à cette église. »

Or ce renoncement à l'autorité ne portait pas seulement sur les personnes ecclésiastiques. Il s'étendait à tous les hommes, esclaves, colons, manants, hommes libres qui habitaient sur toutes les terres de l'Église[3]. C'étaient des villages et des cantons, c'était toute une population à l'égard de qui le prince abdiquait et

---

[1] *Et nullam potestatem judex publicus fisci nostri super præfatas villas et facultates Sancti Martini habere se recognoscat, sed de rebus Sancti Martini semper extraneus et remotus sit... Præceptum Caroli Magni pro Turonensi Sancti Martini monasterio.*

[2] *Jubemus ergo ut nullus judex publicus vel quislibet ex judiciaria potestate in ecclesias aut loca vel agros memoratæ ecclesiæ, ad causas judiciario more audiendas vel discutiendas, vel freda exigenda, aut mansiones vel paratas faciendas, aut fidejussores tollendos, aut homines ipsius ecclesiæ distringendos, nec ullas redibitiones requirendas, ullo unquam tempore ingredi audeat... Quidquid vero fiscus exinde sperare poterit, totum nos prædictæ ecclesiæ concedimus.* Rozière, n° 17 [Imperiales, 11, de l'édit. Zeumer] (de Louis le Débonnaire); idem, n° 21 [Imperiales, 28], qui confirme une immunité semblable donnée par Charlemagne.

[3] *Cum rebus et hominibus ad se pertinentibus vel aspicientibus....* Rozière, 21 et 22 [Imperiales, 28 et 13]. — *Aut homines ipsorum tam litos quam et ingenuos super terram eorum manentes....* Præceptum *Ludovici,* apud Walter, t. II, p. 396, année 834. — Cf. Rozière, n° 18 — *Tam ingenuos quam et servos super terram ipsius commanentes.* Rozière, n° 21.

sur qui il déléguait l'autorité à l'évêque ou à l'abbé.

Une église possédait souvent des domaines dans des provinces fort éloignées; ces domaines eux-mêmes ainsi que tous leurs habitants échappaient à l'autorité du gouverneur de la province; ils payaient leurs impôts à l'évêque, si éloigné qu'il fût d'eux, et ils recevaient de lui leurs administrateurs et leurs juges¹.

Il arrivait même quelquefois que les rois fissent don aux églises des impôts publics qu'un canton avait jusque-là payés au prince. On a une formule² par laquelle Louis le Pieux concède à un évêque le péage et la douane de tout un territoire. De même Charles le Chauve donna à l'abbaye de Saint-Denis « neuf lieues de Seine en un tenant, si entièrement et franchement, que nul n'a ne justice haute ne basse fors l'abbé³ ». Déjà Charlemagne avait donné à l'évêque de Plaisance « toute la justice et le tonlieu tant sur les vassaux que sur les autres hommes libres⁴ ».

Ce qui eut de plus graves conséquences encore, c'est que les princes carolingiens avaient eu pour règle de politique de se servir des évêques et des abbés comme fonctionnaires publics. Ils les chargeaient d'administrer, de juger, de surveiller les provinces. Ces dignitaires de l'Église étaient déjà semblables aux comtes. Ils firent

---

In quibuslibet pagis vel territoriis infra ditionem nostri imperii..., Rozière, n° 18. — Cf. Rozière, n° 25 (*Imperiales*, 19) : *Omnibus comitibus, vicariis... notum sit vobis quia ex venerabilis ille abbas indicavit quod homines memorati monasterii PER DIVERSA LOCA CONSISTENTES IN MINISTERIIS VESTRIS multa prajudicia et infestationes patiuntur....* Rozière, n° 25.

² Rozière, n° 36 (*Imperiales*, 19).
³ Chronique de Saint-Denys, t. III, p. 65.
⁴ *Omnem judiciariam vel omne telneum de curte Cusimo tam de arimannia quam de aliis liberis hominibus.* Muratori, t. I, p. 741 ; Savigny, t. I, p. 135.

comme eux. Après avoir possédé l'autorité publique comme représentants du roi, ils la gardèrent en leur nom propre. Souvent ils se firent donner par les successeurs de Charlemagne le titre même de comte, avec tous les droits qui y étaient attachés. On a un diplôme de 924 qui concède à une église « tout ce qui avait été précédemment le domaine du comte, c'est-à-dire la justice, le tonlieu et la monnaie ». L'archevêque de Reims devint comte de Reims par diplôme de Louis IV. Le comté du Puy fut concédé à l'évêque par Raoul. Plus tard l'évêque de Laon obtint de Hugues Capet le comté de cette ville. L'évêque de Beauvais devint comte de Beauvais en 1015[1].

Ainsi les évêques, [comme] les anciens fonctionnaires royaux, possédèrent les droits régaliens, c'est-à-dire tout ce qui avait appartenu dans les temps antérieurs à l'autorité publique : ils jugèrent au criminel, ils perçurent les impôts, levèrent la douane et les péages, battirent monnaie, eurent des soldats et des châteaux forts, firent la guerre.

C'est ainsi que la puissance de l'État échappa aux rois, se partagea entre les grands, et alla se confondre avec la seigneurie laïque ou ecclésiastique.

Il est utile de remarquer ici que le grand pouvoir qu'eurent les seigneurs au moyen âge leur vint de la royauté, et qu'il ne fut en quelque sorte que cette royauté même morcelée et restée dans leurs mains. C'est pour cela que la hiérarchie féodale fut la continuation de la hiérarchie administrative.

[1] *Omnia quæ ibidem ad dominium et potestatem comitis hactenus pertinuisse visa sunt, forum scilicet, toloneum, monetam....* Histoire de Languedoc, t. II, diplôme 48. — Diplôme de 924 du roi Raoul en faveur de l'évêque du Puy (Championnière, p. 163).

Mais il faut remarquer aussi que, comme ces droits régaliens n'avaient jamais été formellement enlevés aux rois, ni annulés par aucun acte .égalien, qu'ils n'étaient que la continuation de l'autorité royale, qu'en principe ils n'avaient pu cesser d'appartenir aux rois et qu'ils n'appartenaient aux seigneurs que par délégation, il ne fut pas très difficile aux rois de les ressaisir plus tard. Quand ils les reprirent aux comtes et aux évêques, ils les retrouvèrent intacts, comme si ces seigneurs n'en avaient été durant quatre siècles que les fidèles dépositaires.

[On fera une troisième remarque en se rappelant la manière dont la puissance publique est venue aux mains des seigneurs. C'est précisément l'excès de force de l'État qui a entraîné sa ruine.] Une des causes de la prédominance de la féodalité est le développement excessif de l'autorité monarchique et la disparition des libertés locales.

Sous l'Empire romain, l'autorité centrale était déjà très forte ; mais elle ne régnait que sur les choses du gouvernement : pour la politique extérieure, pour les impôts publics, pour la justice suprême, elle était maîtresse. Mais en même temps elle laissait subsister des assemblées provinciales, des corps municipaux, des corporations de commerçants, des églises, et tous ces corps conservaient le droit de s'administrer. C'était la centralisation gouvernementale, plutôt [encore que] la centralisation administrative.

La chute de l'Empire romain n'a profité en rien à la liberté; au contraire, ces corps indépendants ont péri. Les rois mérovingiens sont plus absolus que n'avaient été les empereurs ; ils conservent la centralisation dans les limites plus étroites de leur royaume.

Plus d'assemblées provinciales; les curies ne subsistent que de nom, ne s'administrent plus; les corporations disparaissent ou s'effacent dans la pauvreté et l'obscurité; les églises sont de plus en plus dans la main du pouvoir.

Les documents historiques ne marquent pas que des libertés nouvelles aient été apportées par les Germains; nous ne voyons pas plus d'assemblées nationales que sous l'Empire; et quand aux malls locaux dont parlent les lois, ce sont les tribunaux du fonctionnaire royal entouré d'assesseurs, ce ne sont pas les réunions libres de la population.

Cette centralisation, que les Mérovingiens avaient été impuissants à faire durer, fut reprise et rétablie par les premiers Carolingiens. Sous Charlemagne, la royauté fut omnipotente; aucun pouvoir national ne lui fut une limite; nul contrôle. Cette royauté put tout et fit tout. Elle ne se contenta pas de gouverner, elle administra. Le fonctionnaire royal, duc, comte, vicomte, centenier, scabin, fut partout, partout puissant, et rien à côté de lui. Aucun corps indépendant. Lisez les Capitulaires, vous n'y voyez figurer ni la nation, ni la province, ni la cité. Il n'existe qu'un monarque, des fonctionnaires, et une population, *populus*; cette population ne se réunit jamais qu'en présence du fonctionnaire, convoquée par lui, et pour recevoir ses ordres ou ses instructions. L'Église même n'avait plus d'indépendance.

Sous Louis le Pieux et Charles le Chauve, vous retrouvez cette même toute-puissance du roi et des fonctionnaires royaux. C'est au moment même où la monarchie atteignait l'excès de la puissance et où elle avait tout mis sous elle, qu'elle se brisa.

Ce furent ses fonctionnaires eux-mêmes qui la renversèrent. Eux seuls, avec les évêques, avaient de la force. Ils la tournèrent contre la royauté. La royauté fut renversée, non par une nation, non par un effort des provinces et des cités, mais par ses fonctionnaires seuls, par ses agents, et par les évêques dont elle avait fait aussi ses agents et qu'elle avait habitués à être des chefs politiques.

Ces fonctionnaires et ces évêques n'eurent même pas besoin de lui faire la guerre; il leur suffit de ne plus obéir; la monarchie n'avait rien à leur opposer, aucune population qui pût lui servir d'appui; ils furent les maîtres.

Quand une nation possède des libertés locales, le fonctionnaire est obéissant; quand une nation obéit, c'est le fonctionnaire qui est libre.

CHAPITRE VIII

Pourquoi les classes inférieures ont accepté le régime féodal[1].

Le régime féodal ne se serait pas établi si la majorité des hommes avait voulu qu'il ne s'établît pas. La royauté n'aurait pas perdu le gouvernement de la société si les classes inférieures avaient voulu continuer à lui obéir.

Mais en même temps que les comtes, les évêques et tous les grands travaillaient à acquérir des sujets, les petits et les faibles allaient d'eux-mêmes vers cette

[1] [Cf. *Revue des Deux Mondes*, 1874, t. IV, p. 573-579.]

sujétion et retiraient leur obéissance aux rois pour la donner aux seigneurs.

Ce mouvement était déjà très marqué pendant le règne de Charlemagne. Ce prince montre lui-même dans un de ses capitulaires que beaucoup d'hommes renonçaient volontairement à leur condition d'hommes libres, c'est-à-dire de sujets du roi, pour [entrer dans les ordres ecclésiastiques, ou] se faire les vassaux d'un évêque ou d'un abbé[1]. Leur motif n'était pas la dévotion; c'était le désir d'échapper au service militaire et à toutes les autres charges que l'État imposait au citoyen.

Dans un autre capitulaire[2], le même prince laisse voir quel danger il y avait pour les simples hommes libres à rester ses sujets et quels intérêts les poussaient à se faire vassaux des seigneurs. Dans le premier cas, ils étaient accablés par les corvées, par le droit de gîte, surtout par le service militaire; à se faire vassaux, au contraire, ils se procuraient un protecteur puissant qui les défendait en justice et les exemptait des charges publiques.

Charles le Chauve se plaignait du nombre des hommes libres qui spontanément quittaient la condition de sujet du roi et abandonnaient leur franchise pour se

---

[1] Second capitulaire de 803, art. 15 (Boretius, p. 125: *De liberis hominibus, qui ad servitium Dei se tradere volunt... non tam causa devotionis quam exercitu fugiendo*). — Cf. Polyptyque d'Irminon, p. 31, n° 61. — Cf. capitulaire de 811, art. 4 (Boretius, p. 164: *Episcopi et abbates dimittant eorum liberos homines*).

[2] Troisième capitulaire de 811, art. 3 (Boretius, p. 165: *Dicunt etiam, quod quicumque proprium suum episcopo, abbati vel comiti vel judici vel centenario dare noluerit, occasiones quaerunt super illum pauperem, quomodo eum condemnare possint et illum semper in hostem faciant ire, usque dum pauper factus volens nolens suum proprium tradat aut vendat; alii vero qui traditum habent absque ullius inquietudine domi resideant*).

soumettre au service ou d'une église ou d'un seigneur[1].

Quelquefois c'était le comte lui-même, l'évêque, l'abbé, qui contraignait les hommes pauvres à se livrer à lui. Il n'est pas douteux que parmi ceux-ci il ne se trouvât des hommes qui fissent effort pour n'être pas saisis par le vasselage. Cette résistance était impuissante parce qu'elle était exceptionnelle; la majorité, ou se résignait, ou préférait sans hésiter la domination seigneuriale.

Dans les siècles précédents, la monarchie avait été ordinairement l'appui des faibles, et elle avait eu aussi les faibles pour appui. Dans l'ancienne Grèce, les petits monarques que l'on appelait τύραννοι avaient reçu le pouvoir des classes populaires et l'avaient exercé à leur profit. Dans l'ancienne Gaule, la royauté avait eu aussi un caractère démocratique. L'Empire romain, sans niveler les classes, avait eu du moins une législation et une justice égales pour tous. Il avait maintenu des rangs dans la société, mais il n'avait pas permis que les rangs supérieurs prissent l'autorité, et missent le joug sur les rangs inférieurs. Il avait voulu que tous les hommes libres, à quelque degré qu'ils fussent placés de l'échelle sociale, fussent directement et uniquement sujets du prince.

Il y eut toujours deux règles essentielles dans la politique de l'Empire : l'une était de protéger les faibles; l'autre était d'agir directement sur eux.

Il n'est pas douteux que, dans la constitution sociale et avec la grande inégalité des fortunes qu'il y avait déjà sous l'Empire, les pauvres ne fussent entraînés

---

[1] Édit de Pistes, art. 28, Walter, p. 150 [Pertz, p. 495] : *Illi franci qui censum de suo capite ad partem regiam debent, sive ad casam Dei vel ad alterius cujuscumque servitium se tradant.*

vers la dépendance des grands et vers le patronage. Aussi les empereurs enjoignaient-ils tout spécialement à leurs fonctionnaires de les défendre. « C'est un devoir de conscience pour le gouverneur de province, disait Ulpien, d'empêcher les puissants de faire tort aux faibles¹. » Constantin disait plus tard qu'on devait particulièrement veiller aux intérêts des plus petits². Nous pouvons voir dans le Digeste contre quels périls il fallait les mettre en garde : « Le gouverneur de province, y est-il dit, s'opposera aux redevances établies contrairement aux lois, aux actes de vente arrachés par la violence, aux engagements imposés par la crainte³. » Nous reconnaissons là les trois séries de faits qui sont devenus si fréquents après l'Empire romain et qui ont précipité les faibles et les pauvres dans la recommandation et le vasselage. L'Empire les défendit aussi longtemps qu'il put.

Comme il s'appliquait à assurer aux faibles la protection des pouvoirs publics, il leur interdisait aussi de se soumettre au patronage personnel des hommes puissants. Il ne voulait pas que les grands prissent les petits « sous leur défense ». « Nous enjoignons, disent plusieurs empereurs, de renoncer au patronage; les cultivateurs qui se seront mis en clientèle seront frappés du supplice, et ceux qui les auront reçus payeront, pour chaque fonds de terre, une amende de 25 livres d'or. » Ils veillaient surtout à ce qu'on n'engageât pas la terre et ils déclaraient que toute terre ainsi

---

¹ *Ne potentiores viri humiliores injuriis adficiant, ad religionem præsidis pertinet.* Ulpien, Digeste, I, 18, 6.
² *Læsis tenuioribus consulatur.* Code Justinien, I, 40, 2, année 322.
³ *Præses provinciæ... illicitas exactiones et violentia factas et extortas metu venditiones et cautiones prohibeat.* Ulpien, Digeste, I, 18, 6.

engagée serait confisquée. Ils voulaient en un mot
que les faibles ne devinssent pas les sujets des forts
et ils s'appliquaient à conserver sur eux à la fois la
protection et l'autorité[1].

Ce qui était déjà difficile pour les derniers empereurs devint impossible pour les rois francs. Sous les Mérovingiens les classes inférieures n'avaient plus senti ni la protection ni l'autorité de l'État; et elles s'étaient réfugiées, de gré ou de force, dans le patronage[2].

Les princes carolingiens, qui imitaient et copiaient volontiers l'Empire romain, s'écartèrent de la politique impériale en ce point capital que, loin d'interdire le patronage et la clientèle qu'on appelait de leur temps le séniorat et la fidélité, ils les autorisèrent formellement. Charlemagne lui-même admit la légitimité de ce contrat personnel qui mettait un homme sous l'autorité d'un autre homme. Il permit à ceux qui étaient hommes libres de se recommander, c'est-à-dire d'engager leurs biens et leur personne, et de prêter le serment de foi à un particulier[3].

Cet usage se continua sous Louis le Pieux. Charles le Chauve alla plus loin; il exigea que tout homme, dans son royaume, eût un seigneur et se fît vassal[4]. Ce n'est pas que ces princes fussent assez aveu-

---

[1] [Cf. *Les Origines du système féodal*, c. 4, § 5.]

[2] [Cf. plus haut, livre IV, c. 1.]

[3] Second capitulaire de 805, art. 9 [Boretius, p. 121]. — Premier capitulaire de 811, art. 4 [Boretius, p. 161]. — Second capitulaire de 815, art. 16 [Boretius, p. 172]. — [Cf. plus haut, p. 604 et suiv.]

[4] *Volumus ut unusquisque liber homo in nostro regno seniorem qualem voluerit in nobis et in nostris fidelibus accipiat.* Capitulaire de 847, art. 2 [Pertz, p. 395]. — *Ut nullus (eorum) qui liberi homines sunt in nostro regno immorari vel proprietatem habere permittatur nisi fidelitatem nobis promiserit et noster aut nostri fidelis homo dece-*

gles pour ne pas voir que de telles institutions devaient briser leur pouvoir ; mais ils étaient en présence de faits sociaux contre lesquels ils ne pouvaient pas lutter.

Il est vrai que Charlemagne mettait au-dessus de l'autorité seigneuriale sa propre autorité. Il voulait que chaque homme libre, en prêtant le serment de foi à un seigneur, prêtât le même serment au roi[1]. Mais il y avait là une contradiction. Les devoirs de la fidélité étaient tellement rigoureux, tellement sans limites, ils constituaient une subordination si complète de tout l'être humain, qu'il était moralement impossible d'être à la fois le fidèle du prince et le fidèle d'un seigneur. Il fallait choisir.

Nous ne pouvons guère douter que les classes inférieures n'eussent préféré obéir au prince, si elles se fussent senties protégées par lui. Elles n'auraient pas subi l'autorité seigneuriale, si l'autorité royale avait pu les soutenir et étendre ses mains jusqu'à elle. Charlemagne le savait; aussi répète-t-il maintes fois dans ses capitulaires qu'il veut protéger les faibles[2] : « Que les veuves, dit-il, que les orphelins, que tous ceux qui sont faibles vivent en paix sous notre mainbour et qu'on

---

nial. Capitulaire de 805, art. 4 (Pertz, p. 501]. — Cf. capitulaire de 875, art. 5 et 6 (Pertz, p. 520].

[1] Second capitulaire de 805, art. 9 (Boretius, p. 124]. Cf. capitulaire de 873, art. 6, Walter, t. III, p. 56 (Pertz, p. 520]. — Charlemagne pouvait-il penser que mieux le vassal obéirait à son seigneur, mieux il obéirait au roi? *Ut unusquisque suos juniores distringat ut melius ac melius obediant et consentiant mandatis imperialibus*, (dit le] premier capitulaire de 810, art. 17 (Boretius, p. 153). Cela n'était possible qu'autant que les seigneurs continueraient à obéir.

[2] *Ut ecclesiæ, viduæ, orfani, vel minus potentes pacem rectam habeant*, art. 1 des [capitula ad Legem Bajuvariorum addita, Boretius, p. 157]. — *Ut viduæ, pupilli per bannum regis pacem habeant*. Second capitulaire de 813, art. 2 (Boretius, p. 171].

respecte leurs droits. » Il enjoint aux commissaires impériaux de défendre surtout les pauvres[1]. Il les autorise à intervenir entre le seigneur et son homme. « S'ils apprennent, leur dit-il dans ses instructions, que justice n'a pas été faite à un pauvre, ils doivent s'adresser à l'homme puissant et le sommer par deux fois de rendre justice; si les deux sommations ont été sans effet, ils emploieront la force pour que le pauvre ait ce qui lui est dû[2]. » Qui ne voit combien une telle intervention devait être rare, inefficace, impuissante? De pareilles instructions révèlent l'étendue du mal plutôt qu'elles ne peuvent le guérir.

Un autre capitulaire nous montre combien la justice des fonctionnaires royaux était peu sûre pour le faible. « L'homme puissant, y est-il dit, à qui le pauvre refuse de se livrer, lui et sa terre, trouve toujours moyen de le faire condamner[3]. »

On se fait facilement illusion sur l'époque de Charlemagne. Comme les générations qui suivirent furent démesurément malheureuses, elles se représentèrent son règne comme un temps de paix intérieure, d'ordre et de prospérité[4]. Mais il y a des actes législatifs de Charlemagne où il laisse voir lui-même à quels désordres il avait à faire face. « Que les hommes libres, dit-il dans

[1] Troisième capitulaire de 810, art. 3 [Boretius, p. 155].

[2] *Quando justitiam pauperibus facere jusserint, semel aut bis præcipiant ut justitia fiat. Tertia vice, si nondum factum est, ipsi pergant ad locum et ad hominem qui justitiam facere noluit et cum virtute tollant ab eo quod injuste alteri tulit et reddant illi cujus per justitiam esse debuit.* Troisième capitulaire de 810, art. 3 [Boretius, p. 155].

[3] Troisième capitulaire de 811, art. 3 [Boretius, p. 165; cf. plus haut, p. 667, n. 2].

[4] *Temporibus bonæ recordationis Magni Caroli pax atque concordia ubique erat, ubique abundantia atque lætitia.* Nithard, IV, 7. — Pourtant les capitulaires de Charlemagne font souvent mention de famine et constatent la misère publique.

un capitulaire, ne soient pas contraints par les comtes à travailler à leurs prés, à moissonner, à labourer ou à vendanger pour eux[1]. » « Qu'aucun homme, écrit-il ailleurs, ne soit assez hardi pour établir de sa propre autorité des péages nouveaux sur les routes ou les rivières[2]. »

Des iniquités d'une autre nature se produisaient. « Nous ne voulons pas, disait Charlemagne, que les hommes libres qui sont pauvres soient opprimés par les puissants; nous ne voulons pas qu'écrasés par la fourberie ou l'injustice, ils soient contraints de vendre ou de livrer leurs petites propriétés[3]. » Nous voyons ici qu'il était fréquent que le petit propriétaire fût amené à céder ses droits à un homme plus riche ou plus fort que lui; il continuait à vivre sur sa terre, mais comme simple usufruitier, et il arrivait alors, ainsi que le dit Charlemagne, « que ses fils déshérités n'avaient plus d'autre ressource que de se faire mendiants ou voleurs[4] ».

En l'année 811, de nombreuses réclamations parvinrent à l'oreille du prince de la part de cette classe d'hommes qu'on appelait « les pauvres ». Or nous devons bien entendre que ces pauvres n'étaient pas les mêmes hommes qu'on appelle de ce nom dans les

---

[1] *Ut liberi homines nullam obsequium comitibus faciant nec vicariis neque in prato neque in messe neque in aratura aut vinea, excepto servitio quod ad regem pertinet.* Cinquième capitulaire de 803, art. 17 [Boretius, p. 144, n° 57, art. 2].

[2] Cinquième capitulaire de 803, art. 22 [Boretius, n° 57, art. 7].

[3] *De oppressione pauperum liberorum hominum, ut non fiant a potentioribus per aliquod malum ingenium contra justitiam oppressi ita ut coacti res eorum vendant aut tradant.* Second capitulaire de 803, art. 16 [Boretius, p. 125].

[4] *Ideo hæc de liberis hominibus diximus ne forte ipsi heredes propter indigentiam mendici vel latrones efficiantur.* Second capitulaire de 803, art. 16 [Boretius, p. 125].

sociétés modernes. Au-dessus des esclaves, des prolétaires, des colons, ces pauvres étaient les petits propriétaires; ils possédaient un ou plusieurs manses, quelques esclaves pour les cultiver; ces hommes, qui seraient presque des riches dans nos sociétés démocratiques, étaient des pauvres et des faibles dans l'état social de ce temps-là. C'étaient eux qui souffraient le plus; ils n'avaient pas la sécurité du colon et du serf que leur puissant maître protégeait. Ils étaient quotidiennement menacés dans leur liberté et dans leurs biens. « Ces pauvres nous crient, dit Charlemagne, qu'on les dépouille de leurs propriétés. Si l'un d'eux refuse de livrer son domaine, on trouve mille moyens de le condamner en justice, ou bien on le ruine en le grevant outre mesure du service militaire, jusqu'à ce qu'on l'oblige bon gré mal gré à vendre ou à donner ce qu'il a¹. »

L'autorité publique aurait dû défendre ces hommes; mais c'étaient au contraire² les dépositaires de l'autorité, c'est-à-dire les comtes, vicaires, centeniers, évêques et abbés, que ces hommes accusaient de les dépouiller. Charlemagne était réduit à émettre cette singulière prescription : « Nous interdisons à nos fonctionnaires d'acheter par des moyens frauduleux les

---

¹ *Pauperes se reclamant expoliatos esse de eorum proprietate.... Dicunt etiam quod quicumque proprium suum episcopo, abbati, vel comiti aut judici vel centenario dare noluerit, occasiones quaerunt super illum pauperem quando eum condempnare possint et illum semper in hostem faciant ire usque dum pauper volens nolens suum proprium tradat aut vendat.* Troisième capitulaire de 811 (Boretius, p. 105).

² *Et hoc exqualiter clamant super episcopos et abbates et eorum advocatos et super comites et eorum centenarios.* Troisième capitulaire de 811 (Boretius, p. 105).

biens des pauvres « et de les ravir par force¹. » Lorsque Louis le Pieux, prenant possession du trône, fit faire une enquête générale, on constata « qu'une incroyable multitude d'hommes avaient été opprimés, dépouillés de leur patrimoine, privés de leur liberté² ». Ainsi cette monarchie de Charlemagne, si puissante qu'elle nous paraisse, avait été incapable de défendre les faibles. Sous ses successeurs, nous ne voyons pas les mêmes plaintes, parce qu'on ne se plaignait même plus.

Tous les désordres grandirent. « En ce temps-là, dit un annaliste en parlant du règne de Louis le Pieux, le royaume des Francs était couvert de désolation, et la misère des hommes se multipliait de jour en jour³. » Plusieurs chroniqueurs montrent que des

¹ *Ut comites vel vicarii seu judices aut centenarii sub mala occasione vel ingenio res pauperum non emant nec vi tollant.* Premier capitulaire de 813, art. 22 [Boretius, p. 174]. Cf. Lehuerou, p. 509, n. 3.

² *Qui egressi invenerunt innumeram multitudinem oppressorum aut ablatione patrimonii aut exspoliatione libertatis; quod iniqui ministri, comites et locopositi per malum ingenium exercebant. Omnia princeps destruere jussit acta quæ impie in diebus patris sui per iniquorum ministrorum ingenia facta fuerant. Patrimonia oppressis reddidit, injuste ad servitium inclinatos absolvit.* Thégan, 13. — Cf. ce qu'Alcuin écrit à l'empereur, dans Gérard, t. II, p. 330. — Louis le Pieux, dans un acte de 816 en faveur des Espagnols, signale deux désordres qui certainement se reproduisaient dans tout l'Empire. On s'est plaint à lui, dit-il, de deux choses : *Hi qui inter eos majores et potentiores erant... eos qui inter illos minores et infirmiores erant, loca tamen sua bene excoluisse videbantur, aut penitus ab eisdem locis depellere aut sibi ad servitium subjicere conati sunt.... Alterum est quod... ad comites sive vassos nostros vel etiam ad vassos comitum se commendaverunt, et ad habitandum atque excolendum deserta loca acceperunt : quæ ubi ab eis exculta sunt, ex quibuslibet occasionibus eos inde expellere et ad opus proprium retinere aut aliis propter præmium dare voluerunt.* Deuxième præceptum pro Hispanis, 816 [Boretius, p. 263].

³ *Eo tempore regnum Francorum infra semetipsum valde desolatum est et infelicitas hominum multipliciter quotidie augebatur* (Annales Xantenses, année 834, Pertz, II, 226).... *et multis modis miseria et calamitas hominum quotidie augebantur* (ibidem, année 850).

troupes de brigands parcouraient le pays[1]. La plupart de ces grands qui figurent dans l'histoire des Carolingiens étaient des chefs de bandes armées[2]. Chacun d'eux avait des soldats, et le roi n'en avait pas. Ils avaient la force qui peut à son gré opprimer ou protéger, et le roi ne possédait aucun moyen d'exiger l'obéissance ou de donner protection.

Il arriva alors ce qui était arrivé chaque fois que les mêmes circonstances s'étaient rencontrées. Le faible qui ne trouvait pas d'appui dans l'autorité publique, implora l'appui du fort, et, ainsi que César le disait déjà des Gaulois, se donna à l'un des grands pour ne pas être à la merci de tous les grands. Les contrats de patronage, de recommandation ou de fidélité se multiplièrent. On se fit client, fidèle, vassal, pour vivre en paix. On se sentait abandonné de la royauté, on l'abandonna aussi, et l'on se livra à un comte ou à un évêque dont on fit son seigneur, c'est-à-dire son protecteur et son maître.

Puis vinrent les incursions des Normans. Ces hommes que la faim ou les divisions intestines chassaient des pays du Nord, ne formaient que de méprisables troupes de pirates. On est surpris de leur petit nombre et du mal qu'ils firent. On se demande comment la société gallo-germaine put devenir tout à coup si faible,

---

[1] *Præcepit ut missi per singulos comitatus irent qui immunitatem prædonum et latronum quæ inaudita emerserat cohiberent. Vita Ludovici,* 53. — *Ubique rapinæ et omnigena mala se inserebant.* Nithard, IV, 7. — *Vastante passim cuncta raptore.* Annales de Saint-Bertin, année 843, p. 51.

[2] *Quia jam pæne nullus qui suis justisque stipendiis ducat post se milites, sed de rapinis et violentiis; quod Naso ille* (Bernard de Septimanie) *spurcissimus omnium primus docuit et ad finem usque semper publicus prædo vixit. Vita Walæ,* dans Mabillon, *Acta ordinis sancti Benedicti,* t. IV, p. 510; Himly, p. 150.

qu'elle ne sût pas résister à de pareils ennemis. Quelques chroniqueurs du temps ont attribué cette extrême impuissance à la bataille de Fontanet, où le sang guerrier se serait épuisé. Il est vraisemblable que ce qui épuisa bien davantage cette société, ce fut la perte de toute discipline sociale et la division qui se mit en elle.

Elle fut alors incapable de se défendre contre les convoitises des peuples pauvres. Norvégiens, Danois, Hongrois, Sarrasins, tous ceux qui cherchaient une proie, tous ceux qui étaient très avides et un peu hardis, se jetèrent sur elle. A de si misérables adversaires ce grand corps désorganisé ne sut opposer ni des frontières ni des armées. Ils attaquèrent de tous les côtés à la fois. Ils étaient peu nombreux; mais, comme ils se multipliaient par le mouvement, on les trouvait partout et on les croyait innombrables[1]. Les Africains pillèrent Rome, l'Italie, la Provence. Les Slaves et les Hongrois ravagèrent l'Allemagne et vinrent jusqu'en Bourgogne. Les Norvégiens et les Danois saccagèrent la France. Ils arrivaient sur des barques, remontaient le Rhin, la Seine, ou la Loire, ils brûlaient les villes, emportaient l'or, détruisaient les moissons, égorgeaient les paysans ou les emmenaient esclaves. « En ce temps, dit un annaliste, les Normans ne cessèrent pas de massacrer ou de réduire en servitude le peuple chrétien, d'abattre les églises, de détruire les villes et de brûler les villages. Ce n'était partout que cadavres de clercs et de laïques, de nobles et de non-nobles, de femmes et d'enfants. Il n'y a pas une place, pas un chemin où l'on ne trouvât des morts. C'était une grande douleur de voir comme

---

[1] On vit jusqu'à des pirates grecs piller Marseille en 848 et se retirer impunément; Annales de Saint-Bertin, année 848.

le peuple chrétien était exterminé¹. » « Une année ces Normans quittèrent la France, dit l'annaliste, parce qu'ils n'y trouvaient plus de quoi vivre. »

Ce n'était pas que les hommes fussent lâches. Les chroniqueurs mentionnent souvent des actes de bravoure et dans toutes les classes de la population. Les rois, ces rois carolingiens que l'on représente comme insoucieux et oublieux de leurs devoirs, étaient au contraire très actifs et très prompts à combattre. Nous les voyons toujours en mouvement, courant d'une frontière à l'autre pour faire face à l'ennemi; ils ne connaissent pas le repos; Charles le Chauve lui-même a toujours l'épée à la main². Les grands montrent aussi du courage; on peut compter dans les Annales tous ceux qui essayent de lutter, qui défendent les villes, qui surprennent l'ennemi, qui le mettent en déroute ou se font tuer³. Il n'est pas jusqu'aux paysans qui ne prennent les armes. Ils défendent vaillamment leur sol. Tantôt

---

¹ *Normanni non cessant captivari atque interfici populum christianum atque ecclesias subrui, destructis mœniis et villis crematis. Per omnes plateas jacebant cadavera clericorum, laicorum, nobilium atque aliorum, mulierum, juvenum et lactentium. Non erat via vel locus quo non jacerent mortui. Et erat tribulatio omnibus et dolor, videntes populum christianum usque ad internecionem devastari.* Annales de Saint-Waast, année 884, p. 318.

² Annales de Saint-Bertin, p. 67, 93, 109, 149, 234, 286.

³ Le duc de Bourgogne Richard délivre la ville de Chartres assiégée; Bouquet, VIII, p. 502. — Le comte Gisilolfe, *advocatus* du monastère de Fleury, bat les Normans près de la Loire sous Charles le Simple; Bouquet, VIII, p. 501. — *Robertum Andegavensium comitem et Raynulphum Pictavensium et alios multos generosæ stirpis viros qui patriæ terminos armis tuebantur.* Année 873, *ex Chronico Namnetensi*, Bouquet, VII, p. 220. — En 863, *Turpio comes, miles fortissimus defensorque optimus, cum Normannis congreditur. Ex Chronico Engolismensi*, Bouquet, VII, p. 222. — *Vulgrinus comes Egolismæ multis præliis laboravit cum Normannis. Chronicon Ademari*, Bouquet, VII, p. 227. — *Dux Arnaldus sæpius cum barbaris certaverat multos interficiens. Historia translationis Sanctæ Faustæ*, Bouquet, VII, p. 344.

ce sont ceux du Poitou qui mettent les Normans en déroute ; tantôt ce sont ceux d'entre Seine et Loire qui se jurent entre eux de résister aux Danois ; mais, attaqués par des hommes mieux armés, ils ne peuvent que se faire tuer[1].

Ainsi le courage ne manque pas, et chacun fa ce qu'il peut. Mais ce n'est pas par le courage qu'une société peut se défendre, c'est par l'union et la discipline. Il faut que les forces individuelles se groupent pour former une force publique. C'est cela même qui faisait le plus défaut au IX° siècle. La royauté n'existait plus que de nom ; n'ayant ni armées permanentes, ni forteresses qui fussent à elle, ni administration régulière, ni obéissance assurée, elle fut incapable de défendre les populations.

Le principal résultat des incursions normandes fut de manifester à tous les yeux la faiblesse de la royauté. Elles furent l'épreuve à laquelle on la jugea[2]. Les peu-

---

[1] Annales de Saint-Bertin, p. 97-98 : *Vulgus promiscuum*, « le commun peuple du pays », *inter se conjurans adversus Danos fortiter resistit ; sed quia incaute sumpta est eorum conjuratio*, « l'association conduite sans prudence » (peut-être sans chefs et sans bonnes armes), *a potentioribus nostri facile interficiuntur* ; « nos paysans sont massacrés par les envahisseurs mieux armés et plus forts qu'eux. » — Les manuscrits portent *a potentioribus nostris interficiuntur*, ce qui fait que les traducteurs ont supposé que ces paysans avaient été exterminés par des compatriotes, par les seigneurs. L'abbé Dehaisnes écrit en note qu'il croit qu'il faut lire *nostri*. C'est en effet la seule leçon possible ; le mot *potentiores* n'est jamais employé dans l'Annaliste de Saint-Bertin pour désigner les grands du pays et ce mot ne peut désigner que les envahisseurs ; il suffit d'ailleurs de lire le passage tout entier pour se convaincre qu'il ne se peut agir ici d'une lutte entre les paysans et les seigneurs, ce qui eût été un événement assez grave pour que l'annaliste en eût parlé avec quelque précision.

[2] *Expediam summatim quantum tempora nostra sunt modificata ; regna, olim gloriosa, nunc ingloria ; principum virtus ac potentia quam infirma.* Vita S. Faronis auctore Hildegario Meldensi episcopo regnante Carolo Calvo (Bouquet, VII, p. 356).

ples ne se demandèrent pas si elle était elle-même coupable de cette faiblesse. Ils ne songèrent pas que ce fût à eux de se grouper autour d'elle et de lui rendre la force. Ce n'est pas au moment du danger et en présence de l'ennemi qu'on change un état social. Les peuples ne virent qu'une chose, c'est que la royauté ne les défendait pas. Ils auraient voulu que, comme l'ennemi se montrait partout, elle fût aussi partout présente; et ils ne la sentaient presque nulle part. Ils lui reprochèrent de ne pas les protéger et l'accusèrent, ou peu s'en faut, de les trahir.

Ce sentiment qu'éprouvèrent les générations du ix° siècle a laissé des traces profondes dans les traditions et les préjugés des générations suivantes. On les retrouve jusque dans les poésies du xii° siècle. Robert Wace, dans le *Roman de Rou*, reproduit sans nul doute les pensées des hommes écrasés et ruinés par les Normans, quand il leur fait dire au roi de France :

> Que faiz tu ? que demures ? que penses ? que atenz ?
> Ne tu ne nus quiers paiz, ne tu ne nus defenz[1].

La royauté avait été si puissante au temps de Charlemagne, elle avait si fort frappé l'imagination des hommes, qu'ils ne pouvaient pas comprendre qu'elle ne les défendît plus, et qu'ils lui imputaient leurs malheurs :

> Virent le gentil regne a grant hunte aturné ;
> Al rei Challun le Simple en unt merci crié
> Que il prenge cunrei de la Crestienté ;
> Veient les mustiers ars è le pueple tué
> Par defalte del rei è par sa fiebleté[2].

[1] *Roman de Rou*, v. 4245 (édit. Andresen].
[2] Idem, v. 1063 et suiv.

En vain le roi répondait-il qu'il n'était qu'un homme :

> Ne ne puis par mei sul Rou ne Normans chaeler ;
> Jeo ne sui qu'uns suls hom a belure d a mangier ;
> Jeo ne pois d'un sul cors cuntre tus esturvier,
> Que puet faire uns suls hom a quo puet esploitier,
> Se li huma li faillent ki li deivent aidier ?

La faiblesse est ce que les peuples pardonnent le moins aux rois. La désaffection qui se manifesta si notoirement contre les Carolingiens vint de là. Comme ils ne protégeaient plus, on cessa à la fois de les aimer et de les craindre.

La nature humaine a un besoin instinctif d'obéir. Quand un pouvoir disparaît, elle cherche d'abord à quel autre pouvoir elle se soumettra. Dès qu'on cessa d'obéir au roi, il parut naturel qu'on obéit à l'homme duquel on tenait la terre.

Tous les regards et toutes les espérances se portèrent vers les seigneurs. On était sûr de les trouver au moment du danger. On n'avait pas à attendre qu'ils vinssent de loin ni à craindre qu'ils fussent occupés ailleurs ; car ils habitaient la province ou le canton menacé. Entre le comte et la population du comté le lien des intérêts était visible ; le champ du laboureur était le domaine du comte ; il le défendait comme son bien propre ; si soupçonneux que fussent les hommes dans leur malheur, ils ne pouvaient penser à accuser leur seigneur direct d'insouciance ou de trahison. Vainqueur, on ne ménageait pas la reconnaissance ; vaincu, on savait qu'il souffrait plus que personne. Seul il était bien armé et suivi de quelques bons soldats ; seul il veillait pour tous ; fort ou faible, il était le seul défensour, le seul espoir des hommes. La moisson, la vigne, la cabane, tout périssait avec lui ou était sauvé par lui.

C'est surtout à cette époque qu'on éleva les châteaux forts. Il y en avait toujours eu dans les temps de trouble et de danger social. On en avait [vu] surgir dès la fin de l'Empire romain; sous les Mérovingiens, les villes étaient entourées de murailles. La longue paix intérieure qu'il y avait eu sous Pépin le Bref et Charlemagne avait fait disparaître les murailles et les châteaux[1]. La royauté, qui s'était alors chargée du soin de défendre elle-même le sol, avait été en droit d'interdire aux particuliers et aux villes de se fortifier[2]. Cette interdiction se retrouve encore dans les capitulaires de Charles le Chauve; mais on voit assez que les hommes cessèrent d'en tenir compte. Les villes relevèrent leurs murs; les abbayes se fortifièrent; les seigneurs construisirent d'épais donjons[3].

Six siècles plus tard, les hommes n'avaient que haine pour ces forteresses seigneuriales. Au moment où elles s'élevèrent, ils ne sentirent qu'amour et reconnaissance. Elles n'étaient pas faites contre eux, mais pour eux. Elles étaient le poste élevé où leur défenseur veillait et guettait l'ennemi. Elles étaient le sûr dépôt de leurs récoltes et de leurs biens; en cas d'incursions, elles donnaient un abri à leurs femmes, à leurs

---

[1] Il y avait pourtant des châteaux sous Pépin le Bref : *in castellis ab avo nostro conquisitis,* dit Louis le Pieux dans un capitulaire de 819 [ou 820], art. 7 [Boretius, art. 2, p. 208].

[2] *Et volumus et expresse mandamus ut quicumque istis temporibus castella et firmitates et haias sine nostro verbo fecerunt, omnes tales firmitates disfacias habeant;* édit de Pistes, de 864. Mais c'étaient les comtes qu'il chargeait de démolir ces forteresses : *Comites in quorum comitatibus factæ sunt, eas disfaciant.* [Pertz, p. 499.]

[3] Voir les citations dans Lehuerou, p. 615.

enfants, à eux-mêmes. Chaque château fort était le salut d'un canton.

Les générations modernes ne savent plus ce que c'est que le danger. Elles ne savent plus ce que c'est que de trembler chaque jour pour sa moisson, pour son pain de l'année, pour sa chaumière, pour sa vie, pour sa femme et ses enfants. Elles ne savent plus ce que devient l'âme sous le poids d'une telle terreur, et quand cette terreur dure quatre-vingts ans sans trêve ni merci. Elles ne savent plus ce que c'est que le besoin d'être sauvé.

On donna tout aux seigneurs. On oublia tout pour eux. On ne pensa ni à des rois qu'on ne voyait pas, ni à des libertés dont on n'aurait su que faire. On obéit à ceux par qui l'on était défendu. On donna la sujétion en échange de la sécurité. Des milliers et des millions de contrats se formèrent entre chaque champ et le guerrier qui combattait pour lui, entre chaque existence humaine et le guerrier à qui l'on devait de vivre.

Alors s'établit ce que ces hommes appelaient le *droit de sauvement* ou le *droit de garde*[1]. Les petits propriétaires, les laboureurs, tous ceux qui étaient encore libres, mais qui avaient besoin d'être défendus contre l'envahisseur étranger ou l'oppresseur voisin, s'adressèrent à un guerrier et conclurent avec lui un contrat. Il fut convenu que l'homme de guerre *sauverait* et *garderait* le laboureur, sa famille, sa maison, sa récolte et ses meubles. Il fut convenu d'autre part que le laboureur payerait cette protection par une redevance pécuniaire et par l'obéissance[2].

---

[1] (Voir encore) *tuteia terræ*. Cartulaire de Saint-Père, p. 232. — *XII denarios de garda*. L. Delisle, p. 61.

[2] « Les hommes libres de Wolen (canton d'Argovie), jugeant que Gon-

« Nous promettons en bonne foi, disait le guerrier, de vous garder, vous et vos biens, comme doit le faire un bon gardien et seigneur¹. » « Nous vous recevons sous notre sauvement et défense². » Le laboureur de son côté reconnaissait « qu'il était sous la protection et garde de ce seigneur »³. Le premier devenait un *sauveur*; c'est le nom qu'on lui donnait en quelques provinces⁴; le second était un *sauvatier*, c'est-à-dire un *sauvé* et un protégé⁵. Le terrain ou la circonscription que le seigneur devait défendre s'appelait un *sauvement*⁶ et la

---

tran, homme puissant et riche, serait pour eux un chef bon et clément, lui offriront leurs terres à condition qu'ils en jouiraient paisiblement sous sa protection et mainbour en lui en payant le cens légitime. » Guérard, Polyptyque d'Irminon, p. 218. — L'Église protégeait quelquefois aussi bien que les guerriers. On pouvait donc se mettre en sauvement de l'Église.... *Tali conditione ut, si ibi fieret salvatio, omnes qui ibi ad manendum venirent, ceterique qui se sub ditione ipsius salvationis ponerent, quisque pro domo sua sive cellario censum sancto Petro tres aut duos denarios singulis annis redderent.* Histoire de l'abbaye de Condom, apud Ducange, VI, p. 47, 2. — *In festo Sancti Bartholomæi persolvunt homines salvamentum suum.* Tabularium S. Germani Pratensis, Ducange, VI, p. 49, 2.

¹ *Promittimus bona fide vos et vestra temporalia rationabiliter et benigne gardare tanquam bonus garderius et superior vester dominus.* Charte de 1283, apud Baluze, Histoire de la maison d'Auvergne, II, p. 500; Ducange, VI, p. 907, 1.

² *Recipimus in nostra salvatoria et securitate (et) protectione.* Charte de 1202, Ducange, VI, p. 49, 2. — *Recipimus in defensione nostra et salvosa.* Ducange, VI, p. 51, 1.

³ *Confitetur esse sub protectione et garda domini de Franchelins.* Ducange, III, p. 580, 2.

⁴ *Hugo qui pro salvamento Crilliacensis villæ salvator dicebatur.* Chronicon Besuense, apud Ducange, VI, p. 49, 1. — *In terris et nemoribus Sancti Hilarii de quibus Gibaudus tunc salvator erat.* Charte de 1166, Ducange, VI, p. 49, 2.

⁵ [On disait encore] un *mainboré*. On lit dans le Polyptyque de l'abbé Irminon qu'un certain Adalbert, homme libre, s'est fait le mainboré de l'abbaye, *Adalbertus munboratus*; sa femme et ses enfants sont devenus par ce fait sujets de l'abbé. XII, 9, p. 124.

⁶ Ducange, VI, p. 47, 2. — *Salvamentum hominum Sancti Petri qui sunt in castro illo vel in villis in circuitu castri.* Hugues de Flavigny, Ducange, VI, p. 46, 3.

redevance que les hommes lui payaient pour sa défense portait le même nom[1].

La redevance pécuniaire était ordinairement fixée par contrat. « Humbert, noble homme, est tenu de garder et défendre les hommes de la châtellenie de Saint-Germain ; et nous, en échange de cette bonne garde, nous nous engageons à lui payer, à lui et à ses héritiers, un cens annuel de cent *solidi*[2]. » « Le village payera au vicomte cinq *solidi* à titre de commendation, et moyennant cette somme, le vicomte s'engage à sauver toujours et partout les hommes du village, soit quand ils sont dans leurs maisons, soit quand ils vont et viennent[3]. »

Ce qu'on appelait la *commendation* était la même chose que le sauvement ou la garde[4]. « L'abbé Robert, écrit un seigneur en 1148, voulant éviter les violences

---

[1] *Ex causa protectionis seu salvesio constituo domino Raymundo comiti annuum censum, videlicet sex solidos.* Charte de 1248, Ducange, VI, p. 49, 5.

[2] *Idem nobilis vir Humbertus castrum prædictum Sancti Germani et homines de castellania dicti castri tenetur gardare et defendere bona fide ; pro qua bona garda promittimus bona fide et stipulatione eidem Humberto pro se et hæredibus suis dare et solvere quolibet anno centum solidos.* Charte de 1270, Ducange, III, p. 580, 2. — Je ne pense pas que nous ayons des contrats de cette nature qui datent du IXᵉ siècle ; mais il ne me paraît pas douteux que les contrats qui nous sont restés du XIIᵉ et du XIIIᵉ ne sont que la continuation ou le renouvellement de contrats bien antérieurs.

[3] ... *Dabit per singulos annos ad Pascha V solidos de commendatione vicecomiti ; pro hac re promisit vicecomes supradictam villam et homines ipsius villæ se ubique servaturum, et etiam homines de Brocaco custodiet euntes et redeuntes. Tabularium Sancti Albini Andegavensis*, apud Ducange, II, p. 473, 3.

[4] *Neque alium debitum ab illis hominibus qui habitaverint exigant, solummodo* COMMENDATIONEM SALVUM FACIENDI. *Tabularium Sancti Cypriani Pictavensis*, Ducange, II, p. 473, 3. — *Guardam quam commendationem vocant.* Ibidem. — *Salvamentum sive commendationem quam in Nerontis villa accipiebant.* Ibidem. — Cela s'appelait aussi *custodia* et *tensamentum. Homines in tensamentum nostrum et custodiam recepimus. Tensare* et le français *tenser* signifiaient défendre ; voir Ducange, VI, p. 511, 2, et Brussel, *Usage des fiefs*, t. II, p. 150, 184, 205.

et ravages des malfaiteurs, a placé ses deux villages en ma commendation, et il s'est engagé à me payer dix *solidi* chaque année à la Saint-Jean¹. » Ailleurs², nous voyons un abbé de Saint-Bénigne de Dijon qui, ne pouvant protéger un de ses villages, l'a mis en commendation dans les mains du duc de Bourgogne; il lui paya pour cette protection un cens annuel de cent *solidi*, et il n'est pas douteux que ce sont les paysans qui fournirent cette somme. Ailleurs³, les laboureurs ont conclu un contrat sous cette forme : « Le seigneur a la garde de tous les habitants et de chacun d'eux en particulier : sur chaque maison ayant charrue, il lèvera un setier d'avoine; sur chaque maison où sont deux bœufs, il lèvera une mine d'avoine; sur celle qui n'a ni charrue ni bœufs, il ne lèvera qu'un quartaut. » Dans un autre village, chaque feu doit à son sauveur une mine d'avoine, deux deniers et un pain⁴. Ailleurs les habitants

---

¹ *Robertus abbas volens devitare injurias et infestationes malefactorum posuit in commendatione mea duas villas... decem solidos mihi reddendo ad festum Sancti Joannis Baptistæ.* Charte de 1148, Ducange, II, 473, 3.

² *Philippus abbas ecclesiæ Sancti Benigni villam... Hugoni duci Burgundiæ in commendationem posuit pro centum solidis annuatim solvendis.* Ducange, ibidem.

³ *Habet dominus in parochia de Loco Dei in omnibus et singulis habitatoribus dicti loci gardam, quæ garda levatur in hunc modum : videlicet de quolibet hospitio habente carrucam levatur unum sextarium avenæ; in hospitio habente duos boves levatur una hemina avenæ; in hospitio non habente carrucam neque boves, levatur tantum unum quartale avenæ.* Charte de 1309, Ducange, VI, p. 909, 1.

⁴ *Sakramentum habet dominus Bucardus in ochiis illis in quibus focus est... Sakramentum est mina avenæ in ochia et duo denarii et unus panis ivernagii.* Charte de Guillaume, comte de Nevers, 1165; Ducange, VI, p. 47, 1. — *Modium horrei habitatores dictæ villæ solvere tenentur pro salvataria.* Ducange, VI, p. 48, 2. — *Homines debent comiti pro garda V sextarios avenæ.* Ducange, III, p. 580, 2. — *Quatuor sextarios avenæ annuos de garda.* Charte de 1229, Ducange, VI, p. 909, 1. — *Videlicet ut unusquisque qui in ea terra bordam vel*

du village doivent donner à leur défenseur trois journées de labour avec leurs bœufs chaque année¹. Dans les pays de vignobles, l'homme de guerre s'engage à garder les vignes, et chaque vigneron lui doit une mesure de vin. Quelquefois encore il s'engage à protéger sur les routes les voituriers qui transportent le vin, et ceux-ci lui payent un droit de protection².

Dans quelques provinces, la redevance de sauvement s'appelle le *vingtain*; c'est en effet la vingtième gerbe ou la vingtième partie des fruits et du vin³. Ce droit

---

domum haberet, minam avenæ redderet illi ob tutamentum. Tabularium Vindocinense, Ducange, VI, p. 541, 5. — *Sakramentum quod comes habebat in potestatibus de Porreno et Chichirieco, tam in avena quam trossis, panibus et denariis.* Ducange, VI, p. 47, 1. — Hommes qui doivent froment, gélines et deniers de sauvement; charte de 1185, dans Ducange, VI, p. 47, 2.

¹ Cartulaire de Saint-Père, charte de 1086, t. I, p. 248, etc. : [*Pro defensione hominum rusticorum boves ter in anno ad exercendam terram*].

² *Commendatio vinearum.... commendatio asinariorum vinum deferentium.* Ducange, II, p. 475, 5. — *Tensamentum vini.* Idem, VI, p. 542, 1. — Li sauveries du vin; charte de 1281, dans Ducange, VI, p. 47, 2. — *Sakramentum de vino.* Idem, VI, p. 47, 1. — Ailleurs un seigneur vend à des hommes de Saint-Wandrille, *adjutorium, consilium et advocationem.* Charte de 1137, Léopold Delisle, p. 61. — Il est à peine besoin d'ajouter que des abus se produisirent, et que ces abus vinrent du côté où était la force. Il arriva souvent que des seigneurs se firent payer plus qu'ils ne protégèrent; il arriva à la longue qu'ils continuèrent à se faire payer quand ils ne protégèrent plus : *Exactores pessimi, capiendi specie salvamenti, pene vernaculos Beati Dionysii devastantes, populabantur;* Ducange, VI, p. 46, 5. *Tensator*, qui signifiait d'abord défenseur, devint synonyme de *prædator : Tensator, sive spoliator, consuetus homines tenseare;* Ducange, VI, p. 542, 2. Nous devons croire aussi que dans les siècles suivants, à mesure que les hommes eurent moins besoin de protection, ils trouvèrent plus lourde et plus inique la redevance qu'ils s'étaient engagés à payer à perpétuité pour la protection.

³ « Le vintain est un droit acquis par convention entre le seigneur et les habitants de sa terre, par laquelle le seigneur s'est obligé de faire construire et maintenir à ses dépens les murailles du bourg ou de l'enclos du château pour la sûreté des habitants et la conservation de leurs biens mobiliers, moyennant la vingtième partie des blés et du vin qu'ils recueillent ». Salvaing, *Usage des fiefs*, c. 46.

seigneurial a été établi à l'origine par une série de conventions particulières entre chaque seigneur et les habitants de la terre, et il était le prix dont ceux-ci s'engageaient à payer la protection que celui-là s'engageait à leur assurer. Souvent le contrat stipulait que le produit du vingtain serait entièrement employé à fortifier le château qui était la sûreté du village[1]. On ajoutait parfois que les paysans devraient deux jours de corvée chaque année pour travailler aux fortifications[2].

Ce sauvement a été, non pas la seule origine, mais une des origines des droits seigneuriaux. La protection a entraîné avec elle la sujétion. Le sauvatier s'est fait serviteur[3], le sauveur a été inévitablement un maître, un justicier, un souverain. Garde et commandement se sont confondus. Les hommes se sont soumis pour être défendus[4]. Ils souffraient trop et tremblaient trop pour penser à leur liberté. Entre le vasselage et la ruine, ils n'ont pas hésité.

Le joug ne leur a pas été imposé malgré eux; ils l'ont accepté par contrat. Ils n'ont pas été saisis de force par l'autorité seigneuriale; ils ont été au-devant d'elle.

---

[1] *Dominus clausuram debet facere et reficere pro vicesima fructuum quam levabit.* Charte de 1256, Ducange, VI, p. 841, 2. — *In pluribus castris et territoriis... pro muris seu mœniis construendis; apud Salving*, p. 270.

[2] *Vintenum quod mihi dederunt ipsi homines... pro clausura ipsius castri vel alia justa causa et necessaria de voluntate ipsorum hominum.* Charte de 1277, Ducange, VI, p. 841, 2. — *Corveias bis in anno quas* *vulgus appellat.* Charte de 1168, Ducange, VI, p. 541, 3.

[3] *Sauvatier* est synonyme de serviteur; apud Ducange, VI, p. 50, 3.

[4] *Dicebat Theobaldus quod teneret homines sed ipse faceret justitiam de hominibus.* Cartulaire de Saint-Germain des Prés, apud Ducange, VI, p. 542, 2. — *Qui se sub ditione salvationis ponerent....* Histoire de l'abbaye de Condom, apud Ducange, VI, p. 47, 2. — Toutefois la garde ne se confondit pas toujours avec la justice. « Il y a grande différence, dit Beaumanoir (c. 46), entre garde et justice, car tel a justice en une terre qui n'en a pas la garde ».

Comme on vivait d'ailleurs en un temps où la protection était plus recherchée que l'autorité, ce fut le protégé qui paya, et il sembla juste qu'il indemnisât le seigneur de ses soins et de sa peine. Il n'y eut plus d'hommes libres, si ce n'est dans quelques villes bien garnies de murailles. Les hommes ne furent plus sujets de l'autorité publique : ils furent sujets les uns des autres; ils furent, à des degrés divers, des vassaux.

CHAPITRE IX

La royauté devient élective.

En principe, la royauté était héréditaire. Sous les Mérovingiens, elle s'était toujours transmise par droit de naissance; Pépin le Bref lui-même avait prétendu descendre de la famille régnante, et après lui le pouvoir avait toujours passé du père au fils. Il n'y a dans les documents de ces quatre siècles aucun indice qui marque que les peuples aient cru avoir le droit de choisir leurs rois[1].

Mais, comme la fidélité n'était pas héréditaire, les fidèles possédaient un droit que la nation n'avait pas : ils avaient la faculté de choisir, sinon leur roi, au moins leur seigneur[2].

[1] [Plus haut, liv. III, c. 4.] — Charles le Chauve près de mourir envoie les insignes royaux à son fils. *Annales de Saint-Bertin*, p. 260 [cf. ici, plus haut, p. 287]. — Charles et Louis inscrivent dans un acte officiel que leurs enfants *regnum paternum jure hereditario tenere possint*. *Ibidem*, p. 275. — Ainsi Louis II, sentant sa fin prochaine, envoya à son fils aîné les insignes royaux, en mandant à ceux qui étaient près de lui de le faire sacrer et couronner roi. *Ibidem*, p. 278.

[2] Tel est, si nous ne nous trompons, le sens de quelques formules qui

Quand un roi mourait, tous les contrats de fidélité étaient rompus. Il se trouvait un moment où le nouveau roi n'avait pas de fidèles et où les fidèles de l'ancien roi n'avaient plus ni leurs bénéfices ni leurs dignités. Ce moment durait peu; tous les fidèles se rendaient auprès du nouveau roi, se recommandaient à lui, et renouvelaient leur serment; le nouveau roi à son tour renouvelait les concessions.

Cette règle avait été pratiquée durant toute la période mérovingienne; elle était dans l'essence même de l'institution de fidélité.

Elle devait être favorable ou contraire à l'autorité royale, suivant que celle-ci était plus forte ou plus faible que ses fidèles. Si le roi était assez puissant pour reprendre ses bénéfices et ses dignités, les fidèles se présentaient humbles et soumis, et la cérémonie du serment n'était pour eux qu'un acte de subordination et d'hommage. Si, au contraire, il était avéré que la royauté était dans l'impuissance de reprendre ses dignités et ses terres, cette réunion de ceux qui les détenaient était une occasion de faire la loi à la royauté, et cette cérémonie du serment pouvait se changer en une sorte d'élection.

La manière dont les hommes comprenaient la royauté est bien expliquée par le récit suivant des Annales de Saint-Bertin. En 869, le roi Lothaire étant mort, les grands du pays de Lorraine invitèrent Charles le Chauve à se rendre à Metz, et la plupart d'entre eux vinrent individuellement se recommander à lui¹. Il est vrai que

---

indiquent une sorte de droit d'élection et que l'on rencontre dans les capitulaires de 806, [c. 10] et de 817, c. 14 et 18 [Borelius, p. 128 et 272-273; cf. ici, plus haut, p. 271 et 284].

¹ *Plurimos de regno et Hattonem episcopum et Arnulphum sibi se*

ces évêques et ces seigneurs tinrent à donner une certaine solennité et comme une consécration publique au pacte que chacun d'eux avait déjà conclu. Une assemblée de ce qu'on appelait le peuple, c'est-à-dire des prélats et des grands suivis ou entourés de leurs propres fidèles, se réunit dans l'église de Metz, et l'évêque de la ville parla ainsi : « Vous savez de quelle douleur la mort du roi Lothaire nous a frappés. Privés de notre roi et restés sans appui par sa perte, nous avons cherché un autre roi, afin qu'il nous gouverne selon le droit, qu'il maintienne chacun de nous sous sa protection, et qu'il nous procure sauvement et défense[1]. » Ce langage, suivant les idées et les usages du temps, signifiait que, la mort du précédent roi ayant naturellement brisé tous les pactes de bénéfice ou de patronage, les bénéficiers et les fidèles cherchaient un chef qui renouvelât les contrats et qui garantît la conservation des bénéfices et des dignités[2]. L'évêque ajouta : « Nous nous sommes assemblés et nous avons invoqué Dieu, afin qu'il nous donnât un roi selon son cœur, pour notre salut et notre avancement. Ce roi choisi est le roi Charles. Nous nous remettons dans ses mains, de notre propre mouvement, afin qu'il soit sur nous et pour nous, qu'il nous serve de secours et de sauvegarde et que nous soyons en paix et en tranquillité. »

---

commendantes suscepit. Deinde Mettis veniens, Advenientum ipsius civitatis præsulem et Franconem Tungrensem episcopum cum multis aliis in sua commendatione suscepit. Annales de Saint-Bertin, année 869.

[1] Annales de Saint-Bertin, p. 191. [Cf. ici, plus haut, p. 253 et suiv.]

[2] *Volumus ut ecclesiæ et casæ Dei et episcopi et monachi talem reverentiam et honorem habeant, sicut tempore antecessorum nostrorum habuerunt. Adnuntiatio Ludovici regis*, année 860 [Krause, p. 157, art. 4].

Ces hommes ne considéraient donc la royauté que comme un pouvoir utile. Leur obéissance envers elle était subordonnée à l'utilité qu'ils en tiraient et était en proportion de cette utilité.

Aussi exigea-t-on du roi une promesse et un engagement formel. Avant que l'assemblée le proclamât et qu'il pût se dire roi de ce pays, il parla ainsi : « Puisque, ainsi que l'ont dit les évêques et que votre unanimité l'a montré, j'ai été appelé ici pour vous défendre, protéger, conduire et gouverner, sachez certainement qu'avec l'aide de Dieu je conserverai l'honneur et le culte de la sainte Église, que je protégerai et investirai d'honneurs chacun de vous selon son rang, que je rendrai à chacun son droit afin que chacun de vous me rende aussi les honneurs royaux et m'aide à défendre le royaume. »

Tel était le contrat. Ce serait d'ailleurs se tromper beaucoup que de croire qu'il y eût là une élection nationale et un engagement entre un souverain et un peuple. Il s'agit d'un contrat de patronage et de fidélité.

Aussi ce pacte était-il personnel. Il n'engageait que ceux-là seuls qui avaient de leur propre bouche prêté le serment. Beaucoup de grands de la Lorraine n'étaient pas présents à l'assemblée de Metz; ils ne se considérèrent pas comme sujets du nouveau roi. Aussi voyons-nous, dans la suite du récit de l'annaliste, que Charles le Chauve, ayant dû quitter le pays pour quelque temps, y revint ensuite tout exprès pour « recevoir en sa protection et sujétion » les hommes qui ne s'étaient pas encore donnés à lui. Il leur indiqua un rendez-vous près de Toul; mais personne ne vint, et il se trouva ainsi n'avoir d'autres sujets dans toute la Lorraine que ceux qui s'étaient faits ses fidèles dans l'assemblée de Metz[1].

Des faits de même nature se produisirent à l'avènement de chacun des rois carolingiens. Charles le Chauve meurt en 877. Son fils Louis le Bègue, avant de se proclamer roi, se hâte de s'attacher des fidèles, *quos potuit conciliavit sibi*[2], « en leur donnant des abbayes, des comtés, des villas, à chacun suivant sa demande ». Mais en même temps qu'il se fait autant de fidèles qu'il distribue de biens, il se fait autant d'ennemis qu'il y a d'hommes qui ont convoité ces mêmes biens sans les obtenir[3]. Ces mécontents, qui étaient les plus nombreux, se réuniront en assemblée. Des pourparlers eurent lieu pendant plusieurs semaines entre cette assemblée qui se tenait au mont Vimar et Louis qui se tenait à Compiègne. On finit par s'entendre; chacun fit ses conditions; chacun obtint le bénéfice ou l'honneur qu'il demandait[4]. Quand on fut tombé d'accord et que tous les pactes individuels eurent été conclus, alors, dit l'annaliste, par « le consentement général[5] », tant des évêques et abbés que des grands du royaume et de tous ceux qui étaient présents, Louis fut consacré et couronné roi.

La prestation des serments eut lieu à Compiègne. Chaque évêque prononça une formule qui signifiait

---

[1] Annales de Saint-Bertin, p. 200.
[2] *Quos potuit conciliavit sibi, dans eis abbatias, comitatus ac villas, secundum uniuscujusque postulationem.* Annales de Saint-Bertin, p. 254 [cf. ici, plus haut, p. 287 et suiv.].
[3] *Regni primores, tam abbates quam comites, indignatos quia honores dederat... adversus se conspiratos.* Annales de Saint-Bertin, p. 250.
[4] *Pactis honoribus singulis quos petierunt.*
[5] *Consensu omnium tam episcoporum et abbatum quam regni primorum ceterorumque qui adfuerunt.*

qu'il remettait dans les mains du roi sa personne et son église « pour être dûment protégé » et pour que les règles et privilèges canoniques, ainsi que les biens de son église, lui fussent conservés[1]. « Je me mets en commande dans vos mains, dit-il, pour que mes droits et tout mon dû me soient gardés et que vous m'assuriez protection ; en retour, je vous serai fidèle et vous aiderai de conseil et de bras, suivant mon pouvoir et mon ministère, et ferai tout ce qu'un évêque doit à son seigneur. » Puis les abbés, les comtes, les vassaux royaux se recommandèrent et assurèrent leur fidélité par le serment[2]. Le nouveau roi répondit à tous par cette formule, solennellement prononcée : « Moi, Louis, établi roi par la miséricorde de Dieu et l'élection du peuple, je promets à tous les ordres de l'Église, à savoir aux évêques, aux prêtres, aux moines et aux chanoines, de leur garder en leur entier leurs règlements canoniques ; je promets aussi de garder au peuple, que Dieu m'a confié à régir, ses droits et ses statuts, par le commun conseil de mes fidèles. »

Deux ans plus tard, ce roi mourait. A cette nouvelle, beaucoup de grands du pays s'assemblèrent à Meaux « pour traiter de ce qui était à faire[3] ». En même temps, d'autres grands, l'abbé de Saint-Denis, le comte de Paris, beaucoup « d'évêques, d'abbés et d'hommes puissants » se réunirent à Creil, « afin de régler,

---

[1] *Episcopi ac cuiusque ecclesiæ illi ad debitam defensionem et canonica privilegia sibi servanda commendaverunt.* Ibidem, p. 261.

[2] *Regni primores ac vassali regii se illi commendaverunt et sacramentis fidelitatem promiserunt.*

[3] *Mandaverunt primoribus ut apud Meldis convenirent et ibi tractarent quid de cetero agere deberent.* Annales de Saint-Bertin, p. 279, année 879.

puisque le roi était mort, tout ce qui était relatif à la paix et à l'intérêt du royaume ».

Ceux de Creil choisirent pour roi Louis de Germanie, « comptant qu'il leur donnerait plus de bénéfices et d'honneurs qu'ils n'en avaient obtenu du roi précédent ». Mais le roi germain les trompa et aima mieux prendre possession de la Lorraine que de venir régner en France. Quant à ceux des grands qui étaient réunis à Meaux, ils se déclarèrent pour les deux fils du roi défunt, Louis III et Carloman. Ils les firent sacrer et couronner; puis ils déterminèrent eux-mêmes comment le royaume serait partagé entre les deux frères, et « chacun ensuite se recommanda à celui des deux dans le lot duquel ses bénéfices et ses honneurs étaient situés ».

Ainsi la royauté devenait élective. Elle ne l'était pas en droit, mais elle l'était en fait. Elle ne l'était pas pour la nation, mais elle l'était pour les fidèles. De tout temps le contrat de fidélité avait été fondé sur un choix libre et volontaire, mais la situation s'était modifiée en ce sens qu'au lieu que le roi choisît ses fidèles et ses bénéficiaires, c'étaient les fidèles et les bénéficiaires qui choisissaient leur roi.

En 884, Louis III et Carloman, des jeunes gens de

---

* *Gozlenus abbas... Conradus Parisiaci comes... quoscunque potuerunt episcopos, abbates atque potentes homines ad consensum vocare eo sub obtentu ut, quia rex defunctus erat, unanimiter tractarent de regni pace atque utilitate.* Annales de Saint-Bertin, p. 280.

* *His autem qui convenerant persuaserunt ut Hludowicum, Germaniæ regem, in hoc regno convocarent et ejus largitione honores quos hactenus obtinere non potuerunt sine ulla dubitatione haberent.* Ibidem, p. 280.

* *Eos consecrari et coronari in reges fecerunt.* Annales de Saint-Bertin, p. 282.

* *Reges reversi sunt Ambianis, et ueor vieles uzonus invenerunt, regnum paternum inter se diviserunt... et quique de proceribus secundum convenientiam, in cujus divisione honores haberent, illi se commendarent.* Ibidem, p. 284.

grand courage, étant morts, « les Francs réunis en conseil décidèrent d'envoyer vers l'empereur Charles pour qu'il vînt régner en France¹ ». Si l'obéissance avait été déterminée par l'hérédité, ils auraient pris pour roi un fils de Louis II, Charles le Simple; ils préférèrent le roi de Germanie et, « se rendant vers lui, ils se mirent en sa sujétion² ».

On peut remarquer ici que la politique des grands, si l'on peut dire qu'ils eussent une politique suivie, n'était pas de choisir un roi faible; car ils auraient en ce cas préféré Charles le Simple, qui était un enfant de cinq ans³. Elle était, au contraire, d'avoir un roi qui fût assez fort pour les défendre, les protéger et assurer leurs biens. Ils se décidèrent donc pour Charles le Gros, qui paraissait avoir beaucoup de puissance.

Au bout de deux ans, on s'aperçut qu'il ne défendait ni ne protégeait personne; tout le monde alors l'abandonna, « en sorte que, dit un annaliste, il ne resta plus autour de l'empereur un seul fidèle⁴ ». On ne s'entendit pas d'abord sur le choix de son successeur; les uns choisirent Eudes, les autres Guy d'Italie⁵, et plusieurs même se déclarèrent pour Arnoul de Germanie⁶. Eudes finit par l'emporter, grâce au prestige

---

¹ *Franci capiunt consilium et... dirigunt ad imperatorem Karolum uti veniat in Franciam.* Annales de Saint-Waast, année 884, p. 320.

² *Ad eum venerunt ejusque se subdidere imperio.* Annales de Saint-Waast, p. 320.

³ *Puer Carolus, de quo cum Franci desperassent.* Chartularium Sithiense, p. 130.

⁴ *Franci videntes imperatoris vires ad regendum imperium incalidas, ejecto eo de regno....* Annales de Saint-Waast, année 887, p. 329. — Annales de Metz, année 887.

⁵ *Franci inter se divisi, quidam Widonem ab Italia, quidam Odonem in regno statuere volunt....* Annales de Saint-Waast, p. 329.

⁶ *Contulerunt se ad Arnulfum regem ut veniret in Franciam et regnum sibi debitum reciperet.* Ibidem, p. 331.

que lui donna une victoire sur les Normans. Mais cinq années étaient à peine écoulées, qu'une grande partie de ses fidèles l'abandonnèrent et portèrent leurs préférences intéressées sur Charles le Simple, qu'ils firent roi[1].

Les faits que nous venons d'énumérer manifestent clairement le droit public de cette époque. Tout principe général tendait à disparaître; les hommes ne concevaient plus la royauté comme un pouvoir héréditaire qui s'imposât à eux; ils ne concevaient pas davantage l'idée d'un droit national qui fût au-dessus de la royauté. La seule chose qu'ils comprissent, c'était un pacte individuel et volontaire entre un fidèle et un seigneur. Les fidèles choisissaient le chef; ils le choisissaient comme ils voulaient; ils le choisissaient, non d'après des principes supérieurs et généraux, mais en vue des profits matériels qu'ils attendaient de lui. L'élection n'était pas un acte collectif; elle ne résultait pas d'un vote; on ne comptait pas les suffrages, et la décision du plus grand nombre n'engageait pas la minorité. Cette élection était une série d'actes individuels et ne liait que ceux qui y avaient pris part. L'obéissance s'accordait personnellement et par contrat.

Une telle royauté était nécessairement faible. Elle n'avait rien qui commandât la soumission. La force matérielle lui faisait défaut autant que l'autorité morale. Il lui était impossible d'avoir une armée permanente, d'avoir même une garde qui fût autre que la réunion des seigneurs eux-mêmes, d'avoir des forteresses qui n'appartinssent pas à ces mêmes seigneurs. Elle n'avait

[1] *Remis adunati consilium inierunt adversus Odonem.... Et Carolum, regis Hludowici filium, in paterno solio collocant.* Annales de Saint-Waast, p. 345.

pas d'impôts. L'impôt foncier ne lui était plus payé par les hommes libres; les impôts indirects étaient perçus par les comtes et les évêques; les dons annuels des bénéficiaires cessèrent d'être apportés dès que les bénéficiaires n'eurent plus à craindre d'être dépossédés; quant aux revenus des fermes royales, ils disparurent parce qu'il n'y eut presque plus de fermes royales.

A partir de la fin du règne de Charles le Chauve, les rois n'administrent plus; ils ne font plus de capitulaires ni d'actes législatifs; la justice ne leur appartient plus. Leur règne se passe à recevoir des serments de fidélité, à renouveler des concessions de comtés ou de bénéfices, à traiter avec les seigneurs. Ils n'ont plus aucune action générale sur la population. Le principe de la fidélité a décidément vaincu le principe de l'autorité publique.

La liberté ne gagna pas ce que perdait la royauté. Il est digne de remarquer qu'aucune institution libre ne fut fondée à cette époque. On ne voit ni assemblées nationales ni assemblées provinciales. L'idée même de la liberté politique paraît avoir été absente des esprits; on n'en rencontre aucun symptôme.

Le régime qui prévalut alors était aussi éloigné de ce que les hommes entendent ordinairement par monarchie que de ce qu'ils entendent par république : c'était le régime féodal.

CHAPITRE X

De la chute de la dynastie carolingienne [le triomphe des principes de fidélité].

On se ferait une idée très inexacte des événements du xe siècle si l'on se représentait une lutte générale et continue entre l'aristocratie et la royauté. Les grands ne forment pas un parti organisé. Ils n'ont aucune théorie politique. Ils n'éprouvent aucun sentiment de haine contre la monarchie, d'amour pour la liberté. Ils ne veulent rien détruire, ils ne visent pas à fonder. Ils ne forment pas un corps qui ait ses vues communes, sa tradition constante, ses chefs, sa discipline. L'intérêt personnel est ce qui dirige chaque homme. Recevoir et conserver, voilà toute la politique. Le même homme est tour à tour un serviteur et un ennemi du roi, suivant que son intérêt lui dit de le servir ou de le combattre. Le roi a toujours et à la fois des fidèles et des ennemis, ennemis qui seront des fidèles quand il aura quelque chose à leur donner, fidèles qui étaient peut-être des ennemis la veille ou qui le seront le lendemain. Il peut se produire tel concours de circonstances où il y ait un si grand nombre d'intérêts individuels d'accord, qu'il se forme une coalition; mais alors même il n'y a pas d'idée générale, d'aspiration commune, de politique suivie.

L'instabilité est le caractère distinctif du xe siècle. Les grands changent de rois suivant le caprice ou la passion de chaque jour. Ils donnent et retirent leur fidélité quand ils veulent, et c'est cette fidélité qui fait et défait les rois.

Dans cette incessante fluctuation il ne pouvait y avoir ni un attachement héréditaire pour la famille carolingienne, ni un parti pris de la renverser. On passait de cette famille à une autre pour revenir à elle. On fut assez longtemps fidèle à Charles le Simple ; puis on prétendit avoir lieu d'être mécontent de lui et on lui déclara « qu'on ne lui obéirait plus s'il ne changeait de conduite ». La menace fut exécutée deux ans après ; en 922, ceux qui avaient été les fidèles de Charles « se présentèrent à lui, et jetant à terre des fétus de paille, annoncèrent par là qu'ils ne voulaient plus de lui pour seigneur ; se séparant de lui, ils le laissèrent tout seul ». Ils choisirent l'un d'entre eux, Robert, pour être roi [1].

Nul ne pensait à supprimer la royauté. La royauté était en effet une institution nécessaire aux seigneurs. C'était elle qui leur donnait l'investiture de leurs bénéfices, de leurs évêchés, de leurs comtés. Sans elle aucune possession, aucune dignité n'aurait été légitime et sûre. Aussi chacun voulait-il avoir pour roi celui dont il tenait ou dont il espérait le plus de biens.

Héribert de Vermandois convoitait le comté de Laon, que le roi Raoul lui refusait ; il avait dans son château, comme prisonnier, l'ancien roi Charles le Simple ; il l'en tire et le proclame roi pour qu'il lui donne l'investiture du comté ; mais Raoul sent le péril, il fait savoir à Héribert qu'il lui donne le comté de Laon ; Héribert trouve plus sûr de le recevoir des mains de Raoul que de celles de Charles le Simple, et ce malheureux prince est ramené dans sa prison.

Peu après le trône devient vacant. Les grands s'as-

---

[1] Flodoard, *Annales*, années 920-922. — [*Ademari Cabannensis Chronicon*, Bouquet, t. VIII, p. 233.]

semblent et le plus puissant d'entre eux, Hugues le Grand, les détermine à porter leur choix sur un Carolingien. Il fait venir Louis d'Outre-mer, il se fait son fidèle ; en retour, Louis d'Outre-mer lui donne l'investiture du duché de Bourgogne. Plus tard il fit élire Lothaire et se fit donner par lui le duché d'Aquitaine.

En 987, il fallut procéder à une nouvelle élection. Le roi mort ne laissait pas d'enfants, et il ne restait de la famille de Charlemagne qu'un seul rejeton, Charles de Lorraine. Ce dernier titre ne faisait pas de lui un étranger ; aucune idée de nationalité ni aucune antipathie de race n'étaient de nature à déterminer ces hommes qui n'avaient pas l'habitude de distinguer les nations ni de se haïr pour des raisons de race ; beaucoup d'entre ces seigneurs avaient appelé précédemment Othon II en France[1]. Ce qui fit que l'assemblée de Senlis préféra Hugues Capet à Charles de Lorraine, ce fut que le premier trouva des fidèles et que le second n'en avait pas. La question ne fut pas posée entre deux familles [d'origine différente], mais seulement entre deux hommes, l'un inconnu ou hostile, l'autre populaire ; l'un absent, l'autre présidant l'assemblée ; l'un faible et éloigné, l'autre tout-puissant et lié par des intérêts ou des alliances de famille à presque tous ceux qui étaient présents.

La question d'hérédité fut posée ; Charles de Lorraine prétendit que sa naissance lui donnait droit au trône ; l'archevêque Adalbéron répliqua « que le trône ne s'acquérait point par droit héréditaire[2] ».

---

[1] Ainsi Adalbéron, archevêque de Reims, celui-là même qui fut le plus ardent à faire nommer Hugues Capet, avait été l'allié d'Othon II. Richer, IV, 2.

[2] *Non ignoramus Carolum fautores suos habere qui eum dignum*

Si les grands avaient eu pour politique d'affaiblir et d'annuler la royauté, il est vraisemblable qu'ils auraient choisi le plus faible des deux compétiteurs. L'annaliste contemporain montre qu'ils se décidèrent par une raison opposée. L'archevêque Adalbéron leur prouva qu'ils ne devaient pas élire Charles de Lorraine, parce que cet homme n'avait aucune force, et qu'ils devaient se décider, au contraire, pour Hugues Capet, « qui était le premier en énergie, en noblesse, en puissance, en qui ils trouveraient un défenseur, non seulement de la chose publique, mais de leurs intérêts privés. Hugues Capet qui serait un puissant patron et qui n'avait jamais laissé dans l'abandon un de ses fidèles [1] ». L'élection qui porta au trône la famille capétienne fut le triomphe des principes de la fidélité sur ceux de la monarchie.

Les Carolingiens avaient été à la fois des chefs de fidèles et des rois héréditaires; Hugues Capet ne fut qu'un chef de fidèles.

---

regno ex parentum collatione contendant. Sed si de hoc agitur, non regnum jure hereditario adquiritur. Discours d'Adalbéron, Richer, IV, 11, p. 150.

[1] *Promovete igitur vobis ducem, actu, nobilitate, copiis clarissimum, quem non solum reipublicæ, sed et privatarum rerum tutorem invenietis. Quis enim ad eum confugit et patrocinium non invenit? quis suorum auxiliis destitutus, per eum suis non restitutus fuit?* Discours d'Adalbéron, Richer, IV, 11.

CONCLUSION

Comment s'est formé le régime féodal.

Depuis le milieu de l'Empire romain jusqu'au x⁰ siècle, deux faits se continuèrent sans interruption : l'un fut l'affaiblissement graduel de l'autorité politique, l'autre fut le progrès de la grande propriété et du patronage. Il arriva insensiblement que la propriété et le patronage furent les seules institutions puissantes ; ils prirent la place que les pouvoirs publics avaient remplie dans les siècles précédents.

Quand cette évolution fut achevée, il se trouva que la société, au lieu d'être gouvernée par des lois politiques, le fut par les lois qui régissaient la propriété et par les habitudes qui réglaient les relations personnelles des hommes.

C'est ce qu'on est convenu d'appeler le régime féodal. Cette dénomination n'est pas absolument exacte, car il s'en faut beaucoup que tout fût féodal au moyen âge ; mais la féodalité est un des traits les plus saillants parmi ceux qui composent ce régime, et il n'est pas surprenant qu'elle lui ait attaché son nom.

Si le lecteur a suivi la série des faits que nous venons d'exposer, il a assisté au long et insensible enfantement du régime féodal.

Ce régime n'a pas été fondé d'un seul coup : il a fallu plusieurs siècles pour qu'il se constituât. Il n'a pas été le résultat d'une conquête ou d'un acte de violence; il a été l'effet naturel de la constitution de la propriété foncière, des intérêts qui s'y attachaient, des habitudes qui s'y contractaient.

Nous pouvons résumer en quelques pages les phases diverses par lesquelles ce régime a passé avant d'arriver à sa pleine éclosion.

Son origine première et en quelque sorte la matrice où il a pris naissance, c'est le droit de propriété tel qu'il était conçu par la société romaine et la société germanique à la fois, sous les noms divers de *dominium*, de *proprietas*, d'alleu : droit absolu, complet, qui attachait la terre à l'homme et se transmettait soit avec le sang, soit par l'effet de la volonté libre du propriétaire; droit qui ne s'exerçait pas seulement sur le sol inanimé, mais qui s'exerçait aussi bien sur les êtres humains qui garnissaient le sol, qui en formaient l'*instrumentum*, qui le cultivaient et l'habitaient.

Dans le sein de cette propriété un germe se développe qui en semble très différent, et qui pourtant tient à elle comme la bouture à la plante, comme le fœtus à la mère : c'est la possession ou jouissance bénéficiaire. Le propriétaire du sol le concède à un autre homme de telle façon qu'il ne perde rien de son droit; il le concède par bienfait et pour répondre à une prière; il le reprend quand il veut; il ne le laisse passer au fils du concessionnaire que par un renouvellement formel du bienfait; le laissât-il plusieurs générations de suite hors de sa main, il n'en reste pas moins le vrai et unique propriétaire.

Cette concession révocable qui ne résulte pas d'un contrat et qui ne confère aucun droit au concessionnaire, le place dans un état de dépendance quotidienne à l'égard du propriétaire du sol ; la relation qui s'établit entre eux est celle du client vis-à-vis du patron, du reconnaissant vis-à-vis du bienfaiteur ; il lui doit tout ce que celui-ci veut exiger ; il lui doit des rentes ou des services, il lui doit surtout son attachement personnel, son obéissance, sa fidélité.

Cette condition du client ou fidèle existait déjà dans la société de l'Empire romain ; mais elle n'était pas reconnue par les lois ; elle était même en opposition avec elles.

En dépit des efforts de l'autorité publique, elle gagnait peu à peu du terrain, soit par les concessions bénéficiales que les grands propriétaires faisaient de la jouissance du sol, soit par l'abandon que les petits propriétaires faisaient du droit de propriété. L'état bénéficiaire et la clientèle grandissaient à la fois, et il se formait déjà une aristocratie de grands propriétaires fonciers qui vivaient entourés de leurs bénéficiers ou précaristes, de leurs clients ou fidèles.

Les troubles qui suivirent les invasions des Germains affaiblirent l'autorité publique. Le germe dont nous venons de parler se développa d'autant.

D'une part, le droit de propriété ne fut pas mis en question ; il garda toute sa puissance, il l'accrut même. L'impôt foncier, seul lien de dépendance que la propriété eût avec l'État, fut insensiblement supprimé par le don de l'immunité, et la propriété se trouva ainsi affranchie de l'autorité publique.

La jouissance bénéficiaire s'accrut dans la même proportion. Plus la grande propriété était indépendante et prospère, plus elle pouvait faire la loi à ceux qui occupaient son sol. Le contrat de fermage disparut et la concession en bienfait prit sa place.

La misère du temps qui, ainsi qu'il arrive toujours, frappait surtout les classes inférieures, empêchait les pauvres de s'élever graduellement à l'acquisition du droit de propriété; elle rendit même impossible aux petits propriétaires la conservation du sol; les grands domaines allèrent grandissant à chaque génération.

Le désordre était partout. Moins il y eut de sécurité, plus on rechercha le patronage; moins on fut protégé par les lois, plus on se groupa autour des forts. Le petit possesseur *recommanda* sa terre, l'homme libre *recommanda* sa personne; cela signifiait qu'il abandonnait sa terre et sa liberté à la discrétion d'un autre homme. La subordination personnelle se propagea ainsi. Elle s'exprimait par les termes de mainbour ou de clientèle, de truste ou de fidélité.

Cette subordination avait été interdite par les empereurs; les rois mérovingiens cessèrent de l'interdire. Elle ne prit pas encore place dans les lois; du moins les lois ne furent plus contre elle.

Au temps de l'Empire, dans une société ordinairement paisible, la subordination s'était surtout traduite en redevances, en travaux pour le maître, ou en services domestiques. Sous les rois francs, quand la guerre était incessante et universelle, elle se traduisit [à la fin] surtout par l'obligation du service de guerre. L'épée avait plus de valeur que l'argent ou le travail de l'homme. La fidélité prit insensiblement un caractère militaire.

Les rois mérovingiens ne crurent pas devoir combattre l'institution de fidélité. N'étaient-ils pas, grâce aux terres du fisc impérial, les plus riches propriétaires du pays? ne devaient-ils pas être les chefs de tous les fidèles? Ils le furent, en effet, durant quatre ou cinq générations. Mais insensiblement [par incapacité ou par ignorance, ils laissèrent leurs grands se grouper en dehors de l'autorité royale. Il s'éleva, en face de la royauté toujours respectée, mais impuissante, une aristocratie des grands propriétaires; cette aristocratie ne sut plus obéir qu'aux chefs qu'elle se choisit, et les hommes ne purent plus obéir qu'à elle].

Les rois n'eurent [bientôt presque] plus de fidèles. [Ils n'eurent même plus de sujets.] Quand la chaîne des fidèles eut échappé des mains des rois, il ne leur resta plus que l'autorité publique, c'est-à-dire un vain nom; ils ne gouvernèrent plus les hommes.

La chaîne des fidèles, n'ayant plus un chef unique, se partagea, se morcela, après les guerres civiles du vii® siècle, et il se forma dans l'étendue de la Gaule deux ou trois cents petits États indépendants, dans chacun desquels un évêque, un abbé, un comte, un duc, un riche propriétaire groupait les hommes sous sa loi par le lien de la fidélité.

[Cela dura pendant les trois premières générations du vii® siècle. Mais pendant ce temps, au-dessous de la royauté, grandissait à la faveur du patronage une institution qui allait reconstituer l'unité de la truste : c'était la mairie du Palais. Le maire du Palais, qui était le chef des fonctionnaires du roi, devint aussi le seigneur de ses fidèles. Le roi n'exerçait son patronage que par l'intermédiaire du maire; c'était le maire qui disposait des terres fiscales. Un jour vint où le roi n'eut en réalité qu'un seul fidèle, le maire du Palais, qui était le seigneur de tous les autres.

Mais en même temps le maire, par sa richesse ou son influence personnelle, pouvait avoir ses propres fidèles et concéder aussi des bénéfices. Si la mairie appartenait à la famille du royaume la plus riche en terres et en fidèles, le maire devenait plus fort que la royauté et plus fort que l'aristocratie elle-même ; il ajoutait à la puissance qui lui venait de la truste royale celle qu'il tenait de ses recommandés et de ses terres.

Cela arriva quand la mairie passa aux mains de la famille des Pépins.]

Cette famille austrasienne, plus riche en terres que toutes les autres familles, les subordonna insensiblement à elle. Comme les petits s'étaient groupés autour des grands, ceux-ci à leur tour se groupèrent autour du puissant chef qui, [par son titre de maire du Palais et sa grandeur personnelle], était incontestablement hors de pair. La recommandation et la vassalité se portèrent peu à peu vers la maison de Pépin ; les terres, les personnes, les églises même vinrent l'une après l'autre se ranger sous sa loi ; la plupart des terres devinrent sa propriété et ne furent plus possédées que par son bienfait ; les hommes furent ses fidèles ou les vassaux de ses fidèles ; les églises furent sous sa mainbour et par conséquent sous son autorité. [Bientôt cette maison put s'emparer de la royauté, qui n'existait à vrai dire que par elle.]

Ainsi l'unité de la truste ou de la fidélité se reconstitua. Rétablie d'abord en Austrasie, elle gagna bientôt la Neustrie, l'Aquitaine, la Germanie elle-même. Des Pyrénées à l'Elbe, la fidélité se centralisa sous un chef unique, qui fut Charlemagne.

Ce chef essaya de relever l'autorité publique, se fit sacrer, se déclara l'héritier des empereurs romains, se nomma césar et auguste, voulut régner et administrer comme les empereurs. Ses contemporains ne songèrent pas à combattre cette prétention ; mais ils gardèrent leur état social, leurs habitudes, la constitution de leurs intérêts et de leur existence; sous les dehors de l'autorité impériale, la société resta régie, à tous les degrés, par la fidélité.

Ce fut même alors que l'institution de fidélité accomplit son plus grand progrès; car ce fut alors qu'elle fut reconnue par les lois et qu'elle devint une institution régulière et légale.

L'espèce de centralisation qui s'était formée autour de la famille d'Héristal se brisa sous le règne de Louis le Pieux. Les fidèles se partagèrent; avec les fidèles, les terres bénéficiales, c'est-à-dire presque toutes les terres; avec celles-ci, les États et la société.

Les guerres civiles qui remplirent tout le milieu du ix° siècle firent disparaître ce qu'il restait encore d'autorité publique. La fidélité prévalant partout, l'État fut sans action. Il n'y eut plus ni lois générales, ni administration, ni impôts publics, ni armée publique. Les titres de roi et d'empereur restèrent respectés, mais aucune puissance ne s'y attacha. La fidélité se trouva alors la seule institution qui eût du pouvoir sur les hommes.

TABLE DES MATIÈRES

Pages.

Préface. 1

LIVRE I

L'affaiblissement de l'autorité publique sous les derniers Mérovingiens.

Chapitre I. Qu'il n'y a eu, contre la royauté, ni mouvement national, ni résistance de l'aristocratie 5
II. Le principe moral de l'autorité publique s'affaiblit . . 16
III. Comment les impôts ont disparu. 29
IV. Comment les rois mérovingiens ont perdu leur pouvoir judiciaire. 40
V. Comment la royauté franque a perdu son système administratif. 51
VI. D'une sorte d'aristocratie féodale au vii° siècle. . . . 60
    1° Les grands du Palais constitués en aristocratie . 60
    2° Cette aristocratie se rend indépendante du pouvoir royal. 70
    3° Le Palais devient le tuteur de la royauté. . . 79
VII. La lutte entre les associations des grands 85
    1° Que les guerres civiles du vii° siècle n'ont été des luttes ni de classes, ni de partis, ni de races, ni de pays. 85
    2° Les guerres civiles entre Ébroin et saint Léger. 94

LIVRE II

L'avènement des Carolingiens.

	Pages.
Chapitre I. Nos documents pour l'époque carolingienne.	113
II. Origines de la famille carolingienne. — Qu'elle ne représente ni le sang ni l'esprit germanique.	123
1° Les Carolingiens font partie de l'aristocratie mérovingienne.	124
2° Que les Carolingiens peuvent être rattachés à la noblesse romaine.	130
3° Les Carolingiens sont une famille d'évêques et de saints.	144
4° Les Carolingiens sont une famille de grands propriétaires.	146
III. Débuts de la famille carolingienne. — Elle ne représente pas des traditions hostiles à la monarchie mérovingienne.	149
1° Arnulf, fonctionnaire du Palais.	149
2° Pépin de Landen, maire du Palais.	156
IV. Le gouvernement de Pépin II en Austrasie. — Que Pépin s'appuie surtout sur la vassalité.	167
1° La nature du pouvoir de Pépin.	167
2° La royauté mérovingienne en Austrasie	172
V. Le gouvernement des Carolingiens comme maires du Palais. — La vassalité prédomine sur toute la Gaule.	177
1° La victoire de l'Austrasie sur la Neustrie.	177
2° Ce qu'il faut penser des rois fainéants.	181
3° Pépin II	185
4° Charles Martel.	187
5° Pépin III et Carloman maires du Palais.	192
VI. Comment Pépin s'est fait roi.	197

LIVRE III

Les institutions monarchiques sous le gouvernement des Carolingiens.

Observation préliminaire. De la diversité des institutions à l'époque carolingienne.	209
Chapitre I. De la royauté	214
1° Que l'acte de 753 n'a pas été un affaiblissement, mais plutôt un relèvement de la royauté	215

TABLE DES MATIÈRES.

	Pages.
2° Que les diplômes carolingiens continuent les diplômes mérovingiens	217
3° De la formule *gratia Dei*	220

CHAPITRE II. Le sacre des rois 226

III. Le serment de fidélité au roi. 238
    1° Le serment des grands. 238
    2° Le serment des particuliers. 245
    3° Les conséquences du serment : les sujets deviennent des fidèles 255

IV. De la transmission du pouvoir royal 256
    1° De la contradiction qui existe entre les documents. 257
    2° Les fils de Pépin consacrés par le pape; la royauté est inséparable de sa famille 260
    3° Comment Charlemagne devint roi; l'adhésion des grands 264
    4° L'avènement de Louis le Pieux; la désignation par le roi régnant. 268
    5° Le partage de 817; la fiction de l'élection par le peuple 277
    6° L'avènement de Louis le Bègue. 283
    7° Conclusion 288

V. Le titre d'empereur 289
    1° De la continuité de l'empire romain en Occident. 289
    2° Le pape s'allie avec le roi des Francs 294
    3° Le roi des Francs patrice des Romains 304
    4° Le roi des Francs devient empereur des Romains. Du caractère de cet acte 312

VI. Le Palais 322
    1° L'organisation du Palais 322
    2° Le gouvernement de l'État par le Palais. . . 333

VII. Les optimates. 337

VIII. Le conseil du roi 341

IX. Les Assemblées générales 356
    1° Le plaid de guerre au Champ de Mars. . . . 358
    2° Des jugements qui se faisaient dans les assemblées générales. 371
    3° Des assemblées où l'on s'est occupé d'affaires politiques ou administratives 385
    4° Conclusion 406

	Pages.
Chapitre X. L'administration provinciale	412
1° Les divisions administratives	412
2° Les comtes	421
3° Vicaires, centeniers, dizainiers	435
XI. Du pouvoir législatif et de la confection des lois	453
1° Que l'autorité législative n'appartient qu'au roi	454
2° De la promulgation des lois et du consentement de tous	465
3° L'autorité législative sous Louis le Pieux	476
4° L'autorité législative sous Charles le Chauve; les édits de Pistes et de Kiersy	479
XII. De la justice	494
XIII. Les charges de la population	501
1° Les impôts	501
2° Le service militaire	509
XIV. Des rapports de l'État avec l'Église	524
XV. Les *missi*	534
1° Des règles relatives à cette institution	535
2° Les attributions des *missi*	542

LIVRE IV

Le triomphe de la féodalité.

Chapitre I. Pourquoi le régime du patronage prévalut sous les derniers Mérovingiens	573
II. L'avènement des Carolingiens est la conséquence du développement de la fidélité	590
III. Charlemagne relève l'autorité publique	594
IV. Charlemagne consacre et développe le système du patronage; la féodalité sous Charlemagne	599
1° Charlemagne fait entrer dans le droit les règles du patronage	600
2° Charlemagne gouverne par les règles du patronage	606
3° L'empire de Charlemagne est déjà un État féodal	611

	Pages.
Chapitre V. De la dissolution de l'Empire carolingien; les fidèles se partagent entre plusieurs chefs.	616
1° Que le démembrement de l'Empire carolingien n'est point dû à la diversité des races	617
2° Les partages sous Charlemagne.	621
3° Les partages sous Louis le Débonnaire	624
4° Le traité de Verdun en 843.	631
VI. Comment les rois perdirent l'autorité sur leurs fidèles.	640
VII. Comment les rois ont perdu l'autorité publique	655
VIII. Pourquoi les classes inférieures ont accepté le régime féodal.	666
IX. La royauté devient élective	689
X. De la chute de la dynastie carolingienne; le triomphe des principes de fidélité.	699
Conclusion. Comment s'est formé le régime féodal	703

FIN DE LA TABLE DES MATIÈRES

LIBRAIRIE HACHETTE ET Cⁱᵉ, A PARIS

OUVRAGES DE M. FUSTEL DE COULANGES

La Cité antique; 19ᵉ édition. 1 vol. in-16 broché. . . . . . 3 fr. 50
Ouvrage couronné par l'Académie française.

Histoire des Institutions politiques de l'ancienne France.
Nouvelle édition revue par M. CAMILLE JULLIAN, professeur
au Collège de France, 6 vol. in-8 brochés. . . . . 45 fr. »

La Gaule romaine. 1 vol. . . . . 7 fr. 50
L'Invasion germanique. 1 vol. . . . . 7 fr. 50
La Monarchie franque. 1 vol. . . . . 7 fr. 50
L'Alleu et le domaine rural pendant l'époque mérovingienne. 7 fr. 50
Les Origines du système féodal : le Bénéfice et le Patronat pendant l'époque mérovingienne. . . . . 7 fr. 50
Les Transformations de la royauté pendant l'époque carolingienne. 1 vol. . . . . 7 fr. 50

Recherches sur quelques problèmes d'histoire. 1 vol. 10 fr. »

Nouvelles recherches sur quelques problèmes d'histoire.
1 vol. grand in-8, broché. . . . . 10 fr. »

Questions historiques. 1 vol. in-8, broché. . . . . . . 10 fr. »

GUIRAUD (P.), ancien professeur à la Faculté des lettres de
Paris : *Fustel de Coulanges*. 1 vol. in-16 broché. . . . . . 3 fr. 50
Ouvrage couronné par l'Académie française.

OUVRAGES DE M. CAMILLE JULLIAN

Gallia. Tableau sommaire de la Gaule sous la domination romaine; 1 vol.
in-16, avec grav. cart. toile. . . . . 3 fr.

Vercingétorix. 1 vol. in-16, broché. . . . . 3 fr. 50
Ouvrages couronnés par l'Académie française.

Histoire de la Gaule. 3 vol. in-8 brochés.
   I. *Les invasions gauloises et la colonisation grecque (800-150 av. J.-C.).*
      Un vol. . . . .
   II. *La Gaule indépendante.* Un vol. . . . .
   III. *La conquête romaine.* Un vol. . . . .

Extraits des Historiens français du XIXᵉ siècle (*Chateaubriand, Augustin Thierry, Guizot, Thiers, Mignet, Michelet, Tocqueville, Quinet, Duruy, Renan, Taine, Fustel de Coulanges*), publiés avec une introduction, des notices et des notes. 1 vol. petit in-16, cart. . . . . . 3 fr. 50

Montesquieu. *Considérations sur les causes de la grandeur des Romains et de leur décadence*; édition publiée avec introduction, variantes, commentaires et tables, par M. C. JULLIAN. 1 vol. petit in-16, cart. . 1 fr. 80

— *Extraits de l'Esprit des lois et des Œuvres diverses*, publiés avec une introduction, des notices et des notes, par M. C. JULLIAN. 1 vol. petit in-16, cart. . . . . 2 fr.

www.ingramcontent.com/pod-product-compliance
Lightning Source LLC
Chambersburg PA
CBHW071704300426
44115CB00010B/1302